VERÖFFENTLICHUNGEN
DES INSTITUTS FÜR ZEITGESCHICHTE

QUELLEN UND DARSTELLUNGEN ZUR ZEITGESCHICHTE

BAND 23

DEUTSCHE VERLAGS-ANSTALT
STUTTGART

LEHRSTÜCKE IN SOLIDARITÄT

Briefe und Biographien deutscher Sozialisten
1945–1949

Herausgegeben

von

HELGA GREBING
unter Mitarbeit von
Bernd Klemm, Eva Kochen,
Rainer Schulze und
Lucinde Sternberg

1983
DEUTSCHE VERLAGS-ANSTALT
STUTTGART

Gefördert von der Stiftung Volkswagenwerk

CIP-Kurztitelaufnahme der Deutschen Bibliothek

Lehrstücke in Solidarität :
Briefe u. Biographien dt. Sozialisten ;
1945-1949 /
hrsg. von Helga Grebing unter Mitarb. von Bernd Klemm . . . –
Stuttgart : Deutsche Verlags-Anstalt, 1983.
(Quellen und Darstellungen zur Zeitgeschichte ; Bd. 23)
ISBN 3-421-06142-4
NE: Grebing, Helga [Hrsg.]; GT

© 1983 Deutsche Verlags-Anstalt GmbH, Stuttgart
Umschlagentwurf: Edgar Dambacher
Satz und Druck: Druckerei Georg Appl, Wemding
Printed in Germany. ISBN 3 421 06142 4

Inhalt

Vorwort

Diese Briefedition ist eine Gemeinschaftsarbeit in mehreren zeitlichen Phasen und Arbeitsstufen gewesen, von allen Beteiligten neben ihren anderen Tätigkeiten und Aufgaben geleistet. Zuerst haben Helga Grebing und Lucinde Sternberg mit Erna Lang nach Joseph Langs Tod den Briefbestand durchgesehen, von Erna Lang die ersten Hinweise auf die Briefschreiber notiert und nach gemeinsamem Lesen die Kriterien für die Auswahl bestimmt. Eva Kochen hat bei der Auswahl der Briefe mitgeholfen und danach monatelang die mühevolle Arbeit auf sich genommen, die Briefe, die teils handgeschrieben, teils auf schlechter Schreibmaschine oft engzeilig geschrieben waren, zu entziffern und druckreif abzuschreiben. Bernd Klemm hat dann alle Briefe des Bestandes noch einmal gelesen, um zu überprüfen, ob vielleicht der eine oder andere wichtige Brief bei der Auswahl übersehen worden ist; glücklicherweise traf das nur in ganz wenigen Fällen zu. Danach hat Bernd Klemm ein Jahr lang intensiv und noch weit über diese Zeit hinaus die Briefschreiber oder ihre Angehörigen aufgespürt, die Abdruckgenehmigungen eingeholt, die Lebensläufe aufgezeichnet und nach weiteren Recherchen die Biographien verfaßt. Nachdem dies geschehen war, haben Helga Grebing, Bernd Klemm und nun auch dazu Rainer Schulze die Briefe mit Kommentaren versehen, sowie Kommentare und Lebensläufe aufeinander abgestimmt. Helga Grebing hat die Einleitung verfaßt, zu der Bernd Klemm, Rainer Schulze und Lucinde Sternberg mit Hinweisen, Perspektiven und einigen Materialauswertungen beigetragen haben. Parallel zur kritischen Lektüre aller Teile des Manuskriptes durch Helga Grebing in ihrer Verantwortung als Herausgeberin haben Lucinde Sternberg und Rainer Schulze noch einmal Original und Abschriften miteinander verglichen und zugleich den Text druckfertig eingerichtet. Alle Mitarbeiter haben sich an der Erstellung der Register, an der Schlußredaktion und den Korrekturarbeiten beteiligt.

Diese Briefedition ist aber noch in anderer Hinsicht ein Gemeinschaftswerk, da es mehrere Generationen zu gemeinsamer Arbeit aus gleicher Motivation und Passion veranlaßt hat: Eva Kochen und Lucinde Sternberg gehören der Generation der Jüngsten unter den Briefschreibern an und teilen deren historische Erfahrungen; Helga Grebing gehört zu einer Generation, deren bewußtes und reflektierbares Leben mit dem Ende des „Dritten Reiches" und dem Beginn der Nachkriegszeit zusammenfällt; Bernd Klemm und Rainer Schulze, der eine gerade, der andere noch nicht dreißig Jahre alt, sehen ihre eigenen bewußten Erfahrungen unlösbar verbunden mit denen der Generationen vor ihnen, als Historiker zumal. Alle Genannten leitete der Wunsch, mit dieser Veröffentlichung einen Beitrag leisten zu können zur nie enden dürfenden Aufarbeitung der historischen Vergangenheit, die gewiß allen Völkern, unserem aber in besonderem Maße aufgegeben ist.

Viel Dank zu sagen ist der Stiftung Volkswagenwerk dafür, daß sie Personal- und Sachmittel (für Bernd Klemm und Rainer Schulze) zur Verfügung stellte und der Herausgeberin ein Akademie-Stipendium für sechs Monate gewährte. Viel Dank zu sagen ist Prof. Dr. Martin Broszat, dem Direktor des Instituts für Zeitgeschichte in München, für sein frühes mit motivierendes und mehrmals aufmunterndes Interesse an dem Editionsvorhaben und für seine kritische Funktion als erster Leser der Urfassung des Manuskriptes; ebenfalls viel Dank zu sagen ist Dr. Norbert Frei, Mitarbeiter im Institut für Zeitgeschichte, der mit freundlicher Bestimmtheit auf kritische Punkte im Manuskript aufmerksam gemacht hat. Vor allem aber ist Dank zu sagen den Briefschreibern bzw. ihren Angehörigen für die Erteilung der Abdruckgenehmigungen und für ihre Mitarbeit bei der Erstellung der Lebensläufe. Der größte Dank gebührt jedoch Joseph und Erna Lang dafür, daß sie diese gewiß in mancher Beziehung einmalige historische Überlieferung in ihr Remigrantengepäck aufgenommen, über Jahrzehnte aufbewahrt und damit ermöglicht haben, sie nachfolgenden Generationen zur Kenntnis zu bringen.

Göttingen, im August 1982

Helga Grebing
Bernd Klemm
Eva Kochen
Rainer Schulze
Lucinde Sternberg

HELGA GREBING

Einleitung

Die Geschichte der Briefe, die in diesem Band veröffentlicht werden, beginnt im August 1946 in New York, in einer Wohnung mitten in Manhattan, 200 West 78th Street (Corner Amsterdam Avenue), II. Etage. Diese Wohnung, gemietet von den aus Deutschland geflüchteten sozialistischen Emigranten Joseph Lang und Erna Lang, vormals Halbe, diente zugleich als Etagengeschäft für Herren- und Damen-Unterbekleidung und Haushaltswäsche, von dessen spärlichen Einkünften die Langs leben mußten; ihre Kunden waren fast ausschließlich selbst Emigranten aus Deutschland. Die Wohnung war aber auch noch eine Art Geschäftsstelle des „Solidaritäts-Fonds beim IRRC" („International Rescue and Relief Committee"), abgekürzt: Solifonds. Von hier aus wurden vornehmlich in Emigrantenkreisen Geld- und Sachspenden gesammelt, Pakete zusammengestellt, wohlhabende Amerikaner dafür gewonnen, in Deutschland individuelle Patenschaften zu übernehmen, und veranlaßt, abgelegte Kleidung abzugeben, um auf diese Weise mitzuhelfen, die Not im Nachkriegsdeutschland zu mildern. Sonntag für Sonntag, jahrelang, gaben die beiden Langs, auf zwei Schreibmaschinen klappernd, brieflich Anweisungen über die Verteilung der Paketsendungen an ihre Vertrauensleute in Europa und in Deutschland und beantworteten die Briefe, die sie von den Paketempfängern aus Deutschland erhalten hatten. 1946 wurden zunächst ca. 100, 1948 400 sozialistische Antifaschisten in die Paketaktion einbezogen. Zugleich waren Wohnung bzw. Geschäft ein Treffpunkt der in New York lebenden deutschen sozialistischen Emigranten und der ersten Besucher, die aus den Westzonen Deutschlands in die USA reisen konnten.

I. Vorgeschichte

Die Vorgeschichte der Briefe bzw. derjenigen, die sie geschrieben haben, beginnt grob gesprochen um 1900. Damals nahmen in der deutschen Arbeiterbewegung jene Auseinandersetzungen ihren Anfang, die dann im Krieg 1914/18 und schließlich während der Revolution 1918/20 zu der bis heute unaufgehoben gebliebenen Spaltung der Arbeiterbewegung führten. Damals, um 1900, ging es um die Probleme, die eine nicht mehr zu leugnende Integration großer Teile der Arbeiterschaft in die bestehende bürgerliche Gesellschaft und ihr staatliches Institutionengefüge für die Arbeiterbewegung aufwarfen. Diese Integration war nur eine teilweise und vor allem eine negative, da sie keine aktive Identifikation hervorrief; dennoch berührte sie die zentralen Fragen von Weg und Ziel der Arbeiterbewegung: Wurde das Ziel der Überwindung des Kapitalismus und des Aufbaus des Sozialismus von solchen Veränderungen in der sozialen Lage und damit auch in den Vorstellungshorizonten der Arbeiterschaft nicht insofern erheblich betroffen, als der doch bisher – wie es schien – so klare revolutionäre Weg zu diesem Ziel sich in eine Ansammlung von Teilstrecken oder sogar nur Schritten von reformerischem Ausmaß zerfaserte? Damals entstanden im Gefolge der leidenschaftlichen Appelle vor allem Rosa Luxemburgs in der Sozialdemokratie Diskussionskreise und Gruppen, die den revolutionären Weg zum Sozialismus für unaufgebbar hielten, deshalb eine Politik der revolutionären Aktivierung der proletarischen Massen forderten und die politisch-kulturelle Eigenständigkeit der sozialdemokratischen Organisations- und Schulungsarbeit verlangten, weil sie von ihr eine Gegenwirkung gegen die Integrationstendenzen der bürgerlichen Gesellschaft erwarteten. Unter solchen Spannungen haben die Ältesten unter den Briefschreibern und -empfängern ihre politische Sozialisation in der Arbeiterbewegung erfahren.

Die Linken in der deutschen Vorkriegssozialdemokratie hatten keineswegs das Ziel, sich von ihrer Partei zu lösen; sie wollten nur erreichen, daß die SPD ihren revisionistisch-reformistischen Kurs wieder korrigierte. Sie waren sich der Schwierigkeiten bewußt, die mit dem Versuch verbunden waren, die Masse der organisierten Arbeiter von der traditionsreichen Partei trennen zu wollen. Erst im Krieg, als die Mehrheit in der SPD ihre Resistenz gegenüber einer Revolutionierung des Proletariats nun erst recht nicht aufgeben zu können glaubte, sahen sich die Linken fast widerstrebend gedrängt, sich organisatorisch zu verselbständigen. So entstand 1917 die „Unabhängige Sozialdemokratische Partei Deutschlands" (USPD), der sich auch die „Gruppe Internationale (Spartacus)" um Rosa Luxemburg und Karl Liebknecht anschloß; auch diese Entscheidung war ein Ausdruck der Scheu vor der Trennung von der alten Partei. Dagegen vollzogen die Bremer und die Hamburger Linksradikalen um u. a. Paul Frölich*[1] den Schritt zur USPD nicht mit, sondern bildeten mit weiteren ähnlich orientierten Gruppen einen eigenen Zusammenschluß. Die USPD war eine Sammlung von kritischen und unzufriedenen Linken und Pazifisten; sie war eine Partei des Übergangs in der Zeit eines Krieges mit imperialistischem Charakter und der Auflösung der monarchisch-autoritären Ordnung; insofern war es folgerichtig, daß sich ihre Mitglieder zwischen 1920 und 1922 auf SPD und KPD aufteilten.

Auch die Gründung der „Kommunistischen Partei Deutschlands" (KPD) Ende 1918 war nicht das Ergebnis einer bewußten Entscheidung politischer Führer mit kalkulierbarem ausreichenden Massenanhang, sondern das Produkt der Dynamik der Revolution. In der KPD dominierten zunächst die Ultralinken, und auf dem Gründungsparteitag konnten sich die bekannten Führer aus der „Gruppe Internationale", vor allem Rosa Luxemburg, in entscheidenden Fragen nicht durchsetzen, so nicht in den Fragen der Beteiligung an den Wahlen zur Nationalversammlung und der Mitgliedschaft von Kommunisten in den Gewerkschaften; auch bei ihrer Ablehnung des Terrors stieß Rosa Luxemburg auf Widerspruch. Rosa Luxemburgs Ermordung versperrte den Weg zu einer demokratischen Entwicklung des Kommunismus und zu einer historisch nicht auszuschließenden Wiedervereinigung der gespaltenen Arbeiterbewegung. Statt dessen durchlief die KPD bis 1928 in ihrer Entwicklung verschiedene Stadien, die einer Zickzacklinie gleichen: von revolutionär-utopischem Enthusiasmus, Anfängen der Durchsetzung einer bürokratischen Komintern-Linie, radikalisiertem Putschismus, einer theoretisch fundierten Taktik, die KPD zur Mehrheitspartei der revolutionären Arbeiter in Deutschland zu machen, bis zur Durchsetzung der Praxis und Ideologie des Stalinismus als herrschender Linie. Begleitet war diese Entwicklung von Fraktionskämpfen, Ausschlüssen, Abspaltungen und politischen Neuorientierungen einzelner Führer, so des KPD-Vorsitzenden Paul Levi, der über die USPD 1922 in die SPD zurückkehrte und dort bis zu seinem Tod 1930 der Sprecher des linken Flügels in der Partei war. Am Ende dieser Entwicklung stand ein Teil der der KPD angehörenden Briefschreiber

---

[1] Die Biographien aller mit einem * gekennzeichneten Personen sind in den alphabetisch geordneten Biographischen Teil aufgenommen worden. Über die Auswahl vgl. S. 46 und S. 309 f.

und -empfänger – August Enderle*, Irmgard Rasch-Enderle*, Adolf und Ella Ehlers*, Joseph Lang*, Erna Halbe-Lang*, Paul Frölich*, Rose Wolfstein-Frölich* – zusammen mit Jacob Walcher*, Heinrich Brandler* und August Thalheimer*, wenn z.T. auch nach eigenen Umwegen, die der erwähnten Zickzack-Linie entsprachen, als „Rechte" gekennzeichnet in Opposition zur stalinistischen Parteiführung Ernst Thälmanns. Schließlich Ende 1928 ausgeschlossen, bildeten sie die „KPD-Opposition" (KPO).

Die KPO verstand sich nicht als eine neue Partei, sondern als eine organisierte kommunistische Richtung inner- und außerhalb der KPD; von dieser unterschied sich die KPO nicht in den Grundsätzen und Zielen, sondern in der Taktik. Die KPO wollte infolgedessen die KPD „retten und stärken", sie erobern und zu der Mehrheitspartei der Arbeiterklasse unter Fortführung des Erbes von Rosa Luxemburg und auch von Paul Levi machen. Sie bekämpfte deshalb die bürokratische Degeneration der KPD sowie die von dieser vertretene Sozialfaschismus-These und trat für die Einheitsfront ein. Sie erreichte ihre Ziele nicht: von den 6000 ausgeschlossenen Opponenten konnte die KPO nur etwas über die Hälfte organisieren; sie hatte jedoch einige regionale Schwerpunkte vor allem in Thüringen und in Sachsen, in großen Industriestädten wie vor allem Stuttgart und Offenbach am Main, aber auch in Frankfurt am Main, Hamburg, Nürnberg und Berlin. Da sich die KPD-Mitgliedschaft nicht gegen die Politik der Thälmann-Führung mobilisieren ließ, wurde die KPO nicht zum Kern der Erneuerung der Kommunistischen Partei. Der Einsicht, das gesteckte Ziel nicht erreicht zu haben, folgte die Spaltung der KPO: die Mehrheit wollte unter Thalheimer und Brandler eine Kaderorganisation auf Abruf zur Rückkehr in die KPD bleiben, eine Minderheit von ca. einem Viertel der KPO-Mitglieder – darunter die erwähnten Briefschreiber und -empfänger – wandten sich noch entschiedener gegen die kritiklose Verherrlichung der Sowjetunion und der KPdSU sowie gegen die Bekämpfung der neugegründeten SAP. Die führenden Vertreter der KPO-Minderheit wurden ausgeschlossen und gingen mit ihrem Anhang fast geschlossen in die SAP, von der sie erwarteten, daß es deren „vornehmstes Ziel" sein würde, „mitzuwirken an der Schaffung einer einheitlichen kommunistischen Partei".

Die „Sozialistische Arbeiterpartei Deutschlands" (SAP) war ein verkleinertes Spiegelbild der breiten linken Strömung innerhalb der SPD seit der Jahrhundertwende, deren verbindendes Merkmal der gemeinsame Bezug auf die marxistische Theorie war; sie war – wie ihr Monograph sie charakterisiert – eine „USPD en miniature". Auch die Gründung der SAP im Oktober 1931 war eher ein durch die Verhältnisse zwangsläufig gewordenes Resultat denn eine geplante Aktion, nachdem die Führer der SPD-Linken Max Seydewitz* und Kurt Rosenfeld aus ihrer Partei ausgeschlossen worden waren. Aber nur ein Teil der SPD-Linken folgte ihren Führern, vor allem Mitglieder der „Sozialistischen Arbeiterjugend" (SAJ), zu denen ein großer Teil der jüngeren Briefschreiber (und in Lübeck z.B. Willy Brandt*) gehörte, nicht wenige darunter, denen nichts anderes übrig blieb, nachdem sie in der SPD nicht mehr bleiben konnten und in die KPD nicht hineinwollten. Es gelang auch nur, einen Teil jener Gruppen, die sich seit den frühen zwanziger Jahren zwischen SPD und KPD angesiedelt hatten, zu gewinnen; dazu gehörten der „Sozialistische Bund" (Ledebour-Gruppe), der Rest der alten USPD, einzelne Mitglieder des „Roten Kämpfer"-Kreises und die schon erwähnte KPO-Minderheit sowie einige bisher ungebunden gebliebene sozialistische Intellektuelle wie Fritz Sternberg*. Die SAP kam in ihrer besten Zeit nicht über 25000 Mitglieder hinaus (das waren ca. 2,5% der Mitglieder der SPD und ca. 8% der KPD); sie blieb regional begrenzt auf Sachsen, Thüringen und einige Großstädte im Rhein-Ruhr- und Rhein-Main-Gebiet mit qualifizierter industrieller Arbeiterschaft; sie fand auch Anhänger in einigen süddeutschen Städten wie Stuttgart, Mannheim und Pforzheim, auch in Berlin; in Ostdeutschland bildete Breslau den Schwerpunkt: hier war 1931 fast der gesamte aktive Teil des SPD-Ortsvereins unter seinem auch überregional bekannten Führer, dem Reichstagsabgeordneten Ernst Eckstein*, zur SAP übergetreten.

Auch die SAP scheiterte an der selbst gestellten Aufgabe, als Katalysator für die Schaffung der Einheitsfront der Arbeiterbewegung zu wirken, was sie als den einzig erfolgversprechenden Weg ansah, die Herrschaft des Nationalsozialismus in Deutschland zu verhindern. Statt diese Einheitsfront zu schaffen, wurde die SAP zunehmend in ideologische Richtungskämpfe verstrickt. Da gab es 1. die Ultralinke, die die SAP als eine Durchgangsstation zur KPD ansah, 2. die Linke – unsere Briefschreiber und -empfänger aus der KPO-Minderheit sowie Fritz Sternberg* und Klaus Zweiling* –, die an Rosa Luxemburg und Lenin orientierte Vorstellungen von einem linksrevisionistischen „dritten Weg" entwickelten und die SAP zu einer wirklichen kommunistischen, d. h. revolutionären Partei mit Massenbasis und einem festen theoretischen Fundament machen wollten, damit sie das Gravitationszentrum der proletarischen Einheitsfront bilden konnte, 3. das Zentrum, d.h. die aus der SPD kommende Linke, die die SAP auf einen radikalen sozialdemokratischen Reformismus festlegen wollte, und 4. die Rechte, vor allem pazifistisch orientierte Linke aus der SPD um Anna und August Siemsen*, die den Aufbau der SAP nach kommunistischen Prinzipien bekämpfte. Die Kluft, die die verschiedenen Richtungen voneinander trennte, war unüberbrückbar, bzw. die Zeit, eine gemeinsame Linie zu finden, war zu kurz.

Die SAP wie auch die KPO standen am Ende der Weimarer Republik vor dem prinzipiell bestehenden und damals unüberbrückbaren Hindernis, daß sie den beiden großen Parteien SPD und KPD nicht die Loyalität der Massen entziehen konnten. Das war am wenigsten eine Frage ihrer Attraktivität, sondern lag vor allem daran, daß auch bei womöglich vorhandener Einsicht sehr vieler Anhänger in die Schwächen und Unzulänglichkeiten der beiden alten Parteien die bei ihnen vermuteten Schutzräume in der Krisensituation nicht aufgegeben werden konnten und daß die Größe und Bedeutung der beiden Parteien mehr Hilfe und relative Sicherheit zu bieten schienen; auch war die Macht der Apparate, die auf Loyalitätsmängel scharf reagierten, nicht zu unterschätzen; schließlich war die Zeit der Verelendung in der Weltwirtschaftskrise die ungünstigste Situation, um fast aus dem Nichts neu eine Massenbewegung zu entfalten. So ergab sich das nur scheinbare Paradox, daß die beiden großen Arbeiterparteien, die 1933 gegenüber dem Nationalsozialismus versagten und statt diesen sich gegenseitig bekämpften, die Loyalität der Massen nicht nur nicht verloren, sondern beim Neu- oder Wiederanfang 1945 noch immer besaßen.

KPO und SAP als die beiden bedeutendsten Splittergruppen in der deutschen Arbeiterbewegung[2] konnten allenfalls für sich positiv verbuchen – und dies hat auch im Nach-

---

[2] Zu ihnen gehörten zwei weitere Gruppen, die jedoch in den veröffentlichten Briefen bzw. in den Biographien der Briefschreiber nur eine periphere Rolle spielen: 1. Der „Internationale Sozialistische Kampf-Bund" (ISK), 1925 als „Internationaler Jugend-Bund" (1917 von dem Göttinger Philosophen Leonard Nelson gegründet) aus der SAJ und der SPD ausgeschlossen; die politische Theorie des ISK war rationalistisch-aufklärerisch, nichtmarxistisch, aber idealistisch-revolutionär orientiert und hatte insofern mit dem marxistisch geprägten Sozialismus Berührungspunkte, als sie Klassenkampf und internationale Solidarität anerkannte und die „formale" bürgerliche Demokratie ablehnte; der ISK war eine Elitegemeinschaft von etwa 300 Personen und einem Freundeskreis von etwa 1000 Personen; dies waren die Voraussetzungen für eine intensive und effektive Widerstandstätigkeit nach 1933.

hinein Bestand –, die situations- und entwicklungsadäquateren Analysen angeboten zu haben, denkt man an August Thalheimers Faschismus-Interpretation und Fritz Sternbergs Deutung der Beziehungen zwischen Nationalsozialismus und Mittelschichten. Für die SAP gilt zusätzlich, daß sie – obwohl sie eine Elite ohne Massen blieb – innerhalb der SPD eine starke Resonanz besaß und dazu beigetragen hat, daß die in der SPD verbliebene Linke langsam an Boden zurückgewann. Die SAP hat vermutlich auch den weiteren Zug der enttäuschten SPD-Anhänger zur KPD gestoppt, denn deren Unbehagen an der SPD artikulierte die SAP politisch rational, zugleich aber steckte sie die Grenzen zur existierenden KPD ab. Die kommunistischen und die sozialistischen Splittergruppen innerhalb der deutschen Arbeiterbewegung wiesen bei allen zum Teil erbittert ausgetragenen Differenzen in Theorie und Praxis in einigen grundsätzlichen Fragen ihrer Orientierung deutliche Parallelen auf; das zeigte sich bald im Widerstand gegen den Nationalsozialismus, wo KPO und SAP, SAP und ISK zusammenarbeiteten. Doch auch im Kampf gegen den gemeinsamen Gegner gab es zwischen KPO und SAP erhebliche Unterschiede: Die KPO behielt ihre Kaderstruktur, die den Einbruch von Spitzeln relativ erschwerte und die Aufrechterhaltung der Widerstandsorganisation bis 1937, im Falle der Leipziger KPO-Gruppe sogar bis 1943/44, ermöglichte.

Die SAP, die nie kadermäßig organisiert gewesen war, bestand nach 1933 als Partei nicht mehr weiter, sondern als eine Sammlung von lokal oder regional begrenzten Kampfgruppen, deren Mitglieder seit langem politisch und freundschaftlich miteinander verbunden waren. Nach 1933 erhielten diese SAP-Gruppen nun auch Zuspruch von SPD- und Reichsbanner-Mitgliedern, die aktiv gegen den Nationalsozialismus kämpfen wollten, während sich die SPD zunächst zurückhaltend verhielt. Die Widerstandszentren der SAP waren weitgehend identisch mit jenen Städten und Regionen, in denen die SAP vor 1933 relativ am stärksten gewesen war: Berlin, Breslau, Dresden, Mannheim, Pforzheim, Stuttgart, Köln, Bochum, Duisburg. Der SAP-Widerstand wurde bis auf einige Ausnahmen 1935/36 von der Gestapo zerschlagen. Die SAP teilte mit der KPO gewisse Illusionen über die Möglichkeiten, den Nationalsozialismus an der Macht von innen zerbrechen zu können.

Die KPO gab nach 1933 ihre Auffassung auf, daß die KPD noch die Trägerin der Grundsätze und Ziele des Kommunismus sei. Sie blieb bei der Einheitsfronttaktik und lehnte die Volksfrontpolitik, die die KPD seit 1935 verfolgte, ab. Sie blieb dennoch bei ihrer grundsätzlich positiven Einstellung zur Sowjetunion, deren revolutionäre Errungenschaften nach ihrer Auffassung gegen die Stalin-Diktatur geschützt werden mußten. Nach dem Ende des Zweiten Weltkrieges gingen viele KPO-Mitglieder mit der Vorstellung eines neuen Anfangs in die KPD zurück bzw. schlossen sich der SED an; hier wie dort waren sie alsbald manifesten Repressionen ausgesetzt; nur einige wenige gingen in die SPD. Der dann nur noch mehrere Hundert Personen umfassende Rest der KPO schloß sich zur „Gruppe Arbeiterpolitik" (GAP) zusammen, die eine lokal erfolgreiche radikal-sozialistische Politik in den Gewerkschaften betrieb.

In den der SAP zuzurechnenden Gruppen sind sowohl im Widerstand wie in der Emigration Diskussionsprozesse abgelaufen, die einige prinzipielle Neuorientierungen zur

---

2. Die Gruppe „Neu Beginnen", 1931 als geheime Organisation ehemaliger Kommunisten und Mitgliedern des linken Flügels der SAJ von Walter Löwenheim (Miles), einem ehemaligen Kommunisten, gegründet; sie hatte niemals mehr als 300 Mitglieder; ihr Ziel war die Wiederherstellung der Einheit der beiden großen Arbeiterparteien, in denen sie im geheimen für ihre Ziele arbeitete; nach 1933 bildete sie eine sehr arbeitsfähige Untergrundorganisation.

Folge hatten, die dann für die Zeit nach 1945 von großer Bedeutung werden sollten: die Fixierung auf das Vorbild Sowjetunion wurde ab Ende der 30er Jahre als Antwort auf die sowjetische Innen- und Außenpolitik vollständig abgestreift und die Annäherung an linkssozialistisch-demokratische programmatische Vorstellungen und Organisationsprinzipien begonnen. Es war eher singulär, jedenfalls nicht symptomatisch, daß die Führer der SAP-Linken und des SAP-Zentrums, Jacob Walcher* und Max Seydewitz*, den entgegengesetzten Weg gingen, der sie in die KPD führte. Nach wie vor bestanden bei den neu orientierten SAP-Gruppen Zweifel an der Reformierbarkeit der alten SPD und erst recht der KPD. Nur in den SAP-Widerstandskreisen gab es Verbindungen zur illegalen SPD und z. T. auch Anschlüsse an sie; gegen Ende des Krieges fanden auch in Teilen der Emigration vergleichbare Annäherungen statt. Einigkeit bestand jedoch bei allen, daß aus den historischen Erfahrungen, die man gemacht hatte, der Schluß zu ziehen war, daß eine dritte Partei zwischen SPD und KPD auch im Nachkriegsdeutschland geringe, wenn nicht gar keine Chancen haben würde[3]. Wie dann die Entscheidungsprozesse im einzelnen verlaufen sind, davon wird viel in den hier veröffentlichten Briefen gesprochen.

II. Zur Geschichte der Briefe

Joseph und Erna Lang waren am 14. 12. 1940 mit Notvisen, die Präsident Roosevelt für mehrere Hundert politisch verfolgte und unmittelbar gefährdete Antifaschisten in Frankreich gegen den Willen des Kongresses erteilt hatte, per Schiff in New York eingetroffen. Hier in New York gelang es 1941 einigen Emigranten aus der Gruppe „Neu Beginnen", der SAP und dem ISK, die sich nicht der in New York bereits bestehenden sozialdemokratischen Emigrantenorganisation „German Labor Delegation" anschließen wollten, innerhalb des „Workmen's Circle" (genau: „Workmen's Sick and Death Benefit Fund of the United States of America, Inc.", abgekürzt im folgenden: WC) eine deutschsprachige Abteilung zu gründen, die sogenannte Branch 424 F. „Solidarität"; Vorsitzende der Branch wurde Marie Juchacz*. Auch Langs arbeiteten im WC mit.
Der WC war eine ursprünglich aus ostjüdischen sozialistischen Kreisen hervorgegangene Arbeiterkranken- und -sterbekasse, die vor allem jüdische Arbeiter in der Textil- und Bekleidungsindustrie zu Mitgliedern hatte; die Verhandlungssprache im WC war jiddisch oder englisch. Der WC arbeitete eng mit dem „Jewish Labor Committee" (JLC) zusammen, in dem vor allem die Gewerkschaften der Herren- und Damenkonfektion sowie der Hutmacher zusammengeschlossen waren. Das JLC hatte 1940 zu jenen amerikanischen Organisationen gehört, die bei Präsident Roosevelt die Notvisen

---

[3] Weiterführende Literatur zu diesem Abschnitt: Ossip K. Flechtheim: Die KPD in der Weimarer Republik. Mit einer Einleitung von Hermann Weber. Frankfurt am Main ²1976; Werner Link: Die Geschichte des Internationalen Jugend-Bundes (IJB) und des Internationalen Sozialistischen Kampf-Bundes (ISK). Meisenheim am Glan 1964; K. H. Tjaden: Struktur und Funktion der „KPD-Opposition" (KPO). Meisenheim am Glan 1964; K.-P. Wittemann: Kommunistische Politik in Westdeutschland nach 1945. Der Ansatz der Gruppe Arbeiterpolitik. Hannover 1977; Hanno Drechsler: Die Sozialistische Arbeiterpartei Deutschlands (SAPD). Meisenheim am Glan 1965; Helga Grebing: Faschismus, Mittelschichten und Arbeiterklasse. Probleme der Faschismus-Interpretation in der sozialistischen Linken während der Weltwirtschaftskrise. In: Internationale wissenschaftliche Korrespondenz zur Geschichte der deutschen Arbeiterbewegung, 12. Jg. 1976, H. 4, S. 443–460; Jörg Bremer: Die Sozialistische Arbeiterpartei Deutschlands (SAP). Untergrund und Exil 1933–1945. Frankfurt am Main 1978.

für gefährdete Antifaschisten durchsetzten; es hatte auch deutsche sozialistische Emigrantenorganisationen finanziell unterstützt.

Im Mai 1945 beschloß die Leitung der deutschsprachigen Abteilung des WC, jene schon erwähnte Branch 424 E, aufgrund von Notrufen von überlebenden Freunden aus den vom Nationalsozialismus befreiten Ländern in Europa, den Solidaritäts-Fonds des WC, kurz: Solifonds, zu bilden. Das WC zählte damit zu den ersten Gruppen, die eine organisierte Hilfstätigkeit für notleidende Antifaschisten in Europa bzw. im besetzten Deutschland ins Leben riefen. Bei der Durchführung seiner Hilfsaktion arbeitete der Solifonds mit den finanzkräftigeren Organisationen „Jewish Labor Committee" (JLC) und „International Rescue and Relief Committee" (IRRC, später nur: „International Rescue Committee", IRC) zusammen. Das IRRC war 1942 entstanden aus der Zusammenlegung der „International Relief Association", die 1933 von Amerikanern als private Rettungs- und Hilfsorganisation für von der nationalsozialistischen Diktatur Bedrohte eingerichtet worden war, mit dem „Emergency Rescue Committee", das 1940 von Karl Frank*, Joseph Buttinger* und Muriel Gardiner-Buttinger* gegründet worden war, um österreichische Antifaschisten aus Südfrankreich zu retten.

Der Solifonds bzw. das IRRC hatte Verbindungsleute in Europa, die die Verteilung der Spenden organisierten. Am 19.11.1945 informierte Marie Juchacz* die Verbindungsleute des Solifonds in Paris, Günter Nelke* und Günter Markscheffel*, über die von der New Yorker Gruppe beschlossenen Richtlinien für die Verteilung: Die Pakete sollten verteilt werden „an Genossen, die im politischen Kampf standen, die unter Verfolgung und Flucht gelitten haben, die in Lagern, Gefängnissen saßen oder in der illegalen Arbeit sich aufrieben, die heute unter dem Mangel leiden, der durch die Nachkriegswehen noch verstärkt wird. Die Familien der Genossen sind natürlich einbegriffen. Unter Genossen verstehen wir: Sozialdemokraten, SAP und andere Gruppenangehörige, *ehemalige* Kommunisten. Linientreue Kommunisten und Mitglieder des Kommittees ‚Freies Deutschland' möchten wir deshalb u. a. ausgenommen wissen, weil wir annehmen müssen, daß hier Unterstützungen aus anderen politischen Quellen fließen."[4] Die ersten Paketaktionen der drei genannten Organisationen: Solifonds des WC, JLC, IRRC, die vorrangig nach Frankreich gingen, wurden im Mai 1945 durchgeführt. Erst im Januar 1946 gelang es dem Solifonds – soweit wir wissen – durch die Vermittlung des Schweizer Arbeiterhilfswerks, die ersten Sendungen ins Ruhrgebiet sowie nach Hannover und Braunschweig zu schicken; durch die Veranlassung einer Hilfsaktion von politischen Freunden in Schweden konnten etwa zur gleichen Zeit Bedürftige in Norddeutschland unterstützt werden; über Belgien gelangten im Februar 1946, vermittelt durch Marianne Kühn* und Hans Schoemann*, Hilfsgüter nach Köln. Zu diesem Zeitpunkt war die Arbeit des Solifonds jedoch schon in Frage gestellt, und zwar durch die Gründung einer größeren sozialdemokratischen Hilfsorganisation im September 1945 in New York, des „Relief for the German Victims of Nazism" (sogen. Arbeiter-Wohlfahrtsausschuß); diese Organisation stand in enger Verbindung mit der von Friedrich Stampfer in New York geleiteten sozialdemokratischen Emigrantenorganisation „German Labor Delegation". Seit Dezember 1945 wurden Verhandlungen über eine Verschmelzung des Solifonds mit dem „Relief" geführt; sie beruhten u. a. auf dem Interesse von Marie Juchacz, eine größere organisatorische Breite für ihre Tätigkeit zu gewinnen. Joseph Lang dagegen befürchtete, daß nach dem Zusammenschluß einzelne besonders würdige und zugleich hilfsbedürftige Genossen und Ge-

---

[4] S. Nachlaß (NL) Joseph Lang, Mappe WC, Korrespondenz.

werkschafter in Deutschland, die sich nicht der SPD angeschlossen hatten, vernachlässigt werden könnten, da die Sammelergebnisse, die seit Frühjahr 1946 auf öffentlichen Sammlungen und nicht mehr nur auf solchen innerhalb privater Kreise beruhten, in Deutschland durch die „Arbeiterwohlfahrt" verteilt werden sollten.

Im Februar 1946 trat Marie Juchacz mit einigen Freunden dem „Relief" bei; im März 1946 löste sich der Solifonds auf, und erst im August 1946 wurde er auf einer neuen Basis von Joseph und Erna Lang gemeinsam mit einigen Freunden, darunter: Karl und Carola Osner*, Paul Frölich*, Rose Wolfstein-Frölich*, Gretel und Hermann Ebeling*, Willi Beier, George (Günther) Eckstein* und Else und Konrad Reisner*, reaktiviert. In einem ersten Aufruf an die potentiellen Spender aus dem gleichen Monat heißt es über die Beweggründe und Zielsetzungen: „Es ist unsere Pflicht, wenigstens einigen Dutzend wertvollen Menschen, die trotz jahrelanger Haft und Naziverfolgungen ihr Leben retten konnten und die nun aufs neue beim Wiederaufbau demokratisch-proletarischer Organisationen ihren Mann stehen, unsere Solidarität zu beweisen und ihre physische Existenz zu garantieren. *Diese Aufgabe kann uns niemand abnehmen, manches Leben wird davon abhängen, wie rasch und gut wir funktionieren!*" Und die Freunde in Deutschland werden mit einem Rundschreiben vom 9.11.1946 darüber informiert, wer die Träger des neuen Solifonds sind: „Wir sind hier ein kleiner Kreis gleichgesinnter Freunde, die sich unabhängig von ihrer früheren gruppenmäßigen Zugehörigkeit zusammengefunden haben, um wenigstens in Solidaritätsaktionen für die Freunde in Deutschland zu wirken. Unsere Möglichkeiten und unsere Mittel sind leider sehr begrenzt, da wir uns auch bei unseren Sammlungen im Kreise der Emigranten in erster Linie auf jene stützen, die sich zu keiner der beiden historischen Parteien bekennen", also weder zur SPD noch zur KPD. Dies wird noch einmal bekräftigt in einem Rundschreiben an die Vertrauensleute vom August 1947: „Abseits aller fraktionellen Erwägungen wünschen wir daher natürlich in erster Linie jene Genossen zu unterstützen, die man auch heute noch nicht als ‚gleichgeschaltet' ansehen muß, sondern solche, die – wenigstens in der großen Linie – weiter im Sinne einer Regeneration der Arbeiterbewegung (sowohl gegen den stalinistischen Konformismus wie gegen sozialdemokratischen Reformismus) wirken, wobei nicht ausschlaggebend ist, welcher Organisation sie gegenwärtig angehören. Natürlich liegt uns aber auch am Herzen, den hinterbliebenen Frauen und Kindern von ermordeten Genossen beizustehen."[5]

Von August 1946 bis Juni 1947 wurden 5836 Dollar gesammelt; der Kreis der Spender umfaßte nur eine kleine Anzahl von deutschen Emigranten. Mit dem gesammelten Geld wurden 762 Pakete finanziert – 476 gingen von New York aus nach Deutschland, 170 von Schweden, 40 von der Schweiz, und 76 waren Care-Pakete. Für die Verwaltung des Solifonds verbrauchten Langs „keinen Cent"; jede Spende wurde vom IRRC, dem der Solifonds angeschlossen war, quittiert.[6] Für den Transport der Pakete beschritten Langs z.T. ebenfalls kostensparende Wege, indem z.B. deutsche Emigranten oder deren Söhne, die als Soldaten der amerikanischen Armee in Europa stationiert waren, dem Solifonds den ihnen für Gepäck zur Verfügung stehenden Schiffsraum auf Truppentransportern überließen. Solche Sendungen landeten in Bremerhaven, wo sie

---

[5] Die zitierten Aufrufe und Rundschreiben s. NL Lang, Mappe Berichte I; vgl. auch die Briefe von Joseph Lang an Ludwig A. Jacobsen v. 9.11.1946 (NL Lang, Mappe Köln), an Heinrich Galm v. 10.2.1946 und 28.7.1946 (NL Lang, Mappe Galm), an Oskar Triebel v. 20.1.1947 (NL Lang, Mappe Triebel).

[6] Vgl. das Rundschreiben an den Freundeskreis des Solifonds in den USA vom Juni 1947 (NL Lang, Mappe Berichte I).

von Adolf und Ella Ehlers* zur Weiterleitung übernommen wurden. Wieder waren es GIs deutschsprachiger Herkunft, vor allem Fritz Opel* und Charles Sternberg*, die die Sendungen an die Vertrauensleute[7] des Solifonds in den einzelnen Zonen, Regionen und Städten per Jeep in den dienstfreien Zeiten verteilten. Darüberhinaus gab es Stützpunkte des IRRC in dem an die Westzonen angrenzenden Ausland, dessen Repräsentanten auch gleichzeitig Vertrauensleute des Solifonds waren und über die z.T. ebenfalls Pakete geleitet wurden: dies waren in Paris Ruth Fabian*, in Brüssel Hans Schoemann*, in Amsterdam Karl Völker*; in Stockholm arbeitete der Sekretär der dortigen Repräsentantin des IRRC, Peter Blachstein*, ebenfalls für den Solifonds.

Um sicherzustellen, daß die Hilfssendungen auch an die richtigen Adressaten gelangten, drängten Langs ihre Vertrauensleute, den Empfang eines Paketes umgehend zu bestätigen; aus den Briefen geht hervor, daß dies nicht immer reibungslos funktionierte. Der Inhalt der Pakete variierte zwischen 1947 und 1949 kaum:

Lebensmittel:

Reis, Mehl, Zucker, Milchpulver, Büchsenmilch, Eipulver, Nudelsuppenpulver, Teigwaren, Schweinefett (Schmalz), Öl, Süßstoff.

Genußmittel:

Kaffee, Kakao, Schokolade, Zigaretten [stangenweise].

Gebrauchsgegenstände:

Seife, Seifenpulver, Rasierseife, Rasierklingen, Haaröl, Stopfwolle, Garn, Strickwolle, Gummiband, Druckknöpfe, Füllfederhalter.

Kleidung:

Unterwäsche, Schlafanzüge, Oberhemden, Wollmäntel, Wolldecken (zur Herstellung von Mänteln), Kleider, Blusen, Strümpfe, Schuhe, Kinderkleidung jeder Art.

Medikamente u. dgl.:

Penicillin[8], Sulfonamide, Streptomycin, Strophantin, Evipan, Wurmmittel, Brillengläser, Hörgeräte.

Mit der Not in den Winterhalbjahren 1946/47 und 1947/48 wuchs die Erwartungshaltung der deutschen Genossen, und die Solifonds-Organisatoren hatten mehr als einmal Anlaß, auf ihre begrenzten Möglichkeiten hinzuweisen; aber nur in einigen wenigen Fällen mußten sie ihnen unverständlich erscheinende Wünsche, wie Autoreifen für das Auto eines höheren SED-Funktionärs in Sachsen oder die Einräumung eines Dollar-Kredit-Kontos, zurückweisen. Dagegen konnte der Solifonds von ihm Betreute für einen Erholungsaufenthalt in der Schweiz vorschlagen, nachdem das IRRC ab 1.11. 1948 in Adelboden im Berner Oberland ein Sporthotel gepachtet hatte und in eigener Regie als Erholungsheim für Verfolgte des nationalsozialistischen Regimes führte[9]. Ursprünglich nur als Nebensache gedacht, erhielt die Korrespondenz mit einem Kreis

---

[7] Dies waren nach dem Stand des Jahres 1948/49 in Köln: Ludwig A. Jacobsen*, Dr. Hubert Pauli*; in Duisburg: Oskar Triebel*; in Gelsenkirchen: Emil Samorei*; in Dortmund: Maria Stockhaus*; in Bocholt: Otto Hensel*; in Bremen: Adolf und Ella Ehlers*; in Hamburg: Fritz Ruhnau*, Herta und Werner Thielcke*; in Hannover: Otto Brenner*, Günter Nelke*; in Berlin: u.a. Günter Spruch*; in Nürnberg: Otto Kraus*; in München: u.a. Franz Marx*; in Stuttgart: Louis Pilz*, Dr. Richard Schmid*, Albert Schmidt*; in Mannheim: Gustav Roos*.

[8] Wegen der Hochwertigkeit des damals noch außerordentlich raren und teuren Medikamentes wurde eine Art Bank bei dem Arzt Dr. Hubert Pauli* in Köln angelegt; an ihn konnten sich die vom Solifonds Betreuten oder deren Ärzte wenden, wenn das Mittel gebraucht wurde; diese Maßnahme erwies sich als notwendig, weil Penicillin, das seinerzeit als eine Art Wundermittel gegen alle Krankheiten galt, oft verlangt wurde, ohne daß es therapeutisch geeignet war.

[9] Vgl. den Brief Oskar Triebels v. 18. 10. 1948 aus Adelboden, S. 84 ff.

von ca. 100 politischen Freunden zunehmend ein Eigengewicht. Langs hatten, um die Spendenfreudigkeit in den USA anspornen zu können, die Vertrauensleute in Deutschland gebeten, einige Genossen zu bewegen, „einmal Berichte anzufertigen, die die folgenden Punkte enthalten: a) wie sieht ein Tag bei Euch aus, richtig vom Aufstehen bis zum Schlafengehen, ev. auch Bericht über den Tag einer Arbeiterfrau und ihrer Kinder; b) wie Ihr glaubt, daß sich die Dinge entwickeln werden und was Deine Arbeitskollegen u. Freunde dazu meinen; c) wie die allgemeine Stimmung an Eurem Ort ist und die allgemeine Lage, u. a. auch die Stimmung in der Partei, Gewerkschaft, Betrieb; d) was Euch besonders Kopfzerbrechen macht u. worauf Ihr Eure Hoffnungen setzt [...] Je ursprünglicher ein solcher Bericht ist, desto besser"[10].

Die Briefe, die daraufhin bei Langs in New York eintrafen, zirkulierten entweder direkt oder wurden gekürzt und vervielfältigt „einer größeren Anzahl von Menschen" auf diese Weise zugänglich gemacht, um sie – wie es in einem Rundschreiben an die Paketempfänger vom Oktober 1947 heißt – „aufzuklären über die Verhältnisse in Deutschland, wie auch um sie anzuspornen, sich an unserem Hilfswerk zu beteiligen"[10a]. In dem gleichen Rundschreiben dankt der Solifonds „allen Genossen, die sich die Mühe machten, um ausführlicher über die allgemeine Lage, über ihre Gedanken und über ihren Leidensweg zu berichten".

Mit einigen der Briefschreiber und mit einem sich herausschälenden Kreis engerer Freunde, von denen die meisten erst übers Briefeschreiben zu solchen geworden waren, andere schon alte Bekannte aus der Zeit vor 1933 waren, kam es zu einem umfangreichen Briefwechsel, der bewußt von allen Seiten eine politische Qualität erhielt. Joseph und Erna Langs Position war identisch mit der von Paul und Rose Frölich*; vor allem Paul Frölich gab dieser Position die grundsätzliche Richtung, lieferte oft zu einzelnen Fragen Vorentwürfe für die Briefe, die Langs dann schrieben, und entfaltete auch eine eigene gezielte Korrespondenz, von der aber nur geringe Bestände erhalten geblieben zu sein scheinen.

Nach langen Auseinandersetzungen, deren Anfänge in die Zeit der Stalinschen Säuberungen und des Spanischen Bürgerkriegs zurückreichten und die sich dann 1939 in Paris noch verschärft hatten, war es im November 1942 in New York mit Jacob Walcher* zum Bruch gekommen über die Beurteilung der Rolle und der Bedeutung der Sowjetunion für den weiteren Weg zum Sozialismus. Frölichs und Langs betrachteten die Sowjetunion immer kritischer: Diese war in ihren Augen nicht die einst erhoffte wirkliche Diktatur des Proletariats geworden, sondern die Diktatur einer bürokratischen Partei-Minderheit über die Mehrheit des russischen Volkes. Diese Beurteilung führte dazu, daß Langs und Frölichs sich im November 1942 von der Rest-SAP um Jacob Walcher trennten und fortan allein blieben bzw. sich dem WC anschlossen. Ihre Position kennzeichneten sie selbst so: „Wir stehen auch ideologisch weder bei der SP noch bei den Trotzkisten, sondern im Grunde genommen auf unserm alten Boden, auf dem wir nun ja bald 20 Jährchen spazieren gehen."[11] Unter dem Eindruck der Politik der Sowjetunion in den osteuropäischen Ländern und in der von ihr besetzten Zone Deutschlands wurde Langs (und Frölichs) Ablehnung „der russischen Methoden und der Abhängigkeit ihrer ausländischen Sektionen" noch schärfer: „... wir sehen keine Reformmög-

---

[10] Joseph Lang an Hubert Pauli v. 20.4. 1947 (NL Lang, Mappe Köln).
[10a] S. das Rundschreiben „Liebe Genossen und Freunde" vom Oktober 1947 (NL Lang, Mappe Berichte I).
[11] Erna Lang an Karl Baier* v. 15.9. 1946 (NL Lang, Mappe Berlin I).

lichkeit, der Anschauungsunterricht von dieser Seite war noch viel grauenhafter, als wir für möglich hielten. Auf der anderen Seite sehen wir auch in reformistischen Parteien keine Hoffnung und glauben, daß sich in Europa eine neue Kraft, die das Banner des unabhängigen freiheitlichen Sozialismus mit der Achtung persönlicher Freiheiten und menschlicher Würde aufrichtet, ergeben muß, da sonst neue Katastrophen unvermeidlich sind. Und wir sind nicht allzu optimistisch, daß unser Ziel rechtzeitig erreicht wird …"[12].

Die sich in diesen Äußerungen niederschlagende Distanz gegenüber den „reformistischen Parteien" haben Langs wie Frölichs nach und nach aufgegeben, vor allem unter dem Eindruck der Berichte der inzwischen in der SPD tätigen alten Genossen[13]. Nach vielen Schwierigkeiten kehrten Joseph und Erna Lang im August 1950 nach Deutschland, in die Bundesrepublik, zurück in dem Bewußtsein, daß „keines der Probleme, die unsere Generation seit 35 Jahren nicht mehr zur Ruhe kommen lassen, … gelöst"[14] war, aber kampfesmutig wie eh und je. Nach einer Rundreise durch die Bundesrepublik und Westberlin schlossen sich Langs im Januar 1951 der SPD an und ließen sich in Frankfurt am Main nieder[15]. Hier wirkten sie beide als selbstlose kämpferisch-kritische Parteiarbeiter, die nichts von der Partei wollten, ihr aber alles gaben bzw. immer zu geben bereit waren. Jola – wie Joseph Lang fast liebevoll von seinen Freunden genannt wurde (und wie er neue akzeptierte Freunde ihn zu nennen aufforderte) – wurde in den über 20 Jahren seines Wirkens in der sozialdemokratischen Arbeiterbewegung weit über die Stadtgrenzen Frankfurts, ja Hessens hinaus zu einer politische Maßstäbe setzenden Institution und eine väterliche dazu, gütig und streng zugleich, mitgetragen von Erna Lang, der dieselben Attribute zukommen: gütig und streng zugleich.

III. Informationen über den Briefbestand und die Briefauswahl

Die hier veröffentlichten Briefe stammen fast ausschließlich aus dem politischen Brief-Freundeskreis von Joseph und Erna Lang. Der von ihnen aus der Emigration mitgebrachte Briefbestand, den Erna Lang nach dem Tode ihres Mannes der Herausgeberin übergab, umfaßt ca. 600 Briefe, soweit sie im Zusammenhang mit der Arbeit des Solifonds standen, nicht mitgezählt die bloß formellen Dankesschreiben. Der Bestand enthält außerdem noch Korrespondenzreste aus den Emigrationsjahren 1939–1944, den Briefwechsel mit politischen Freunden, die 1945 nicht in Deutschland lebten oder erst später zurückkehrten, z.B. mit Fritz Lamm* in La Habana/Cuba, seit 1948 in Stuttgart, die Jahre 1941–1950 betreffend, und mit Karl Völker* in Amsterdam in den Jahren 1945–1949; ferner Briefwechsel mit Freunden, der nur am Rande mit dem Solifonds zu tun hatte und überwiegend politisch-persönlichen Charakter trug, z.B. mit Harald Poelchau, Willem Hölter* und Wolfgang Abendroth*, sowie den Briefwechsel mit Heinz Behrendt während seiner Zeit als US-Soldat 1943/44[16]. Die Herausgeberin

---

[12] Joseph Lang an Hertha Tüsfeld-Heine v. 17. 11. 1947 (NL Lang, Mappe Dortmund).
[13] Die Herausgeberin bereitet eine breit kommentierte Dokumentation zu diesen Fragen unter dem Titel „Nur eine Partei für den dritten Weg" vor.
[14] Hektographierter Zirkularbrief von Ende August 1950, abgedruckt in diesem Band S. 306 ff.
[15] Vgl. den Bericht an die Freunde vom Februar 1951 (NL Lang, Mappe Berichte I).
[16] Heinz Behrendt, geb. 1914 in Berlin, führendes Mitglied der Berliner SVJ-Organisation, 1933 verhaftet, 1934 Flucht nach Prag, 1937 nach Paris, 1939 interniert, zuletzt im Lager Gurs, Frühjahr 1942 nach Cuba, Mai 1943 in die USA, August 1943 US-Soldat, Juli 1944 gefallen auf der Insel Biak/Neu Guinea.

wird nach Abschluß der Editions- und Auswertungsarbeiten den Bestand entsprechend einer bereits getroffenen Verfügung von Erna Lang an das „Archiv der sozialen Demokratie" (AdsD) in Bonn zur endgültigen Aufbewahrung übergeben.

Der Bestand ist auf eine nicht mehr aufklärbare Weise unvollständig, so fehlt z. B. der Briefwechsel mit dem Vertrauensmann des Solifonds in Berlin, Günter Spruch*, und anderen engeren Freunden. Auch aus dem umfangreichen Briefwechsel mit Otto Brenner* sind nur wenige Briefe vorhanden. Aufklärung darüber brachte ein Brief von Joseph und Erna Lang an Otto Brenner vom 8. 11. 1967, aus dem sich ergibt, daß beide Brenner zu seinem 60. Geburtstag seine Briefe aus den Jahren 1946–1950 nach New York „unversehrt und vollständig" übergeben haben[17]. Dennoch konnte der Bestand aufgefüllt werden: Im Frühjahr 1979 hat Erna Lang Bernd Klemm eine Mappe zur Auswertung übergeben, die Durchschläge der Briefe von Brenner und Originale der Briefe von Langs zwischen 1946 und 1949 enthielt; es hatte offensichtlich ein Tausch stattgefunden. Der Inhalt der Mappe ist inzwischen in den Gesamtbestand eingeordnet worden[18].

In vielen Fällen sind die Kopien der Briefe, die Langs geschrieben haben, nicht erhalten geblieben und die Originale bisher nicht auffindbar. Dennoch erwies sich das Material als so außerordentlich reichhaltig, daß aus diesem Bestand 128 Briefe von 71 Briefschreibern zur Veröffentlichung ausgewählt wurden, dabei wurde im wesentlichen den Kriterien, die Joseph Lang in seinem auf S. 20 zitierten Brief an Hubert Pauli* angegeben hatte, gefolgt; die Leitfragen für die Auswahl lauteten:

1. Was haben die Briefschreiber selbst oder ihre Angehörigen im „Dritten Reich" erlebt?
2. Wie leben sie in den Jahren nach 1945?
3. a) Welche politische Arbeit (im weitesten Sinne) tun sie?
   b) Welche Vorstellungen über Gegenwart und Zukunft haben sie?
   c) Wie beurteilen sie die Besatzungsmächte, die Weltlage, die Parteien und die Gewerkschaften in den Westzonen und in der sowjetisch besetzten Zone und die Stimmung in der Bevölkerung?

Der zeitliche Schwerpunkt der Briefe liegt entsprechend demjenigen der Tätigkeit des Langschen Solifonds auf den Jahren 1947 und 1948; ein Brief stammt aus dem Jahr 1945, 15 aus dem Jahr 1946, 56 aus dem Jahr 1947 (genau: 55 und ein Brief ohne Datum, der dem Jahr 1947 zugerechnet werden kann), 45 aus dem Jahr 1948 und 11 aus dem Jahr 1949. Die Briefe sind teils mit der Hand geschrieben worden, teils mit der Schreibmaschine, meist mit miserablem Farbband, fast ausnahmslos auf schlechtem Papier – den Zeitumständen entsprechend.

Langs selbst hatten die Briefe nach Regionen bzw. Städten und nach einzelnen Schlüsselpersonen geordnet; die geographische Ordnung wurde beibehalten und die Korrespondenz mit Einzelpersonen der jeweiligen Region oder Stadt zugeordnet, um den Zusammenhang unter den Briefschreibern und ihre Reaktionen auf einen identischen oder doch ähnlichen Erfahrungshorizont geschlossen dokumentieren zu können. Aus diesen Überlegungen resultiert die Reihenfolge der Briefe in der Dokumentation: Bremen, Köln, Duisburg, Gelsenkirchen/Essen, Dortmund, Schwelm, Solingen, Bocholt,

---

[17] S. AdsD Nachlaß Joseph Lang, Mappe 9.
[18] In der Mappe 9 des von Erna Lang bereits an das „Archiv der sozialen Demokratie" übergebenen Bestandes, der im wesentlichen Materialien aus der Zeit nach 1950 enthält, befinden sich auch einzelne Briefe einiger Briefschreiber, die in diesem Band zu Wort kommen, u. a. auch von Otto Brenner.

Wesel, Bielefeld, Hamburg, Hannover, Berlin, Sowjetische Besatzungszone, München, Breitbrunn a. Ammersee, Nürnberg, Rehau i. Bayern, Hof/Saale, Bamberg, Metzingen/W., Stuttgart, Mannheim, Offenbach am Main, Wiesbaden, Frankfurt am Main.

Die Briefe kamen also nicht nur so gut wie ausschließlich aus linkssozialistischen Kreisen, sondern auch überwiegend aus Orten, die in der Britischen und in der Amerikanischen Besatzungszone lagen, sowie aus Berlin. Der Anfang mit dem in der Amerikanischen Besatzungszone liegenden Bremen und der dann folgende Sprung in Orte der Britischen Besatzungszone ist der Tatsache geschuldet, daß die Pakete in Bremen ankamen und außerdem die Erstempfänger, das Ehepaar Ehlers, zu den lebendigsten und zugleich sachlich kompetentesten Briefschreibern gehörten. In jenen Regionen, die nach 1945 Britische und Amerikanische Besatzungszone wurden, bzw. in Berlin hatten die alten politischen Organisationen der Briefschreiber vor 1933 ihre Schwerpunkte; folglich bildeten sie auch die Orientierungspunkte für die Paketaktion und die nachfolgende Korrespondenz. Dies müßte natürlich auch für einige Orte, die nach 1945 in der Sowjetischen Besatzungszone lagen, gelten; abgesehen davon, daß es nicht gelungen ist, für einige aus dieser Zone kommende Briefe die Abdruckerlaubnis zu erhalten (vgl. S. 188), enthält der Bestand insgesamt nicht sehr viele Briefe aus der SBZ/DDR, was auch als ein Zeichen dafür gelten kann, daß 1947/48, den Jahren, aus denen das Hauptkontingent der abgedruckten Briefe stammt, der Eiserne Vorhang bereits heruntergelassen war; nur mühsam konnte in einigen Fällen über direkte persönliche Fühlungnahmen (Besuche) eine Verbindung aufrechterhalten werden. Daß aus der Französischen Besatzungszone nur ein Brief abgedruckt wird, hat zwei Gründe: 1. in den Gebieten der Französischen Zone haben SAP und KPO vor 1933 wenig Rückhalt gefunden, hier waren also kaum potentielle Paketempfänger bzw. Briefpartner zu finden; 2. ausgerechnet ein Briefschreiber aus einem Ort in der Französischen Besatzungszone, dessen Briefe von eindrucksvoller Aussagekraft sind, hat sich nicht dazu entschließen können, die Abdruckerlaubnis zu erteilen.

IV. Die Briefschreiber

Wer waren nun die 71 Briefschreiber, 14 Frauen und 57 Männer? Die Älteste unter ihnen, Dora Hoffmann aus Hamburg, war 1945 73 Jahre alt, also 1872 geboren, der Jüngste, Günter Eckstein aus Stuttgart, 30 Jahre alt, also 1915 geboren; über die Hälfte der Briefschreiber aber war 1945 zwischen 50 und 35 Jahre alt, wurde also zwischen 1895 und 1910 geboren. Alle haben, wenn z.T. auch nur als Kinder, den Ersten Weltkrieg miterlebt; fast alle waren in der Weimarer Republik politisch bewußte und aktive Zeitgenossen, viele sogar schon während der Revolution 1918/20 und einige schon in der Vorkriegszeit.

Bei fast zwei Dritteln der Briefschreiber waren die Väter Arbeiter, Facharbeiter oder (in fünf Fällen) kaufmännische Angestellte; von immerhin 23 Briefschreibern ist bekannt, daß ihr Vater, nicht selten aber auch zugleich ihre Mutter, bereits in der Arbeiterbewegung tätig gewesen waren; in einigen Fällen sind die Briefschreiber bereits politisch Aktive in der dritten Generation. 33 der Briefschreiber haben nur die Volksschule besuchen können, 10 die Mittelschule; 35 absolvierten eine Facharbeiterlehre, vorwiegend in der Metallbranche, vier waren ungelernte Arbeiter, zehn wurden als kaufmännische Angestellte ausgebildet, acht von ihnen gelang es, sich beruflich erheblich weiter zu qualifizieren bis zu akademischen Berufen, von fünfen ist direkt überliefert, daß sie Weiterbildungseinrichtungen der sozialdemokratischen Arbeiterbewegung besucht haben. Bei fast allen wird deutlich, daß sie den Weg der Selbstbildung beschritten haben; sie eigneten sich ein z.T. unerhörtes Wissen an, das sie – verbunden mit dem in ihrem beruflichen wie politischen Leben angesammelten Erfahrungsreichtum – zu gebildeten Männern und Frauen machte – nicht im Sinne bürgerlicher Bildung, wohl aber im Sinne der auch bürgerliche Kultur verarbeitenden, fast klassisch zu nennenden Arbeiterbildung.

Fast alle Briefschreiber sind als quasi junge Spunte, kaum erwachsen, in die Organisationen der Arbeiterbewegung eingetreten, haben sich eingegliedert, sind in sie hineingewachsen. Nicht von allen ließ sich der Beginn des aktiven Engagements ermitteln, doch sind von 56 Briefschreibern 18 bereits vor dem 15. Lebensjahr, 27 vor dem 20. Lebensjahr und 11 vor dem 25. Lebensjahr organisiert gewesen. Hier in den Organisationen der Arbeiterbewegung haben sie alsbald – sei es in den Jugend- oder Nebenorganisationen der SPD oder der KPD, sei es in den Gewerkschaften oder sei es in den Arbeiterparteien selbst – ehrenamtliche Funktionen übernommen bzw. übertragen bekommen. Daß sie so früh Aktive der Arbeiterbewegung wurden, hing nicht nur mit den Vorgaben aus dem Elternhaus oder dem Beruf zusammen, sondern auch mit den Orten und Regionen, in denen sie ihre politische Arbeit begonnen oder vor 1933 zu einem gewissen Höhepunkt geführt haben. Es waren z.T. Brennpunkte der Kämpfe der Arbeiterbewegung, z.T. traditionsreiche Städte oder Regionen; Orte, in denen am Ende der Weimarer Republik heftige Auseinandersetzungen sowohl unter den Arbeiterparteien selbst wie mit den Nationalsozialisten stattfanden und die Rechts-Links-Polarisierungen besonders ausgeprägt waren; Orte, in denen nicht selten am Ende der Republik die KPD ihre aus dem Verlauf der revolutionären Auseinandersetzungen 1918/20 resultierende starke Stellung so ausbauen konnte, daß die einst führende SPD bei den Wahlen z.T. weit abgeschlagen hinter ihr lag: Köln, Duisburg, Essen, Gelsenkirchen, Dortmund, Schwelm, Solingen, Bocholt, Berlin, oder sich ein Gleichstand ergab wie in Stuttgart, Mannheim, München; nur in Bielefeld, Bremen, Hamburg, Hannover, Nürnberg, Breslau und Frankfurt am Main war und blieb die SPD die stärkste Arbeiterpartei, einzig in Offenbach am Main änderte sich das Verhältnis zugunsten der SPD.

Der größte Teil der Briefschreiber befand sich aber in den letzten Jahren der Republik nicht bzw. nicht mehr in der SPD oder in der KPD. Fragt man danach, wie ihr Weg durch die Institutionen der Arbeiterbewegung verlaufen ist, so lassen sich unter den Briefschreibern zwei Hauptgruppen herausfiltern. Bei der ersten Hauptgruppe handelt es sich um die älteren, vor 1903 geborenen Briefschreiber: Meist vom linken Flügel der Vorkriegs-SPD herkommend, stoßen sie zu Beginn, während oder nach dem Ersten Weltkrieg zur innerparteilichen Opposition bzw. gehören den neuen Organisationen an: USPD und „Gruppe Internationale (Spartacus)" und im Anschluß daran KPD, wo sie dann nach den revolutionären Kämpfen Mitte der 20er Jahre auf dem sogenannten rechten Flügel zu finden sind, ausgeschlossen werden, die KPO bilden, von dort zur SAP gehen[19] und während des Zweiten Weltkrieges oder nach der Rückkehr aus der

---

[19] Vgl. hierzu u.a. die Lebensläufe von August und Irmgard Enderle*, Ludwig A. Jacobsen*, Alfred und Lotte Krüger*, Louis Pilz*, Emil Samorei*, Oskar Triebel*, aber auch Adolf und Ella Ehlers* mit dem Umweg von Adolf Ehlers 1945 erst zur KPD und dann 1946 zur SPD. Der politische Lebensweg der Briefempfänger Joseph und Erna Lang verlief ebenfalls nach dem Muster der ersten Hauptgrup-

Emigration nach einem Vierteljahrhundert wieder in die SPD zurückkehren oder sich ihr zum erstenmal anschließen. Nicht alle blieben in der SPD, manche haben sich aus unterschiedlichen Gründen später wieder von ihr getrennt.

Die zweite Hauptgruppe bilden die nach 1903 Geborenen, die am Ende der Weimarer Republik aus der SAJ, von den Jungsozialisten oder aus Nebenorganisationen wie den „Naturfreunden" oder/und vom linken Flügel der Weimarer SPD in die SAP oder in den SJV gehen, nach 1945 in die SPD zurückkehren und hier meist auch bleiben. Diese Gruppe ist unter den Briefschreibern die zahlenmäßig stärkste[20]; doch gibt es gerade in dieser Gruppe kleine Abweichungen vom „geraden" Weg: es gab Sympathien mit dem ISK[21] und nach 1945 den nicht ganz direkten Weg wieder in die SPD[22].

Eine weitere Gruppe, die man als Variante der ersten Hauptgruppe zuordnen kann, bildeten jene, die ebenfalls in die KPO gingen, 1932 dort blieben und nach 1945 erst in der KPD zu wirken versuchten, dann sich in der „Gruppe Arbeiterpolitik" zusammen-schlossen[23]. Einige Briefschreiber kamen aus der Weimarer KPD, waren bis zuletzt dort geblieben oder doch noch in die KPO gegangen; nach 1945 führte sie ihr Weg entweder direkt zur SPD oder zunächst in die KPD, aus der sie bald wieder austraten oder ausgeschlossen wurden, und dann erst gingen einige in die SPD, der sie dann u. U. auch wieder den Rücken kehrten[24]. Nur wenige – das hängt eindeutig mit der Auswahl der Briefpartner durch Langs zusammen – gehörten durchgehend der SPD oder der KPD an[25]. Über diese aus der Durchsicht der Lebensläufe sich ergebenden Zuordnun-gen hinaus könnte noch eine Anzahl von Einzelfällen festgestellt werden; der relativ spektakulärste Einzelfall ergibt die folgende Kette: Jahrgang 1904, vor 1933 SAJ, SPD, SAP, nach 1945 KPD, UAP, DFU[26].

Aufgrund des häufig so jung begonnenen und in den meisten Fällen lebenslang durch-gehaltenen politischen Engagements erscheint es fast selbstverständlich, daß von den 71 Briefschreibern nur wenige nicht verfolgt wurden; alle standen in Opposition zum „Dritten Reich" oder leisteten, z.T. mit ihren Familienangehörigen, Widerstand. 37 Briefschreiber waren zu z.T. langjährigen Gefängnis- oder Zuchthausstrafen verur-teilt worden oder waren z.T. im Anschluß an die Freiheitsstrafen in Konzentrations-und Zwangsarbeitslagern (Bergen-Belsen, Brauweiler, Brual-Rhede, Buchenwald, Dachau, Eggeberg bei Halle/Westfalen, Elberegulierungslager Dessau-Rosslau und Grieb, Esterwegen, Groß-Rosen, Hamburg-Fuhlsbüttel, Heuberg, Oranienburg, Ost-hofen, Papenburg, Sachsenhausen, Theresienstadt, Welzheim); neun wegen ihrer Wi-derstandsarbeit gefährdete Briefschreiber gingen in die Emigration; drei Briefschreiber wurden während des Zweiten Weltkrieges zum Waffendienst in einem der sogenann-ten Bewährungs-Bataillone mit der Nummer 999 gezwungen, einer gehörte der SS-

---

pe, wenn auch mit zwei Varianten: Joseph Lang kam über die frühe ultralinke Abspaltung von der KPD, der KAPD, wieder zurück zur KPD, Erna Lang stand erst innerhalb der KPD auf dem linken (Ruth Fischer-) Flügel, ehe sie sich der „Rechten" anschloß.

[20] Vgl. z.B. die Biographien von Willy Blind*, Eberhard Dörfler*, Emil Brune*, Wilhelm Fingerle*, Hans Ils*, Fritz Nagel*, Günter Nelke*, Maria Stockhaus*, Herbert Tulatz*, Frida Euchner*.

[21] So bei Otto Brenner* und Franz Marx*.

[22] So gingen Gustav Roos* und Otto Werner Mager* erst in die KPD, Frieda Rudolph* und Günter Eckstein* gelangten erst über die AP in die SPD; dies gilt erst recht für Heinrich Galm*.

[23] Karl und Emma Grönsfelder*, Georg Stetter*, Paul Elflein*, Berta Schöttle-Thalheimer*.

[24] Johann Georg Schlott*, Bernhard Molz*, Karl Müller*, Erich Schumacher*, Karl Grunert*, Otto Halbach*, Josef (Jup) Schmitz*.

[25] SPD: Emil Deutsch*, Stefie Restle*, Lina Heise*; KPD: Hertha Tüsfeld-Heine*.

[26] Es handelt sich um Otto Hensel*.

Division Dirlewanger an[27]. Damit repräsentiert die ausgewählte Gruppe der Briefschreiber einen bestimmten Teil der deutschen Arbeiterbewegung, jenen nämlich, den – bedingt durch die Besonderheiten seiner politischen Sozialisation – ein besonders hoher Grad nicht nur an Widerstandsbereitschaft, sondern vor allem an Widerstandsfähigkeit, Durchhaltevermögen und Leidensbereitschaft auszeichnet.

Die Informationen über den politischen Lebensweg der Briefschreiber, ihre eigenen in den Briefen ausgedrückten Reflexionen über diesen Weg und ihre Stellungnahmen in den Briefen erlauben – wie eben schon begonnen – vorsichtige Aussagen über die politisch-soziale Mentalität der Briefschreiber. Diese Aussagen müssen sich überwiegend auf Beschreibungen beschränken, um jedes spekulative Moment auszuschalten, das den Historiker in die methodisch ungesicherte Position eines Psychoanalytikers ex post bringen würde. Als hervorstechendster Eindruck ergibt sich bei allen Biographien das zähe Durchhalten von abweichenden Positionen gegen den jeweiligen Mehrheitstrend. Ehe sie vor sich selbst nicht verantwortbare Kompromisse eingehen, trennen sie sich von der Mehrheit oder den Vertretern der jeweils herrschenden Linie. Die Vielfalt der politischen Optionen ist nicht etwa Ausdruck von Wankelmut, sondern von Prinzipientreue, jedenfalls was einige sozialistische und demokratisch-kommunistische Grundfragen angeht. Ihre Positionen vertreten die Briefschreiber aufgrund theoretisch abgesicherter Erkenntnisse; deshalb nehmen in ihrem Denken jene Mentoren fast den Rang von geistigen Übervätern an, die ihnen die theoretischen Erklärungen geliefert haben: Marx und Engels, Rosa Luxemburg und auch Lenin; nicht unkritisch auch gegenüber diesen Übervätern halten sie ständig Ausschau nach neuen Mentoren, die sie als in der weiteren Nachfolge von Marx stehend begreifen und die ihnen die Veränderungen in ihrer eigenen Gegenwart interpretieren helfen können. Ihr Handeln ist immer theoretisch reflektiert; Wissen hat für sie einen hohen Stellenwert – sowohl faktisches wie erklärungsbezogenes Wissen; ihr Traditionsbewußtsein und ihr Geschichtsverständnis sind ausgeprägt. Wäre der Begriff der Elite nicht ihrem Denken so völlig inadäquat, würde er sie gut kennzeichnen; aber vielleicht läßt sich davon sprechen, daß sie eine echte Arbeiter(Bildungs-)aristokratie gewesen sind – nicht im materiell-korrupten Sinne des Begriffs, sondern im Horizont der klassischen Werte der alten Arbeiterbewegung.

Deren sekundäre Tugenden hatten sie seit früher Jugend internalisiert, und bruchlos blieben sie zeitlebens handlungsbestimmend: Kampfeswille und Kampfbereitschaft, Widerstandsbereitschaft und Widerstandsfähigkeit, Opferbereitschaft, die Kraft, andere zu überzeugen, immer wieder die Erfüllung der gemeinsam als solche erkannten Pflicht. Denn obwohl alle Individualisten oder besser, d.h. ihrer Sozialmoral gemäß: alle irgendwie Persönlichkeiten sui generis, waren sie gleichzeitig – und dies ohne Bruch in der Persönlichkeitsstruktur – eingeschworen auf eine unverbrüchliche Grup-

---

[27] Es bestanden wahrscheinlich 15 solcher Bataillone mit jeweils 800 Soldaten, die Hälfte der Soldaten waren Kriminelle, die sich von den Nationalsozialisten meist zu Handlangerdiensten gegen die Antifaschisten gebrauchen ließen. Diese 999-Straf- bzw. „Bewährungs"-Bataillone (für „Wehrunwürdige") wurden vor allem eingesetzt in Afrika, auf den griechischen Inseln, in den Balkanländern und teilweise auch in der Sowjetunion zur Sicherung der Rückzüge und zur Partisanenbekämpfung, d.h. für besonders verlustreiche Aufgaben. – Außerdem gab es seit 1942 die SS-Division Dirlewanger, die in Polen zur Partisanenbekämpfung eingesetzt worden war und an der grausamen Niederschlagung des Warschauer Aufstandes im Herbst 1944 beteiligt war; sie bestand ebenfalls aus Kriminellen. Ende 1944 warb die Division auch in den KZs „Freiwillige"; aus den KZs Sachsenhausen und Dachau meldeten sich mehrere Hundert politische Gefangene, die hofften, im Besitz von Waffen diese gegen ihre Todfeinde richten oder zu den sowjetischen Truppen überlaufen zu können.

penmoral; deren Werte und Normen stabilisierten sie bei den im Kampf unvermeidlichen Schwankungen immer wieder und brachten die Verhältnisse zueinander wieder ins rechte Lot. Es war eine Gruppenmoral, deren Hauptwort „Solidarität" hieß; und „Solidarität" bedeutete eine Art brüderlicher Verbundenheit, die auch noch den Abgefallenen als Irrenden einschloß.

Wie kaum eine andere Gruppe in der Geschichte der deutschen Arbeiterbewegung vermag diese durch das Medium „Brief" sozusagen a posteriori konstituierbare Gruppe zu demonstrieren, daß Sozialismus und Kommunismus – beide in ihrer demokratischen Ausprägung – nicht Dogmatismus und Ideologie sein müssen, nicht viel Anspruch und wenig Realität, auch nicht bloß Kopf- und Magenfrage und deren Lösung sind (was sie selbstverständlich auch sein müssen), sondern auch Charakter- und Herzenssache oder – wem das Pathos nicht paßt: eben eine Sozialmoral. Fast durchgängig leitete die Briefschreiber eine ihren individuellen Bedürfnissen übergeordnete Interessenlage; es ging nicht um die eigene Karriere, und wenn es doch einmal um sie ging, dann wurde dies fast widerwillig zugegeben oder rationalisiert auf recht umständliche Weise. Die eigenen persönlichen Bedürfnisse hatten zurückzustehen gegenüber der Bewegung, dem Sozialismus oder gegenüber dem, was der Nächste brauchte, und das war immer der „Kampf- und Tatgenosse".

Natürlich gab es auch Problemzonen im Verhalten der Briefschreiber: diese gelegentlich den Nachbetrachter wie schon den Zeitgenossen enervierende Besserwisserei, diese Apodiktik im Rechthabenwollen, dieses manchmal unbefragt bleibende Sendungsbewußtsein, dieses aber wohl auch nur scheinbar kühle Schlußstrichziehen gegenüber Weggefährten, die nicht so taten, wie man wollte, dieses manchmal unvermittelt Nebeneinanderstehen von Strenge und Güte im Miteinander. Da gab es auch befremdende puritanisch-puristisch-asketische Züge. Ella Ehlers tanzte da nicht ungefährdet einfach souverän aus der Reihe, als sie einmal freimütig und mit einer im Kreise der Briefschreiber recht ungewöhnlichen Selbstironie ihre sinnliche Abhängigkeit von Gegenständen zugab, die ein klein wenig Normalität zu signalisieren vermochten: Um Strümpfe bittet sie die New Yorker Freunde, aber keine baumwollenen möchte sie, sondern seidene: „Wenn wir auch den Krieg verloren haben, wir mögen doch alle am liebsten seidne Strümpfe. [...] Ihr wißt ja, daß gerade das Fehlen solcher Kleinigkeiten einen manchmal elend machen kann." (Brief vom 16.1.1946) Krankheit und körperliche Schwächen waren für die Briefschreiber nicht eine Last, aber lästig, beinahe ein Makel. Irritiert stellten sie fest, daß auch sie von den Fragen nach dem schieren Überleben so überwältigt wurden, und sie gestanden es sich fast nur widerwillig ein, „daß ein Sozialist, der die physischen Bedürfnisse des Körpers hauptsächlich als lästige Begleiterscheinung des Lebens betrachtet, dennoch eine Freude über eine solche Sendung empfindet", wie Emil Brune am 26.4.1948 in seinem Dankbrief für ein Paket schrieb, ein Mann, der heute noch als einer der Vorsitzenden der Arbeitsgemeinschaft politisch Verfolgter in der SPD politisch aktiv ist. Überhaupt ärgerte es sie, daß der Kampf mit den Kleinigkeiten der alltäglichen Überlebenspraxis, den auch sie und ihre Familien nach 1945 zu bestehen hatten, sie von einer zielkonzentrierten Arbeit, wie sie sie von früher gewohnt waren, abhielt. Es machte sie ungeduldig, daß einfach zu viel Zeit verloren ging für die Sache, um die es doch eigentlich gehen sollte.

Ein großes Problem ergab sich für die Briefschreiber, daß ihnen jetzt geholfen werden mußte, daß sie, die durchweg von ihren Kinderjahren an gewohnt gewesen waren, sich selbst zu helfen und anderen zu helfen, die gelernt hatten, immer zu geben statt zu nehmen, sich jetzt helfen lassen mußten. Sie fühlten sich häufig beschämt bzw. schämten sich, nun Hilfsbedürftige zu sein, Hilfe fürs Überleben annehmen zu müssen, und die an sich auch ihnen selbstverständlichen Dankesworte kamen nur zögernd und verzögert, wie oft der zeitliche Abstand zwischen dem Erhalt eines Paketes und dem Antwortbrief zeigt. Der Briefschreiber Franz Pfaffenhäuser erklärte dies so: „Für Eure Pakete danken wir Euch vielmals, wir konnten unseren Dank leider nie recht anbringen. Auch sind wir eigentümliche Menschen, Dankes Briefe zu schreiben ist unsere Schwäche, wir denken nur immer wann können wir es wieder vergelten." (Brief Pfingsten [16. 5.] 1948) Wenn nicht alles täuscht, haben Langs diese Schwierigkeiten ihrer Partner wohl verstanden, und der einfache kurze Satz von Louis Pilz in seinem Brief von 29. 6. 1947 sprach für Langs (und spricht heute noch) Bände: „Wir haben uns schon oft gefragt, was aus manchem von uns geworden wäre, hättet Ihr nicht geholfen." Doch hatte die scheinbare Lässigkeit im Antwortgeben auf die Pakete noch andere Gründe: Alle Briefschreiber hatten sehr viel zu tun – was sie in ihren Briefen auch ausführlich belegen und begründen; ihre Belastungen, meist noch verstärkt durch ihren überwiegend jämmerlichen Gesundheitszustand und die erschwerten allgemeinen Kommunikationsbedingungen, waren also keine vorgeschobenen Tatsachen, wenn es galt, langes Schweigen oder nicht promptes Antworten zu erklären, sondern ihre Alltagsrealität nach 1945.

Zu dieser Alltagsrealität gehörte eine Erfahrung, von der die Briefschreiber wie alle aus der Arbeiterbewegung, die Widerstand geleistet und überlebt hatten, nicht glaubten, daß sie sie ein zweites Mal würden machen müssen. 1933 waren sie gewaltsam aus der Gemeinschaft der Deutschen ausgeschlossen, zu outcasts im extremen Sinne gemacht worden. 1945 kehrten sie aus den Konzentrationslagern, den Zuchthäusern, den Gefängnissen, den Strafbataillonen 999, aus der Emigration, dem Untergrund oder der halben Illegalität zurück in dem Bewußtsein, daß die Geschichte ihnen Recht gegeben hatte, und sie knüpften daran die Hoffnung, daß die anderen Deutschen sie nun verstehen und ihnen zuhören würden, daß sie selbst sich nach diesem Ende des Nationalsozialismus mit den anderen Deutschen und als Deutsche würden identifizieren können. Diese Hoffnung trog: die Entwicklung in West- und in Ostdeutschland, so wie die Briefschreiber sie sahen und erfuhren, worüber noch im einzelnen zu berichten sein wird, machte sie erneut zu outcasts (wenn auch zu besseren Bedingungen) oder doch zu einer Minderheit, die politisch-moralisch gesehen eine verhinderte Mehrheit war.

Die Hoffnung zu einem neuen Aufbruch wich der Traurigkeit über die Verhältnisse, die wieder einmal nicht so zu geraten schienen, wie man es erwartet hatte. Es war aber eine Traurigkeit, die weder in Melancholie noch in Aggressivität umschlug, sondern in den meisten Fällen zu einem trotzigen Dennoch umgepolt wurde, entsprechend der Feststellung, die die damals 45jährige Stefie Restle in ihrem Brief vom 13.4. 1947 traf: „Es gehört schon ein gutes Stück Optimismus dazu, nun wieder in alle die politischen Probleme einzusteigen und an die Aufgaben heranzugehen, die uns die Not diktiert. Es ging so entsetzlich viel in Trümmer in den letzten 14 Jahren, in uns und um uns. Aber allem zum Trotz arbeite ich wieder mit, solange die Kraft reicht." Eine Feststellung, die zu ergänzen wäre und dann erst das ganze Bild abgibt, durch die Sätze aus ihrem Brief ein Jahr später, vom 18.4. 1948: „Noch will ich glauben, daß es möglich ist, die Welt von Grund auf zu ändern, nicht heute, nicht morgen, vielleicht im nächsten Jahrhundert oder später. Es gibt Dome (nach diesem Krieg allerdings nicht mehr viele), an denen Jahrhunderte gebaut haben. Und in diesem Sinne möchte ich durch mein Leben ein Steinchen einfügen in den Bau einer sozialistischen Welt- und Wirtschaftsordnung, die auf gerechteren Gesetzen ruhen wird." Zum Kampf der Sozialisten gehörten eben weder leichtfertiger Optimismus noch lähmender Pessimismus, sondern der Wille, nicht nachzulassen in dem persönlichen Einsatz, historische Abläufe zu ändern, zu korrigieren und nicht als unabänderliche hinzunehmen.

Nur ganz wenige Briefschreiber (oder ihre Nachkommen), insgesamt sechs, haben nach dem Abstand von mehr als 30 Jahren nicht mehr zu ihren Zeilen von damals stehen mögen oder fürchteten, mißverstanden zu werden. Alle anderen bzw. ihre Nachkommen haben der Veröffentlichung der Briefe nicht nur zugestimmt, sondern im Maße ihrer Möglichkeiten mitgeholfen, Briefstellen zu entschlüsseln und die Lebensläufe zusammenzustellen[28], wie es scheint, größtenteils froh darüber, daß sie nun doch nicht ganz zu den Vergessenen der Geschichte gehören werden. Ihr soziopolitisches Milieu war im großen und ganzen unerschüttert geblieben, und die mit ihm verknüpften politischen Wertvorstellungen galten ungebrochen bis an ihr Lebensende.

Die bisher getroffenen Aussagen über die politisch-soziale Mentalität der Briefschreiber müssen nun in Beziehung gesetzt werden zu dem Wert der Briefe als historische Quelle. Es wird dem Leser der Briefe rasch klar werden, daß sich viele Briefschreiber sehr mit dem Schreiben abquälten. Ihre Wortgewandtheit bezog sich entsprechend ihrem Bildungsgang in der Politik aufs Reden und nicht aufs Schreiben. Obwohl die Gruppe der Briefschreiber, wie schon im einzelnen ausgeführt, überrepräsentativ zur klassischen deutschen Arbeiterbildungs„aristokratie" gehörte, bestand für nicht wenige aus der Gruppe das Problem, lieber erzählen zu wollen, als schreiben zu müssen. Franz Pfaffenhäuser drückte die Situation, in die sich viele Briefschreiber versetzt sahen, treffend so aus: „Ich möchte Euch mal alle gerne wiedersehen, was gäbe es da zu erzählen, ganz anders als auf so einem dämlichen Papier, wo die Gedanken oft anders sich niederschreiben als sie sind." (Brief Pfingsten [16. 5.] 1948). So bestätigen die Briefe unsere Kenntnis aus anderen Zusammenhängen, daß die primäre Ausdrucksform von Arbeitern das Erzählen, nicht das Schreiben ist. Aber gerade dadurch, daß und wenn sie beim Schreiben erzählen (manche Briefe changieren in sich zwischen Schreib- und Erzählstil), erhalten die Briefe ihren gewiß seltenen dokumentarischen Wert, ihre z. T. außerordentlich reizvolle Plastizität. Deshalb sind auch in den einzelnen Briefen die Wiederholungen bestimmter Wendungen und stereotype Ausdrucksformen nicht gestrichen worden; auch sie dokumentieren ja die Hilflosigkeit oder doch ambivalente Einstellung der Briefschreiber gegenüber dem Medium Brief.

Der ganze eben angesprochene Komplex „Arbeiter und Briefeschreiben, überhaupt Schreiben" hat noch eine weitere Dimension, die mit der spezifischen Mentalität der Briefschreiber zusammenhängt: Die Briefschreiber waren sich bewußt, daß sie es sich selbst und den ermordeten Genossen schuldig waren, alles aufzuschreiben, was sie wußten und erlebt hatten, so sehr sie die Erinnerungen auch um das bißchen Ruhe brachten, das sie nun zu haben erhofften, denn – so stellte einer von ihnen, Karl Grunert, fest: „Leider haben bisher viel zu wenig Arbeiter und Angestellte zur Feder gegriffen, um ihre wahren Erlebnisse in ganz klaren und einfachen Worten wiederzugeben. Wenn das alles im Ausland bekannt wird, dann erst können sie erahnen, was alles die Antifaschisten in den Lägern und Zuchthäusern ausgehalten haben und wie sie trotz aller Foltern den Glauben an ihre Sache nie verloren haben."[29] Daß es ihnen trotz die-

---

[28] Vgl. hierzu die Bemerkung von Bernd Klemm über das Zustandekommen der Lebensläufe S. 309 f. und die Bemerkung der Herausgeberin über den Briefbestand Mappe Sowjetische Besatzungszone S. 188 ff.

[29] Karl Grunert an Langs v. 8. 3. 1947 (NL Lang, Mappe Hamburg); vgl. auch den Brief Grunerts v. 15. 11. 1946, S. 134 f.

ser Einsicht so schwer fiel, alles „in ganz klaren und einfachen Worten wiederzugeben" und damit zur schriftlichen Überlieferung der deutschen Geschichte während des „Dritten Reiches" beizutragen, fuchste sie zusätzlich und lähmte oft ihre Spontaneität, und so klingt denn mancher Brief recht aufgesetzt, manchmal plakativ.

Die Briefe sind nicht als sogenannte faktische Geschichtsquelle mißzuverstehen, und sie sind natürlich auch keine „objektive" Quelle, wenn es so etwas überhaupt geben sollte. Das jeweils Mitgeteilte unterliegt der Wertung der Schreiber, ist gerichtet an Adressaten, die gezielt unterrichtet werden möchten und gleichzeitig aus der Sicht der Briefschreiber in die Gruppendiskussionen einbezogen, ja vorbereitet werden sollen auf ihre eigene Mitarbeit nach der erwarteten Rückkehr aus der Emigration, und selbstverständlich geht es auch nicht ganz ohne Rechtfertigungen ab, die den schleppenden, verzögerten und schließlich angehaltenen Gang des Sozialismus nach 1945 in Westdeutschland erklären sollen – wovon im einzelnen noch zu sprechen sein wird. Aber aus zwei Gründen ist diese historische Quelle nicht etwa bloße Illustration von bereits Bekanntem oder bietet nicht einfach nur eine zusätzliche Berufungsmöglichkeit für bereits Bekanntes, sondern sie hat einen unschätzbaren Wert in der Funktion, über eine wenn auch subjektiv durch die Gruppenperspektive gebrochene Realität zu unterrichten und dabei ein Maß an sublimierter und dennoch suggestiv bleibender Unmittelbarkeit zu überliefern, wie es für den Historiker, der immer auf die relativ größere Zuverlässigkeit schriftlicher Überlieferung setzen muß, selten gegeben ist. Wenn man will, sind diese Briefe aber auch gleichzeitig „Oral-History" insofern nämlich, als sie über Prozesse und Gegenstände berichten, über die die traditionellen historischen Quellen nur selten so direkt aussagen können und für die deshalb die mündliche Überlieferung unentbehrlich wird. Man erfährt durch bzw. über die Briefe von Erfahrungen, Einschätzungen und Empfindungen im alltäglichen Dasein einer erlebten Zeit und von dem Ängste wie Hoffnungen verarbeitenden Bemühen um individuelle und kollektive Selbstfindung im Rahmen einer bestimmten Zeitstruktur.

Die zwei Gesichtspunkte, die diese Aussage begründen, sind folgende:

1. Die Briefschreiber hatten – von wenigen Ausnahmen abgesehen – nach 1945 meist untere bis mittlere Funktionen in der SPD, in der KPD oder in Gruppierungen neben und außerhalb der beiden von ihnen so genannten historischen Parteien inne oder bekleideten öffentliche Ämter auf einer mittleren Ebene. Sie sahen ihre Umwelt „from the bottom up" und konnten sie folglich auch so interpretieren. Nur wenige übten bereits Funktionen aus oder gelangten alsbald in Aufgabenbereiche, die sie über ihre lokalen oder regionalen verbands- und institutionenspezifischen Tätigkeiten hinaus in der Bundesrepublik bekannt machten: Otto Brenner, Adolf Ehlers, Kurt Oppler, Richard Schmid. Auch bzw. gerade bei ihnen ist es von informativem Wert zu beobachten, wie wesentlich für sie in den Nachkriegsjahren z. B. Schuhsohlen, Regenmäntel und Stopfwolle waren, wissenswert angesichts der Fülle ihrer Aufgaben, aber auch deprimierend zu beobachten, wie sie einen Teil ihrer Zeit mit der Verteilung und Quittierung von Öl, Zucker usw. verbrachten.

2. Gewohnt, wie ihre theoretische Schulung in der alten klassischen Arbeiterbewegung es ihnen vorgab, die jeweilige Situation einer möglichst klaren Analyse zu unterwerfen, und in dieser Situation auch sich selber, erwiesen sich die Briefschreiber nicht nur als äußerst aufmerksame Beobachter ihrer Umwelt, sondern zum größten Teil auch als äußerst selbstkritische, oft fast selbstquälerische Kommentatoren ihres eigenen Handelns und der Bedingungen dieses Handelns. Deshalb können die Briefe, die ja Antworten auf allerdings recht allgemein gehaltene Fragen sind, als recht zuverlässig gel-

ten. Man schrieb ja an Genossen aus dem „angestammten" politisch-sozialen Milieu, denen man folglich nichts vormachen konnte. Auch hatte sich über den lokal sehr engen Kontakt der Briefschreiber untereinander eine Form der Sozialkontrolle hergestellt, die sich bei abweichendem Verhalten recht unangenehm auswirken konnte, weil sie so einschneidende Sanktionen wie Ausschluß aus dem Verteilerkreis bereithielt. Im übrigen bestätigen die Lebensläufe direkt oder indirekt die Briefinhalte.

V. Die Lage in Westdeutschland 1945–1949 aus der Sicht der Briefschreiber

Summiert man die Aussagen in den Briefen, so versteht man, warum viele Briefschreiber daran zweifelten, ob denn das Chaos, das der Krieg und der Zusammenbruch der nationalsozialistischen Herrschaft auf allen Ebenen des öffentlichen und des privaten Lebens hinterlassen hatten, überhaupt an einen Wiederaufbau denken lassen konnte. Die Briefschreiber lebten überwiegend in Gebieten bzw. Städten, die den höchsten Grad an Zerstörungen durch den Luftkrieg und die Erdkampfhandlungen aufwiesen; so waren Köln zu 70% zerstört, Dortmund und Duisburg zu 65%, Hamburg zu 53%, Essen, Gelsenkirchen, Bremen und Hannover zu 51%, Nürnberg zu 50%, Mannheim zu 48%, Frankfurt am Main zu 45%, Bocholt zu 89% und Wesel sogar zu 97%. Angesichts der täglichen Anschauung der riesigen Trümmermassen mußte den Briefschreibern das Wohnungsproblem unlösbar erscheinen. Die Briefe kamen aber nicht nur aus zertrümmerten Städten, sondern stammten zusätzlich aus einer Zeit, in der, insbesondere in der Britischen Besatzungszone, und da vor allem im Ruhrgebiet, die schlimmsten Hungerperioden der Nachkriegszeit registriert worden sind. So ermöglichen die Schilderungen in den Briefen über die Bedeutung der Paketinhalte und ihre Verwendung und der häufige Hinweis, daß ohne die Pakete die unmittelbare psychisch-physische Reproduktion in Frage gestellt gewesen wäre, eine unmittelbarere Einsicht in die Nachkriegslebensbedingungen als die in der Historiographie üblichen Quantifizierungen.
Neben Wohnungsnot und Lebensmittelmangel fällt auch das Fehlen an Kleidungsstücken auf, ein Mangel, der nicht nur unmittelbar durch die Verluste bei Ausbombungen verursacht worden ist, sondern auch dadurch entstanden war, daß Bekleidung einen hohen Wert als Tauschobjekt für Lebensmittel hatte. Das gleiche gilt auch für die in reichlichem Maße geschickten Zigaretten, die von den Empfängern überwiegend nicht in Rauch aufgelöst wurden, sondern als Zahlungsmittel auf dem Schwarzen Markt dienten. Situationen, die der Nachbetrachter nur vom Hörensagen kennt und die er gelegentlich schon für Legenden hält, werden in den Briefen noch einmal realitätsnah vermittelt: so die wirklich wahre Geschichte von den kohlenklauenden Kölschen Jungs (und es gab sie nicht nur in Köln) oder den kleinen großen Kinderstars aus dem Schiebermilieu (s. den Brief von August und Irmgard Enderle v. 13.1. 1948); aber auch die von Emil Samorei unprätentiös erzählte Verteilung der geschenkten Kleidungsstücke fast nach der Art, wie einst der Heilige St. Martin seinen Mantel zerschnitt und verteilte (vgl. den Brief v. 15.8. 1947). Wenn von der Nachkriegsgeschichtsschreibung heute festgestellt wird, daß 1948 die arbeitende Bevölkerung in Westdeutschland materiell total ausgeplündert gewesen sei und psychisch und physisch am Ende – die Briefe bestätigen dies durch die Dichte ihrer konkreten Beschreibungen.
Die Briefe vermitteln auch einen Eindruck von den sozialen Umschichtungen, von einer Art „neuer Klassenstruktur", die das Bild der ersten Nachkriegsjahre in Deutsch-

land beherrschten: Gemeint ist die Polarisierung zwischen Bauern und Städtern, Einheimischen und Flüchtlingen, Schiebern und Verarmten aus allen Schichten, Besitzenden und Nichtbesitzenden von Lebensmitteln (im umfassenden Sinne des Wortes), Kleidung, Wohnung, gar Immobilien oder anderen Sachwerten. Auch von den neuen Armen ist in den Briefen die Rede: von den Kriegsheimkehrern, den Kriegsversehrten, den Kriegerwitwen und -waisen, und last not least von den Displaced Persons, den KZ-Häftlingen, den politischen Gefangenen, den Angehörigen der ermordeten Widerstandskämpfer und den Remigranten. Die Briefschreiber Fritz Nagel und Emil Deutsch, beide Flüchtlinge aus Schlesien, die nun in bayerischen Städten leben, die als unzerstört gelten können[30], machen in ihren Briefen deutlich, wie spannungsreich die Verhältnisse gewesen sind: der Basisgegensatz zwischen Einheimischen und Flüchtlingen wurde „angereichert" durch die konfessionellen und die politischen Gegensätze, und die Konflikte verschärfte zusätzlich, daß es unter den Einheimischen durch die Herrschaft des Nationalsozialismus und durch den Krieg nur ganz geringe soziale Umschichtungen und Desintegrationsprozesse gegeben hatte. Diese hier kurz angesprochenen sozialstrukturellen Umschichtungen in der Nachkriegszeit haben die sozusagen klassischen gesellschaftlichen Gegensätze nicht etwa aufgehoben, sie existierten weiter, wurden aber als von existentiell geringerer Bedeutung eingeschätzt.

Zu den Einsichten, die die Briefschreiber vermitteln wollten, gehörte, daß sie das in ihren Augen katastrophale Sinken der Sozialmoral der Bevölkerung als genauso verheerend beurteilten wie die wirtschaftliche und die soziale Lage. Wir sind heute eher geneigt, das Sinken der Sozialmoral, soweit es sich in den alltäglichen Verhaltensweisen der Menschen untereinander ausdrückte, als eine vorübergehende Phase anzusehen; die Kenntnisse, die wir haben, lassen eher die Vermutung zu, daß die traditionalen kollektiven Moralvorstellungen nur teilweise und nur zeitweise aufgehoben, unter den herrschenden Verhältnissen nur vorübergehend außer Kraft gesetzt waren, nämlich vor allem in den Außenbeziehungen von Gruppen, während sie innerhalb der Gruppen weitgehend in Geltung blieben. Dies erklärt auch, warum in den 50er Jahren, als die Verhältnisse wieder die alten zu werden begannen, die kollektiven Werte und Normen der Alltagswelt relativ ungebrochen ihre alte Geltung zurückgewannen. Dennoch können die Aussagen in den Briefen Anstöße dazu geben, sich der Beantwortung dieser Fragen intensiver zu widmen, als es bisher geschehen ist, zumal es die Auffassung der Briefschreiber gewesen ist, daß das Sinken der Sozialmoral unmittelbare politische Folgen hatte und im Zusammenhang mit ihrer Frage gesehen werden muß, mit welchen Menschen man eigentlich den Wiederaufbau nach 1945 bewerkstelligen sollte. Der Kampf um das tägliche Brot, die Lösung der sogenannten Magenfrage demoralisierte die Menschen und erstickte jedes politische Interesse: „Diese ihre heutige Machtlosigkeit fühlen die Massen instinktiv richtig und werden daher immer apathischer", schrieb August Enderle im Januar 1948 mitten im zweiten Kölner Katastrophenwinter.

Aber selbst wenn die Magenfrage gelöst war, dann war, so fürchteten viele Briefschreiber, keinesfalls auch schon jenes Problem gelöst, das mit der Einsicht verbunden war, daß der Nationalsozialismus ein geistiges und politisches Trümmerfeld hinterlassen hatte. Zunächst – bis 1946 – hatte es die Hoffnung gegeben, daß „die Verwüstungen der Nazis in den Köpfen der Menschen durch ihren geistigen Terror" nicht so erheb-

---

[30] Bei einem Zerstörungsgrad von 5% in Bamberg und Hof war die Situation nur noch in Städten wie Göttingen, Regensburg und Passau günstiger (2%).

lich sein würden, wie es aufgrund des Anschauungsunterrichtes während des „Dritten Reiches" zu befürchten gewesen war. Dann aber zeigten sich Unverbesserlichkeit und Uneinsichtigkeit: alle waren sie unschuldig, jeder leugnete, von Grausamkeiten gewußt zu haben oder gar an ihnen beteiligt gewesen zu sein, keiner bedauerte die Opfer. Und selbst die Gutwilligsten konnte man nur bedingt gebrauchen, weil sie – ebenfalls begründet in der Herrschaft des Nationalsozialismus – bar jeder politischen Erfahrung waren und Führung wünschten, anstatt die ihnen eingeräumte politische Mündigkeit in Anspruch zu nehmen. So kam Kurt Oppler in seinem Brief vom 7.9. 1946 zu dem Schluß, daß das Menschenpotential, „das für die Wiederaufbauarbeit zur Verfügung steht, viel zu gering und nicht immer qualifiziert genug ist, um etwas Entscheidendes leisten zu können".[31] Die fürchterlichsten moralischen Auswirkungen von „Drittem Reich", Krieg und Nachkriegszeit vermutete man bei den Jugendlichen, die man tonangebend unter den Schiebern, Betrügern und Dieben vorfand, die teils noch nazistisch infiziert waren und die dem politischen Geschehen so passiv gegenüberstanden, daß man diese Passivität für unüberwindbar in dieser Generation hielt.

Vielleicht erscheint dem einen oder anderen heute beim Lesen der Briefe manche dieser Feststellungen übertrieben, und mancher Jugendliche von damals wird sich nicht wiederfinden in den Schilderungen über die verwahrloste und passive Jugend. Sicher ist ein Stück Rechtfertigung verborgen hinter den Äußerungen, dafür nämlich, daß man politisch nicht erreichen konnte, was man sich vorgenommen hatte; sicher ist manche Äußerung vom etwas verklärten Rückblick auf den eigenen Aufbruch, den eigenen jugendlichen Schwung in den Jahren 1918 bis 1920 her zu negativ überzeichnet. Und gewiß ist der Vergleich mit der Deutschen Revolution 1918/19 unzulässig: damals war das Ende des Krieges von einer breiten Friedensbewegung begleitet gewesen, und die bis dahin politisch Herrschenden hatten unter ihrem Druck abdanken müssen. Welche Einschränkungen der Äußerungen der Briefschreiber im einzelnen noch angebracht sein mögen: der durchgehende Tenor der eindringlichen Feststellungen in fast allen Briefen zwingt dazu, das Augenmerk auf einen seinerzeitigen Problemstand zu richten, der bisher unzureichend beachtet worden ist und doch vieles zu erklären vermag. Es ist nach 1945 nicht nur der Prozeß der progressiven Rekonsolidierung der kapitalistischen Macht- und Eigentumsverhältnisse in Westdeutschland abgelaufen, sondern parallel zu ihm hat auch keine Revolutionierung des kollektiven Bewußtseins stattgefunden – als seien sich die Menschen der unsäglichen Barbarei und der eigenen Unzulänglichkeiten gar nicht bewußt geworden, wie Louis Pilz schon am 3.1. 1947 bemerkte.

Die Briefschreiber waren gerade als Antifaschisten bereit, sich nicht aus der Verantwortung für die Folgen des Nationalsozialismus auszusparen: „Sicher, wir sind Söhne unseres Volkes und müssen heute den schweren Weg unseres Volkes gemeinsam mit ihm gehen", so schrieb Ludwig A. Jacobsen am 18.9. 1946. Sie waren auch bereit einzu-

---

[31] Oppler hatte bereits in seinem Bericht vom 2.4. 1946 aus Namur über eine erste Reise in das besetzte Westdeutschland, gerichtet an seine politischen Freunde in den USA, auf die fatale Verknüpfung von „Magenfrage" und „politischer Situation" hingewiesen: „Diese an sich wichtigste Frage [nach dem politischen Wiederaufbau] spielt für das gegenwärtige Leben in Deutschland eine recht untergeordnete Rolle. (...) Man kann die augenblickliche Lage auf eine sehr einfache Formel bringen: die Massen werden keinerlei Versprechungen folgen, sie werden einzelnen Personen folgen, zu denen sie Vertrauen haben und im übrigen ausschließlich denen, die ihnen Arbeit und Brot geben. Das sind Tatsachen, mit denen man sich abfinden muß; erst wenn diese Grundvoraussetzung erfüllt, d.h. die Magenfrage gelöst ist, kann man an eine ideologische Beeinflussung gehen. Vorher wird sie nur in den Kinderschuhen stecken." (NL Lang, Mappe Oppler)

sehen, warum die Welt, die unter dem Nationalsozialismus gelitten hatte, auch bzw. selbst den Antifaschisten mit Mißtrauen begegnete, eben weil auch sie Deutsche waren. Sie wußten, daß sie zu wenige gewesen waren, die bewiesen hatten, daß es auch ein anderes Deutschland gab. Aber sie erwarteten von der Welt und von der übergroßen Mehrheit der Deutschen, daß diese den Widerstand der Arbeiterbewegung zur Kenntnis nähmen. Sie waren deshalb nicht bereit, „das Gerede von der Kollektivschuld" sich zu eigen zu machen oder gar sich mit der Kollektivschuld-These belasten zu lassen: „denn wir wissen am besten, was wir gegen den Nationalsozialismus angestellt haben. Unsere internationale Gesinnung ist trotz des Geistesterrors der Nazis lauter und rein geblieben und wir haben keinen größeren Wunsch als daß man uns dafür Verständnis entgegenbringt", so erwartete der damals 50jährige Fritz Nagel am 12. 2. 1947 – ein gutes Jahr vor seinem Tod, der durch die Folgen seiner KZ-Haft verursacht war. Die Briefschreiber, geprägt noch von den Faschismus-theoretischen Diskussionen in der Arbeiterbewegung zu Beginn der 30er Jahre, warnten aber auch die anderen Völker vor unangebrachtem Hochmut: Faschismus war immer noch überall möglich; unter welchen Bedingungen er in Deutschland wirklich geworden war, war nun gemeinsam zu lernen, damit er nirgends mehr eine Zukunft haben könne.

Diese Vorstellungen machen es unmittelbar einsehbar, daß unter den vielen Enttäuschungen der Briefschreiber eine der schlimmsten das Scheitern der De- bzw. Entnazifizierung gewesen ist; einer von ihnen nannte sie schließlich einen „großen Schwindel", der die Folge gehabt habe, daß das politische Interesse der Arbeiter, so überhaupt vorhanden, zerstört worden sei und daß die Nazis und die Militaristen die wichtigsten Positionen im Staatsapparat und in der Wirtschaft wieder besetzt oder behalten hätten. Es hatte eben – so war die Auffassung der Briefschreiber – eine Volkserhebung gefehlt, die die „Sachwalter der Reaktion" ein für alle Male aus dem Sattel geschleudert hätte. Die „Wiederkehr der Nazis in ihre alten Stellungen" statt „rücksichtsloser Beseitigung ihres Einflusses" war für die Briefschreiber schon im Laufe des Jahres 1947 eine feststehende Tatsache. Die Durchführung der Entnazifizierung drohte sogar offensichtlich vorübergehend die Arbeiterbewegung zu spalten: dann nämlich, wenn Betriebsräte bzw. Gewerkschafter ihre Betriebsleiter entlasteten, weil sie der Auffassung waren, diese als Fachleute für den Wiederaufbau der Arbeitsplätze nicht entbehren zu können, während die Vertreter der Arbeiterorganisationen in den Spruchkammern das „Persil-Schein"-Unwesen bekämpften.

Gegenüber der von einer breiten Öffentlichkeit begrüßten oder doch geduldeten Wiederkehr der Nationalsozialisten sahen sich die Antifaschisten der wachsenden Nichtachtung ausgesetzt und fanden sich in ihrer Widerstandsarbeit nicht gewürdigt. Sie wurden zunehmend wieder „ausgeschaltet" aus den führenden Positionen, die sie nach 1945 in der Verwaltung und in der Wirtschaft eingenommen hatten, oder gelangten gar nicht erst in solche hinein, was oft mit fehlender formaler Qualifikation begründet wurde, die sie aber als Gegner des nationalsozialistischen Regimes gar nicht erst hatten erwerben können: „... ich übertreibe nicht, wenn ich sage, daß der Faschist von gestern heute wieder mehr Macht verkörpert und mehr Recht vor dem Gesetz findet als der Verfolgte von gestern", so lautete die resignierte Feststellung des Mannheimer Widerstandskämpfers Gustav Roos am 11.12. 1948. Den Feststellungen der Briefschreiber über den Verlauf und das Ergebnis der Entnazifizierung läßt sich kaum Relativierendes, eher lassen sich zusätzliche Bestätigungen hinzufügen. Es ist noch auf weitere Momente hinzuweisen, die die Aktionsfähigkeit der Antifaschisten belasteten und eine Durchsetzung ihrer Vorstellungen erheblich behinderten: Zwischen Nationalsozialisten und Antifaschisten, und nicht nur den sozialistischen, gab es eine breite Schicht von relativ oder tatsächlich unbelasteten „Bürgerlichen", die zwischen 1933 und 1939, wenn nicht bis in die ersten Kriegsjahre hinein, keine physischen und psychischen Kräfte verschleißen brauchten und die nach 1945 auf physische, psychische und materielle Reserven zurückgreifen konnten, die sie, interessenspezifisch legitim, allenfalls für einen parlamentarisch-demokratisch kontrollierten kapitalistischen Wiederaufbau einsetzen wollten, bestimmt aber nicht für eine am demokratischen Sozialismus orientierte gesellschaftliche Neuordnung.

Doch ehe die Frage nach den Chancen des Sozialismus in jener Zeit aus der Sicht der Briefschreiber beantwortet werden kann, muß noch ein anderer Fragenkomplex, der die Lage in Westdeutschland in den ersten Nachkriegsjahren gekennzeichnet hat, diskutiert werden. Die Briefschreiber empfanden die Situation nach 1945 als noch weniger offen bzw. noch stärker die Wirksamkeit jedes Handelns begrenzend als 1918/20, und dies – wie im Nachhinein festzustellen ist – wohl mit Recht. Aber eindeutig haben sie die negativen Seiten dieser Determinierung überschätzt. Die tägliche, wenn auch auf einen bestimmten Ausschnitt begrenzte, Anschauung ließ offensichtlich das Maß des Zusammenbruchs insbesondere der Wirtschaft überdimensionierter erscheinen, als es – wie wir heute wissen – tatsächlich war. „Ich glaube an keine Gesundung, solange wir das Stadium eines Kolonialvolkes nicht hinter uns haben", schrieb Oskar Triebel, Duisburg, noch am 24. 2. 1948. Die Demontagen, weit über ihre faktische Bedeutung eingeschätzt, verstärkten den Eindruck, daß Deutschland noch zusätzlich über die Kriegsverluste und die als notwendig erachtete Zerstörung des Kriegspotentials hinaus um der Verhinderung von Konkurrenz am Weltmarkt willen von den Besatzungsmächten ausgeplündert würde.

Die Briefschreiber haben aber auf der anderen Seite die Wiederaufbaufähigkeit und die Rekonsolidierungskraft unterschätzt, die die Gesellschaft im ganzen und die Wirtschaft insbesondere – und damit sind nicht nur die kapitalistischen Unternehmer gemeint – trotz allem aufbringen konnten. Die Briefschreiber haben ja selbst an ihren Arbeitsorten mit dazu beigetragen (sie beschreiben dies konkret und z. T. sehr beredt), daß die Wiederherstellung der Arbeitsplätze ein Prozeß der kollektiven Selbsthilfe der ehemaligen Besitzer dieser Arbeitsplätze, der Arbeiter, gewesen ist. Sie zeigen selbst, wie sie durch den letztlich erfolgreichen Versuch, wo immer sie standen, das Chaos zu ordnen und für die Menschen das Leben wieder lebensmöglich zu machen, mitgewirkt haben, die produktiven Kräfte der Nachkriegsgesellschaft zu stimulieren. Sie demonstrieren ja gerade auch ihrerseits in den Briefen die Bedeutung des familiären Zusammenhaltes. Würde man darin nur jenen „Rückzug in die Familie" sehen wollen, der für allgemeine Deutungen solchen Verhaltens in der Nachkriegsgeschichte üblich geworden ist, so würde man wohl fehlgehen. Vielmehr war die Familie, jedenfalls bei den Briefschreibern, die Basis ihrer sozialen Beziehungen, von der aus und neben der sie sich bemühten, ihre spezifischen politisch-sozialen Gruppenbezüge wiederherzustellen und auszudehnen; und dies wiederum war von dem Versuch begleitet, die Inhalte dieser Gruppenbezüge zu übertragen auch auf andere, eher ad-hoc-Gemeinschaften, wie sie damals oft mehr unfreiwillig, aber als überlebensnotwendig entstanden: die Wohn-(-Zwangs-)gemeinschaft, die Nachbarschaft, das Quartier, die Gemeinschaft am Arbeitsplatz, die Betriebsgemeinschaft usw. Dieses Verhalten ist auch als ein Beitrag zu begreifen, der zerrissenen und zerklüfteten Gesellschaft wieder durch „haltende Institutionen" Bindungen zu geben, ohne daß dies absichtsvoll und reflektiert so geschehen wäre. Es ließe sich einwenden, dies seien – gemessen am Gesamtvolumen des gesellschaftlichen Beziehungsgeflechts – Einzelheiten, überdies in besonderer Weise gruppenspezifisch geprägt und selbst innerhalb der Gruppe der Briefschreiber nicht durchgängig so gegeben. Dem kann nicht widersprochen werden; aber vielleicht würde es über die bisher überwiegend verwendeten stereotypen Interpretationsansätze von der Individualisierung, dem Schrumpfen der sozialen Beziehungen, dem Rückzug in die Privatheit hinausführen, würde man die hier angesprochene andere Akzentuierung der sozialen Zusammenhänge in den ersten Nachkriegsjahren einmal zum Ausgangspunkt umfassenderer Untersuchungen machen.

Eine Komponente fehlt in den Briefen vollständig, nämlich die, daß es gerade in den Jahren unmittelbar nach 1945, nach der Befreiung vom Nationalsozialismus und dem Ende des Zweiten Weltkrieges eine Schicht von Menschen gegeben hat, die nun erst richtig anfangen wollten zu leben, für die das Leben überhaupt erst begann oder doch zumindest ein ganz neues, nachdem nun niemand mehr von der Gestapo verhaftet, in den KZs ermordet, an der Front erschossen, von Bomben getroffen werden konnte: nun war es absehbar, daß, wenn es morgens um 5 Uhr klingelte, dies nicht mehr die Gestapo war, aber bald wieder der Milchmann sein würde. Wie gesagt, in den Briefen ist von diesem hochgestimmten, quasi sektlaunenhaften Aufbruch-Lebensgefühl kaum etwas zu spüren – bei den Briefschreibern aufgrund dessen, was sie zu arbeiten und zu verarbeiten hatten, nicht verwunderlich. Es kann auch nur eine schmale Schicht gewesen sein, bei der eine solche euphorische Stimmung vorherrschte[32], sonst würde das kollektiv akzeptierte Signum der Nachkriegsepoche nicht „Zusammenbruch" heißen. Entsprechend vermitteln die Briefe dieser Antifaschisten eher das Bild einer nur düsteren Wirklichkeit im Nachkriegs(West)deutschland und von den Menschen, die damals dort gelebt haben: eine riesige, wandernde, schwankend sich bewegende, apathische Menschenmasse gleich ausgemergelten Lasttieren, die den aufrechten Gang verlernt hatte.

Da die Briefschreiber dieses Bild hatten und vermittelten und sie sich offenbar von Anfang an darüber im klaren waren, daß der wirtschaftliche Aufbau noch am wenigsten von innerdeutschen Faktoren abhing, konnten sie in einer für ihre politische Konzeption entscheidenden Frage, nämlich der der Bewertung von Währungsreform und Marshall-Plan, letztenendes doch über ihren eigenen Schatten springen bzw. sahen sie keinen anderen Weg, als dies zu tun. Da sie sich so erheblich über das an sich selbst gewohnte Maß hinaus durch den Kampf um das tägliche Überleben in ihren Handlungsmöglichkeiten beeinträchtigt sahen und sich in ihren politischen Aktivitäten oft genug gelähmt fühlten, konnten sie verstehen, daß die hungernden und sich gedemütigt fühlenden Menschen allmählich auf Währungsreform und Marshall-Plan-Hilfe so inbrünstig hoffend warteten wie einst auf die Goebbelsschen Wunder, die gegen Ende des Krieges die sich bereits als verheerend abzeichnende Situation zu wenden versprachen. Und obwohl die Briefschreiber die ökonomischen und die sozialen Gefahren beider Maßnahmen besonders für die Arbeiterschaft genau erkannten und sich über die negativen Konsequenzen für das Ziel des Sozialismus völlig im klaren waren, waren sie – von einigen besonders Prinzipientreuen abgesehen – bereit, die sich abzeichnende Entlastung anzuerkennen. Schon früh, nämlich im Juli 1947, hatte einer von ihnen, der schon erwähnte Oskar Triebel, auf die Aussichtslosigkeit und Überflüssigkeit eines

---

[32] Die Zeitschrift „Der Ruf" gab zunächst dieses Aufbruchs-Lebensgefühl wieder; literarisch verarbeitet findet es sich ansatzweise bei Ingeborg Drewitz: Gestern war Heute. Hundert Jahre Gegenwart. Düsseldorf 1978.

„Widerstandes" gegen die durch Währungsreform und Marshall-Plan eingeleitete progressive Rekonsolidierung der kapitalistischen Produktionsverhältnisse aufmerksam gemacht: die dem Ertrinken sich nahe fühlenden deutschen Arbeiter würden vorerst nicht danach fragen, „wer ihnen den Rettungsring zuwirft und in welcher Absicht es geschieht". Diese Sicht der Briefschreiber führt nun abermals zu der Frage, wieviel Chancen sie der Verwirklichung ihrer eigenen Zielvorstellungen nach 1945 gegeben haben.

VI. Die Chancen für die Verwirklichung des Sozialismus nach 1945

Die Hauptfrage für die Briefschreiber war natürlich die nach den Chancen für den Sozialismus bzw. die nach den Gefahren, die seiner Verwirklichung drohten. Im allgemeinen machten sie sich keine Illusionen – was sie sahen, erlebten, an sich selber entdeckten und auf eine argumentative Reihe brachten, ergab kein hoffnungsfrohes Bild. Das zeigte sich erst einmal an ihnen ganz persönlich: viele fühlten sich nach einem langen Tag, der ausgefüllt war von Berufsarbeit und anschließender ehrenamtlicher politischer Tätigkeit, einfach am Ende und unsicher, ob sie denn wohl die Kraft haben würden, am nächsten Morgen wieder zur Stelle zu sein. Sie waren durchweg überlastet von der Tagesarbeit, und die hieß für sie: Chaos ordnen, Mangel verwalten, das legal oder halblegal „Organisierte" so gerecht wie möglich verteilen, Arbeitsplätze wiederherstellen, vermitteln und neue schaffen, Personalentscheidungen treffen, die 1933 gewaltsam ausgeschalteten Organisationen wiederbeleben, neue Organisationsformen auszuprobieren. Zählt man auf, in welchen Aufgabenbereichen die Briefschreiber in den ersten Jahren nach 1945 tätig gewesen sind, so ergibt sich das folgende Bild: sie arbeiteten als hauptberufliche Gewerkschafts- und Parteifunktionäre, als Betriebsratsmitglieder, Arbeitsamtsleiter, besoldet bzw. angestellt oder ehrenamtlich auf der kommunalen Ebene in den Bereichen Wohlfahrt bzw. Soziales, Wohnungswesen, Bauwesen, Jugendpflege, Flüchtlingsfragen, Polizei und waren öffentliche Kläger in den Entnazifizierungsausschüssen – insgesamt wohl ein Bild, das repräsentativ dafür ist, wo die Aktiven aus der Arbeiterbewegung nach 1945 als „Spezialisten" eingesetzt wurden oder sich eingesetzt fanden: an den für die Reproduktion der Gesellschaft neuralgischen Punkten, aber selten dort, wo die machtpolitischen Weichenstellungen erfolgen konnten.
Die Briefschreiber waren aber auch deshalb überlastet, weil sie zu wenige waren, die nun auch noch alles tun sollten. Ihre tägliche Erfahrung war: es fehlen so viele der alten Mitstreiter, und unter ihnen viele von den besten Köpfen, von den Nationalsozialisten erschlagen oder an der Front gefallen oder, zur Emigration gezwungen, noch im fernen Ausland. Aber sie machten noch eine offenbar nicht erwartete Erfahrung: es fehlten auch viele Genossen, die zwar überlebt hatten, aber nun nicht mehr mit dem alten, an ihnen bekannten Schwung mitmachen wollten oder konnten. Und es fehlten die Jungen, die noch abseits standen und gewonnen werden mußten – aber da biß sich die Katze in den Schwanz: Zeitmangel und Überlastung mit der täglichen Kleinarbeit verhinderten die Erfüllung der notwendigen erzieherischen Aufgaben bei denen, die überhaupt erst oder die wiedergewonnen werden sollten. Da fragte sich mancher von den Briefschreibern, ob es jemals wieder eine qualitativ und quantitativ so geschlossene kampfstarke Arbeiterbewegung geben würde wie vergleichsweise vor 1933 oder erst recht vor 1914.
Zweifellos erklärt die von den Briefschreibern beobachtete (wenn auch nicht so ab-

strakt gekennzeichnete) erhebliche Schädigung, ja weitgehende Zerstörung des sozialistischen Sozialmilieus die schlechtere Startposition der demokratischen Sozialisten nach 1945 im Vergleich etwa zu jenen Kräften, die einen politischen Linkskatholizismus oder doch zumindest einen sozial und demokratisch orientierten politischen Katholizismus auf den Weg bringen wollten und sich dabei auf ein zwar nicht unversehrtes, aber doch weithin noch funktionsfähiges katholisches Sozialmilieu stützen konnten.

Von den Briefschreibern wird sehr deutlich gemacht, wie dezimiert und z. T. noch demoralisiert gerade diejenigen waren, die nun nach 1945 in einer objektiv zwar nicht als revolutionär interpretierbaren, aber doch für eine gesellschaftliche Transformation immer noch relativ offenen Situation die von ihnen in der Theorie vorgesehenen Träger dieses Transformationsprozesses sein sollten, nämlich die Arbeiterklasse und auch ihre Führung: der subjektive Faktor war nicht optimal „sozialisierungsreif" bzw. „-fähig". Dennoch ist niemand von den Briefschreibern irre geworden an der Aufgabe, die nun nach ihrer Ansicht auf der Tagesordnung der Geschichte stand: „Doch wie dornenreich und lang der Weg auch noch sein mag, wir werden unverzagt die historisch bedingte Last auf uns nehmen, bis sich das Morgenrot des Sozialismus erhebt." (Brief von Alfred u. Lotte Krüger v. 6. 1. 1948)

Sieht man auf das Ergebnis der damaligen Bemühungen zurück, so kann man eine respektable Leistung feststellen: Zwar ist nicht das säkulare Ziel, der Sozialismus, erreicht worden, wohl aber, entgegen mancher Erwartung, das der Rekonstruktion der politischen und der gewerkschaftlichen Arbeiterbewegung, wenn auch dies nicht ohne Abstriche. Gerade angesichts dieses Ergebnisses darf man die hohen menschlichen Kosten dieser Leistung nicht übersehen. Gewohnt, sich selbst zur Ordnung zu rufen, wenn sie Verzweiflung anschleichen wollte, geübt, sich immer wieder in die Pflicht zu nehmen, selbst wenn der Kräfteverschleiß an die Grenzen ihrer Existenz reichte, ist fast niemand angesichts all der Widrigkeiten resigniert. Aus solcher Sichtweise erscheint der Herausgeberin der in der Literatur geäußerte Vorwurf an die Adresse der Aktiven der ersten Stunde, sie hätten sich sozusagen als kleineres Übel auf die Rekonstruktion der organisatorischen Gestalt der Arbeiterbewegung gestürzt und sich damit verzettelt, anstatt sich auf die Verwirklichung des Sozialismus zu konzentrieren, völlig unangemessen und, wenn vielleicht auch ungewollt, zynisch und inhuman. Die Reorganisierungsarbeit, die man selbstverständlich als Voraussetzung für den Aufbau des Sozialismus verstand, kostete offenbar mehr Kraft und Zeit, als man es selbst damals für möglich gehalten hätte. Diese Gegebenheiten schmälerten in erheblichem Maße, mehr als bisher in der Forschung gesehen, die – objektiv ohnehin geringen – realen Chancen für die Verwirklichung des Sozialismus in Deutschland, wie die Briefschreiber ganz konkret an sich selber schmerzhaft begreifen lernen mußten. Einige Briefschreiber (vgl. z. B. den Brief von Irmgard Enderle v. 30. 4. 1948) haben ihre Situation und deren Folgen für die Zielvorstellung „Sozialismus" konkret und schonungslos reflektiert: Sie sahen die Diskrepanz zwischen ihrer Praxis, die ihnen die Verhältnisse aufgezwungen oder die sie freiwillig auf sich genommen hatten, und ihrem Ziel ständig größer werden; sie wußten, daß diese Praxis die Bedingungen für die Verwirklichung ihres Zieles negativ verändern oder doch zumindest ungünstig beeinflussen konnte, obwohl sie sich andererseits für diese Praxis, nahm man sie für sich, nicht glaubten rechtfertigen zu müssen. Dem nicht dogmatischen Normvorstellungen anhängenden Nachbetrachter wird es schwer fallen, handlungsrelevante Alternativen dagegen aufzubieten. Weder war für die Briefschreiber damals Widerstand (gegen die Besatzungsmächte) noch

Nichthandeln eine Perspektive; das eine nicht, weil es sinnlos gewesen wäre, das andere nicht, weil es ihren humanen Ansprüchen widersprochen hätte.

Da die Briefschreiber sich als Teil des sogenannten subjektiven Faktors so selbstkritisch beurteilten, erkannten sie deutlich und manchmal sogar überscharf die Faktoren des allgemeinen Bedingungsrahmens, die der Verwirklichung des Sozialismus im Wege standen und die man zum überwiegenden Teil überhaupt nicht beeinflussen konnte. Das Ziel des Sozialismus war nach wie vor klar; man diskutierte in den Briefen eigentlich nur am Rande die Zielfrage; es schien nach dem Zusammenbruch des Nationalsozialismus selbstverständlicher denn je. Man hielt sich auch nicht lange auf bei einer selbstquälerischen Untersuchung, wer denn innerhalb der Arbeiterbewegung als der Hauptschuldige dafür anzusehen sei, daß das allseits erklärte Ziel, den Faschismus an der Machtübernahme zu hindern, nicht erreicht worden war: alle waren schuld. Der im „Dritten Reich" geleistete Widerstand hatte mit Recht die Schuldfrage relativiert, jedenfalls bei den Briefschreibern, während die Berichte, die sie über ihre Diskussionen mit Genossen geben, auch zeigen, daß Sozialfaschismus-These auf der einen und Mißtrauen gegenüber den „Moskowitern" auf der anderen Seite noch (oder schon wieder) im Schwange waren.

Auch die Briefschreiber betrachteten die Besatzungsmächte als ein großes Hindernis auf ihrem Weg zu einer prinzipiellen Neuordnung der gesellschaftlichen Verhältnisse in Deutschland. Dennoch haben sie sich im allgemeinen mit den Besatzungsmächten gemäßigter als größtenteils heute manche Interpreten sozialistischer Nachkriegspolitik auseinandergesetzt, d.h. sie haben den Besatzungsmächten nicht umstandslos die Schuld am verzögerten und schließlich an ihrem Verständnis gemessen gescheiterten, weil nicht sozialistischen Wiederaufbau gegeben und nicht so getan, wie heute vielfach noch Mode, als wären alle und alles 1945/46 in Deutschland sozialistisch gewesen, nur eben die Besatzungsmächte, vor allem bzw. allein die westlichen, und ein paar deutsche Politiker nicht. Diese differenziertere Betrachtungsweise lag darin begründet, daß die Briefschreiber nicht einfach ihre eigenen und anderer Befindlichkeiten ausdrückten, sondern darum bemüht waren, die ihnen widerstrebenden Kräfte jeweils auch von deren eigenen Voraussetzungen her zu begreifen: Der Krieg der Alliierten war eben kein Krieg für den Sozialismus gewesen, sondern ein Krieg für die eigenen nationalen, wirtschaftlichen und gesellschaftlichen Interessen dieser Alliierten. Daraus folgte ganz konsequent deren jeweilige Besatzungspolitik, die unter anderem statt auf die historisch fällige Erneuerung der Arbeiterbewegung zu zielen, die Zustände von vor 1933 wiederherstellte, wie es Otto Brenner in seinem Brief vom 12.2.1947 ausdrückte. „Die Russen waren die Schrittmacher", so stellte er knapp und unmißverständlich fest.

Als alles andere übertrumpfendes Hindernis auf dem Weg zum Sozialismus, als ungeheure, nicht abzutragende Belastung in Theorie und Praxis erwies sich für die Briefschreiber die Entwicklung in der Sowjetunion zum Stalinismus, die Politik der real existierenden Sowjetunion nach der Niederschlagung des Faschismus und die perfekte Rekonstruktion der „Linie" in der neuen und doch wieder nur alten KPD. Ein Teil der Briefschreiber hatte diese Belastung während der Zeit des „Dritten Reiches" bereits befürchtet, aber offensichtlich ihr Ausmaß nicht geahnt bzw. nicht ahnen können; ein anderer Teil, der die „Linie" zunächst übernommen hatte, trennte sich schließlich in äußerst schmerzhaften Ablösungsprozessen von der KPD oder wurde von dieser zur Trennung gezwungen; nur recht wenige blieben, aber wohl auch nicht ganz unbetroffen, bei der „Linie". Die intensive und massive Diskussion der „russischen Frage" – von Otto Brenner inhaltlich präzisiert: Ist die SU sozialistisch? Ist sie auf dem Wege, ein so-

zialistischer Staat zu werden? – führte schließlich – so unfaßbar es manchem der Briefschreiber immer noch erschien – zu einer uneingeschränkt negativen Antwort; die
Kampfgefährtin der einstigen KPD-Gründer, Berta Schöttle-Thalheimer, brachte diese Antwort auf den lakonischen Satz: „Der Weg ist schwer, zumal der Osten die beste
Sache diskreditiert und heute nicht Vorbild, sondern zeigt, wie es nicht gemacht werden soll." (Brief vom 27. 5. 1948)
Die Herausgeberin meint aus dieser Diskussion der „russischen Frage" die Schlußfolgerung ziehen zu können, daß es vor dem „eigentlichen" Antikommunismus der Zeit
des Kalten Krieges vor allem unter den klassisch-marxistisch orientierten Sozialisten,
die nunmehr bewußt das Wort „freiheitlich" für ihre Position reklamierten, einen argu-
mentativen Anti-Stalinismus gegeben hat, der dem Kurt Schumachers gelegentlich bis
in die Wortwahl hinein in nichts nachstand. Schumachers Position, die heute meist un-
präzise als Antikommunismus gekennzeichnet wird, war ebenfalls ein Anti-Stalinismus,
und sie war unter den führenden Kräften des theoretisch reflektierten Teils der Arbeiterbewegung so singulär nicht, wie heute noch behauptet wird, und sie war auch nicht
von so determinierender und bestimmender Wirkung, wie ebenfalls noch immer gerne
angenommen wird. Übrigens haben die „New Yorker", Langs und Frölichs, einen beträchtlichen Anteil an der Entscheidung gegen den real existierenden angeblichen Sozialismus der Sowjetunion gehabt. Deren Schärfe und z. T. auch die der Briefschreiber
gegenüber der Politik der Sowjetunion wäre wohl oberflächlich interpretiert, wollte
man in ihr nur das Resultat persönlicher Enttäuschung und Betroffenheit sehen; sie war
auch, wenn nicht überwiegend, der Ausdruck der deprimierenden Einsicht, daß das
Konzept des Sozialismus seit dem Bruch mit seiner humanen und demokratischen Tradition, wie ihn nicht erst Stalin, sondern bereits Lenin vollzogen hatte, vor fast unlösbar
erscheinende Legitimierungsprobleme gestellt worden war.
Was folgte nun aus dem Ergebnis der Diskussion der „russischen Frage"? In den Briefen wird es zwar angesprochen, jedoch nicht umfassend diskutiert, daß es nun wohl
notwendig sei, die theoretischen Positionen, die den Weg zum Sozialismus und diesen
selbst begründen sollen, zu überprüfen. Aus dem relativ geringen Anteil der Theorie-
Diskussion in den Briefen zu schließen, diese Diskussion sei überhaupt nicht oder nicht
gründlich genug erfolgt, wäre vorschnell. Der Charakter des Briefwechsels ließ wohl
solche grundsätzlichen Bestandsaufnahmen nicht zu, auch nicht für die, von denen wir
wissen, daß sie an der Theorie-Diskussion intensiv beteiligt gewesen sind wie z. B. Ludwig A. Jacobsen. Trotz dieser Einschränkungen scheinen in den Briefen einige Momente dieser Theorie-Diskussion auf: Den Auffassungen der bisherigen Theorie-Überväter
traut man nicht mehr in allen Punkten; die theoretischen Positionen erscheinen immer
zerklüfteter; die Einheit der Theorie existiert endgültig nicht mehr, und Aussicht, diesen Zustand zu ändern, besteht kaum; neue Theorie-Geber sind nicht in Sicht, es gibt
höchstens einige Anreger: so wird in den Briefen mehrmals Paul Sering (d. i. Richard
Löwenthal*) mit seinem Buch „Jenseits des Kapitalismus" erwähnt, es wird nach einigen damals nur in englischer Sprache zugänglichen Nachkriegsschriften von Fritz
Sternberg* gefragt, und erwähnt werden auch die Publikationen des Herausforderers
James Burnham.
Es werden aber auch die Denkhorizonte der Briefschreiber wenigstens schemenhaft
deutlich und damit auch ihre theoretischen Fixpunkte: Man ist immer noch überzeugt
vom Zusammenhang von Kapitalismus und Krise; dieser Zusammenhang macht den
Niedergang des Kapitalismus historisch wenn nicht mehr absehbar, so doch immer
noch unabwendbar. Man ist ebenso überzeugt von der endlichen historischen Durch-

setzungskraft des Sozialismus. Doch diese Überzeugungen sind nicht mehr ungebrochen, können nicht mehr ungebrochen sein, nachdem der Nationalsozialismus den negativen Teil der theoretisch antizipierten Alternative „Sozialismus oder Barbarei" schon einmal historisch real gemacht hatte. Die Erklärungskraft historisch-materialistischer Argumente – so spüren die Briefschreiber – hat ihren einstigen Glanz verloren. Die religiösen und die ethischen Sozialisten haben jetzt einen Vorsprung, weil sie ihre Auffassungen auf Werte begründen können, die ihrerseits auf Axiomen beruhen und die nicht aus einer historisch-transistorischen Gesellschaftsanalyse abgeleitet werden müssen. Das Fazit aus diesen Überlegungen war, daß dort, wo man inzwischen überwiegend seinen politischen Standort bezogen hatte, nämlich in der SPD, die historisch-materialistische Begründung des Sozialismus die treibende Kraft nicht mehr sein konnte und daß sich „eine Vielzahl von Dingen anführen" ließ, „die verhindern, der Partei einen einheitlichen sozialistischen Charakter zu geben". (Otto Brenner, Brief von Ende 1947)

Es war, so spiegeln es die Briefe deutlich wider, nach 1945 unter den Briefschreibern ebenfalls in Konsequenz der Beurteilung der „russischen Frage" sehr breit diskutiert worden, welche Schlüsse für die eigene praktische Arbeit zu ziehen waren, und die Richtungen, in die die Entscheidungen fallen sollten, wurden deutlich markiert:

1. das Wiederaufleben der SAP bzw. das einer neuen dritten Partei kam für die überwiegende Mehrheit der Briefschreiber nicht in Frage. Mit dieser Auffassung befanden sich die Briefschreiber in Übereinstimmung mit den Optionen der überwiegenden Mehrheit der SAP-Emigration. Außer Heinrich Galm* und einigen Stuttgartern war niemand der Auffassung, daß es gelingen könnte, noch einmal eine solche dritte Partei zum Kristallisationskern des „Dritten Weges" machen zu wollen; das Trauma des Fehlschlags der Ambitionen, die 1931 mit der Gründung der SAP verbunden gewesen waren, war sehr wirksam. Gerade das Beispiel Heinrich Galms bestätigte die Entscheidung der Mehrheit: Galms Start nach 1945 mit einer dritten Partei nur möglich auf der Basis einer wahrscheinlich einmaligen lokalen Tradition; die programmatische Entwicklung seiner Partei in Richtung auf eine klassenübergreifende Volkspartei nahm in nuce das Bild der SPD nach Godesberg vorweg; der Anschluß Galms und seiner Freunde an die SPD Mitte der 50er Jahre war ein längst überfälliger, durch lokale Querelen verzögerter Schritt.

2. Viele Briefschreiber hielten lange die Sozialistische Einheitspartei nicht nur für einfach die beste, sondern für die historisch bedingt selbstverständliche Lösung; dies war die Lehre, die alle Teile der Arbeiterbewegung aus ihrer Vergangenheit zu ziehen hatten. Die Gründung einer (unter bestimmten Umständen: gesamtdeutschen) Sozialistischen Einheitspartei wäre nach Auffassung der Briefschreiber auch gelungen, wenn sie nicht vom ZK der KPD in Berlin verhindert worden wäre; dies war auch die Auffassung von Adolf Ehlers*, der die Diskussion um die Einheitspartei noch auf Seiten der KPD miterlebt hatte. Die positive Einstellung der Briefschreiber zur Sozialistischen Einheitspartei sollte aber nicht verallgemeinert werden; denn es scheint inzwischen erwiesen, daß nicht nur die Führungsgruppen von SPD und KPD, vor allem diejenigen, die aus der Emigration zurückkehrten, 1945 eine Sozialistische Einheitspartei nicht bzw. nicht sofort wollten, sondern daß es überhaupt zweifelhaft ist, ob man von einer geschlossenen „Einheitsbewegung" sprechen kann. Der Ruf nach Einheit fand regional eine gewisse, zum Teil bedeutende Resonanz, die sich auf positive Erfahrungen unmittelbar nach dem Zusammenbruch des nationalsozialistischen Herrschaftssystems bei

der Lösung praktischer Überlebensfragen vor Ort gründete, die stark emotional gefärbt war, aber keine tragfähige programmatische Substanz besaß.

Die Briefschreiber wohnten z. T. in diesen lokalen Zentren (vgl. die Briefe von Emil Brune), und es wird aus ihren Lebensläufen ohne weiteres klar, warum sie zu den Befürwortern der sozialistischen Einheit gehörten; namentlich ehemalige Kommunisten wurden später auch nach jahrelanger, ihnen selbstverständlich gewordener SPD-Mitgliedschaft, vielleicht bis an ihr Lebensende nie das unbehagliche Gefühl los, einmal die Barrikaden überschritten und auf der anderen Seite jenen Teil der Familie zurückgelassen zu haben, mit dem man nun nicht mehr redete, nicht mehr reden konnte.

3. Da die dritte Partei nicht in Frage und die sozialistische Einheit nicht zustande kam, gingen einige Briefschreiber in die KPD, wieder oder zum ersten Mal. Diese schien zunächst auch einige Aussicht zu haben, unter dem Zeichen gezielten Neuanfangs zur Massenpartei des deutschen Volkes zu werden; zumindest war dies in jenen Gebieten zu erwarten, wo sie bereits am Ende der Weimarer Republik die SPD überholt hatte. Doch diese Kalkulation, die auch den ersten, an Arbeiterschaft und Mittelschichten bzw. an das „Schaffende Volk in Stadt und Land" gerichteten programmatischen Aufruf kennzeichnete, ging nicht auf: die SPD lief der KPD den angestrebten Rang ab, und die ersten Wahlen nach 1946 brachten die SPD wieder in ihre Stellung als führende Partei der Arbeiterbewegung zurück, die sie vor der großen Krise Ende der 20er Jahre eingenommen hatte, so auch in den Orten, aus denen ein großer Teil der Briefe stammt: Köln, Duisburg, Gelsenkirchen, Schwelm, sogar Solingen, Bocholt, auch Berlin, München, Stuttgart. Die Gründe für den Mißerfolg der KPD sind schnell aufgezählt: ihre Diskreditierung durch den Stalinismus; die Politik der Besatzungsmacht in der SBZ; die Erfahrungen, die Kriegsgefangene, Flüchtlinge und Zwangsumgesiedelte mit dem sogenannten real existierenden Sozialismus in der Sowjetunion und den osteuropäischen Ländern gemacht haben; aber auch der Dogmatismus der KPD bei der Reorganisation der Partei und in der Frage der innerparteilichen Demokratie sowie ihr ganzes Erscheinungsbild in der Öffentlichkeit, was alles im Gegensatz zu ihren programmatischen Aussagen stand. Während die ersten unter den Briefschreibern, die nach 1945 die KPD als ihren politischen Standort gewählt hatten, schon wieder austraten oder alsbald Schwierigkeiten bekamen (vgl. die Briefe und Biographien von Adolf Ehlers, Karl Grönsfelder, Johann Georg Schlott, Paul Elflein, Gustav Roos), suchten sich andere Briefschreiber inzwischen in der SPD politisch heimisch zu machen.

4. Sieht man von Otto Brenners klarer Entscheidung im Sommer 1945 ab[33], die in Übereinstimmung stand mit den Entschlüssen, die August und Irmgard Enderle bereits im Herbst 1944 in Stockholm zusammen mit anderen politischen Freunden gefaßt hatten[34], so wird man beobachten, daß die meisten anderen Briefschreiber erst einmal

---

[33] Otto Brenner* gehörte zu den Mitunterzeichnern des Aufrufs „An die Freunde der Sozialistischen Arbeiter Partei (SAP) und des Internationalen Sozialistischen Kampfbundes (ISK)", datiert Hannover, September 1945, in dem der Entschluß mitgeteilt wurde, in die SPD einzutreten, und in dem es hieß: „Die KP halten wir angesichts ihrer Entwicklung der letzten Jahre nicht für geeignet, das Sammelbecken zu sein für alle aufbauwilligen Kräfte der deutschen Arbeiterschaft. Wir stehen vor einem Anfang. Wir glauben damit, getragen vom Verantwortungsbewußtsein gegenüber der Arbeiterklasse, im gegenwärtigen Augenblick die einzig mögliche Entscheidung getroffen zu haben". (NL Lang, AdsD, Mappe 6)

[34] Der Schritt wurde noch einmal ausführlich begründet in der an die Freunde in Deutschland gerichteten Erklärung „Warum Eintritt in die Sozialdemokratie?", datiert Stockholm, den 25. September 1945, unterschrieben von Willy Brandt*, Stefan Szende, Ernst Behm. Auch hier wird für eine „aktive Einreihung in die Sozialdemokratie" argumentiert und die Empfehlung ausgesprochen, „sich im Gei-

zögerten, in die SPD einzutreten. Wäre Kurt Schumacher nicht gewesen, ein ganz anderer Parteiführer als die, die sie als Repräsentanten der SPD vor 1933 erlebt hatten, wären sie wohl nicht eingetreten; denn vieles, allzu vieles roch in der SPD bald schon wieder nach dem Muff des Weimarer Reformismus, und bald war man sich wieder der Tatsache bewußt, daß man es in der SPD „nicht mit Revolutionären, sondern mit Wahlvereinsfetischisten" zu tun hatte (Alfred u. Lotte Krüger, Brief v. 6. 1. 1948).

Bald mußte man aber auch einsehen, daß man „freischwebend" keinen wirklichen effektiven Einfluß würde ausüben können, und so meldete denn schließlich selbst einer, der der SPD immer noch sehr, sehr mißtrauisch gegenüberstand (der KPD allerdings erst recht), weil sie für ihn seit 1930 keine Alternative mehr hatte bieten können für einen erfolgreichen Kampf gegen den Nationalsozialismus, den Freunden in New York den Vollzug des Eintritts in die SPD: Kurt Opplér. Die „New Yorker" gehörten zu denen, die am längsten zögerten und am meisten Schwierigkeiten hatten, den Schritt ins – wie sie es sahen – reformistische Lager zu tun. Doch umgekehrt wie so häufig in der Nachkriegsgeschichte der deutschen Arbeiterbewegung hat in diesem Fall nicht die Emigration den Ton angegeben, sondern diese folgte dem Beispiel der Genossen in Deutschland, insbesondere – wie es scheint – aufgrund der nüchternen und abgerundeten Argumentation von Otto Brenner.

Während die KPD – wie man scharf, aber durchaus zutreffend meinte – zu einer von der Sowjetunion abhängigen, opportunistischen, theorielosen, von den Massen und allen guten Geistern verlassenen Minoritätenpartei verkümmerte, ließ die SPD wenigstens „die Chance offen, zu einer Partei zu werden, die es zum mindestens Sozialisten möglich macht, mit gutem Gewissen in ihr zu arbeiten", wie Franz Marx Ende des Jahres 1948 schrieb. Es wäre wohl nicht im Sinne der Briefschreiber, davon zu sprechen, sie hätten sich mit dieser Position auf verlorenen Posten begeben; sie blieben vielmehr – dieses paradoxe Bild sei erlaubt – das Salz in der Suppe der Partei mit den eingeschlafenen Füßen.

VII. Perspektiven für das Überleben einer Idee

Das Jahr 1948 erwies sich für die Geschichte der deutschen Arbeiterbewegung als ein Krisenjahr. In den Briefen spiegelt sich das darin, daß die Briefschreiber nun nicht mehr die Hoffnung hatten, daß sich die Entwicklung auf dem Wege zum Sozialismus befand; das Gegenteil hatte sich herausgestellt. Ohnehin teils besorgt, teils skeptisch hatten sie sich nicht täuschen lassen von den Wahlergebnissen, die für einige andere das Zeichen für die Existenz einer sozialistischen Volksbewegung gewesen waren. Sie hatten nicht die Illusion vom großen Aufbruch zum Sozialismus, jenes „nach Hitler wir!" geteilt und nicht an eine Renaissance der sozialistischen Idee im deutschen Volk geglaubt. Und so haben sie insgesamt die Lage wohl zutreffender eingeschätzt: allenfalls hatte es ein Ernstnehmen der sozialistischen Ideen in einer schmalen, aber engagierten Schicht der Bevölkerung gegeben. Ein wenig mehr Resonanz hatten sich aber auch die Briefschreiber erhofft; doch auch diesmal überwog bei ihnen der Versuch einer Analyse der Kräfteverhältnisse das Bedauern. Bei der inzwischen gegebenen Abhängigkeit ganz Westeuropas von den USA reichten die Kräfte der Arbeiterbewegung nicht aus,

---

ste der guten SAP-Tradition am Aufbau einer möglichst einheitlichen demokratisch-sozialistischen Partei in Deutschland zu beteiligen". (NL Lang, Mappe Berichte I)

in Europa den Sozialismus als gesellschaftliche Ordnung durchzusetzen; gerade dies wäre aber auch nach Auffassung der Briefschreiber die Voraussetzung dafür gewesen, in den osteuropäischen Ländern und sogar in der Sowjetunion selbst eine „Reformierung des Bolschewismus" langfristig auf den Weg zu bringen. Vielmehr stand der Schwäche und der Schwächung der sozialistischen Kräfte die Stärke und die Stärkung der „anderen Seite" als Ergebnis der Nachkriegsentwicklung gegenüber. Aus dieser Beurteilung der Situation mag sich erklären, warum in den Briefen die Frage nach der Wiedervereinigung, bzw. die nach der Einheit der deutschen Nation etwa komplementär zur Einheit der Arbeiterbewegung keine oder nur eine geringe Rolle gespielt hat. Für die Briefschreiber war die alles andere mit entscheidende Frage die der Verwirklichung des Sozialismus. War diese Frage erst gelöst, ließ sich auch die Einheit der Nation wiederherstellen; war sie jedoch nicht lösbar, so blieb auch die Nation geteilt.

Angesichts all dieser Überlegungen kam die bilanzierende Sentenz auf: „Wir leben in einem Deutschland der Restauration" (so Walter Heist am 12. 3. 1949). Von der persönlichen Erwartungshaltung der Briefschreiber her gesehen war dies eine zutreffende Feststellung. Sie hatten gewissermaßen eine Realität des Sozialismus antizipiert, an der gemessen die tatsächliche Realität von ihnen nur als „Restauration" begriffen werden konnte. Historiker dagegen wissen heute, daß 1933 wie 1945 in den entscheidenden Bereichen von Wirtschaft und Gesellschaft keine tiefgreifenden Kontinuitätsbrüche stattgefunden haben, so daß für die Zeit von 1945 bis 1948 wohl von Rekonstruktion und Rekonsolidierung gesprochen werden kann, nicht aber von gesellschaftlicher Restauration, so als sei eine revolutionäre Umwälzung vorausgegangen oder ein Zusammenbruch mit revolutionsartigen Folgen.

Was war nun zu tun? Einige Briefschreiber setzten nun doch noch auf den schönen Traum von der kleinen aber reinen dritten Partei; andere resignierten wohl, betrachtet man ihre Lebensläufe, oder wechselten noch einmal ihren politischen Standort innerhalb der Arbeiterbewegung. Die meisten aber unterzogen sich dem schmerzhaften Prozeß des Abtragens ihrer hohen Ansprüche an die Veränderbarkeit der Realität und entwarfen eine Strategie des langen Atems: die ausgebliebene soziale Revolution war auf evolutionärem Wege nachzuholen, und dazu brauchte man 1., 2. und 3. starke Organisationen. Denn, und dies war und blieb felsenfest die Überzeugung der Briefschreiber: die sozialistische Transformation war in Europa nicht aufzuhalten; die Geschichte konnte zwar stottern, aber sie ging dennoch weiter in die Richtung des sozialistischen Ziels. Doch die Briefschreiber wußten auch, daß dieser Weg der Geschichte durch sie selbst in harter unverdrossener Arbeit gestaltet werden mußte. Die Konsequenzen aus solchen Überlegungen bestanden für die Briefschreiber zum überwiegenden Teil darin, sich auf die Gewerkschafts- und die Jugendarbeit zu konzentrieren. Gerade die im Unterschied zur politischen Arbeiterbewegung durchgesetzte und durchgehaltene Gewerkschaftseinheit schien ein erfolgreiches Wirken in Richtung auf eine optimale Arbeitermobilisierung zu garantieren und auch Spielräume zu eröffnen, um politischen Einfluß zu gewinnen.

Wir wissen heute, daß sich auch diese Hoffnungen nur im begrenzten Maße erfüllten – haben wir deshalb das Recht, vom Scheitern der Briefschreiber und all derer, die ihre Auffassungen geteilt haben, zu sprechen? Nur weil wir es heute besser wissen können? Es ist den Ergebnissen der politischen Arbeit der Briefschreiber entsprechender, festzustellen, daß – gemessen an den Widerständen, die zu überwinden waren – dennoch sehr viel erreicht worden ist, was ihrem Ziel des Sozialismus gedient hat. Dazu gehörte auch, daß es der Gruppe untereinander, im Verhältnis zu den noch in den USA weilenden Genossen und in ihren politischen Arbeitszusammenhängen gelungen ist, einen Teil der Werte, die in der alten klassischen Arbeiterbewegung eine die Menschen zugleich mobilisierende wie schützende Kraft besessen hatten, für eine Weile noch in der Nach-1945er-Arbeiterbewegung lebendig zu erhalten oder in ihrer Bedeutung zu überliefern: Mitten in dem kollektiven Dasein voll Trümmern, Zusammenbrüchen, „Korruptheit", „Egoisterei" und Opportunismus hatten sie erfahren und erfahrbar machen können, was wirklich Solidarität hieß, ehe diese zum Schlagwort für programmatische Kaltschnäuzigkeit verkam. Aus dieser Sicht mag es dem heutigen Leser der Briefe tatsächlich so erscheinen, als habe die Gruppe der Briefschreiber mit zu dem „letzten Aufgebot" der alten Arbeiterbewegung gehört; unverkennbar jedenfalls unterscheidet sie sich von jenem Pragmatismus und jener Profi-Attitüde, die heute in der Sozialdemokratie und in den Gewerkschaften in den Vordergrund zu rücken scheint.

VIII. Lesehinweise und Lesehilfen

Die meisten Briefe sprechen für sich. Dennoch ist es aus der Sicht der Bearbeiter der Edition unerläßlich, und es wird deshalb dringend empfohlen, die Biographien der Briefschreiber parallel zur Lektüre der Briefe zu lesen. Denn erst die Lebensläufe vermögen die Briefinhalte in all ihren Facetten dem Leser ganz aufzuschließen. Deshalb wird im Personenregister die Fundstelle der Biographie eines Briefschreibers im Biographischen Teil durch eine kursiv gesetzte Seitenzahl kenntlich gemacht. Die örtliche Trennung von Briefen und Biographien wurde deshalb vorgenommen, weil die Biographien, die ursprünglich nur als knappe Ergänzung zu den Briefen gedacht gewesen waren, im Zuge des Recherchierens ein eigenständiges dokumentarisches Gewicht erhielten, das sie auch unabhängig von den Briefen ungeschmälert überlieferungswert machte. Auf weitere Beschreibungen des Wirkungsfeldes der Briefschreiber über das in den Biographien Vermittelte hinaus: etwa der Städte, in denen sie wirkten, oder der Tradition der lokalen Arbeiterbewegung, aus der sie kamen, mußte verzichtet werden; die verfügbaren Informationen fallen zu ungleichgewichtig aus oder müßten zum großen Teil erst in einem eigenen Forschungsprozeß zusammengetragen werden.
Die Briefe werden in der Regel ungekürzt veröffentlicht. Auslassungen sind nur dann vorgenommen worden, a) wenn Briefpassagen nicht entschlüsselt werden konnten, b) wenn bei mehreren Briefen desselben Verfassers Wiederholungen auftraten, c) wenn Briefstellen persönliche Urteile über Zeitgenossen oder allzu persönliche Streitigkeiten enthielten, die dem Persönlichkeitsschutz unterliegen, d) wenn es sich um bloße Brief- oder Paketbestätigungen und organisatorische Einzelanweisungen für die Paketversendungen handelte, oder e) wenn sie wie in ganz wenigen Fällen auf Wunsch der Briefschreiber zu erfolgen hatten. Die Auslassungen wurden jeweils mit [...] gekennzeichnet.
Offensichtliche Schreib- und Tippfehler in den Originalvorlagen wurden stillschweigend verbessert, nicht jedoch grammatikalische und syntaktische Eigenheiten, es sei denn, diese wirkten sinnstörend bzw. machten eine Aussage unverständlich. Diese weitgehende Überlieferung der originalen Orthographie, Syntax und auch Interpunktion erfolgt wegen ihres der Herausgeberin und ihren Mitarbeitern unstreitig erscheinenden Informationswertes. Abkürzungen, die ein Briefschreiber verwendete, wurden in der Regel zum leichteren Lesen und besseren Verständnis, sofern sie entschlüsselbar waren, durch einen Einschub in eckiger Klammer aufgelöst.

Alle Personen, die in den Biographischen Teil aufgenommen wurden, sind – wo immer sie auch genannt werden: als Briefschreiber, in einer Biographie, in einem Brief, in einer Anmerkung – mit * gekennzeichnet worden. Das Personenregister enthält die Namen der in den Biographischen Teil aufgenommenen Personen und die Namen derjenigen Personen, die in den Briefen, in den Anmerkungen und in den Biographien genannt werden und dem persönlichen und politischen Umfeld der Briefschreiber zuzurechnen sind. Abkürzungen von Organisationen und Funktionen werden in einem weiteren Register aufgelöst und zum Teil kurz erklärt.

In den überwiegenden Fällen werden Briefe veröffentlicht, die als Dank für ein Paket geschrieben wurden; von einer ganzen Reihe von Briefschreibern gibt es jedoch einen umfangreicheren Briefwechsel mit Joseph und Erna Lang, aus dem nur ein Brief oder einige wenige Briefe veröffentlicht werden. Es wird in einigen Fällen darauf hingewiesen, um zu verdeutlichen, daß zwischen den Briefschreibern und Langs eine besonders enge Beziehung bestand. Einige Briefschreiber glauben nach dem Empfang des ersten Pakets, sich bei unbekannten amerikanischen Sozialisten bedanken zu müssen, ein Irrtum, der später meist aufgeklärt wird.

In wenigen Fällen wurden in Ermangelung der Originale Abschriften verwendet, die die Empfänger Joseph und Erna Lang zeitgleich angefertigt haben; dies wird jeweils angemerkt. Einige Briefe entstammen zwar dem Briefbestand, sind aber nicht an Langs direkt gerichtet gewesen; auch hierauf wird am jeweiligen Ort hingewiesen.

Gewisse Probleme warf die Kommentierung des Inhaltes der Briefe auf. Zuviele Kommentare zerstören, selbst wenn sie einen an sich unbezweifelbaren informativen Wert besitzen, die unmittelbare Wirkung der Briefe und lassen ein lebendiges, anschauliches Bild erst gar nicht entstehen. Zuwenige Kommentare lassen den Leser mit seinen Fragen allein, und es fehlt ihm die Hilfestellung für eine vertiefte Aneignung der Briefinhalte. Ob es wirklich gelungen ist, einen vernünftigen Mittelweg zu finden, vermag keiner der an der Edition Beteiligten mit Gewißheit zu sagen. Eine allgemeine Leitlinie ist jedoch gewesen, nur dann eine Briefstelle zu kommentieren, wenn dies ihrer Erklärung dient und nicht der Ergänzung durch vielleicht auch Wissenswertes. Es ist auch bewußt nicht jeder Irrtum eines Briefschreibers korrigiert worden, zumal dann nicht, wenn schwierige Bewertungsfragen mit im Spiel waren. Denn die Briefschreiber von damals sollen unzensiert zu ihrer Nachwelt sprechen können, und die Leser von heute sollen durch Kommentare nicht bei ihrer eigenen Meinungsbildung beeinflußt werden.

Teil I: Briefe

BREMEN

Adolf und Ella Ehlers* an Joseph und Erna Lang*

Bremen, den 16. 1. 1946
Osterdeich 8

Liebe, liebe Erna, lieber Jola!

Wenn Ihr hier wärt, dann würden wir Euch beim Kopf nehmen und ganz tüchtig drük-ken. Dann wäre es ganz einfach, dem Gefühl und Empfinden Ausdruck zu geben, das uns überkam, als wir im Frühjahr – als wir alles Schlimme und Böse überstanden hatten – durch I.[rmgard] und A.[ugust Enderle]* zuerst wieder von Euch hörten.
Als dann gar das Päckchen kam – ja, wißt Ihr, um das zu schildern, muß man Dichter sein, und ich bin so gar keiner. Also fühlt Euch von uns umschlungen, wir drücken Eure Hände und hoffen immer noch, daß wir das wirklich in absehbarer Zeit richtig können. Ihr wäret hier sehr, sehr nötig. Es ist nun fast zu viel für die wenigen, die noch dabei sind. Die 12 Jahre haben große Lücken gerissen – jetzt erst wird es deutlich, wer alles fehlt. Es ist schön, daß I.[rmgard] und A.[ugust] hier sind. Wir hören etwas aus der „weiten Welt", von allen alten Freunden und Bekannten.
Wie haben wir aber auch gelebt! Wie oft waren unsere Gedanken und unser Sehnen bei Euch. Adolfs Optimismus war natürlich unerschütterlich. „Wir sehen uns alle wieder" – das hat ihn nie verlassen. Wir sind von unserer kalten Ecke hier oben aus dann ja auch jedes Jahr einmal nach Dresden, nach Berlin und nach Merseburg (zu Graul*) gefah-ren. Da haben wir uns aneinander immer aufgerichtet. Selbst im Krieg haben wir das noch so halten können, allerdings war es da schon recht beschwerlich durch die Bom-benangriffe und die damit verbundenen sonstigen Schwierigkeiten.
Nun, wir sind damit durch, und „wir haben doch gesiegt". Leider nicht so, wie wir es gern gewollt hätten. Wenn es uns wenigstens zum Schluß gelungen wäre, Hitler und seine Generäle zu stürzen – aber die hatten ja einen Apparat aufgebaut. Na, Ihr habt den Anfang ja mit erlebt und wißt es, wie schwer es war.
Nun sind wir mitten in der Arbeit. Auch davon seid Ihr gewiß unterrichtet. Ich kann Euch sowieso keine politische Definition geben, *so* ein Politiker bin ich. Und Adje ist heute nach Stuttgart abgebraust, da sind Verhandlungen mit der Unrra.[1] Letzte Woche war er bei der Englischen Kontrollkommission wegen neuer Wahlgesetze für Deutsch-land. Ihr wißt ja, daß Adje Senator für das Wohlfahrtwesen ist. Unsere Tage und die halben Nächte dazu sind ausgefüllt mit Arbeit, mit Arbeit die viel Freude macht. (Die Politik macht wirklich keine, auch nicht nach diesen 12 Jahren) Ich bin eingespannt im

---

[1] Die UNRRA (United Nations Reconstruction and Rehabilitation Administration), 1943 gegründet, war für die Versorgung und die Rückführung der ‚Displaced Persons', d.h. der nichtdeutschen Kriegsflüchtlinge und Verschleppten, sowie für die Betreuung der nicht-heimkehrwilligen Personen zuständig.

„Arbeiterhilfswerk", der Name sagt Euch schon, was es ist. (Rote Hilfe, Internat. Arbeiterhilfe und Volkswohlfahrt) Da gibt es auch viel zu rennen und zu besorgen, da möchte man aus Nichts Rosinen machen. Zwischendurch gibt es tatsächlich einmal ein Konzert, ein Theater, einen Film – aber das schönste sind Abende mit Freunden in unserem zu Hause. Wir sind in der glücklichen Lage, 2 sehr schöne große Zimmer zu besitzen und da ist immer Treffpunkt. Denn die meisten Menschen haben keine Zimmer, das sind mehr oder weniger nur Löcher. Wir haben bissl Glück gehabt, nachdem wir auch zweimal Bombenschaden hatten.

Liebe Erna, lieber Jola, August wartet auf die Zeilen, sie haben uns heute erst Bescheid gesagt, daß wir Euch paar Grüße mitschicken können. Darum nur dies.

Liebe Erna, hinterdran eine Bitte: Wenn Du mal Gelegenheit hast, ein kleines Päckchen zu schicken: *Bitte einen Kamm*, den kann man hier nicht auftreiben und ich habe buchstäblich nur noch Stücken. Und wenn es dann noch möglich ist: 1 Paar Strümpfe, aber keine baumwollnen. Wenn wir auch den Krieg verloren haben, wir mögen doch alle am liebsten seidne Strümpfe. Das nimmst mir doch nicht übel, nicht wahr. Und sonst, ja liebste Erna, Du weißt ja, aus Bier und Alkohol machen wir uns nichts, aber Kaffee! Die Dose, die Du mit eingepackt hattest, war leider in Trümmern, also mache Dir da keine Mühe mehr. Adje hat sich über das Rasierzeug gefreut, er ist jetzt immer ganz blank. Ihr wißt ja, daß gerade das Fehlen solcher Kleinigkeiten einen manchmal elend machen kann.

Liebe Erna, vor einigen Wochen war auch Musch [d.i. Herta Thielcke*] hier, leider nur für ein paar Stunden so auf der Durchreise – sie ist eine rechte Erna geworden. Es war ganz drollig für uns. In nächster Zeit fahren wir nach Hamburg, da werden wir sie mit aufsuchen und ihr Kind mit bewundern. Sie schlägt sich auch mit allerlei Dingen und Problemen rum. Du fehlst, der Mann fehlt, – aber sie ist ja so kerzengrade, ich glaube, sie wird mit allen gut fertig.

Wir freuen uns aufs Wiedersehen mit Euch, bis dahin tausend herzliche Grüße und alle guten Wünsche!

Ella u. Adje

Adolf und Ella Ehlers an Joseph und Erna Lang[1]

Bremen, den 22.9. 1946
Osterdeich 8

Liebe Erna, lieber Jola!

Zu Eurem ersten Brief haben wir uns riesig gefreut. Es ist ein beglückendes Gefühl, wenn man nach so vielen Jahren wieder Eure vertraute Handschrift zum ersten Male sieht. Die letztere ist zwar nicht besser geworden, aber doch lesbar. Bei mir ist es noch immer so, daß ich besser alles mit der Maschine schreibe. Erna kennt wohl noch meine Hieroglyphen. Ich besinne mich noch recht gut auf eine gemeinsame Debatte über die Handschrift von M. Hölz[2]. Erna hatte seinerzeit einen Bekannten oder es war ja wohl eine Dame, die etwas davon verstand. Und ihr Urteil war durchaus zutreffend. Aber

---

[1] Der erste Teil dieses Briefes (bis S. 52) wurde von Adolf, der zweite Teil von Ella Ehlers geschrieben.

[2] Max Hoelz (1889–1933): Nach dem Ersten Weltkrieg kommunistischer Führer im Vogtland, zeitweilig Anhänger der KAP, Führer putschistischer Aktionen. 1922 verhaftet und zu einer lebenslänglichen Zuchthausstrafe verurteilt, 1928 amnestiert. Hölz kam 1933 in der Sowjetunion ums Leben.

wir haben damals nicht nur darüber gesprochen. Und so auch heute nicht. Es fiel mir nur so ein, als ich das erste Geschriebene von Erna wieder zu sehen bekam.

Erna fragt, ob ich „das noch nötig gehabt hätte" –. Ja, es war nötig. Und ich bin froh darüber, daß ich so rasch zu einer Entscheidung gekommen bin. (Ich auch, Ella)[3]. Wir alle sind ja mehr oder weniger durch die starken Eindrücke der russischen Revolution von 1917 gefühlsmäßig abhängig gewesen. Irgendetwas hemmte uns, klare verstandesgemäße Entscheidungen zu treffen. Unter Hitler konnten wir darüber genügend nachdenken. Dennoch war ganz eindeutig in meinem Bewußtsein: man kann nach Beendigung des Krieges nur zur KP gehen. Ich habe es schon Monate vorher getan. Früher war es nicht möglich, weil bei *der* konspirativen Arbeit, wie sie von der KP gemacht wurde, ein Zusammengehen unmöglich war. Seltsam ist nur, daß mir nach Beendigung des Krieges und auch vorher nie der Gedanke kam, wieder eine eigene sozialistische Gruppe aufzubauen. Deutlicher ausgedrückt: Die SAP fortzuführen. Während der ganzen Zeit der Hitler-Diktatur war sie trotzdem die einzige Gruppe, die vernünftige politische Arbeit geleistet hat. Keine Spielerei, sondern schriftliche und mündliche Verständigung eines engen Kreises, der dafür aber unbedingt sicher und der Sache ergeben war. Wir haben so die 12 Jahre mit ganz geringen Opfern überdauert. Ich selbst wurde zwar sehr häufig zur Gestapo geladen, hatte aber bis zum Ausbruch des Krieges lediglich das Verbot, in Rüstungsbetrieben zu arbeiten. Erst als ein großer Mangel an Arbeitskräften eintrat, wurde auch diese letzte Einschränkung fallengelassen. Ich konnte so an meinen alten Arbeitsplatz auf der „AG Weser" eine gut funktionierende politische Gruppe aufbauen, deren Arbeit gute Früchte getragen hat. Unsere Perspektive war aber die, daß nach dem Zusammenbruch des Faschismus möglichst eine einheitliche sozialistische Partei gebildet werden sollte. Hierfür waren selbst die aktivsten sozialdemokratischen Genossen bereit. Die Bildung dieser Partei wäre auch gelungen, wenn nicht die inzwischen geschaffene Bezirksleitung der KP Verbindung mit dem ZK in Berlin erhalten hätte. Den heute führenden Leuten in der SED paßte es seinerzeit noch nicht, eine solche Einheitspartei zu propagieren. Erst die Wahlen in Süddeutschland, bei denen das starke Gewicht der SP offenbar wurde, veranlaßte die Leute in Berlin zu einer Schwenkung[4]. Jetzt wurde es aber auch dem primitivsten Genossen klar,

---

[3] Diese Äußerung bezieht sich offensichtlich auf den mit der Erklärung vom 17. Mai 1946 vollzogenen Austritt von Adolf Ehlers und Hermann Wolters, Bremer Senator für Ernährung und Arbeitseinsatz, aus der KPD und ihren Eintritt in die SPD; vgl. Peter Brandt: Antifaschismus und Arbeiterbewegung. Hamburg 1976, sowie Horst Adamietz: Freiheit und Bindung. Adolf Ehlers. Bremen 1978, hier auch S. 113–116 der Wortlaut der Erklärung, in der Ehlers und Wolters auch ihre Freunde auffordern, „mit uns gemeinsam in die SPD einzutreten und diese Partei zu stärken für die sozialistischen Aufgaben der Gegenwart".

[4] Was Ehlers gemeint haben könnte, ist bei einem Vergleich der Ergebnisse der Kommunalwahlen in Württemberg-Baden bzw. in Bayern vom Frühjahr 1946 nicht zu erschließen. Die inzwischen vorliegenden Informationen bestätigen auch nicht die in der älteren Literatur zur deutschen Nachkriegsgeschichte geäußerte Auffassung, der auslösende Faktor für die Schwenkung der KPD-Führung zur Einheitspartei seien die enttäuschenden Ergebnisse der Wahlen in Österreich und Ungarn im November 1945 gewesen. Der Beginn der Einheitspartei-Orientierung datiert bereits mit der Rede Piecks am 19.9. 1945. Die Schwenkung lag darin begründet, daß einerseits der Apparat der KPD inzwischen reorganisiert war, daß aber andererseits die SPD vor allem in der sowjetischen Besatzungszone, aber auch in den Westzonen sich eines breiten Zuspruchs der Bevölkerung erfreuen konnte, während sich die KPD mit ihrem Konzept, eine antifaschistische Massenpartei zu werden, als gescheitert betrachten mußte. Daraus ergab sich für die KPD-Führung und die sowjetische Besatzungsmacht sowohl die Möglichkeit als auch die Notwendigkeit, die Reserve gegenüber der Einheitspartei aufzugeben, ihre Gründung vielmehr seit Oktober/November 1945 offensiv zu betreiben.

daß diese plötzliche Schwenkung andere Gründe haben müsse. Vor allem die Funktionäre in der SP waren nunmehr nicht mehr geneigt, einer Vereinigung das Wort zu reden. Auch die völlige Abhängigkeit der KP von den Direktiven der SU wurde wieder immer deutlicher. Um welche Fragen es sich dabei im einzelnen handelte, brauche ich nicht näher zu erwähnen, da sie Euch aus der Presse bekannt sind. In der KP in Bremen war inzwischen eine Lage eingetreten, die der inneren Parteisituation vor 1933 völlig ähnlich war.

Sogenannte „Rechte", die mit mir zusammen in die KP eingetreten waren, wurden kaltgestellt und kamen nicht mehr zum Zuge. Es wurde völlig klar, daß das System der gehorsamen Dummköpfe von neuem in die Partei eingeführt wurde. Man wagte es nicht, öffentlich und selbst nicht einmal in Parteiversammlungen gegen die von mir vertretene Politik Stellung zu nehmen. Umso gründlicher arbeitete man wieder mit Verleumdungen und Verdächtigungen von hinten herum. Kurzum: alles Dinge, die wir aus der Zeit vor 1933 zur Genüge kennen.

Ich habe lediglich in der Frage geschwankt, ob man nur aus der KP austreten und eine eigene Gruppe bilden soll oder ob es besser ist, in der SP für unsere Prinzipien zu wirken. Nach reiflichem Überlegen und langen Diskussionen mit August und Irmgard [Enderle]* habe ich mich dann doch entschlossen, in die SP einzutreten. Heute glaube ich, daß dieser Schritt richtig war, denn in der SP herrscht wirklich innerparteiliche Demokratie und man kann uneingeschränkt alle Dinge aussprechen. Bei aller Unzulänglichkeit von Schumacher ist er doch keineswegs mit den Leuten zu vergleichen, die vor 1933 in der Führung der SP saßen. Wie weit diese Führung in Reformismus abgleitet, hängt im wesentlichen davon ab, wie stark die jungen revolutionären Kräfte sich in der Partei durchsetzen werden. Fest steht jedenfalls, daß die SP als ganzes in Theorie und Praxis noch immer links von der KP steht. Darüber können alle grundsätzlich noch so richtigen Erklärungen des ZK der SED nicht hinwegtäuschen. Sobald es sich um Fragen praktischer deutscher Politik, zumal der Außenpolitik, handelt, wird die wirkliche Rolle der SED als ein Bestandteil der Außenpolitik der SU klar und deutlich. Es ist auch nicht so, daß ich etwa durch eine Reise nach Leipzig zu neuen politischen Entschlüssen gekommen bin. Die waren lange vorher klar. Was ich in Leipzig gesehen habe, hat mich lediglich in dieser Auffassung gestärkt. Mit Robert Siewert*, der mich nach den langen Jahren der Trennung sehr herzlich begrüßte, habe ich eine längere Aussprache gehabt. Auch er ist nicht ohne Schwankungen, aber seine Plattform ist die der früheren Versöhnler. Kurz: man darf sich nicht aus der Partei herausdrängen lassen, weil man sonst unweigerlich bei der Konterrevolution landet. Bei einer solchen Einstellung muß die eigene politische Konzeption immer scheitern, da sich im Handumdrehen politische in organisatorische Fragen verwandeln. Robert meinte aber, es würde sich im Laufe der Zeit noch manches ändern, und es sei im ganzen doch in der SED doch erträglich. Zudem ist er in seiner Funktion als Vizepräsident der ehemaligen Provinz Sachsen mit praktischer Arbeit sehr überhäuft. Und die Arbeit selber macht ihm sicher große Freude. Aber dieser Arbeit wird ja irgendwie immer eine politische Grenze gesetzt, die lediglich in Ermessen von Pieck und dahinter liegt. Eine ähnliche Haltung nehmen übrigens auch eine Reihe von Hamburger KP-Leuten ein. Auch sie meinen, man muß klug sein, und sich nicht herausdrängen lassen. Eines Tages käme dann doch der Punkt, an dem die Ultralinken unter allen Umständen an die Wand gedrückt würden. Das ist glatte Fantasterei. (Bis dahin ist die ganze KP zerdrückt, Ella). Ich glaube eher an eine entgegengesetzte Entwicklung.

Auch mit Ulbricht habe ich eine scharfe Auseinandersetzung gehabt über seinen bekannten Artikel, in welchem die deutschen Arbeiter mit Rücksicht auf den Pakt zwischen Hitler und der SU aufgefordert wurden, Sabotage-Akte einzustellen[5]. Zunächst hat er mir gegenüber die Verfasserschaft glatt abgestritten. Ich hatte diesen Artikel aber gedruckt bei mir, so daß er vor diesem Beweisstück kapitulieren mußte. Aber Ulbricht ist wie bekannt, um keine Ausrede verlegen. So meinte er denn, ob ich mich mit meiner Stellungnahme zum Verteidiger des britischen Imperialismus erheben wolle. Gegen solche Rabulistik zu streiten, ist völlig unfruchtbar. Mir genügte dieser Ausschnitt aus der Geisteshaltung eines der führenden Leute der SED. Auch mit den Sekretären der neugebildeten Einheitspartei hatte ich eine längere Aussprache. Unter 4 Augen gestand mir der ehemalige SP-Sekretär, daß er nur dem schärfsten Druck gewichen und sich für die Einheit ausgesprochen habe. Als er später nach Berlin kam, begrüßte Pieck ihn mit den Worten: Sieh mal an, da kommt auch einer, der noch im letzten Augenblick den Anschluß gefunden hat. Ein anderer führender Staatsfunktionär, dessen Namen ich aus bestimmten Gründen nicht nennen kann, sagte mir, daß er vom ersten Tage seines Antritts an bespitzelt wird. Auch er gehörte früher der SPD an und ist während des Jahres 1923 in Sachsen nicht unbekannt gewesen. Er meinte, der Gesetzmäßigkeit in der russischen Zone könne sich niemand entziehen, und er habe sich deswegen unterworfen, da er zu alt sei, um noch umzusiedeln. Diesem Genossen und vielen anderen ist daraus kein Vorwurf zu machen. Ich glaube auch, daß es keine andere Möglichkeit der politischen Betätigung gibt, wenn sich der betreffende Genosse nicht auf seine Parzelle zurückziehen will. Immerhin war ich darüber erstaunt, daß alle SP-Genossen im Sekretariat der SED, sobald sie sich mit mir allein im Raum befanden, sehr offen ihre Bedenken vortrugen. Es kann also gar keinem Zweifel unterliegen, daß die Einheitspartei erzwungen wurde. Die politische Auswirkung dieses Zwanges wurde bei den Wahlen in der östlichen Zone sehr deutlich demonstriert. Ich habe die Absicht, über die Reise in die östliche Zone noch einen längeren Bericht anzufertigen und werde ihn Euch dann auch zustellen.

Ernst Graul*, der in Merseburg Oberbürgermeister ist, habe ich leider nicht angetroffen. Er hat mir anläßlich meines Übertritts zur SP einen sehr groben Brief geschrieben. Politisch steht er 100-prozentig auf der Linie. Von Schlör* und Baier* haben wir überhaupt keine direkten Nachrichten erhalten, trotzdem ich (Ella) schon einigemale geschrieben habe. Darüber sind wir sehr verwundert, da selbst während der schlimmsten Zeit im Kriege enge Verbindungen zwischen uns bestanden haben. Ich habe bis heute noch keine Erklärung für das Schweigen der beiden Freunde gefunden. Möglich ist allerdings, daß eine Korrespondenz mit mir für sie gewisse Gefahren in sich birgt. Möglich ist auch, daß ihre Post überwacht wird. Ich bedaure das sehr, weil gerade Karl B.[aier] in den ganzen Jahren eine außerordentlich vernünftige Stellung gehabt hat,

---

[5] Ulbrichts Artikel „Hilferding über den ‚Sinn des Krieges'" erschien am 9. 2. 1940 in „Die Welt. Zeitschrift für Politik, Wirtschaft und Arbeiterbewegung" in Stockholm (nachgedruckt in: Hermann Weber: Der deutsche Kommunismus. Dokumente. Köln 1963, S. 364–367). Ulbricht polemisierte in diesem Artikel gegen die Auffassung des sozialdemokratischen Theoretikers Rudolf Hilferding, man müsse „rückhaltlos und ohne Vorbehalt den Sieg Frankreichs und Englands bejahen". Er vertrat dagegen die Ansicht, daß der englische Imperialismus im Gegensatz zur deutschen Regierung, die zu friedlichen Beziehungen zur Sowjetunion bereit sei, eine Beendigung des Krieges ablehne und „die Konzentration aller reaktionären Kräfte zum Krieg gegen die Sowjetunion" organisiere. „Deshalb sehen nicht nur die Kommunisten, sondern auch viele sozialdemokratische Arbeiter und nationalsozialistische Werktätige ihre Aufgabe darin, unter keinen Umständen einen Bruch des (Hitler-Stalin)-Paktes zuzulassen."

was man ja von J. Schlör nicht sagen kann. Für ihn war der Anschluß an die KPO nach seinem eigenen Eingeständnis der größte Fehler seines Lebens.

Wie Euch bekannt ist, bin ich seit 14 Monaten Senator für das Wohlfahrtswesen und Sozialversicherung. Über Arbeit kann ich mich nicht beklagen. Ich finde dennoch Zeit zu politischen Überlegungen. Daß August und Irmgard [Enderle]* in Bremen sind, ist für Ella und mich ein großer Gewinn. Wir können viele Dinge gemeinsam beraten und zu Entschlüssen kommen. (Und manchmal haben die und manchmal haben wir Zigaretten, Ella). Von unseren Freunden ist etwa die Hälfte in der SP und die andere in der KP. Das ist ein Zustand, den es vor 1933 nicht gegeben hat. Durch die nicht abgerissenen persönlichen Verbindungen kommen wir auch leichter zu gemeinsamen politischen Erkenntnissen, die sich für eine Gesundung des politischen Lebens in der Arbeiterklasse günstig auswirken können. Alles in allem sind es doch nur taktische Positionen, die der Einzelne von uns besetzt hält. Unsere Grundsätze sind nach wie vor die gleichen geblieben. Trotzdem ist die Arbeit mit unserer früheren politischen Tätigkeit gar nicht zu vergleichen. Alles ist sehr viel schwerer, da besonders die jüngeren Genossen keine theoretische Grundlage haben. Ihnen diese Grundlage zu bringen ist schon wichtige politische Arbeit. Die Jungen sind heute die zwischen 30 und 50. Sie sind der Hauptträger aller Bewegung in der Arbeiterklasse.

In Bremen haben wir schon eine Reihe von guten Ansatzpunkten für die Heranbildung eines Nachwuchses. Auch die Tatsache, daß einige unserer Genossen in Staatsfunktionen sitzen, bietet manche Möglichkeit. Auch darüber muß man einmal gesondert schreiben.

Für heute kam es mir darauf an, daß Ihr überhaupt etwas von uns bekommt und hört. Ihr Lieben, Guten, bis hierher war mein Mann gekommen. Nun ist schon wieder einer da und es wird „dischkutiert" – das beste ist, ich mache den Brief fertig, damit er endlich zu Euch kommt. Viel Klarheit ist in Adolfs Schreiben auch nicht, ich kann mir nicht vorstellen, daß Ihr nun wißt, wie es steht. Das beste ist, Ihr setzt Euch auf ein Schiff und wir bereden mal die ganze Sache. Ich würde Euch allerdings empfehlen, Rückreisebillets zu nehmen. Denn schön ist es in Deutschland nicht mehr. Und das ist nicht nur das äußere Bild. Aber von den Trümmern muß man auf die Menschen schließen. Es sind nicht nur Häuser eingestürzt, Ideen, Gedankengänge, Anständigkeit, Moral, Ethik, Geschichtsauffassungen – (wie könnte man sonst von einem „3. Reich" sprechen – nein, das war es beileibe nicht, diese grausige Episode). *Wir* sind wie immer obenauf, das ist bei Adjes ewigem Optimismus nicht anders möglich, aber es ist doch so, als ob wir nur Tag für Tag Ziegel abputzen, um sie einmal – in Jahren vielleicht – zum Aufbau verwenden zu können. Und es fehlen so viele Menschen! Es gibt nur noch Leute, ganz vereinzelt Menschen. Es sind doch viele prächtige Kerle nicht wiedergekommen. Besonders im Krieg sind noch viele gefallen. Natürlich gibt es schon wunderschöne Ansätze. Ich arbeite hauptsächlich im „Arbeiterhilfswerk" – das ist die einzige Organisation (in ganz Deutschland in Bremen einmalig) wo KP und SP zusammen arbeiten. (Ansonsten bin ich politisch unorganisiert, wunderbar, was?). Durch die Zusammenarbeit ist es uns gelungen, in diesem ersten Jahr 2 Kinder-Erholungsheime und 3 Kindergärten auf die Beine zu stellen. Du weißt ja, da gibt es viel Kleinarbeit, und da haben sich von beiden Parteien wirklich rührige Frauen gefunden. Die Hauptschwierigkeiten lagen darin, Einrichtungsgegenstände zu beschaffen. Es fehlt an allem: einfachste Tassen, Teller, Zahnbürsten, Zahngläser, Handtücher, Bettzeug – ach Erna, stelle Dir ein leeres Haus vor und darin vierzig Kinder – kein Bett, keinen Stuhl – ja, und Geld in Hülle und Fülle. Und dann gehe los und kaufe. Und kannst nichts bekommen. Da muß man 100 Amtsstellen und 200 Geschäfte ablaufen und bitten und betteln. Das ist nicht ganz einfach. Da geht mancher Tag vorüber und entweder man ist abends wütend oder einfach fertig – und oft mußte ich Adolfs Würde in die Waagschale werfen, dann öffneten sich *mir* wenigstens mal die Türen. Nicht die Herzen, Erna, und das fände ich eigentlich wichtiger. Gewiß, es ist fast nichts da, aber es wird trotzdem noch das wenige verschoben, statt daß es in die bedürftigsten Kanäle gelenkt würde. Na, aber unsere Heime sind da und wir sind glücklich, jeden Monat 80 Kinder wegschicken zu können. Verpflegungsmäßig stehen wir gut in den Heimen, da die Liebesgabensendungen aus Amerika gut anlaufen. Daneben laufen für uns noch andere Arbeiten: Altersbetreuung, Flüchtlingshilfe und ähnliches. Aber ich beschäftige mich doch am meisten mit den Heimen und Kindergärten. Und mit meinem Mann. Das ist Kind Nr. 1. – Er hat bissl sehr viel um die Ohren. Weißt Du, die „Linken" kriegen ja meist die Ämter aufgepackt, wo es am schwierigsten ist. Wo ich kann, helfe ich auch da.

Und sonst führe ich auch noch so ein klein bissl ein persönliches Leben. Es gibt wieder Theater und Konzerte. Vielleicht ist es eine Flucht aus dem Alltag – aber ich gehe jede Woche wenigstens einmal zur „Kulturstätte". Ganz selten bringe ich meinen Kerl mal dazu, mitzugehen. Wenn er es mal schafft, ist er auch glücklich, aber der Abend fehlt dann schon wieder irgendwie. Aber andererseits haben wir doch auch daran so gehungert. Die Kriegsjahre über war es fast unmöglich in Bremen, abends wegzugehen. Wir haben allein in Bremen 2 000mal Alarm gehabt und 166 Angriffe. Dazu die Verdunkelung – und dazu das Gebotene. In der Musik ging es noch, aber im Theater und Kino war es doch verheerend. Und jetzt wird auch noch viel gesucht und getastet – es ist nicht so wie nach dem letzten Krieg, wo Reinhardt mit seinen Leuten und Stücken kam, wo die Jugend Morgenfeiern mit „Dantons Tod" veranstaltete. Aber schon „Nathan, der Weise" und „Leuchtfeuer" oder „Antigone" beglücken uns heute. Die Verwirrung und Verirrungen in den Menschen ist ja heute so groß (trotzdem doch 12 Jahre eine recht kurze Zeit ist), aber es muß ganz vorn angefangen werden in jeder Beziehung. Dazu fehlen völlig Bücher. Auch uns! Wir möchten richtig gern mal etwas Anständiges lesen. Enderles* haben uns von Scott „Hinter dem Ural" gegeben und von Sumner Welles – Ihr werdet sie kennen[6]. Ja, da waren wir schon froh. In Leipzig gab es viel, da kam Adje mit einem Paket an. Alles Neuauflagen der alten Bekannten, z. T. mit neuem Vorwort oder Abänderungen, immer zeitgemäß.

Liebe Freunde, ich bin so glücklich über Eure Hilfe. Als das Paket kam, ja, glaubt mir, ich konnte es nicht auspacken. Ich habe dabeigesessen und geheult. Adje hat zu jedem Stück einen Spruch gemacht, als ich dann die erste anständige Zigarette rauchte, wurde mir auch besser und ich kam auf die Füße. Wenn Ihr wüßtet, wie es hier ist. Und nun schon jahrelang. Doch nicht erst nach dem Krieg. Ich lese eben Jolas Zeilen „was Eure Gesundheit macht, wie Ihr durch die schlimmen Jahre gekommen seid, ob Ihr sehr hungern müßt" – Fein, daß Ihr mit an alles denket. Wie oft waren in all den Jahren unsere Gedanken bei Euch! Schlimm war es schon, doch, manchmal sehr schlimm – aber bei Euch war es ja auch nicht immer leicht! Und gesund sind wir, ich ja sowieso und Adje geht es zum Glück auch gut. Wißt Ihr, in den Jahren unter Hitler, bis zum Kriege, hatte sich Adje direkt erholt, weil er doch keine Reden mehr halten konnte, immer zu Hause bleiben abends – er hat viel gelesen, sogar bissl Kunstgeschichte studiert – im Kriege war es schwieriger, da kam die schlechte Ernährung und der wenige Schlaf.

---

[6] John Scott: Jenseits des Ural. Die Kraftquellen der Sowjetunion. (Aus dem Amerikanischen) Stockholm 1944. – Sumner Welles: Jetzt oder Nie! (The Time for Decision, deutsch) Stockholm 1944.

Aber ich hatte eine gute Stelle, so daß wir es finanziell machen konnten, daß Adolf sich oft mal krank meldete und aussetzte. Dadurch ging es. Außerdem haben wir jedes Jahr zwei Ferienreisen gemacht, Dresden, Berlin und Merseburg. Und mit den Freunden gab es bei aller Trauer um diesen oder jenen Freund dann doch wieder Freude. Einer konnte sich am anderen aufrichten. Die letzten Monate bis zum Schluß, also Februar, März, April 1945 waren so mit die schlimmsten – alles in Auflösung, und doch noch einmal ein ungeheurer Gestapodruck – dazu Angriffe durch Flieger täglich und zu jeder Stunde. Die Unsicherheit, ob die Bunker halten würden – es lag eine ungeheure Spannung in den Menschen, wißt Ihr, so gar nicht im Bewußtsein, aber so fühlbar, wie bei großer Hitze oder vor Gewittern. Und diese Spannungen wirken sich heute noch aus. Die Menschen sind gereizt, nervös, immer gleich bösartig, der Sinn für Humor ist völlig verlorengegangen. Dazu kommt natürlich, daß die breite Masse meinte, mit Kriegsschluß müsse es gleich besser werden. Nun ist es aber schlechter geworden, ernährungsmäßig und bekleidungsmäßig, und das verklor nun mal der Masse, daß daran nicht die jetzige Regierung schuld ist!

Was uns fehlt: Ihr Guten, natürlich alles. Am meisten natürlich Fett und Fleisch. Alles andere gibt es schon, also Kartoffeln und Brot, meine ich. Aber da es so wenig Butter gibt (wir bekommen für 4 Wochen pro Person 125 Gramm, und Fleisch für dieselbe Zeit pro Person 500 Gramm), ißt man natürlich ungeheure Mengen Kartoffeln oder Brot oder Steckrüben. Wir leiden alle an Magenerweiterung. Das ist aber auch eine Gramm-Rechnerei! Und für die Masse gibt es nichts hintenherum. Für uns leider auch nicht, denn das kann Adje in seiner Stellung natürlich nicht machen. Und als Wohlfahrts-Senator muß man mitleiden, das gehört zum Amt! Und Zigaretten! Kinder, wenn Ihr uns Zigaretten schicken könnt, dann wäre uns schon viel geholfen. Wir bekommen zugeteilt für 4 Wochen Männer 40 Stück, Frauen 20 Stück, das langt ungefähr drei Tage, die übrige Zeit lutschen wir auf dem Daumen. Und der wird davon immer dünner. Ihr werdet es selbst sehen, wenn Ihr wirklich kommt! (Oder können wir Euch besuchen?). Und ich habe einen ganz großen Wunsch: Liebe Erna, kannst Du mir nicht mal paar Strümpfe schicken? Das ist hier das Schlimmste, und so bissl eitel sind eben die Frauenzimmer. Ich weiß nicht, wie das bei Dir ist, ich gebe es zu, ich bin es. Diese zerstopften Dinger, die wir alle haben, die gehörten längst, seit Jahren schon, in den Lumpensack. Und bissl Gummiband, den man in Schlüpfer ziehen kann. Und wenn ich noch was wünschen dürfte, dann für jeden einen Schlafanzug. Vielleicht ist das auch ein „eitler Wunsch" – aber Ihr Guten müßt das begreifen, wir haben so lange so alles entbehren müssen, und da fängt man dann, wenn man schon mal wünschen darf, bei den verrücktesten Dingen an. Ich könnte ebensogut sagen: schickt bitte paar Taschentücher mit, es ist zum Lachen oder Weinen, es fehlt alles und überall. Und dabei hats bei uns nur einmal gebrannt! Aber wenn Ihr schreibt, dann macht Ihr uns ebenso glücklich!

Ich lege die Abschrift eines Briefes an „Politics"[7] mit rein, die hatten uns ganz kurz geschrieben, daß sie in ihrer Zeitung einen Aufruf erlassen hätten und daß sie auch Adjes Anschrift an ihre Leser gegeben hätten, so daß von dieser Seite vielleicht auch mal bissl Hilfe käme.

---

[7] Die libertär-sozialistisch orientierte Zeitschrift „Politics" erschien 1944–1949 in New York in engem Kontakt mit europäischen Emigranten; Herausgeber war der ehemalige Trotzkist Dwight MacDonald. Im Januar 1947 erschien ein Heft „The German Catastrophe" über die Situation im Nachkriegsdeutschland, in dem auch Briefe deutscher Sozialisten, die im Widerstand gewesen waren, abgedruckt wurden.

Die Liebesgabensendungen laufen im allgemeinen gut an. Adje gehört doch mit zum „Ausschuß zur Verteilung der Sendungen", da fährt er alle 5 Wochen nach Stuttgart. Diesmal war ich mit, ich habe nur eine Frau in der „Arbeiterwohlfahrt" gesprochen. Adje hat einige Freunde aufgesucht, da wir einen Tag länger geblieben sind. Freunde von früher, sie geben Adolf fast uneingeschränkt recht. Auch der formale Schritt war nötig. Charles [Sternberg]* war gerade nicht da, vielleicht kommt er mal nach hier in nächster Zeit. Kluger Kerl. Daß Enderles* hier sind, ist ein Gewinn für uns, auch persönlich. Wißt Ihr, daß Anni Colditz* tot ist? Das war hart für uns in dem Winter: erst ist mein Bruder in Rußland gefallen, dann Adjes jüngster, bester, so recht sein Ebenbild, auch in Rußland, dann Anni – die fehlen nun alle. Und es gehört doch viel dazu, ein „Mensch" zu werden. Na ja, wir sind auf dem besten Wege und werden uns auch weiter alle Mühe geben.
Liebe Freunde, ich umarme Euch, Adje meint – „drück die Hände" genügt auch, tausend herzliche Grüße!

Ehlers

Ella Ehlers an Joseph und Erna Lang

Bremen, den 1. 5. 1947
Am Wall 199

Liebe Erna, lieber Jola!

Heute gab es endlich wieder einmal eine richtige Demonstration. Gute Beteiligung, ein guter Redner. Vielleicht kennt Ihr ihn: W. Dörr, Hamburg. Ein alter Gewerkschaftler, in gutem, in unserem Sinne. Nicht so ein alter Reformist. Er hat ganz kurz und prägnant gesprochen, zum feiern ist uns ja allen nicht zu mute, und er war auch ganz „unfeierlich". *Ganz richtig* war es übrigens nicht, ich muß das lieber berichtigen: ohne rote Fahnen (verboten), aber Transparente, alte und neue Forderungen: Frieden, Freiheit, Sozialisierung.
Adje ist leider unterwegs, er benutzt den heutigen Feiertag zur Rückfahrt aus Stuttgart, da er morgen in Bremen sein muß. Adje ist durch die vielen Sitzungen im Länderrat recht viel unterwegs. Das ist in vieler Beziehung nicht gut: es verschlingt viel Kraft und viel Kalorien. Natürlich ist es andererseits wichtig, die richtigen Leute in den wichtigsten Ausschüssen zu haben. Es ist da manches gerade zu biegen und dem Einfluß der CDU zu entziehen.
Ich bin natürlich auch oft unterwegs: Kinderheime. Ich kann mir nicht helfen: Gerade jetzt nach den 12 Jahren empfinde ich diese Arbeit als die positivste Seite unseres Könnens und Wollens. Wenn man erlebt hat, was für einen elenden Zusammenbruch unsere ganze Erziehung in der Familie und in den Gemeinschaften (Heimen, Schulen usw.) erlebt hat, wie alle ethischen und moralischen Werte erschlagen sind, dann bestärkt mich das nur in meiner Auffassung, ganz unten, bei den Jüngsten, wieder anzufangen. Wir versuchen natürlich nicht nur, den Kindern etwas Neues, Besseres zu zeigen, wir bemühen uns auch um die Eltern, insbesondere um die Mütter. Die meisten sehen natürlich die Erholung zunächst nur vom materiellen, gesundheitlichen aus, was nur zu verständlich ist. Aber manchen dämmert doch dann auch, daß hinter der materiellen Hilfe eine ganze sozialistische Gedankenwelt und die Solidarität der Arbeiter steht. Da kann man dann ab und zu einen Haken einschlagen. Du wirst dadurch keine großen

politischen Geister erwecken, das ist mir schon klar, – dafür bringt ja auch nicht jeder die Voraussetzungen mit – aber sieh mal, wir waren jetzt auf der Reichskonferenz der Arbeiterwohlfahrt in Kassel. Da mußte jeder zugeben, auch Adje war mit, daß die Delegierten alle über viele sozialpolitische Fragen sehr gut informiert waren, daß die Vorträge ein solch gutes Niveau hatten, daß wir mit sehr vielen guten Gedanken und Anregungen nach Hause fahren konnten. Gewiß, die Tabellen über die Zunahme der Tuberkulose, die Zunahme von Gemütskranken, die erschütternden Berichte aus der „Gefährdeten und Verwahrlosten Jugend-Beratung" durch Frau Dr. Albers, Hamburg, Wohnungsnot und Flüchtlingselend – alles uns bekannte Lieder. Auch dies: man müßte, man müßte – aber Du spürtest eben doch auch Kräfte, die etwas dagegen tun, von Staats- und Amtswegen und von den Freien Wohlfahrtsverbänden aus. Na, und wir wären ja keine Sozialisten, wenn wir nicht wüßten, wie sehr diese Dinge von der Materie her verändert werden müssen.

Liebe Erna, ich finde gerade Deine Zeilen wegen der Medikamente. Auch da ist uns mit jeder Kleinigkeit geholfen. Und dann die Nähstuben. Wir haben in Bremen 25 Nähstuben, in denen versucht wird, aus Sachen, die schon längst in den Lumpensack gehörten, noch etwas anziehbares zu fabrizieren. Meist gelingt es, aber es hält natürlich nicht lange. Es könnten also ganz, ganz alte und komische Sachen sein, wenn Du mal etwas auftreibst. Hier in Deutschland kann nicht mehr gesammelt werden, es gäbe nur noch die Möglichkeit einer Zwangsabgabe durch die Bauern. Aber so weit sind wir ja nicht gekommen.

Wir haben einmal eine große Sendung aus der Schweiz vom Schweizer Arbeiterhilfswerk und einmal eine Sendung aus Schweden erhalten. Von irgendeiner amerikanischen Stelle erhielten wir kürzlich Kinderschuhe. Also helfen können wir immer mal ein bissl.

Nun gleich weiter im praktischen:

Es ist selbstverständlich, daß Ihr nach wie vor die Pakete hierherschicken könnt. Es war auch mit Irmgard [Enderle]* so ausgemacht. Es ist wohl doch die größte Sicherheit. Die ersten Pakete sind inzwischen hier auch eingegangen und zwar:

1 für Musch [d. i. Herta Thielcke*] in Hamburg
1 mit Absender Steinfath/Lang
1 für Enderle*/Ehlers/Musch
1 mit Zigaretten, in denen leider 3 Packungen fehlten.

Ich hatte am Tage darauf Gelegenheit, die beiden für Hamburg bestimmten Pakete mit einem Auto mitzuschicken und Musch hat schon angerufen.

Ferner hatten Enderles* bei ihrer Abreise noch 2 Pakete hier eingestellt, die ich inzwischen weitergeschickt habe, da ich in Eurem Brief an Enderles die Adressen fand.

1 Brenner*, Hannover
1 Meyfeld[1], Hannover.

Die Zigaretten habe ich so aufgeteilt, daß jeder am Verlust beteiligt wird, denn das propagieren wir ja auch immer: jeder soll die Lasten des Krieges tragen.

Wie wir Euch danken sollen oder es irgendwie wieder einmal gutmachen können, das weiß ich nicht. Wollt Ihr ein Denkmal? In unseren Herzen habt Ihr es! Als wir das erste „amerikanische" bekamen, habe ich geheult wie lange nicht. Nur eine Zigarette, die mir Adje in den Mund schob, hat mich zu mir gebracht. Mir liegt Stöhnen wirklich nicht, aber manchmal ist man doch recht am Ende. Und jeden Morgen müssen wir

---

[1] Zu Heinrich Meyfeld vgl. Anm. 5 zum Brief Otto Brenners vom 12. 2. 1947, S. 149.

doch neu beginnen. Es ist recht, recht schwer und für Euch gewiß unvorstellbar. Und es ist ja nicht nur unsere eigene, rein persönliche Not, die uns so mürbe macht, sondern jeder hungrige Freund, dem Du begegnest (und du triffst nur hungrige), zerrt an deinem Herzen. Und jedes Paket hilft dem Magen und dem Herz.

Wie Ihr die Pakete schickt, ist gleich. Am einfachsten ist es natürlich, wenn ihr sie fast fix und fertig macht, ich mache dann die Adressen drauf und habe ja viel Gelegenheit, sie mit Autos wegzuschicken. Das ist der sicherste Weg. Aber wie Ihr es schickt, so ist es schon recht. Wenn es mal günstiger ist, ein großes zu schicken, was hier aufgeteilt werden soll, macht es so. Immer wie es sich auch für Euch gerade einrichten läßt.

Und sonst: in den nächsten Tagen soll Adje sich mal paar Gedanken machen und mit Euch klönen. Es geht uns gut, verfahren ist sowieso die ganze Sache, nur grenzenloser Optimismus kann uns noch oben halten. Den einzigen Lichtblick, den wir jetzt haben, ist die Frühjahrssonne, und den können nicht einmal die Sieger verdunkeln.

Wir denken viel an Euch, bleibt uns mit Eurer Liebe erhalten.

Tausend herzliche Grüße!

Eure Ella[2]

---

[2] Der Briefwechsel zwischen Adolf und Ella Ehlers und Joseph und Erna Lang wurde bis in das Jahr 1950 fortgeführt; er enthält überwiegend Informationen über die Paketverteilung oder über die Arbeit einzelner Genossen und politische Ereignisse, jedoch keine allgemeinen Stimmungsberichte mehr. Der letzte Brief von Adolf Ehlers ist datiert vom 19.1.1950 und enthält die von Ehlers erwirkte Zuzugsgenehmigung für Langs in Bremen. Langs trafen dort am 17.8.1950 per Schiff ein.

KÖLN

Ludwig A. Jacobsen* an den Solidaritäts-Fonds

Köln, den 18.9.1946
Antwerpener Str. 1

Werte Freunde!

Von dem „International Rescue and Relief Committee", Genf, erhielt ich vor einigen Tagen ein Paket mit Lebensmitteln ausgehändigt, als dessen Spender mir Euer Cirkel angegeben wurde. Ich freue mich, Euch den Empfang bestätigen zu können und benutze die Gelegenheit, Euch meinen herzlichen Dank auszusprechen. Ihr wißt, daß wir in Deutschland Not leiden und deshalb spendet Ihr. Materiell gesehen, können wir diese Dinge sehr, sehr gut gebrauchen, aber diese Liebesgaben bedeuten mehr, viel mehr für uns. Es ist eine moralische Stärkung zu fühlen, daß wir deutschen Antifaschisten in der Welt nicht vergessen sind. Sicher, wir sind die Söhne unseres Volkes und müssen heute den schweren Weg unseres Volkes gemeinsam mit ihm gehen. Aber bitter ist es doch manchmal zu sehen, daß die Nutznießer von gestern auch wieder die Nutznießer von heute sind. Denn unsere Vergangenheit, unser Wille zu einer neuen Zukunft verbieten uns, jene dunklen und trüben Wege zu benutzen, die die ewigen Geschäftemacher gebrauchen, um sich auf Kosten der notleidenden Mitwelt zu bereichern und ihre Mägen zu füllen. Sie haben ihre Geschäfte unter der Republik gemacht, sie waren unter Hitler die Gewinner und sind auch heute wieder oben, um aus der großen und allgemeinen Not Kapital zu schlagen. Welche moralische Aufmunterung bedeutet es daher, der eigenen Familie, die durch unseren Kampf gegen das Hitlertum so vieles Schwere erdulden mußte, diesen Beweis praktischer Solidarität über Meere und Völkergrenzen hinweg, übergeben zu können. Also nochmals an Euch meinen herzlichsten Dank.

Ich weiß nicht, wer Euch meinen Namen genannt hat; vielleicht wird es deshalb nicht uninteressant für Euch sein, zu erfahren, aus welchen Gründen man wohl Euch meinen Namen angegeben hat. – Ich wurde im Juni 1933 wegen antifaschistischer Tätigkeit verhaftet und war 14 Tage im Keller eines „Braunen Hauses". Meine schrecklichen Erlebnisse in den Händen der SS habe ich später in einem 80 Seiten langen Bericht wiedergegeben. Im Herbst 33 wurde ich gegen die Verpflichtung, mich nicht mehr politisch zu betätigen, entlassen. Meine Erfahrungen hatten mich aber gerade in meinem Willen befestigt, das Blutregime mit allen meinen Kräften zu bekämpfen. Im Winter 33/34 schloß ich mich wieder einer illegalen Organisation an und es begann dieser unheimliche, nervenzerrüttende unterirdische Kampf gegen das raffinierteste System der Unterdrückung, Bespitzelung und Beeinflussung, welches je die Welt gesehen. Verschiedentlich war ich illegal im Auslande, um dort die Verbindung mit den Auslandskommittees aufzunehmen. Einigemale mit Verhaftung bedroht, gelang es mir doch bis zum Winter 1936/37 den Nachstellungen zu entgehen. Ab dieser Zeit war man jedoch auf meiner Spur, ich mußte mich aus meiner Wohnung fernhalten; eine große Anzahl meiner Mitgenossen wurde verhaftet, man riet mir, ins Ausland zu gehen. Ich lehnte aber ab, weil ich hoffte, nochmal durchzuschlüpfen. Endlich glaubte ich den Sturm vorüber, ich schlief die zweite Nacht wieder in meiner Wohnung – ich wurde am folgenden Morgen (28. April 37) dort von der Gestapo verhaftet. Man begann mit der Haussuchung, man beachtete mich einen Moment nicht und diesen benutzte ich, um

58

aus der Wohnung zu entkommen. Nach aufregenden Tagen gelang es mir über die Grenze nach Frankreich zu flüchten. Ich war einige Monate in Paris, aber der Bürgerkrieg gegen den Faschismus war in Spanien entflammt und ich wollte nicht zurückstehen. In den Reihen der Internationalen Brigaden kämpfte ich als Soldat an der Front – einmal verwundet – bis zum Zusammenbruch der Spanischen Republik im Frühjahr 1939. Anschließend Internierung in den berüchtigten Lagern Frankreichs von St. Cyprien und Gurs. Ende Sommer 1939 wurde ich auf Veranlassung französischer Freunde entlassen, aber kaum in Freiheit, brach der Hitlerkrieg aus und ich wurde nun als Deutscher interniert[1]. Im Frühjahr 1940 zog man mich als Emigranten in die französische Armee ein. Nach dem Einbruch der Deutschen in Frankreich im Mai 1940 machte ich den Rückzug der französischen Armee nach Südfrankreich mit. Nach dem Waffenstillstand internierte mich nun die Vichyregierung als deutschen Antifaschisten und zwar bis Juni 41. Danach entließ man mich in eine Art halbe Freiheit und als Arbeiter war ich beim Straßenbau, im Walzwerk tätig. Kurz nach der Besetzung Südfrankreichs durch die Deutschen verhaftete mich Anfang 1943 die französische Gendarmerie und lieferte mich am 15. März 1943 an die Gestapo aus. Nach Deutschland zurücktransportiert, machte ich nun den üblichen Weg durch Gefängnisse, Zuchthäuser und Lager, manchmal in monatelanger Einzelhaft in vergitterten Zellen, dort bedroht, unter den durch den Bombenhagel zerberstenden Mauern begraben zu werden, dann wieder in überfüllten, stinkenden Baracken, von Hunger ausgemergelt und von Schmutz und Läusen fast aufgefressen. Im März 1945, als die Amerikaner über den Rhein vordrangen, wählte man mich mit 20 Leidensgenossen aus 2000 Gefangenen aus und transportierte uns nach Mitteldeutschland ab, d. h. man wollte es tun, denn durch einen glücklichen Zufall fuhr unser Auto in die durchgebrochene amerikanische Panzerspitze hinein und ich wurde befreit.

Dadurch hat mein Kampf gegen Hitler noch im letzten Moment einen glücklichen Abschluß gefunden. Es ist dies ja nur ein kurzer Abriß dessen, was ich in diesen Jahren erlebt habe, aber es war doch wohl ziemlich lebhaft.

Nach einigen Wochen des Suchens konnte ich dann meine Frau und Tochter in Bayern wiederfinden und mit ihnen gemeinsam in die Heimatstadt zurückkehren, allerdings nicht zu einem beschaulichen Ausruhen nach langer und schwerer Zeit. Denn hier begann in anderer Weise ein Kampf, ein Arbeiten um die Wiedererrichtung der elementarsten Lebensbedingungen in einer fast gänzlich zerstörten Stadt, einer Stadt ohne Wasser, ohne Zufuhr. Die Wohnung ohne Glas, eingestürzte Wände, herabhängende Decken, die Dächer ohne Ziegel, bei Regen das Wasser durch die Decken rieselnd. Es war nicht in allen Städten so, aber bei uns hier war es so und ist es auch geblieben, daß die leitenden Stellen der Verwaltung die ehemaligen aktivistischen Nazigegner nicht allzu gerne sehen, so daß wir von dieser Seite nicht viel Unterstützung gefunden haben. Das wird Euch vielleicht sonderbar erscheinen, aber es ist vieles eigenartig in Deutschland.

Aber wir haben unseren Kampf gegen Hitler nicht um irgendwelcher persönlicher Vor-

---

[1] Ab März 1939 sind in Frankreich spezielle Aufnahmelager für Flüchtlinge aus Spanien und für Mitglieder der Internationalen Brigaden eingerichtet worden, u. a. das Lager Gurs nördlich der Pyrenäen. Unmittelbar nach Kriegsausbruch im September 1939 wurden alle männlichen Deutschen und Österreicher im Alter von 17 bis 55 Jahren als „feindliche Ausländer" interniert. Nach Abschluß des Waffenstillstandes im Juni 1940 drohte allen Internierten die Auslieferung an Deutschland. Neben dem ausgesprochenen Straflager Le Vernet gehörten die Lager Gurs und Saint-Cyprien (bei Perpignan) zu den berüchtigtsten dieser Internierungslager.

teile wegen geführt, sondern bei jedem wahren Antifaschisten ist er herausgeboren aus der unbezwinglichen inneren Notwendigkeit, der Diktatur, der Barbarei, dem Verbrechen zu widerstehen, der Freiheit und dem Fortschritt zu dienen, und wenn notwendig, auch das Leben dafür hinzugeben. Genugtuung liegt für uns allein schon darin, daß dies blutigste und verbrecherischste System der Weltgeschichte heute zertrümmert am Boden liegt. Mir, einer der wenigen, die als aktive Kämpfer das Grauen überstanden haben, erscheint es heute noch manchmal wie ein Wunder, daß ich noch lebe und daß es kein Traum war, was hinter mir liegt.

Unser Kampf aber geht heute weiter: Für die Wiederaufrichtung unserer Heimat, für die Ausmerzung der Überreste des Faschismus, für ein freies, demokratisches Deutschland der Werktätigen. Unsere Aufgabe ist nicht leicht und wir haben vielleicht noch manche Hilfe und viel Verständnis notwendig. – Ich glaube, allen Ausländern erschien und erscheint heute noch dieses Deutschland als ein großes Rätsel, wieviel mehr Euch, die Ihr in einem anderen Weltteil, unter gänzlich anderen Verhältnissen lebt. Wenn es Euch interessiert, bin ich gerne, um des gegenseitigen Verständnisses willen, bereit, Euch ab und zu von hier zu berichten. Vielleicht antwortet mir einer Eures Cirkels, es kann auch in Englisch sein.

Ich schüttele Euch im Geiste über den Ozean hinweg die Hände und grüße Euch als Mitkämpfer in der großen Gemeinschaft jener, die dem Fortschritt und der Menschheit dienen.

Ludwig Jacobsen

Ludwig A. Jacobsen an Joseph Lang

Köln, den 29. 10. 1946
Antwerpener Str. 1

Lieber Freund!

Eines Abends hieß es im Radio: In Bremen ist ein Schiff mit Liebesgabenpaketen aus Amerika angekommen, sogenannte „Care-Pakete", 45 000 Kalorien pro Paket! Gespendet von bestimmten Amerikanern an bestimmte Deutsche! „Na", sagte meine Frau, „die Empfänger können sich aber glücklich schätzen." Kein Gedanke war dabei, daß wir auch zu diesen Glücklichen gehören könnten; wer in Amerika sollte wohl uns eine Spende zukommen lassen? – Und doch, einige Tage später eine Postkarte des Roten Kreuzes im Briefkasten, mit der freundlichen Aufforderung, ein Care-Paket abzuholen. Die Freude der Familie war groß, aber noch größer beim Auspacken all der Herrlichkeiten, die wir schon in vielen Dingen nur noch dem Namen nach kennen. Ich muß gestehen, die Überraschung des männlichen Empfängers war nicht minder groß, angesichts der reichlichen Tabakzuteilung, die auf sein Konto fiel. – Als der Absender war Dein Name verzeichnet, aber ich konnte mir trotz Kopfzerbrechen keinen Vers darauf machen, wer wohl dieser Spender sein könnte. Einige Tage später erhielt ich von Schoemann* einen Brief, der das Rätsel löste. Sch.[oemann] teilte mir von Deinen Bemühungen mit, sofort nach Kriegsschluß Verbindung mit den Freunden in den besetzten Ländern und in Deutschland zu bekommen und von Deinen Anstrengungen, ihnen sofort zu helfen. Sch.[oemann] schrieb, daß er Dir wegen Deiner Bemühungen in der ersten Notzeit zu helfen, sehr zu Dank verpflichtet sei. Diesem Dank schließe ich mich nun auch an. Die materielle Hilfe ist in dieser Notzeit eine gewichtige Sache, be-

sonders wenn die Vergangenheit einen verpflichtet und man nicht die dunklen Geschäfte machen will, mittels deren sich die ewigen Geschäftemacher auf Kosten des Volkes ihren anspruchsvollen Bauch füllen. Wenn dazu die Familie kommt, die unter der eigenen Haltung während der Hitlerzeit Nöte und Drangsale genug erlitten hat und heute wiederum den Erschwer- und Bitternissen der Nachkriegszeit ausgesetzt ist, dann ist ein amerikanisches Paket sicherlich eine nicht hoch genug zu schätzende Hilfe. Aber noch gewichtiger ist die moralische Unterstützung, die in diesem Beweis internationaler Solidarität liegt. Wir deutschen Antifaschisten müssen heute als Söhne unseres Volkes den bitteren Weg unseres Volkes gemeinsam mit ihm gehen, aber die Welt sollte nicht vergessen, daß nicht das ganze deutsche Volk am Hitlertum beteiligt war. Von unserem illegalen Kampf, dem schwersten unterirdischen Kampf, den je Menschen geführt haben, spricht man kaum, weil wir nicht Sieger waren, sondern erst ausländische Heere die Zwingherrschaft brachen. Aber nichtdestoweniger ist dieser verborgene Krieg dagewesen, über ein Jahrzehnt ist er geführt worden und hat mehr Opfer gekostet, als jeder andere illegale Kampf in der Geschichte. Wir Überlebenden sind nur Günstlinge des Schicksals gewesen, unsere Zahl ist gering und unsere Stimme deshalb schwach und manchmal selbst heute noch unterdrückt. Aber soll und darf man deswegen diesen deutschen antifaschistischen Kampf in der Welt vergessen? Und wir haben das Gefühl, daß man dazu die Deutschen allzusehr in einen Topf wirft. Da sind dann jene Spenden und Sammlungen, die den deutschen Verfolgten des Naziregimes heute zugutekommen, eine moralische Anerkennung von Seiten der Welt für ihren Kampf, vorläufig noch von einem kleinen Kreise ausgehend und darum umso dankenswerter, aber vielleicht wird doch die Weltöffentlichkeit sich einmal lebhafter für die aufrechten Kämpfer gegen den Nationalsozialismus interessieren und ihnen in ihrer materiellen Not helfen und ihnen damit auch eine moralische Stütze geben.
Dir aber, lieber Freund, der sich so lebhaft und wirkungsvoll an dieser Solidaritätsaktion beteiligt, meinen besten und persönlichen Dank für die Spende, die Du mir hast zugehen lassen. Wenn ich irgend etwas tun kann, um Euch zu unterstützen, evtl. durch einen Bericht oder ähnliches, dann bin ich gerne bereit und erwarte für diesen Fall eine entsprechende Mitteilung.
Mit herzlichen Grüßen verbleibe ich

Ludwig Jacobsen

Hubert Pauli* an Joseph Lang

Köln-Deutz, den 25. 10. 1947
Gotenring 6

Lieber Jola!

[...]

Der Besuch unseres Freundes Schoemann* zeigt uns wieder, wie schwer es für einen Draußenstehenden ist, sich ein Bild von unserer Lage zu machen, auch wenn er nur gute hundert Kilometer von uns entfernt lebt. Und auch bei Euch liegt eben mehr dazwischen als der Atlantische Ozean. Unsere abendlange Unterhaltung mit ihm hat uns selbst gezeigt, wie groß die Aufgabe ist, es einem von draußen klarzumachen, was denn eigentlich hier los ist. Und das Bild der Lage ist nicht bloß ein politisches oder bloß ein wirtschaftliches und so weiter. Was spielt da nicht alles hinein. Es gibt tausend Dinge zu erzählen und aufzuzählen; dazu gehört nur Zeit. Aber wenn es daran geht zu deuten, dann stellen sich die Schwierigkeiten ein. Da sind physiologische Dinge wichtig, kriminelle, organisatorische, – um es einmal kraß durcheinander zu nennen.

Es gibt auch in anderen Ländern einen schwarzen Markt, es gibt Korruption, es gibt Reaktion, Faschismus, Armut, Würdelosigkeit – alles das und noch mehr; aber es gibt keine solche Konstellation von all diesen schönen Dingen wie in Deutschland nach dem Kriege. Und es wird einem klar, was chaotische Zustände sind, obschon man das Chaotische im Gesellschaftlichen nicht gerne wahrhaben möchte und sich früher nie recht vorstellen konnte. In den anderen Ländern, wo auch die Schwierigkeiten groß sind, wo auch Menschen hungern und stehlen, in Frankreich z. B. oder Italien, – da gibt es indessen als Basis eine geordnete Marktwirtschaft, eine Währung, die nicht rein fiktiv ist, eine Bilanz zwischen gestern und morgen, d. h. die Verantwortlichen wissen, was gestern war und was heute ist, auch wenn die Aussichten trübe sein mögen. Und man weiß wenigstens einigermaßen, wer die Verantwortlichen sind. Aber schon bei diesem Punkt ist das Durcheinander bei uns vollkommen. Keine einigermaßen hierarchische Gliederung der Gewalten, wie sie nun mal für eine soziale Ordnung erforderlich ist in der modernen Gesellschaft. Kommunale Funktionäre – Länder – Länderrat – Zonen und Zonenverwaltungen – Militärregierungen – fremde Staatsregierungen – Kontrollrat – interzonale Organisationen – und schließlich irgendwo auf dem Mond (für uns) eine UN ...

Also ein Nebeneinander und Durcheinander von Gewalten und Verantwortungen, die ein wesentliches Hemmnis für eine vernünftige Ordnung von vornherein darstellen. Die großen Mächte und Machtgruppen im Hintergrund, deren entgegengesetzte Interessen nicht zuletzt hier ausgetragen werden. Das alles läßt Verhältnisse aufkommen, die einfach unbeschreiblich sind und die ein getreues Spiegelbild dieser „Dialektik" der Machtverhältnisse sind. Und dieses Prinzip der Unordnung geht quer durch alle sozialen und politischen Gebilde, seien es Parlamente, Regierungen, wirtschaftliche Organisationen, Parteien, seien es Vereine, Bünde, Betriebe bis hinab in die Familie – und bis in die Brust des Einzelnen, der sich noch nie so wie heute „hineingeworfen" sieht in eine fortschreitende Auflösung; Zustände eben, wie sie noch nie derart diese Bezeichnung verdient haben.

An dieser Stelle soll nicht der Versuch gemacht werden, eine Analyse zu geben, es muß bei diesen Andeutungen bleiben, mehr soll es auch nicht sein. Aber es mag ein kleiner Hinweis sein, wie schwer es unter diesen Umständen ist, in unsere Arbeit System zu bringen und Menschen zu veranlassen, sich freiwillig Prinzipien zu unterwerfen, die allein in der Lage sein werden, eine gesellschaftliche und politische Ordnung herbeizuführen auf Wegen, die ich *Euch* nicht zu nennen brauche. Unterliegen doch auch wir, jeder einzelne von uns, diesen atomisierenden Einflüssen. Und es kostet einen nicht geringen Aufwand an physischer und geistiger Energie, damit fertig zu werden. Denn wir stehen mitten darin, unser Vorteil und unser Nachteil zugleich! Erst die Begegnung mit einem von draußen – mehr als alle Briefe – gemahnt uns, wie sehr wir uns auch um diese Seite der Zusammenarbeit bemühen müssen, um Euch wirklich teilhaben zu lassen und Euch die Möglichkeit zu geben, den so notwendigen Anteil an Mitarbeit zu leisten, den wir brauchen. Vielleicht ist mit diesen meinen Zeilen auch etwas gesagt zur Frage der Notwendigkeit der internationalen *persönlichen* Zusammenarbeit, an deren Mangel wir sehr kranken. Wir müssen dazu kommen, aus der geschilderten – wenigstens angedeuteten – allgemeinen Lage die besondere Lage der deutschen Arbeiterklasse systematisch herauszuschälen und damit einen wichtigen Schritt zu tun auf dem

Wege zu ihrer Befreiung; eine Befreiung, die unmöglich ist ohne die internationale Solidarität, ohne enge – auch persönliche Zusammenarbeit. Und davon sind wir leider noch sehr weit entfernt, besonders da das allgemeine Mißtrauen, das im Ausland gegenüber Deutschland besteht, auch auf die Arbeiterklasse ausgedehnt wird.

Aber ich muß schließen, denn ich stoße mich jetzt an unsere harte Realität, da unser Zusammenleben in der begonnenen kalten Jahreszeit nur das Heizen eines einzigen Raumes erlaubt, und der Abend vier bis fünf erwachsene Menschen und ein Kind darin zusammenführt, deren Tätigkeit so divergent ist, daß ein notwendiges Silentium für konzentrierte Schreibmaschinenarbeit nicht mehr hergestellt werden kann ... Einige Dinge mehr als Zeit und Laune sind erforderlich zum Schreiben: fast Alleinsein, Papier, Briefumschläge, Maschine, Licht (5 Stunden täglich Stromsperre, davon abends von 8–10!) und Wärme, – falls ich nichts vergessen haben sollte. Ja, Ihr sollt alles wissen, soweit wir es selbst wissen können, liebe Freunde. Seht es uns deshalb nach, wenn wir in diesem oder jenem fehlen sollten. Mancher kann eben gar nicht, manche oft nicht, und sind doch gute Kerle, nehmt alles nur in allem! Für heute damit wirklich Schluß. Wir Alle grüßen Euch in unverbrüchlicher Freundschaft, sind wir doch zum guten Teil nur durch Euch.

Ein paar Marken mit Sonderstempel dazu anbei.

Bestens Dein Hubert

Hubert Pauli an Joseph Lang und Freunde

Köln-Deutz, den 28. 12. 1947
Gotenring 6

Mein lieber Jola und Ihr lieben Freunde Alle!

Nicht einmal der Geist ist besonders willig, und was das Fleisch angeht, so muß ich zur Zeit klagen, zwar nicht über Schwäche, aber über eine besonders unangenehme Erkrankung, die einem das Sitzen verleidet. Doch es muß geschrieben werden, es muß geschrieben werden, es muß ...

Zu Hauf liegen die Briefe, die beantwortet sein wollen, und ich habe alles so lange liegen lassen, aber: habt etwas Geduld mit uns! Über „die Tage" haben wir ein bißchen gefeiert, hauptsächlich dadurch daß wir uns lang gelegt haben und uns einige Dinge vollkommen schnurz und egal waren. Aber wir haben auch nicht gehungert, wir haben gebacken und was Gutes gekocht, wir haben zusammengesessen und Kaffee getrunken, haben bis tief in die Nächte geklöhnt und morgens ausgiebig ausgeschlafen, wir waren fast zufrieden (wir werden nie mehr ganz zufrieden sein können). Und all die materiellen Reichtümer, von denen wir volle Mägen und fettige Finger bekommen haben, verdanken wir Euch, Euch wirklich guten Freunden, denen ich auch hier an dieser Stelle noch einmal für die vielen vorweihnachtlichen und weihnachtlichen Freuden danken möchte, gleichzeitig im Namen aller Betroffenen! Neben allen Anderen denken wir zum Jahreswechsel dankbar an: Jola und Erna, Paul und Rosi [Frölich]*, John D. (Hänschen) und Trude [Schiff], Willi und Frau [Beier]', Konrad und Else [Reisner]*, Gretel und Hermann [Ebeling]*, – und senden Euch beste Wünsche! Pauls Briefe habe ich mit besonderer Freude erhalten, die beiden längeren mit der Stellung-

---

' Zu Willi Beier vgl. Anm. 1 zum Brief Bernhard Molz' vom 5.2. 1947, S. 118.

nahme zur SU und zu unserem Material und den kürzeren vom 1.12. mit der Ankündigung des feinen Paketes, das prompt noch am sogen. heiligen Abend hier eingetroffen ist. Es war unbeschädigt und ist so rasch wie möglich an die glücklichen Teilhaber weitergeleitet worden. Sie werden sich selbst noch bedanken; meinen herzlichen Dank möchte ich an dieser Stelle gleich zum Ausdruck bringen, mein lieber, guter alter Paul! Auf Deine beiden anderen Darstellungen gehen wir noch gesondert ein. Gerade Deine Bemerkungen zur SU-Frage haben uns äußerst interessiert und unsere Diskussion stark befruchtet[2]. Aber Du hast aus unseren Materialien auch gesehen, wie uns die Dinge zum Problem geworden sind und wie wir mit ihnen ringen! Deine weltweite und reiche Erfahrung, Dein so reifes und kritisches Urteil ist uns sehr willkommen, und wir bitten Dich herzlich um weitere Mitarbeit! Soweit möglich, machen wir sie einem weiteren Kreise zugänglich um eine Diskussion auf breiterer Grundlage zu ermöglichen. Und wenn ich mir noch eine persönliche Bemerkung erlauben darf: wir kennen uns, auch wenn Du Dich meiner wohl nicht mehr erinnern wirst. Nach der Gründung der SAP warst Du bei uns in München – 1932 (?) – und hast in einer gutbesuchten Versammlung der Partei in einem Bierkeller auf der Theresienhöhe gesprochen. In der Diskussion sprach u. a. ein junger Mann für die roten Studenten, das war der damalige Student der Medizin H. P. Und dann hast Du mich anläßlich eines Besuchs in Paris 1935 in Plessis-Robinson zusammen mit Jim [d. i. Jacob Walcher*] gesehen, als ich am Tage eines Fußball-Länderspiels von Hilde Singer* bei Euch eingeführt wurde, – damals hieß ich Tom. Später bin ich stets von Holland aus mit Euch in Verbindung getreten, zeitweilig auch als Knud oder als Conrad, und der lange Jan, Felix und Kees [d. i. Karl Völker*] sind die Verbindungs-Freunde gewesen. Es ist das alles schon eine ganze Weile her, aber man denkt sonderbarerweise gern an diese etwas halsbrecherische Arbeit zurück, und besonders gern an die treuen Freunde, die einem damals zur Seite gestanden haben!

Nach dieser kurzen Abschweifung an die Adresse von Paul muß ich jetzt auf die von Jola angeschnittenen Fragen organisatorischer Art unbedingt eingehen, damit in dieser Hinsicht keine Mißverständnisse aufkommen!

[...]

In die *erste Kategorie* aufzunehmen schlagen wir dringend vor: Ernst Singer*, Köln-Bickendorf, Reiherweg 21 b/Gogarten. Er ist mit Frau Lotte vor einigen Tagen aus Palästina nach hier zurückgekehrt, wohin er 1938 nach Verbüßung einer zweijährigen Zuchthaushaft ausgewandert war, um den sonstigen Weiterungen als Jude zu entgehen. Seiner Standhaftigkeit war es zu verdanken, daß seine „Sache" auf drei Personen beschränkt blieb und nicht zahlreiche Freunde mit hineingezogen worden sind, wobei für deren Leben und einen Teil der Organisation größte Gefahr bestanden hätte. Sie kehren zurück, weil sie hier eine Aufgabe sehen, der sie sich nicht entziehen wollen! Keine Kinder aber alte Mutter bei sich.

[...]

Schöneseiffen* ist noch in Crimmitschau und sollte gelegentlich wieder bedacht werden. Wir stehen mit ihm in Verbindung. Er will später nach hier zurückkehren, was wir Euch rechtzeitig bekanntgeben werden.

---

[2] In einem Brief vom 25.11.1947 hatte sich Paul Frölich* mit den vom „Kölner Kreis" (vgl. dazu die Biographie von Ludwig A. Jacobsen*) vertretenen Grundanschauungen mit Ausnahme der Beurteilung der allerdings „wesentlichen" russischen Frage einverstanden erklärt; Frölich wandte sich scharf gegen die Auffassung, die Sowjetunion bleibe trotz des Stalinismus „ein erster tastender Versuch der Verwirklichung des Sozialismus". (Brief im Besitz von Rose Wolfstein-Frölich*, Frankfurt a. M.)

Im Übrigen sind alle Pakete „riskant", um bei Deinem, von Erna monierten Ausdruck zu bleiben. Denn von den Postpaketen kommt die weitaus größte Zahl „beschädigt" an. Es kann nicht genug Wert auf gute Verpackung gelegt werden, die Posträubereien sind unglaublich. Völlig sicher sind allein CARE und Colis Suisse bzw. die damals gelegentlich gekommenen Dänemark- und Schweden-Pakete auf gleichem Wege, ohne individuelle Anschrift.

[...]

Bei mir, mein lieber Jola, geht es auch ein bißchen durcheinander, und ich muß die Dinge so bringen, wie sie mir gerade einfallen. Da ist hier noch ein Zettel mit dem Vermerk: Bücher an Jola am 11. XI. 47, und zwar Jaspers: Idee d. Universität, Simonow: Russische Frage, Fink: Wesen d. Enthusiasmus und Meinecke: Die deutsche Niederlage [richtig: Die deutsche Katastrophe]. Ich weiß leider nicht, ob diese Sendung bereits angekündigt gewesen ist. Zwei Bücherpäckchen hast Du schon bestätigt. Die Bücher-Erlöse gehen zu Euren Gunsten, und eine besondere Abrechnung darüber ist nicht erforderlich.

Dann kam der letzte längere Brief von Euch (Pauls [Frölich]* zweiter längerer und Deiner vom 7. 12.!) über die Anschrift: Gronau/Westf., Schulstr. 36 – mit einer völlig unleserlichen Namensschreibung, die nicht mal mein Apotheker entziffern kann. Und dann ist die Medikamentensendung zu bestätigen mit – vor allem – 4 × 500 000 O.Einheiten Penicillin, den beiden großen Flaschen Sulfathiazol und Sulfaguanidin, je 1 000 Tabletten, und einer Reihe von anderen Medikamenten, darunter Aspirin, woran hier kein Mangel besteht. Bitte für sowas wie Sulfonamide, Aspirin etc. nicht einen Cent ausgeben, da hier ausreichend erhältlich! Natürlich ist Penicillin für etwaige Ernstfälle äußerst wertvoll, aber auch bei Euch sicher nicht billig, hier nur auf dem Schwarzmarkt erhältlich, außer kleinen Beständen, die von den Besatzungsmächten einigen Kliniken zur Verfügung gestellt werden, während man die deutsche Produktion bisher hintan gehalten hat. Für alles unseren herzlichsten Dank! Ich habe das P.[enicillin] bei mir behalten, und wir werden es nur in Notfällen zur Anwendung bringen, wenn von anderer Behandlung nicht viel zu erwarten sein wird. Was hier fehlt, sind: eben P.[enicillin], dann alle Drüsen- und Hormonpräparate, bei empfindlichem Mangel an Opiaten und Strophantin, sowie Leberpräparaten! Und für heute damit genug von unseren Medikamentensorgen.

Und damit der Brief heute noch wegkommt, will ich schließen, in dem sicheren Gefühl, noch manches vergessen zu haben. Aber das kommende Jahr wird neben neuen Sorgen und Plänen vielleicht auch etwas Freude bringen und – die Zeit, darüber zu schreiben. Zum Jahresabschluß haben wir in Köln eine Überschwemmungskatastrophe, damit sich die Apokalypse erfülle und uns nichts erspart bleibe. Nach Polarkälte und Tropenhitze, nach der Dürre jetzt die Wasserflut, damit das Maß voll werde ...

Mit vielen herzlichen Grüßen und den besten Wünschen zum Jahreswechsel bleiben wir

Eure Hubert mit Frau Elisabeth und Nora
und Familie Hein Dohr*.

Ein großes Kleiderpaket des IRRC mit Lederjoppe, Herrenmantel, Pullover etc. ist von mir am 17. XI. 47 irrtümlich als in meiner Familie verteilt bestätigt worden. Die Sachen sind natürlich im größeren Freundeskreis zur Verteilung gekommen!

Hermann Grzeski* an den Solidaritäts-Fonds

Köln-Kalk, den 24. 5. 1947
Trimbornstr. 4

Werte Genossen!

Mit großer Freude und vielem Dank erhielt ich Eure Sendung. Ich habe es auch übernommen, für die Frau des Genossen Hermann Vogl* zu danken. Der Genosse selbst ist noch in russischer Kriegsgefangenschaft, so daß seine Frau mit ihrem 6jährigen Töchterchen von öffentlichen Mitteln unterstützt wird.

Während des Krieges war ich auch in den Staaten, allerdings als Kriegsgefangener. Ich war in mehreren Lagern: zuerst in McAlester, Oklahoma, dann in McCain, Miss. Die längste Zeit war ich im Lager Fort Devens, Mass., das Ihnen vielleicht durch den Aufenthalt vieler deutscher antifaschistischer P. o. W. s. [= Prisoners of War] bekannt ist. Wir haben manche Erlebnisse und Erfahrungen durchgemacht und wären gerne mit Freunden und Genossen in Verbindung getreten. Leider war dies jedoch nicht möglich, und ich freue mich umso mehr, Freunde drüben zu wissen, die den Gedanken der Solidarität auch in dieser Zeit der Krise des Sozialismus so hochhalten.

Ihre Hilfe ist einmal Linderung dieser Ernährungslage und zum anderen eine große moralische Stütze, die ich für ebenso wichtig halte.

Da jetzt Zeitschriftensendungen erlaubt sind, werde ich Ihnen ab und zu einige Sachen senden, um so einen kleinen Teil des Dankes abzustatten, den ich Ihnen schulde.

Allen Genossen wünsche ich für die Zukunft das Beste und grüße herzlichst

Hermann Grzeski

Irmgard Keun* an Joseph Lang

Köln-Braunsfeld, den 23. 11. 1947
Eupener Str. 19

Lieber Mr. Lang,

neulich brachte mir Dr. Pauli* einen Brief von Ihnen. Ich hab mich sehr gefreut, und ich danke Ihnen herzlich. Es ist schön, zu erfahren, daß man nicht ganz vergessen ist auf der Welt. Was soll ich Ihnen nun von mir erzählen? Im Herbst 1940 bin ich mit falschen Papieren nach Deutschland gefahren und hab bis Ende des Krieges illegal in Deutschland gelebt – mal hier, mal da. Natürlich war es scheußlich, aber das Schlimmste, das Konzentrationslager, ist mir ja erspart geblieben, es wär also unrecht und überflüssig, zu klagen.

Jetzt lebe ich mit den Eltern hier in einer Ruine. Im Sommer ist es ganz nett und romantisch, wenn die Trümmer mit wildem Wein überrankt sind, im Winter ist es weniger schön. Frieren ist noch schlimmer als hungern – beides zusammen ist am häßlichsten. Ich habe wohl hier und da Pakete bekommen, aber doch eben nur hier und da, und die Zwischenzeiten sind oft recht dürftig und schwierig. Mir macht's nicht so viel aus, wenn mal nichts zu essen da ist – ich lege mich dann einfach ins Bett und schlafe oder lese. Unerträglich ist es nur, wenn ich die Eltern so hilflos und elend sehe. Ich arbeite an einem neuen Roman, aber ich muß wegen wirtschaftlicher Schwierigkeiten die Arbeit oft unterbrechen. Sie können sich einfach nicht vorstellen, wieviel Arbeit und Zeit es kostet, ein Paar Strümpfe, ein paar Pfund Kartoffeln, Holz, Briketts usw. zu besorgen. Und alle Augenblicke ist jemand krank, und dann fehlen wieder die nötigen Medikamente. Dann muß ich versuchen, sie auf dem schwarzen Markt zu kaufen, und das kostet unvorstellbar viel Geld. Um's zu verdienen arbeite ich hier für den Rundfunk – u. a. mache ich das „Politische Kabarett" für den Funk hier.

Die Arbeit könnte Spaß machen, wenn sie hier in Deutschland nicht alle so ängstlich und spießig wären – wenigstens für meinen Geschmack und für das, was ich schreiben möchte und auch schreibe. Ein weiteres Problem ist das Rauchen, aber davon will ich lieber gar nicht schreiben. Ich hatte weiß Gott genug Gelegenheit, es mir abzugewöhnen, aber ich hab's mir nicht abgewöhnt. Wenn ich nichts zu rauchen habe, stockt meine gesamte Produktion, und ich schleiche herum wie ein müder alter und sehr böser Tiger und bin der moralischen Überlegenheit asketischer Bekannter ausgeliefert, deren Miene ausdrückt: „wie kann man nur so ein Sklave seines Lasters sein."

Es ist sehr deprimierend in Deutschland, und ich bin sehr ungern hier. Nicht etwa der materiellen Schwierigkeiten wegen, die ließen sich wohl zur Not noch gemeinsam ertragen und überwinden. Niederdrückend ist die stets wachsende und immer unverhüllter sich zeigende materielle Überlegenheit der National-Sozialisten. Sie riechen einander, sie helfen einander, sie mögen einander, und sie sind die absolute Majorität. Manchmal waren sie Pg.s, manchmal waren sie keine. Etwas Unpopuläreres als einen „Politisch Verfolgten" oder ehemaligen Konzentrationslager-Häftling ist kaum denkbar. Erstens sind sie meistens arm, wie sollten sie's nicht sein?, und arme Leute sind immer unbeliebt, und außerdem müßte man eigentlich ihnen gegenüber ein schlechtes Gewissen haben, und das erweckt Abwehr und Haß. Im Gegensatz dazu erfreuen sich heimkehrende Kriegsgefangene einer ausgesprochenen, fast demonstrativen Beliebtheit. Weil sie doch so tapfer gekämpft haben, „und ihre Schuld war's nicht, wenn der Krieg verloren ging." Im ersten halben Jahr nach dem Krieg konnte man hier und da ganz leichte Schatten einer besseren Einsicht spüren. Und heute? Und hinzu kommen märchenhafte Korruption, wahnwitzige Gerichtsurteile, stinkende Ungerechtigkeiten, absurd und zutiefst unbegreiflich.

Ich will Ihnen gern mal ein paar Manuskripte von mir schicken, Arbeiten über die heutige Zeit – satirische Arbeiten und andere. Das Dumme ist nur, daß die Briefe nach Amerika nicht überwiegen dürfen. Ich bemühe mich dauernd um dünnes Durchschlag-Papier, aber ich kann keins bekommen. Könnten Sie mir nicht ein Paket ganz dünnes, weißes (oder auch farbiges) Schreibmaschinen-Papier schicken?

Und wenn Sie's verantworten können, lassen Sie mir doch noch mal gelegentlich ein Päckchen mit Kakao oder Kaffee und etwas Öl schicken, ich könnt's gut gebrauchen. Aber wie gesagt – nur wenn Sie glauben, es verantworten zu können. Sie haben ja sicher schrecklich viel Arme zu unterstützen, und ich weiß ja nicht, wie groß Ihre Möglichkeiten sind.

Ich hoffe so sehr, daß es mir mal in absehbarer Zeit gelingt, aus Deutschland raus und nach Amerika zu kommen. Wenigstens mal für ein paar Monate. Nur einmal wieder andere Luft atmen und andere Menschen sehen und sprechen, mal wieder Distanz gewinnen, mal wieder draußen sein. Ich hab mich hier noch nicht eine Sekunde wieder „heimatlich" gefühlt. Haben Sie Beziehungen zum dortigen P.E.N. Club? Kesten[1]

---

[1] Hermann Kesten: geb. 1900, Schriftsteller, 1933 Emigration, literarischer Lektor und Leiter des ersten deutschen Emigrantenverlages Allert de Lange in Amsterdam, seit 1940 in New York, Sekretär des „Hilfskomitees für Autoren in Not", das von den USA aus zahlreichen Verfolgten Hilfe leistete. 1972–1976 Präsident des PEN-Zentrums der Bundesrepublik.

meinte, daß für mich vielleicht dadurch eine Möglichkeit bestünde, im nächsten Jahr mal nach drüben zu kommen.

Leben Sie wohl für heute. Schreiben Sie mir recht bald, Sie machen mir so viel Freude damit. Erzählen Sie mir mehr von sich und von Ihrer Arbeit dort.

Herzliche Grüße
Ihre Irmgard Keun

August und Irmgard Enderle* an Joseph und Erna Lang¹

Köln-Ehrenfeld, den 13. 1. 1948
Baadenbergerstr. 1

Lieber Jola, liebe Erna!

Obwohl Ihr schon so unendlich viel tut, wollen wir uns noch mit einer besonderen Bitte an Euch wenden. Es geschieht, weil einfach aus Schweden u. auch über die hiesige Stelle des Schweizer Hilfswerk nicht alle Pakete ankommen, die angekündigt werden. Kurzum, es handelt sich um Folgendes: Ein guter Freund von Atje [d.i. Adolf Ehlers*] sowohl wie uns – der uns übrigens sogar mal in Atjes Auftrag in unserem Exil in Schweden besucht hatte –, Kurt Brumlop*, ca. 38 Jahre, fängt am 1. 3. bei uns hier als Redakteur an. Er ist zur Zeit noch auf der Arbeiter-Akademie in Frankfurt². Sein Wohnsitz ist Bremen u. Frau u. 2 kleinere Kinder bleiben dort erst mal. Er muß also hier in unserer traurigen Gegend inbezug auf Ernährung ein möbl. Zimmer haben u. sich selber verköstigen bzw. von seiner Wirtin (hoffentlich finden wir eine gute) verköstigen lassen. Er ist ein Bär sozusagen u. leidet sehr drunter, wenn er nicht einigermaßen was zu essen kriegt, hat – mit Recht – also ein bißchen Angst vor der hiesigen Situation. Könntet Ihr für ihn nicht jemand speziell interessieren, daß der ihm Care-Pakete ziemlich regelmäßig zukommen läßt?? An die Adresse Venloer Wall 9, wo er ab 1. 3. ja sein wird. Er war in Bremen Arbeitsamtangestellter u. von den dortigen Angestellten auf die A.-Akademie nach Fr. geschickt. In den Nazijahren war er Metallarbeiter u. immer Antinazist (siehe oben – Verbindung mit Atje).

Eine 2. interessante Nachricht: Zur Zeit wird eine Gruppe von Redakteuren zusammengestellt, um 1 Monat in England in Kriegsgefg.-Lagern Vorträge über Deutschland zu halten. Von unserer Zeitung bin ich vorgeschlagen u. rechne stark damit, daß ich mit ausgewählt werde u. es irgendwann im Februar losgeht. Natürlich werde ich, was ja wohl technisch möglich sein wird, hoffe ich, dabei Hilde F. sehen u. natürlich auch J. T. F. aufsuchen.

Nun will August zur Abwechslung mal die Feder ergreifen u. Euch schreiben. Also herzlichste Grüße

Eure Irmgard

[P.S.]
Mit einem Paar der von Euch geschickten Schuhe habe ich neulich 1 Stenotypistin bei uns im Haus *hochbeglückt*, die mit einem einzigen, völlig abgetretenen, kaputten Paar Schuhe existierte u. neulich im Regen vor uns herhinkte, daß man hätte heulen können.

---

¹ Die folgenden Briefe wurden aus einem umfangreichen Briefwechsel mit Joseph und Erna Lang ausgewählt.

² Akademie der Arbeit in der Universität Frankfurt a. M., gegründet 1921.

Ähnlich muß es bei m. Cousine im Harz (Schlesien-Flüchtling) sein, die wegen eines Kleides (von Euch) so verzückt schrieb, daß einen auch nur das Grauen vor den heutigen Zuständen packen konnte.

[...]

Lieber Jola, liebe Erna!

Zunächst auch von mir herzlichen Dank für alle Eure l.[ieben] Sendungen und Mühen, die Ihr Euch um uns u. alle die vielen Freunde hier macht. Auch wenn ich es aus Euren Briefen nicht erfahren würde, könnte ich mir praktisch vorstellen welch riesiges Ausmaß an Arbeit und materieller Leistung Eure – im wahrsten Sinne des Wortes – Liebestätigkeit beansprucht. Ich fand es geradezu rührend freundschaftlich, wie Jola in seinem letzten Brief sich Sorge macht und frägt: habt Ihr auch was zu heizen in Eurem Ofen? Friert Ihr nicht? usw. usw. und wie Ihr aufforder evenil. Wünsche zu äußern. Ach, Ihr Lieben, so sehr hoch ich das von Euch einschätze, so beschleicht mich dabei doch ein wenig Scham, daß wir von Euch noch mehr wünschen sollen. Im Ganzen tut Ihr doch mehr als man das Recht hat zu wünschen. Trotzdem will ich einen Wunsch aussprechen, einige Kleinigkeiten: 1) ein Päckchen Stärke (zum Kragen stärken), man kann das hier nicht bekommen. 2) Etwas (kräftiges) Gummiband für Unterhosengurt. 3) 1 oder 2 Scheuertücher (für Fußboden) und (aber nur wenn es keine Mühe macht) eine kl. Dose Kaltleim zum Leimen der vom Transport arg geschundenen Möbelstücke.

Eure Sorge um unser Heizmaterial gibt mir den Anstoß etwas ausführlicher zu schreiben so über – na, sagen wir Kölner Alltag von heute – und die daraus resultierenden pol.[itischen] Folgen.

Also Kohlen. Wir 3, Irmg.[ard], ihre Mutter u. ich haben seit 1. Juli zum Essenkochen u. (seit Okt.) zum Heizen erhalten: alles in allem 9 Ztr. Briketts. Gas gibts überhaupt nicht für ¼ der Kölner Bevölkerung. Nun Ihr wißt, daß man mit 1½ Ztr. Briketts nicht mal 1 Monat kochen kann, von Heizen nicht zu reden. Wenn wir es halbwegs erträglich warm haben wollen, bei dem erfreulicherweise hier jetzt sehr milden, aber arg regnerischen Winter, dann brauchen wir dazu mindestens 3–4 Ztr. Briketts im Monat. In Bremen bekamen wir beide vorigen sehr kalten Winter viel, viel weniger u. haben scheußlich gefroren (das Waschwasser hatte jeden Morgen Eisdecke). Aber hier frieren wir bis jetzt nicht. Wie das kommt? Nun, wir kaufen Briketts schwarz von Jungs u. armen Leuten, die meist abends kommen u. anbieten, den Ztr. 15–20 M. Woher es die haben? Nun, sie stehlen's von Eisenbahnwaggons. Es werden m. Schätzung nach in Köln und vielen andern Orten das Vielfache dessen an Kohlen u. Briketts gestohlen u. verschoben, d.h. schwarz gehandelt, als was formal verteilt wird. Proleten, Mittelständler, die kräftig genug sind, halberwachsene Kinder haben, frieren hier alle nicht. Sie gehen ziemlich offen auf „Kohlenklau". Leute, wie z.B. wir u. erst recht Schieber mit meist vielem, losen Geld „kaufen" die Kohlen. Die Bedauernswerten sind Alte, Kranke, die nur mit ein paar M. Rente leben. Sie frieren. Im Köln-Aachener Gebiet sagt man aber nicht mehr „Kohlenklau", sondern – „Fringsen". Ja was ist das? Der hiesige Kardinal heißt Frings. Er hat irgendwo öffentlich erklärt, das bei dieser Not das Kohlenstehlen keine Sünde sei[3]. Daraus haben die hiesigen „praktischen Katholiken"

---

[3] In seiner Silvesterpredigt 1946 hatte der Kölner Erzbischof Josef Kardinal Frings u.a. ausgeführt: „Wir leben in Zeiten, da in der Not auch der einzelne das wird nehmen dürfen, was er zur Erhaltung seines Lebens und seiner Gesundheit notwendig hat, wenn er es auf andere Weise, durch seine Arbeit

die faktische und auch wörtliche Schlußfolgerung gezogen. Nett, was? Man könnte beinah sagen lustig, wenn es nicht so unsagbar traurig wäre. Es ist nämlich ein Beispiel von vielen, das zeigt, welch unglaubliches Chaos das heutige tägliche Leben hier beherrscht. Neben allem andern hat das „Fringsen" noch ganz fürchterliche moralische Auswirkungen (besonders in der Jugend) für die Gegenwart u. sicher noch schlimmer für die Zukunft. Die Jungs von 8 bis 10 Jahren an „fringsen" längst berufsmäßig. Sie sieht man vielfach mit leeren oder halbvollen Säcken in den Straßen: Stehlen u. verkaufen nicht nur für ihre Eltern, sondern immer mehr ohne deren Wissen. Man kann da Jungs mit kaum zehn Jahren beobachten, die in Lumpen gehüllt, zerrissenen Schuhen, aber schmutzige Brieftaschen dick voll mit 10, 50 und Hundertmarkscheinen „handeln". Ihre Väter gehen arbeiten 48 Std. die Woche und bringen lumpige 35, 40 oder 50 M. heim[4]. –

Ein anderes Kapitel, aber auf derselben Linie: Wir kämpfen, schreiben und reden gegen Schwarzhandel, gegen Kompensieren, d.h. Verschieben der Nahrungsmittel (durch die Bauern), der Produktion der Fabriken (durch die Betriebsleitungen) usw., statt die Waren an die behördlichen Stellen zur Verteilung abzuliefern. In Betriebs-, Massen-, Gewerkschafts- u. Parteiversammlungen werden mit vielfach berechtigter Empörung scharfe Resolutionen dagegen gefaßt. Aber, aber, es gibt heute fast keinen Betriebsrat einer Fabrik, die gesuchte Mangelwaren herstellt, der nicht an dieser „Kompensation" beteiligt ist. Es sind dies keine Schieber oder Lumpen, sondern sie werden von der Not dazu gezwungen. Von den offiziell zugeteilten Nahrungsmitteln kann kein Arbeiter leben u. arbeiten. Er will u. muß teils auf dem Weg der Fabrikküche, teils durch direkte Zuteilung von Lebensmitteln oder durch Waren aus der Fabrik für Eintausch von Lebensmitteln sich die nötige Nahrung oder auch Kleidungsstücke verschaffen. Kein Betriebsrat kann mit Erfolg, meist will er auch nicht, dagegen ankämpfen. Gegen alle Einwände kommt das Argument: Was willst Du, wenn wir nicht kompensieren, haben wir nichts zu fressen, können auch nicht produzieren. Würden wir das als Betriebsrat ablehnen, würde ein anderer Betriebsrat gewählt. So wird dann stillschweigend oder auch ziemlich offen mit der Betriebsleitung vereinbart, daß „halbe, halbe" gemacht wird. D.h. der Betriebsleitung wird vom Betr. Rat „gestattet", bestimmte Warenmengen zum Einkauf von Rohmaterialien u.a. (natürlich auch Nahrungsmittel für die Privatbesitzer) zu kompensieren und den andern Teil bekommt der Betr. Rat für obige Zwecke für die Belegschaft. – Fischer in Hamburg, Bremen u. anderswo verlangen u. erzwingen 10% des Fangs und – verkaufen ziemlich offen Heringe das Stück bis zu 3 M. –

Bauarbeiter, die unheimlich gesucht sind, arbeiten nach Schätzungen von Sachkennern

---

oder durch Bitten nicht erlangen kann. Aber ich glaube, daß in vielen Fällen weit darüber hinausgegangen worden ist. Und da gibt es nur einen Weg: unverzüglich unrechtes Gut zurückgeben, sonst gibt es keine Verzeihung bei Gott." (aus: Silvesterpredigt 1946 des Kölner Kardinals. Köln 1947, S. 11 f.)

[4] Im Juni 1947 lag der durchschnittliche tarifliche Brutto-Stundenverdienst der Industriearbeiter z. B. in der eisenschaffenden Industrie bei 105,6 Rpf. (Brutto-Wochenverdienst: 47,35 RM), in der chemischen Industrie bei 93,1 Rpf. (38,23 RM), im Baugewerbe bei 89,4 Rpf. (36,50 RM) und in der Textilindustrie bei 69,1 Rpf. (26,57 RM).
Auf dem Schwarzen Markt mußte in der britischen Besatzungszone im April 1947 z. B. für 500 g Butter 240–250 RM, für 500 g Speck etwa 200 RM, für 500 g Rindfleisch 60–80 RM, für 500 g Zucker 70–90 RM, für 1 500 g Brot etwa 25 RM und für ein Paar Herrenschuhe 700 RM bezahlt werden. Vielfach wurde auf dem Schwarzen Markt Geld aber nur in zusätzlicher Verbindung mit Tauschgeschäften akzeptiert.

im Durchschnitt kaum 24 Std. die Woche bei ihrem „legalen" Unternehmer, die übrige Zeit sind sie „krank" und – arbeiten irgendwo schwarz bei irgendeinem Geldmann, Schieber oder Schlächter u. sonstigen Lebensmittelhändler für Lebensmittel oder für 5, 10 u. oft noch mehr Mark die Stunde.

Die „glücklichen" Arbeiterschichten stellen natürlich nur eine Minderheit dar. Die große Mehrheit, fast alle Beamten, Angestellten, städtischen Arbeiter, Hüttenarbeiter, Brückenbauer usw. haben nichts zu kompensieren, sie leben wie die Hunde (ohne eine „Herrschaft").

Und nun liebe Freunde, könnt Ihr Euch selbst die Schlußfolgerungen ziehen, welche katastrophalen Auswirkungen dies alles auf die pol.[itische] u. gew.[erkschaftliche] Arbeit, auf die Klassensolidarität, auf die prol.[etarische] Moral überhaupt hat.

Ich habe bei Jacobsen* eine Anzahl von Briefen [zwei unleserliche Wörter] theoretischer Gedankenarbeit von Paul [Frölich*] gelesen. Durchweg einverstanden. Aber, wie wenig Menschen, ja auch wirkliche Sozialisten interessieren diese Fragen hier heute!! Ihr tägliches Tun und Denken ist von ganz anderen Dingen, Sorgen und Verhältnissen erfüllt. Was heute ein Hoegner, ein Dr. Schumacher, Pieck oder sonst einer sagt, liest man, interessiert sich vielleicht auch im Moment dafür, d. h. ist dafür oder dagegen und hat es morgen schon völlig vergessen.

Das wird verstärkt durch die Erfahrungstatsache, daß es faktisch auch ziemlich gleichgültig ist, was dieser oder jener sagt, schreibt oder tut. Es kommt doch immer ganz anders.

Wirklich packen, erregen und zu bestimmten Handlungen bringen heute nur die großen Ernährungsfragen die Massen. Wenn es z. B. für die Mehrheit der Ruhr-Rheinbevölkerung offiziell *keine* Kartoffeln, jetzt seit ca. 6 Wochen kein Fett u. nur einen Bruchteil der zugesagten Ration Fleisch gibt[5].

Aber, und das ist das Traurige und Entscheidende, der Masse, den Gew.[erkschaften] fehlt heute jede wirkliche, wirkungsvolle Waffe, vor allem die Streikwaffe. Streik in dieser Situation ist bestenfalls *nur* als Demonstration ein Mittel. Einen direkten Gegner, den man damit treffen oder zwingen kann, gibt es nicht. Die meisten Unternehmer wären froh, wenn sie durch einen Streik ihre auch nicht kleinen Sorgen einige Wochen los wären. Die wirkl. Machthaber trifft man erst recht nicht. Diese ihre heutige Machtlosigkeit fühlen die Massen instinktiv richtig und werden daher immer apathischer oder ziehen nur die Schlußfolgerung: Helf Dir selbst mit allen Dir möglichen erlaubten oder unerlaubten Mitteln.

Eine Änderung und gewiß nur langsame Ausheilung der jetzigen materiellen und moralischen Verheerung kann m. E. nur eine – auf welche Art auch immer – Wiederbelebung der Wirtschaft, Währungsreform und ausreichende Nahrungsmittellieferung bringen. Erst wenn einmal der Lohn wieder der einzige zur Fristung proletarischer Existenz ausreichende „Bezugschein" ist, wenn der Unternehmer durch Streik wieder in

---

[5] Köln gehörte zu den Städten, in denen die Ernährungslage besonders schlecht war: So hatte die Kölner Bevölkerung über Ostern 1946 kein Brot; im Juli 1946 kamen nur Nahrungsmittel in einem Wert von durchschnittlich 775 Kalorien pro Tag und Normalverbraucher tatsächlich zur Verteilung, das waren 2 Pfund Brot, 250 g Nährmittel, 105 g Fleisch, 225 g Fisch, 100 g Fett, 125 g Zucker, 112,5 g Marmelade, 15,6 g Käse und ¼ l entrahmte Milch die Woche; im März 1947 sank die Fettzuteilung nach zwischenzeitlicher Besserung auf monatlich 100 g, die Ration für Normalverbraucher fiel nochmals auf 755 Kalorien pro Tag; Mitte Juni 1947 gab es in einer Woche nichts als 1 000 g Brot; im Juni 1948 sank die monatliche Fettration sogar auf 75 g. (Vgl. Reinhold Billstein [Hrsg.]: Das andere Köln. Demokratische Traditionen seit der Französischen Revolution. Köln 1979, S. 403 ff.)

seinem Profit oder gar seiner Existenz getroffen wird, wird wieder eine wirkliche pol.[itische] u. gew.[erkschaftliche] gesunde Bewegung erstehen.

Wir wissen u. sehen die mit dem M[arshall]-Plan verbundenen Gefahren sehr gut. Doch wir glauben, er ist trotzallem viel besser als ein Weitertreiben der bisherigen u. jetzigen Zustände. Die d.[eutsche] Arbeiterklasse würde dabei nicht nur physisch, sondern noch mehr moralisch u. daher auch pol.[itisch] in relativ kurzer Zeit völlig vor die Hunde gehen.

Im übrigen noch ein kl. Nachtrag über „Kölner Alltag". Es gibt fast keine pol.[itischen] u. gew.[erkschaftlichen] Abendversammlungen, weil Straßenbahnen um 8 Uhr abends Schluß machen u. *gar keine* Straßenbeleuchtung ist. Straßen u. Trottoir aber sind voll mit Löchern und Häusertrümmern. Wir nützen unsere Theaterkarten meist nicht aus, weil wir den nächtlichen 1 Std. Nachhauseweg scheuen. –

Rosi [Frölich]* hat auch zu geringen Blutdruck. Ja, ja, l.[iebe] Rosi, wir haben halt früher zu viel (Temperament) Druck vergeudet u. müssen's jetzt büßen.

Aber nun Schluß mit meinem riesenlangen Schrieb.

Recht herzl. Grüße an Euch l.[iebe] Beide, Rosi, Paul u. alle Freunde

August

Irmgard Enderle an Joseph und Erna Lang

Köln-Ehrenfeld, den 30. 4. 1948
Baadenbergerstraße 1

Liebe Erna, lieber Jola,

Wir erhielten vor einigen Tagen den Kaltleim u. darauf denn auch Putzlumpen, Stärke usw. und danken Euch sehr, sehr herzlich dafür. Alles Dinge, die uns so absolut fehlten in der letzten Zeit.

Ich bin gerade mal wieder aus Frankfurt zurückgekehrt u. fahre am Montag schon wieder, mit August zusammen, nach Heidelberg, weil wir endlich auch mal Zeit finden müssen, an einer der ab u. zu einberufenen Tagungen der sozialdemokr. Journalisten u. Schriftsteller teilzunehmen, wo man sich a) näher kennen lernt, b) grundsätzliche Fragen zu behandeln Gelegenheit hat. Ein paar Tage danach ist dann schon wieder in Frankfurt Sitzung, u. so geht es der Reihe nach weiter. Also gerade das Gegenteil von dem, was ich eigentlich erstrebte für mich: Ruhe finden zu *gründlichen* eigenen Arbeiten. Andererseits aber sehe ich gerade jetzt auch wieder, wie unendlich mehr man einen *ganzen* Überblick u. Urteilsfähigkeit in sehr wichtigen Fragen, die politisch konkret angepackt werden müssen, bekommt, wenn man nicht nur am Schreibtisch sitzt oder daneben doch nur auf Kontakt mit der Praxis in Gestalt von Kursen, die man gibt u. dort Hören, was die Leute der Praxis sagen, angewiesen ist. Da der Wirtschaftsrat – ich nehme an, noch im Laufe des Jahres – umgebildet u. wirklich aus Wahlen hervorgehen wird[1], ich aber keineswegs weiß, ob Köln dann mich aufstellen bezw. solcher Forderung von Nordrhein-Westfalen od. evt. auch Hannover Folge leisten will, tröste ich mich einstweilen damit, daß ich ja evt. dann nicht mehr dabei sein werde u. dann neben der Redaktion Zeit zu einer Weile grundlegenderer Abhandlungen usw. finden könnte.

---

[1] Nach der Verdopplung der Mitgliederzahl des Wirtschaftsrates im Februar 1948 fand bis zu den ersten Bundestagswahlen keine weitere Umbildung dieses Gremiums mehr statt.

Denn da unser Redaktionsstab größer geworden ist, brauchte ich dann dort nicht mehr so zu schuften wie bis zu meiner Wi-Rat-Aera. Andererseits habe ich bei leitenden Leuten hier in Nordrhein-Westfalen (Ruhrgebiet) u. auch sonst in unserer Zone eine ganz gute Nummer, so daß ich evt. doch auch weiter $\frac{1}{4}$ Frankfurter bleiben würde. In allerletzter Zeit machen sich sogar dort in unserer Fraktion schon einige Besserungen inbezug auf Zusammenarbeit bemerkbar.

Für den Fall, daß Ihr in Zeitungen lest, daß auch die SP dort einer beträchtlichen Erzeuger-Kartoffelpreiserhöhung (die selbst bei Reduzierung der Handelsspannen nicht ganz ohne Wirkung auf die Verbraucher mit zum gr.[oßen] Teil unerhört niedrigen Löhnen bleiben kann) zugestimmt hat u. Ihr das schwer mißbilligt, will ich Euch sagen, daß ich zu denen gehörte, die dagegen boxten, daß unsere leitenden Gewerkschaftsleute außer sich sind über diese Stellung, und daß nur eine knappe Mehrheit in der Fraktion für die Erhöhung war (als Anreiz der Kartoffelanbauflächenerhöhung, weil bei Nicht-Schwarzhandel ein Teil der landwirtschaftlichen Preise für die Erzeuger untragbar sind – was aber für Löhne u. a. ja auch gilt). Aber dann hatten wir Fraktionsdisziplin bei der Abstimmung. Ich habe just an Leute des PV geschrieben, daß es unhaltbar ist, daß nicht vom Parteiausschuß (zentral) in allen wichtigen Wirtschaftsfragen durchgearbeitete richtunggebende Stellungen vorliegen u. solche Sitzung schnellstens gefordert, glaube auch, daß dem baldmöglichst stattgegeben wird u. allmählich in dieser Hinsicht also eine Besserung eintritt.

Aber nun ist der PV im Moment sicher besonders beschäftigt mit internationalen Fragen (Pariser Konferenz[2] usw.), u. alles auf einmal wird eben einfach nicht bewältigt. Bisher weiß ich nur aus den Zeitungen, daß man in Paris das Wort sozialistisch nicht mit in die Forderung europ. Zusammenschlusses aufgenommen hat, wohl aber alles Konkrete in dieser Richtung behandelt. August u. ich haben schon vorher öfter zum Ausdruck gebracht, daß wir das so ganz richtig finden. Taten in der Richtung sind besser als das Wort, wenn es eine Floskel bleibt.

Freilich werdet Ihr sagen, was man z. B. bei uns denn in der Richtung zum Sozialismus sähe. Das Gegenteil ist der Fall, u. die Wahlen in Hessen u. Bayern zeigen, was auch sonst zutreffen wird, stärkere u. bewußtere Eingliederung großer Bevölkerungsteile in ausgesprochen nationalistische, reaktionäre Parteien. Das ist die trübe Auswirkung von $3\frac{1}{2}$ Jahren Rumschlittern u. Hemmnis an allen Kanten u. Verschlechterungen der materiellen Lage. Es treibt andererseits die SP u. Gewerkschaften jetzt dringlich zu viel stärkerer Klärung u. Aktivität ihrerseits. Ich schrieb Euch das wohl auch das letzte Mal schon.

In Frankfurt traf ich neulich einen aus Schweden zurückgekehrten Emigranten, der zu Minna Specht* an die Odenwaldschule als Lehrer fuhr, den ihr nicht kennen werdet (Schmidt, aus Hamburg stammend). An dessen Reaktionen auf das, was er bisher in Deutschland sah, merkte man wieder, wie wenig Vorstellung man draußen davon hat, daß das hektische Beschäftigtsein der Funktionäre aus all den Schwierigkeiten heraus *zwangsläufig* ist u. selbst bei Bewußtsein von dessen Gefährlichkeit unvermeidbar. Gewiß können sich Einzelne aus all dem heraushalten, aber ich hab immer den Eindruck, daß unser Freund Jac.[obsen]* hier in Köln so ziemlich der Einzigste davon ist, bei dem es wirklich einen Sinn hat. Er sitzt jetzt intensiv an einer Auseinandersetzung mit dem

[2] Am 24./25. 4. 1948 fand in Paris eine Konferenz westeuropäischer sozialistischer Parteien statt, auf der die Bildung der Vereinigten Staaten von Europa gefordert und dafür ein Sozialistisches Informationsbüro mit Sitz in Paris gegründet wird.

Leninismus u. will mit uns beiden demnächst darüber diskutieren, ehe er es anderen zu lesen gibt.

Mit Fritz O.[pel]* u. Pennekamp* zusammen war ich neulich auch eine späte Abendstunde bei Heinrich [Galm]* v. Offenbach, aber ohne irgendwelche wesentliche Unterhaltung. Ich selbst war viel zu übermüdet u. die anderen wohl auch. Da gerade in der Ecke von H.[einrich] in der SP viel wenig Schönes vorliegt, hat er daran natürlich reichlich Stoff, aber eine eigene klare Basis für seine ganze Partei gibts nicht u. deshalb ist das Ganze in unseren Augen sinnlos. Mit Einigen in seinen eigenen Reihen u. in Stuttg. ist er ja auch verkracht, so daß man sieht: keine Sammlung, sondern noch Zersplitterung untereinander. Auf der Nachhausefahrt im Zuge gestern sprach mich übrigens aufgrund meiner Gewerkschaftslektüre ein Mitreisender an, der sich als Gewerkschaftler aus Münster u. früherer dicker Bewunderer von Klaus Zw.[eiling]* sowie früheres SAP-Mitglied herausstellte u. voller Drang nach Klärung u. Unterhaltung war, so daß wir jetzt mit ihm öfter mal uns gründlich unterhalten werden (Gingel oder so ungefähr heißt er).

Sering [d.i. Richard Löwenthal*] hat, wie ich in Frankfurt erfuhr, aufgrund einer Reise nach Berlin, erzählt, wie pol.[itisch] gut u. persönlich nett unser Freund Willy [Brandt]* in der Berliner Parteimasse verwurzelt sei. Dort gibt es, aus der Situation heraus geboren, einen ganzen Stab nicht nur aktiver, sondern pol.[itisch] auch ausgezeichneter oberer Funktionäre.

In Frankfurt gucke ich auch immer mal bei Walters* vor. Frida [Walter] ist dort u. auch im Bizonen-Gewerkschaftsrahmen recht solide verankert. Kurt Oppl.[er]* sehe ich dauernd, da er ja mitten im Verwaltungsapparat dort schwebt u. kein leichtes Leben darin hat. Aber es macht ihm offenbar Spaß trotz alledem. – So, nun muß ich schließen u. anderes tun.

Auch August, der der Ferien bedürfte, läßt herzl. grüßen. Wir sind ja dabei, uns gemeinsame Ferien für Ende Juni – bis Mitte Juli zu organisieren u. hoffen sehr, daß es klappen wird. In meinen Wi-Rat-Funktionen muß dann eben mal mein Stellvertreter ran (man hat dort für jede Funktion einen solchen vorgesehen).

Grüßt auch Paul u. Rosi [Frölich]* u. sonstige Bekannte,

Eure Irmgard

DUISBURG

Oskar Triebel* an Joseph Lang

Duisburg-Wanheimerort, den 9.7. 1947
Posener Str. 14

Lieber Freund Lang.

Durch den Ministerialrat Herrn Dr. Kurt Oppler*, Wiesbaden, ist mir heute Deine Sendung zugegangen. Die Quittung über die von mir vorgenommene Aufteilung füge ich bei. Für die unterschiedliche Verteilung glaube ich Dein Einverständnis annehmen zu dürfen. 4 Packungen haben die Freunde erhalten, die während der Naziherrschaft einige Jahre in Gefängnissen, Zuchthäusern oder K.Z.-Lägern verbrachten und die nach 45 bis heute wiederum gewerkschaftlich und politisch intensiv angespannt sind. Die Freunde, die sich bei der am Samstag in meiner Wohnung stattgefundenen Zusammenkunft dank Deiner Hilfe „blauen Dunst" vormachen konnten, sagen Dir durch mich recht herzlichen Dank. Die erstaunten und freudigen Gesichter unserer Genossen hätten Dir, hättest Du sie gesehen, sicherlich viel Freude gemacht.

Der Zustand unserer Wirtschaft wird von Konferenz zu Konferenz schlechter und treibt der Katastrophe zu, wenn nicht bald und gründlich Hilfe kommt. Nun zerbrechen wir uns den Kopf darüber, ob die Hilfe in dem sogenannten Marshall-Plan zu erblicken ist. Von Monat zu Monat versteift sich der Eindruck, daß Deutschland oder das, was von ihm übrig blieb, aus eigener Kraft überhaupt nicht mehr auf die Beine kommt und sein Leben aushaucht, wenn ihm nicht ein Blutspender beispringt. Es ist ein elendes Jammerspiel. Parteien und Gewerkschaften und darüber hinaus die Behörden appellieren an das Weltgewissen und erbitten oder fordern Hilfe von außen und bringen nicht die Kraft auf, die wenigen Erzeugnisse des Landes bezw. der Zonen einer einigermaßen gerechten Verteilung zuzuführen. Die Bewirtschaftung läuft eigentlich neben der Wirtschaft her, und dabei wächst der Umfang und die Zahl der Behörden wie Pilze nach einem warmen Regen.

[...]

Wenn ich diese Entwicklung beobachte, dann kommt mir immer wieder die Dschungelgeschichte von Kipling in Erinnerung. In seinem Dschungelbuch erzählt er auf prachtvolle Art für große und kleine Kinder von Fahrten und Abenteuern im Dschungel. In eben diesem Dschungel lebte auch das Volk der Affen, für die er die Bezeichnung Barda-log gewählt hat. Von ihnen sagt er auf Seite 73 dieses:

„Sie waren stets gerade im Begriff, sich einen Führer zu wählen und sich eigene Gesetze zu geben und bestimmte Gebräuche anzunehmen – aber es blieb immer nur bei der Absicht. Ihr Gedächtnis reichte nämlich nicht von einem Tage zum anderen, und zu ihrem eigenen Troste sagten sie sich gegenseitig in die Ohren: Was die Barda-log heute denken, wird das ganze Dschungel morgen nachbeten."

Ich bitte Dich jedoch, den Affen nichts davon zu erzählen, daß ich sie zu uns im Vergleich gesetzt habe. Ihr berechtigter Protest könnte nicht ausbleiben.

Und nun füllt der Marshall-Plan die Spalten der Zeitungen und wird voraussichtlich für die nächste Zeit jede politische Diskussion beeinflussen. Welche Absichten stehen hinter dem Plan, welche Auswirkungen sind von ihm für uns und Amerika zu erwarten und wie verhält es sich mit der Stellung Rußlands zu ihm? Das sind die 3 Punkte, über die wir uns schon einmal die Köpfe heiß geredet haben, ohne zu einer klaren Auffassung gekommen zu sein. Sehr wahrscheinlich werden die deutschen Arbeiter, die sich dem Ertrinken nahe fühlen, vorerst nicht danach fragen, wer ihnen den Rettungsring zuwirft und in welcher Absicht es geschieht. Diese Einstellung werden wir bei unserer Betrachtung nicht außer acht lassen können.

Vielleicht darf ich damit einen Punkt hinter meinen Schrieb setzen und mit meinem nächsten Bericht warten, bis ich mich selbst zu einer mich befriedigenden Klarheit durchgearbeitet habe.

Nochmals meinen herzlichsten Dank und den Dank meiner Freunde. Gruß auch an die lieben Freunde über dem großen Teich.

Herzlichst O. Triebel

P. S. Lieber Freund Lang. Erst gestern erhielten wir durch den Gen. Samorei* Deinen Brief, nach dem uns die Namen der Freunde, an die die Sendung verteilt werden sollte, noch zugehen würden. Wir haben davon vorher nichts gewußt und haben so die Verteilung nach eigenem Ermessen vorgenommen. Wir können jetzt nur noch um Euer Einverständnis bitten. Die angekündigte 2. Sendung haben wir noch nicht erhalten. Sollte sie noch eintreffen, werden wir mit der Verteilung warten, bis uns nähere Nachricht zugeht.

Herzlichst Oskar

Oskar Triebel an Joseph Lang

Duisburg-Wanheimerort, den 10. 11. 1947
Posener Str. 14

Lieber Freund Jola.

Mit herzlichem Dank bestätigen wir vorerst einmal das von Dir schon vor einigen Wochen angekündigte Kleiderpaket der I. R. R. C. und das Care-Paket von Buttinger*. Einen Teil der Sachen haben wir an gute Freunde weitergegeben und damit einige empfindliche Löcher gestopft. Zuunterst lag ein Mantel, ein richtiger Pelzmantel, auf den meine Frau sich mit einem so wilden Gebrüll gestürzt hat, als hätte ihr Körper erst jetzt nach 47 Jahren die ihr allein gebührende Haut bekommen. Ein Freund, der die Arbeitsstiefel bekam, und die Frau eines verstorbenen Gesinnungsfreundes, die für ihre Enkelin einige Sachen mitnehmen konnte, haben sich nicht viel anders benommen. Auch in ihrem Namen recht herzlichen Dank, den wir übrigens auch an die I. R. R. C. weitergeleitet haben. Einige Tage später erhielten wir das von Dir gleichfalls angekündigte Care-Paket, durch J[oseph] Buttinger*, dem wir den Empfang mit gleicher Post bestätigen werden. Wir können nun dem Winter etwas beruhigter entgegensehen.

Wir haben 12 Urlaubstage in Hamburg bei Bekannten verlebt, die früher hier in Duisburg ansässig waren. Die prächtigen Ruhnaus* hatten wir im vorigen Jahr bereits kennengelernt und waren ganz selbstverständlich auch diesmal wiederholt mit ihnen und anderen Gesinnungsfreunden zusammen. Liebe Bekanntschaften haben wir gemacht bezw. neu aufgefrischt und dabei dann auch Eure Herta [Thielcke]* kennen und als klugen, kritisch wägenden Menschen schätzen gelernt. Erst durch sie wissen wir denn auch, wo Erna [Lang-] Halbe lebt, mit wem sie verbunden ist und wie im übrigen die verwandtschaftlichen Fäden laufen. Im allgemeinen wissen wir ja nicht allzuviel darüber, wohin unsere Freunde während der letzten 1 000 Jahre verschlagen wurden, wie sie lebten und wie sie sich heute durchschlagen. Ich selbst war 1917/18 in der Emigration und weiß, daß Leute unseres Schlages nicht immer gern gesehene Gäste sind, und daß man oft genug böse zu krabbeln hat, um selbst halbwegs anständig über Wasser zu bleiben. Ich wiederhole deshalb schon einmal Gesagtes, wenn ich Euch bitte, die Sendungen einzustellen, wenn dieselben für Euch mit Einschränkungen verbunden sind, die Ihr Euch nicht zumuten dürft und die uns bedrücken müßten. So dankbar wir auch sind für jede solidarische Zuwendung, so viel Verständnis werden wir doch aufbringen, wenn Ihr uns mitteilt, daß Eure Mittel erschöpft sind.

Die Demontageliste hat hier die Öffentlichkeit, Gewerkschaftsversammlungen, den Rundfunk, die Presse, die Landes-, Stadt- und Gemeindeparlamente ergiebig beschäftigt[1]. Nun ebbt der schwächliche Strom allmählich wieder ab und alles kehrt wieder in den gewohnten Zustand der Apathie zurück. Vor Tisch hörte man starke Worte wie die unseres Wirtschaftsministers Dr. Nölting[2]: „Ich habe nicht die Absicht, als Mörder der deutschen Wirtschaft in die Geschichte einzugehen. Keiner deutschen Partei ist die Rolle einer Quisling-Partei[3] zuzumuten." Nach Tisch: Schweigen. Auch Scheidemanns Hand ist nicht verdorrt. Hier in Duisburg werden 9 Betriebe von einer teilweisen oder völligen Demontage betroffen, darunter ein Betrieb, der als Zubringerbetrieb ausschließlich für den Bergbau arbeitet, und dann nicht zuletzt die Duisburg-Hamborner Hütte, die in normalen Zeiten 12 000 Mann Belegschaft hatte. In der Nachbarstadt Düsseldorf befindet sich unter den betroffenen Betrieben auch die bekannte Firma Henkel, die zu 68 % demontiert werden soll, und die bisher 50 % des Bedarfs an Seife und Reinigungsmittel der Westzonen bestritten hat. Wer nicht die Grundstoffe für eine Eigenproduktion zusammenbringt, der wird in Zukunft mehr noch wie bisher in Verlegenheit geraten, wie er sich, seine Arbeitskleidung und seine Wäsche säubern soll. In Fortfall kommt dann auch ein erheblicher Prozentsatz an Soda als notwendiger Bestandteil für die Glasgewinnung. In den ausgebombten Rhein- und Ruhrstädten wird der Normalsterbliche wenig Aussicht haben, in absehbarer Zeit die Pappe vor seinem Fenster durch Glas zu ersetzen. Die Zuweisung an Kohle wird nicht reichen, um gegen die undichten Stellen anzufeuern, falls die Natur, wie im vorigen Winter, Temperaturen unter Null so ausgiebig und anhaltend zuweist.

Irgendwie wird der Einzelmensch, werden die Parteien und die Gewerkschaften sich auch durch diesen Winter fortwurschteln und dann vielleicht doch im Frühling endlich die Kraft aufbringen für eine richtunggebende zielstrebige Arbeit. Obwohl gegenwärtig die Verhältnisse auf jedem Gebiet heillos verfahren sind, wollen wir doch den Mut nicht aufgeben.

Euch alles Gute wünschend sind wir mit den herzlichsten Grüßen

H.[elene] u. O. Triebel

---

[1] Die Demontageliste vom 17. 10. 1947 führte neun Betriebe in Duisburg auf, die ganz oder teilweise abgebaut werden sollten, darunter die August-Thyssen-Hütte, das Hüttenwerk Niederrhein und die Mannesmann-Röhrenwerke, Abt. Heinrich-Bierwes-Hütte. Nachträglich kam noch die Hütte Vulkan hinzu. Nach dem Washingtoner Abkommen vom 19. 4. 1949 wurde ein Teil der August-Thyssen-Hütte und der Mannesmann-Röhrenwerke von den Demontagen ausgenommen. Mit dem Petersberg-Abkommen vom 22. 11. 1949 wurden dann die August-Thyssen-Hütte und das Hüttenwerk Niederrhein von der Demontageliste gestrichen und die Demontage ihrer Einrichtungen eingestellt. Allerdings waren zu diesem Zeitpunkt bereits bedeutende Teile der Werke abtransportiert worden. Bei der Hütte Vulkan wurden alle vorgesehenen Demontagen vorgenommen.

[2] Erik Nölting (1892–1953), SPD, war 1946–1950 nordrhein-westfälischer Minister für Wirtschaft.

[3] Vidkun Quisling (1887–1945): Gründer der norwegischen faschistischen Sammlungsbewegung, nach der deutschen Besetzung Norwegens als einziger namhafter Politiker bereit, mit der deutschen Besatzungsmacht zusammenzuarbeiten, 1942–1945 norwegischer Regierungschef. Sein Name steht seitdem als Synonym für einen gewissenlosen Kollaborateur.

Duisburg-Wanheimerort, den 24. 2. 1948
Posener Str. 14

Lieber Freund Jola.

Mir ist nicht ganz wohl, wenn ich daran denke, wie lange ich mich schon mit der Absicht trage, Deinen Brief vom 28. 12. 47 und den vom 8. 2. 48 zu beantworten. Mit Krankheit kann ich mich nicht entschuldigen, obschon man mir – was ich gar nicht hören will, da es mir der Spiegel nicht verheimlicht – immer wieder sagt, daß ich nur noch Knochenfraß und Hautjucken bekommen könnte. Also es ist nicht mein körperlicher Zustand, der mir zu schaffen macht, sondern die heillos verfahrene Situation, die allüberall das gleiche, fast hoffnungslose Bild zeigt. Gegen die schleichende Not haben sich die Arbeiter in großen Demonstrationsstreiks, die zumeist auf 24 Stunden befristet waren, zur Wehr gesetzt. Hier in unserer Stadt und in dem benachbarten Mülheim hatten an einem Tage 140000 Arbeitnehmer die Betriebe und Büros verlassen[1]. Wie ein fliegendes Feuer sprangen die Aktionen über von einer Stadt zur anderen. Allzu kluge Leute, denen sich auch die SPD-Presse (also „meine" Presse) zum Verbündeten machte, haben für diese Hungerstreiks den „M"-Plan verantwortlich gemacht[2]. Das war reichlich dumm und plump. Die Gewerkschaftsleitungen, die sich bemühten, mit der vom Hunger aufgewühlten Massenstimmung Schritt zu halten, konnten gar nicht anders, als sich in die erste Reihe einzugliedern und die Führung zu übernehmen, weil sonst ein Auseinanderlaufen der Gewerkschaft zu befürchten gewesen wäre. Hätten die Gewerkschaftsleitungen die Existenz und Wirksamkeit eines M-Planes unwidersprochen gelassen, dann wäre darin das Zugeständnis eingeschlossen gewesen, daß sie, die Gewerkschaften, ein Werkzeug in der Hand der kommunistischen Partei gewesen, und ihre Aktionen ferngesteuert seien. Also blieb der M-Plan ein schluddrig gefertigter Blindgänger. Aber auch die Aktionen hatten keinen und konnten keinen greifbaren Erfolg haben. Aber immerhin, die landesgebundenen Spitzenbehörden und die, die sich bei uns für einige Jahrzehnte zu Gast geladen haben, gerieten in geschäftige Bewegung. Versprechungen wurden gemacht noch und noch. Durch verschärfte Erfassungsmethoden sollten die eigenen Landesprodukte restlos erfaßt, durch die Verbindung der amerikan. und engl. Zone in der sogenannten Bizone, der Länderegoismus gebrochen werden. Und wieder einmal wurden wir zum Notstandsgebiet, dem allen voran geholfen werden müsse. Und last not least, die Einfuhren sollten erhöht werden und be-

---

[1] Aus Angaben in der KPD-Zeitung „Freiheit" vom 18. Januar 1948 ergibt sich dagegen, daß am 17. Januar 1948 in Duisburg nur etwa 10000 Werktätige, in Mülheim etwa 30000 Arbeiter und Angestellte 24 Stunden gegen die schlechte Ernährungslage streikten. (Vgl. Christoph Kleßmann, Peter Friedemann: Streiks und Hungermärsche im Ruhrgebiet 1946–1948. Frankfurt a. M. und New York 1977, S. 52)

[2] Mitte Januar 1948 wurde in London ein sogenanntes ‚Protokoll M' bekanntgegeben, das einen angeblich von der Kominform aufgestellten geheimen Plan der Kommunisten zum politischen Umsturz in Westdeutschland durch die Herbeiführung von Streiks vor allem im Ruhrgebiet und im Transportwesen West- und Norddeutschlands zum Inhalt hatte. Auf diesen Plan wurden die Streikaktionen vom Frühjahr 1948 in der westdeutschen Presse zurückgeführt. Die KPD bestritt die Echtheit des „Protokolls M"; tatsächlich gab es keine Hinweise auf seine Existenz. Nach einigen Wochen heftiger Auseinandersetzung vor allem auch in der sozialdemokratischen Presse verschwand das „Protokoll M" aus der öffentlichen Diskussion. (Vgl. dazu ausführlicher Kleßmann/Friedemann, a.a.O., S. 59 und S. 60.)

schleunigt anlaufen. Doch aus der Tragödie ist eine Komödie geworden. Um dem Ausland zu beweisen, daß man deutscherseits alles, aber auch alles tun wolle, kam es zu einer theatralischen Geste. Man schuf das sogen. Speisekammergesetz[3]. Und nun kann es ja wieder einmal losgehen mit den Fragebogen. Wenn die 140000, die für unsere Stadt in Frage kommen, überprüft sind, dann wird der Normalverbraucher mit dem Einheitsgesicht wohl zu seinen Vätern heimgegangen sein.
Und die gesteigerte Einfuhr? Da ist wirklich ein Wunder geschehen. Anstelle von ½ Pfund Nährmittel gibt es ½ Pfund Datteln, eine Frucht, die wir hier seit 15 Jahren nicht mehr gesehen haben. Aber sonst bleibt es bei der bestehenden Unordnung, die ja wohl, weil sie anhält, als die bestehende Ordnung angesprochen werden muß. Die schwedischen Fischer kippen in Abständen immer wieder ihren Fang ins Meer. Warum auch nicht, Deutschland kann, so sagt man, die Preise nicht zahlen. Holland und Dänemark bieten nach wie vor Fette und Öl an. Die „Sieger" werden wissen, warum man mit Deutschland nicht ins Geschäft kommt.
Und hierzulande wartet man auf die Währungsreform, auf die man rechnet wie auf ein Goebbelssches Wunder. Aber Termin um Termin verstreicht und das Wunder läßt auf sich warten. So friert denn allmählich der Absatz ein, weil man seine Ware in die Zeit des „echten Geldes" hinüberretten möchte. Je länger die Währungsreform auf sich warten läßt, umso fragwürdiger erscheint sie mir. Eine Garantie für den Dauerbestand des neuen Geldes könnte ja nur dann gegeben sein, wenn für die abgewertete Mark reale Dinge eingetauscht werden könnten. Wie aber kann das der Fall sein, wenn die Produktion aus diesem erschreckenden Tiefstand nicht hinauskommt. Als Vergleichsjahr das Jahr 1938 zugrundegelegt, ist hier die Schwerindustrie über eine 20% Rohstahlerzeugung noch nicht hinausgekommen. Ein anderer Gradmesser ist die Umschlagziffer im Duisburg-Ruhrorter Hafen, der ja auch heute noch der größte Binnenhafen Europas ist. Hier liegt die Leistung bei 18%.
Nun erwartet ja die deutsche Wirtschaft eine Blutspende aus dem Marshall-Plan. Aber auch hier ist, wie es Tucholsky ausdrücken würde: „viel Geschrei und wenig Wollust". Aus dem Zustand der Dauerberatung ist man ja noch nicht heraus, und die Demontagen gehen weiter. Auch in unserem Kreise ist die Auffassung darüber, ob der Marshall-Plan eine Hilfe bedeuten kann, durchaus nicht einheitlich. Im eigenen Interesse werden die Amerikaner ihn zu verwirklichen suchen und dabei ganz natürlich nicht darauf verzichten, allen Sozialisierungsbestrebungen ein Ende zu machen. Berlin hat im letzten Etatsjahr 300 Millionen Mark für Besatzungskosten aufwenden müssen. Zöge die Besatzung ab, dann täten wir gut daran, auf einen Marshallplan zu verzichten, um den erfolgversprechenden Versuch zu machen, aus eigener Kraft wieder auf die Beine zu kommen. Ich glaube an keine Gesundung, solange wir das Stadium eines Kolonialvolkes nicht hinter uns haben.
Und nun möchte ich Deine Fragen beantworten. Die Freunde […] haben das von Dir angekündigte Weihnachtspaket erhalten. […]
Und nun die Schweiz. Ich will nicht leugnen, daß ich nicht wenig froh wäre, wenn ich einmal, wenn auch nur für kurze Zeit aus diesem Sumpf heraus könnte, um mir

---

[3] Aufgrund der allgemeinen Ernährungsnot verabschiedete der Wirtschaftsrat der Bizone am 23. Januar 1948 ein Nothilfegesetz zur Ermittlung, Erfassung und Verteilung der Grundnahrungsmittel, deren Bestand erfaßt und im Falle der Hortung der allgemeinen Bewirtschaftung zugeführt werden sollten. Nicht nur Bauern, Lebensmittelbetriebe und Gaststätten fielen unter dieses Gesetz; auch alle Haushaltsvorstände waren verpflichtet, an einem bestimmten Stichtag ihre Bestände an Mehl und Kartoffeln anzugeben (daher die Bezeichnung „Speisekammergesetz").

Deutschland von außen anzusehen. Wenn Ihr den Aufenthalt möglich machen könnt, bin ich Euch dankbar, gelingt es nicht, verspreche ich, nicht enttäuscht zu sein.

Für heute möchte ich mich mit herzlichem Händedruck verabschieden. Grüße die Freunde und sage ihnen für ihre Solidarität unseren aufrichtigsten Dank.

Herzlichst Helene u. Oskar

Oskar Triebel an Joseph Lang

Duisburg, den 5. 5. 1948
Wupperstr. 8

Lieber Freund Jola.

Um nicht aus der Gewohnheit zu kommen, muß ich auch diesen Brief mit der Bitte beginnen, mir die Verzögerung nicht anrechnen zu wollen. Ich hatte geglaubt, bald die Zeit zu einer ausführlichen Antwort zu finden, und komme doch auch heute kaum dazu, weil mir die Arbeit über den Kopf wächst. Mir scheint, daß Du meiner Bemerkung über meinen körperlichen Zustand zuviel Bedeutung beigemessen hast. Wenn ich auch den Eindruck mache wie Christus nach der Kreuzabnahme, dann besteht dieser Zustand doch schon seit rund 1000 Jahren, was heißen soll, daß ich ab 1933–45 vielleicht in einer zu starken Nervenanspannung gelebt habe. Auch Cassius hatte einen hohlen Blick, und die Geschichte weiß doch nicht zu berichten, daß er ernstlich krank war.

Ich tue vielleicht gut daran, einen ausführlichen Brief bis nach Pfingsten zurückzustellen. Gestern erhielt ich für die Pfingstfeiertage aus Köln die Einladung zu einer Zusammenkunft, an der auch unter anderen Karl Völker* teilnehmen wird[1]. Es wird unter den gegenwärtigen Umständen immer schwerer, einen klaren Kopf zu behalten. Die politischen Verhältnisse sind so heillos verworren, daß eine Verständigung unter Freunden sich notwendig macht.

Sowohl die SPD wie auch die KPD sind krampfhaft bemüht, in die Breite zu gehen. Die SPD entwickelt eine gesonderte Mittelstandspolitik und versucht durch die religiösen Sozialisten bei der Kirche Proselyten zu machen. Die KPD hat auf ihrem letzten Landesparteitag für die Westzonen in der üblich bombastischen Weise sich von dem alten Namen KPD losgesagt und nennt sich nunmehr Sozialistische Volkspartei. Der „Führer" Reimann hat in seiner „großen" Rede verkündet, daß man bisher den Rahmen der Partei zu eng gesteckt habe. Es käme jetzt nicht mehr darauf an, nur die Arbeiterklasse zu vertreten, sondern die ganze arbeitende Bevölkerung solle es nunmehr sein, wobei mir bis heute nicht klar ist und auch nicht werden wird, worin der Unterschied zwischen Arbeiterklasse und arbeitender Bevölkerung besteht[2].

Neben den allgemeinen Sorgen haben wir hier zusätzlich Sorgen lokaler Art. Es besteht

---

[1] Zum Kölner Pfingsttreffen vgl. Anm. 2 zum Brief Oskar Triebels vom 7.7. 1948, S. 82.

[2] Am 27./28.4. 1948 beschloß die KPD ihre Umbenennung in „Sozialistische Volkspartei Deutschlands" (SVD). Max Reimann, der Vorsitzende der KPD in den Westzonen, begründete diese Umbenennung damit, daß die KPD nicht mehr nur die Partei der Arbeiterklasse, sondern eine „echte Partei des Volkes" und außerdem die einzige wirklich marxistische Partei in den Westzonen wäre. Der neue Name sollte die Basis der Partei verbreitern helfen und ehemaligen Vertretern der Einheitsfront, SPD-Oppositionellen sowie Parteilosen den Eintritt erleichtern. Der Versuch blieb erfolglos; außerdem verboten die westlichen Besatzungsmächte die Umbenennung. Die KPD protestierte erst gegen dieses Verbot, gebrauchte jedoch seit Mitte Juli 1948 den Namen SVD selbst nicht mehr.

immer noch die Absicht und die Gefahr der Demontage für das größte Hochofenwerk Europas (August Thyssen-Hütte), das hier in unserem Stadtbereich Duisburg-Hamborn gelegen ist. In einem Zeitraum von 3 Jahren soll das Werk demontiert werden, wobei rund 3600 Arbeitskräfte in Anspruch genommen werden. Die Vorarbeiten sind bereits in Angriff genommen, und nun wartet man hier noch darauf, daß die Verschrottung, denn um nichts anderes handelt es sich dabei, noch frühzeitig verhindert wird. Welche Bedeutung diesem Werk beizumessen ist, erhellt allein aus der Tatsache, daß in normalen Zeiten monatlich 40000 Eisenbahnschienen gewalzt wurden und daß die Hütte in der Produktion von Feinblechen und hochwertig legierten Blechen an erster Stelle lag. Bei der Energieverbundenheit war es möglich, nicht weniger wie 170 Millionen cbm Kokereigas auszustoßen. Für den gewöhnlichen Sterblichen ist es durchaus nicht leicht, solche Maßnahmen mit dem Marshall-Plan auf einen Nenner zu bekommen. Aber darüber und über andere Dinge demnächst mehr.

Abschließend will ich nicht versäumen, Dich davon in Kenntnis zu setzen, daß sich ab 1. Juni unsere Adresse ändert. Seit 2 Jahren bin ich schon dabei, unsere etwas vom Krieg angeschlagene Wohnung zu verlassen und eine reparierte Wohnung im Zentrum der Stadt zu beziehen. Die neue Anschrift ist: Duisburg/Rhein, Wupperstr. 8.

Für heute viele herzliche Grüße auch an Erna und die Freunde

Dein O. Triebel

Oskar Triebel an Joseph Lang

Duisburg, den 7.7.1948
Wupperstr. 8

Lieber Freund Jola!

Am Sonntag brachte die Post Deinen, von Karl [Völker]* nach hier weitergeleiteten Brief vom 21.6. Herzlichen Dank und an den Anfang wieder einmal die Bitte um Nachsicht für die Pause vom 5.5. bis heute.

Es ist drüben wohl kaum anders wie hier. Was weiß the citizen in USA von Deutschland. Sicherlich nicht viel mehr wie der deutsche Bürger von einem Staat in USA. Jedoch einen Unterschied gibt es wohl doch. Wir hielten und halten unser Land für den Nabel der Welt. Bei uns wurde die Planetenachse eingebaut, die, weil sie seit einer Weile kreischt, bevorzugt geschmiert werden muß. Hier hat man wohl schon immer gemeint, daß die Welt verpflichtet ist, den Atem anzuhalten, wenn wir fürchten, uns könnte der Atem ausgehen. In diese Überheblichkeit eingesponnen, haben wir vielleicht allzu sehr die Neigung, uns selbst und die Ereignisse hier zu überschätzen. Immerhin kann man von einem Fieberkranken nicht allzu viel Interesse für die Außenwelt erwarten. Nehmen wir uns also wichtig.

An Bedeutung rangieren nebeneinander die Auswirkungen der Währungsreform und die Berliner Ereignisse¹. Die Nachrichten in Presse und Rundfunk überstürzen sich, und doch ist nicht zu erkennen, welchem Ziele die Russen zustreben und ob, wann und

¹ Am 21.6.1948 wurde in den drei Westzonen die Währungsreform durchgeführt, am 23./24.6. wurde die neue DM-Währung auch für die Westsektoren Berlins eingeführt. Die sowjetische Militärregierung sperrte daraufhin in der Nacht vom 23. zum 24.6. sämtliche Zufahrtswege zu Lande und zu Wasser durch die sowjetische Zone nach Berlin und begann damit die Berlin-Blockade; sie untersagte ferner die Belieferung der Westsektoren mit Nahrungsmitteln aus der sowjetischen Besatzungszone.

wo sie einmal Halt zu machen gedenken. Die vorgeschobenen Gründe sind einmal die reparaturbedürftige Bahnstrecke, ein anderes Mal die nun auch im Westsektor eingeführte Währungsreform, an der sich zu beteiligen die Russen abgelehnt hatten. Und so werden nun die Differenzen der Besatzungsmächte auf dem Rücken der Berliner Bevölkerung ausgetragen: Berlin ist vom Westen blockiert. Der Straßen- und Eisenbahnverkehr von und nach den Westsektoren ist von den Russen für Personen und Güter gesperrt. 500 000 Pakete warten in Waggons und außerhalb der Bahnhofsschuppen vergebens auf den Abtransport in die Westzonen. Von jeder Lebensmittelzufuhr ist die 2½ Millionen-Stadt der 3 Westsektoren hermetisch abgeschlossen. Was heißt es da schon, wenn Amerikaner und Engländer die Versorgung auf dem Luftwege garantieren. Selbst wenn man das Unwahrscheinliche möglich machen würde, wenn also Lebensmittel und, wie man jetzt zusichert, auch Kohle in Säcken auf dem Luftwege in die 3 Sektoren gebracht würde, so bliebe den Russen immer noch die Möglichkeit, von der sie jetzt schon ausgiebig Gebrauch machen, der Berliner Wirtschaft die Luft abzudrehen. Unverkennbar scheint es die Absicht der Russen zu sein, durch diesen kalten Krieg Berlin mit seiner ausbaufähigen weiterverarbeitenden und Fertigindustrie für sich auszubeuten und in die „sozialistische" Ostzone einzubauen, wobei sich die Träger des Leninordens kaum die Mühe machen zu erklären, warum sie die Schläge gegen den Magen der Berliner Bevölkerung führen. Bei dieser Nervenzerreißprobe setzen die Russen einen Fuß vor den anderen und spekulieren bei jedem Zentimeter gewonnenen Raumes darauf, daß die Anderen wegen dieser „Kleinigkeiten" Panzer und Bombenflugzeuge nicht gleich in Bewegung setzen werden. Die Fernwirkung dieser Politik, die sich mal plump demagogisch, mal erschreckend zynisch gibt, ist bis hierher spürbar. Soweit in den letzten Tagen hier in den Großbetrieben Betriebsratswahlen stattgefunden haben, erlitten die Kandidaten der KP eine vernichtende Niederlage. KP-Betriebsratsvorsitzende gibt es kaum noch. Soweit sie überhaupt noch in den Betriebsrat hineingewählt wurden, marschieren sie an den Schwanz der Liste.
In Köln hatten wir Pfingsten eine ergiebige Aussprache. Von Essen, Hannover, Köln, Solingen, Dortmund, Gelsenkirchen und Duisburg waren die Freunde beisammen[2]. Das bisher in einer Ausgabe herausgebrachte Informationsorgan „Die Debatte" soll, wenn die Schwierigkeiten in der Papierbeschaffung und Drucklegung überwunden sind, periodisch erscheinen[3]. Darüber hinaus ist die Herausgabe einer legalen Oppositionszeitung geplant. Die Freunde aus Hannover sind beauftragt, die notwendigen Vorarbeiten zu leisten. Durch die Bildung einer Genossenschaft soll die finanzielle Voraussetzung geschaffen werden. Fraglich bleibt jedoch, ob der Parteivorstand und die Besatzungsbehörden zu diesem Plan ja sagen.
Und nun einiges zu der Währungsreform und den bisher sichtbaren Auswirkungen.

---

[2] Die Pfingstzusammenkunft in Köln im Mai 1948 war ein überregionales Treffen von ehemaligen KPO- und SAP-Mitgliedern, die sich über ihre politische Arbeit verständigen und diese gegebenenfalls koordinieren wollten. Neben Mitgliedern des gastgebenden „Kölner Kreises" wie Ludwig A. Jacobsen*, Hubert Pauli* und Ernst Singer* nahmen nachweislich Oskar Triebel*, Emil Samorei*, Hugo Röhrig* und Emil Brune* aus dem Ruhrgebiet sowie Otto Brenner*, Hannover, und Gustav Roos*, Mannheim, daran teil. Der Verlauf der Pfingstzusammenkunft zeigte, daß die Teilnehmer in den grundlegenden Fragen, in der negativen Beurteilung der KPD, in der Ablehnung von Parteineugründungen und in der Option für eine Arbeit in der SPD, in hohem Maße übereinstimmten.
[3] Die erste Nummer des Informationsorgans „Die Debatte. Seminarpläne für Sozialismus und Politik" wurde im Januar/Februar 1948 vom „Kölner Kreis" herausgegeben. Eine zweite Ausgabe scheint nicht mehr publiziert worden zu sein.

Etwa 8 Tage vor dem Inkrafttreten hatten befugte und unbefugte Instanzen den Termin vorausgesagt. Die erste Folge dieser Ankündigung war, daß die Versorgung der Bevölkerung ins Stocken geriet und 2 Tage vor dem schwarzen Sonntag völlig abriß. Mk. 60,– Altgeld mußten am Sonntag, den 21.6. eingezahlt werden, und nur wer über diesen Betrag verfügte, bekam eine Kopfquote von 40 Mk. ausgezahlt. Für einen Tag war so die Gleichmachung auf dem Verordnungswege durchgeführt. Am Montag füllten sich auf zauberhafte Art die Auslagen der Geschäfte. Seit Jahren nicht mehr gesehene Artikel, Bekleidungsstücke und Gebrauchsgegenstände reizten zu Angstkäufen. Vorerst glaubt die Bevölkerung wohl kaum daran, daß dieser Zustand von Dauer sein könnte. Allgemein wird befürchtet, daß, wenn die nun geräumten Läger von den Endkonsumenten aufgekauft sind, dann wieder eine große Leere sein wird. Es sind nicht viele, die daran glauben, daß die Produktion nachschieben wird. Den Schwarzhändlern ist vorerst der Atem ausgegangen. Ob sie ihr einträgliches Gewerbe wieder aufnehmen können, wird davon abhängig sein, inwieweit die Produktion den in den Hungerjahren ins Ungemessene angewachsenen Bedarf befriedigen kann. Kommt es so, wie viele befürchten, daß Warenherstellung und Warenbedarf allzu sehr auseinanderklafft, dann werden wir in nicht allzu ferner Zeit wieder da sein, wo wir am 20.6. endeten. Sehr wahrscheinlich dann auf einer tieferen Ebene. Gegenwärtig drängt sich alles zur Arbeit, und in vorderster Reihe die, denen bisher das Geld durch unkontrollierbare Kanäle überreichlich zufloß.

Zur Zeit weilt hier im Ruhrgebiet eine amerikanische Kommission, die die Möglichkeiten einer Steigerung in der Stahlproduktion prüfen soll. Dabei geht die Demontage weiter, sie geht sogar verstärkt weiter. Sowohl die Hütte Vulkan, wie auch die Thyssenhütte Hamborn haben umsonst auf einen Demontage-Stop gehofft. Vielleicht können einige Zahlen den Irrsinn dieser Demontage oder Demolierungsmaßnahme illustrieren. Ich habe wohl schon darauf aufmerksam gemacht, daß es sich bei der August-Thyssen-Hütte um das bedeutendste Hochofenwerk Europas handelt. In normaler Zeit hat diese Hütte ¼ der Ruhrstahlerzeugung bestritten. Der Erstellungswert dieses durch seine Energieverbundenheit und seine Hafenanlagen besonders günstig gelagerten Werkes wurde von deutscher Seite mit 220, von alliierter Seite mit 180 Mill. Mark beziffert. Die demontierte Anlage wird mit rd. 20 Mill. Mark veranschlagt, die Demontagekosten mit 60 Millionen, die ganz selbstverständlich zu unseren Lasten gehen. Auf Reparationskonto kann somit nichts abgeschrieben werden. Es bleibt vielmehr für uns ein Manko von 40 Mill. und die Erinnerung an ein Werk, wo einmal rd. 12 000 Arbeiter tätig waren.

Die Aussichten auf die Schweizer Reise scheinen sich allmählich zu verflüchtigen. Zwar bin ich vor einigen Wochen durch unseren Freund Pennekamp* angeregt worden, ein amtsärztliches Attest und einige Angaben über mein politisches Vorleben nach Frankfurt mitzugeben, ohne von dort aus direkt aufgefordert worden zu sein. Vor und seitdem habe ich von dieser Reise nichts mehr gehört. Ich werde mich also, falls in dieser bewegten und von Arbeit angefüllten Zeit für Urlaub noch Raum ist, wohl mit einem Aufenthalt im engeren Bezirk begnügen müssen. Wenn ich Gewißheit hätte, daß ich doch nicht über die deutschen Schlagbäume hinaus komme, würden wir sehr wahrscheinlich wohl auch in diesem Jahre die Hamburger Freunde besuchen. Ruhnau's* schrieben erst dieser Tage, denen wir soeben auch geantwortet haben. Damit für heute full stop und herzliche Grüße an alle Freunde

Eure Helene u. Oskar Triebel

Oskar Triebel an Joseph Lang

Adelboden, den 18. 10. 1948

Lieber Jola.

Eure Zeilen vom 12. Sept. erreichten mich heute hier in der Schweiz. Ich werde auf diese Art daran erinnert, zu halten, was ich versprach: baldmöglichst von hier zu berichten. Wenn ich erst nach 5 Wochen damit beginne, dann magst Du das als Beweis dafür nehmen, daß es mir gut geht, gut in jeder Hinsicht. Mögen auch die Tells und Staufachers anders sein, als sie Schiller sah, so ist doch ihr Land, ihre Bergwelt, ihre Luft und nicht zuletzt ihre Kost wohl geeignet, einem kranken Menschen wieder auf die Beine zu helfen. Zunächst war der Aufenthalt für Carigliano (Tessin) vorgesehen, daraus konnte jedoch nichts werden, da das dort befindliche Heim des Schweizer Arbeiterhilfswerks schon überbelegt war. Ich war also zunächst 3 Wochen in einem Kurhotel in Seeris (Graubünden) untergebracht. Nachdem dann das I. R. R. C. hier in Adelboden (Berner Oberland) ein früheres Sporthotel gepachtet und in eigene Regie übernommen hat, befinde auch ich mich seit dem Tage der Eröffnung am 1. Okt. hier in diesem Heim. Als wir hier – 5 Deutsche insgesamt – ankamen, haben wir zunächst scherzhaft von einer österreichischen Invasion gesprochen. Es waren ihrer 34. Das Verhältnis schien uns reichlich ungleich. Auch die uns gegebene Erklärung für dieses Mißverhältnis konnte nicht recht befriedigen. Die Besatzungsbehörden in der Westzone, so sagte man, nähmen sich für die Ausreisebewilligung weit mehr Zeit wie die in Österreich. Aus der russ. Besatzungszone ist eine Ausreisegenehmigung kaum noch zu erwirken. Das I. R. R. C. wird von den Russen – was nicht weiter verwunderlich ist – als nicht genehme Organisation empfunden. Es schien zunächst etwas schwierig, zwischen den österreichischen Freunden und uns den von uns gewünschten Kontakt herzustellen. Sowohl die Freunde aus Wien wie die aus Salzburg hatten es mit ihrer nach Landsmannschaften abgegrenzten „Mentalität", auf die Rücksicht zu nehmen wir nicht für unsere Pflicht hielten. [...] Die österreichischen Freunde haben, ohne von der Besatzungsbehörde bisher ernstlich behindert worden zu sein, die Verstaatlichung der Schlüsselindustrien ziemlich weit vorwärtstreiben können[1]. Man kann, immer unter Berücksichtigung der besonderen Verhältnisse, in solcher Umwandlung einen Schritt auf dem Wege zum Sozialismus sehen. Sieht man jedoch in der Verstaatlichung schon die Sozialisierung und setzt sie mit ihr gleich – wie das bei einigen österreichischen Freunden der Fall ist –, dann muß zwangsläufig auch die praktische politische Tätigkeit auf Abwege geraten und in die Arbeitsgemeinschaftspolitik der Zeit vor 33 ein-

---

[1] Die in der österreichischen Allparteienregierung vertretenen drei Parteien ÖVP, SPÖ und KPÖ einigten sich 1946/47 aus unterschiedlichen Motiven auf eine Teilsozialisierung der Schlüsselindustrien. Ein erstes Gesetz vom 26. Juli 1946 bestimmte die Verstaatlichung von rund 70 Großunternehmen, u.a. der Rohstoffproduktion, der Schiffahrt und die drei großen Aktienbanken. Mit einem zweiten Gesetz vom 26. März 1947 wurden sämtliche Großbetriebe der Elektrizitätswirtschaft verstaatlicht.
Während von den westlichen Besatzungsmächten kein Einspruch gegen diese beiden Gesetze erhoben wurde, vertrat die Sowjetunion den Standpunkt, daß die Verstaatlichung der Großunternehmen internationalen Abkommen widersprechen würde, da die Unternehmen nach wie vor deutsches Eigentum wären. Sie untersagte deshalb die Anwendung dieser Gesetze in den von ihr besetzten Teilen Österreichs. Voll wirksam wurden die beiden Verstaatlichungsgesetze erst nach dem Abschluß des Staatsvertrages 1955, der das Ende der Besatzungszeit bedeutete. (Vgl. dazu den Beitrag von Karl-Heinz Naßmacher: Verstaatlichung in Österreich. In: Norbert Konegen, Gerhard Kracht (Hrsg): Sozialismus und Sozialisierung. Kronberg i. T. 1975, S. 211–219)

münden, die für ernsthafte Marxisten der Vergangenheit angehören sollte. Ein guter Anfang ist also gemacht. Die menschlich-persönliche Annäherung ist da, und die Klärung der Begriffe macht Fortschritte. Was mir darüber hinaus als wertvoll erscheint, ist die Tatsache, daß über die deutsch-österreichischen Landesgrenzen sich Verbindungen anbahnen, die eine für die Zukunft notwendige Zusammenarbeit wesentlich erleichtern wird.

W. Pennekamp* und ich werden zum Ende des Monats wieder nach Hause zurückkehren und werden erst dann wissen, ob der Parteitag in Düsseldorf ein Schritt nach vorne war. Was uns bisher zur Kenntnis kam, stimmt nicht gerade optimistisch. Fritz Opel*, Frankfurt, der für einen Tag hier zu Besuch war, und Frieda Walter*, die hier als Erholungsbedürftige weilt, haben beide als Gäste dem Parteitag beiwohnen können und sind übereinstimmend der Meinung, daß von einer klaren, wegweisenden Opposition nicht gesprochen werden könnte. Es bleibt also noch viel, vielleicht alles zu tun. Aus der Absicht, ein vom Parteivorstand toleriertes Organ der Opposition herauszubringen ist, wie vorauszusehen war, nichts geworden. Eine für Frankfurt geplante größere Zusammenkunft der oppositionellen Freunde hat nicht stattfinden können, da der Parteivorstand von der Absicht Kenntnis erhalten hatte und Ausschlüsse zu erwarten waren, die im gegenwärtigen Stadium ohne aufrüttelnde Wirkung bleiben müssen[2]. Nach meiner Kenntnis ist wohl bei den Bremer und Hamburger Freunden die Meinung verbreitet, der Zeitpunkt sei nunmehr gekommen, die oppositionellen Elemente zu einer selbständigen Organisation zusammenzufassen[3]. Ich selbst teile mit der Mehrheit die Auffassung, daß uns die vor 33 gemachte Erfahrung warnen sollte. Zweifellos war vor 33 der Boden für eine selbständige politische Zusammenfassung günstiger wie heute. Was wir gegenwärtig werden könnten, wäre eine selbstgenügsame politische Sekte, von der nicht einmal mit Sicherheit gesagt werden könnte, ob sie über eine negative

---

[2] Aus dem von Otto Brenner* und Joseph Lang geführten Briefwechsel geht hervor, daß Brenner 1948 zusammen mit Mitgliedern des Hannoveraner und des Kölner Kreises sowie mit Oskar Triebel*, Irmgard und August Enderle*, Peter Blachstein*, Fritz Opel* u. a. Anstrengungen unternahm, ein marxistisches Diskussionsorgan innerhalb des organisatorischen Rahmens der SPD zu schaffen; Joseph Lang und Paul Frölich* unterstützten dieses Unternehmen durch Ratschläge und Hinweise. Der SPD-Parteivorstand war darüber von Otto Brenner informiert worden, um Fraktionierungsvermutungen auszuschließen. Zugleich gab es 1948 Versuche, doch noch eine dritte Partei zwischen SPD und KPD zu gründen (vgl. die Briefe von Otto Hensel* und Josef Schmitz* aus Bocholt, S. 124 ff. sowie von Emil Samorei* aus Gelsenkirchen, S. 89 ff.) als auch andere oppositionelle Kreise in der SPD, die die alte Einheitspartei- und die neue Wiedervereinigungs-Vorstellung miteinander verknüpfen wollten. Die SPD-Führung versuchte ihrerseits – wie der Verlauf des Düsseldorfer Parteitages im September 1948 zeigte mit Erfolg –, den Kurs einer noch eindeutigeren Abgrenzung von der KPD durchzusetzen. In dieser Situation befürchteten die Initiatoren einer marxistisch orientierten SPD-Zeitschrift, in den Sog der Hochstilisierung einer innerparteilichen Opposition hineingezogen zu werden und in eine ähnliche Lage zu geraten wie die Linksopposition in der SPD im Jahre 1931. Vermutlich deshalb wurde das Frankfurter Treffen, das sich unmittelbar an den Parteitag anschließen sollte, abgesagt. Anfang Dezember 1948 wurde es in Hannover mit einem größeren Teilnehmerkreis nachgeholt, allerdings mit dem Ergebnis, daß keine Einigung über die politische Linie des zu schaffenden Diskussionsorgans sowie über seine Verankerung im Rahmen der SPD zustandekam. Vgl. näheres in der Dokumentation der Hrsg.: „Nur eine Partei für den dritten Weg" (s. S. 21).

[3] Gemeint sind wohl die Organisationsbestrebungen der in der Tradition der KPO stehenden „Gruppe Arbeiterpolitik" (GAP). In Hamburg waren die überlebenden Mitglieder der ehemaligen KPO nach Kriegsende fast alle der KPD beigetreten, ab 1947 wurden sie jedoch wieder ausgeschlossen. In Bremen gehörten der GAP ehemalige Mitglieder der KPO und der SAP an. Seit November 1948 wurde die politische Tätigkeit der bestehenden Gruppen der „Gruppe Arbeiterpolitik" überregional durch die Zeitschrift „Arbeiterpolitik" koordiniert.

Kritik hinaus es zu einem einheitlichen wegweisenden Programm brächte. Die Arbeit innerhalb der SPD ist zweifellos schwer, erscheint mir aber für absehbare Zeit allein erfolgversprechend. Das Neue zu wollen nur um des Neuen willen mag reizvoll und leichter sein, jedoch sind Wunder nicht zu erwarten. Ein Wunder aber wäre es, wenn durch einen Aufruf eine organisatorische Umsetzung und revolutionäre Erneuerung erreicht würde. Aus meinem Bereich weiß ich jedenfalls mit Sicherheit zu sagen, daß viele Freunde zur oppositionellen Arbeit bereit sind, jedoch würde nur ein Bäckerdutzend sich lösen, wenn eine Aufforderung an sie erginge. Zähe, beharrliche Arbeit erscheint mir notwendig, revolutionäre Ungeduld halte ich gerade jetzt für einen schlechten Ratgeber. Wir dürfen keinesfalls Fehler machen, die nicht mehr korrigiert werden können.

Um zur politischen Praxis zurückzukehren: Auch hier haben wir gute Vorarbeit leisten können und werden die restlichen 14 Tage noch nützen. Wenn wir dann die Zelte hier abbrechen, muß es zu einer neuen Zusammenkunft kommen, auf der dann hoffentlich eine Selbstverständigung und einheitliche Ausrichtung erzielt wird.

Darf ich mich damit für heute von Euch verabschieden?

W. Pennekamp*, H. Schneider⁴, Frieda Walter* und ich grüßen Euch und die Freunde

Herzlichst Euer O. Triebel
z. Zt. I. R. R. C. Heim, Adelboden
(Berner Oberland) Schweiz

Oskar Triebel an Joseph Lang

Duisburg, den 12. 8. 1949
Wupperstr. 8

Lieber Freund Jola.

Sigmund Freud habe ich gelesen und beinahe verstanden. Ich müßte also wohl in der Lage sein, durch psycho-analytische Seelentiefen-forschung zu ergründen, warum ich ein volles Jahr geschwiegen habe. Wie sehr ich mir nun auch den Kopf zergrübele, ich bekomme keine Entschuldigung zustande, die mir selbst und Euch als ausreichend erschiene. Hat man erst einmal den äußerst zulässigen Termin für einen Brief versäumt, dann verspricht man sich zwar immer wieder, die nächsten freien Stunden für einen Brief zu reservieren, und so werden dann langsam und unversehens aus Monaten ein ganzes Jahr. Es wäre nun bequem und würde mein Versäumnis noch nicht entschuldbar machen, wenn ich Deine Frage mit der Gegenfrage beantworten wollte: warum denn Ihr nicht geschrieben habt. Denn Amerika ist mit seiner Entwicklung sicherlich nicht weniger interessant wie der Ländertorso Westdeutschland.

Von der Schweiz aus ging der letzte Brief an Dich. 7 Wochen lang hatte ich mich rund herum satt gegessen, war die Berge herauf und herunter gekraxelt und bekam dann plötzlich vom Abend bis zum Morgen eine hartnäckige und bösartige Magen- und Darmgrippe. Als ich das Bett verlassen konnte, habe ich fluchtartig die Schweiz verlassen und mich zu Hause auskuriert. Eine Fern- bezw. Spätwirkung des Schweizer Auf-

---

⁴ Hans Schneider aus Duisburg-Hamborn, SAP, wurde im August 1935 in Dortmund wegen Vorbereitung zum Hochverrat zu zwei Jahren und sechs Monaten Zuchthaus verurteilt.

enthaltes ist dann doch noch eingetreten und für mich auch heute noch spürbar. Jedenfalls hat mein Körpergewicht um einige Pfund zugenommen.

Die wirtschaftliche und politische Entwicklung des zwischen meinen Briefen liegenden Zeitraumes kann ich wohl unterschlagen und mich darauf beschränken, daß die Beziehungen der SPD zur Labour-Party nicht enger geworden sind, sondern eine gewisse Spannung bekommen haben[1]. Neben den bürgerlichen Parteien hatten auch die Gewerkschaften und die SPD die Demontage erneut vor das Forum der Westalliierten zu bringen versucht und hatten beispielsweise mit Bezug auf die August-Thyssenhütte den Vorschlag gemacht, dieses Unternehmen als europäisches Jugendaufbauwerk wieder zuzulassen. Bevin[2], als Sprecher der Labour-Party, hat diesen Vorschlag mit beißendem Spott zurückgewiesen und, wie mir erst gestern ein englischer Gast berichtet, hat der Mann auf der Straße das deutsche Angebot als lächerlich angesehen. Ein zweiter Vorschlag, die August-Thyssenhütte für die Produktion von Stahlhäusern zuzulassen, hat gleichfalls taube Ohren gefunden. Und nun ist im Abbau der Feinblechstraße und der Thomas- und Martin-Öfen ein beschleunigtes Tempo gekommen. Immer wieder kommt es, beispielsweise in Essen und Dortmund, zu Widerstandsaktionen der Arbeiter (in Dortmund wurde unlängst erst ein Demontageunternehmer von den Arbeitern mißhandelt), die nicht mit verschränkten Armen zusehen wollen, wie ihnen der Arbeitsplatz genommen wird und sie zur Dauerarbeitslosigkeit verurteilt werden. Die Franzosen sowohl wie die Engländer beschuldigen die westdeutschen Politiker mit Einschluß des Genossen Schumacher, daß sie durch ihre Stellung in der Demontagefrage den Beweis dafür liefern, daß in Deutschland der Nationalismus noch oder wieder in Blüte stehe. Richtig ist zweifellos, daß man im gegenwärtigen Wahlkampf gerade in dieser Frage allzu leicht nach rechts auspendelt. Davon ist auch die SPD nicht freizusprechen. Für alle Welt ist nun aber offenbar, daß die Bruderpartei in England hott und die in Deutschland hü sagt. Was dabei herauskommt, ist leicht vorauszusehen. Die landauf und landab teils getarnten, teils schon offen auftauchenden Rechtsgruppierungen werden den Gewinn nach Hause tragen.

Den Ausgang der am Sonntag, den 14.8., stattfindenden Wahl vorauszusagen, ist nicht gut möglich. Wahrscheinlich ist jedoch, daß eine der großen Parteien, SPD oder CDU,

---

[1] Die SPD hatte nach Kriegsende große Erwartungen in die in Großbritannien regierende Labour Party gesetzt, speziell in der Frage umfangreicher und sofortiger Sozialisierungen. Die ausbleibende Unterstützung sowie die Unentschlossenheit der Labour-Regierung, in ihrer Zone die Sozialisierungsfrage positiv zu entscheiden, riefen in der SPD bereits 1946/47 tiefe Enttäuschung hervor. Im Jahre 1947 versagte die britische Militärregierung dem vom nordrhein-westfälischen Landtag verabschiedeten Gesetz zur Enteignung des Kohlebergbaus und dem vom schleswig-holsteinischen Landtag verabschiedeten Gesetz zur Überführung der Grundstoffindustrien in Gemeineigentum ihre Zustimmung. Die Ablehnung auch des im August 1948 vom nordrhein-westfälischen Landtag mit großer Mehrheit von SPD, KPD und Zentrum gegen die Stimmen der FDP bei Stimmenthaltung der CDU verabschiedeten Gesetzes zur Sozialisierung der Kohlenindustrie belastete das Verhältnis SPD-Labour nochmals nachhaltig. Die Labour Party ihrerseits hatte bereits früh intern Kritik an der Organisation und der Führung der SPD geübt. (Vgl. dazu und zu den Motiven der Labour-Politiker ausführlich Wolfgang Rudzio: Die ausgebliebene Sozialisierung an Rhein und Ruhr. Zur Sozialisierungspolitik von Labour-Regierung und SPD 1945–1948. In: Archiv für Sozialgeschichte. 18.Jg., 1978, S. 1–39; Rolf Steininger: British Labour, Deutschland und die SPD 1945/46. In: Internationale wissenschaftliche Korrespondenz zur Geschichte der deutschen Arbeiterbewegung. 15.Jg., 1978, H.2, S. 188–226; ders.: Deutschland und die Sozialistische Internationale nach dem Zweiten Weltkrieg. Bonn 1979)

[2] Ernest Bevin (1881–1951): britischer Gewerkschafter und Labour-Politiker, 1945–1951 Außenminister in der Labour-Regierung Attlee.

mit knapper Mehrheit durchs Ziel geht. So oder so wird man sehr wahrscheinlich zur Koalition kommen und damit zu einer Politik, die das niedliche Durcheinander in Westdeutschland noch vergrößert.[3] Schon jetzt beziffert sich die Zahl der Erwerbslosen in Westdeutschland auf mehr als 10% der Beschäftigten. 5 Millionen Wohnungen fehlen in Westdeutschland, und rund 100000 Bauarbeiter sind ohne Arbeit.

Vor einigen Wochen war Heinrich Br.[andler]* bei uns zu Gast. Es wird Dir sicherlich bekannt sein, daß er vor mehr als Jahresfrist Cuba verlassen hat, sich dann 1 Jahr in England aufhielt und nun nach Deutschland zurückgekommen ist. Bis in die Nacht hinein haben wir diskutiert und konnten uns nicht verstehen. H. Br. sieht das deutsche und auch das russische Problem völlig anders wie wir. Folgt man seiner Argumentation, dann ist die russische Entwicklung im Grunde genommen zwangsläufig bedingt und naturgegeben. So gesehen reduziert sich unsere Kritik zur Meckerei. Da kann ich nicht mehr mit und da folge ich nicht. [...]

Ich habe die Hoffnung, daß die Pausen zwischen unseren Briefen nun nicht mehr so in die Länge gezogen werden, und bin für heute mit den besten Grüßen an die Freunde

Dein O. Triebel

---

[3] Die Wahlen zum ersten deutschen Bundestag vom 14.8.1949 hatten folgendes Ergebnis:

CDU/CSU	SPD	FDP	KPD	BP	DP	Z	WAV	DReP	Übrige
31,0%	29,2%	11,9%	5,7%	4,2%	4,0%	3,1%	2,9%	1,8%	6,2%

CDU/CSU, FDP und DP bildeten die Regierung und setzten damit eine Zusammenarbeit fort, die sich bereits im Wirtschaftsrat der Bizone herauskristallisiert hatte.

GELSENKIRCHEN

Emil Samorei* an Joseph Lang¹

Gelsenkirchen, den 5. 8. 1947
Schonnebeckerstr. 108

Mein lieber Genosse Lang!

Nun habe ich schon einige Tage einen Brief an Dich fertig liegen und konnte ihn noch nicht abschicken, da ich den Frauen² gesagt hatte, daß ich Sammelpost an Dich absenden werde und zur Portoersparnis sie ihre Karten von Deinen Liebesgabenpaketen an mich abgeben sollten. Zwei taten es. Auf die anderen habe ich bis heute gewartet. Nun, wenn sie mir die Karten geben, dann schicke ich sie eben nach. Na, ich kann Dir ja sagen, die Collis haben eine Freude ausgelöst. Ich lasse ja, wenn ich etwas bekomme, die Freunde partizipieren und das mache ich dann so: Ich lade sie ein und dann gibt es was Gutes zum Essen. Durch Tausch wird ein Stückchen Fleisch besorgt und auch Kartoffeln, und der hungrige Magen bekommt sein Teil. Selbstverständlich wird dann auch ein gutes Täßchen Kaffee aufgetischt und dann geht es an die Arbeit. Diskussionen werden ausgelöst, die leider manchmal nicht fruchtbringend sind. Ich stelle bei diesen Diskussionen immer wieder fest, daß die Schuldfrage zu viel und in zu gehässiger Weise aufgerollt wird. Zuletzt habe ich gründlich, aber auch mit Erfolg dazwischen gefahren. Was heißt hier Schuld? Beide Parteien waren schuldig, SPD und KPD. Denn wäre es nicht so gewesen, dann hätte der Nazismus nicht an die Macht kommen können. Beide Parteien mußten das unter allen Umständen verhindern. Es ging um das Leben der besten Kämpfer der Arbeiterklasse, und wenn es darum geht und damit um die Bewegung selbst, dann streitet man nicht mehr, dann wird gehandelt, und das haben beide Parteien eben im entscheidenden Augenblick nicht getan. Sie stritten, ob Einheitsfront von oben, von unten oder aus der Mitte richtig sei. Im Verlauf der Debatte fiel auch das Wort Sozialfaschisten. Ich hakte darauf ein und stellte einem jungen, lieben KPD-Mann die Frage, was das bedeute. Ob der Faschismus sozial sei oder es werden könne. „Nein", sagte er. Nun, wenn das so ist, dann kann es doch auch keinen Sozialfaschismus geben. „Doch", sagte er, „die SPD" war es. Nun, hatte er soeben gesagt, daß der Faschismus nicht sozial sein könne, und doch soll die SPD sozialfaschistisch sein. Verstehe wer das will. Als ich meinen Freunden aber aufzeigte, daß aller Streit um die Schuld mit einem Male begraben sei, wenn sie an den praktischen Sozialismus herangingen, da gab es nur eine Meinung: Ja, Aufbau im genossenschaftlichen Sinne. Und ich glaube, diese Frage wird viel zu wenig in den Vordergrund gerückt. Es geht immer wieder um die verdammte Schuldfrage. An dem Abend ging es bis zur Kreditbewilligung im Reichstage³. Als ich ihnen sagte, daß sich die Lassalleaner und die Eisenacher ehedem noch viel mehr gestritten hätten, und doch seien sie sich einig geworden, weil eben Männer das wollten, da meinten auch sie, daß wir uns einmal einigen müßten. Daß die Reaktion vor den Toren steht, das weiß hier jeder Einsichtige. Doch wie dieser

---

¹ Zu den folgenden Briefen ist zu bemerken, daß Samorei zwei kranke Arme hatte und seine Briefe deshalb seiner Nichte diktieren mußte.
² Gemeint sind die weiter unten im Brief erwähnten Anna Bukowski und Emma Rahkob sowie andere Frauen, höchstwahrscheinlich alle von Widerstandskämpfern, die im Rahmen der Paketaktion unterstützt wurden.
³ Gemeint ist die Kriegskreditbewilligung durch die SPD-Fraktion am 4.8. 1914.

begegnen? Liest man die Presse, dann wundert man sich. Nichts wurde gelernt. Der alte Kampf aus den Jahren vor 1933. Ja, haben wir denn umsonst gelitten? Können wir sagen: „Nutzlose Opfer, ihr sanket dahin"? Wenn doch wenigstens die Erkenntnis aus dieser Katastrophe gerettet worden wäre. Doch auch die gemachten Fehler nicht erkennen und dem anderen immer die Schuld in die Schuhe schieben, das muß uns ja erneut in eine Katastrophe führen.

Gewiß ist es jetzt viel Neid, der die Stunde regiert. Hunger und Elend sind nicht dazu angetan, große Probleme zu wälzen. Doch aufbauen müssen wir ja, so oder so. Schaffen wir nicht die Grundlagen zu einem genossenschaftlichen Sozialismus, dann bringen uns die USA-Banken Anleihen und mit ihnen die Besitzverhältnisse an den neuen Produktionsstätten. Denn ohne Festlegung der Besitzverhältnisse gibt es keine Anleihen zum Aufbau oder zur Beschaffung von Lebensmitteln. Alle Debatten über Sozialisierung sind dann, wie 1918, Wortgefechte.

[...] Wer will hier sozialisieren? Ja, hätte das deutsche Volk zeitig die Waffen ergriffen und selbst Schluß gemacht. Doch so, wie die Dinge nun liegen, da hat sich die Gesellschaft wieder einmal gerettet, und das müssen wir erkennen, um die richtige Kampfposition zu beziehen und die Arbeiter aufzuklären und sie in die richtige Kampfesfront hereinzuführen. Ich warf hier mal in die Debatte, daß die KPD die Einheit geschaffen habe, wenn sie in die große SPD ginge. Die Freunde der SPD freuten sich über den Einwurf. Doch ich hatte es verdorben. Die KPD lehnt das grundsätzlich ab. Und als ich ihnen sagte, daß Karl Marx das ja schon im Manifest fordere, da lachten sie. Sie wollen eben immer was Besonderes sein. Sie fühlen sich nicht als einen Teil der Arbeiterschaft, der geschichtlich historische Aufgaben zu erfüllen hat, sondern sie fühlen sich als bessere Menschen. Nun, die Notzeit zeigt, wo die besseren Menschen stehen. Es ist erschütternd. Mein Freund Heinrich Rabbich*, er ist Geschäftsführer des Volksecho in Essen, erzählt mir oft von seinen Sorgen und auch Fritz Melchers[4] erzählt mir die seinigen. Heinrich KPD und Fritz SPD: immer wieder dasselbe Lied. Die Parteien sitzen voller Schieber und Schwarzhändler, und in tagelangen Debatten beschäftigt man sich mit dieser Brut und wird von den praktischen Tagesfragen abgehalten. Jup [Josef] Schmitz[5] aus Bocholt hatte mich besucht. Wir haben uns solche Jahre nicht wiedergesehen. Zuletzt in einer Versammlung der Roten Hilfe in Friedrichsfeld. Ich sprach für die RH und Josef, der war mit seinen Freunden aus Bocholt und Wesel gekommen, um mit einem Bonzen abzurechnen. Josef stand damals zur KPD in Opposition, war aber Funktionär der RH. Als er sah, wer als Referent erschienen war, da gab es nur ein freudiges Wiedersehen und keine Wäsche. Nun hat Jup die KPD in Bocholt wieder gegründet und heute tut es ihm schon wieder leid. Wir besprachen die Schritte, die er gehen soll. Auch in Bocholt dasselbe Lied: Schieber und Gauner beherrschen das Feld. Josef hat seine Funktionen niedergelegt und sammelt die anständigen Genossen um sich. Das ist richtig. Ich bat ihn, sich nicht als Kandidat für die Stadtverordnetenwahlen aufstellen zu lassen. Mit dem Schweinestall, der ja so oder so ausgemistet werden muß, würde er dann mitbelastet werden. Wir alten Kämpen kennen ja noch die Kämpfe gegen Ruth und Akardi[6]. Sie wollten uns ja überall einspannen, um uns schuldig werden zu lassen.

---

[4] Fritz Melchers: bis 1933 Mitglied der KPD, 1936 gemeinsam mit Emil Samorei wegen Vorbereitung zum Hochverrat verurteilt, vgl. den Brief Samoreis vom 15.8. 1947, S. 100.

[5] Zu Josef Schmitz vgl. seinen selbstverfaßten „Politischen Lebenslauf" im Briefteil S. 126 ff.

[6] Ruth Fischer (1895–1961) und Arkadij Maslow (1891–1941) übernahmen 1924 die Reichsleitung der KPD und führten die Partei auf ultralinken Kurs, im September 1925 von Ernst Thälmann abgelöst, 1926 aus der KPD ausgeschlossen, seitdem parteiexterne Linksopposition.

Und als wir das nicht machten, da flogen wir im Bogen aus der KPD. Jup brachte mir auch die Liste der Kinder, die beschert werden sollen. […] Ich freue mich schon darauf, daß den Kindern Weihnachten was geschenkt wird. Werden die Kleinen lachen und sich freuen, vom Onkel aus Amerika was Schönes bekommen zu haben. Der Gedanke zu dieser Aktion war sehr glücklich. Bravo dem, der ihn ausdachte. Ja, bei den Kindern müssen wir wieder anfangen. Ich bin ja auch so ein Zögling aus der Arbeiterjugend von 1908. Wie wäre es, wenn wir für das nächste Jahr so etwas organisierten für unsere Kinder. Ich meine die, deren Väter oder Mütter eingesessen waren bei Hitler. So ein Ausflug nach einem Treffpunkt und dort eine Bescherung der Kleinen. Die Einzelheiten müßten noch erörtert werden. Ich denke nämlich zurück an die schönen Wanderfahrten in der AJ. Und das müssen die Kinder wieder haben. Und gerade unsere Kinder. Nicht meine, die gibt es nicht. Doch die meiner Leidensgenossen. Dir meinen Dank für Deine Bemühungen um uns. Anliegend habe ich wieder eine Arbeit beigefügt. Andere werden folgen. Ich war am Samstag beim Arzt im Krankenhaus, und der eröffnete mir, daß ich in vier Wochen wieder in Narkose käme. Schöne Aussichten. Er will versuchen, meinen linken Arm wieder gebrauchsfähig zu machen. Wenigstens so weit, daß ich mir wieder den Kragen umtun kann. Den rechten Arm habe ich von 14/18 her kaputt, und nun kann ich ohne Hilfe nicht fertig werden. Pech. Hoffentlich wird es besser, und ich brauche die Schmerzen nicht umsonst ausstehen.

[…][7] Was sollen die Freunde im Entnazifizierungsausschuß denn eigentlich tun? Der eine Teil belastet den Fabrikanten, und der andere Teil entlastet ihn. Und alle Teile aus der Arbeiterbewegung. K. hat uns bei der Gestapo nicht entlastet, und wir sollen uns nun für ihn einsetzen? Wer das tut, der hat sich schon vorher mit den Nazis nicht schlecht gestanden. Fort mit ihnen. B. bekommt kein Paket mehr. Das wäre noch schöner. Ihr da draußen spendet und opfert, und hier da helfen wir den Nazis wieder auf die Strümpfe. Das werdet Ihr nicht wollen, und wir werden das nicht tun, und wenn Ihr das von uns verlangen würdet, dann würden wir auf Eure Hilfe verzichten. B. mag zu den Fabrikanten gehen und sich von ihnen nun die Pakete geben lassen. […]

Nach dem Eingang der 3 Stangen [Zigaretten] von Dr. Oppler* holte ich mir die Freunde zusammen, und es begann die Beratung bezüglich der Verteilung. Hans Habermehl[8] und Fritz Melchers sind ja klug und gerecht, und so kamen wir schnell zu Ende. Hans übernahm die Verteilung für Essen, und Fritz hatte Urlaub, er besuchte die Freunde in Gelsenkirchen. Dadurch bekam ich die Empfangsbestätigungen so spät zurück. Doch das spielt ja keine Rolle. Die Hauptsache, sie sind da, und die Freude war hier groß. Mein Freund und Tatgenosse Albert Kornett* (KPD) läßt nochmals besonders danken und erklären, daß Ihr ihn wieder ans Rauchen gebracht hättet. Mangels Masse hatte er schon darauf verzichtet, und nun kam die Masse, die großen Könige, und er pafft weiter. Auch Fritz Melchers (SPD) hat sofort angezündet und freute sich wie ein Schneekönig. Wieder hast Du den Genossen eine so große Freude bereitet, und wie sollen wir Dir das danken? Was sollen wir denn nun dafür tun? Wir befinden uns tief in Deiner Schuld und müssen doch sehen, wie wir das wieder gutmachen. […]

---

[7] Es folgen weitere Einzelheiten zur Paketaktion sowie Schilderung des Problems, daß ein Betriebsrat seinen Firmenchef vor dem Entnazifizierungsausschuß entlastet. Der Name des Betriebsrates und der Firma wurden im folgenden unkenntlich gemacht. Zur Praxis der Entnazifizierung in der Wirtschaft vgl. auch den Brief von Jupp Kappius vom 4. 10. 1946, S. 106 f.

[8] Hans Habermehl: Kaufmann, gehörte seit dem Frühjahr 1934 zum illegalen Apparat der SPD in Essen.

Soeben erhalte ich die Empfangsbestätigung von Liesbeth Hennig*. Das arme Mädchen ist so schwer krank. Sie soll zur Kur nach der Schweiz kommen. Das ist wirklich ein schweres Opfer des Faschismus und dabei so geduldig und still, als wenn das alles so richtig wäre und es nur so sein könne. In der SPD-Frauenschaft und in der Arbeiterwohlfahrt ist sie mit tätig. Nun fehlen mir noch die Bescheinigungen der beiden Frauen von der KPD, Emma Rahkob und Anne Bukowski. Die Urne unseres hingerichteten Freundes Fritz Rahkob ist nun von der Universität Tübingen eingetroffen. Sie soll hier beigesetzt werden. Wir haben vom Freidenkerverein eine Urnenstätte, und dort soll er beigesetzt werden. Paul Bukowski ist schon in Nürnberg beigesetzt worden. Sie wurden beide im August 1944 in Nürnberg hingerichtet[9]. Es waren Mitglieder der KPD-Gruppe, die hier illegal arbeitete. Wir haben zusammen gearbeitet und tauschten damals unser Material aus. Darum nehmen wir uns auch gerade dieser Frauen so an. Zu meinem Geburtstag hatten wir sie alle geladen, und da wurde denn gelebt. Die Freude war sehr groß. Die Frauen sehen, daß sie nicht vergessen werden. Sie sagten mir, daß ich Dir schreiben soll und sie Dir ihren Dank aussprechen für Deine edle Hilfe. Also hiermit bin ich dem Wunsch nachgekommen. Liesbeth Hennig dankt ja selbst. Die Arbeiterfrauen tun es auch, doch ich muß es ihnen nochmals sagen.
Ich werde Dir demnächst noch eine Arbeit bringen über die Korruption in Deutschland, über eine Fahrt in die russische Zone und noch anderes. Doch jetzt habe ich noch nicht die Zeit und auch nicht die Lust dazu. Denn es ist tagsüber furchtbar heiß. Im Winter konnte man vor Kälte nicht arbeiten, und nun kann man vor Hitze nicht denken. Verrückte Welt und verrückte Natur.
Es wird Zeit zum Mittagessen, und da muß ich Schluß machen. Also nochmals meinen besten Dank für alles Gute.

[...] herzliche Grüße von Deinem Emil

Emil Samorei an Joseph Lang

Gelsenkirchen, den 14. 8. 1947
Schonnebeckerstr. 108

Mein lieber Genosse Lang!

[...]
Die Freude über den Empfang der Pakete war sehr groß. Daß es noch Menschen in der Welt gibt, die sich gerade unserer Frauen annehmen, die doch Sträflinge waren, das können sie eben nicht fassen. Es zeigt aber auch, daß man sich gerade dieser Frauen bisher sehr wenig angenommen hat. Das habe ich schon zeitig erkannt und sprach darüber mit meinem Freund und Tatgenossen Albert Kornett*. Wir waren uns darüber einig, daß wenn von Karl [Völker]* Hülsenfrüchte kommen, wir in der Hauptsache die Frauen berücksichtigen. Und so tun wir auch. Dankbar sind gerade unsere Frauen, die doch den Ernährer im Kampf für die Freiheit verloren und selbst sich in die Schanze geschlagen haben. Wir wollen diese Opfer nie vergessen. Ich kenne ja als Wohlfahrts-

---

[9] Im August 1943 gelang es der Gestapo, eine illegale KPD-Organisation aufzurollen, die Gruppen in Essen, Gelsenkirchen, Hamm, Münster und Recklinghausen umfaßte. Von den fünfzig verhafteten Arbeitern wurden viele zum Tode verurteilt. Im Oktober und November 1944 wurden acht von ihnen auf dem Schafott hingerichtet, u. a. Paul Bukowski und Fritz Rahkob aus Gelsenkirchen.

beamter die Leiden und Nöte der Menschen und habe immer wieder festgestellt, daß die Frau still und geduldig leidet. Auch die größte Not läßt sie sich noch nicht anmerken. Der Mann dagegen ist anders. Er erklärt offen, so und so steht es mit mir. Besonders bewundere ich unsere treue Mitarbeiterin Elisabeth Hennig*. Sie ist schwer krank. Tbc. In der Emigration das Leid der Emigrantin gekostet und dann in Holland aufgegriffen und zu 6 Jahren Zuchthaus vom Volksgerichtshof verurteilt. Heute steht sie wieder im Schulbetrieb. Jetzt wurde sie von der Volksschule zur Mittelschule versetzt und unterrichtet so an 80 Kinder. Und gern übt sie ihren Beruf aus. Eine Idealistin für die Schule und für unsere Idee. Vergessen wir doch diese prächtigen Kämpferinnen nicht. Wie Luise Michel[1], so stehen sie auch für ihre Sache ein. Liesbeth ist Frauengruppenleiterin der SPD und sieht die Entwicklung sehr kritisch. Ich habe mit ihr Wege der Verwaltungsreform besprochen. Sie überlegte und erklärte mir, daß meine Vorschläge einleuchtend sind und sie in Gelsenkirchen sich dafür einsetzen werde. Da ich der Frauen gedenke, bitte ich Dich, die Adressen zu berichtigen: Elisabeth Hennig wohnt in Gelsenkirchen, Liebfrauenstraße 59 und Anna Bukowski wohnt Gelsenkirchen, Kurfürstenstr. 36.

Nun zu den Tagesfragen. Der Landtag Nordrhein-Westfalen tagte in der vorigen Woche. Er nahm auch zur Sozialisierung Stellung und erklärt in einstimmig angenommener Entschließung, daß er die Militärregierung ersucht, das beschlagnahmte Eigentum an den Kohlengruben aufzuheben und einer deutschen Treuhandgesellschaft das Vermögen zur Verwaltung zu übertragen, damit die Kohlenwirtschaft einer gemeinwirtschaftlichen Ordnung im Sinne einer Regierungserklärung vom 15.6.47 herbeigeführt wird[2]. Also, so sieht die Sache wieder aus. Genau wie 1918. Zuerst wurde die Sozialisierung verkündet, eine Sozialisierungskommission zusammengesetzt, und nachher verläuft die Sache im Sande. Karski[3] war ja damals hier bei uns und sozialisierte. Ich war noch jung. 25 Jahre. Damals war ich hier am Ort der Vorsitzende des Arbeiter- und Soldatenrates und kam oft bei Besprechungen der A- und S-Räte mit der Sozialisierungskommission zusammen. Ich sah schon, was los war. Im Handelhof hatte man sich ein Zimmer gemietet und dort das Büro los gemacht, und gegenüber da befand sich das Kohlensyndikat. Wäre die Kommission doch nach dort gegangen und hätte sich des Verteilungsapparates bemächtigt, dann ja. Aber so im luftleeren Raum sitzen, das ist nichts. Dabei war doch Dr. Karski kein Leisetreter. Es lag auch mehr an unseren Kumpels, die scheuen sich, wenn sie schon Teppiche betreten müssen, und haben die Courage dann verloren. Ich lebe ja mitten unter ihnen und habe das wiederholt festgestellt. Sie können die Befangenheit nicht ablegen. Und dazu fehlt es ihnen auch an der notwendigen Schulung des verwaltungskundlichen Praktikums. Einige tüchtige Männer die können das und schmeißen den Laden, den man ihnen überträgt, und die meisten die lassen sich von der Bürokratie lenken. Wir haben hier drei Stadträte aus den

---

[1] Louise Michel (1833–1905): französische Anarchistin, die 1871 für die Pariser Commune eintrat, wurde für ihre Überzeugung deportiert und nach einer Amnestie mehrfach ins Gefängnis und ins Irrenhaus geworfen, ohne diese Überzeugungen aufzugeben.

[2] Vgl. dazu Anm. 3 zum Brief Emil Samoreis vom 24.8.1947, S. 103.

[3] Julian Marchlewski-Karski (1866–1925): Mitbegründer der polnischen Sozialdemokratie, Mitglied der SPD, zu deren linken Flügel er zählte, Freund Rosa Luxemburgs und Franz Mehrings, beteiligt an der Gründung des Spartakusbundes und der KPD, Mitbegründer der Komintern, seit 1918 zumeist in der Sowjetunion. Im Februar/März 1919 noch einmal in Deutschland, von der Konferenz der Arbeiter- und Soldatenräte des rheinisch-westfälischen Industriegebiets in Essen zum Berater der eingesetzten „Neunerkommission zur Vorbereitung der Sozialisierung des Bergbaus" gewählt, agitierte in zahllosen Vorträgen und Schriften für die Sozialisierung im Ruhrgebiet.

Kreisen der Arbeiter. Einer geht noch hin. Doch zwei sind Kumpels gewesen und versagen. Die Spatzen pfeifen das schon von den Dächern, daß der Lehrling mehr weiß als der Herr Stadtrat. Ja wann sollen es die Kumpels auch lernen. Und wo? Schwere Arbeit und kaum kann die Zeitung gelesen werden. Zum Lesen theoretischer Schriften fehlt das Geld und die Zeit, und Verwaltung liegt ganz aus der Linie der Interessen, und damit braucht man sich nicht zu beschäftigen. Bei den Wahlen erreicht man dann eine ansehnliche Mehrheit, und nun muß man Kräfte stellen. Sind Lehrer örtlich in den Parteien, dann werden sie zumeist gewählt, und die versagen ja immer. Nur wenige tüchtige Lehrer und Lehrerinnen haben in unserer Bewegung was geschaffen. Die meisten machten nach kurzer Zeit Kleinholz. Ullbrich [?], Korsch[4] und so weiter. Und die Ruth [Fischer][5] und ihr Arkardi [Maslow], die haben es uns ja besorgt. Daran haben wir immer noch zu beißen. Ich sah die Dinge ja im voraus kommen. Mein Artikel: Wer soll wieder gutmachen und wie soll es geschehen, der liegt schon auf der richtigen Linie. Wenn wir sozialisieren wollen, dann müssen wir die Voraussetzungen dafür geschaffen haben. Zunächst hat Deutschland den Krieg verloren und muß wiedergutmachen. Faustpfänder wird sich der Sieger sichern, und diese wollen wir nun sozialisieren. Das läßt sich der Gegner, nicht Feind, denn noch sind die Alliierten unsere Gegner und wollen unsere Freunde wieder werden, wenn wir uns würdig gezeigt haben, nicht gefallen. Um die Siegesbeute läßt sich ja kein Sieger bringen. So großzügig denkt die Welt noch nicht. Das sehen wir ja an Rußland. Ich hatte geglaubt, daß man großzügig von dort verzichten wird, die Gefangenen, soweit es keine Nazis waren, freiläßt und der Welt zeigt, was Solidarität im sozialistischen Zeitalter bedeutet. Gefehlt. Was man hört und sieht, ist sehr schlimm. Die KPD täte gut und löste sich auf und ging in die SPD unter. Sie hat ja alle die Sünden und Fehler Stalins auszubaden. Wenn man die Kumpels in der Diskussion hört, dann heißt es nur immer: „Sieh Dir den und den an, die kommen aus dem sozialistischen Staat." Die Menschen, die aus der russischen Zone kommen, bestätigen, daß dort die Ernährung besser ist als hier. Doch die Demontagen gehen auch dort. Zweigleisige Eisenbahnen werden eingleisig gemacht. Maschinen werden abmontiert, in Holzkisten verpackt, und dann stehen sie monatelang auf dem Eisenbahngeleise und werden nicht fortgeschafft. Böse Zungen sagen, daß sie auch in Rußland nicht aufgebaut werden und dort verkommen und verschrottet werden. So kann das aber nicht gehen. Entweder es sind Sabotagen der unteren Organe, die in Konterrevolution machen, oder es ist einfach Unfähigkeit der Bürokratie, und die wird es bestimmt sein. Die Menschen können nie Marxisten sein. Denn wenn im Blickfeld alles Geschehens bei ihnen die Maschine und nicht der Mensch liegt, dann können wir uns begraben lassen. Die Gier aber nach Werten ist überall so groß, daß man das Grausen bekommt. Ein Beispiel: Vor einiger Zeit, da wird von der Regierung bekannt gemacht, daß sie den politisch Geschädigten eine einmalige Beihilfe gewähren will zur notwendigen Beschaffung. Meine Schwester und ich wir sind geschädigt und haben sehr viel verloren. Ich erkläre, daß ich nichts beantragen werde. Was ich gebrauche, kaufe ich mir aus meinem Gehalt, und was ich nicht kaufen kann, das muß halt ungekauft bleiben. Nun teilt mir ein Kollege mit, daß er sich wundere. Bei den gestellten An-

---

[4] Karl Korsch (1886–1961): Jurist, 1923 Professor für Zivil-, Prozeß- und Arbeitsrecht in Jena; 1912 SPD, 1919 USPD, seit 1920 KPD, schloß sich 1924/25 dem ultralinken Flügel an und wurde dessen theoretischer Kopf, 1926 Ausschluß aus der KPD, Bildung einer eigenen linken Gruppe, Kritiker des Stalinismus, seit 1927/28 ausschließlich theoretische Arbeit zum Marxismus, 1933 Emigration über Dänemark und Großbritannien in die USA.
[5] Zu Ruth Fischer und Arkadij Maslow vgl. Anm. 6 zum Brief Emil Samoreis vom 5.8.1947, S. 90.

trägen habe er gesehen, daß einige Leute 15 000 bis 20 000 RM gefordert hätten. Wo soll das hin? So geht das nicht. Wenn wir kämpften, dann für eine Idee und nicht für 15 000 RM. Unsere Gegner beurteilen uns nach unserem Begehr für uns persönlich, und damit werden sie uns 1950 um die Ohren schlagen. Denn wie die Dinge ja nun liegen, wird die Reaktion wieder das Heft in die Hand nehmen, und nachher kommt die Abrechnung. Doch danach kommen wir endlich zum Zuge. Denn die soziale Revolution in Europa ist nicht aufzuhalten. Weil das so ist, ersuche ich immer wieder unsere tüchtigen Freunde, sich nicht Ämter in die Hand drücken zu lassen, bei denen sie nur Verantwortungen zu tragen haben und doch an dem Gang des Geschehens nichts ändern können. [...]

Nun wieder zur Sozialisierung: Es geht das Gerücht, daß die ausländischen Kapitalsgruppen gefordert haben, wenn sie Anleihen gewähren sollen, daß die Frage der Sozialisierung so für 5 Jahre mal ruhen soll. Heute höre ich, daß die Zeche Nordstern in Horst Emscher, zum Stadtkreis Gelsenkirchen gehörig, modernisiert werden soll. Es sollen zwei neue Koksbatterien gebaut werden. Die Zeche liegt direkt am Hydrierwerk und liefert nach dort die Kohle. Große Hafenanlagen hat sie auch. Denn die Zeche liegt direkt am Rhein-Hernekanal. Wie man hört, soll eine amerikanische Kapitalgesellschaft Interesse haben und 4 Millionen in das Werk hineinlegen. Wenn das zutrifft, dann geht es genau so wie 1918. Es soll sozialisiert werden, und das ausländische Kapital finanziert und verbietet sich jede Einmischung. Ja, Tragik des deutschen Proletariats. Im entscheidenden Augenblick versagt es immer. Warum hat man nicht die Gewehre zeitig umgedreht und hat selbst die Dinge bestimmt? Nun müssen wir wieder den Leidensweg bis zur neuen Krise gehen, und dann müssen die Opfer doch gebracht werden. So oder so muß es kommen. Ich denke, daß so in einigen 5 bis 10 Jahren die Weltwirtschaftskrise ein nie gekanntes Ausmaß annehmen wird. Werden wir dann gerüstet sein? Der Parteistreit ist ja nun wieder soweit, wie er 1932 war. Gegen Schumacher zieht die KPD schwer zu Felde. Was soll das? Praktischer Aufbau ist vorzunehmen, und nicht der Streit um Doktrinen ist zu führen. Im Aufbau zeigt es sich ja, was richtig und was nicht richtig ist. Ja, Aufbau. Davon ist hier nicht viel zu sehen. Schieberei und Betrügerei sind Trumpf. Jeder will es den Hyänen des Kapitalismus nachmachen. Jeder will jetzt seine Profite unter Dach und Fach bringen. Jetzt oder nie, so ist die Parole dieser Leute, und in ihren Reihen da marschieren Sozialisten und Kommunisten. Ich sprach gestern darüber mit meinem Freund und Tatgenossen Fritz Melchers. Er sagt, daß man dieser Meute den Kampf ansagen müsse und nicht eher ruhen dürfe, bis wir wieder eine saubere und reine Bewegung haben. Ja, so denken die ehrlichen Freunde. Doch wieviele Ehrliche gibt es noch? Man kann sie heute zählen. Die Not ist eben zu groß, und die Behörden tun nichts dagegen. Die Kartoffelernte ist wieder zugange. Schon wieder fahren die Kartoffelexpresse in die Lande. Wer was zu kompensieren hat, der bekommt Kartoffeln, und wer nichts hat, nun der geht vor die Hunde. So war es im vergangenen Jahr, und so wird es wieder werden. Dabei hat Herr Schlange-Schöningen[6] angesagt, daß er ein neues Erfassungssystem geschaffen habe und der Bauer, der nicht abliefere, der wird enteignet. Ja, wann will er erfassen? Jetzt holen sich die Leute die Kartoffeln selbst, und wenn nichts mehr da ist, dann ist auch

---

[6] Hans Schlange-Schöningen (1886–1960): 1931/32 Reichskommissar für die Osthilfe im Kabinett Brüning, 1945 Mitbegründer der CDU in Norddeutschland, 1946/47 Leiter des Zentralamtes für Ernährung und Landwirtschaft in der britischen Besatzungszone, 1947–1949 Direktor für Ernährung und Landwirtschaft im Verwaltungsrat der Bizone.

nichts zu erfassen. Wir werden wieder einen sehr schweren Winter bekommen. Die Behörden versagen vollständig. In ihnen sitzen noch Nazis, und was dazukam, das ist den Dingen einfach nicht gewachsen. Doch ewig kann uns das Ausland nicht futtern. Der englische Steuerzahler wird sich dafür bedanken, immer wieder in die britische Zone seine Steuergroschen zu werfen. Das deutsche Volk muß aus sich heraus wieder sauber werden. Ich freue mich, daß bei meiner Verwaltung in Essen die Schritte dazu eingeleitet worden sind. Dort arbeiten die Parteien Hand in Hand und reinigen den Augiasstall. Denke mal an, bei der Möbelbeschaffungsstelle sitzen 13 Mann und davon sind 12 korrupt, die müssen fristlos entlassen werden. Und so wie es in Essen ist, so ist es überall. Nur die Verwaltungsoberhäupter die sind eben nicht stark genug, den Stier so bei den Hörnern zu fassen, wie es unser Ober tat. Ich freue mich besonders, daß ich bei einer Verwaltung bin, bei der Gerechtigkeit doch noch was gilt. In allen Dingen kann man das ja nicht sagen. Doch was ist heute vollkommen? Zuerst aber muß man den Schiebern und Gaunern ans Fell gehen, denn die sind es, die uns schädigen und auch unser Ansehen untergraben. Denn oft genug ist es ja den deutschen Unterhändlern gesagt worden, daß die Deutschen selbst es sind, die die Not vergrößern helfen. Ja, es ist so. Man sieht es ja täglich.

Bei den Zechen sind nun die Care-Pakete ausgestellt, die die Bergarbeiter demnächst erhalten werden. Die Förderziffern steigen täglich, und ich nehme an, daß die Care-Pakete es zuwege bringen, daß sie noch weiter ansteigen. Es ist ja nicht allein eine Frage der Ernährung, die die Bergarbeiter treibt. Wir sehen es ja bei dem Punktsystem[7]. Der Bergmann bekommt, wenn er Hauer ist und gut verdient, so über 150 Punkte. Wer nun nicht ausgebombt ist und alles hat, der braucht sich zunächst nichts auf Punkte zu kaufen. Er hat sie übrig und verkauft sie. Der Punkt wird auf dem schwarzen Markt mit 8,– bis 10,– RM gehandelt. Verkauft ein Bergmann nur 100 Punkte, dann hat er wenigstens 800,– RM Nebeneinkommen. Zu seinem Lohn von so ungefähr 250,– RM hat er ein Einkommen von über 1 000 RM. Und wie wird es mit den Care-Paketen sein? In ihm sind 2 Pfund Fett = 500,– RM Schwarzmarktpreis. 7 Pfund Mehl à 23,– RM, rund 150,– RM, Kaffee = 300,– RM, Fleisch und Wurst und Schokolade. Das sind auch so an 1 000,– RM. Die Junggesellen, die sich in Ledigenheimen befinden, die handeln tüchtig. Wenn man Seife haben will, und die ist hier seit drei Monaten nicht mehr ausgegeben worden, dann muß man 10,– RM für das Stückchen Seife bezahlen. Am Ledigenheim kann man Seife haben. Dort kann man auch Bergmannsspeck für 200,– RM das Pfund kaufen. Und Bohnenkaffee auch. Wer geldgierig ist, der kann als lediger Bergmann, wenn er verzichten kann, genug haben. Der Verheiratete kann das ja nicht so, weil die Frau was im Topf haben muß und sie die Hand über die Bergmannsware hält. Doch auch Verheiratete sind unter den Schwarzhändlern zu finden. Zumeist fahren sie aber aufs Land und nehmen ihren Bergmannsbohnenkaffee mit und bekommen die Kartoffeln. Auch ihren Schnaps geben sie für Kartoffeln ab. Geht man zur Bahn, dann sieht man Frauen mit Eimern und Töpfen auf dem Bahnsteig stehen. Bergmannsfrauen haben für Punkte Töpfe und anderes gekauft und bringen diese Sa-

---

[7] Die Mindestration für Bergarbeiter wurde bereits im September 1946 auf 3 500 Kalorien pro Tag heraufgesetzt. Im Januar 1947 wurde zusätzlich ein Punktesystem eingeführt, nach dem für eine insgesamt erhöhte Förderleistung zusätzliche Bezugskarten für Nahrungs- und Genußmittel sowie für Gegenstände des täglichen Bedarfs und Kleidung ausgegeben wurden. Im Sommer 1947 wurde das Punktesystem zu einer echten Leistungsprämie umgewandelt: die Verteilung von Care-Paketen oder Sonderzuteilungen von Zigaretten oder Speck wurde an die tatsächliche individuelle Förderleistung geknüpft.

chen nun zum Bauern, um dafür Kartoffeln und Mehl einzutauschen. Und wenn die Frauen beim Bauern sind, dann bestellt die Bauersfrau für die nächste Tour schon wieder was anderes, was sie gebraucht. Der Bergmann bekommt so Mehl und Kartoffeln, und wir werden im Herbst und Winter wieder [die] Entfernung schätzen, wie weit es noch bis zur neuen Ernte ist. Es ist hier so, der Eine geht vor die Hunde, und der Andere lebt besser als in Friedenszeiten. Er hat eben die Hand an den richtigen Hebel gelegt. Das erzeugt Haß und Neid, und in einer solchen Gesellschaft da ist kein Platz für Ideale. Darum bedauere ich auch unsere Frauen am meisten. Sie haben den Ernährer im Kampf um die Freiheit verloren. Sie selbst waren eingekerkert und litten bittere Not, und nun bekommen sie auch nichts, denn der Mann, der Ernährer, ist nicht mehr da, und wer sorgt denn für diese Frauen? Mein Freund Albert Kornett* ist Oberpolier und wurde von der Gestapo lahm geschlagen. Er kann schlecht mit seinem linken Arm und ist nun Baukontrolleur. Erna Behrend hat ihren Mann verloren. Oskar wurde 1934 von der Gestapo im Gefängnis ermordet[8]. Sie ist eine tapfere Frau. Albert kam aus der Gefangenschaft und hört, daß ihre Wohnung durch Bomben beschädigt ist. In den Abendstunden hat er ihr die Wohnung wieder instandgesetzt. Das ist mein Freund und Tatgenosse Albert Kornett*. Nun ist er selbst schwer krank geworden und wurde nach Bad Driburg zur Erholung geschickt. Ja, wenn wir uns nicht der Frauen unserer Mitkämpfer annehmen, es tut sonst niemand.
[...]
Und nun vielen Dank und sei herzlich gegrüßt von Deinem

Emil Samorei

Emil Samorei an den Solidaritäts-Fonds

Gelsenkirchen, den 15.8.1947
Schonnebeckerstr. 108

Liebe Freunde!

Hocherfreut erhielt ich heute von der Post die Nachricht, daß ich berechtigt bin, mir beim Caritas-Verband ein Liebesgabenpaket abzuholen.
Ich ging mit meiner Schwester zum Caritasverband Gelsenkirchen und stelle fest, daß Ihr, Ihr lieben und guten Freunde, die Absender seid. Ihr lieben und guten Menschen habt Dank, tausend Dank für Eure edle Spende. Wie soll ich Euch das wieder gutmachen? Was habe ich getan, daß Ihr Euch meiner in so hochherziger Weise annehmt? Ich erfülle dort, wo ich hingestellt werde, meine Pflicht und das tat ich auch im Kampf gegen den Tyrannos Hitler. Als Beamter der Stadt Essen, der ich mich politisch zur Gruppe der SAP hier am Orte bekannte, tat ich im Dienste meine Pflicht auf dem Wohlfahrtsamte. Doch die Nazis, die wollten nichts von treuer Pflichterfüllung wissen, sie wollten eine gefügige Beamtenschaft, die ihr Machtbegehren unterstütze. Beamte, die eine eigene politische Meinung vertraten, die konnten die Nazis nicht gebrauchen. Schnell sondierten sie aufrechte freiheitliebende Menschen von den ihnen gefügigen Kreaturen. Wer sich zu ihnen bekannte, der nahm die Mitgliedschaft in der NSDAP

---

[8] Oskar Behrend, der frühere Bezirksvorsitzende der Roten Hilfe vom Ruhrgebiet, wurde am 23.8.1933 von SA-Leuten ermordet.

an, und wer das nicht tat, der wurde beobachtet und bespitzelt. Ich, als ehemaliger Marxist, wurde besonders unter die Lupe genommen. Im Jahre 1918 war ich in meinem Geburtsorte von den Arbeitern aller Parteien zum Vorsitzenden des Arbeiter- und Soldatenrates gewählt. Die Nationalisten und Militaristen verfolgten mich mit ihrem Haß, darum. Ich war ja durch meine Tätigkeit im A- und S-Rat einer von denen geworden, die den Dolchstoß in den Rücken der kämpfenden Truppe getan hatte. So propagandierten die Nazis ja den militärischen Zusammenbruch 1918. Und alle die, die sich gegen die Weiterführung des Krieges 14/18 gewandt hatten, das waren eben die Dolchstößler. Schon bei der ersten Verhaftungswelle 1933 hatte man es mir zugeschworen. Doch ich bin nun Schwerkriegsbeschädigter aus dem Kriege 14/18 und darum trauten sie sich nicht sofort an mich heran. Man umwarb mich und beteuerte mir immer wieder, daß im dritten Reich der Kriegsbeschädigte ein besonderes Ansehen habe, er sei der erste Bürger des dritten Reiches und besitze durch seinen Fronteinsatz die Ehrenbürgerschaft. Zum äußeren Zeichen dafür wurde eine Ordensspange herausgegeben, die sollte sich jeder abholen, der Frontdienst getan habe. Dieses Zeichen, mit zwei übereinander geschlagenen Schwertern versehen, wurde nun von allen ehemaligen Soldaten beantragt und getragen. Ich holte mir die Spange nicht und trug sie mithin auch nicht.

Es wurde dienstlich angeordnet, daß jeder Beamte im Dienst den Gruß „Heil Hitler" anzuwenden habe. Ich tat das nicht und grüßte demonstrativ mit „Guten Morgen". Die Beamten wurden in Abendstunden von den Parteiinstanzen der NSDAP geschult. Insbesondere wurde ihnen Rassenkunde gegeben, damit sie in den Kampf gegen die Juden eingeschaltet werden konnten. Zu diesen Schulungsabenden ging ich nicht. Göring besuchte die Stadt Essen, und es war dienstlich angeordnet worden, daß jeder Beamte sich einzufinden habe und sich in einem Spalier aufzustellen habe. Ich ging zu dieser Spalierbildung nicht hin. Alles das führte dazu, daß ich nun meiner vorgesetzten Dienstbehörde gemeldet worden war, und am 18.9.33 mußte ich mich dieserhalb verantworten. Bei dem stattgefundenen Verhör stellte ich fest, daß auch über meine frühere politische Tätigkeit Material gesammelt worden war. Ich war Stadtverordneter der USPD und der KPD gewesen. Ich war Berichterstatter der Zeitungen gewesen. Als Referent war ich aufgetreten in Versammlungen. Zeitungen der Linksparteien und der Demokraten hatte ich den Kollegen zum lesen übergeben. Das alles wurde mir vorgehalten, und ich sollte mich nun zu den Anklagepunkten äußern. Ich erklärte, daß die vorgetragenen Angaben zutreffen. Ich habe dadurch nichts getan, was verboten sei, denn die Verfassung von Weimar garantiere mir als Beamten die politischen Freiheiten, und nur diese habe ich in Anspruch genommen.

Mir wurde eröffnet, daß man über meine Tätigkeit dem Minister – damals war Hermann Göring preußischer Innenminister und damit mein höchster Vorgesetzter – vorgelegt werden müsse. Nun stand für mich fest, daß ich entweder mit einer Verhaftung und mit meiner Entlassung oder mit anderen scharfen Maßnahmen zu rechnen habe. Am 21.11.33 erhielt ich vom Ministerium die Nachricht, daß ich fristlos ohne Anspruch auf eine Pension entlassen worden bin. Was das damals für mich bedeutete, das kann nur der wissen, der im dritten Reich zu der Zeit gelebt hat. Arbeit bekam ich nun nicht mehr. Ich konnte verrecken und keiner nahm sich meiner an. Nun erhielt ich noch meine Militärrente als Kriegsbeschädigter. Doch wie lange noch?

Mit einigen Freunden von der SAP und der SPD nahm ich meine aktive politische Tätigkeit auf und bildete eine Gruppe von Menschen um mich, die Feinde des Nazismus waren. Vom Auslande, von meinen Freunden und meinem Schwager Fritz Rogge[1], der in Emigration gehen mußte, erhielt ich Schriften. Diese verteilte ich und besprach mit diesen Freunden die politische Lage. Es kam mir darauf an, dafür zu sorgen, daß die Front der Arbeiter gegen Hitler nicht geschwächt würde und ein, wenn auch loser Zusammenhalt bestehen blieb. Das glückte uns auch. Unser Kreis wurde immer größer. Das war sehr erfreulich, barg aber auch große Gefahren in sich. Besonders hatte ich Bedenken, daß dem Kreise immer mehr und mehr Arbeiter aus der KPD zu uns stießen[2]. Doch um eine einheitliche Front zu schaffen, mußten wir diese Arbeiter in unseren Kreis aufnehmen. Ich warnte meine Mitarbeiter nun besonders auf der Hut zu sein. Sah aber, daß meine Mahnungen als Feigheit ausgelegt wurden. Vorsicht Feigheit? Das konnte mir nicht in den Sinn. Ich ließ nun weiter arbeiten und wurde am 5.9.1935 verhaftet. Als ich zum Gestapofolterkämmerlein geschleppt wurde, da wurde mir mein Freund und Tatgenosse Albert Kornett* schon gegenüber gestellt. Jetzt wußte ich, daß wir verraten worden waren. Denn meinen Freund hatte ich immer wieder zur Vorsicht ermahnt, und nun war er doch einem Spitzel in die Finger gelaufen. Was war zu tun? Was wußten die Gestapoknechte von unserer Arbeit? Lange brauchte ich nicht zu überlegen. Kurzerhand wurde ich in die Ecke gedrückt und der Revolverlauf einer Pistole wurde mir vor die Schläfe gedrückt. Ich hatte unter diesen Umständen mit meinem Leben abgeschlossen und erwartete den Abdruck des Abzugsbügels. Der Leiter der Gestapo, Tenholt, der nun verhaftet wurde, riß seinem Gesellen den Revolver aus der Hand und erklärte ihm, daß man aus mir noch allerhand heraushauen wolle. Na, eine gute Aussicht, dachte ich. Zum Zeichen, daß es ernst sei, mußte mein Freund Kornett* seine Hose vom Gesäß abziehen, und ich sah nur noch blutende Striemen. „So siehst Du auch gleich aus, wenn Du schweigst und Deine Mitarbeiter nicht angibst!" Was sollte ich nun tun? Ich schwieg und wurde jetzt jämmerlich durchgehauen. Zwei Mann zogen mich über eine kleine Bank. Zwei hielten mich dabei an den Beinen und je zwei Mann hielten die Arme. Einer nahm meinen Kopf zwischen seine Beine und jetzt hieß es „Wucht". Auf dieses Kommando hin hagelten über meinen Körper Schläge mit langen Gummiknüppeln. Danach wurde ich gefragt, ob ich Aussagen machen wolle. Als ich erklärte, ich wisse doch nichts, da ging die Prozedur weiter bis in die späte Nacht. Am anderen Tage holte man mich wieder früh aus der Zelle, und nun fing man an Namen zu verlesen. Eine Liste meiner Mitarbeiter sollte das sein. Ich gab an, daß ich sie nicht kenne. Nun wurden mir Männer gegenübergestellt, mit denen ich zusammengearbeitet haben sollte. Einen Teil kannte ich und die Männer kannten mich. Das war ein Grund, uns wieder tüchtig zusammenzuhauen. So ging das drei Tage lang. Ich war fertig. Erschöpft verlangte ich von den Gestapohunden, daß sie mir den Gnadenschuß geben sollten. Ich konnte die Qualen nicht mehr ertragen. Endlich ließ man von mir ab, und der Leiter der Gestapo erklärte, daß ich genug habe. Blut urinierte ich, und von der Holzpritsche konnte ich nicht mehr aufstehen. Man hatte eine Anzahl Verhaftungen vorgenommen, und ich fürchtete schon, daß man unseren ganzen Apparat in Händen

---

[1] Vermutlich Friedrich Rogge, geb. 14.3. 1903, Montageschlosser in Duisburg, 1937 vom Oberlandesgericht Hamm wegen Vorbereitung zum Hochverrat verurteilt, im April 1939 aus dem KZ Papenburg entlassen.

[2] Viele SAP-Mitglieder hielten eine Zusammenarbeit mit der illegalen KPD für zu riskant. Zum einen waren kommunistische Mitglieder und Funktionäre relativ bekannt, zum anderen gelang es der Gestapo auch aufgrund der Breite und des wenig konspirativen Vorgehens der kommunistischen Illegalität in den Jahren 1933–1934/35 in vielen Fällen, Spitzel einzuschleusen. Vgl. dazu auch die Briefe Adolf und Ella Ehlers vom 22.9. 1946, S. 49, und Fritz Nagels vom 12.2. 1947, S. 224.

hätte. Doch als man uns nach 14 Tagen zusammenstellte, da sah ich, daß man nur 9 meiner Mitarbeiter hatte. Die Sache konnte also nicht so schlimm werden. Wir hatten dazu noch Gelegenheit, uns vor der Verhandlung beim Sondergericht zu treffen, und kamen eigentlich mit dem blauen Auge davon. Ich erhielt als Rädelsführer 4½ Jahre Zuchthaus. Mein Rechtsanwalt hatte meinem Bruder erklärt, wenn das Todesurteil nicht gefällt werde, dann könne ich mit 15 Jahre Zuchthaus oder Lebenslänglich rechnen. Man habe viel Material gegen mich zusammengetragen. Die Verhandlung kam, und die Kronzeugin der Gestapo versagte. Ja, sie sagte zu unseren Gunsten aus. Unter dem Druck der Gestapo hatte sie uns belastet. Nun aber unter ihrem Eid da sagte sie für uns günstig aus. Die Anklagevertretung ließ die Hauptanklagepunkte: Bildung einer Organisation, Schulung von Mitgliedern und Zusammenarbeit mit dem Auslande fallen, und wir wurden wegen Verbreitung illegaler Schriften verurteilt. Wir hatten gesiegt. So wollten wir die Verhandlung lenken. Ganz konnten wir aus dieser Geschichte nicht heraus kommen, da man Schriften bei Kornett* gefunden hatte, und das war Beweismaterial für das Gericht. Da gab es kein Leugnen. Ich nahm die Sache auf meinen Kopf und erklärte, daß die Arbeiter nichts mit der Sache zu tun haben wollten, ich hätte sie überredet, und dieser Überredung seien sie zum Opfer gefallen. Einige Monate Gefängnis erhielten sie. War nicht so schlimm. Wir freuten uns und freuen uns auch heute noch, wenn wir zusammenkommen. Der alte Kreis steht in treuer Freundschaft zusammen. Nur einen haben wir aus unserem Kreis ausgeschlossen, weil er einem Fabrikanten ein Zeugnis ausgestellt hat, daß er immer anständig zu seinen Arbeitern war. Das trifft nicht zu, und wir haben nun mit ihm keine Gemeinschaft mehr. Doch wir anderen, wir kommen oft zusammen und dann wird erzählt. Treue Kameradschaft gab es auch in Hitlers Höhlen. Diese Kameradschaft besteht auch noch weiter und nun, da Euer Paket ankam, da habe ich ja einen Grund, meine Kameraden zusammen zu holen. Eine Dose Wurst geht schon morgen zu meinem Tatgenossen Fritz Melchers. Fritz ist Arbeitsrichter beim Arbeitsgericht Gelsenkirchen. Ein lieber und rechtschaffener Mensch. Er klagte mir heute früh noch, daß er nur noch trockenes Brot seit einigen Tagen kenne. Nun, da kann ich ja helfen, dank Eurer Hilfe. Und er muß eine Jacke haben, da er total ausgebombt ist und alles verlor. Ich bekam von Freunden in Amerika zwei Jacken, und er bekommt morgen die eine. Eine Hose? Nun die habe ich nicht. Ich sollte schon meinem Freunde Heinrich Rabbich* eine geben. Heinrich hatte 6 Jahre Zuchthaus und KZ. Auch total ausgebombt. Doch was ich nicht habe, kann ich nicht geben. Da er aber so dringend eine Jacke haben muß, bekommt er Sonntag, da will er wieder kommen, die andere Jacke. So haben diese Freunde im Zuchthaus an mich gehandelt, und nun muß ich das doch wieder gut machen.
Also Sonntag wird Euer Bohnenkaffee gekocht und die Fleischdosen werden geöffnet. Es wird wieder einmal gut gelebt, und Ihr lieben Menschen habt uns das ermöglicht.
Habt darum nochmals tausend Dank für Eure Spende. Wir haben im dritten Reich Not gelitten, doch jetzt haben wir in Euch treue Freunde und die lassen uns nicht im Stich. Ich bitte Euch aber um eins, wenn Ihr wieder was tun wollt, vergeßt meine treuen Kameraden und Mitarbeiter nicht. Sie sind prächtige Menschen und haben es verdient, daß man sich ihrer annimmt. Ich will zu ihren Gunsten sehr gern verzichten.
Und nun zu dem Inhalt. Er war, wie auf dem beigefügten Verzeichnis vermerkt, restlos in dem Paket enthalten. Die Ware ist sehr gut und sehr schmackhaft. Sowas gab es noch nicht einmal im dritten Reich, und da gab es ja viel, was die Nazis in Frankreich und Holland gestohlen hatten.

Liebe Freunde, seid Ihr alle und Eure Familien recht herzlich gegrüßt und habt nochmals meinen verbindlichsten Dank. Mit freiheitlichem Gruß verbleibe ich Euer dankbarer

Emil Samorei

Emil Samorei an Joseph Lang

Gelsenkirchen, den 24. 8. 1947
Schonnebeckerstr. 108

Lieber Genosse Lang!

Anliegend übersende ich Dir wiederum eine Arbeit, die Du sicherlich verwerten kannst. Zudem lege ich diesem Brief die Empfangsbestätigung über eine Stange [Zigaretten] bei.

Ich schrieb Dir ja schon, daß Ehlers* die Stangen solange festgehalten hat, um sie uns sicher zuleiten zu können. Es ist ja hier so, daß man der Post nichts mehr anvertrauen darf. Sehr viel wird gestohlen. Und gerade der behördliche Apparat ist heute sehr unsauber. Im Laufe der Woche wurden sehr viel Verhaftungen vorgenommen. Der Oberstadtdirektor der Stadt Düsseldorf war auf eine größere Spitzbubenbande aufmerksam gemacht worden. Diese Bande hatte 12 000 Großbezugsscheine für Lebensmittel gestohlen und holte, unter Gebrauch von falschen und gestohlenen Siegeln, sich in großen Mengen Lebensmittel ab. Von der Besatzungsbehörde ist ja den deutschen Dienststellen oft der Vorwurf gemacht worden, daß die Ernährung in Deutschland besser sein könnte, wenn die Erfassung und Verteilung besser sei. Ein Sonderkommando wurde nun von der Staatsanwaltschaft eingesetzt, und in Essen wurden vier Kriminalbeamte verhaftet, die mit den Großschiebern gemeinsame Sache gemacht hatten. Ich bin der Auffassung, daß in jeder Stadt so ein Sonderkommando eingesetzt werden muß, um die Verbrecher in behördlichen Stellen auszuheben. Denn wo soll das hin? Das Volk leidet Not, und die Schieber werden von deutschen Dienststellen geschützt und unterstützt. Essen macht nun reinen Tisch mit den Schiebern in der Verwaltung. Das ist gut so. Wenn wir Not leiden, dann haben wir ein Recht, der Besatzungsbehörde zu sagen, daß wir uns nicht selbst ernähren können. Aber erst dann haben wir das Recht dazu, wenn wir selbst alles getan haben um auch die letzten Lebensmittel ordnungsmäßig dem Verbrauch zuzuführen. Das geschieht leider nicht. Da wir ja nun Kostgänger der britischen Steuerzahler geworden sind, so müssen diese uns futtern, und das müssen sie umsomehr, als die Schieber und Spitzbuben uns das Brot vom Tische nehmen. Jedenfalls dürfen wir uns das nicht gefallen lassen. In Essen hält die KPD große Versammlungen ab, die, das muß man sagen, trotz der großen Hitze sehr stark besucht sind. Auf der Tagesordnung steht: Korruptionen bei der Stadtverwaltung! Das zündet und darum auch die Massenbesuche. In den nächsten Tagen soll an meinem Dienstorte in Essen-Kray auch eine große Versammlung abgehalten werden. Arbeiter sahen, wie in einem Hause so an 50 Zentner Kartoffeln angeladen wurden. Sie benachrichtigten die Polizei, und diese stellte Wache und beschlagnahmte die Kartoffeln. Das Ernährungsamt erhielt aber nur 27 Zentner Kartoffeln überwiesen. Trotz Wache waren die anderen verschwunden. Anzeigen wurden nun erstattet und Beamte wurden verhaftet. Nun will die KPD, die die Sache ins Rollen brachte, in öffentlicher Versammlung die Dinge bekanntgeben. Das ist richtig. Die Arbeiter passen dann selbst

mehr und mehr auf, damit sie nicht bestohlen werden. Denn die Leidtragenden sind sie ja doch nur selbst. Man muß sagen, daß Essen im ganzen Industriegebiet in dieser Sache führend vorangeht. Im Gegenteil zu Gelsenkirchen: Ich habe der Kripo einige Anzeigen unterbreitet. Doch nichts geschieht. Vor einiger Zeit stellte ich einen Antrag auf Strafverfolgung der Brandstifter der Synagoge. Mein Freund und Tatgenosse Albert Kornett* wurde auch vernommen. Er weigerte sich, was auszusagen, und der Beamte freute sich, endlich einen KZ'ler gefunden zu haben, der sich nicht rächen will. Albert sagte ihnen aber unverblümt, daß er genau dasselbe Interesse habe, wie wir anderen, nur wisse er, daß er Nazis vor sich habe, und darum mache er ihnen keine Aussage, denn sie untersuchen doch nichts und warnen noch ihre Komplizen. Ich wurde ab 1933 oft verprügelt, weil ich die Nazifahne nicht grüßte. Einmal, es war Weihnachten 1934, war Albert bei mir. Wir bogen in eine Gasse ein und – ein Nazizug kommt am anderen Ende der Gasse mit Fahnen und Musikkapellen an. Was tun? Albert meint, wir gehen zurück. Doch da ich hier zu bekannt bin, lehne ich das ab. Da man dann sagt, ich sei feige ausgerissen. Ich gehe mit Albert, der ein Rad bei sich führte, weiter. In der Höhe der Fahnen angelangt, grüße ich die Lappen nicht, und schon springt die Meute aus dem Zuge und vertobakt mich gewaltig. Albert nimmt mich in Schutz und erklärt, daß ich Kriegsbeschädigter sei. Das hilft alles nichts. Nun habe ich gegen den Hauptmacher eine Anzeige erstattet, und Albert wurde auch vernommen. Die Sache schwebt nun schon über ein Jahr bei der Polizei. Erfolg? Wir hören nichts mehr. So geht es mit der Judenaktion am 9. 11. 38[1] und auch mit neueren Dingen. Man hört nichts. Schweigen im Walde. Ja, wer tut denn auch Kollegen etwas an? Die Kripo beschlagnahmt einem Manne seine eigene Schreibmaschine. Der Mann will sie wieder haben. Ist gestohlen. Untersucht wird nichts. Bei der Stadt Essen hat man nun den Beamtenapparat gesäubert, und dort ist die Gewähr geboten, daß Anzeigen nun verfolgt werden.
Vor einiger Zeit berichtete ich, daß die christlichen Gewerkschaften wieder gegründet werden sollen. So wollen es einige Kräfte. In der französischen Zone sind sie nun schon gegründet worden. Die Spaltung der großen Industrieverbände wird nun Wirklichkeit werden. Auch hier im Blätterwald mehren sich die Stimmen, aus den Kreisen der CDU, die christliche Gewerkschaften wollen.
Die Sozialdemokraten gründen auch, so wie die Kommunisten, Betriebsgruppen in den Betrieben. Ein Beschluß des Bezirksvorstandes der SPD – Westliches Westfalen – hat den Beschluß dazu gefaßt, da in den Betrieben die KPD auf Grund ihrer Betriebsgruppenarbeit einen großen Anhang gewonnen hat. Das Wahlverhältnis bei den öffentlichen Wahlen steht im Gegensatz zu den Wahlen zu den Betriebsvertretungen. Man will nun den Arbeitern die Ziele und Methoden der SPD besser klarlegen. Wenn es möglich ist, werde ich Dir das Material hierzu übersenden.
Durch die Beschlüsse in Washington[2] ist die Sozialisierung für einige Zeit auf Eis gelegt worden. Der Beschluß des Landtages Nordrhein-Westfalen zur Sozialisierung bereitete schon den Boden für diese Sache vor. Man sprach nicht mehr von Sozialisierung,

---

[1] Gemeint ist das Pogrom gegen die Juden in der sogenannten „Reichskristallnacht".

[2] Die amerikanische Militärregierung forderte im Juni 1947, die Entscheidung über die Sozialisierung des Bergbaus für zumindest fünf Jahre aufzuschieben, und wurde hierin von der Truman-Regierung in Washington voll unterstützt. Die amerikanisch-britische Kohlenkonferenz vom 12. 8. bis 10. 9. 1947 in Washington ergab zwar keine offizielle, aber doch eine stillschweigende Zustimmung der Briten zu dieser Verschiebung der Sozialisierung. (Vgl. dazu ausführlicher Rolf Steininger: Reform und Realität. In: Vierteljahreshefte für Zeitgeschichte 27. Jg. 1979, H. 2, speziell S. 198 ff.)

sondern von gemeinwirtschaftlichen Betrieben[3]. So ähnlich hatte die CDU in ihrem Ahlener Programm auch gesagt[4]. Die Parteien haben alle den Beschluß gefaßt. Nun werden wir ja in der nächsten Zeit erleben, daß die Betriebe von Kapitalsgruppen übernommen und modernisiert werden. Mit der Zeche Nordstern soll der Anfang gemacht werden. In Gelsenkirchen gelegen, ist es eine der modernsten Zechen. Hafenanschluß und moderne Kokereien. Dazu chemische Fabrikanlagen und in allernächster Nähe das Hydrierwerk, dem man das Permit nicht erteilen wollte und das im Wege eines neuen Verfahrens Gatsch[5] verarbeiten kann und dadurch viele tausend Arbeiter beschäftigen könnte und der Paraffinknappheit und damit der Fettsäureknappheit zur Herstellung von Seifen steuern könnte. Nun, wenn die neuen Batterien gebaut sind und der Betrieb im Interesse einer Kapitalsgesellschaft wieder auf vollen Touren geht, dann wird auch das Hydrierwerk wieder anlaufen. Erfreulich ist es, daß die Kohlenförderung tagtäglich steigt. Die Punkte haben es geschafft[6], und wenn erst die Care-Pakete anrollen, dann wird bald die Grenze um 300000 Tonnen arbeitstäglich erreicht, wenn nicht sogar überschritten werden. Die hier in der Nähe liegende Zeche Joachim hat schon seit einiger Zeit die Förderung ständig gesteigert, und die Arbeiter rechnen stark damit, daß auch sie die Pakete erhalten. Das damit Rechnen steigert allein die Förderung. Wie mir gesagt wurde, sind die Arbeiter verpicht darauf, die Pakete zu bekommen, und wachen eifrig darüber, daß das Fördersoll nicht absinkt. Die Propaganda gegen die Pakete, die still betrieben wird, verfängt nicht. Flugblätter gegen Care-Pakete. Ich schrieb ja dazu einen Artikel und ich habe wohl mit meiner Prognose Recht behalten. Am Samstag, den 23.8.47, wurden fast 242000 Tonnen arbeitstäglich gefördert. Nach der Waffenruhe der höchste Stand der Förderung. [...] Ich mache das in letzter Zeit so, daß ich die Freunde einlade und sie mal ausfuttere. Zur Zeit kommt Heinrich Rabbich* viel. Der ist herunter und muß hoch gebracht werden. Ich bin dazu gewissermaßen verpflichtet. Als ich im Zuchthaus in Herford saß, da hatte ich Arrest erhalten und konnte nun bei Wasser und Brot noch mehr hungern. Heinrich mobilisierte die Freunde, und ich wurde doch versorgt. Wäre das aufgefallen, dann wäre auch er in Arrest geflogen. Nun ist er daneben, und nun muß ich helfen und ich kann das dank Eurer Hilfe. Da bekomme ich von meinem Freunde und Tatgenossen Albert Kornett* einen Brief von Bad Driburg. Wir haben als KZ'ler dort eine Abteilung des Kurhauses mit erholungsbedürftigen kranken ehemaligen politischen Gefangenen belegt. Grete Graber* von Duisburg ist dort Pflegerin. Adolf Graber* hat ja auch in der SAP-Gruppe Duisburg mitgearbeitet und wurde schwer bestraft. Grete und Albert schreiben mir und

---

[3] Während der Sozialisierungsdebatte des nordrhein-westfälischen Landtags am 1./2.8.1947 einigten sich die Parteien auf eine gemeinsame Resolution, in der die britische Militärregierung aufgefordert wurde, die Beschlagnahme der Kohlenwirtschaft zu beenden und das Eigentum an eine deutsche Treuhand-Verwaltung zu übertragen, damit für die Kohlenwirtschaft eine gemeinwirtschaftliche Ordnung herbeigeführt werden könne; die Resolution wurde einstimmig angenommen.

[4] In der „Programmatischen Erklärung der CDU für die britische Zone zur Neuordnung der industriellen Wirtschaft" vom 3.2.1947 („Ahlener Programm") sprach sich die CDU gegen „das kapitalistische Gewinn- und Machtstreben" aus und bekannte sich zu einer „gemeinwirtschaftlichen Ordnung". Es wird die öffentliche Kontrolle von Monopolunternehmungen gefordert sowie die Beteiligung der im Betrieb tätigen Arbeitnehmer an diesen Unternehmungen; dabei sollte der Unternehmerinitiative der erforderliche Spielraum belassen werden.

[5] Gatsch ist ein Gemisch höherer Kohlenwasserstoffe, das bei der Schmierölentparaffinierung anfällt und u.a. zur Herstellung von Fettsäuren dient.

[6] Zum Punktesystem vgl. Anm. 7 zum Brief Emil Samoreis vom 14.8.1947, S.96, sowie die entsprechende Briefstelle.

schildern mir das Schöne im Heim. Doch mit der Verpflegung da hapert es wohl. Wie wäre es, wenn man Patenschaften über das Heim einrichtete und unserer Kampfgenossin Grete hilft? Vielleicht kann man auch sonst was tun? Seht einmal zu, was sich für das Heim machen läßt. Adresse: Gretel Graber, Bad Driburg, Nordrhein-Westfalen, Kurhaus, KZ'ler Heim. Die Hitze hier will nicht nachlassen. Das wird ein harter Winter werden. Hilfe vom Ausland ist wohl nicht viel zu erwarten. Denn die Dürre hat in ganz Europa schweren Schaden angerichtet, und wir kommen ja immer als letzte dran.

Die Listen für die Weihnachtsbescherung habe ich an Karl [Völker]* weitergeleitet. Habe noch nicht alle Listen erhalten. Bielefeld und Dortmund sowie Köln sind sehr säumig. Auch von Essen erhielt ich erst einen Teil der Kinder. Nun, wer hier seinen Beruf ausgefüllt hat, der ist fertig und kann nebenbei wenig leisten. Doch ich habe die Freunde erinnert, daß es sein muß und sie den Kindern zu Weihnachten eine Freude durch ihre Mitarbeit bereiten können.

Die Empfangsbestätigung der Stange für Essen übersende ich Dir, wenn ich sie bekomme. Hans Habermehl[7] will sie mir, wenn er sie gefertigt hat, zusenden.

Ich nehme an, daß Du meine Post alle erhalten hast. Sollte ich in der nächsten Zeit nicht schreiben, so wisse, daß ich wieder ins Krankenhaus muß. Mit meinem Arm will es nicht werden. Gestern war ich beim Arzt, und der will mich am Sonnabend dem Krankenhause überweisen. Also, ich werde nicht untreu oder faul, sondern meine Gesundheit erfordert, wie der Arzt sagt, eine neuerliche Aufnahme im Krankenhaus.

Und nun will ich schließen. Vielen Dank für alles Gute.

Freundliche Grüße

Dein Emil

Albert Kornett an den Solidaritäts-Fonds*

Gelsenkirchen, den 25.12.1947
Kaulbachstr. 8

Liebe Freunde in Amerika

Wir haben hier in Deutschland heute das Fest der Liebe, der Hoffnung u. Beständigkeit – Weihnachten. Die Tatsache, daß ich von Euch ein Paket erhalten habe, gibt mir Veranlassung an Euch zu schreiben. Es ist schwer für einen Menschen der sein ganzes Leben etwas geben konnte, die rechten Worte des Dankes u. der Anerkennung zu finden. Die Freude über die Solidarität ist eben so groß wie über den Inhalt des schönen Paketes. Ich muß wohl sagen, daß Ihr mir und meiner Familie die größte Weihnachtsfreude bereitet habt und wir das schönste Weihnachtsfest seit 14 Jahren gefeiert haben. Ich glaube daß Emil Samorei* mich Euch empfohlen hat. Damit Ihr nun in etwa die Gewähr dafür habt, daß das Paket nicht in unwürdige Hände gekommen ist, möchte ich Euch einiges über mein Leben in Hitlerdeutschland mitteilen. Bin jetzt 27 Jahre in der Sozialistischen Bewegung tätig. Von 1933 illegal tätig, 1935–1939 in Haft wegen Vorbereitung zum Hochverrat. Von 1939–Juni 44 unter Aufsicht der Gestapo. Vom Juni 44–März 45 beim Strafbataillon 999. Im März 1945 gingen wir in Amerikanische Gefangenschaft in Frankreich. Am 1. August 1946 wurde ich entlassen. Bin seit der Zeit

---

[7] Zu Hans Habermehl vgl. Anm. 8 zum Brief Emil Samoreis vom 5.8.1947, S. 91.

Techn. Angestellter beim Stadtbauamt. Meine Familie besteht aus 3 Köpfen. Meine Tochter ist jetzt 23 Jahre alt. Sie wie meine Frau freuen sich sehr über das Paket und auch darüber, daß es in der Welt doch eine Solidarität in der Tat gibt. Meine Frau stand in den Jahren meiner Abwesenheit treu zu mir und hat sich in harter Arbeit trotz aller Schikanen durch die Nazis, durch alle Bitternisse durchgeschlagen. Während nun in diesen Tagen die noch verbliebenen Glocken von den Türmen läuten und in salbungsvollen Worten der Friede auf Erden propagiert wird, ist die Menschheit weit vom Frieden entfernt. Ich für meine Person werde, das verspreche ich Euch, meine noch verbliebene Kraft mit allen fortschrittlichen Menschen in Deutschland gemeinsam für die Verständigung der Völker und für den wahren Frieden einsetzen. So glaube ich meinem Leben von neuem Zweck u. Inhalt zu geben. In dem Sinne möchte ich nun meine Zeilen beenden. Es dankt Euch sehr herzlich

Familie Albert Kornett

DORTMUND

Josef (Jupp) Kappius* an den Solidaritäts-Fonds

Dortmund, den 4. 10. 1946
Schliepstr. 3

Liebe Genossen!

Ich habe mich sehr gefreut, als ich die Nachricht bekam, daß Sie mir ein Lebensmittel-paket aus Amerika schicken würden. Noch größer war die Freude dann, als das Paket tatsächlich kam und mit solch guten und begehrenswerten Sachen angefüllt war. Lebensmittel sind wirklich eines der schwierigsten Probleme mit in der heutigen Situation, und ich wünschte nur, Ihr könntet Euch wirklich eine Vorstellung machen, was Ihr tatsächlich mit dieser Eurer Hilfsaktion hier in Deutschland durchführt. Gewiß, es gibt Lebensmittel in großer Menge, die auf dunklen Kanälen an Leute kommen, die die Möglichkeit haben, sie sich durch Tausch gegen andere Ware zu besorgen. Das sind aber Leute, die erstens kein Verantwortungsbewußtsein haben und zweitens die nötige Zeit haben, sich mit der Organisation von illegalen Lebensmitteln zu beschäftigen. Die Genossen jedoch, an die Ihre Pakete gehen, sind in den allermeisten Fällen Menschen, die weder das Herz noch die Zeit haben, sich zusätzlich Nahrungsmittel auf illegalen Wegen zu besorgen und die darum in ganz besonderer Weise auf Eure Hilfe angewiesen sind. Ich möchte Euch darum nicht nur für mich persönlich meinen Dank aussprechen, sondern Euch für Eure Haltung überhaupt und für die solidarische Sorge, die Ihr auf diese Weise den Genossen hier zuteil werden laßt, Dank und Anerkennung ausdrücken.

Es wird Euch gewiß interessieren, einiges über die Arbeit zu erfahren, die wir hier zu bewältigen haben. Wir Sozialisten haben es ziemlich schwer, da wir es nicht nur mit unseren eigenen Reaktionären zu tun haben, sondern uns auch noch sehr viel mit den Reaktionären in der Militärregierung herumschlagen müssen, die uns in vielerlei Beziehung größte Schwierigkeiten machen. So geht zum Beispiel die Entnazisierung in den unteren Bevölkerungsschichten ziemlich reibungslos vor sich, sobald es sich jedoch um Leute handelt, die in einflußreichen Positionen stecken, dann fängt es an, fast unmöglich zu werden, diese Herren zu erledigen, und wenn sie irgendwo verschwinden, dann tauchen sie vielfach an anderer Stelle unbeschädigt wieder auf.

Die Wirtschaft kommt nur sehr langsam, viel zu langsam, in Gang, und man hat überall das deutliche Gefühl, es könnte längst weiter sein, wenn nicht tausenderlei Hemmungen an allen möglichen Ecken anzutreffen wären. Es scheint jetzt endlich ein Kohlenmoratorium für eine gewisse Zeit gewährt zu werden, um wenigstens die Industrien in Gang zu bringen, die zur Inganghaltung einer normalen Produktion in den Bergwerken unbedingt notwendig sind[1]. Die englischen Genossen in der Militärregierung tun, was sie können, um dem Einfluß ihrer Reaktionäre entgegenzuarbeiten, aber auch sie sind noch erst wenige unter vielen.

---

[1] Die Gewerkschaften vor allem hatten zur Ingangsetzung des Wiederaufbaus der deutschen Wirtschaft im August 1946 ein sogenanntes Kohlenmoratorium gefordert, d. h. eine Aussetzung der Ruhrkohlenlieferungen ins Ausland. Es wurde nicht gewährt, allerdings wurde 1947 der Exportanteil deutlich reduziert und der deutschen Industrie entsprechend mehr Kohle zur Verfügung gestellt.

Ich möchte nicht den Eindruck erwecken, als läge es nur an der Militärregierung, daß es so schleppend vorwärtsgeht. Auch das deutsche Volk ist in seiner Zusammensetzung so verschieden und in seinem Streben so unterschiedlich, daß es ungeheuer schwer ist, hier eine gemeinsame Politik durchzuführen. Keine Partei hat ein homogenes Gefüge, und keine ist frei von starken oppositionellen Strömungen, von einer Einheitlichkeit der Willensbildung kann kaum gesprochen werden. Das zeigt sich in jeder wichtigen Frage des politischen Lebens. Bei der Entnazisierung zum Beispiel kämpfen die sozialdemokratischen Genossen, die diese durchzuführen haben, gegen die Gewerkschaftskollegen und Betriebsausschußmitglieder in ihren eigenen Reihen, die glauben, gerade auf den Nazi nicht verzichten zu können in ihrem Betrieb, der in den Bereich ihrer Beurteilung fällt, und verhindern damit effektiv manche notwendige Säuberungsaktion in den öffentlichen Betrieben und in der Verwaltung. Gewiß ist ein akuter Mangel an Fachleuten da, und mancher Nazi mag nur schwer entbehrt werden können, aber es ist auf der anderen Seite auch eine völlige Verkennung der politischen Wichtigkeit dieser Entnazisierung anzutreffen, und Entscheidungen fallen nach rein persönlichen oder betrieblichen Erwägungen.

Ähnlich ist es in der Wirtschaftspolitik. Die einen Sozialisten verfolgen die Politik einer straffen zentralistischen Planung, die anderen erstreben mit der offiziellen Parteilinie einen freiheitlichen Sozialismus, der sich bemüht, sozialistische Grundsätze in der Wirtschaft zu verwirklichen, ohne dabei die Freiheit so weit einzuschränken, wie das im kollektivistischen Rußland für notwendig gehalten worden ist. Beide Auffassungen stehen noch nebeneinander, und man trifft zum Beispiel Genossen, die auf der einen Seite eine weitgehende Selbstverwaltung der Gemeinden mit großen Vollmachten in den Selbstverwaltungskörperschaften vertreten und im gleichen Vortrag einer zentralistischen Planwirtschaft das Wort reden, die selbstverständlich eine große Machtinvestierung in den Händen dieser Planstelle notwendig macht. Zwei Seelen in einer Brust, und es fehlt ihnen die Zeit in dem Drang der täglichen Aufgaben, sich einmal zu besinnen und diese gegensätzlichen Auffassungen miteinander in Einklang zu bringen zu versuchen. Hier ist noch sehr, sehr viel Arbeit notwendig, bevor wir von einer einheitlich ausgerichteten Partei sprechen können.

Im Bergbau hat sich inzwischen einiges geändert. Die Bergleute haben ein einigermaßen befriedigendes Auskommen, und im Augenblick sind es mehr technische Schwierigkeiten und – wie manche vermuten – eine sabotageartige Bremsertätigkeit der von den alten Zechenleitern übernommenen leitenden Grubenbeamten.

Es würde zu weit führen, das hier in Einzelheiten darzulegen, aber die Tendenz ist unverkennbar, und wir hoffen, daß mit dem Kohlenmoratorium die technische Seite so weit in Ordnung kommt, daß die Hemmungen der Produktion, die von dort verursacht werden, aufhören. Der Geist in den Belegschaften ist durchweg in Ordnung. Die Grubenarbeiter sind gut organisiert, wie überhaupt die Gewerkschaften Mitgliederzahlen haben wie kaum vorher. Hoffen wir, daß wir diesmal das fertigbringen, was wir das letzte Mal nicht fertiggebracht haben: Die Kriegsursachen ein für allemal zu beseitigen. Daß Eure schöne Solidaritätsaktion bei dieser Aufgabe hilft, ist nach meinem Gefühl der beste Erfolg, der sich denken läßt.

Nochmals herzlichen Dank!

In brüderlicher Verbundenheit
Jupp Kappius

Maria Stockhaus* an den Solidaritäts-Fonds

Dortmund-Huckarde, den 22. 8. 1947
Mamertusstr. 7

Liebe Freunde! Liebe Genossen!

Gibt es in unserer reichen deutschen Sprache ein Wort, mit dem ich die Freude, das Glück und die Dankbarkeit auszudrücken vermöchte, das Eure so gänzlich unerwarteten, aber auch hilfebringenden Spenden zu kennzeichnen vermöchte? Ich finde keines! Aber glaubt es uns, daß wir innerlich ordentlich durcheinander gerüttelt waren, schließlich war es uns, als wollte alles zusammen einem das Innere sprengen: die Freude und Überraschung, weil wir im entferntesten nicht davon geträumt hätten, dann das Glück und die Dankbarkeit für die große Hilfe in unserem Elendsdasein, das es nun einmal ist hier im Ruhrrevier, ohne daß man noch etwas daran herunterzusetzen braucht. Daß Kinder, die seit Jahr und Tag, wenn die Eltern sauber und konsequent blieben und heute nicht zur Kategorie der Schwarzhändler, sondern zu ehrenhaften und ehrenamtlichen Wiederaufbauern gehören, nichts besonderes, ja nicht einmal notwendigstes zum Körperaufbau erhalten, mit ganz großem Staunen und Wundern auspackten, werdet Ihr wohl verstehen. In ihrem Namen sei Euch besonders gedankt. Wir können Euch dafür nur die ehrliche Gegenleistung im Wiederaufbau der Heimat bieten. Inwieweit und in welchem Ausmaß und Tempo das gelingt, können wir bei den uns obliegenden Beschränkungen noch nicht sagen. Aber im Innern sind wir doch fleißig dabei. Allerdings wächst mit der Not im Riesentempo die Demoralisation und politische Interesselosigkeit. Der Kampf für den Magen wird mit den erlaubtesten, aber auch den verwerflichsten Mitteln durchgeführt. Dazu gesellen sich nicht wenig, die aus Profession auf diesem Gebiet arbeiten, ausbeuten, sich bereichern, der Bevölkerung die Substanz noch verringern, kurzum: Schieber und Schwarzhändler. Die Bevölkerung kann nicht begreifen, daß an ungezählten Ecken ganz offen die Schwarzhändler herumstehen, oft Polizisten dabei. Man hütet sich wohl, in deren Gegenwart Geschäfte zu machen, aber jeder weiß, es sind Schwarzhändler und Arbeitsbummelanten. Fest steht, wenn wir mehr Exekutivgewalt und Befehlsgewalt über die Polizei hätten, dann würde täglich so oft der schwarze Markt kassiert, daß sich keiner mehr an die Ecken und in die Wirtschaften getraute zum Zwecke des Schwarzhandels. Soweit wir können, versuchen wir ihnen auf verwaltungsmäßigem Wege beizukommen. Das schlimme ist, sie erstrecken sich bis stark in die Reihen der Arbeiterschaft, und man fragt sich manchmal verzweifelt, ob man jemals wieder eine qualitativ so geschlossene, geschulte und organisierte Arbeiterschaft auf die Beine stellen kann wie einstmals. Diese seit Menschengedenken nicht dagewesene Trockenheit, Hitze, Dürre, nichts wächst, die Weiden sind versengt, die Erde in Feldern und Gärten wird zu heißem Pulver, der wieder nur angekündigte 1 Zentner Kartoffeln (während sie in ungeheuren Mengen drüben umkommen), die Angst vor einem neuen langen, barbarischen Winter läßt die Menschen schon jetzt auf Hamsterzüge, nächtlichen Obstraub, Diebstähle usw. ausgehen, die sofort unterblieben und besserer Betätigung Zeit ließen, sobald sie nur wenigstens ausreichend Kartoffeln, bescheiden etwas dazu und eine mäßig warme Küche garantiert bekämen. Arbeitswille und Zuversicht im Interesse von ganz Europa würden sofort angekurbelt. Aber die Trostlosigkeit, die Aussichtslosigkeit, nicht der geringste Hoffnungsschimmer trotz allem guten Willen, packen langsam auch die größten Optimisten und Opferbereitesten …

Unser Hanspeter, der so gerne malt, obwohl sie schon lange keinen Zeichenunterricht in der Schule haben mangels Material, hat sich nun, recht glücklich, begeistert von einer Tasse guten Kaffees, die mein Herz besonders entzückte und nach der man sich bei den vielen Ermüdungserscheinungen so manchmal bei umfangreichen Berichten und politischen Arbeiten an der Schreibmaschine sehnte und nun tatsächlich hat, ein paar Dankadressen gezeichnet, wir wollen hoffen, daß sie Euch als ein besonderer Gruß aus der weiteren, blutenden Heimat erfreuen. Wir lassen trotz aller Trübsal, die manchmal alle Kräfte bannt, doch nicht uns unterkriegen. Morgen habe ich Sitzung im Wirtschaftsausschuß, Montag Fraktion, Dienstag Stadtverordnetensitzung, Sonntag Vormittag ist Delegiertenkonferenz, wo ich hin muß, heute war ich zuhause und habe viel schriftliches erledigt, zwei Sachen mit dem Arbeitsamt bezüglich einiger Arbeitsbummler, an den Oberstadtdirektor wegen schwarzbauender Metzger und Schwarzhändler und Nazis, Post nach Berlin usw. Den Abend beschließe ich in Ruhe mit diesem Brief, nachdem niemand mehr kommt, denn es fließt, mal in Wohnungsangelegenheiten, in Wohlfahrtssachen usw. regelmäßig auch noch Publikumsverkehr aus und ein.

Für den nächsten Mittwoch habe ich eine ehrenvolle Einladung bekommen. Die Bürgermeisterin von Reading im Themsetal ließ mich über die Quäker-London für den Mittwoch zu einer inoffiziellen Unterredung und Unterhaltung einladen. Woher sie meine Anschrift haben, weiß ich nicht, kann es vielleicht erfahren. Es ist sicher ein größerer Kreis geladen. Am Donnerstag habe ich wieder meine Frauengruppe, dafür hatte ich heute mittag auch eine Menge zu tippen und habe ich noch ein paar größere Sachen zu schreiben. – Dabei ist durch die Ferienzeit etwas Ruhe in der Politik eingetreten, aber es gibt doch noch reichlich zu tun. Meine Drei sind verreist, Fritz und der kleine Fritz sind 14 Tage in Frankfurt, Hanspeter, mein bester und treuester Kamerad für seine jungen Jahre, ist im ersten Reichszeltlager [der Sozialistischen Jugend Deutschlands – Die Falken] in Stuttgart, an das sich Ende August der erste Reichsjugendtag anschließt. Und da es 75 % Fahrpreisermäßigung gab, war es eben möglich. Solange ich den Buben habe, freute ich mich auf den Tag, wo ich ihn, der auch so mit Begeisterung dabei ist und alles hineinlegt, auf einen Jugendtag schicken kann. Und nun ist's Tatsache geworden, wenn auch unter bescheideneren Umständen. Aber das materielle ist dieser Jugend, die so an Entbehrungen gewöhnt ist, das geringfügigere gegenüber dem großen Erlebnis – wie uns einst auch. Der Kleine ist noch zu klein für einen Jugendtag, aber er war vor Frankfurt auch 2 Wochen in einem Zeltlager seiner Falkengruppe im Sauerland, und sie hatten es auch gut. Alles strengt sich an, um durch Spenden und Zuschüsse die Kinder in den Ferienheimen und Zeltlagern vor allem satt zu machen. Der alte Zeltlager-Frohsinn ersteht freilich auch wieder. Der alte Falkengeist wacht wieder auf.

Mit Fritz geht es gesundheitlich leider immer schlechter, bei diesen Verhältnissen und seinem anstrengenden Dienst nicht zu verwundern. Ich beobachte es schon lange, [...]. Diese Sorgen, bei den zwei Kindern, denen man ihrer Begabung gemäß gern etwas voranhelfen möchte, bedrücken einen dazu. Und da mitten hinein kam soviel gutes Gedenken, gute Kameradschaft von „drüben", das einem zutiefst wohltat, Glaube und Auftrieb werden frisch geölt und die Hürden genommen. Und längst schon wollten wir uns bedanken, aber immer *wartete* nun das Herz und der Geist *auf Briefe* dazu, aber jetzt haben unsere alten Frankfurter Genossen Josef und Maria Schaffner den ersten Brief „von drüben" gesandt. So sollen unsere Zeilen hinüberreisen von dankbaren, beglückten Menschen, die Euch die Hände reichen ohne Phrasen, ohne Bettelei, auch aus einem reichen Deutschland würden wir Euch aus ganzem Herzen und sozialistischer

Treue schreiben, ohne daß Spenden und gute Gaben die Pflaster und Bindemittel zu sein brauchten. Uns Sozialisten, wo unsere Herzen auch schlagen und in welchen Verhältnissen wir leben mögen, bindet die Liebe, die Treue, der gleiche Weg, das gleiche Ziel! In diesem Sinne, liebe Freunde, aus der Heimat von Herzen ein gutes Freundschaft

Eure Maria Stockhaus und Familie

Hertha Tüsfeld-Heine an Joseph Lang

Dortmund-Renninghausen, den 19. 9. 1947
Stockumerstr. 67

Lieber Jola –

nach langem Fragen und Suchen habe ich endlich erfahren, daß Du noch lebst. Ich habe sogar noch Deine Adresse erfahren. Du glaubst nicht, wie froh ich bin, daß Du noch lebst u. es Dir u. Deiner Erna-Frau noch einigermaßen gut geht. Glaubte ich doch, daß auch Du ein Opfer geworden wärest. Mit einer mir befreundeten Genossin kam ich vor einiger Zeit nach Düsseldorf zu Lotte Lubinski[1]. Beim Austausch von Erinnerungen fiel auch Dein Name. Du glaubst nicht, wie groß meine Freude war, Du lebst. Man hat doch in den Jahren des Faschismus soviel um alle Genossen gebangt. Nun mußt Du mir schreiben von all diesen, nach welchen ich jetzt frage, vielleicht weißt Du von vielen um Leben od. Tod: Hans Löwendahl*, Erna Brücker, Adam, Cohen und wer mir auch besonders am Herzen liegt: Eva Steinschneider, Karl-August Wittfogel u. bes. Rosel Wittfogel[2]. Schreib mir bitte von ihnen. –
Lieber Jola – ich weiß überhaupt nicht, ob Du Dich meiner noch entsinnen kannst. Es war in Frankfurt am Main, wo wir uns in der rechten Opposition kennenlernten. Ich ging zur sog. Frauenakademie, damals Hertha Heine. Wir haben uns dann, als ich fortging von Ffm, es ist in den Jahren 1928–1930 gewesen, ganz aus den Augen verloren. Ich war nach meinem Studium längere Zeit als Lehrerin an einer Fürsorgeerziehungsanstalt bei Jena, danach in Dortmund als Fürsorgerin.
1935 wurde ich entl.[assen] bei der Verwaltung, ich heiratete. Walter, mein guter Kamerad, wurde 1933–34 verhaftet usw. Es ging gut bis 1943, im März kam eine neue Verhaftung. Da ich gerade schwanger u. herzleidend war, entging ich dem. Habe mich mit meiner kleinen Tochter aus Dortmund so schnell als möglich entfernt. Bin dadurch

---

[1] Bei Charlotte Lubinski handelt es sich um die Witwe des KPD- und späteren KPO-Funktionärs Dagobert Lubinski, der im Juni 1938 zu zehn Jahren Zuchthaus verurteilt wurde und später im KZ ums Leben kam.

[2] Bei den genannten Personen handelt es sich um gemeinsame Bekannte von Hertha Tüsfeld-Heine und Joseph Lang aus dem Umkreis der Frankfurter KPO und der überparteilichen „Roten Studentengruppe". Ernst Adam floh 1933 nach Frankreich, wurde im Spanischen Bürgerkrieg General in den Internationalen Brigaden und arbeitete nach 1945 als Londoner Korrespondent für westdeutsche Rundfunkanstalten und Zeitungen. Der 1902 geborene jüdische Privatlehrer Karl Cohen konnte nach einer Haft im KZ Buchenwald 1939 in die USA entkommen. Eva Reichwein-Steinschneider, deren erster und zweiter Mann von den Nationalsozialisten ermordet wurden, überlebte in der französischen Emigration, nach 1945 war sie KPD-Stadtverordnete in Frankfurt. Karl August Wittfogel, Mitarbeiter des Frankfurter Instituts für Sozialforschung, kam 1933 in „Schutzhaft" in ein KZ, 1934 emigrierte er in die USA und wurde dort später Professor. Rosel W., Wittfogels erste Frau, ging vermutlich schon vor 1933 in die Sowjetunion. Über ihr weiteres Schicksal ist nichts bekannt.

einer Verhaftung entkommen. – Trotz allem haben wir gegenüber anderen Gen.[ossen] ungeheures Glück gehabt. – Walter ist 1934 dem Tode entronnen u. er stand vor der Frage der Emigration, er wollte es nicht. Es ging alles gut bis 1943. Er lebt auch heute noch, trotzdem ein großer Teil in dem Prozeß zum Tode verurteilt worden ist[3]. – Ich bin eine glückliche Mutter von zwei prächtigen Mädeln, Dagmar und Doris, 8 und 4 Jahre. Den beiden Kindern geht es gut bis auf Dagmar, welche eine Lungeninfektion hat. Ich habe aber Hoffnung, daß dieses allmählich ausheilt.

Lieber Jola, nun schreibe Du mir, wie es Dir geht. Willst Du nicht nach Deutschland zurückkehren? Wie ist es mit Brandler*, Thalheimer* und Frölich*, zieht Euch nichts nach Deutschland? Dieser Tag ging schon das Gerücht, daß Thalheimer zurückgekehrt sei. Oder scheust Du u. Deine Erna die Entbehrungen? Aber wir halten doch alle durch, od. ist es die Politik? Wie steht Ihr überhaupt dazu? Es würde uns doch interessieren, wie Ihr die Situation seht.

Nun genug des Fragens, ich warte mit Sehnsucht auf Antwort. Oder bin ich Dir eine Fremde geworden, welche Dir nicht mehr bewußt wird?

Es grüßt Dich herzlich und Deine Erna-Frau

Deine Hertha

Walter u. meine Kinder lassen von Herzen grüßen. Du glaubst nicht, wie froh wir alle sind, wenn wir von noch lebenden Gen.[ossen] hören. Die Lücken, welche der Faschismus gerissen hat, werden nie u. nimmer zu schließen sein. Dieses wird immer spürbarer, je schwieriger die Situation wird.

Hertha Tüsfeld-Heine an Joseph Lang

Dortmund-Renninghausen, den 29.12.1947
Stockumerstr. 67

Lieber Jola,

hab innigen Dank für Deinen lieben Schrieb vom 17. Nov. Riesengroß war meine Freude, von Dir zu hören u. manchen anderen Kameraden. Ihr lebt noch, aber viele andere haben ins Gras beißen müssen, mich umfängt immer wieder große Traurigkeit, höre ich von dem Tode der guten Kameraden, u. mir ist, als ob es nicht wahr sein dürfte. Sind es doch die Besten, welche das schwere Opfer bringen mußten. Mir will dann scheinen, daß ich hätte noch mehr kämpfen müssen.

Ihr Lieben – ich reiche Euch beide Hände u. danke von ganzem Herzen für soviel Liebe, mit welcher Ihr unsrer gedacht habt. All den anderen Gen.[ossen] sagt Dank für ihre so liebevolle Kameradschaft u. Treue. Denkt Euch, einen Tag vor den Festtagen kam das Solidaritätspaket. Die Freude war riesengroß, nie werden wir Euch dieses wieder gut machen können. Es ist doch so, daß die augenblickliche Not (u. wir müssen damit rechnen, daß sie noch einen weit größeren Umfang annehmen wird) einem direkt zu Herzen geht. Ich arbeite wieder als Fürsorgerin, so habe ich jeden Tag unendl.[iches] Leid vor Augen. Manchmal meine ich, ich müßte darunter zusammenbrechen. Aber viel, viel größer als die physische Not ist die Demoralisierung der Bevölkerung,

---

[3] Vgl. dazu die ausführliche Darstellung bei Detlev Peukert: Die KPD im Widerstand. Wuppertal 1980, S. 342–381.

vor allem der Jugend. Wir kennen die Ursache, aber sind weit davon entfernt, diese beseitigen zu können. Es heißt weiter warten u. arbeiten.

Ich kann es Euch sagen, wir hatten nichts als Euer Paket ankam. Es war mit seinen herrlichen Sachen ein Gruß aus dem Märchenland. Grüßt die Gen.[ossen], sagt ihnen Dank. Darf ich für einen schwerkranken Gen.[ossen] bitten, dieser hat sich im Zuchthaus eine Tuberkulose geholt u. hat nicht das Geringste zum zusetzen. Ich möchte so gern, daß er eine solche Freude erleben würde. Der Gedanke an Eure Kameradschaft, an Eure Sorge um uns ist so schön. Trotz Eurer eigenen Schwierigkeiten denkt Ihr an uns.

Nach dem Einmarsch der Alliierten u. dem Wiederfinden so mancher Gen.[ossen] galt es für uns, sich mit aller Kraft wieder einzusetzen. Unser Denken, unser Tun hat sich nicht geändert. Man sah auch die Fehler ein, welche man vor 33 gemacht hat. Wir freuten uns riesig. Die Frage der Einheit der Arbeiterklasse war für uns das Wichtigste. Es ist leider nicht zur Wahrheit geworden. Man hat es nicht gewollt. Es lag nicht an uns. Zur Zeit scheinen wir weiter davon entfernt als je. Die Schwierigkeiten werden immer größer, aber einmal muß es doch werden.

Auch wir sind der Auffassung, daß man nicht russ.[ische] Auffassungen nach hier übertragen kann. Man kann aber keine Greuelpropaganda machen, in einer Art u. Weise, die alles bisher dagewesene in den Schatten stellt. Solch eine Methode muß man ganz strikte ablehnen. Wir müssen versuchen, mit West u. Ost in ein gutes Verhältnis zu kommen. Wir werden immer in jeder Situation immer erst die Arbeiterklasse sehen, u. gehen daher in jeder wichtigen Entscheidung zusammen.

Der Mensch ist das Höchste, das Wertvollste in diesem Leben. Dieses Gut zu schützen erscheint mir das Wichtigste.

[...]

Für heute wird es erst mal reichen.

Dir u. Deiner Erna innige Grüße

Eure Hertha

Emil Brune* an Joseph Lang

Dortmund-Körne, den 31. 3. 1948
Lange Reihe 55

Lieber Genosse Joseph!

Meine Überraschung war nicht gering, als ich Deinen Brief vom 3. März durch den Genossen Otto Brenner* am 23. 3. erhielt. Ebenso wie Euch ist es auch mir eine besondere Freude, die Verbindung mit alten Gesinnungsgenossen wieder aufnehmen zu können. Nicht nur eine persönliche Freude, sondern insbesondere hoffe ich dadurch eine Belebung der politischen Arbeit für die Zukunft. Ebenso wie für die meisten Streiter aus der alten Schule ist es auch für mich eine selbstverständliche und nicht zu umgehende Pflicht, wieder aktiv den alten und bewährten marxistischen Zielen zuzustreben. Es ist schon so: Wer einmal von dieser Kost durchdrungen ist, bleibt ihr verfallen.

Seitdem ich im März 1947 aus französischer Gefangenschaft zurückgekehrt bin, wurde ich von alten Genossen gleich in die politische Arbeit miteingespannt. Meine besondere Zielsetzung glaubte ich in dem alten Streben zu realisieren: Bündnis- oder Einheitsfrontpolitik der Arbeiterparteien.

Die meisten der SAP-Freunde habe ich noch nicht wiedergefunden. Zum Teil sind sie auch auf der Strecke geblieben.

Mit Hans Möller* habe ich Kontakt aufgenommen und werde sehen, wie weit seine politische Aktivität auf Erfolg versprechende Ziele ausgerichtet ist. Er arbeitet innerhalb der SPD. Eberhard Brünen* ist ebenfalls Funktionär in dieser Partei.

Mit Fritz Böhme* war ich im vergangenen September zusammen, als ich auf einer 4wöchentlichen politischen Exkursion in der Ostzone weilte. Derselbe hat schnell Karriere gemacht und arbeitet zur Zeit als Oberlandesgerichtsrat (Volksrichter) in Dresden. Er ist begeisterter Anhänger der SED.

Heinz Baumeister* besuchte ich in Weimar. Er wohnt nach Beendigung des Krieges nicht mehr in der von Dir genannten Adresse in Dortmund, sondern ist als Präsident der Handwerkskammer in Weimar tätig. Deine mir übergebenen Grüße habe ich ihm vermittelt. Die Verbindung kannst Du auch mit dieser von mir genannten Anschrift aufnehmen.

Ich selbst habe regen Anteil gehabt an der Arbeit des Aufbaus der Gründungskomitees in der Sozialistischen Einheitspartei im Ruhrgebiet[1]. An dieser Arbeit sind wir nunmehr seit einem Jahr und müssen erkennen, daß infolge der uns in den Weg gelegten Schwierigkeiten auf diesem Weg und mit diesen Mitteln nicht mehr voranzukommen ist.

Die Verbindung mit Erna Heyen und der Mutter Emils [Heyen]* habe ich aufgenommen und in loser Form beibehalten.

Dem Genossen Otto Brenner* habe ich schon mitgeteilt, daß ich am 10.4. in einer anderen Organisationssache nach Hannover fahren muß und diese Gelegenheit benutzen werde, um mit ihm persönlichen Kontakt aufzunehmen.

Wenn es Euch angenehm ist, werdet Ihr weiter von mir hören. Von mir aus kann ich sagen, daß jede Nachricht von Euch mir eine Freude ist. Für heute gute Wünsche und beste Grüße.

Euer Emil Brune

---

[1] Im Frühjahr 1947 unternahm die KPD einen zweiten großangelegten Versuch, die Gründung einer Sozialistischen Einheitspartei für ganz Deutschland herbeizuführen. Es wurden, vor allem in den großen Städten Nordrhein-Westfalens, Ausschüsse zur Vorbereitung der Gründung der SED gebildet („Einheitsausschüsse" oder „Gründungskomitees"), deren Hauptaufgabe die Gewinnung von SPD-Mitgliedern und Parteilosen für eine Sozialistische Einheitspartei war. In Dortmund war die Stimmung für die Bildung einer Sozialistischen Einheitspartei relativ am günstigsten. Im Frühjahr 1947 unterschrieben rund 7000 Nicht-Kommunisten neben 9000 Kommunisten eine Erklärung, in der sie ihre Bereitschaft zum Beitritt zur SED bekundeten. Dortmund war die einzige westdeutsche Stadt, in der es auch zur formellen Gründung eines SED-Ortsverbandes kam. Anfang Juni 1947 wurde der Gründungsbeschluß offiziell vollzogen und der Dortmunder Ortsverband der SED mit dem ehemaligen Sozialdemokraten Kurt Dielitzsch als erstem Vorsitzenden konstituiert. Die britische Militärregierung verbot diese SED-Gründung noch im selben Monat. Die SPD schloß alle Mitglieder aus der Partei aus, die die Gründung der SED unterstützten; ihr Ziel, größere Teile der Sozialdemokratie für die Einheitspartei zu gewinnen, erreichte die KPD auch in Dortmund nicht: Von den rund 22000 Dortmunder SPD-Mitgliedern gingen weniger als 100 zur SED, keiner von ihnen gehörte zu den prominenteren Parteifunktionären. (Vgl. dazu ausführlicher Hans Graf: Die Entwicklung der Wahlen und politischen Parteien in Groß-Dortmund. Hannover und Frankfurt a.M. 1958, S.87 ff.; Ulrich Hauth: Die Politik von KPD und SED gegenüber der westdeutschen Sozialdemokratie (1945–1948). Frankfurt a.M., Bern, Las Vegas 1978, S.123 ff.; Werner Müller: Die KPD und die „Einheit der Arbeiterklasse". Frankfurt a.M. und New York 1979, S.345 f.)

Emil Brune an Joseph Lang

Liebe Genossen!

Es ist mir eine besondere Freude gewesen, festzustellen, daß die politische Arbeit nicht nur physische Nachteile im Gefolge haben kann, sondern ausnahmsweise auch einen persönlichen Nutzen mit sich bringt. Ein Nutzen, der wiederum geeignet ist, die Kräfte für die politische Arbeit zu verstärken. Unter solchen Gefühlen überraschte mich in dieser Woche Euer Paket, nachdem der Genosse Joseph Lang einige Wochen vorher von der Absendung eines solchen gesprochen hatte. Ihr könnt Euch vielleicht kaum vorstellen, daß ein Sozialist, der die physischen Bedürfnisse des Körpers hauptsächlich als lästige Begleiterscheinung des Lebens betrachtet, dennoch eine Freude über eine solche Sendung empfindet. Nicht allein, daß die schwachen Zuteilungen eine Aufbesserung erfahren, sondern auch, daß die Verbundenheit solche praktischen Formen annehmen kann. Zumal, wenn zu berücksichtigen ist, daß diese Hilfe gewiß mit persönlichen Opfern Eurerseits realisiert werden muß. Da ich als Angestellter einer Versicherungs-Gesellschaft weder Arbeiter-Zusatzkarten noch Bergmanns-Vergünstigungen erhalte, kann man wohl sagen, daß ich zu den schlechtest Ernährten gehöre. Selbst meine Kranken-Zusatzkarte, die ich wegen meiner Magenkrankheit und meiner akuten Unterernährung einige Monate erhalten habe, ist mir jetzt entzogen worden, da das Zusatz-Karten-System untragbare Formen angenommen hat. Hinzu kommt, daß die politische Arbeit oft die Grenze der Leistungsfähigkeit überschreitet.

Aber nicht nur von den materiellen Dingen möchte ich sprechen, sondern auch von der wichtigsten Frage, die uns vor 1933, in der Faschistenzeit und auch heute in der gleichen Front findet.

Unser Kampf um den Sozialismus in den Westzonen Deutschlands ist immer mehr zu einem Kampf um die Voraussetzungen dafür geworden. Die reaktionären Elemente sind im Vormarsch begriffen und erfreuen sich der aktivsten Hilfe der ganzen Welt.

Entsprechend unserer Tradition aus den Jahren 1931–33 habe ich mich heute, ebenso wie damals in der SAP, der Bewegung verschrieben, von der ich annehmen kann, daß sie die beste Voraussetzung für die Schaffung der Einheitsfront der Arbeiterklasse in sich trägt. Seit einem Jahr versuchen wir über die Gründungs-Komitees für eine einheitliche Arbeiter-Partei die Voraussetzungen zu schaffen. Leider muß ich gestehen, daß in Anbetracht des verständlichen Widerstandes der deutschen Reaktion im Verein mit ihren internationalen Bundesgenossen unsere Bestrebungen nicht zum Erfolg führten. Hinzu kam auch noch, daß die Sozialdemokratische Partei wesentlich mitgeholfen hat, diese Einheitsfront unmöglich zu machen. Selbst die Kommunistische Partei, die diese Frage als ihre Hauptaufgabe bezeichnete, hat bisweilen durch ihre Taktik den richtigen Kontakt mit den sozialistischen Teilen der Arbeiterschaft nicht gefunden. Trotz Versammlungen am laufenden Band und Literatur in verhältnismäßig großer Auflage ist die Lethargie, bzw. Abneigung, noch nicht zurückgegangen. Wir stehen nun vor der Frage, wie wir unserem Ziel neuen Auftrieb geben sollen.

Das ist ein Auszug aus dem politischen Leben der Arbeiterschaft in Deutschland, gesehen von einem Schnittpunkt, an dem ich stehe. Darüber hinaus interessiert uns in wachsendem Ausmaß die Stellung und das Wirken der Arbeiterklasse in Amerika. Mit dieser

Frage beschäftigen wir uns um so mehr, als die internationalen Verflechtungen des Kapitals die Schicksale der Nationen immer enger miteinander verknüpft. Insbesondere wird der nun auch für Deutschland geltende Marshall-Plan die Sorgen Amerikas die deutsche Arbeiterklasse spüren lassen. Ob der Gewinn auch für Deutschland Auswirkungen haben wird, scheint mir sehr zweifelhaft.

Zum Schluß nochmals recht herzlichen Dank für Eure Mühe bin ich für heute mit sozialistischem Gruß

Euer Emil Brune

Emil Brune an Joseph Lang

Dortmund-Körne, den 10. 8. 1948
Lange Reihe 55

Lieber Freund Joseph!

Gestern erhielt ich von unserem Freund Otto [Brenner]* Deinen Brief vom 28. Juni, dessen Empfang mich nun verpflichtet, gleichzeitig Deinen Brief vom 16. Mai zu beantworten.

Wenn ich bisher nicht geschrieben habe, so liegt das daran, daß durch die Entwicklung innerhalb der Arbeiterbewegung hier im Westen und meine Stellung in ihr erst eine gewisse Konsolidierung vor sich gehen sollte, um Euch ein in sich geschlossenes Bild geben zu können.

Wie ich schon in meinen Briefen vom März dieses Jahres und 16. 4. zum Ausdruck brachte, ist der von mir seit Mai vorigen Jahres beschrittene Weg nicht mehr Erfolg versprechend genug gewesen, um ihn weiter zu beschreiten. Ich war im Ruhrgebiet aktiv an führender Stelle beteiligt, die vor 1933 versäumte und nachher gewünschte Einheit der Arbeiterklasse Zustande zu bringen. Bei den gegebenen politischen und wirtschaftlichen Verhältnissen ist damit jedoch vorläufig nicht zu rechnen. Darum mußte die Arbeit neu ausgerichtet werden.

Eine Anzahl der Genossen, die mit mir zusammen gearbeitet hatten und zum größten Teil aus dem Lager der sozialdemokratischen Partei, vielfach aber auch aus der früheren SAP gekommen waren, hielten es für richtig, sich nunmehr nach der erkannten Aussichtslosigkeit mit der kommunistischen Partei zu vereinigen. Diesen Weg habe ich für falsch gehalten und auch Stellung dagegen bezogen. Ich bin der Meinung gewesen, daß unter den jetzigen Verhältnissen nur die Stärkung der sozialdemokratischen Partei und gleichzeitig ihre Ausrichtung auf eine marxistische Politik für die Arbeiterklasse zum Vorteil werden und zum Ziel führen kann. Ich hatte mit der Unterbezirksleitung der SPD und auch mit dem Bezirksvorsitzenden Fritz Henßler* Verhandlungen, in denen wir alle Fragen besprachen und erkannten, daß wir gemeinsam arbeiten können.

Die kommunistische Partei wird durch diese versuchte Auffrischung ihres schrumpfenden Mitgliederbestandes keinen Erfolg haben, da ein großer Teil der Anhänger der Einheit in die Indifferenz übergehen bzw. zurückgehen wird. Sie werden meines Erachtens dann zu aktiven Helfern werden, wenn die sozialdemokratische Partei ihre bürgerlichen Konzessionen vermindern wird zu Gunsten einer konsequent sozialistischen Politik. Und in diesem Sinne habe ich in der letzten Zeit meine Arbeit neu begründet. Seit Anfang Juli bin ich Mitglied der SP.

Unsere Zusammenkunft in Köln¹ war für mich vor allem insofern bedeutend, als ich bei ihr die Bestätigung finden konnte, daß meine ablehnende Haltung der KP gegenüber berechtigt und begründet war. Ich habe feststellen müssen, daß gute und wirksame Kräfte in der SP gewillt sind, marxistisch zu denken und zu handeln. Gewiß sind wir nicht in allen Fragen einer Meinung gewesen, das wäre auch sonderbar. Doch ich glaube, daß eine Plattform gegeben ist, auf der ein nutzbringendes Arbeiten notwendig und möglich ist. Seit dieser Zeit habe ich jedoch von diesen Freunden nichts mehr gehört. Vielleicht wollen sie aus einer gewissen Skepsis heraus mir gegenüber sich vorerst abwartend verhalten. Das würde ich bedauern. Meinen Weg gehe ich jedoch weiter, weil ich dabei zwangsläufig früher oder später wieder mit ihnen zusammentreffen muß. Für heute will ich es bei der Skizze über die Arbeit bewenden lassen.
[...]
Dir und den Freunden alles Gute wünschend bleibe ich mit den besten Grüßen

Emil

Emil Brune an Joseph Lang

Dortmund-Körne, den 16.2.1949
Lange Reihe 55

Lieber Joseph!

Schönen Dank für Deinen Brief vom 16.12.1948, den ich allerdings nicht durch Maria [Stockhaus]* erhalten habe. Er kam aus Frankfurt. Inzwischen ist nun, seitdem ich Dir das letzte Mal berichtete, allerhand Neues eingetreten, worüber ich Dir kurz berichten möchte, damit Ihr wißt, wie es bei uns bezw. bei mir steht.
Infolge meines aktiven Wirkens wurde ich im Januar d.Js. zum 2. Vorsitzenden der Ortsgruppe und einige Tage später zum Stadtverbandsleiter von Groß-Dortmund der Arbeitsgemeinschaften Junger Sozialdemokraten gewählt. Mit der letzten Funktion ist mir die Betreuung von 46 Ortsgruppen innerhalb Groß-Dortmund übertragen worden. Es wird Dir bekannt sein, daß die Jungsozialistischen Arbeitsgemeinschaften, die alle Genossen bis zu 35 Jahren zu umfassen haben, durch Schulung und Bildung den Funktionär-Nachwuchs liefern sollen. Die Aufgabe ist schwer, vor allen Dingen unter Berücksichtigung der auch innerhalb der Partei schwer zu bekämpfenden Lethargie. Ich will hoffen, daß die Mühe, die ich mir gemacht habe und die ich jetzt zu steigern noch gezwungen bin, erfolgreich sein wird, damit Ziel und Richtung der Partei, so wie Du schreibst, in gutem Sinne befruchtet werden können.
Bei dieser Sachlage, hoffe ich, wird die Skepsis, mit der viele Genossen in der Mitte des vorigen Jahres vor meinem Eintritt in die Partei mir entgegentraten, wohl verschwinden. Ich hoffe nun auch mit Brenner* wieder in besseren Kontakt zu kommen, obwohl meines Erachtens auf seiner Seite die Skepsis am geringsten gewesen ist. Leider ist der Genannte vor allem durch seine gewerkschaftliche Tätigkeit sehr mit Arbeit überlastet, und daraus, glaube ich, ist auch der zögernde Fortgang der marxistischen Zeitschrift zu

---

¹ Zur Zusammenkunft in Köln (Kölner Pfingsttreffen) vgl. Anm. 2 zum Brief Oskar Triebels vom 7.7.1948, S. 82.

erklären[1]. Wenn er mehr Zeit hätte und andere sich mit ihm in gleicher Weise einsetzen würden, dürfte hier gewiß schon etwas mehr erreicht worden sein. Die Notwendigkeit ist heute dringender denn je; denn im Laufe dieses Jahres soll das Parteiprogramm behandelt und beschlossen werden, und da ist eine intensive, befruchtende Arbeit von unserer Seite unter allen Umständen notwendig.

[…]

Wenn ich das zusammenfasse, was im letzten halben Jahr gelungen ist, so darf ich wohl sagen, zufrieden sein zu dürfen. Ich werde weiter – wie bisher – wirken und hoffe, damit zu unserem gemeinsamen Ziel zu kommen.

Für heute die besten Grüße

Dein Emil

---

[1] Zur marxistischen Zeitschrift vgl. Anm. 3 zum Brief Oskar Triebels vom 7. 7. 1948, S. 82.

SCHWELM

Bernhard Molz* an Willi Beier (USA)[1]

Schwelm, den 5.2.1947
Wildeborn 5

Mein lieber Willi:

Ihr seid also immer auf Nachrichten aus der Heimat gespannt. Es ist aber schwer, über hiesige Verhältnisse zu schreiben. Man kann wohl Einzelerscheinungen beschreiben und beobachten, aber alles, was sich hier und da tut, zu einem Gesamtbild zusammenzufassen und darin eine allgemeine Entwicklungslinie zu entdecken, ist fast unmöglich. Zudem steht man hier mit beiden Beinen so tief im Alltag und füllt mit der Regelung der kleinsten Dinge, die sich früher von selbst erledigten, den Tag aus, daß man kaum zum Nachdenken kommt.
[...]
Ich weiß nicht, ob man überhaupt jemandem, der nicht in Deutschland lebt, einen Eindruck von hier vermitteln kann. Ich glaube, daß jemand, der vom Krieg nicht viel gesehen hat, von dem Ausmaß der Zerstörungen überwältigt ist. Für uns hingegen gehören Schutt und Ruinen zum gewohnten Anblick, worüber man sich nicht mehr aufregt. Aber was die Leute bedrückt und zermürbt, wird ein Fremder kaum sehen.
Ich will mal versuchen, ein Bild des täglichen Lebens in Schwelm zu entwerfen. Im Vergleich zu den Großstädten ist die Stadt nur leicht zerstört. Immerhin sind 150 Wohnhäuser mit etwa 700 Wohnungen total zerstört. Mehr oder weniger beschädigt sind fast alle Wohnungen, und wenn nur durch den Luftdruck explodierender Bomben die Fensterscheiben zerbrachen oder sich die Dachziegel verschoben haben, wodurch dann Regen eindringt, die Wohnungen feucht werden, Decken und Wandputz abfällt usw.
Vor dem Kriege gab es hier etwa 6000 selbständige Haushaltungen, heute sind es durch Zuzug Ausgebombter aus Wuppertal, Hagen usw. und Aufnahme von Flüchtlingen aus dem Osten 9000. Wenn auch die Kopfzahl einiger Familien geringer geworden ist, die Zahl der Gefallenen beträgt etwa 1200, eine fast gleiche Anzahl ist noch in Kriegsgefangenschaft, so ist doch die Bevölkerung um fast 4000 gewachsen. Bei dem beschränkten Wohnraum ist es nicht selten, daß 6–7 erwachsene Personen in 2 Zimmern hocken. Und wie die Wohnungen aussehen! Die Tapeten hängen in Fetzen von den Wänden, statt der Scheiben Bretter oder Pappdeckel in den Fensterflügeln, es gibt keine Kohlen, für jede Familie wird im Monat ein Zentner Holz ausgeteilt, Strom und Gas sind rationiert, und wer mehr als ihm zusteht verbraucht, wird abgeschaltet. Dazu die unzähligen Kleinigkeiten, die namentlich die Nerven der Frauen belasten. Verlierst Du mal an irgendeinem Wäschestück einen Knopf, dann gibt es keinen Ersatz, und sollte sich doch noch einer finden, fehlt der Zwirn ihn anzunähen.
Aber das ist nur der Hintergrund, auf dem sich die Tragödie des Kampfes ums Dasein abspielt. 1500 Kalorien soll es geben, seit Monaten werden tatsächlich nur 1100 ausge-

---

[1] Willi Beier gehörte der SAP in Köln an und war nach 1933 in der illegalen SAP-Gruppe von Hermann Grzeski*. Am 26.4.1937 Flucht ins Ausland, später Emigration in die USA, dort starb er 1979.

teilt, aber wer sie haben will, muß direkt Jagd darauf machen. Morgens um 5 Uhr stehen schon die Schlangen vor den Bäckerläden, die erst um 9 Uhr öffnen, und das mit kaputten Schuhen, fadenscheiniger Kleidung, bei − 20 Grad Celsius. Die Sterblichkeit steigt an. Vor dem Kriege 8,2 pro Tausend in Schwelm, im vergangenen Jahr aber 17 pro Tausend. Vielleicht ist es voreilig, aus den Zahlen einer Stadt Schlüsse auf ganz Deutschland zu ziehen. Ich glaube aber, daß in den Großstädten die Verhältnisse noch schlimmer sind. Jedenfalls, wenn von Tausend Einwohnern jährlich 9 mehr sterben, dann bedeutet das für die ganze deutsche Bevölkerung 600 000 im Jahr. Der Frieden fordert also genau so viel Opfer wie der Krieg.

Wer nicht zu den Todeskandidaten zählen will, muß sich irgendwie, irgendwas irgendwoher besorgen. Der Maurer flickt kein Loch mehr im Haus seines Nachbarn, sondern geht lieber mit dem letzten Zement aufs Land und verputzt dort die Wände des Schweinestalls, weil er bei dieser Arbeit mal etwas Speck oder Eier mitkriegt. Die Fabriken nehmen alle möglichen Artikel in ihr Programm auf, die eine macht Bügeleisen, die andere Töpfe, eine dritte Küchenmesser. Damit wird erst im großen kompensiert, und dann kriegt jeder von der Belegschaft sein bestimmtes Quantum und jeden Monat einige Tage frei, um das Zeug irgendwo auf dem Lande abzusetzen. Der Betriebsrat ist am populärsten, der es in Verhandlungen mit der Werksleitung fertigbringt, daß der Arbeiter statt eines Kochtopfs zum Verhamstern deren zwei bekommt. Man kann versuchen, den Arbeitern klar zu machen, daß es so nicht geht, daß dieser Rückfall in die primitivsten Formen des Tauschhandels zur Katastrophe führt, sie begreifen das und sehen das ein. Aber bei dieser Erkenntnis können sie verhungern. Besorg ihnen etwas, wo der Bauer Kartoffeln oder ein paar Hände voll Roggenkörner gegen tauscht, dann bist Du ihr Mann.

Gegen dieses Treiben ist man machtlos. Der Ernährungsminister von Nordrhein-Westfalen[1] erklärte auf eine Anfrage, daß seit November keine Nährmittel verteilt worden seien, weil die Haferflocken auf dem Schwarzen Markt gelandet seien. Hinsichtlich der Kartoffeln ist das gleiche der Fall. Keine Behörde ist stark genug, alles zu erfassen und zu verteilen. Schieber, die jeder nützlichen Arbeit aus dem Weg gehen, leben besser als zuvor. Der Arbeiter will ja nun auch nicht verhungern und fängt dann auch im kleinen an zu schieben.

Falls es Dich interessiert, schreibe ich Dir demnächst mehr über unsern ganzen Behördenapparat. Ein solches Durcheinander, ein Überschneiden der Zuständigkeitsbereiche, wo keiner mehr seine Befugnisse kennt, jeder nach eigenem Ermessen tut oder läßt, was er will, und niemand irgendeiner parlamentarischen Körperschaft Rechenschaft ablegen braucht, ist kaum auszudenken. Dazu sind in fast allen entscheidenden Stellungen führende Nazis in leitender Position. Die Resultate sehen auch danach aus. So hat eben in Deutschland eine Erhebung der Volksmassen gefehlt, durch die die Faschisten hinweggefegt worden wären. Und unsere „alliierten Freunde" sind sehr darum besorgt, daß Deutschland nicht durch soziale Kämpfe erschüttert wird.

Nun machen sich in letzter Zeit erste Anzeichen einer selbständigen Aktivität der Arbeiterklasse bemerkbar. Arbeitsniederlegungen, um den Betriebsräten größere Rechte einzuräumen, fanden statt, Proteststreiks gegen die weitere Anwesenheit nazistischer Direktoren wurden geführt, dazu eine Menge befristeter Streiks mit Demonstrationen wegen der Ernährungskrise und nicht zuletzt politische Streiks, beispielsweise aus An-

---

[1] Seit Januar 1947 war der spätere Bundespräsident Heinrich Lübke (CDU) nordrhein-westfälischer Minister für Ernährung, Landwirtschaft und Forsten.

laß der Bombenanschläge in Nürnberg[3]. Man soll diese Dinge weder unter- noch über-schätzen. Sicher wird die Arbeiterklasse, wenn die Regelung unserer inneren Verhält-nisse zur Debatte steht, als selbständiger Faktor auftreten. Aber auch die Reaktion for-miert ihre Reihen und wenn sich der Aufmarsch der konterrevolutionären Kräfte auch ohne Lärm vollzieht, so bereitet sich diese Gesellschaft doch schon auf die kommenden Auseinandersetzungen vor.

Nun leben wir hier unter dem Diktat der internationalen Militärregierungen und kön-nen deshalb auch unsere eigenen inneren Angelegenheiten nicht so in Ordnung brin-gen, wie es nötig ist. Von den Friedensverhandlungen erhoffe ich auch nichts. Die Phrase von der Kollektivschuld muß dazu herhalten, Deutschland solche Lasten und Produktionsbeschränkungen aufzulegen, die auch einer sozialistischen Wirtschaft die Existenzmöglichkeit nehmen würden. Ferner dient diese Formel als Beweis, daß wir nicht reif sind, uns selbst zu regieren. Wie unmündige Kinder werden wir von denen bei der Hand genommen, die mit dem faschistischen Deutschland noch in bestem Einver-nehmen waren, als wir und mit uns Millionen in Deutschland selbst im illegalen Kampf gegen Hitler standen. Das deutsche Volk ist weder dümmer, noch schlechter oder fei-ger als andere, und wenn hier der Faschismus zur Macht kam, dann liegt das an einer Reihe von Umständen, die wo anders, wenn sie dort wirksam wären, das gleiche Resul-tat erzielt hätten. Wenn die anderen Völker den Faschismus vermeiden wollen, sollen sie aus unserer jüngsten Geschichte lernen und sich nicht als unsere Lehrer aufspielen. Wir haben's durchgemacht und hinter uns und können vielleicht der ganzen Welt einen wertvollen Beitrag liefern.

Die politische Vernunft ist scheinbar ausgeschaltet. Die Sieger werden den Frieden dik-tieren. Aber einen Dauerfrieden werden wir nur dann haben, wenn die sozialistischen Kräfte in der ganzen Welt stärker werden. Aber da scheint mir die Politik der SU als auch der K.P.en in den einzelnen Ländern sehr anfechtbar.

Aber über diese Dinge später mehr. Ich will jetzt schließen, weil ich noch zu einer Ver-sammlung muß ...

Dein Freund Bernhard

---

[3] Am 7.1.1947 explodierte eine Bombe im Sitzungssaal der Spruchkammer der Stadt Nürnberg, das Gebäude wurde völlig zerstört. Am 2.2.1947 fand ein zweiter Bombenanschlag in Nürnberg statt, Ziel war das Bürogebäude der SPD, in dem auch die Oberstaatsanwaltschaft des Landgerichts Erlan-gen sowie der Spruchkammerpräsident, der u.a. das Verfahren gegen den ehemaligen Reichskanzler Franz von Papen leitete, ihren Sitz hatten; wieder entstand beträchtlicher Sachschaden. Spuren an den Tatorten wiesen darauf hin, daß die Täter aus nationalsozialistischen Kreisen kamen. In der Nürnberger Arbeiterschaft kam es wegen der Bombenanschläge zu Proteststreiks. Vgl. dazu auch den Brief Fritz Nagels vom 5.2.1947, S.223.

SOLINGEN

Willi Linder* an den Solidaritäts-Fonds

Solingen-Ohligs, den 5.4.1947
Hermann-Löns-Weg

Werte Genossen!

Mit großer Freude erhielt ich Euer Paket im Augenblick der größten Notlage. Wenn auch beschädigt und sehr wahrscheinlich nicht mehr der ganze Inhalt vorhanden, aber noch so viel, daß wir in der Familie etwas zu überbrücken hatten, und der arme Teufel, der etwas herausnahm, hatte bestimmt auch Hunger so wie wir, und damit war im Augenblick zwei Familien vorübergehend geholfen. Nun, werdet Ihr erstaunt fragen, was sind das für Zustände in Deutschland, wenn aus beschädigten Paketen etwas herausgenommen wird und unsere Genossen entschuldigen das noch. Wenn bei der Post und Bahn schlechte und asoziale Elemente wären, die hätten bestimmt mir den leeren Karton zugestellt mit dem Bemerk: „Durch Beschädigung des Paketes wäre alles verloren gegangen." Da dies aber nicht der Fall ist, so zeigt das, daß nur ein Hungernder von den verführerischen bloßliegenden Lebensmitteln sich etwas genommen hat. Soll man das, bei einer Zuteilung von 3½ Pfd. Brot und ½ Pfd. Sauerkraut pro Woche, einem verübeln, wenn einer zugreift, um einmal den Hunger zu stillen, vielleicht sind Kinder oder Kranke zu Hause. Nun sind wir als Empfänger des Paketes durch polit.[i-sche] Verfolgung und hinter uns liegende K.Z.-Haft schon etwas gewohnt. Uns wurde von Seiten der Alliierten ja allerhand durch Rundfunk und Zeitung versprochen: zu Weihnachten 1945 sollten laut Rundfunk die für Frontkämpfer bestimmten Liebesgaben-Pakete an die ehem.[aligen] polit.[ischen] Häftlinge verteilt werden. Wir sollten als die Alliierten der Alliierten fühlbare Erleichterungen erhalten usw. Was wurde gehalten? Die Liebesgaben wurden durch die Kirchengemeinden von Frauen der ehem.[aligen] Frauenschaft der Nazis verteilt und so, daß Mitglieder der Kirchengemeinde, die politisch Verfolgte waren, nichts erhielten, da diese nicht zum Gottesdienst gingen. Fühlbare Erleichterungen haben wir, und zwar: Uns war es als polit.[isch] Unzuverlässige bei den Nazis nicht möglich, eine Prüfung abzulegen, heute wenn ein Genosse eine Existenz aufbauen will, verlangt man das Prüfungs-Zeugnis, mithin ist der Genosse nicht in der Lage, seine Existenz aufzubauen. Steuern müssen gezahlt werden wie die Nutznießer der Nazis, alles Vorstellen bei der Besatzungsbehörde ist zwecklos und wird abgewiesen. Die Nutznießer der Nazis können zahlen, ohne mit der Wimper zu zucken, diese bekommen Material, die ehem.[aligen] polit.[ischen] Häftlinge sind keine alten Kunden und haben Mühe und Not, etwas zu bekommen, das ist die Hilfe der Alliierten an die Alliierten der Alliierten.

Mit Kampf haben wir ehem.[aligen] polit.[ischen] Häftlinge erreicht, wenigstens den Kaloriensatz der internierten Nazi-Verbrecher zu erhalten, das ist der einzige Erfolg, den wir zu verzeichnen haben.

Daß unter solchen Verhältnissen, wie sie heute in Deutschland sind, auch bei guten Genossen Verzweiflungs-Stimmung vorhanden ist, können wir gut verstehen. Inwieweit Ihr darüber informiert seid, wissen wir nicht. Aber eins steht fest: Wir deutschen Genossen lernen verstehen, was Marx sagt: „Der Mensch bestimmt nicht die Verhältnisse, sondern die Verhältnisse bestimmen den Menschen". Darum, solltet Ihr in Zukunft nicht immer den einzelnen deutschen Genossen verstehen, berücksichtigt bitte die Verhältnisse des Genossen.

Nun zum Schluß noch einmal herzl.[ichen] Dank für Eure Spende, meine Frau weinte vor Freude, als ich mit dem Rest des Inhaltes vom Zollamt nach Hause kam.

Über unsere Zuteilung von Lebensmitteln lege ich einen Ausschnitt aus der Zeitung bei, die unter Kontrolle der Besatzung erscheint und darum glaubhaft ist.

Mit herzl.[ichem] Gruß
W. Linder

Hugo Röhrig* an Joseph Lang

Solingen-Ohligs, den 15. 5. 1949
Wilhelmstr. 9

Liebe Freunde!

Zunächst möchte ich Euch bestätigen, daß von den Bremer Freunden ein Sack mit Frauen-, Männer- und Kindersachen hier eintraf und von mir zur Verteilung gebracht worden ist. Im Namen aller Begünstigten sage ich Euch herzlichen Dank! Zwar ist hier die Bewirtschaftung der Textilien durch Zuteilungsmarken aufgehoben. Es ist also – wenn auch noch häufig in fraglicher Qualität – alles wieder in den Läden zu haben. Aber es wird, wie früher durch die Zuteilungsmarken, heute durch seinen Preis bewirtschaftet. Der Arbeiter kann seinen wirklichen Bedarf nicht befriedigen, da sein Lohn im Verhältnis zu den Preisen vollkommen unzureichend ist. Und so kommt Eurer Aktion – trotz der veränderten Verhältnisse hier – noch praktisch der gleiche Sinn zu. Einer unserer Freunde hier ist Schulleiter an einer Volksschule. Er bittet mich Euch mitzuteilen, daß bei den Arbeiterkindern seiner Schule eine beträchtliche Bekleidungsnot herrscht, er wäre Euch dankbar, wenn Ihr bei einer evtl. nächsten Sendung für diese Kinder Sachen schicken könntet.

Bei mir sind zudem über Buenos-Aires-Collis suisse zwei Ölfett-Pakete eingegangen. Ich gehe wohl nicht fehl, daß Ihr diese Sendung veranlaßt habt, und sage Euch herzlichen Dank. Auch jetzt noch sind die Fettrationen hier recht unzureichend, so daß die beiden Pakete rechte Freude auslösten.

Seit etwa ½ Jahr ist mit den Kölner Freunden[1] kein wirklicher Kontakt mehr. Es ist nun aus verschiedenen Gründen recht schwer, Euch die ganzen Verhältnisse zu schildern. [...] Die Arbeit leidet aber unter vielen verschiedenartigen Schwierigkeiten. Ich möchte dafür einmal ein Bild gebrauchen, indem ich uns mit einer Lokomotive vergleiche: Wollen wir einen Sinn behalten und soll unsere Energie nicht ins Leere gehen, dann müssen wir bei dem Zuge bleiben – aber dieser gesamte Wagenpark verbraucht auch, um ihn nur ein wenig voranzuziehen, fast unsere gesamte Kraft. Hängen wir uns jedoch ab, so brausen wir ohne Hemmung als Selbstzweck sinnlos davon. Ihr werdet uns mit dieser Metapher verstehen. Jede Beurteilung der Lage hier nach den früheren, Euch bekannten Verhältnissen ist falsch. Wenn wir z. B. zu den jungen Menschen hier in unserer alten Terminologie sprechen, so ist das fast so, als sprächen wir in einer ihnen fremden Sprache, und es fällt ihnen vor allem schwer, wenn sie uns schon verstehen – nach allem was geschehen ist –, an unsere Aufrichtigkeit zu glauben. Unsere ganze

---

[1] Zum „Kölner Kreis" vgl. Biographie von Ludwig A. Jacobsen*, S. 341 f.

praktische Arbeit ist der Trümmerbeseitigung in den Städten vergleichbar: mühsam müssen wir aus den Hirnen den ganzen Schutt der bösen vergangenen Jahre beseitigen, und die falschen Vorstellungen, mit denen wir es früher zu tun hatten, sind nicht verschwunden. Ihr werdet verstehen, was es heißt, wenn ich in dieser Hinsicht sage, daß wir nicht einmal den Rücken frei haben. Wenn wir manchmal an die naive Gläubigkeit unserer Großväter denken, dann müssen wir schon feststellen, daß wir ernstere Erfahrungen machen, nicht zu reden von dem, was hinter uns ist. Wenn ich dies schreibe, so soll das kein Klagelied sein, sondern es soll Euch nur unterrichten über die wirklichen Schwierigkeiten.

Wenn jemand von Euch nach Deutschland kommt, würden wir uns freuen, wenn er uns aufsuchen könnte. Und nun nochmals herzlichen Dank für Eure materiellen Hilfen und unsere aufrichtigen Grüße

Hugo Röhrig

BOCHOLT

Otto Hensel* an Joseph Lang

Bocholt, den 11. 11. 1948
Petersfelderstr. 60

Lieber Genosse Lang!

Zunächst unseren herzlichen Dank für das Paket, es war für uns sehr wertvoll. Wir haben vom Ge.[nossen] Emil Samorei* erfahren, daß Du dafür verantwortlich zeichnest, u. waren sehr erfreut, daß Ihr an uns gedacht habt.
Wie Euch Emil schon mitgeteilt hat, sind wir in Bocholt-Borken mit einer Anzahl Ge.[nossen] aus der KPD ausgetreten. Wir konnten die Politik dieser Partei, die sich in einem vollkommenen Abhängigkeitsverhältnis zur russ.[ischen] Außenpolitik befindet, nicht mehr vertreten. Überdies befindet sich die KPD in einer schweren Krise, die an manchen Orten das Stadium der Selbstauflösung erreicht hat. Die SPD, die sich immer mehr zur Partei der Mitte entwickelt u. den Marxismus über Bord wirft, ist für uns auch unmöglich. Aus diesen Gründen sind wir, wie auch viele andere Freunde anderorts, jetzt dabei, eine neue sozialistische Partei zu schaffen.
In einer Zusammenkunft am 6. November, auf der Ge.[nosse] Samorei* referierte, haben wir beschlossen, baldmöglichst die Lizensierung der neuen Partei zu erwirken[1].

---

[1] Im Bestand der Korrespondenz Lang/Hensel, die bis in das Jahr 1950 reicht, fand sich eine Erklärung von 21 Unterzeichnern aus Bocholt und Borken, unter ihnen Otto und Mathilde Hensel und Josef und Anna Schmitz, vom 6. 11. 1948 folgenden Inhalts, der diese Briefstelle verdeutlicht:
„Liebe Genossin Wolfstein*, lieber Genosse Frölich*, liebe Genossin Erna Lang und lieber Genosse Joseph Lang!
Wir Bocholter Arbeiter, die wir in Opposition zu den offiziellen Parteien stehen und sie darum verließen oder aus ihren Kreisen ausgeschlossen wurden, hörten heute die Ausführungen des Genossen Samorei* aus Gelsenkirchen und beschlossen, da wir erkannten, daß, wie die letzten Wahlen es zeigten, sehr viele Kräfte, nach einer so ungeheuerlichen Katastrophe sich abseits des politischen Tageskampfes stellen, diese Kräfte zu erfassen. Wir stellten fest, daß es gerade die jugendlichen Arbeiter sind, die nun politisch desinteressiert sind. Diese abseits stehenden Kräfte zu erfassen, sie zu schulen und in die Reihen der politischen Freiheitskämpfer zu überführen, soll unsere Aufgabe sein.
Als notwendige Voraussetzung dazu sehen wir keinen anderen Ausweg als den, diese Arbeiter einer wirklichen marxistischen Arbeiterpartei, die nicht für einen Staat und nicht für die nationalen Belange von Völkern, sondern für den arbeitenden Menschen sich einsetzt, zuzuführen.
Die Unterzeichneten, die schon Jahrzehnte im proletarischen Befreiungskampf stehen und zum Teil hinter den Kerkermauern Hitlers schmachteten, entbieten Euch, als unsere vorbildlichen Funktionäre die brüderlichsten Grüße. Wir werden in einer Arbeitsgemeinschaft zusammengeschlossen die Voraussetzungen zur Bildung einer wirklichen marxistischen Arbeiterpartei schaffen helfen und für die Sache des Proletariats weiter werben und wirken.
Wir bitten auch dem Genossen August Thalheimer*, dem Genossen Heinz Brandler*, dem Genossen [Willi] Beier (vgl. S. 118), dem Genossen Ebeling*, dem Genossen Reisner* und der Genossin Reisner* und allen anderen unsere Grüße zu übermitteln."
Am 16. 1. 1949 begrüßte Joseph Lang in einem an Otto Hensel gerichteten Brief den Austritt von Hensel und Schmitz aus der KPD, äußerte aber Bedenken, „jetzt in Eurem Ort einen eigenen Laden aufzumachen." Lang betonte dann seinerseits die Schwächen der SPD, aber: „wir wissen aber auch, daß der entscheidende Teil der klassenbewußten Arbeiter in dieser Partei organisiert ist und daß es darauf ankommt, mit ihnen Kontakt zu erhalten und sie im Sinne eines kompromißlosen Sozialismus zu beeinflussen. Wir glauben, daß ein Arbeiten in dieser Richtung wesentlich aussichtsreicher und bedeutungsvoller ist, als wenn man sich in einer ‚kleinen, reinen' eigenen Organisation betätigt und in

Wir sind der Überzeugung, daß die objektiven Voraussetzungen für diesen Schritt voll u. ganz gegeben sind. Als unsere nächste Aufgabe betrachten wir, alle oppositionellen Gruppen programmatisch wie organisatorisch einheitlich auszurichten. Wir hoffen, daß unser Beginnen Erfolg haben wird, u. daß endlich eine soz.[ialistische] Partei ersteht, die sich nicht nach einer der bestehenden imperialistischen Großmächte sondern nach rein sozialistischen Grundsätzen ausrichtet.

Nun kurz mein pol.[itischer] Werdegang: Ich bin 1923 in die SAJ u. 1924 in die SPD eingetreten. Meine Haupttätigkeit war der Jugendbewegung gewidmet. 1931 trat ich der SAP bei. Nach der Machtübernahme durch den Faschismus beteiligte ich mich am Aufbau der illegalen Organisation u. leitete die Grenzverbindung nach Holland. Im Zuge einer Verhaftungsaktion wurde ich im Januar 1935 verhaftet u. im SAP-Prozeß Brünen* zu 10 Jahren Zuchthaus verurteilt. Nach der Befreiung trat ich im Juni 1945 der KPD bei u. wurde im Januar 1946 zum Kreissekretär für den Kreis Bocholt-Borken gewählt.

[…]

Mit sozialistischem Gruß

Otto Hensel

Liebe Genossen!

Auch ich möchte Euch nochmals recht herzlich für das Paket danken, es hat mir wieder für eine Zeitlang die Sorge, was gibst du deinem Mann und unserm großen Jungen (18½) und unserm Mädchen (14½) zu essen, genommen. Es ist etwas besser mit den Lebensmitteln wie früher, aber immer noch viel zu knapp. Sonst sind wir trotz aller Sorge recht froh, daß mein Mann nach so langer Zeit wieder daheim ist. Ich selbst bin gebürtige Wienerin u. seit meiner Jugend in der Arbeiterbewegung. (21. Bezirk)

Viel herzliche Grüße!

Mathilde Hensel

Herzliche Grüße von Gen. Samorei Emil*

Josef (Jup) Schmitz an Adolf Ehlers (Bremen)*

Bocholt, den 26. 10. 1948
Burloerstr. 12

Werter Herr Senator Ehlers!

Teile Ihnen umgehend mit, daß ich gestern, am 25. 10., das von Herrn J. Lang USA. abgesandte u. durch Ihnen übermittelte Paket mit Lebens- und Genußmitteln, erhalten habe und sage Ihnen meinen herzl.[ichen] Dank. Ich bitte Sie die Freunde in der USA. in meinem Namen ebenfalls meinen herzl.[ichen] Dank zu übermitteln und sobald ich von meiner jetzigen schweren Krankheit – Ischias und schweren Nervenrheuma wieder etwas auf dem Damm bin werde ich an den Freunden eigenhändig ein Dankesschreiben senden.

Ich danke nochmals recht herzlich für all die schönen Sachen, die darin wohl verpackt waren und die uns allen recht herzlich erfreut haben. Die größte Freude meiner Frau, die auch selber 2½ Jahre Zuchthaus wegen Hochverrat im Frauenzuchthaus saß,

_____

Wirklichkeit damit isoliert." Neben Lang wandte sich auch Paul Frölich* direkt an die Bocholter. – Ob die Partei gegründet wurde, ist nicht bekannt.

meiner Kinder und Enkelkinder war wohl, daß man auch nun drüben in der USA. man anfängt an uns deutsche Widerstandskämpfer zu denken und nicht alle Deutsche als Verbrecher eingestuft werden, wie dieses leider in der ersten Zeit geschehen ist.

Also nochmals herzlichen Dank und nochmalige Bitte um Übersendung meines Dankes an den Freunden in der USA.

Mit kameradschaftlichem Gruß
Jup Schmitz

Politischer Lebenslauf des Genossen Josef Schmitz, Bocholt.

Ich bin am 5. 4. 1885, als Sohn des Schneidermeisters Heinrich Schmitz in Oberhausen geboren. Nach dem Besuch der Volksschule erlernte ich das Weberhandwerk. 1906 wurde ich beim 70. Feldartelrrieregiment in Metz eingezogen und 1908 als Unteroffizier entlassen. 1910 trat ich den freien Gewerkschaften bei und 1911 wurde ich Mitglied der SPD. Am 2.8. 1914 wurde ich zum 3. Gardereserveregiment nach Berlin eingezogen und wurde an die Westfront geschickt. Nach meiner Verwundung und Wiedergenesung im Reservelazarett Hirschberg, im Januar 1915, kam ich wieder zum Regiment nach Berlin, wo ich bis Ende 1915 als Rekrutenausbilder blieb. Durch meinen Freund Gustav Haasse wurde ich in den Kreis der Opposition der SPD – Rosa Luxemburg und Karl Liebknecht – eingeführt und bekam dort die Aufgabe die Antikriegspropaganda in den Kasernen hineinzutragen. Ich erschien den Genossen als Vizewachtmeister dazu besonders geeignet.

Im März 1917 wurde ich vom Kriegsgericht zu drei Jahren Festung wegen Meuterei verurteilt. Die Strafe saß ich im „Bomerwald" bei Köln, aber nur zum Teil, ab. Anfang 1918 kam ich zu einem anderen Truppenteil und wurde wieder an die Westfront geschickt. Wegen Erkrankung kam ich ins Lazarett. Bei Ausbruch der Revolution kam ich im November 1918 in den Arbeiter- und Soldatenrat Leipzig. Im Dezember 1918 kehrte ich wieder nach meinem Heimatort, Bocholt, zurück und wurde am 16.1. 1919 dort Mitglied des A.- und S.-Rates. Seit Anfang 1918 schon bekannte ich mich zur USPD und gründete gleich nach meiner Ankunft in Bocholt die Ortsgruppe der USPD. Nach dem Haller Parteitag trat die ganze Ortsgruppe zur KP über. Ich wurde Leiter der Partei und brachte sie zu einer Stärke, die beachtlich war. Bei den Wahlen erzielten wir die doppelte Anzahl der Stimmen der SPD.

Im Jahre 1925, nach Herausgabe des EKKI-Briefes[1], trat ich mit mehreren Genossen in die Opposition gegenüber der Bezirksleitung der Ruth-Fischerleute[2] in Essen. Ich schloß mich mit meinen Freunden der Korschgruppe[3], die sich Gruppe Kommunistische Politik nannte, an. Im August 1927 wurde ich wegen Fraktionsbildung aus der KP ausgeschlossen. Mit mir trat die gesamte Ortsgruppe mit 300 Mann aus der KP. Es war nun in Bocholt keine KP mehr vorhanden.

Im Jahre 1928 gab ich in Bocholt eine Zeitung „Die Wahrheit" heraus. Sie hatte eine Auflage von 3000 Nummern, für Bocholt eine hohe Auflage. 1929 ging die Zeitung ein. Auf Beschluß der Bezirksleitung der Korschgruppe habe ich dann die Zeitung „Der Klassenkämpfer" herausgegeben und verantwortlich gezeichnet. Die Zeitung wurde

---

[1] In einem offenen Brief an alle Organisationen und die Mitglieder der KPD wandte sich das Exekutiv-Komitee der Kommunistischen Internationale (EKKI) scharf gegen die Linke in der KPD und damit gegen die gerade erst erneut gewählte Fischer-Maslow-Führung; der Brief wurde am 1.9. 1925 in der „Roten Fahne" veröffentlicht.

[2] Zu Ruth Fischer und Arkadij Maslow vgl. Anm. 6 zum Brief Emil Samoreis vom 5.8. 1947, S.90.

[3] Zu Karl Korsch vgl. Anm. 4 zum Brief Emil Samoreis vom 14.8. 1947, S.94.

über das ganze Reichsgebiet verbreitet, als Organ der Korschgruppe. Im Jahre 1930 machte ich mit Karl Korsch im Ruhrgebiet den Versuch die vielen Oppositionsgruppen zu vereinigen, angesichts der Erstarkung der Reaktion. In Berlin und Dortmund traten wir mit der Urbahnsgruppe⁴ zusammen, jedoch ergebnislos. Nach Beseitigung der Hemmnisse die für uns bestanden zur KP zurückzukehren, vollzogen wir unsere Eingliederung in die KP, da wir die Gefahr des heranmarschierenden Nazismus erkannten. Nach Verbüßung einer Strafe wegen Pressevergehens kam es wieder zu einem gespannten Verhältnis zwischen mir und der Bezirksleitung in Essen. Man bot mir ein Landtagsmandat an. Ich lehnte ab und verlangte eine gesunde Arbeiterpolitik zu führen seitens der B.[ezirks]L.[eitung]. Bemerken möchte ich noch, daß ich in Bocholt, als ich aus dem Gefängnis entlassen wurde, von einer fast 10000 zählenden Menschenmenge am Bahnhof abgeholt wurde und im Demonstrationszuge durch die Stadt zog. Bocholt hat 35 000 Einwohner.

Im Sommer 1931 kam es erneut zu Zerwürfnissen mit der B.L. anläßlich des „Roten Volksentscheides"⁵. Im Februar 1932 wurde ich erneut aus der KP ausgeschlossen, nachdem ich eine Resolution in einer Generalversammlung vorgelegt hatte, die die Arbeit der Parteileitung kritisierte. Sie fand eine 96% Zustimmung. Ich schloß mich nun mit meinen Freunden der SAP an. Wir gaben wieder eine Ortszeitung heraus. Unser Kampf galt der Einheitsfront gegen den Nazismus. Auch in Versammlungen trat ich für die Einheit der Arbeiter gegen den Nazismus ein. Das brachte mir den Haß der Nazis. Ich wurde am 28.2. 1933 in Schutzhaft genommen. In Recklinghausen wurde ich von dem sattsam bekannten Kriminalrat Tenholt sehr schwer mißhandelt. Ich konnte monatelang sehr schlecht gehen als Folgen der Mißhandlung.

Nun ging es durch die Läger Siegburg, Brauweiler und Esterwegen. Hier hatte ich unter dem Druck der höheren Funktionäre der KP wegen meiner Haltung der KP gegenüber zu leiden. Doch durch meine Haltung der SS gegenüber erwarb ich mir das Vertrauen der übrigen Kameraden im Lager und ich wurde von ihnen als Barackenältester gewählt, obwohl auch in der Baracke Land- und Reichstagsabgeordnete waren.

Im Oktober 1935 wurde ich aus dem Lager entlassen. Meine Frau befand sich im Zuchthaus wegen Vorbereitung zum Hochverrat. Sie hatte sich während meiner Lagerhaft politisch gegen die Nazis betätigt. Meine Frau war beauftragt worden illegale Schriften aus dem nahen Holland zu holen. Sie nahm aktiv am Widerstand gegen die Nazis teil und erhielt darum die Zuchthausstrafe.

Ich erfreute mich nur drei Monate der „Freiheit" im Nazireich. Schon im Januar 1936 wurde ich erneut verhaftet. Man beschuldigte mich gegen die Nazis zu arbeiten. Ich hatte [versucht,] die noch vorhandenen Kräfte, die noch von der SP, KP und der SAP vorhanden waren, zusammen zu fassen. Nach einigen Wochen Haft wurde ich wieder entlassen. Im Jahre 1937 wurde ich wiederum verhaftet, da man mich beschuldigte in

---

⁴ Hugo Urbahns (1890–1946) gehörte in der KPD zu den Linken um Ruth Fischer und Arkadij Maslow, 1926 Mitglied der neugebildeten Reichsleitung der Linken Opposition der KPD, November 1926 Ausschluß aus der KPD, 1928 Mitbegründer des Lenin-Bundes, der stärksten linken Gruppierung, und bis 1933 dessen Führer.

⁵ Am 9.8. 1931 fand in Preußen ein vom „Stahlhelm" initiierter Volksentscheid statt, mit dem die Auflösung des preußischen Landtages erzwungen werden sollte, um auf diese Weise die sozialdemokratisch geführte Regierung Braun-Severing zu stürzen. Dieser Volksentscheid wurde von der NSDAP und der DNVP unterstützt; die KPD sprach sich zuerst gegen ihn aus, im Juli 1931 rief sie jedoch auf Anweisung der Komintern ihre Wähler auf, mit Ja zu stimmen. Viele KPD-Wähler folgten diesem Schwenk der KPD-Politik nicht, so daß der Volksentscheid nur 37% Ja-Stimmen bekam und damit scheiterte.

Holland gewesen zu sein. Dort sollte ich gegen die Nazis Propaganda gemacht haben. Nach 4 Monaten Haft wurde ich wieder entlassen. Ich wurde nun sehr scharf beobachtet. Mir wurde von meinen Nachbarn mitgeteilt, daß die Gestapo meinem Hause gegenüber im Fenster einen Mann mit einem Fotoapparat sitzen habe, der alle Menschen abnehme, die mein Haus betreten.

Im Oktober 1938 wurde ich jedoch wiederum verhaftet und es wurde gegen mich Anklage wegen Vorbereitung zum Hochverrat erhoben. Nach einem Jahre Untersuchungshaft wurde ich aus dieser entlassen und von der Gestapo in das Lager Sachsenhausen untergebracht. Am 28.2.1945 wurde ich von dort aus dem Lager Bergen-Belsen überführt. Am 20. Mai 1945 wurde ich von englischen Truppen befreit und sofort dem Krankenhaus überwiesen[6].

Nach meiner Genesung im Sommer 1945 wurde ich in die Heimat entlassen und ging sofort dazu über und sammelte die alten Freunde. Eine einheitliche Arbeiterbewegung zu schaffen scheiterte. Zusammenkünfte mit den Genossen der SP wurden abgehalten. Nachdem aber die Leitungen der beiden Parteien den Zusammenschluß unterbanden, wurden auch hier die beiden Parteien ins Leben gerufen. Ich übernahm die Leitung der KP. Doch bald erkannte ich, daß sie keine fortschrittliche Arbeiterpolitik trieb, sondern dort anknüpfte, wo sie 1932 aufgehört hatte. Dazu kam noch eine nationale Stellungnahme, die ich unter keinen Umständen gutheißen kann. Ich erkenne immer mehr und mehr, daß es die Leitung der KP nicht ernst meint mit dem Weg zur Demokratie. Der Auffassung, daß die KP eine Politik treibt, die den marx- und engelschen Grundsätzen widerspricht, kann ich mich nicht mehr verschließen. Zudem kann ich nicht gutheißen, daß die Kriegsgefangenen in der Sowjet-Union so schlecht behandelt werden, wie zurückkehrende Gefangene berichten. Besonders empört es mich zu hören, daß die Genossen, die im Nazi-KZ saßen, nun auch im Lager bei den Russen sitzen mußten. Weiter kann ich es nicht mit meinem Gewissen vereinbaren, einer Partei anzugehören, die es gutheißt, daß Offiziere und Beamte besser ernährt werden und auch besser bezahlt werden. Das alles hat mich veranlaßt in der KP in Opposition zu treten. Die Bezirksleitung in Münster – Bocholt gehört nun zu diesem Bezirk – hat mir ansagen lassen, daß ich meine Einstellung ändern müsse, sonst werde ich aus der KP ausgeschlossen. Zudem wird mir zum Vorwurf gemacht, daß ich Verbindungen zu Genossen in Wesel, Dinslaken, Hamborn, Essen und Gelsenkirchen unterhalte. Ein Schiedsgericht gegen mich, das in Münster tagen soll, wurde gegen mich eingesetzt. Ich habe also in der nächsten Zeit mit meinem Ausschluß aus der KP zu rechnen.

Ich bin nun alt und arbeitsunfähig. Mit meiner Frau lebe ich von einer kleinen Rente. Mein ganzes Leben habe ich im Kampf um die Rechte der Arbeiter gestanden. Wenn diese Rechte aber von der KP mit Füßen getreten werden, dann wende ich mich dagegen. Den Ausschluß aus der KP fürchte ich nicht. Ich bin alt und gebrechlich geworden. Doch im Befreiungskampf der Arbeiter, denke ich, stehe ich noch meinen Mann, auch gegen die KP[7].

---

[6] Entgegen der Erinnerung von Josef Schmitz wurde das KZ Bergen-Belsen am 15.4.1945 befreit.
[7] Ende 1948 trat Schmitz aus der KPD aus und war danach nicht mehr politisch aktiv. Er starb im Juni 1954 an den Folgen der KZ-Haft.

August Aßmus* an Karl Völker* (Amsterdam)

Wesel, den 21.4. 1948
Grabenstr. 10

Lieber Genosse K.[arl] V.[ölker]

Völlig überraschend, doch darum nicht minder willkommen traf heute Dein Lebensmittelpaket hier ein. Ich sage Dir und allen denen, die mit dazu beigetragen haben, uns
diese schöne Maifreude zu bereiten, meinen herzlichen Dank. Bei unserer Ernährungslage ist ein solches Paket von unermeßlichem Wert. Von unserem Standpunkt aus, ist
es ja ein trauriges Zeichen, daß so viele Menschen Not leiden müssen, wo es bei ein wenig Vernunft möglich wäre, alle Menschen auf der Erde gut zu ernähren. Aber trotz aller Not, sind es nicht die Lebensmittel allein, wofür ich Dir dankbar bin, sondern das
Gefühl, es gibt noch jemand, der sich um dich kümmert, der an dich denkt, du stehst
nicht ganz allein, erfüllt uns mit freudiger Dankbarkeit und reißt uns wieder hoch, gibt
uns neue Kraft zur weiteren Arbeit, wenn wir im täglichen Kleinkampf zu ermüden
drohen. Weißt Du, als wir 33 in die Illegalität gingen, wußten wir, daß es nicht ohne
Opfer abgehen würde, wenn auch die Wirklichkeit schlimmer aussah, als wir es voraus
geahnt hatten. Aber das was nach 45, nach dem Zusammenbruch des 1000jährigen Reiches geschah, hatten wir uns doch ein wenig anders vorgestellt. Wir sind nicht in die
Illegalität gegangen, um Vorteile zu erwarten. Daß es Opfer zu bringen galt, wußten
wir im Voraus. Es haben auch die Opfer bringen müssen, die nicht direkt im Netz der
Gestapo hängen blieben. Die Bomben der Alliierten machten keinen Unterschied zwischen Faschisten und Antifaschisten. Doch darüber wollen wir nichts sagen, auch nicht
darüber, daß wir Illegalen genau so Reparationen und Kriegsschulden bezahlen müssen, wie die Nazis, denn auch die von den Nazis Überfallenen haben dasselbe zu tragen. Was aber für uns Illegale bitter war, war die Einstellung vieler sozialistischer Genossen aus dem Auslande, die uns mit den Nazis auf eine Stufe stellten – Es war uns jedesmal ein Schlag ins Gesicht, wenn wir hören mußten, die Aufnahme in die sozialistische Internationale oder in den Weltgewerkschaftsbund wurde abgelehnt[1]. Die
deutsche Widerstandsbewegung hat länger und nicht weniger hart unter dem nazistischen Druck gestanden, als die der überfallenen Länder. Nur glaube ich, unser Kampf
war insofern schwerer und weniger erfolgreich, weil wir bei unsern Landsleuten zu we-

---

[1] Von den unmittelbar nach Kriegsende einsetzenden Bemühungen um einen Wiederaufbau der Sozialistischen Arbeiter-Internationale blieb die SPD zunächst ausgeschlossen; 1946 wurde die Zulassung deutscher Delegierter zweimal abgelehnt. Erst zur Internationalen Sozialistischen Konferenz
vom 6.–9.6. 1947 in Zürich wurden drei Vertreter der SPD zur Beantwortung von Fragen und zur
Darlegung ihrer Position eingeladen; die für eine Aufnahme der SPD notwendige Zweidrittelmehr-
heit kam noch nicht zustande. Erst die Internationale Sozialistische Konferenz in Antwerpen beschloß am 1.12. 1947 mit 12:4:2 Stimmen die Wiederaufnahme der SPD in die Internationale.
Der im Oktober 1945 gegründete Weltgewerkschaftsbund (WGB) machte im Juli 1947 die Bildung
eines gesamtdeutschen Gewerkschaftsbundes, der alle Länder und Zonen umfaßte, zur Voraussetzung für einen deutschen Beitritt; ein solcher Zusammenschluß kam nicht zustande. Der WGB wurde
zunehmend von den kommunistischen Organisationen beherrscht; dem als Gegenorganisation Ende
1949 gegründeten Internationalen Bund Freier Gewerkschaften (IBFG) gehörte der im Oktober 1949
gebildete DGB von Anfang an als Mitglied an.

nig Unterstützung aber zuviel Feinde fanden. In vielen Fällen ging der Kampf sogar bis in die eigene Familie hinein – während die Widerstandskämpfer in den unterdrückten Ländern bei der Mehrzahl ihrer Landsleute Unterstützung fanden, unbeschadet dessen, daß die Grundmotive, aus denen heraus der Kampf geführt wurde, sich bei den verschiedenen Gruppen diametral gegenüberstanden. Die Einstellung unserer ausländischen Genossen hat sich ja in der letzten Zeit erfreulicher Weise geändert. Und wir hoffen und wünschen, daß sich die Bindungen der Sozialisten aller Länder noch enger gestalten werden. Denn es darf keine nationalen Sozialisten geben, wenn unser Kampf um den Sozialismus mit Erfolg gekrönt sein soll. Wir sehen, wie sich der Kapitalismus aus der nationalen Eingeengtheit zu lösen versucht. Gleich ob es sich um den Privatkapitalismus westlicher oder um den Staatskapitalismus östlicher Prägung handelt. (Paneuropabewegung, Pansozialismus, Marshallplan usw.) Für uns heißt die Entscheidung nicht Ost oder West, sondern wir haben uns für den dritten Weg, der Schaffung der Vereinigten sozialistischen Staaten auf föderalistischer Grundlage zu entscheiden. Das bedeutet aber für uns, daß wir die internationale Zusammenarbeit aller Sozialisten enger gestalten müssen als bisher. Wäre unsere internationale Zusammenarbeit eine bessere gewesen, hätten die letzten Jahrzehnte der Weltgeschichte aller Wahrscheinlichkeit nach einen anderen Verlauf genommen.

Lieber Karl, Du stehst gewissermaßen auf Vorposten. Deine Lebensmittelpaketsendungen beweisen uns, daß Du uns in der Emigration nicht vergessen hast, und das freut uns und erfüllt uns mit Stolz. Doch in dem Liebesgabendienst darf sich Deine Aufgabe nicht erschöpfen, denn Du bist einer der Brückenbauer der internationalen Verständigung – Und nur auf dem Wege der internationalen Verständigung, des Erfahrungsaustausches und gemeinsamer Zielführung können wir unsern Kampf um die sozialistische Weltordnung mit Erfolg führen.

Lieber Karl, da ich annehme, daß Dich vielleicht einiges hier aus Wesel interessiert, so teile ich Dir folgendes mit.

Daß Bernhard Schmitz im Herbst 33 einem Herzschlag erlegen ist, wird Dir ja wohl bekannt sein. Rudi Jacobi verunglückte 1940 tötlich, als er auf einen fahrenden Zug aufsteigen wollte. Wilhelm Kirking, der auch erst nach Holland und von da aus ins Saargebiet emigrierte, nach der Saarabstimmung zurückkam und nach Verbüßung seiner ½jährigen KZ-haft von seiner Familie nicht wieder aufgenommen wurde, starb 39 in Bielefeld, wo er Arbeit gefunden hatte. Stacho Matuszeck starb 38 an Magenkrebs. Von Dr. Tono Rump, die 33 nach Ungarn emigrierte, fehlt seit 36 jede Nachricht. Mein Vater starb im Juni 45 in der russisch-besetzten Zone an hochgradiger Abmagerung, Herzschwäche und Dickdarmkatarrh. Ich selbst bin seit etwa 10 Jahren an meinen Stuhl gefesselt, da meine Beine infolge einer vermurksten Gelenkentzündung versteift sind. Heini Landsiedel ist im Januar bevorzugt, wegen seiner politischen Tätigkeit, aus der franz. Kriegsgefangenschaft entlassen worden. Wie Du siehst, haben wir mit unsern alten Funktionären Pech gehabt. Heini Landsiedel und ich sind die einzigen hier am Ort noch lebenden Vorstandsmitglieder der SAP. Da ich infolge Mangels eines Fahrstuhles mich nicht nach außen betätigen kann, steht Heini in den Versammlungen immer so ziemlich allein. Aber er kommt mich immer treu besuchen und so haben wir doch Gelegenheit, uns über alles gründlich auszusprechen. So bin ich doch trotz allem immer noch mitten drin. Wir sind und bleiben immer noch die Alten – Und wir hoffen, daß dadurch, daß Heini wieder hier ist, unser Einfluß mit der Zeit wächst, denn in die Partei sind viele Neusozialisten eingetreten, und wir Alten müssen scharf aufpassen, daß diese nicht einen unheilvollen Einfluß in der Bewegung ausüben.

Die Neusozialisten haben viel Schulung nötig. Leider ist das Schulungsmaterial hier sehr knapp. Und für die mündliche Bearbeitung fehlt es uns an Leuten. Die Verluste unter unseren Funktionären waren sehr groß.

Lieber Karl, ich will jetzt schließen. Nochmals herzlichen Dank. Es grüßen Dich und Deine holländischen Genossen zum 1. Mai mit sozialistischem Gruß

August Aßmus
u. Heini Landsiedel.

[...]²

---

² Kurze Nachbemerkung von Karl Völker* an Joseph Lang, in der es u.a. heißt: „Wie Du aus dem Briefe ersehen kannst, fehlt unserm Freunde ein Fahrstuhl, wenn es Euch möglich sein sollte hierfür etwas Geld locker zu machen, so wäre das sehr gut." In einem Postskriptum zu einem Brief an Joseph und Erna Lang vom 11.6. 1948 schreibt Karl Völker: „August Aßmus erhält einen Fahrstuhl aus der Schweiz."
Der Brief von August Aßmus liegt nur in einer von Karl Völker zeitgleich angefertigten Abschrift vor, die er an Joseph und Erna Lang sandte.

Eberhard Dörfler* an den Solidaritäts-Fonds

Bielefeld, den 19. 1. 1948
Im Siekerfelde 18

Liebe Genossen,

endlich komme ich dazu, Ihnen den Empfang Ihres mir übersandten Päckchens zu bestätigen. Ich möchte aber auch nicht versäumen, Ihnen in meinem Namen, wie auch im
Namen meiner Frau und meiner Tochter für die liebe Überraschung meinen herzlichsten Dank auszusprechen. Sie haben mir mit der Sendung eine außerordentliche Freude bereitet, eine Freude, die nicht nur aus dem Inhalt des Päckchens resultiert, sondern
in mir hervorgerufen wurde durch die praktische Solidaritätshandlung, die sich in dieser Sendung ausdrückt. Für mich ist das ein Zeichen der Verbundenheit in einer gemeinsamen Idee, die in allen Völkern und Nationen Wurzel geschlagen hat. Diese Sendung symbolisiert die Einheit der Sozialisten aller Länder. Es kommt ihr auch deshalb
besondere Bedeutung zu, weil sie den Versuch darstellt, durch praktische Hilfe Not
und Elend, die durch die Kriegsverhältnisse verursacht wurden, zu überwinden. Ich
möchte Ihnen aber auch ausdrücken, daß eine solche Sendung den deutschen Sozialisten ein Beweis dafür ist, daß nicht alle Deutschen als Verantwortliche für den Schrek-
ken des Hitlerkrieges angesehen werden. Diese Ansicht aber gibt uns in Deutschland,
wenn sie uns von unseren ausländischen Genossen bestätigt wird, nur neuen Mut und
neue Kraft.
Daß die Lebensbedingungen, denen gegenwärtig unser Volk unterworfen ist, äußerst
schwer sind, wird auch Ihnen, Genossen in Amerika, bekannt sein. Daß das Elend, welches aus dem Nazikriege resultiert, dabei am allerhärtesten die ärmsten und untersten
Volksschichten trifft, können Sie sich vorstellen, ohne in Deutschland gewesen zu
sein.
Der Sozialismus ist nicht nur eine ökonomische Angelegenheit, im Sozialismus steckt
als Kernpunkt der Gedanke der Nächstenliebe. Der Sozialismus hat es sich zur Aufgabe gemacht, einen Gesellschaftszustand auf der Erde zu schaffen, der es keinem Speku-
lanten ermöglicht, aus der Produktion von Kriegserzeugnissen Kapital zu schlagen.
Der Sozialismus verfolgt die Absicht, die Produktion nicht deshalb zu entwickeln, weil
sie in den Händen weniger Besitzender dazu dient, Reichtümer zu erwerben, sondern
die Produktion zur Bedürfnisbefriedigung der Menschen zu verwenden. Dies ist das
Ziel, das den deutschen Sozialisten trotz aller Schwere vorschwebt. Für dieses Ziel
setzen sich viele unserer Genossen in Deutschland unter den härtesten Bedingungen
ein.
Die Arbeit wird uns hier nicht leicht gemacht; wenn auch das Hitlerreich zusammengebrochen ist, so sind damit die geistigen Strömungen des Hitlerismus noch längst nicht
überwunden. Sie segeln heute nur unter einer anderen Bezeichnung. Und da wirkt es
wie ein Lichtblick, wenn auf einmal von jenseits des Ozeans der Sozialismus in der
Praxis zur Anwendung kommt. Es ist furchtbar schwer für Sie, all den Genossen in
Deutschland und der Welt helfen zu wollen, die unter den Auswirkungen des gesamten
geschichtlichen Geschehens zu leiden haben.
Wir wissen in Deutschland, daß auch die amerikanische sozialistische Bewegung nicht

auf Rosen gebettet ist. Desto mehr verstehen wir es auch, dieses Zeichen praktischer Hilfsbereitschaft hoch anzuerkennen und neben der materiellen Bedeutung den ideellen Wert Ihrer Sendung noch höher einzuschätzen. Das ist es, was ich Ihnen als Empfänger Ihres Päckchens zu sagen habe.

Wenn es möglich ist, würde ich mich freuen, recht bald wieder etwas von Ihnen zu hören. Es interessiert mich, von Ihnen zu erfahren, wie es um die Wirklichkeit der amerikanischen sozialistischen Bewegung bestellt ist. Es interessiert mich aber auch, von Ihnen zu hören, wie die Arbeitsmarktverhältnisse bei Ihnen sind. Zugleich würde ich mich freuen, wenn Sie mir etwas über das soziale Versicherungswesen in Amerika schreiben könnten. Falls Sie daran interessiert sind, wäre ich gern dazu bereit, Ihnen über die Verhältnisse in Deutschland und die Betrachtung der gesamten gegenwärtigen politischen Ereignisse vom Standpunkt der sozialistischen Arbeiterschaft zu berichten. Es würde dann selbstverständlich Ihnen überlassen bleiben, wie Sie diese Berichte zu verwenden gedenken. Sie könnten sich darauf verlassen, daß alle Ihnen übermittelten Angaben den Tatsachen entsprechen.

Nun, Genossen, lassen Sie mich Ihnen noch einmal meinen herzlichsten Dank für Ihre solidarische Handlungsweise aussprechen, und seien Sie davon überzeugt, daß Ihnen die Opfer, die Sie sich in materieller Hinsicht auferlegen müssen, wenn Sie hier helfen wollen, von den deutschen Arbeitern und den deutschen Sozialisten nicht vergessen werden, sondern daß diese kleinen Päckchen, zusammengeflochten, ein starkes Band darstellen, das die Arbeiter aller Länder umschlingen wird.

Indem ich Sie noch einmal als Sozialist grüße, bleibe ich mit dem Ausdruck meines herzlichsten Dankes

Eberhard Dörfler

Karl Grunert* an Joseph Lang

Hamburg-Langenhorn, den 15.11.1946
Tangstedter Landstr. 312

Sehr geehrter Herr Lang!

Mit Freude kann ich Ihnen heute mitteilen, daß das langersehnte und seit langer Zeit angekündigte Care-Paket nun eingetroffen ist. Nach dem Datum Ihres Auftrages zu urteilen, ist das Paket seit dem 26. Juli 46 aufgegeben und seit dieser Zeit unterwegs. Das sind ca. fünf Monate – eine lange Zeit.

Ich weiß nicht, wie ich Ihnen die Freude beschreiben soll, die in meiner Familie herrschte, als das Paket hier eintraf. Meine Familie besteht aus mir und meiner Frau, beide 45 Jahre alt, meinen beiden Töchtern – 14 und 11 Jahre alt – und meinem Sohn, welcher 9 Jahre alt ist. Wir alle danken Ihnen sehr und wünschten, daß Sie die Freude miterlebt hätten, die die Ankunft des Care-Pakets hier ausgelöst hat. Seit Monaten sind wir nicht mehr richtig satt geworden und hungern uns buchstäblich durch. Nun haben wir die Dinge vor uns, von denen wir (und vor allen Dingen die Kinder) nur noch die Namen kennen und die wir uns nur in den kühnsten Träumen wünschten. Nun hätten Sie die leuchtenden Augen der Kinder sehen sollen, als sie sich seit Jahren wieder einmal an den Herrlichkeiten aus dem Care-Paket sattessen durften. Diese Freude der Kinder hätte Sie mehr entschädigt, als es alle Dankesworte jemals können.

Nun muß ich Ihnen noch einiges über meine Familie und unser Verhalten gegen die Naziregierung sagen, damit Sie überhaupt wissen, mit wem Sie zu tun haben. Meine Frau und ich, beide sind wir seit unserer frühesten Jugend überzeugte Anhänger des Sozialismus gewesen und standen aktiv in den Reihen der Arbeiterbewegung Hamburgs. Im roten Hamburg – rot deshalb, weil die sozialistischen Parteien hier immer die Mehrheit im Stadtparlament hatten – hatten die Nazis nie viel Anhang. Aber der Januar 1933 brachte sie auch hier an die Macht. Damit war die Freiheit der Betätigung sämtlicher anderen Parteien – außer der der Nazis – aufgehoben, die Arbeiterparteien und die Gewerkschaften wurden verboten und die Anhänger dieser Organisationen wurden verfolgt und verhaftet. Aus der Hamburger Stadtverwaltung wurden alle Nazigegner entlassen und somit verlor auch ich meine Stellung. Dadurch war ich über fünf Jahre arbeitslos. Als aktiver Kämpfer gegen die Nazis wurde ich Ende 1933 und später im Jahre 1937 verhaftet und von den SA und SS Banden viehisch mißhandelt und ins Konzentrationslager gesteckt. Hier habe ich die schlimmste Zeit meines Lebens verbracht, miterlebt, wie viele aufrechte Kämpfer für die Freiheit vernichtet wurden und andere zum Krüppel geschlagen wurden. Unsere Widerstandsgruppen wurden geringer und geringer, weil die Nazis jeden Menschen, der es wagte, gegen sie aufzutreten, in das Konzentrationslager einsperrten. Wegen der geringsten Vergehen wurden viele Jahre Zuchthaus verhängt und die Führer der Gruppen wurden hingerichtet. So verloren wir viele unserer besten Kämpfer unter uns und viele andere gingen durch die Konzentrationsläger kaputt. Sie gingen an übermäßig schwerer Arbeit, an Mißhandlungen oder an Hunger ein. Was die besten des deutschen Volkes in den Zuchthäusern und Konzentrationslägern ausgehalten haben, das gehört zum heroischsten der ganzen Weltgeschichte. Von diesen Kampfgruppen sind nur sehr wenige übriggeblieben. Was

aber übrigblieb, das steht heute in der ersten Reihe des Wiederaufbaus und der demokratischen Erneuerung. Leider bestehen hierbei noch große Hindernisse.

Im Jahre 1943 kam mein ältester Sohn (20 Jahre) in den Kämpfen bei Stalingrad in
Rußland ums Leben und im gleichen Jahre verloren wir durch Fliegerangriff unser
Heim in Hamburg und damit auch unser Hab und Gut. Wir haben somit durch die Nazis alles, was wir überhaupt verlieren konnten, verloren und sozusagen nur unser nack-
tes Leben gerettet. Jetzt können Sie sich ungefähr ein Bild von dem bisherigen Leben
einer Hamburger Familie machen, die im Kampfe gegen die Nazis gestanden hat, die
besten Menschen und Heim und Gut verloren hat und jetzt auch wieder das schwere
Los des Aufbaus auf sich nimmt. Wir haben Jahre gehungert und gedarbt und wußten
nicht wofür und warum, wenn wir auch heute wieder weiter hungern müssen, dann
wissen wir doch, daß im Ausland Menschen leben, die mit uns fühlen und uns in unserem Bemühen durchzuhalten unterstützen. Lassen Sie sich nochmals danken im Namen meiner Familie und vieler antifaschistischer Hamburger Kämpfer. Es grüßt Sie
vielmals

Ihr Karl Grunert

Fritz Ruhnau* an Joseph Lang

Hamburg, den 18. 2. 1947
Schwenckestr. 70/I

Liebe Freunde;

Wenn nicht zufällig eine gute arbeitsbereite Seele in die Tür kommt, muß ich wieder
abdrehen und komme auch heute nicht dazu den Brief an Euch wenigstens anzufangen. So klappt es nun wider Erwarten doch einmal und mir wird ein Weg abgenommen. – Pepp [Josef Bergmann*] geht es genau so, wenn er nicht gerade Schule hat,
muß er von morgens bis abends um Dinge rennen, die irgendwie mit unserem täglichen
Leben zusammenhängen, Ernährung, Heizung, Schlafen, Wohnung, Möbel, Kleidung, Schuhzeug usw., das sind so die Dinge, die uns täglich, stündlich, nicht nur unse-
retwegen, sondern auch unserer Freunde wegen beschäftigen. Leider ist – fast zwei
Jahre nach der „Befreiung" – noch nicht zu sehen, daß es wieder aufwärts gehen wird.
Im Gegenteil, die Entwicklung der letzten Monate zeigt nur all zu deutlich, daß der
Tiefpunkt noch nicht erreicht ist und wenn nicht handgreifliche Beweise dafür vorlä-
gen, daß wenigstens die Werktätigen und die sozialistisch Ausgerichteten der anglo-
sächsischen Länder entschlossen sind, die Parole „Proletarier aller Länder vereinigt
Euch" wieder voranzutragen und um ihre Verwirklichung zu kämpfen, wäre es wirklich unmöglich z. B. Bevins Worte vor 500 Delegierten der Labour Party in London
„England werde nicht zulassen, daß sich im Herzen Europas ein Elendsgebiet entwick-
le" als ehrlich gemeint zu verteidigen. Tatsächlich ist Deutschland bereits ein Elendsgebiet; in Berlin befinden sich „vorläufig" 15 615 Menschen durch Kälte und Hunger in
akuter Lebensgefahr. Sie wurden teilweise durch die Polizei in völlig apathischem Zustande aufgefunden. – In Hamburg starben im Monat Januar 1947 224 Personen an
Lungenentzündung. Im Dezember 46 verliefen 78 von 116 Fällen tötlich. Die Säug-
lingssterblichkeit ist im Januar 47 auf 15 % gestiegen. Am 15. Februar gab es in Hamburg allein 5 200 arbeitsunfähige Grippekranke. 5° Minus ist die normale Temperatur

in den Wohnungen. Herr Staatsminister Hynd[1] spricht im britischen Unterhaus von 53 Erfrorenen in der ganzen britischen Zone, mit Ausnahme von Schleswig-Holstein, und 799 weiteren Personen, die wegen verschiedener Erfrierungserscheinungen in Krankenhäusern behandelt werden. Selbstverständlich müssen das ganz schwere Fälle sein, denn sonst kommt hier niemand ins Krankenhaus. Alle Krankenhäuser sind anormal überfüllt. Ungefähr könnt Ihr Euch wohl ein Bild machen, wieviel Menschen aller Altersgrade frostkrank sind ohne sich in ärztlicher Behandlung oder im Krankenhaus zu befinden. *Und keine Kohlen! Und zwei Stunden am Tag elektrischer Strom!* Und die Menschen halb verhungert und ausgemergelt! Niemand darf vergessen, daß wir hier die Entfettungskur nicht erst seit 1945 machen. Das entspräche nicht den Tatsachen, wäre außerdem ungerecht den Besatzungsmächten gegenüber. Auch unter Hitler war die Fettration die geringste im Ernährungsprogramm, denn „Kanonen waren wichtiger als Butter", wie wir uns noch erinnern. Ganz zu schweigen davon, daß gerade die politisch und rassisch verfolgten Menschen seit 1933 auf Hungerrationen saßen.

So ist es denn also kein Wunder, daß das ,Kohlenklauen' zu einer Massenbewegung geworden ist, von der man sich in anderen Ländern kein Bild machen kann. Ein Kohlenzug, der gezwungen ist im Stadtgebiet oder am Rande der Stadt zu halten, wird in wenigen Minuten um einen riesigen Teil seiner kostbaren Ladung leichter gemacht, ohne daß das irgend eine Macht verhindern könnte. Plötzlich sind Kinder und Erwachsene in der Masse eines Heuschreckenschwarmes aus der Erde gewachsen und holen sich, worauf sie in der unerbittlichen Kälte stundenlang gewartet haben. Viele von ihnen arbeiten am Tage und gehen in der Nacht oder schon am Abend los, um sich an bereits bekannten Stellen auf die Lauer zu legen. Es ist für sie die einzige Möglichkeit, ihrer Familie eine warme Stube, eine warme Suppe oder das Waschen der Wäsche zu ermöglichen. Der An- und Abmarsch ist eine ständige Demonstration des Elends. Der ohnehin eingeschränkte Straßenbahnbetrieb wird davon streckenweise derartig mit Beschlag belegt, daß von anderen Fahrgästen als „Kohlenklauern" nicht mehr die Rede ist. Natürlich setzten dann auch Polizeiaktionen ein, die manchen Zentner Kohlen oder Brikett wieder zurückholten. Aber im Ganzen gesehen sind die polizeilichen Maßnahmen gegenüber dieser elementaren Bewegung aller Volksschichten nur dazu angetan, die ohnehin tiefe Kluft zwischen den Staatsorganen und der Bevölkerung noch weiter aufzureißen. „Sollen wir etwa in unseren Wohnräumen sitzen und warten bis wir erfroren sind?" „Bringt Ihr uns warmes Essen ins Haus?" sind so neben bedeutend schärferen Formulieren Rufe, die den Polizeibeamten entgegenschallen. In Bremen hat der Senat (KPD bis BDV – Bremer Demokratische Volkspartei) einen Schießerlaß herausgegeben. In Hamburg wurden 1200 Polizeibeamte gegen die „Kohlenklauer" eingesetzt. Aus Dortmund wird gemeldet, daß dort eine 21jährige Mutter eines Säuglings durch drei Schüsse tötlich getroffen wurde. Die Zeitung schreibt dazu: „Die Tote hatte bisher einen halben Liter der Vollmilch ihres Kindes für je einen Eimer Kohlen eingetauscht. Als das Furchtbare passierte, wollte sie den dritten Eimer Kohle für ihr frierendes Kind sammeln."

Also so ungefähr sind die Verhältnisse hier und nur solche Menschen wie unsere Verwandten und wir zum Beispiel, die drüben Freunde haben, die für sie sorgen, werden vor der äußersten Not bewahrt. Wie wir in den vergangenen Jahren des Hitler Regimes

---

[1] John B. Hynd war von 1945 bis 1947 als Leiter des „Control Office for Germany and Austria" faktisch britischer Deutschlandminister, allerdings ohne Kabinettsrang.

bewiesen haben, sind wir ja so leicht nicht unterzukriegen. Aber wenn unsere Freunde mit ihren Familien nicht der allgemeinen seelischen und geistigen Depression verfallen, sondern immer wieder neuen Lebens- und Kampfesmut aufbringen, so danken wir das bestimmt nicht zuletzt Eurer und der Freunde Solidarität! Heute ist unsere Stimme noch zu schwach, aber es wird eine Zeit kommen, in der wir laut und deutlich darauf hinweisen können, wie in dieser schweren Zeit sich das Zusammengehörigkeitsgefühl und die Bereitschaft zu helfen gegen jeden Nationalismus und über alle Grenzen hinweg durchgesetzt haben und der Parole „Proletarier aller Länder vereinigt Euch" wieder zum Durchbruch verholfen haben. Gerade weil wir wissen – und das jedem sagen der es nicht weiß – unter welchen Schwierigkeiten heute gerade für uns solche Hilfeleistungen gestartet werden, wissen wir auch die Bemühungen des Einzelnen drüben voll und ganz zu schätzen. Es ist selbstverständlich, daß wir einen möglichst großen Kreis aus Euren Lebensmittel- und Kleiderpaketen zu versorgen trachten. Und wir werden Euch so gut es geht immer darüber unterrichten. Nur eine Bitte habe ich: Seid etwas geduldig, wenn die Bestätigung Eurer Hilfssendungen nicht immer so prompt anlangt, wie Ihr es wohl aus dem Gesichtsfeld Eurer „normalen Verhältnisse" heraus erwartet. In dieser Beziehung geht es nicht immer so, wie wir wohl möchten. Zum Beispiel hat es ja erst Sinn ein Paket zu bestätigen, wenn wir auch gleichzeitig über die Verteilung etwas sagen können. Über Blachstein* erhielten wir und Josef B.[ergmann]* je ein Paket. Davon haben wir eines an die Bremer Verwandten weitergegeben und das zweite in vier Teile verteilt. Wilhelm L. hat ebenfalls erhalten und es gleichfalls mit drei Freunden geteilt. Wie ich höre, hat Lina L. das Gleiche gemacht. Bei allen hat das natürlich große Freude ausgelöst und das ist das, was Euch leider entgeht. Ihr seht die Wirkung Eurer Hilfe nicht selber. Es mag Euch theatralisch in den Ohren klingen, aber es ist eine Tatsache, die eben in den Zeitverhältnissen begründet ist, daß manchem Alten bei solcher Gelegenheit die Tränen kommen.
Unsere Gören hatten ja noch eine besondere Freude zu Weihnachten, als sie selbst Euer Weihnachtspaket auspackten. Ihr könnt Euch das vorstellen, wie zum Beispiel Puppen auf kleine Mädchen wirken. Und es ist bei unseren Kleinen nicht anders. Überhaupt waren unsere Kinder wirklich dicke raus'. Vielleicht haben Herta und Werner [Thielcke]* schon darüber geschrieben. Im Augenblick kommen wir infolge der mit der Kohlenkatastrophe zusammenhängenden Verkehrs- und Lichtschwierigkeiten wenig zusammen. Am Geburtstag Nil's [Sohn von Herta u. Werner Thielcke*] werden wir wieder bei ihnen sein. Jedenfalls wären wir schon einen riesigen Schritt vorwärts, wenn alle Kinder in der Welt wieder so gut versorgt wären wie die unsrigen. Davon sind wir leider noch sehr weit entfernt. Hier werden Kinder in den Trümmern ermordet aufgefunden, ohne daß sich Angehörige dazu melden. Doch ich will nicht noch einmal in die Elendsschilderung verfallen; man könnte davon ganze Bücher voll schreiben. –
Etwas anderes: Ihr kennt doch die Geschichte mit dem Studenten of the Wesley Foundation in Minneapolis? Wir haben in dieser Angelegenheit von Freund Reisner* und dem Studenten selber einen Brief erhalten. Beiden habe ich am 15.2. 47 geantwortet und am 17.2. 47 sind von dort gleich zwei CARE-Pakete angekommen, die ich noch bestätigen muß. Ich muß sagen, daß ich ein klein wenig (aber nur ein klein wenig) Bammel hatte von wegen Kirche usw. aber ich habe mich damit begnügt, daß dort ja die Kirchenfrage ganz anders aussieht als hier bei uns und daß es sich um einen guten Zweck handelt. Die Schwierigkeit ist nur immer, *was* soll man den guten Menschen schreiben. Ich hoffe ja auf unseren Brief von ihnen Antwort zu erhalten und daraus

einigermaßen ersehen zu können, was sie interessiert. Von meiner Antwort an Freund R.[eisner]* und die Studenten lege ich Euch eine Abschrift bei.
[…]
Ansonsten geht es hier mit uns, wenn auch nur langsam, doch vorwärts. Unsere Chancen wachsen und wir sind sehr zuversichtlich. Natürlich gibt es dauernd Schwierigkeiten zu überwinden, von denen Ihr Euch nur sehr schlecht ein Bild machen könnt, weil sie in ihrer Art so ganz aus dem Rahmen dessen herausfallen, was man von früher her gewohnt ist und kennt. Heimkehrer kommen hier meistens mit ganz komischen Vorstellungen und großen Illusionen an. […]
Ich bitte Euch noch zum Schluß allen Freunden unsere besten Grüße zu übermitteln. Euch und Ihnen sagt die ganze über alle Zonen verstreute „Teilhaberschaft" herzlichsten Dank für Eure tatkräftige Hilfe und Unterstützung.

Mit Gruß und Handschlag
Fritz[2].

Dora Hoffmann* an den Solidaritäts-Fonds

Hamburg-Altona, den 15.4.1947
Moortwiete 66

Werte Genossen,

Vorerst meinen innigsten Dank für das herrliche Paket, das Ihr mir übersendet habt. Das war wirklich eine Überraschung und ein Lichtblick in unserem ach so trüben Dasein. Wer hätte sich träumen lassen, daß es uns noch einmal so gehen könnte. Aber daß es uns ganz gehörig schlecht gehen würde nach dem Ende des „tausendjährigen" Reiches, war ja vorauszusehen und zu ahnen, aber wenn man es so erleben muß, kommt es doch viel härter vor, wie man es sich in der Theorie vorgestellt hat. Nun stehe ich in meinem 75. Lebensjahr, und das ist nun der Schluß eines Lebens, welches mir nur lebenswert schien im Kampf für das Volk im Sinne Karl Marx'.
Ich nehme an und hoffe, daß Ihr mich nicht für pessimistisch haltet, das war ich nie, aber ich sehe für Deutschland wenig Hoffnung für die kommende Generation, daß es hier etwas zu hoffen ist. Es ist nur eine so kleine Minderheit, die sich stramm gehalten hat, die noch Mut hat. Und nun der Hunger und die Kälte tut ja wohl sehr viel dazu, und das wird ja noch lang dauern, ehe das sich ändert. Ich habe ja eine große Familie, fast alle im Jahre 43 ausgebombt, ich habe damals alles verloren an Hab und Gut. Aber das Schwerste traf uns doch, daß unsere älteste Tochter im Jahre 44 im K.Z., vielmehr im Gefängnis starb. Im Jahr 41 kam sie durch Denunziation in die Hände der Gestapo. Wurde zu 3 Jahren Gefängnis verurteilt. Bis Sommer 43 war sie hier in einem Hamburger Gefängnis, 44 kam sie dann nach Dreibergen-Bukow in Mecklenburg, und dort ist sie dann am 17. November, einen Monat vor ihrem Strafende, an „Blutvergiftung" gestorben. Hier in Hamburg wurde sie in ihrem Beruf beschäftigt. Als Himmler Innenminister wurde, kam die Verordnung, daß politische Gefangene keine Extravergünstigung haben dürften, deshalb kam sie 44 nach Bukow und mußte dort schwer arbeiten, und dem war sie wohl nicht mehr gewachsen. Ich weiß ja nun nicht, ob bei Euch drüben auch Hamburger Genossen sind, wenn, so würde sie ja denen bekannt sein als

---

[2] Der Brief von Fritz Ruhnau liegt nur in einer von Langs zeitgleich angefertigten Abschrift vor.

Käthe Richter. Im Jahre 42 habe ich auch noch eine Freundin, auch eine Genossin, aber weniger bekannt, verloren. Sie war Jüdin und wurde nach Theresienstadt befördert. Ich habe nie wieder von ihr gehört. Sie kam aus Berlin fort mit einem Transport aller Altersheime. Wie uns ein Urlauber aus Polen später mitteilte, sind die Ärmsten schon unterwegs vergast. Im vorigen Jahr habe ich ihrer Schwester, die in Hollywood als Filmrezensentin tätig war oder ist, geschrieben, aber keine Antwort erhalten. So etwas ist auch wohl schwierig? Ich habe nämlich auch einen Sohn drüben, der ging 1926 nach drüben, und wir haben nie wieder von ihm etwas erfahren können.

Endlich scheint dieser fürchterliche Winter nun zu weichen. Ich war schwer krank, mußte mich einer Operation unterziehen. Ich hatte Darmverschluß, das ist augenblicklich Modekrankheit, entsteht durch Fettmangel, sagen die Ärzte. Ich war auch diese letzten Wochen nicht recht auf dem Damm, aber jetzt geht's wieder, und muß man ja immer wieder sehen, wo man noch helfen kann für die Kinder und Enkelkinder. Ich nähe ja, aber bald ist es auch damit aus, es fehlt ja an allem Material und Stoffen. Aber da hoffe ich nun wirklich, daß in dieser Beziehung die Industrie wieder in Gang kommt.

So, werte Genossen, nun will ich mein Geschreibsel schließen und will ich Euch nicht länger langweilen. Nur nochmals Dank für alles Schöne und Gute und grüßt Euch herzlichst, unbekannterweise freilich

Eure alte Genossin
Dora Hoffmann

Dora Hoffmann an den Solidaritäts-Fonds

Hamburg-Altona, den 11.1.1948
Moortwiete 66

Werte Genossen und Freunde

Vorerst meinen innigsten Dank für das herrliche Paket, welches mir so unverhofft durch die Post von Euch übersandt wurde. Auch im Namen meiner Kinder herzlichsten Dank. Ihr wißt wohl, für sie ist es eine besondere Freude, auch für mich, ihnen davon zu überbringen. Kürzlich erhielt ich auch nun Euern Kollektivbrief durch Hilde Ruge, die Frau unseres unglücklichen John. Ihr wißt wohl das Nähere über seinen Unfall[1]. Es ist einfach entsetzlich, das mit anzusehen. Man darf ja noch nicht fest behaupten, aber ich habe so wenig Hoffnung, daß es eine vollständige Heilung gibt für ihn. Die arme Frau und die Kinder sind wohl am beklagenswertesten. Er selbst weiß wohl am wenigsten davon. Es ist fürchterlich zu sehen, so ein geistig und politisch regsamer Mensch. Alles weg. Überhaupt ein ganz anderer. Daß Ihr es drüben schwer habt, wie Ihr schreibt, ist wirklich für mich sehr verständlich. Denn auch dort herrscht doch „Demokratie", wie sie es verstehen, wie der Engländer, wie die „Schumacherei" hier bei uns usw. Man ist manchmal ganz trostlos. Aber was nützt das alles, man muß immer wieder hoffen, immer wieder zugreifen. Ich bin ja nun ein altes Wrack, aber meine Kinder sind

---

[1] John Ruge (1907–1977), in den zwanziger Jahren Mitglied der KPD, 1929 der KPO, erlitt im Januar 1946 in einem Hamburger Gaswerk, in dem er als Maurer arbeitete, infolge ausströmenden Gases einen schweren Unfall. Ein doppelter Schädelbruch zog eine starke Charakterveränderung und aggressiv-depressive Zustände nach sich. 1951 wurde Ruge in ein Heim eingewiesen.

ja nun meine ganze Hoffnung, und ich darf mich ja nun wirklich nicht sehr beklagen. Besonders im Bezug auf meine Mädchen. Aber Käthe fehlt und meine Gretel. Gerade die Tapfersten. Es ist ja auch besonders so trostlos, daß die Partei *(die Linie)* meine ich so versagt. Das wirkt sich schlimmer aus als Anno 18 meines Erachtens. Von 45 an ein Bocksprung nach dem andern. Und trotzdem, man gehört doch dazu. Aber es wird einem so schwer gemacht. Ich habe hier ein Buch vor mir „Die Geschichte der K. P. Rußlands", von A–Z eine Geschichtsfälschung, wie sie schlimmer nicht gedacht werden kann. Dann in der Buchhandlung der KPD förmlich eine Serie von Büchern geschrieben von J. Stalin. Hut ab vor der Vielseitigkeit dieses Mannes. Wo nimmt der Mann nur die Zeit dazu her bei all seiner sonstigen Regierungstätigkeit. Ein dicker Wälzer wurde mir besonders empfohlen: J. Stalin über den Leninismus. Das müsse man mit *Verstand* und *Nachdenken* lesen, wurde mir gesagt, als ich ablehnte. Ich besann mich dann auch eines Besseren, indem ich äußerte, daß es wohl richtig sei zu erfahren, was nun *Stalin* über den Leninismus denkt und schreibt. Das war nun wohl auch nicht recht, denn der Genosse guckte mich nicht schlecht an. Aber nun will ich Euch nicht länger aufhalten mit meinem persönlichen Geschreibsel. Ihr werdet ja auch von Genossen, die mittendrin stehen, erfahren, wie sie zu kämpfen haben, um sich behaupten zu können.
Die fürchterlichen Ernährungssorgen und Bekleidungssorgen machen ja alles noch doppelt schwer.
Herzlichsten Dank noch extra für Deine Grüße, liebe Erna, und wünsche ich Dir vor allem, daß Du Deine Kinder bald wiedersiehst.
Nochmals vielen Dank für alles Schöne und Gute und herzlichste Grüße

Dora Hoffmann

Karl Jahnke* an Joseph und Erna Lang

Hamburg-Poppenbüttel, den 7. 11. 1947
Stofferkamp

Liebe Erna und lieber Joseph!

Durch Herta [Thielcke]* erhielt ich Eure Adresse, nun möchte ich Euch noch einmal persönlich meinen Dank aussprechen für die Überlassung des Hörapparates, sowie für die Übersendung der Batterien. Welche Hilfe Ihr mir damit geleistet habt, habe ich Euch ja schon in einem Brief über Fritz [Ruhnau]* mitgeteilt. Mit einer großen Batterie und drei kleinen komme ich ca. 1 Monat aus, wenn Ihr nach diesem Gesichtspunkt die Batterien ergänzen könntet, wäre ich herzlichst verbunden.
Herta zeigte mir eine Aufnahme von Euch aus der letzten Zeit und diese Aufnahme versetzte mich in lebhafte Erinnerungen an die Zeit der Börsenbrücke[1]. Im Vergleich zu der heutigen Situation war es derzeit eine von großen Idealen getragene vorwärtsstürmende Zeit. Heute stecke ich wieder mit allen vorhandenen Kräften in den Sielen, jedoch die vergangene Zeit hat uns ernüchtert und zwar in jeder Hinsicht, man sieht die Dinge jetzt bedeutend nüchterner und man macht sich keine Illusionen. Der Weg, den wir heute gehen müssen, ist schwer, und ohne den Ursprung unserer Gedankengänge könnte man ihn nicht begehen. Unsere Kraft wird kaum ausreichen, alle Dinge

---

[1] An der Börsenbrücke befanden sich die Büros der KPD Hamburg und des KPD-Bezirks Wasserkante.

140

zu meistern und die Befürchtung liegt nahe, daß wir in nächster Zeit dieselben Quartiere beziehen, welche wir vor kurzem verlassen haben. Aufrecht hält uns der Kreis gleichgesinnter Freunde und die Sympathie der Auswärtigen. Die innere Struktur unseres großen Kreises hat sich wenig geändert, Apparatmenschen ohne Geist schustern die Linie zur „Ticktak" seligen Angedenkens. Jedoch für heute genug davon.

Persönlich möchte ich Euch berichten, daß meine Familie und ich nach unserer totalen Ausbombung 1943 im Vorort von Hamburg in Poppenbüttel wohnt. Bis vor kurzem bewohnten wir ein kleines Wochenendhaus, jetzt haben wir aus den Trümmersteinen mit unendlichen Schwierigkeiten ein Steinhaus gebaut, und zwar für meine Frau und mich sowie für meine Tochter, ihren Mann und Kleinkind. Somit werden wir wieder als Menschen wohnen können. Wir erfreuen uns z. Zt. alle einer guten Gesundheit, was unter den heutigen Verhältnissen ja besonders hoch zu bewerten ist.

Nun laßt mich Euch nochmals herzlichst danken mit den besten Wünschen für Euer weiteres Wohlergehen grüßt Euch

Euer Karl

HANNOVER

Fritz Treu* an den Solidaritäts-Fonds

Hannover-Ricklingen, den 22.9.1946
Pfarrstr.69 A

Werte Freunde!

Ich benutze die Gelegenheit eines Briefwechsels mit einer Freundin, Euch für ein Lebensmittelpaket zu danken, welches wir aus der Schweiz erhielten und in dem Eure Adresse als Spender genannt wurde. Bei unseren schmalen Rationen war sein wundervoller Inhalt eine überraschende Hilfe, und die Schokolade hat bei meinen Kindern helle Freude ausgelöst, denn sie wußten schon gar nicht mehr, wie das schmeckt. Bei uns Großen ist das Paket aber besonders ein Zeichen der Solidarität, es beweist uns, daß im Auslande Menschen sind, die helfen wollen, daß wir Antifaschisten nicht genau so bestraft werden sollen wie die Nazis. Leider ist davon sehr wenig zu spüren, man behandelt alle gleich, und so erleben wir, daß die Arbeiterschaft, bei denen sehr viel Anti-Nazis waren, hungert, während die ehemaligen Pg.s und ihre Anhänger auf Grund ihrer größeren Besitztümer und weil sie sich immer noch untereinander helfen, ein viel besseres Leben führen. Wer hier keine Beziehungen zur Landwirtschaft hat, muß viel entbehren, und das Industrieproletariat in den Städten hat fast gar keine Verbindungen mit dem Lande.
Also, Freunde, nochmals herzlichen Dank. Wenn Ihr helft, noch mehr amerikanische Freunde für die Not der deutschen Brüder zu interessieren, so daß noch vielen eine solche Freude wie uns bereitet werden kann, dann ist das eine Hoffnung für uns, daß wir Euch in der Zukunft beweisen können, wie wir darauf brennen, wieder in den Kreis der internationalen Arbeiterschaft aufgenommen zu werden und gemeinsam mit Euch allen eine neue, friedliche Welt aufzubauen.

Mit kameradschaftlichem Gruß
Fritz Treu, Klempner

Otto Halbach* an den Solidaritäts-Fonds

Bad Essen, den 13.9.1947

Liebe Freunde!

Als erstes bitte ich Euch es zu entschuldigen, daß ich jetzt erst die Ankunft des Paketes, welches Ihr mir vor einigen Wochen zugesandt habt, bestätige und mich dafür bedanke. Zeitmangel ist der Grund, warum ich jetzt erst schreibe. Ich bin beim Ausschuß ehemaliger politischer Häftlinge angestellt, und da geht man in Kleinarbeit auf, so daß keine Zeit bleibt für ein Privatleben und zum Briefeschreiben. Ich hoffe, daß Ihr es mir nicht übel nehmt, wenn ich erst so spät an Euch schreibe. Wenn ich jetzt Zeit zum Schreiben finde, so deshalb, weil ich momentan Urlaub habe bzw. mich für 4 Wochen in einem K.Z.-Erholungsheim zur Kur befinde. Dieses Erholungsheim für ehemalige politische Häftlinge und religiös und rassenpolitisch Verfolgte ist ein Haus, welches einer Reederei in Hamburg gehört, es war dessen Erholungsheim für deren Angestellte,

142

war während des Krieges ein Heim für Kinder unter Verwaltung der Nationalsozialistischen Volksfürsorge (N. S. V.) und diente nach dem Kriege einer englischen Militäreinheit als Sitz, und nach der Räumung durch die Engländer hat es der Hauptausschuß ehemaliger politischer Häftlinge für 5 Jahre gepachtet, um es als Erholungsheim zu benutzen. Die Lage dieses Heimes ist sehr schön, das Essen ist, gemessen an den allgemeinen deutschen Ernährungsverhältnissen, gut und reichlich, und das Wohnen ist herrlich und sauber. Es sind also alle Vorbedingungen gegeben, daß ich mich in diesen 4 Wochen einigermaßen erholen kann, um mit frischen Kräften an die Arbeit herangehen zu können. Und in diesem Erholungsurlaub, welches mein erster Urlaub ist nach der Befreiung im Jahre 1945, finde ich auch endlich die Zeit, Euch meine Freude mitzuteilen und meinen Dank für das Paket auszusprechen.

Welche Freude mir Euer Paket machte, vermag ich nicht so einfach in Worte zu fassen. Zweierlei ist es, welches solch eine Freude in mir hervorruft. Erstens, und ich scheue mich nicht, es als erstes auszusprechen, ist es die materielle Hilfe, der Zusatz zu unserer armseligen und erbärmlichen Ernährung, die die Freude hervorruft. Ich möchte Euch die Ernährung in Deutschland nicht im einzelnen schildern, denn sie wird Euch durch die Presse und das Radio bekannt sein, aber trotz aller Informationen, und seien es die besten, möchte ich sagen, daß Ihr Euch kein genaues Bild über unsere Lage machen könnt. So etwas muß man erlebt haben, um es vollauf begreifen zu können. Ein Freund von mir, der aus der Emigration zurückkehrte und auch meinte, daß er aufgrund der Presse- und anderen Informationen im Bilde sei, sagte nach kurzem Hiersein: „Wenn unsere Freunde im Ausland wüßten, wie ihr hier leben müßt, dann bliebe ihnen der Bissen Essen im Halse stecken." Wenn beispielsweise Menschen, vornehmlich Arbeiter, aus dem Ruhrgebiet in unser hannoversches Gebiet gefahren kommen, um sich Brot auf ihre Brotmarken und andere Lebensmittel zu kaufen, d. h. eine Fahrt von mehreren hundert Kilometern, dazu in vollkommen überfüllten Eisenbahnwaggons, ja, auf den Trittbrettern und den Puffern, machen, dann könnt Ihr Euch vielleicht ein ungefähres Bild machen, wie es um die Ernährung aussehen muß. Bedenkt, welche Strapazen diese Menschen auf sich nehmen und wie teuer ihnen diese Lebensmittel kommen, und alles zu dem Zweck, sich die *allernotwendigsten* Lebensmittel zu verschaffen. Empörend muß es wirken, daß Nazis, und zwar aktive Nazis, wenn auch nicht alle, aber zum großen Teil, besser leben als die Antifaschisten. Das ist kein Gerede, sondern ist Tatsache. Es kann durch viele Beispiele belegt werden.

Das Zweite, welches solch große Freude über das Paket in mir auslöste, ist dieses: Wir wissen und bekommen es oft zu hören und noch mehr zu spüren, daß die Welt auf uns Deutsche, auch auf die Deutschen, die antifaschistisch waren und im antifaschistischen Kampf standen und dafür ins Gefängnis, Zuchthaus oder K. Z.-Lager eingesperrt wurden und viele Gestapotorturen über sich ergehen lassen mußten, nicht gut zu sprechen ist. Ich will hier nicht darüber sprechen, ob das berechtigt oder unberechtigt ist. Psychologisch verstehe ich es wohl, denn die Grausamkeiten des deutschen Faschismus in Deutschland selbst und in den Ländern, die er überfiel und besetzt hielt, mußten Abscheu erregen, aber objektiv, real und politisch betrachtet, kann und darf man daraus keine Kollektivschuldfrage machen – vor allem die Sozialisten nicht. Anstatt einen Schuldigen zu suchen, also die Frage „juristisch" zu klären, und bestrafen zu wollen, kommt es meines Erachtens darauf an, nach den Ursachen des Versagens des deutschen Volkes, insbesondere der deutschen Arbeiterklasse, im Kampf gegen den Faschismus zu suchen. Die Faktoren dieses Versagens müssen aufgedeckt werden, denn dadurch deckt man auch die Faktoren des Faschismus und seiner Grausamkeiten –

nebst den Personen bzw. dem Personenkreis bzw. die Klasse – auf und kann sie unschädlich machen, um ein zweites mal solch nationale und internationale Katastrophe zu verhindern. Die Schuldigen suchen und zu bestrafen, ist eine Beschränkung auf eine Bestrafung und Sühne, die Faktoren des Versagens zu suchen geht weit darüber hinaus, nämlich auf die Beseitigung der Faktoren und Kräfte des Faschismus. Die Beseitigung dieser Faktoren und Kräfte schließt die Bestrafung in sich ein. Z.B. ist es meines Erachtens nach notwendig, 1. zu untersuchen, welches die Faktoren sind, welche die antifaschistischen Kräfte, insbesondere die Arbeiterklasse, hinderten, den Faschismus zu verhindern, und 2. festzustellen, welche Faktoren es waren, welche nach dem Siege des Faschismus im Jahre 1933 die antifaschistischen Kräfte unfähig machten, die Organisationsformen zu finden, die sie befähigten, den faschistischen Terror zu durchbrechen und einen Kampf auf breiter Grundlage gegen den Faschismus aufzunehmen. Diese Fragen sind meines Erachtens nach wichtig nicht nur für die deutschen Antifaschisten, denn es gab in Deutschland weite Kreise, die antifaschistisch waren, aber der Faschismus verstand es zu verhindern, daß sie sich organisierten und organisiert gegen ihn auftraten und kämpften, sondern sie sind auch wichtig für andere Länder. Der Faschismus ist ja keine völkische Eigenart des deutschen oder des italienischen oder des japanischen Volkes; er ist eine Erscheinungsform, ein Herrschaftssystem der heutigen Gesellschaftsordnung, und zwar auf einer bestimmten Entwicklungsstufe dieser Ordnung. Faschismus ist also möglich in allen Ländern – eben nur in verschiedenen Abarten. Man darf nicht nur die Gefahr eines Wiederaufkommens des deutschen Faschismus und einer deutschen Aggression sehen, sondern das ist eine internationale Gefahr. Unter bestimmten Voraussetzungen und Verhältnissen greift diese Gesellschaftsordnung in jedem Lande zu diesem Herrschaftssystem. Das zu verhindern, daß nicht nur in Deutschland, sondern überall ein Wiederaufkommen des Faschismus verhindert wird, das ist eine der Hauptaufgaben, die vor uns steht. Man sage nicht, daß der Faschismus in den demokratischen Ländern unmöglich sei, man versteife sich nicht auf die starken demokratischen Kräfte in diesen Ländern und vor allem nicht auf die demokratische Gesinnung breitester Bevölkerungsteile und auch nicht auf eine demokratische Tradition. Trotz aller demokratischen Gesinnung und Tradition liegt wegen der kommenden Entwicklung der heutigen Gesellschaftsordnung, wegen der Schwierigkeiten und Krisen, in die diese „Ordnung" hineinschliddert, die Gefahr des Faschismus in jedem Lande, auch in dem demokratischsten, greifbar nahe. Gerade wir deutschen Antifaschisten können dieses aufgrund unserer so teuer bezahlten Erfahrungen beurteilen. Auch wir meinten einmal vor 1933, daß solch ein Terrorsystem in Deutschland unmöglich sei, und wenn es schon mal kommen sollte, dann könne es sich nur ganz kurze Zeit halten. Wer vor 1933 in Deutschland einen Sieg und ein längeres Halten des Faschismus für möglich hielt, und es gab solche Gruppen, die es für möglich hielten, der war ein Schwarzseher und galt als ein politischer Narr. Es ist nicht richtig und nicht gut, auf die Erfahrungen der deutschen Arbeiterschaft in bezug auf den Faschismus zu verzichten, es ist aber auch nicht richtig, auf die Zusammenarbeit mit diesen deutschen Antifaschisten zu verzichten.

Darin, daß Ihr durch Eure Pakete-Schicken an Deutsche Solidarität übt, glaube ich zu ersehen, daß es doch Kreise gibt, die auch an ein anderes Deutschland glauben und für dieses andere Deutschland eintreten. Diese Tatsache ist es, welche solch große Freude in einem auslöst. Ich erblicke in Eurer Solidaritätsaktion eine materielle und ideelle Hilfe und empfinde über beides Freude.

Dieses, liebe Freunde, wollte ich Euch mitteilen. Der Brief ist zwar lang geworden, und ich weiß nicht einmal, ob Ihr für das, was ich schrieb, Interesse habt, aber ich vermeine, daß es richtiger ist, daß ich das offen schreibe was ich denke, anstatt damit hinter dem Berge zu halten.

Ich danke Euch nochmals für die materielle Hilfe und für die Freude und entbiete Euch die herzlichsten Grüße

Euer Otto Halbach

29. 9. 47
Liebe Freunde!
Inzwischen ist mein Urlaub zu Ende gegangen, und ich stecke schon wieder in der Arbeit drin.

Otto Brenner* an Joseph Lang¹

Hannover, den 12. 2. 1947
Am Langen Kampe 9

Lieber Jola!

Erst heute komme ich dazu, Deinen Brief vom 21. Dez. 1946 zu beantworten. Ich habe das Schreiben immer wieder aufgeschoben, weil ich nicht nur einen Brief schreiben, sondern gleichzeitig auf die vielen Fragen, die Du aufwirfst, eine Dich einigermaßen befriedigende Antwort geben wollte.

Ich habe mich gefreut, daß mein erster Brief verhältnismäßig schnell in Deine Hände gekommen ist. Inzwischen hatte ich Gelegenheit, Louis Pilz* hier in Hannover zu sprechen, den ich vor Monaten in Stuttgart kennenlernte und der mir von Dir erzählte, so daß ich schon vor dem Eintreffen Deines Briefes einiges von Dir wußte. Louis Pilz sagte auch, daß er von Dir schon mit Paketen bedacht sei.

Ende dieses Monats werde ich nach Mannheim zu einer Interzonenbesprechung fahren und dort wahrscheinlich mit L. Pilz zusammentreffen.

Aber ich will nun versuchen, Dir einen Überblick zu geben, wie ich die Hitlerzeit hinter mich gebracht habe.

Nach dem illegalen Parteitag der SAP in Dresden 1933², an dem ich noch teilgenommen habe, haben wir in Zusammenarbeit mit anderen illegalen Gruppen – „Versöhn-

---

¹ Die folgenden Briefe wurden aus einem umfangreichen Briefwechsel mit Joseph und Erna Lang ausgewählt. Vor Aufnahme dieses Briefwechsels kannten sich Otto Brenner und Joseph und Erna Lang noch nicht persönlich.

² Der II. Reichsparteitag der SAP fand am 11. und 12. 3. 1933 in Dresden bereits im Untergrund statt. Acht Tage zuvor hatte der Parteivorstand der SAP mit sechs zu vier Stimmen die Partei für aufgelöst erklärt und den Mitgliedern den Anschluß an die SPD empfohlen. Diesem Beschluß kamen jedoch nur wenige nach. Die 60 Delegierten des Parteitages, die eigenen Angaben zufolge etwa 15 000 SAP-Mitglieder vertraten, sprachen sich geschlossen für die illegale Fortführung der Partei aus.

³ In Hannover bereitete sich die SPD bereits im Sommer 1932 auf die Illegalität vor. 250 der aktivsten und vertrauenswürdigsten Mitglieder und Funktionäre der SPD, des Reichsbanners „Schwarz-Rot-Gold", der Sportorganisationen und der Naturfreunde wurden für die konspirative Arbeit geschult. Seit dem Herbst 1933 nannte sich diese größte Organisation des Widerstandes in Hannover „Sozialistische Front"; diesen Namen trug auch ihre bis 1936 erscheinende Zeitung. In einem ab Oktober 1937 durchgeführten Prozeß wurden 216 Mitglieder der „Sozialistischen Front" zu insgesamt 211 Jahren Zuchthaus und 152 Jahren Gefängnis verurteilt. Als „Versöhner" bezeichnet Otto Brenner das sogenannte „Komitee für proletarische Einheit", das seit Mitte 1933 illegal arbeitete. Die Mit-

ler" und „Sozialistische Front"³ – weitergearbeitet. Juli/August 1933 habe ich noch eine umfangreiche Informations- und Verbindungsfahrt durch verschiedene Städte gemacht. Bei meiner Rückkehr in Hannover wurde ich von der Gestapo in Empfang genommen. Ich hatte keine Ahnung, daß kurz nach meiner damaligen Abreise aus Berlin dort einige unserer Freunde verhaftet wurden⁴, und ich kann nur von Glück sagen, daß ich nicht in Berlin gefaßt wurde. Die hannoversche Gestapo wußte nichts mit mir anzufangen, weil die Verhaftung auf einen Berliner Funkspruch hin erfolgt war. Erst nach monatelanger Polizeihaft war der Grund klar: In Berlin hatte man angeblich Unterlagen über die Teilnehmer an dem Parteitag in Dresden gefunden! Was sich dann noch abspielte, war der „Findigkeit" der Gestapo überlassen. Es erfolgte Anklage wegen „Vorbereitung zum Hochverrat". Der Prozeß fand in Hannover statt und ich wurde zu 2 Jahren Gefängnis verurteilt. Die Verurteilung erfolgte damals noch nach der Hindenburg'schen Verordnung zum Schutze von Volk und Staat vom 28. 2. 33, und es war nur eine Höchststrafe von 3 Jahren Zuchthaus möglich. Mit mir wurden eine ganze Reihe – wesentlich später als ich – verhafteter Freunde von uns wegen Fortsetzung der illegalen Tätigkeit verurteilt.

Meine größte Sorge war, nach der Verbüßung der Strafe nicht noch in ein „KZ" zu kommen in die sogen. Präventivhaft. Ende 1935 aus dem Gefängnis kommend war es zunächst nicht möglich, irgendwelche Arbeit in meinem Berufe zu bekommen. Ja, es gab Arbeit: im Tiefbau und Straßenbau! Ich habe, um die Aufmerksamkeit von mir zu lenken, einige Monate im Straßenbau gearbeitet. Eine Grippe, verbunden mit körperlichem Zusammenbruch zwangen mich, die schwere Arbeit aufzugeben. Durch Vermittlung eines Freundes bekam ich den Vertrieb der Frankfurter Zeitung. Diese Tätigkeit konnte ich aber nur illegal ausführen, da sie aus bestimmten Gründen der Gestapo nicht bekannt werden durfte. Ich war mir klar, daß es nur eine vorübergehende Beschäftigung sein konnte. Bei dieser Gelegenheit konnte ich mit allen übriggebliebenen Freunden unauffällig die Verbindungen wiederherstellen.

Der durch die erhöhte Rüstung hervorgerufene Mangel an Facharbeitern gab mir auch die Möglichkeit durch die Verwendung eines früheren Kollegen für mich bei einer Montagefirma als Elektromonteur unterzukommen. Das war nicht sehr einfach, denn kein Betrieb wollte sich mit „Hochverrätern" belasten. Nur dadurch, daß es sich bei dem Unternehmer um Nichtnazis handelte, hatte ich die Möglichkeit, eingestellt zu werden.

Die Montagetätigkeit hatte mich kreuz und quer durch Deutschland geführt. Ich hatte viele Möglichkeiten, Verbindungen aufzunehmen – und vor allen Dingen: ich war der hannoverschen Gestapo aus den Augen.

Am 20. Juli 1944 sollte ich wieder in die sogen. Präventivhaft genommen werden. Nur der persönlichen Verbürgung meines Chefs habe ich es zu verdanken, daß ich noch davon kam.

Den Zusammenbruch des Nazi-Systems erlebte ich in Hannover. Tage vor dem Einmarsch der amerikanischen Truppen befanden sich die nazistischen Organisationen in

glieder des Komitees, die sowohl aus der SPD, insbesondere aus der SAJ, der SAP sowie aus der KPD und der KPO kamen, traten in ihrer Zeitung „Klassenkampf" für die Einheit von Sozialdemokraten und Kommunisten ein. Durch die Verhaftung von 28 Mitgliedern im Spätsommer 1935 wurde die Gruppe zerstört.

⁴ Am 22. 8. 1933 gelang es der Gestapo in Berlin durch einen als Kurier getarnten Spitzel, mit Max Köhler und Klaus Zweiling* zwei der drei Mitglieder der SAP-Reichsleitung zu verhaften. Am selben Abend wurde die Reichsleitung des SAP-Jugendverbandes SJV festgenommen.

heller Auflösung. Leider war keine revolutionäre Organisation vorhanden, die dem zusammenbrechenden Nazi-System den Todesstoß versetzen konnte. Die Nazis hatten später noch die Chance, sich hinter die Ordnung der Besatzungsmächte zu verschanzen. Über dieses ganze Kapitel müßte man einmal ausführlich schreiben, weil es das Problem der „Schuld" in einem etwas anderen Licht erscheinen läßt. Ich denke hier auch daran, daß von dem Bestehen der Internationale nichts gespürt wurde. Trotz der zweifellos objektiv vorhandenen revolutionären Situation nicht nur in Deutschland, sondern auch in einem Teil Europas, wurde nichts getan sie zu nutzen!

In unserer heutigen schnell-lebigen Zeit vergißt man nur allzu leicht, was noch vor fast zwei Jahren war. Trotzdem wollen wir uns erinnern, denn zweifellos haben die damaligen Verhältnisse unsere politische Meinungsbildung maßgeblich beeinflußt.

Die übriggebliebenen illegalen Grüppchen, die sich im wesentlichen aus den Reihen unserer SAP-Freunde, Sozialistischen Front (SPD) und ISK bildeten – wobei wir sehr gut mit den ISK-Genossen zusammenarbeiteten – hatten sich bei Einmarsch der Amerikaner sofort für die aktive Mitarbeit zur Verfügung gestellt. Die politischen Diskussionen über die Perspektive wurden in den Hintergrund gedrängt; die Realpolitik stand im Vordergrund. In den sogen. Wiederaufbau-Ausschüssen fand sie ihren Niederschlag. Über die sogen. historischen Parteien wurde nicht gesprochen. Niemand von uns glaubte, daß sie in „alter Güte" und „vollem Glanz" wieder erstehen würden.

Die Konzeption der Arbeiterbewegung war die Einheit der Arbeiterklasse als Lehre aus der Vergangenheit. Eine neue sozialistische Bewegung hätte die Konsequenz sein müssen. Daß es anders kam, verdanken wir den Restaurationsbestrebungen der Alliierten, die weiter kein Ziel kannten als die Wiederherstellung des Zustandes von vor 1933. Die Russen waren die Schrittmacher. Während wir uns noch darum stritten, was für eine politische Bewegung sich aus den im besetzten Deutschland bestehenden Ausschüssen und Kommissionen entwickeln könnte, wurden in der Ostzone vollendete Tatsachen geschaffen.

Die Einheit der Arbeiterbewegung wurde durch das Wirken der machtpolitischen Faktoren eine Unmöglichkeit. Die „Einheit" identifizierte sich plötzlich als Ostorientierung, damit mußte sie zur Farce werden. Hinzu kamen die sichtbaren Auswirkungen in der besetzten Ostzone, alles Dinge, die nicht dazu beitrugen, das Vertrauen in eine Politik zu stärken, die vom Osten beeinflußt wurde.

Es entstand die Frage, welcher der politischen Parteien wir uns anschließen wollten. Selbstverständlich waren wir uns darüber klar, daß die Gründung einer 3. Arbeiterpartei nicht opportun sei. Unser Freund Galm*, Offenbach, vertritt in dieser Beziehung einen anderen Standpunkt. Aber die Gründung der „Arbeiterpartei" erweist sich schon jetzt als falsch. Wir gingen von der Voraussetzung aus, welche Partei wohl das Fundament zu einer wirklichen sozialistischen bieten und ein Sammelbecken aller ehrlichen Sozialisten sein könnte. Wir glauben, daß die SPD diese Partei ist. Voraussetzung für unsere Entscheidung war mit, daß wir grundsätzlich der Meinung sind, eine lange Perspektive vor uns zu haben. Das soll nicht heißen, daß wir Zeit haben, um unsere sozialistischen Forderungen durchzusetzen.

Mit der Vernichtung des Nazi-Systems ist auch die gesamte deutsche Wirtschaft zusammengebrochen. Aus diesem Zusammenbruch darf nicht wieder eine neue kapitalistische Ordnung entstehen, die – gestützt auf private Initiative – Einzelnen Profite verschafft. Zwar haben wir keine soziale Revolution gehabt – und wir müssen vor dem verhängnisvollen Irrtum warnen, daß der Krieg aus idealen Motiven ein Kampf der Demokratie gegen die Diktaturen oder gar für den Sozialismus war. Dieser Kampf kann nur unserer sein. Wir müssen, da die Möglichkeiten zur Durchführung einer echten sozialen Revolution nicht gegeben sind, diese mit Unterstützung der Besatzungsmächte durch eine entsprechende Gesetzgebung nachholen. Hierzu brauchen wir starke Organisationen und die entsprechenden Menschen. Außerdem ist notwendig, daß über das Wollen der Partei und auch der Gewerkschaften Klarheit herrscht. Man hat das Gefühl eines Vakuums. Es fehlt die Beziehung zu den einzelnen Problemen. Mit den Prognosen von vor 1933 ist uns nicht gedient. 1 ^{1}/$_2$ Jahrzehnte historisch betrachtet ist nur eine relativ kurze Zeit. Aber die geschichtlichen Ereignisse mit ihren unerhörten Perspektiven fordern eine Analyse und eine neue Konzeption. Ich möchte nicht, daß wir uns *nur* im Theoretischen gefallen und den Kontakt zur Realität verlieren. Aber uns droht die Gefahr, daß wir in organisatorischer Kleinarbeit ersticken und den Blick für die politischen Notwendigkeiten verlieren. Gewiß, wir stehen im organisatorischen Aufbau und alle Kräfte müssen angespannt werden, die primären Voraussetzungen zur Durchsetzung unserer Forderungen zu schaffen. Wir brauchen Funktionärkader und intakte Organisationen. Es ist ganz klar, daß diese Arbeiten den größten Teil unserer Kräfte jetzt in Anspruch nehmen. Das kann aber auch gar nicht anders sein, und trotzdem brauchen wir einen Halt. Ich glaube, Du verstehst mich, wenn ich mich da besonders an die Genossen wende, die einmal den nötigen Abstand zu den Dingen selbst haben und zum anderen aus einer gewissen Ferne heraus als stille Beobachter sowohl an unseren Problemen als auch an den Problemen der ganzen Welt interessiert sind. Es wird also in erster Linie Eure Aufgabe sein, uns diese Arbeit abzunehmen, währenddessen wir uns bemühen werden, alle die Voraussetzungen, von denen ich schon gesprochen habe, zu erfüllen. Ich denke vor allen Dingen hierbei auch an zwei wichtige Fragen, die unmittelbar zusammenhängen:

1. die Entnazifizierung und
2. die Gewinnung der Jugend.

Zu dem 1. Problem ist zu sagen, daß man den Eindruck nicht loswerden kann, als handele es sich hier nur um eine rein negative Lösung, die oftmals dazu benutzt wird, anderen entscheidenden Dingen auszuweichen. Es ist kein Zufall, daß in der augenblicklichen Krisenzeit (Ernährungsschwierigkeiten u. Kohlenkatastrophe) die Entnazifizierung die Gemüter am meisten bewegt und auch die Mil. Reg. sich besonders dieser Frage annimmt. Zweifellos muß entnazifiziert werden, aber man sollte auch diese Angelegenheit positiv betrachten. Ich meine, es kommt im wesentlichen darauf an, den Aufbau des neuen demokratischen Staates zu sichern und alle Elemente, die sich diesem Aufbau entgegenstellen – gleichgültig ob es sich um nominelle Pg's handelt oder nicht – rücksichtslos zu beseitigen. Dazu wäre notwendig, den deutschen Instanzen Handlungsfreiheit zu geben, damit nicht immer wieder den Kreisen, die durch ihre gesellschaftlichen Beziehungen Verbindungen bis in die höchsten Instanzen der Militär-Regierung unterhalten, die Chance gegeben ist, sich der Verantwortung zu entziehen. Das Problem der Jugend macht uns ganz besondere Sorge sowohl in den politischen als auch in den gewerkschaftlichen Organisationen. Während nach 1918 ein besonderer Typ der Jugend heranwuchs, der von sich aus versuchte, mit den Schwierigkeiten der Nachkriegszeit fertig zu werden, haben wir es jetzt mit einer Jugend zu tun, die sehr schwer in geordnete Verhältnisse zurückfinden kann, und zum Teil aber auch nicht will. Zum größten Teil ist sie noch nazistisch verseucht und es fehlt die Bewegung, die einer Jugend die tragende Idee geben könnte, die notwendig wäre, um sie zum aktiven Helfer am Aufbau des neuen demokratischen Staates werden zu lassen. Zwar wollen wir den Faktor „Jugend" nicht überschätzen und nicht jener Phrase erliegen, die schon immer in aller Munde war: „wer die Jugend hat, hat die Zukunft"; – denn auch die Nazis hatten zweifellos die Jugend, aber deshalb noch lange nicht die Zukunft –. Aber einerseits darf man die Jugend nicht länger abseits stehen lassen, weil wir keine Erneuerungen unserer Bewegungen durchführen können ohne auf weite Kreise der Jugend Anziehungskraft und Einfluß zu gewinnen, zum anderen brauchen wir den revolutionären Schwung und das „nicht-mit-Traditionen-behaftet-sein" der Jugend. Also auch in dieser Beziehung müßte die künftige Konzeption einer sozialistischen Bewegung Klarheit schaffen.

Im Rahmen eines solchen Briefes wie diesem kann man natürlich nicht auf alle die Dinge eingehen, die uns beschäftigen und die diskutiert werden müssen. Aber ich glaube, ich habe einige wichtige Fragen angeschnitten, und sie könnten dazu beitragen, die Diskussionen auch über unsere Grenzen hinaus zu beleben. Wahrscheinlich habt Ihr drüben mit ganz anderen Dingen zu rechnen und seid nicht so unmittelbar an der Lösung der Probleme interessiert. Trotzdem würde es mich freuen, von Dir Näheres darüber zu hören.

[...]

Auch mit August Enderle* und Adolf Ehlers* in Bremen stehe ich in laufender Verbindung. Leider ist es nicht möglich, häufiger über die uns interessierenden Fragen zu sprechen, da wir räumlich und auch zeitlich nicht die Möglichkeit dazu haben.

Der Tod unseres Freundes Heini Meyfeld[5] hat uns genau so bewegt wie Euch. Ich glaube, für uns – besonders aber für mich – war es der größte persönliche Verlust, den ich in den letzten Jahren wohl erlitten habe. Mit Heini Meyfeld bin ich in den ganzen Jahren eng befreundet gewesen, und wir haben auch wiederholt das Glück gehabt, während der Nazizeit – besonders in den letzten Jahren – auf gleichen Montagestellen gemeinsam zu arbeiten. Aus diesem Grunde bin ich wohl der einzige, der die Lauterkeit der Gesinnung und des Charakters unseres Freundes Heini am besten beurteilen kann. Sein Tod bedeutet nicht nur für uns einen rein persönlichen Verlust als Mensch, sondern auch für die Bewegung.

Es zeigt sich heute immer mehr, daß wir verhältnismäßig wenig gute Funktionäre haben und die ganze Last der Arbeit auf den Schultern einzelner lastet. Ich habe immer noch die Hoffnung, daß doch noch mehrere unserer Freunde aus der Emigration nach hier kommen, um zu helfen. Andererseits bin ich egoistisch genug, die Wirksamkeit der Hilfe unserer Freunde draußen für uns in Anspruch zu nehmen. Offensichtlich ist, daß der Ausfall durch die 12 Jahre nazistischer Herrschaft und durch diesen furchtbaren Krieg nicht wieder auszugleichen ist. So werden wir wohl oder übel auf unserem verantwortlichen Posten bleiben und so gut es geht uns die entsprechenden Kräfte heranbilden müssen.

[...]

Für heute will ich schließen, und ich bitte Dich, alle unsere Freunde recht herzlich zu grüßen sowie besonders Deiner Frau die besten Grüße auszurichten. Ich bleibe mit den besten Wünschen für Euch – auch von allen unseren Freunden, von meiner Frau und kleinen Tochter Heike,

Dein Otto Brenner[6]

---

[5] Heinrich Meyfeld gehörte der SAP in Hannover an, mit Otto Brenner im Widerstand. 1945 Betriebsratsmitglied der Städtischen Werke. Nach einer Verletzung starb er im Dezember 1946 an Blutvergiftung; das von Joseph und Erna Lang geschickte Penicillin traf zu spät in Hannover ein.

[6] Dieser Brief liegt nur in einer zeitgleich angefertigten Abschrift vor.

Otto Brenner an Joseph Lang

Hannover, den 15.8.1947
Am Langen Kampe 9

Lieber Jola!

[...]

Leider liegen bis heute noch keine Bestätigungen meiner Briefe vom 12. Febr. und
11. April 1947 Deinerseits vor. Die Briefbestätigungen sind an sich unwichtig, doch erhöhen sie das Gefühl der relativen Sicherheit des überseeischen Postverkehrs.
Zunächst muß ich aber den Empfang eines Pakets bestätigen, welches bei uns große
Freude ausgelöst hat. Es enthielt für uns so viele wertvolle Dinge, die wir sehr gut gebrauchen können. Erna hatte nur einen kleinen Zettel beigelegt, aber wir wußten doch
wenigstens woran wir waren. Die Mehrzahl der geschickten Sachen kam wie gerufen.
Den Anzug trage ich nach Umarbeitung und Reinigung bereits. (Bei meiner jetzigen
Tätigkeit ist der Zeugverschleiß besonders groß, konnte ihn deshalb gut gebrauchen.)
Ich möchte nicht unbescheiden sein, aber wenn es Euch gelegentlich einmal möglich
sein sollte, mich mit einem Regen- oder Wettermantel zu beglücken, wäre ich sehr
dankbar. Seit über einem Jahr habe ich einen Bezugsschein in der Tasche ohne bisher
einen Mantel zu bekommen. Meine Konfektionsgröße ist Nr. 46.
Für Martha war das Paket ein reines Eldorado. Sie hatte als praktische Hausfrau sofort
Pläne für die Verwendungsmöglichkeiten. Tief bedauert hat sie, daß die Schuhe, die in
jeder Beziehung ihrem Geschmack entsprachen, zu klein waren; denn Martha hat die
Schuhgröße Nr. 39.
Angesichts der vielen zweckmäßigen und brauchbaren Dinge haben die Frauen immer
noch besondere Wünsche. Ich darf also hier Martha das Wort geben und berichten,
was sie sich wünscht, falls Ihr helfen könnt: Gummiband, Stopf- und Nähgarn, Stopf-
und Nähnadeln und Schnürbänder. Das sind alles Sachen, die wir hier noch nicht bekommen können. Unsere Heike wird im Oktober 5 Jahre alt. Sie möchte der „Tante
und dem Onkel aus Amerika" auch gern etwas schenken und hat deshalb ihr Bild beigelegt. Für die Sachen, die wir nicht gebrauchen konnten, haben wir in unserem Freundeskreis schon geeignete Abnehmer gefunden. –

[...]

Bei dieser Gelegenheit muß ich wieder daran denken, daß wir die Existenz vieler ehemaliger Freunde erst über den Umweg des Auslandes erfahren. Hier geben sich nur wenige zu erkennen. Entweder ist es noch Mißtrauen oder mangelnde politische Konsequenz oder sogar politische Feigheit. Immerhin sind schon zwei Jahre vergangen, die
zu einer politischen Klärung hätten beitragen können. Schuld ist sicherlich mit daran,
daß keine einheitliche sozialistische Konzeption international möglich ist. Alle sind
noch Suchende! – Entscheidend ist auch, daß noch keine Einigung der Alliierten über
das Objekt Deutschland und Europa erfolgt ist. Inzwischen sieht es sogar so aus, als ob
statt einer Einigung eine Verschärfung der Gegensätze eingetreten ist.
Klarheit über die politischen und wirtschaftlichen Absichten der Alliierten ist aber unbedingt erforderlich, damit wir daraus die wirtschaftlichen und politischen Perspektiven beurteilen können. Die ungeklärte pol. und wirtschaftl. Situation wirkt sich läh-
mend auf eine positive Konzeption der sozialistischen Parteien und der Gewerkschaften aus.
Für unsere Partei hat sich das so ausgewirkt, daß bis jetzt kein klares Programm ent-

wickelt wurde, sondern ein ausgesprochener opportunistischer Kurs gesteuert wird.
Die Linie verlief über den Totalitätsanspruch der Partei und ausgeprägtem Nationalismus zum demokratischen Bekenntnis und Internationalismus. Es fehlt die eindeutige
Beziehung zu allen wichtigen Problemen. Die Diskussionen kommen innerhalb der
Partei nur langsam wieder in Fluß. Ganz allmählich kristallisiert sich so etwas wie eine
eigene Meinung einzelner Mitglieder heraus. Bisher wird diese Meinung nur von Dr.
Kurt Schumacher bestimmt. Sicherlich war er der Sprecher eines großen Teils der Bevölkerung und gab unbestritten das Empfinden wieder, was sie nach dem Zusammenbruch der Nazidiktatur empfand. Die Partei darf aber nicht zum Spielball öffentlicher
Meinungen werden, um nicht der Gefahr dauernder opportunistischer Wandlungen
ausgesetzt zu sein. Gewiß stehen heute die Tagesnöte (Ernährung, Kleidung-, Wohnung und Hausbrand) im Vordergrunde unserer politischen und gewerkschaftlichen
Arbeit. Insofern hat sich unser Tätigkeitsgebiet gegenüber von vor 1933 wesentlich verschoben. Aber wir dürfen bei aller Kleinarbeit unsere Zielsetzung nicht vergessen. Wir
sind zwar als Einzelmenschen nur winzige Teilchen im Gesamtgeschehen der Welt. So,
wie z.B. in einem Ameisenstaat jede Ameise eine bestimmte Aufgabe zu erfüllen hat,
müssen wir uns auch einordnen in den Rahmen, der der Menschheit gegeben ist. Heute
gleicht die Welt einem aufgescheuchten Ameisenhaufen, den ein fremder Eindringling
in Unordnung gebracht hat. Alles läuft wild durcheinander. Jeder will sich und seine
Habe zunächst in Sicherheit bringen. Dabei wird alles vergessen, – die Vergangenheit,
– die Ursachen! Es gilt nur die Gegenwart! Uns muß aber auch die Zukunft am Herzen
liegen. Wir müssen als Sozialisten über den Augenblick hinausdenken und schon jetzt
ideologisch die künftige Gestaltung, nicht nur Deutschlands, sondern Europas und der
Welt, vorbereiten.
Wenn unsere Arbeit in den verschiedensten Organisationen einen Zweck haben soll,
müssen wir uns zunächst bemühen die Situation von vor 1933 und die faschistische
Epoche nach 1933 einer kritischen Analyse zu unterziehen, um zu den richtigen
Schlußfolgerungen für die Zielsetzungen der Arbeiterbewegung zu kommen. – In diesem Zusammenhang erscheint mir eine von Paul *Sering* im Nest-Verlag neuerschienene
Broschüre „Jenseits des Kapitalismus" recht beachtlich zu sein. Nach der Durcharbeitung werde ich Dir eine ausführliche Stellungnahme geben. Über die Person des Verfassers ist mir im Augenblick nichts bekannt. Es ist möglich, daß der angegebene Name
nur ein Pseudonym ist[1].
Auch hat August *Siemsen* in seiner Zeitschrift „Das andere Deutschland" Nr. 139, in einem Artikel „Der Amerikanische-Russische Gegensatz und die Konferenz in Moskau", über die Rolle der Besatzungsmächte in Deutschland erwähnungswerte Ausführungen gemacht[2].
[...]

---

[1] Paul Sering = Richard Löwenthal* – In der 1946 erschienenen einflußreichen theoretischen Studie
über den demokratischen Sozialismus „Jenseits des Kapitalismus" plädierte L. für tiefgreifende Strukturreformen in Zusammenarbeit mit und in Anlehnung vor allem an die britische und amerikanische
Arbeiterbewegung.

[2] August Siemsen (1884–1958): Pädagoge und Politiker, gehörte zum linken Flügel der SPD, widmete
sich insbesondere der Bildungs- und Erwachsenenarbeit. Mitbegründer der SAP. 1933 Emigration.
1952 Rückkehr in die Bundesrepublik; 1955 Übersiedlung in die DDR, dort Mitglied der SED. „Das
andere Deutschland" (DAD) wurde seit 1937 in Argentinien von August Siemsen als Organ einer
gleichnamigen Emigrantengruppierung herausgegeben, die sich überwiegend aus ehemaligen Mitgliedern der SPD, SAP und des ISK zusammensetzte.

Wie ich Dir schon berichtete hatte Siggi [Neumann]* auf mein Anraten mit die Redaktion der „Gewerkschaftsstimme" einer Beilage der für die Brit. Zone erscheinenden Gewerkschaftszeitung „Der Bund", für das Land *Niedersachsen* übernommen. Siggi hat angeblich aus gesundheitlichen Gründen diese Tätigkeit aufgegeben. Ich bedaure das sehr. Wir haben zwar wieder einen früheren SAP-Genossen Werner *Buchheister**, der auch in der Emigration in Schweden war, dafür bekommen können, so daß die Redaktion in guten Händen bleibt. „Der Bund" wird bekanntlich von den beiden Enderles* redigiert, mit denen ich laufend gute Verbindung habe.

Von Siggi Neumann* ist jetzt im Phönix-Verlag, Hamburg, eine kleine Broschüre, „Ist die Sowjet Union sozialistisch?", erschienen. So wichtig eine solche Arbeit über diese Frage ist, so hätte sie auf jeden Fall gründlicher und ausführlicher erfolgen müssen. Ich weiß im Augenblick nicht die Gründe, die vielleicht den Charakter der Broschüre bestimmt haben; denn ich habe Siggi schon mehrere Wochen nicht mehr gesprochen. Bei dieser Gelegenheit gib mir doch bitte Bescheid, ob ich Dir bei der Herausgabe neuer wichtiger Broschüren oder Bücher, ein Exemplar schicken soll.

Von Louis *Pilz**, Stuttgart hörte ich, daß auch er jetzt in der Gewerkschaftsbewegung arbeitet. Wahrscheinlich komme ich im September nach Stuttgart.

Für heute möchte ich meinen Brief beschließen. Es gibt sicherlich noch eine ganze Reihe von Fragen, die geklärt werden müßten, doch davon später.

Doch eins muß ich zum Schluß noch sagen: Es ist selbstverständlich, daß das was unsere Freunde und Genossen heute im Auslande für uns leisten von uns im vollen Umfange gewürdigt und anerkannt wird, als ein Beitrag zur Erhaltung der physischen und psychischen Widerstandskraft der Arbeiterbewegung. Wir schöpfen daraus die Kraft, in unserer Arbeit für die sozialistische Idee nicht zu erlahmen und das Bewußtsein, daß die internationale Solidarität nicht nur eine Phrase, sondern eine Tatsache ist!

Recht herzliche Grüße nun für Erna, Dich und allen Freunden

von Martha, Heike und
Eurem Otto Br.

Otto Brenner an alle Freunde in den USA

Hannover, Ende 1947
Am Langen Kampe 9

Liebe Freunde!

Nun haben wir auch Weihnachten 1947 schon wieder hinter uns. Wir sind im allgemeinen zu realistisch eingestellt, um dem sentimentalen Zauber, der alljährlich zur Weihnachtszeit einsetzt, restlos zu erliegen. Und doch sind wir keineswegs ganz frei davon. Sicher wirkt hier Tradition, Erziehung und das Milieu noch mit. Obwohl wir verstandesmäßig mit der Kirche und ihren Lehren längst gebrochen haben, wird man um die Weihnachtszeit irgendwie beeindruckt. Das Kürzerwerden der Tage, das kalte, unfreundliche Winterwetter bringen die Sehnsucht nach einer warmen Stube und nach Gemütlichkeit. Hinzu kommt die Freude, Weihnachten mit Geschenken überrascht zu werden, ja anderen – besonders Kindern – Freude bereiten zu können. Das alles erzeugt eine Stimmung, die man eben nur um die Weihnachtszeit haben kann. Selbst in den Jahren des Eingesperrtseins, in denen einem der Zynismus des sogenannten Chri-

stentums offensichtlich wurde und der ganze Betrug der sogen. bürgerlichen Gesellschaft klar in Erscheinung trat, war es schwer, sich gegen die aufgezwungene Sentimentalität zu wehren. – Alle entdecken plötzlich ihr soziales Herz, wollen vor Fürsorge vergehen, reißen sich darum, Gutes zu tun. Mit einem Male weiß man, daß es Flüchtlinge und Flüchtlingskinder gibt, die nur Lumpen auf dem Körper tragen und die kein Bett ihr eigen nennen. – Man erinnert sich auch der Kriegsgefangenen, die noch hinter dem Stacheldraht auf ihre Heimkehr warten. – Man lädt Heimatlose, Vertriebene, Obdachlose, Waisen, Krüppel, Hungernde und Frierende zu Weihnachtsfeiern. Für Stunden sollen sie unter dem strahlenden Lichterbaum ihr verfluchtes Elend vergessen, um später erneut dem Jammer ihres grauenvollen Schicksals ausgesetzt zu sein. Die sozialen Gegensätzlichkeiten, das schreiende Unrecht, kommt ihnen dadurch erst richtig zum Bewußtsein. Jeder fragt sich mit Recht: „Warum soll gerade ich die Folgen eines wahnwitzigen Systems tragen?"
Wir haben Weihnachtsfeiern besucht, die von Gesinnungsfreunden für uns veranstaltet wurden. Der KZ-Ausschuß (Kreis-Sonderhilfsausschuß für ehemalige Konzentrationslager-Häftlinge) hatte eine Feier für unsere Kinder durchgeführt. Wenn man nicht gewußt hätte, daß der KZ-Ausschuß der Veranstalter war, hätte man die Veranstaltung für eine christlich-bürgerliche gehalten. Genau so waren die Feiern der Partei. Man fürchtet offensichtlich, durch irgendwelchen tendenziösen Anstrich Anstoß zu nehmen. Die kulturpolitische Entwicklung ist gegenüber von 1933 rückschrittlich. Aber auch sozialpolitisch ist die Einstellung katastrophal. Die sozialen Pflästerchen einer caritativen Gesinnung schaffen das herrschende Elend nicht aus der Welt. Eine sozialistische Bewegung sollte sich jedenfalls davon freimachen.
Wie wohltuend wirkt dagegen Eure einfache, ehrliche, unauffällige Solidarität und die unserer Freunde. Hier weiß man, daß die Hilfe einer Gesinnung entspringt, für die man bereit war, auch das Leben einzusetzen. Und unsere Freunde, die damit bedacht werden, wissen das zu würdigen. Darum war in diesem Jahr für uns die Freude doppelt groß. – Zwar hat man immer noch ein beklemmendes Gefühl, wenn man an das grenzenlose Leid um uns herum denkt, und es bedrückt uns, daß nicht allen Gesinnungsgenossen geholfen werden kann. Aber die Erkenntnis, nur dann für die Zukunft wirkliche Hilfe leisten zu können, wenn man zunächst selbst am Leben bleibt, um die Aufgaben für alle anderen mit lösen zu können, söhnt uns einigermaßen wieder aus. Wichtig ist, daß man das Empfinden für die soziale Gerechtigkeit nicht verliert, und daß man aus seiner eigenen Lage heraus nicht vergißt, wie es anderen geht.
Wenn man in diesen Tagen den Rundfunkempfänger eingeschaltet hatte, dann tönte es über alle Sender: „Friede auf Erden und den Menschen ein Wohlgefallen". Ansprachen wurden von allen maßgeblichen Staatsmännern und Persönlichkeiten in den Ländern der Welt gehalten. Versprechungen und schöne Worte wechselten einander ab. Kein Mensch reagiert mehr darauf. Die allgemeine Auffassung ist: Es ist genügend geredet worden, wir wollen jetzt endlich Taten sehen! Und wie sieht es damit aus:
Das Jahr 1947 ist nun zu Ende. Die politischen und wirtschaftlichen Entscheidungen, die wir erhofften, sind auch in diesem Jahre ausgeblieben. Die Londoner Konferenz ist geplatzt! Die letzte Hoffnung, den Weltfrieden zu sichern, scheint dahin zu sein. Noch sträuben wir uns, die verhängnisvollen Konsequenzen, die sich aus dem Scheitern der Londoner Konferenz ergeben, anzuerkennen, und die daraus entstehenden Folgen zu Ende zu denken. Wir möchten noch nicht, daß das Tor nach dem Osten endgültig zugeschlagen wird. Der eiserne Vorhang soll nicht noch tiefer herunter gelassen werden, damit er nicht ein unüberwindliches Hindernis zur Verständigung zwischen dem Osten

und dem Westen wird. Dadurch ist die Frage: Wie ist unsere Stellung zur Sowjetunion in den Vordergrund unserer Diskussion gerückt. Sie wird wahrscheinlich noch lange Zeit, bis einmal endgültige Klarheit geschaffen ist, uns beschäftigen müssen. (Sehr viel ist schon über dieses Problem geschrieben. Mit diesem Briefe schicke ich eine Broschüre „30 Jahre Sowjet-Union" von Fred Larsen mit. L. ist übrigens ein Pseudonym, es verbirgt sich dahinter der frühere Reichstagsabgeordnete der KP, Dr. [Fritz] Löwenthal*. Die abstrakte Form, in der L. das Problem anfaßt, gefällt mir recht gut. Auch Paul Sering [d. i. Richard Löwenthal*], der sich in seinem Buch „Jenseits des Kapitalismus" mit der gleichen Frage befaßt, kommt zu denselben Konsequenzen wie L. Das Buch ist leider vergriffen, sonst hätte ich ein Exemplar mitgeschickt.) Alte Anhänglichkeit und gefühlsmäßige Einstellung gegenüber der Sowjet-Union verhindern immer noch eine klare Stellungnahme. Wir können es einfach nicht fassen, daß das Land der russ. Oktober-Revolution von 1917 heute ein Nationalstaat geworden ist und, genau wie die anderen Nationen, imperialistische Interessen verfolgt. Darum müssen wir uns immer wieder die Kernfragen vorlegen:

1. Ist die SU sozialistisch?

2. Ist die SU auf dem Wege, ein sozialistischer Staat zu werden? Auf jeden Fall müssen wir unsere Stellungnahme politisch begründen können und nicht nur auf Hetze und Greuel-Propaganda stützen. Die letzteren Dinge wirken erfahrungsgemäß nur, solange sie frisch in Erinnerung sind. In einigen Jahren wird niemand mehr über die Behandlung deutscher Kriegsgefangener oder über das Auftreten der russ. Okkupationstruppen sprechen. Von diesen Dingen allein kann man keine politische Entscheidung abhängig machen. Es genügt auch nicht, einfach etwas zu negieren, ohne eine positive Konzeption aufzuzeigen. Die sozialistischen Parteien aller Länder müssen sich zusammenschließen, um zu einer neuen sozialistischen Internationale zu kommen. Doch scheinen wir noch recht weit davon entfernt zu sein. Der erste Schritt wird sein, daß die sozialistischen Parteien der einzelnen Länder sich entschließen, mit erhöhter Aktivität die sozialistischen Zielsetzungen zu verwirklichen. Nicht wir dürfen uns von den Verhältnissen treiben lassen, sondern wir müssen zur treibenden Kraft werden.

In diesem Zusammenhang möchte ich einiges über die innerparteiliche Situation in der SPD sagen. Drei verschiedene Richtungen zeichnen sich deutlich ab:

1. Die religiösen Sozialisten, die eine zeitgemäße starke Gruppe bilden und die versuchen, der Partei in kulturpolitischer Hinsicht ihren Stempel aufzudrücken. Sie sind heute stärker und aktiver denn je.

2. Die ehemaligen ISK-Genossen (Nelsonianer), die vom ethischen Standpunkt aus versuchen, den Sozialismus zu begründen. Sie stellen z. Zt. das geistig stärkste Element in der Partei, weil sie bei den Intellektuellen am meisten Anklang finden. Ihr Ziel ist, der Partei eine durch ihre Schule gegangene Führerschicht zu geben. Politisch sind die ISK-Leute noch nicht ganz durchsichtig, da sie eine ziemlich streng abgeschlossene Sekte bilden. Obwohl sie immer betonen, sozialistisch zu sein, bedeutet ihre Haltung in der Verfolgung wirtschaftlicher Prinzipien die Liquidierung alter sozialistischer Grundsätze. Sie legen Wert darauf, sich bei jeder Gelegenheit vom Marxismus zu distanzieren.

Vor einiger Zeit fand in Ziegenhain (Hessen) eine kulturpolitische Tagung interessierter Kreise unserer Partei statt, an der vorwiegend die religiösen Sozialisten und die ISK-Genossen beteiligt waren. Auf dieser Tagung ist auch eine Entschließung gefaßt, die ich abschriftlich beifüge. Diese Entschließung hat viel Unruhe in die Partei hineingebracht; sie zeigt aber, daß gewisse Kreise in der Partei ihre Stunde für gekommen halten, der Partei das „Gesicht" zu geben[1]. Besonders die ISK-Freunde, mit denen wir in vieler Beziehung einen Weg gehen können und deren charakterliche Haltung bisher jeder Kritik standhielt, halten jetzt den Zeitpunkt für gekommen, durch die Besetzung vieler Schlüsselpositionen in der Partei die Führung zu übernehmen. Obwohl gerade wir in der Illegalität und auch nach 1945 sehr eng mit dem ISK zusammengearbeitet haben, zeigen sich jetzt erhebliche politische Differenzen, die besonders durch Ziegenhain offenbar geworden sind. Aber es ergeben sich auch aus der grundsätzlich verschiedenen Betrachtungsweise der politischen Zusammenhänge eine ganze Reihe von Differenzen, die sich auf die Beurteilung von Strategie und Taktik der Partei auswirken müssen.

3. Die marxistische Richtung, die, gestützt auf die wissenschaftliche Begründung des Sozialismus von Marx und Engels, aus der SPD eine revolutionäre Partei machen wollen. Sie befindet sich z. Zt. in der Defensive. Diese Situation ist dadurch mitentstanden, weil durch die unpolitische Haltung unserer Partei gegenüber der Sowjet-Union die jetzigen russischen Verhältnisse und die russische Politik als Ergebnis der Anwendung marxistischer Grundsätze zur Erreichung der sozialistischen Ziele hingestellt werden. Auch Schumacher trägt einen Teil der Schuld an dieser Entwicklung mit, weil er glaubte, aus der deutschen SP eine Labour-Party machen zu können.

Heute erkennt man mit Entsetzen, welche Kräfte durch die Farblosigkeit der Parteiführung und durch das Fehlen eines klaren Programms in den Vordergrund getreten sind. Nicht zuletzt ist die Vertrauenskrise, der Partei und Gewerkschaften ausgesetzt sind, auf diese Umstände zurückzuführen.

Schumacher selbst hat erst jetzt davon gesprochen, daß gewisse Kräfte geglaubt hätten,

---

[1] Vom 21. bis 23. August 1947, drei Wochen nach dem Nürnberger Parteitag, tagte im nordhessischen Ziegenhain eine Kulturpolitische Konferenz, die von dem von Arno Hennig geleiteten Kulturpolitischen Ausschuß beim Parteivorstand der SPD einberufen worden war. Bereits seit 1946 fanden im Rahmen dieses Ausschusses Diskussionen über eine Neubestimmung der „geistigen Grundlagen der Sozialdemokratie" statt, die hauptsächlich von religiösen und ethischen Sozialisten, darunter Anhängern des Philosophen und ISK-Gründers Leonard Nelson, getragen wurden. In einer einstimmig angenommenen programmatischen Entschließung, die unter Federführung Carlo Schmids verfaßt worden war, stellten die rund achtzig Teilnehmer der Ziegenhainer Konferenz fest, der Verlauf der Geschichte seit Karl Marx habe „die Einseitigkeit einer nur ökonomischen (Geschichts-)Betrachtung enthüllt". Die Ergebnisse der marxistischen Methode seien für die SPD „eine unverzichtbare Quelle politischer Einsicht, sie sind ihr jedoch nicht alleinige und absolute Grundlage aller Erkenntnis". Von Teilen der SPD und insbesondere von der an Marx orientierten Linken wurde die Konferenz als Angriff auf den Marxismus schlechthin gewertet. In der Gesamtpartei, die 1947 und 1948 noch stark mit ihrer Tradition als Klassenpartei auf der Grundlage des Marxismus verbunden war, schien die Ziegenhainer Erklärung nicht mehrheitsfähig. Das zeigte neben den Diskussionen auf dem Düsseldorfer Parteitag 1948 auch die zurückhaltend-kritische Stellungnahme des Parteivorsitzenden Kurt Schumacher vom November 1947: „Die Ziegenhainer Tagung ist die Tagung einer Spezialkommission und könnte eine programmatische Bedeutung nur für den speziellen Untersektor Kulturpolitik haben. Aber die Ziegenhainer Tagung kann natürlich nicht für den theoretischen, grundsätzlichen Teil als eine Vorarbeit für die Programmleistung angesehen werden." (Zitiert nach Kurt Klotzbach: Die Programmdiskussion in der deutschen Sozialdemokratie 1945–1959. In: Archiv für Sozialgeschichte, 16. Jg., 1976, S. 473.) Längerfristig gesehen wurden jedoch in der Ziegenhainer Erklärung politische Positionen formuliert, die die Programmdiskussion in der SPD zunehmend prägten. (Zur Ziegenhainer Konferenz vgl.: Georg Eckert: Auf dem Weg nach Godesberg. Erinnerungen an die Kulturkonferenz der SPD in Ziegenhain. In: Heiner Flohr; Klaus Lompe; Lothar F. Neumann [Hrsg.]: Freiheitlicher Sozialismus. Beiträge zu seinem heutigen Selbstverständnis. Bonn-Bad Godesberg 1973; Erich Ott: Dreißig Jahre danach – Die Kulturpolitische Konferenz der SPD in Ziegenhain 1947. In: Frankfurter Hefte, 33. Jg., 1978, H. 1, S. 7–10.)

mit „trojanischer D-Zugsgeschwindigkeit" die Partei erobern zu können. Wen er damit gemeint hat, ist unschwer zu erraten. Wir müssen aus der Passivität heraus. Wir haben geglaubt, der Kern der Partei sei marxistisch, und deshalb brauchten wir keine besonderen Anstrengungen zur Erhaltung der marxistisch-wissenschaftlichen Grundhaltungen zu machen. Doch heute erkennt man: An den „Karl-Marx-Schulen" der Partei unterrichten Nicht-Marxisten. Die Konsumgenossenschaftsidee darf in der Partei nicht propagiert werden, weil es eine Gruppe der selbständigen Handel- und Gewerbetreibenden in der Partei gibt.

Eine konsequente Schulpolitik ist nicht möglich, weil die Kulturpolitik von kirchenhörigen Parteimitgliedern gemacht wird. Und so könnte ich noch eine Vielzahl von Dingen anführen, die verhindern, der Partei einen einheitlichen sozialistischen Charakter zu geben.

Uns fehlt jede publizistische Möglichkeit, sich gegen eine derartige Entwicklung zu wehren. Wir müssen sie aber für uns schaffen. Wir brauchen ein Diskussions-Organ, in dem wir zu allen Problemen von unserem Standpunkt aus Stellung nehmen können. Eine solche Zeitschrift müßte der Mittelpunkt der „Linken" in der SP sein. Die von Willi Eichler* herausgegebene Zeitschrift „Geist und Tat"[2] erfüllt diese Aufgabe nicht. Trotz der relativ hohen Auflage hat sie keinerlei Resonanz. Sie wird wenig gelesen, da sie nicht interessant genug ist.

Wir wissen noch nicht, wie wir die Frage der Herausgabe einer Zeitschrift lösen, hoffen aber, sie bald realisieren zu können. Sie ist jedenfalls eine unbedingte Notwendigkeit. Es wird unsere Aufgabe sein, die vielen individuellen Meinungen durch ein theoretisch gut fundiertes Diskussions-Organ auszubalancieren, und dadurch den auf dem Boden des historischen Materialismus stehenden Genossen die Möglichkeit des Sichwiederfindens zu geben.

Hoffentlich wird uns das Jahr 1948 mehr ideologische Klarheit bringen, damit eine einheitliche Beurteilung der politischen und wirtschaftlichen Perspektiven möglich ist.

Otto Brenner[3]

Otto Brenner an Joseph und Erna Lang

Hannover, den 16.6.1948
Am Langen Kampe 9

Liebe Erna, lieber Jola,

Heute möchte ich den Eingang von 2 Briefen bestätigen, die von Opel* an mich geschickt wurden und vom 10.5. und 23.5. datieren; sie sind am 31.5. bei mir eingegangen. Außerdem sind inzwischen zwei weitere Briefe von Euch eingegangen (vom 16.5. und 31.5.). Ihr seid also recht fleißig im Schreiben gewesen, und diese beiden letzten Briefe sind auch die endgültige Mahnung für mich, nun endlich einmal an die Arbeit zu gehen, und die längst fälligen Berichte zu erledigen. Leider bin ich nur auf meine eigene winzige Kraft angewiesen, um all' den Anforderungen gerecht werden zu können, die auf mir lasten. Ich möchte manchmal viel lieber anderen ein Teil der Arbeit überlassen,

---

[2] Geist und Tat. Monatsschrift für Recht, Freiheit und Kultur. Schriftleiter Willi Eichler*, Frankfurt a.M. 1946–1971.
[3] Dieser Brief liegt nur in einer zeitgleich angefertigten Abschrift vor.

muß dann aber feststellen, daß in einem mehr als erschreckenden Maße auch unsere „Besten" die Lethargie schon miterfaßt hat und ihnen die Initiative fehlt, wirklich etwas Ernsthaftes zu tun. Ich muß auch immer mehr erkennen, daß es schwierig ist, gleichzeitig auf „zwei Hochzeiten zu tanzen". Dadurch wird vieles nur dilettantenhaft erledigt, und es kommt dann zu Mißverständnissen, deren Klärung uns viel Zeit raubt.

Wenn ich Euch unter den gegenwärtigen Verhältnissen den Ablauf meiner Tagesarbeiten schildern würde, ich glaube, Ihr würdet manchmal fragen: Kann man das überhaupt noch verantworten? Ich frage mich selbst oftmals. Und doch müssen wir unsere Nerven behalten und die 1945 errungenen Positionen halten, damit die ganze jahrzehntelange Arbeit nicht umsonst war. Ich weiß, es ist viel organisatorischer Kleinkram, der an unseren Funktionen herumbaumelt und uns belastet. Die Früchte kann man aber erst dann ernten, wenn die sogen. „Kommandohöhen" der Arbeiterbewegung fest in unserer Hand sind. Diese Schlüsselstellungen sind nur zu besetzen durch Organisationsarbeit. Sicher besteht die Gefahr dabei, den Blick für die weltpolitischen und weltwirtschaftlichen Zusammenhänge zu verlieren, und es bedarf schon einer grundlegenden theoretischen und charakterlichen Haltung, um nicht in Opportunismus zu versumpfen.

Darum habe ich von Anfang an betont, daß wir Eure Hilfe benötigen, um aus der Distanz heraus und ohne Vorbelastung uns zu helfen, die richtige Konzeption und Beurteilung der gegenwärtigen Situation zu finden.

[…]

Es muß einmal ausgesprochen werden: Auch unsere lieben Freunde, die bereit sind, hin und wieder gute Berichte zu liefern, haben wenig Lust, wirklich praktische politische Arbeit zu leisten.

Jede Theorie – auch wenn sie noch so richtig ist – und jede richtige Analyse sowie Einschätzung der politischen und wirtschaftlichen Verhältnisse kann uns nur nützen, wenn wir in den vorhandenen Organisationen der Arbeiterbewegung oder durch eine eigene diese Erkenntnis ausnutzen können. Und wie sieht es nun damit aus?

Die paar Genossen, die übrig geblieben sind, sind irgendwo im Organisationsgetriebe mit eingespannt und z. T. brave Sekretäre geworden. Ein anderer Teil steht noch abseits, abwartend oder gar neben dem politischen Geschehen, weil er den Anschluß nach den verhängnisvollen 12 Jahren noch nicht gefunden hat. Wir haben also in dieser Beziehung gar keine Vergleiche zur Arbeiterbewegung von vor 1933. Damals war ein Stamm politisch denkender Menschen vorhanden; das Klassenbewußtsein war stärker verankert als heute. Statistische Erhebungen in Gewerkschaft und Parteien haben ergeben, daß etwa nur $^1/_3$ der jetzt erfaßten Mitglieder frühere „Organisierte" sind.

Bei unseren letzten Streiks haben wir diesen Mangel an wirklicher „Schulung" bitter zu spüren bekommen.

Wenn wir bis 1933 mit einem vorhandenen Klassenbewußtsein bei einem Teil der Arbeiterschaft rechnen konnten, so muß dieses jetzt erst wieder langsam herausgebildet werden.

Ich muß nun leider die begonnene Litanei zu Ende führen, obwohl ich – nun einmal im Fluß – sie gern beenden möchte. Aber die Organisations-Pflicht ruft, und wir haben – nachdem wir organisatorisch stark durch die letzten Streikbewegungen angespannt waren[1] – jetzt eine neue Aufgabe: Lohnverhandlungen zu führen und Urlaubsabkom-

---

[1] In der ersten Maihälfte 1948 fanden in Niedersachsen wegen der schlechten Ernährungslage Streikaktionen statt, an denen sich mehr als 70000 Arbeiter und Angestellte aus dem Verkehrswesen, dem

men für die Metallindustrie zu vereinbaren. Die letzten paar Wochen sind wir geradezu von einer Verhandlung in die andere gestolpert, so daß nicht einmal Zeit übrig blieb, um die politischen Dinge entsprechend verfolgen zu können.

In diese viele Arbeit hinein platzen immer Eure Briefe und Berichte sowie Abschriften aus dem politischen Leben Amerikas. Sie sind eine ernste Mahnung für mich, nun nicht ganz und gar nur Gewerkschaftler zu werden, sondern auch noch die politischen Zusammenhänge zu sehen. Es genügt natürlich nicht nur, die Dinge zu lesen und weiterzugeben, sondern sie müssen auch entsprechend durchgearbeitet werden. Ich schrieb schon in einem meiner letzten Briefe, daß ich Euch gegenüber ein verdammt schlechtes Gewissen habe, wenn ich immer und immer wieder die Beantwortung der gestellten Fragen hinausschiebe.

Ich habe mich nun endlich aufgerafft, den Bericht über die Pfingst-Zusammenkunft² zusammenzustellen, habe auch schon mit der Abfassung eines internen Berichtes über den Streik in Niedersachsen begonnen. Den Bericht über meinen Ostzonen-Besuch habe ich deshalb immer wieder verschoben, weil er für mich im Grunde genommen nur historische Bedeutung hat.

Wenn ich diesen Brief heute abschließe, möchte ich doch noch herzlichst danken für das Bild von Erna und Jola. Heike und Martha sind enttäuscht – nicht etwa über das Bild – sondern über die fehlende „lange" Nase. Beide meinten sogar, daß meine Nase durchaus damit konkurrieren könnte. Also die Befürchtungen, die Ihr hattet, daß Ihr etwa schlecht bei der Betrachtung abschneiden könntet, sind ganz unbegründet; im Gegenteil: alle, die es sahen, sind voll des Lobes. Zwar ist aus dem leicht graumelierten Herrn inzwischen ein recht würdig aussehender Weißkopf geworden, aber ... alt werden wir ja alle einmal.

[...]

Da ich diese Tage durch meine Teilnahme an dem Außerordentlichen Bundeskongreß in Recklinghausen sehr in Anspruch genommen bin, will ich hoffen, daß ich in der nächsten Woche etwas mehr Zeit haben werde, um ausführlicher die von Euch eingegangenen Briefe beantworten zu können.

Für heute laßt es also gut sein und seid von uns allen recht herzlich gegrüßt,

Euer Otto³

Adolf Stephan an den Solidaritäts-Fonds*

Hannover, den 12. 3. 1947
Grünewaldstr. 25/II

Liebe Freunde!

Habt Dank für Euern Luftpostbrief vom 26. 1. ds. Js. Wir haben uns über den Inhalt sehr gefreut. Auch auf mir lastet eine Masse Arbeit. Die letzten Monate waren mehr als grausam! Die furchtbare Kälte ist mit fast leerem Magen schier unerträglich. In mei-

---

Bauhandwerk, der Metall- und der chemischen Industrie und dem Druckereigewerbe beteiligten. Die Streiks flauten erst ab Mitte des Monats nach Erhöhung der Brotration langsam ab. Die Gewerkschaften bezogen zum Teil Stellung gegen diese Streikaktionen.

² Zum Kölner Pfingsttreffen vgl. Anm. 2 zum Brief Oskar Triebels vom 7.7. 1948, S. 82.

³ Dieser Brief liegt nur in einer von Otto Brenner selbst zeitgleich angefertigten Abschrift vor, die über Karl Völker* an Joseph und Erna Lang geleitet wurde.

nem Büro ist das Thermometer wochenlang nicht über 2 Grad über Null gestiegen. Meistens war die Temperatur unter dem Nullpunkt. Man muß sich wundern, daß die Arbeit trotzdem voran ging. Die ganzen Planungen, von denen ich in meinem letzten Brief schrieb, sind in Kälte erstickt. Sie werden aber mit dem Frühling auferstehen. Ich freue mich schon darauf, mit frischem Mut wieder an diese Arbeit gehen zu können. [...]

Inzwischen ist das Land Niedersachsen gegründet worden. Mein Referat gehört mit dem gesamten Landesjugendamt zum Sozialministerium, an dessen Spitze der KP-Mann Abel[1] steht. Mit ihm interessierte sich plötzlich die ganze KPD für die Jugendpflege. Ihr könnt mir glauben, daß ich meine Arbeit in erster Linie als Sozialist tue, aber ich kann mich schlecht dafür hergeben, Vorspanndienste für moskowitische Propaganda zu leisten. Es sollte nämlich ein besonderes Referat in ministerieller Instanz gegründet werden, das man mir anbot. Obwohl das Angebot sehr verlockend war, roch mir die Chose sauer und ich beschloß, in der Mittelinstanz im Landesjugendamt zu bleiben und tat dies mit der Begründung, ich sei ein Mann der Praxis und möchte lieber verwalten als regieren. [...]

Vor einigen Tagen erhielt ich einen acht Seiten langen Brief von Willy Korbmacher*, in dem er mir die bittersten Vorwürfe macht, daß ich mich der SPD angeschlossen habe. Ich muß nach seinen Ausführungen annehmen, daß er die Situation in Deutschland zu sehr aus der Isolierung der Emigration aus sieht und daß ihm der Blick für die Schwierigkeiten, in der wir alten SAP-Leute uns befanden, nachdem das Naziregime zusammengebrochen war, einfach fehlt. Ich kann schon sagen, daß es für mich und viele unserer Freunde nicht leicht war, den politischen Anschluß zu finden. Erleichtert wurde mir der Entschluß durch die Haltung der Sowjetarmee, die noch weniger als Engländer und Amerikaner als Befreier, sondern als Occupanten und Sieger kamen. Ich hatte selbst die traurige Verpflichtung, Verwandte aus dem Osten bei mir aufnehmen zu müssen, deren Erlebnisse Dantes Inferno als Kinderspiel erscheinen lassen. Die sowjetische Heeresleitung tat nichts, um die furchtbaren Ausschreitungen der Soldateska zu unterbinden und damit belastete sich natürlich in den Augen des so furchtbar geplagten deutschen Volkes das Sowjetregime. Hinzu kam, daß wir alle endlich einmal unsere Meinung frei äußern wollten, nachdem wir 12 Jahre hindurch einen Maulkorb umhatten und froh waren, wenigstens jetzt die Vorzüge einer Demokratie im guten Sinne genießen zu können. Ich für meine Person wollte nicht die Nazi-Diktatur mit einer von Moskau vertauschen! Mit Günter Nelke* bei der Arbeiterwohlfahrt habe ich Verbindung, desgleichen mit Otto Brenner*. Mit Siggi Neumann* konnte ich bislang noch keine Beziehungen anknüpfen. Er ist sehr mit Arbeit überlastet und da ich auch nicht gerade unter Arbeitsmangel leide, so klappten die Versuche bislang noch nicht. [...] Kürzlich kam ein Paket einer Kirchenorganisation aus Mount Vernon mit Kleidungsstücken. Leider war keine einzige Zigarette dabei, womit ich sehr stark gerechnet hatte. Wahrscheinlich rauchen die amerikanischen Christen nicht und setzen diese Tugend auch bei uns voraus. Schade! Meine Frau hat mir eben eine Freude dadurch bereitet, daß sie mir mehrere Kippen aus alten Beständen hervorzauberte, mit denen ich eine Pfeife stopfen konnte.

---

[1] Karl Abel, geb. 1897, Schuhmacherlehre, Bergarbeiter, seit 1921 KPD, seit 1926 in der KPD-Bezirksleitung Niedersachsen. 1938–1940 und 1944–1945 KZ Sachsenhausen. Dez. 1946–Mai 1947 niedersächsischer Minister für Volksgesundheit und Wohlfahrt, Mai 1947–Febr. 1948 Minister ohne Geschäftsbereich, MdL.

In der Hoffnung, nun auch von Euch mal bald wieder etwas zu hören, will ich für heute schließen. Von dem Verlauf meiner Pläne in der Arbeit werde ich im nächsten Briefe berichten.

Herzliche Grüße und alles Gute auch für Paul [Frölich]* und Eure ganze „Familie"

Euer Adolf Stephan

*Adolf Stephan an Joseph und Erna Lang und Paul und Rose Frölich**

Hannover, den 18. 1. 1948
Grünewaldstr. 25/II

Lieber Jola, liebe Erna, lieber Paul und liebe Rosi!

Zunächst will ich schnell Euer liebes Paket bestätigen, dessen Inhalt „nur" Fett nicht nur uns, sondern einige andere unserer Freunde glücklich machte. Es kam gerade in eine Situation hinein, in der die Fettrationen von monatlich 150 Gramm auf 75 Gramm gekürzt worden sind. Man hat uns übrigens eröffnet, daß wir in der nächsten Zuteilungsperiode überhaupt keine Fettzuteilung erhalten werden. *Nur* Fett war uns also das willkommenste, was wir in einer solchen Zeit wünschen konnten. Habt also auch im Namen der anderen Freunde herzlichen Dank für diese wunderbare Hilfe.

Inzwischen ist die Verbindung mit Otto Brenner* und Günter Nelke* hergestellt und ich freue mich, daß wir jetzt im Kreise von einigen Gleichgesinnten regelmäßig zusammenkommen. Meine berufliche Inanspruchnahme ließ zunächst eine außerberufliche Verpflichtung nicht zu. Doch jetzt ist der Schritt getan und ich hoffe, daß sich unsere Arbeitsgemeinschaft einmal befruchtend auf die Politik unserer Partei auswirken wird. Das ist jedenfalls das Ziel unserer Arbeitsgemeinschaft[1].

[...] Für mich war meine Reise [nach England], die ich auf Einladung der „Standing Conference of National Voluntary Youth Organisations" unternahm, ein großes Erlebnis. Schon die Tatsache, in ein einigermaßen normales Land zu kommen, war wie ein Blick in das gelobte Land. Noch einmal die Ausstellungen in den Geschäften, normal ausgestellte Schaufenster und keine Trümmer zu sehen, machte uns, die wir aus dem Trümmerhaufen Deutschland kamen, glücklich und neidisch zugleich. Der Lebensstandard des Engländers soll ja einigermaßen gesunken sein, gemessen jedoch an unserem leben die Engländer wie im Himmel. [...] Ich war erstaunt und beglückt zugleich über die Haltung, die der Engländer uns gegenüber einnahm. Schon bei meinem ersten Zusammentreffen mit einem Engländer im Zuge von Harwich nach London erlebte ich eine Haltung, die ich nicht für möglich gehalten hätte. An sich können doch die Leute nicht wissen, ob man Antifaschist war oder nicht. Sie sahen in uns lediglich Gäste ihres Landes, die man höflich und zuvorkommend behandeln muß, in keinem Falle jedoch den erbitterten Feind von gestern. Ich kann mir vorstellen, daß so etwas in Deutschland nicht möglich gewesen wäre, wenn D. den Krieg gewonnen hätte. Den überwiegenden Teil meines Aufenthalts in England verlebte ich in Bristol, der Stadt, die die Patenschaft über Hannover übernommen hat. Meine Anwesenheit in dieser schönen Stadt hatte sich herumgesprochen, so daß ich eine offizielle Aufforderung bekam, zu der Freundschaftskundgebung mangels eines Vertreters der Stadt Hannover zu sprechen. Ich unterzog mich dieser Aufgabe gern und ich glaube, daß ich die Stadt

---

[1] Zur sozialistischen Arbeitsgemeinschaft vgl. Anm. 1 zum Brief Günter Nelkes vom 19.9. 1948, S. 164 f.

H. würdig vertreten habe. Im Gegensatz zu Bischof Lilje[2], der vor mir sprach und an die Tränendrüsen appellierte, sagte ich, wir möchten unsere Jugendgruppen austauschen und veranlassen, daß ein Schüleraustausch zwischen unseren beiden Städten vorgenommen würde. Dies wäre m. E. ein Weg, um in der Zukunft zu verhindern, daß die Jugend unserer Völker noch einmal die Waffen gegeneinander erhöbe. Der Applaus zeigte mir, daß meine Worte auf fruchtbaren Boden gefallen waren. Für mich persönlich brachte dies meeting eine Menge Einladungen in sehr nette englische Familien. Ein alter Labour Mann lud mich ein und mit ihm verbindet mich eine enge Freundschaft. Als ich ihn besuchte, fand ich in seinem Bücherschrank u. a. auch Dein Buch, lieber Paul, Rosa L.[uxemburg]. In seiner politischen Haltung stand er ungefähr auf meinem Standpunkt, wie ich überhaupt viele wirkliche politische Freunde in England traf. Jedenfalls erhielt ich von verschiedenen Seiten angenehme Geschenke, so daß ich mit schwerem Gepäck den Zoll passierte. Die englischen Zollbeamten vollendeten das angenehme Bild von England. Meine Angst, einiges von meiner wertvollen Habe auf dem Zoll zu verlieren, erwies sich als unbegründet. Der Beamte fragte mich: „Are you a German youth leader" und „have you had a good time in England". Als ich beides bejahte, ließ er mich passieren und ich konnte meiner Familie etwas zu Weihnachten mitbringen, was allgemeine Freude auslöste. Eine fünfköpfige Familie braucht schon was, und wäre ich nicht verreist gewesen, hätte unser Weihnachtstisch eine einzige Lücke aufgewiesen. Schokolade, Apfelsinen, Bananen, Feigen, Datteln sind z. T. Dinge, die für unsere Kinder bislang unbekannte Begriffe waren. Umso größer war die Freude, als sie diese Dinge mal probieren konnten. Mir brachte ich einen Übergangsmantel und für meinen 12jährigen Jungen einen Anzug mit. Für Anne, meine Frau, waren Kaffee, Kakao und Tee im Gepäck. Und mir hatte ich etwas Tabak mitgebracht. Nun kann ich mich nicht wieder an das hier übliche Kraut gewöhnen. Doch das ist der geringste Kummer, wenn wir man bloß die kommenden Hungermonate gesund überstehen. Konrad Reisner* hat mit einer Mühe für uns gesorgt, die direkt rührend ist. Ohne die von ihm organisierte Hilfe hätten wir die vergangene Zeit nicht so gesund überstanden. Wir fürchten nur, daß die lange anhaltende Notzeit den Willen unserer Freunde draußen zur Hilfe erlahmen läßt, zumal wir hier alle wissen, wie sehr jeder einzelne draußen mit der Paketaktion belastet ist. Doch ich glaube, daß Ihr wißt, daß es hier um Sein oder Nichtsein geht, da jedes Paket mitentscheidend ist über Leben und Tod. Ich stelle übrigens mit Entsetzen fest, daß mein letzter Brief an Euch am 12. März v. J. geschrieben wurde. In meiner Arbeit sind wir vergangenen Sommer einen entscheidenden Schritt weitergekommen. Wir haben Zeltläger durchgeführt und vielen tausenden von Kindern und Jugendlichen eine ein- oder zweiwöchentliche Erholungszeit im Freien bei einer einigermaßen guten Verpflegung bieten können. Mein Emslandprojekt ruht zur Zeit und zwar weil die Herren von dem Landwirtsch. Ministerium sich dagegen stemmen. Sie wollen nicht, daß in dieses Gebiet fremde Leute hineinkommen, weil das neukultivierte Land für die zweiten und dritten Bauernsöhne des Emslandes vorgesehen sei[3]. In meinen Auseinandersetzungen mit diesen Herren bestand ich darauf, daß

---

[2] Hanns Lilje (1889–1977): während des „Dritten Reiches" Bekennende Kirche, 1947 Mitbegründer des Lutherischen Weltbundes, 1947–1971 Bischof der Evangelisch-lutherischen Landeskirche Hannover.

[3] Als Landesjugendpfleger entwickelte Adolf Stephan 1947 den Plan, den jugendlichen Flüchtlingen aus den deutschen Ostgebieten, die in den Westzonen keine Arbeit finden konnten, durch ein landwirtschaftliches Projekt im Emsland zu helfen. Mittels großer Pflüge sollte die ein- bis anderthalb Meter dicke Torfdecke abgetragen und so urbares Land gewonnen werden. Das Projekt scheiterte an Bedenken des niedersächsischen Wasserwirtschaftsamtes und des Landwirtschaftsministeriums.

das kultivierte Land denen gehören müsse, die die Arbeit des Kultivierens geschafft hätten. Die Emslandbauern hätten schon hunderte von Jahren an die Arbeit gehen können, hätten aber die furchtbare Arbeit gescheut und möchten jetzt die Kultivierungsarbeit von uns machen lassen, um sich dann in ein gemachtes Bett legen zu können. Der Kampf geht weiter. Ich beabsichtige jetzt, die Presse für den Fall zu interessieren. Vielleicht nimmt sich dann auch einmal der Landtag dieser Angelegenheit an.

Ihr seht, daß unsere Pläne nicht so einfach zu verwirklichen gehen, wie man sie sich dachte.

Nun will ich aber schließen.

Laßt Euch alle bestens grüßen von Eurem dankbaren

Adolf Stephan u. Familie

Hans Ils* an Joseph Lang

Hannover, den 12.3.1948
Wedekindstr. 15

[Im Original ohne Anrede]

Bis zum heutigen Tage bin ich nicht frei von Selbstvorwürfen, daß ich Weihnachten 1933 durch eine Unbedachtsamkeit Deine Verhaftung verschuldete[1]. Umsomehr freut es mich, daß Du Dich über Elly Müller[2] freundschaftlich nach mir erkundigst.

An meiner politischen Einstellung hat sich nichts geändert, es sei denn, daß ich noch stärker als früher den Ansichten Leos [Trotzkij] zuneige. Weil ich in der westlichen Besatzungszone lebe, bin ich nach dem Zusammenbruch der SP beigetreten, die hier die einzige bedeutende Arbeiterpartei darstellt. Der Einfluß der KP ist, von einigen Orten im Ruhrgebiet abgesehen, sehr gering. Der Aufbau der Parteiorganisation fast noch zentralistisch-autoritärer als vor 1933. Die Taktik ist größtenteils auf das sog. nationale Problem abgestellt, das meist in schülerhafter Wilhelm Tell-Romantik behandelt wird und die wichtigsten Teile der Arbeiterschaft nicht nur unberührt läßt, sondern geradezu abstößt. Kein Wunder, daß unter diesen Umständen der Reformismus in seinen verschiedenen Spielarten, unter denen die religiöse Richtung im Augenblick dominiert, verloren gegangenes Terrain zusehends zurückerobert.

Mit den alten Berliner Freunden habe ich nur ganz gelegentlich Fühlung. Sie sind zum

---

[1] In seinem Brief vom 18.4.1948 an Hans Ils zerstreute Joseph Lang die Bedenken von Ils mit den folgenden Worten: „Hans, der erste Absatz Deines Briefes war nicht nur überflüssig, er ist mir psychologisch auch fast unbegreiflich. Wir sind doch keine pharisäerhaften Spießer, das versuchte ich Dir doch schon damals, bei unserer letzten denkwürdigen Begegnung mit der grünen Minna und im Keller in der Prinz-Albrecht-Straße klar zu machen." Vgl. hierzu auch die Biographie von Joseph Lang*.

[2] Elly Müller, verheiratete Mohrmann, gehörte zu den politischen Freunden von Joseph Lang während seiner Tätigkeit 1932 als Vorsitzender der SAP-Ortsgruppe Berlin-Schöneberg-Friedenau und nach 1933 als Mitglied der Bezirksleitung Berlin-Brandenburg und der Ersatz-Reichsleitung. Nach einer Bemerkung von Joseph Lang auf den Brief von Elly Mohrmann an ihn vom 16.3.1948 hat sie „wegen Deckadresse für uns gesessen". Seit Mai 1946 war E.M. Dozentin für Geschichte an der Vorstudienanstalt (spätere Arbeiter- und Bauern-Fakultät) der Berliner Humboldt-Universität. Die Herausgeberin war 1946/47 ihre Schülerin, ohne allerdings von der politischen Vergangenheit ihrer Lehrerin Genaueres zu wissen. Zu dieser Zeit stand E.M. mit Hans Ils in Verbindung, der damals (vgl. Lebenslauf und Briefinhalt) an der Humboldt-Universität Volkswirtschaft studierte.

größten Teil voll eingeschwenkt. Das gilt für Zweiling*, Baier*, Kleinert[3] und viele andere. Seit Zweiling die „Einheit" herausgibt, ist sie zwar wesentlich besser als unter Seydewitz*, aber m.A. noch lange keine marxistische Zeitschrift. Was dort geboten wird, ist Bibelexegese, Marxscholastik. Von wirklichem Marxismus, d. h. mit marxschen Forschungsmethoden die gegenwärtige ökonomisch-politische Situation sauber und exact zu untersuchen, ist nur wenig zu verspüren. Ich kann mich des Eindrucks nicht erwehren, daß man höheren Orts Angst vor den Ergebnissen hat und daß viele Autoren wider besseres Wissen schreiben und handeln, ausgenommen diejenigen, die noch vor drei Jahren faschistische Offiziersuniformen trugen und heute mit dem Eifer des Konvertiten Marx, Lenin und selbstverständlich deren stalinistische Karikaturen herbeten wie der Pfaffe sein Brevier.

In der SP bin ich bis jetzt nicht aktiv geworden. Das hängt mit persönlichen Verhältnissen zusammen. Du wirst Dich vielleicht erinnern, daß ich vor 1933 neben meiner Tätigkeit als Pressestenograph Rechtswissenschaft studierte. Nach meiner Entlassung aus dem Zuchthaus war natürlich an die Ablegung eines Examens nicht zu denken. Ich lief zunächst als Versicherungsagent und fand schließlich eine Stelle als Buchhalter und Mädchen für alles in einer kleinen Industriebude. Im Jahre 1943 wurde ich wehrwürdig gemacht. Der Tatsache, daß ich damals nicht in Groß-Berlin, sondern in Kleinmachnow, das zum Wehrbezirk Potsdam-Land gehörte, wohnte, verdanke ich es, daß ich als einziger in diesem Bezirke vorhandener Wehrunwürdiger nicht zum Bataillon 999 nach dem Heuberg, sondern zur regulären Truppe eingezogen wurde. Allerdings, wie ich später erfuhr, mit der Auflage einer 12-monatigen Frontbewährung. Dazu ist es indes nicht gekommen, weil ich bald nach meiner Ausbildung in Ostpolen schwer krank wurde, über ein Jahr im Lazarett zubrachte und bis zum Ende des Krieges, an dem mich die Amerikaner gefangen nahmen, nur arbeitsverwendungsfähig war. Nach wenigen Wochen schon aus der Gefangenschaft entlassen, ging ich zu meiner Frau in den Schwarzwald, die dort vor den Bomben Zuflucht gesucht hat. (Meine Frau ist eine alte Studienkollegin. Wir sind seit 1939 verheiratet, haben ein drei Jahre altes Töchterchen und leben sehr glücklich miteinander.) Im Schwarzwald nahm ich zunächst Fühlung mit dem 1931 zur KP übergetretenen Pfarrer Eckert* aus Mannheim auf, der jetzt in Baden die KP leitet. Bald kam ich zu der Einstellung auf eine längere Perspektive, die sich im Laufe der vergangenen beiden Jahre noch verdichtet hat. Unter diesen Umständen machte ich, inzwischen nach Hannover zu meinen Schwiegereltern übergesiedelt, von der Möglichkeit Gebrauch, an der Universität Berlin meine 1933 unterbrochenen Studien fortzusetzen. Zugleich sattelte ich um und studierte nicht mehr Rechtswissenschaft, sondern Nationalökonomie. Vor zehn Tagen habe ich das Diplomexamen mit Auszeichnung bestanden. Ich bin sehr froh darüber, daß mir mit meinen 41 Jahren bei der miserablen Ernährungslage und der noch immer nicht ganz hergestellten Gesundheit diese etwas anstrengende Prüfung gelungen ist.

Jetzt bin ich wieder in Hannover und arbeite bei meinem Schwiegervater, der dort als Wirtschaftsprüfer (das entspricht dem englischen Accounter) tätig ist. Unbeschwert von Examensnöten werde ich nun in der hiesigen SP auch aktiv tätig sein.

Es würde mich sehr freuen, wenn wir künftig in Verbindung bleiben könnten. Wenn es sich ermöglichen läßt, wäre ich sehr dankbar, wenn Du mir das vor einiger Zeit in USA

[3] Gustav Kleinert gehörte der Berliner SAP an und wurde zusammen mit Hans Ils und 22 anderen SAP-Funktionären Ende 1934 zu einer Gefängnisstrafe verurteilt. Nach 1945 Mitglied der SED, Mitarbeiter am Ostberliner Rundfunk. K. starb vermutlich Ende der fünfziger Jahre.

erschienene Buch von Fritz Sternberg* „The coming crisis" zukommen lassen könntest.
Mit herzlichen Grüßen, auch an Erna, an die ich mich recht gut erinnere, bin ich Dein

Hans Ils

Günter Nelke* an Joseph und Erna Lang

Hannover, den 19. 9. 1948
Ricklinger Stadtweg 44

Liebe Erna, lieber Jola,

Ich bin seit einer Woche wieder von meiner Englandreise zurück, und war heute nach-
mittag bei Otto [Brenner]*, der mir eine Reihe von Briefen übergab, außerdem manches Material, und mir alles erzählte, was in der Zwischenzeit los war. Das gibt so eine
Menge von Briefen zu beantworten, daß ich unmöglich auf alles eingehen kann, und
mich darauf beschränken muß, einiges Wesentliche herauszugreifen.
Zunächst privat: ich bin am 9. August nach England gefahren und kam am 10. September hierher zurück. In England war ich den größten Teil der Zeit in B.[irming]ham bei
meinen Schwiegereltern, und habe in Familienleben gemacht, was auf die Dauer etwas
langweilig wurde. Angeblich habe ich mich gut erholt, und soll jetzt wieder gut aussehen. Vor meinem Urlaub soll ich vollkommen hager gewesen sein, und ständig übermüdet ausgesehen haben. Ich persönlich stelle mit Befriedigung fest, daß ich viel weniger nervös und überreizt bin als vor meinem Urlaub, wo mich die geringste Kleinigkeit
bereits auf den Siedepunkt brachte. Umso besser. Vor meiner Abreise aus England war
ich 4 Tage in London, und sprach einige alte Bekannte. Irgendwelche nennenswerte
eigene Eindrücke kann ich nicht berichten, alles was ich zu berichten hätte, stammt aus
zweiter Hand, und ich verzichte darauf, Euch das wiederzugeben. Meinen Schwiegereltern geht es leidlich, natürlich sind sie nicht mehr die Jüngsten, und sie waren mit
ihrem ersten Enkelkind ganz glücklich. Inzwischen ist in Palästina der eigentliche
Stammhalter eingetroffen, auch mein Schwager ist glücklicher Vater geworden. Das
Kinderkriegen liegt scheinbar in der Luft, so hat Peter Leopold sich vor einigen Tagen
den dritten Sohn zugelegt. Er will demnächst wieder hierherkommen.
Ich weiß natürlich ganz genau, daß meine augenblickliche Tätigkeit mich an manchen
anderen Dingen verhindert. Wir, d. h. Otto und ich, unterhielten uns auch heute Nach-
mittag über diese Dinge. Im ganzen ist es jedoch so, daß wir bei allen unseren Freunden
zwei Gruppen unterscheiden müssen: erstens den hauptamtlich tätigen Funktionär, der
durch seine Arbeit derartig zeitlich in Anspruch genommen ist, daß er nur ganz nebenbei sich um andere Dinge kümmern kann. Und andererseits die mit einem Privatberuf,
die natürlich Zeit haben, aber die eben keine aktive Tätigkeit entwickeln. Auch Otto
geht es so, daß er derart durch seine Gewerkschaftstätigkeit und seine vielen anderen
Funktionen in Anspruch genommen wird, daß er nur einen ganz kleinen Teil seiner
Zeit opfern kann. Dabei hat er zwei Vorteile: Er ist dienstlich viel unterwegs, und kann
dabei immer mal Kontakte pflegen, und andererseits eine so hohe Funktion, daß er seine Sekretärin auch mit Privatpost belasten kann. Wir sehen das viel stärker noch bei
Hans Alfken, der sicherlich aus unserem hannoverschen Kreis¹ der wichtigste Mann ist,

¹ Seit 1946 bestand in Hannover, initiiert von Otto Brenner*, ein Marxistischer Arbeitskreis. Entgegen
    der Angabe von Hanno Drechsler (Die Sozialistische Arbeiterpartei Deutschlands (SAPD), Meisen-
    heim am Glan 1965, S. 359), der Marxistische Arbeitskreis habe „– weit über den Hannoveraner

was theoretische Kenntnisse anbelangt, und der für unseren Arbeitskreis eine sehr große Stütze sein könnte. Er ist durch seine Tätigkeit als Personalreferent des Kultusministers derart in Anspruch genommen und soviel unterwegs, daß wir ihn kaum mal zu Gesicht bekommen. Auch Otto kommt sehr unregelmäßig in unseren Arbeitskreis, dagegen kommen viel häufiger Genossen, die nicht hauptamtlich politisch (in weitestem Sinne) arbeiten. Otto und ich telefonieren zwar recht häufig, aber sehen uns sehr selten, und daher erklärt es sich auch, daß wir so selten unsere Briefe austauschen können. Nun aber zurück zu meiner Tätigkeit: Schließlich kann man sich seine Tätigkeit nicht so aussuchen, wie man gern möchte. Ich übernahm vor einem Jahre die Fürsorgearbeit beim Ostbüro des PV, um aus meiner sehr unbefriedigenden Tätigkeit herauszukommen. Im Frühjahr schied dann die Sekretärin des Büros aus, und ich übernahm zusätzlich deren Funktionen, so daß ich praktisch die Arbeit von zweien mache. […] Andererseits ist die Arbeit, die ich jetzt hauptamtlich mache, so interessant und gewährt mir darüber hinaus manchen Einblick in Dinge, die im PV geschehen, die ich sonst wohl kaum erfahren würde. Und schließlich bin ich erst seit einem Jahre in dieser Tätigkeit, und bin durchaus nicht mit dieser Tätigkeit verheiratet.
Aber in diesem Zusammenhang etwas anderes: Es ist natürlich sehr schwer, bei diesem Zeitmangel eigentliche erzieherische und entwickelnde Arbeit bei Genossen zu machen. Wir müssen uns tatsächlich darauf beschränken, uns mit den Freunden zu verständigen und zu unterhalten, mit denen wir uns in den wesentlichsten Dingen einig sind. Auch das erfordert derart viel zusätzliche Zeit, daß man sie kaum aufbringen kann. Was mir allgemein bei Euren Beurteilungen auffällt, ist eine Sache. Jedes Urteil mag an und für sich richtig sein oder falsch sein, aber es fehlt immer etwas. Das liegt z. T. an der Berichterstattung unserer verschiedenen Freunde, die etwas nicht mitberichten können, nämlich die Atmosphäre, in der das geschieht. Selbstverständlich habt Ihr im einzelnen Recht mit Eurer Kritik an der Währungsreform, und trotzdem übersieht Ihr, daß die Währungsreform hier überhaupt erst ein normales (wenn auch kapitalistisches) Leben ermöglicht hat, während die Zustände vorher überhaupt nicht mehr vorstellbar sind. Jeder einzelne unserer Freunde berichtet Euch nun seine sozialistische Kritik an der Währungsreform, so wie er (und ich ebenfalls) sie hier in der deutschen Öffentlichkeit zu üben pflege: Die vollkommene Enteignung der öffentlichen Hand, die nunmehr einen großen Teil des Wiederaufbaus der „privaten Initiative" überlassen muß, die soziale Ungerechtigkeit, die dem Geldbesitzer 90% nahm, und dem Sachbesitzer (vorläufig) alles ließ, und uns jetzt auf einen noch sehr zweifelhaften Lastenausgleich warten läßt, die Freigabe unendlich vieler Artikel, die die Preise bedeutend steigen ließ, und den Arbeiter weiter benachteiligt. Dabei ist zu bemerken, daß die Kampfkraft der Gewerkschaften unendlich geschwächt ist, da nicht nur der Arbeiter keine Ersparnisse hat, sondern auch die Gewerkschaften verarmt sind, und dadurch die Streikwaffe fast illusorisch macht. Und so könnte ich stundenlang fortfahren. All diese Kritik ist klar im deutschen Rahmen. Und trotzdem hat die Währungsreform das Leben und die Arbeit hier erst wieder sinnvoll gemacht. Ich darf nur auf eine Tatsache hinweisen. Wenn man auf die Preissteigerungen hinweist, so ist es natürlich illusorisch, wenn man Preise für Waren, die man vor der Währungsreform nicht bekam, mit jetzt erhöhten

---

Raum hinaus – eine bedeutsame Funktion bei der marxistischen Schulung sozialdemokratischer Funktionäre erhalten", handelte es sich um einen Kreis von SPD-Mitgliedern, die sich anhand von Primärtexten Kenntnisse in marxistischer Theorie erwerben wollten und darüberhinaus aktuelle Aspekte sozialdemokratischer Politik diskutierten. Ende 1949 hatte der Kreis vierzehn Mitglieder.

Preisen für Artikel, die man aber tatsächlich für Geld bekommt, vergleicht. Für Reichs-mark bekam man eben nichts, und wenn man etwas kaufen wollte, so mußte man ent-weder Schwarzmarktpreise, die für den Arbeiter unerschwinglich waren, zahlen, oder kompensieren. Jetzt bekommt man für Geld Ware. Und gute Ware. All das sind Dinge, die hier jedem selbstverständlich sind, und die leicht in Berichten als selbstverständlich weggelassen werden, aber die eben doch zu berücksichtigen sind, damit der Empfänger im Ausland nicht ein falsches Bild bekommt, und falsche politische Schlußfolgerungen zieht. Ich habe den Eindruck, daß man zwar allgemein über die hohen Preise schilt, aber doch sehr glücklich ist, DM ausgezahlt zu bekommen. Die Produktionsziffern seit der Währungsreform sind bedeutend gestiegen, und wenn man bedenkt, daß die DM in Berlin auf dem Schwarzmarkt gegen die ebenfalls währungsreformierte Ostzonen-mark nach den letzten Kursen mit 4 : 1 gehandelt wird, so soll man sehr vorsichtig mit Urteilen sein.

Das gilt auch für viele andere Dinge, die in ihrer Umgebung gesehen werden müssen. Und manches böse Wort über die KP-Genossen, das theoretisch durchaus anfechtbar ist, ist verständlich aus der Erregung gegen die Terrormethoden, die die SED in der Ostzone gegen Sozialdemokraten anwendet. Jedenfalls geht im Augenblick die KP im Westen ständig zurück, und zwar nicht auf Grund irgendwelcher Unterdrückungs-maßnahmen oder Propagandamaßnahmen: Der Anschauungsunterricht genügt. Ich will versuchen, jetzt noch einmal alle vor mir liegenden Briefe durchzugehen, und bei der Bestätigung gleich einige Bemerkungen zu machen. [...] Eigentlich müßte ich natürlich ausführlich antworten, aber das führt heute zu weit. Ich will nur nachträglich feststellen, daß ich im wesentlichen Ottos Standpunkt teile, daß man in unsere Arbeits-kreise nur SP-Leute bzw. nahestehende hinzuziehen kann, und daß ich gar nicht so pessimistisch bin, was die SP anbelangt. Aber was heißt SPD erobern? Daß man indivi-duell Kontakte mit KP-Leuten pflegen kann, ist eine andere Sache, aber es ist vollkom-men unmöglich, sie in einen größeren Kreis einzuladen.

Dann der Brief vom 28. Juni: Marianne hat wehmütig gelächelt, ob Eurer Vermutung, daß ich durch mein Familienleben absorbiert werde und dadurch am Schreiben verhin-dert werde. Ich muß bescheiden bemerken, daß ich außer der Korrespondenz mit Euch auch noch Schriftwechsel mit anderen Freunden in Paris und London habe, die z. T. ebenfalls dabei sind, intensiv deutsche Politik zu machen. Aber an und für sich bin ich wirklich der Meinung, daß unser [marxistischer Arbeits-]Kreis nur rein zufällig zustan-de gekommen ist. Einer unserer wichtigen Hannoverschen Freunde, der niemals einer anderen Organisation angehört hat als der SPD, und der seit einiger Zeit sich sehr aktiv an unserem Arbeitskreis beteiligt, hat, wie mir Otto heute erzählte, in der Zwischenzeit eine Reihe seiner Freunde mitgebracht, so daß sich das äußere Gesicht des Kreises we-sentlich in meiner Abwesenheit verändert hat. Aber das sind alles waschechte Sozialde-mokraten, die gar nicht die Frage einer dritten Partei stellen, und die trotzdem ehrlich suchen und diskutieren wollen. Ich bin der Meinung, daß es ein Heer von solchen Ge-nossen in der Partei gibt. Und ich glaube, daß es viel wichtiger ist, an all diese heranzu-kommen, und die besten unter ihnen zu entwickeln; und es ist auch viel einfacher und nützlicher, sich mit ihnen zu beschäftigen, als sich mit diesem oder jenem KP-Mann abzugeben. Übrigens steht auch für Hannover mit seiner zahlenmäßig einflußlosen KP kaum das Problem.

Der Brief von Paul [Frölich]* vom 2. Juli hat mir viel Freude gemacht. Auch die Bemer-kungen über Tito waren als Ergänzung zu den vielen Artikeln, die ich über diese Sache las, recht interessant. Auf die Dauer gesehen wird Tito wohl oder übel jedoch nichts anderes übrigbleiben, als ins Lager der Westmächte überzugehen, da er sich ökonomisch sonst nicht halten kann. […]

Fritz Lamm* schrieb, daß sich seine Reise nun nochmals verzögert. Ich hoffe, ihn bei seiner Reise in Stuttgart sprechen zu können. Was Deinen Vorschlag anbelangt, so muß ich Fritz erst mal wiedersehen. Ich habe ihn 9 Jahre nicht gesehen, und ich muß erst sehen, was aus ihm geworden ist. Was wichtiger ist: Ihr dürft nicht vergessen, daß jeder, der 9 Jahre nicht in Europa war, erst mal etwas Zeit braucht, um sich in diesem verrückten Erdteil zurechtzufinden, und nun schon gar in Deutschland. Ich möchte, daß er erst mal wieder Boden findet hier. Das ist zu Anfang gar nicht so leicht, und man braucht erst eine gewisse Zeit, um das tatsächlich vorhandene Mißtrauen der einheimischen Genossen gegen die Emigranten zu überwinden. […]

Was die Paketversorgung anbetrifft, so noch einige Bemerkungen dazu. Pakete sind immer willkommen, ganz klar; allerdings hat sich da etwas geändert. Das ist jetzt weniger eine Rationierungsfrage als eine finanzielle Frage. Im letzten Brief erließ ich noch einen Hilferuf wegen Seife. Irrtum: Es gibt erstklassige Seife frei zu kaufen, allerdings teuer. Und so ist das mit einer Reihe von anderen Artikeln, die vorher nicht zu haben waren, z. B. Schokolade, Kakao, Zigaretten, etc. Knapp und offiziell nicht zu kaufen ist Tee (ich persönlich trinke keinen, dient lediglich zur Orientierung). Ebenfalls gibt es Kleidung und Schuhwaren, aber noch beschränkt. Was reine Lebensmittel anbetrifft, so gibt es genug Gemüse, Obst (einschl. Weintrauben und Pfirsiche, keine Apfelsinen und Zitronen), dagegen Kartoffeln genug. Eier sind sündhaft teuer und unerschwinglich, die Fettration ist bedeutend erhöht, aber immer noch knapp, Fleisch gibt es absolut zu wenig, dagegen gibt es viel reichlicher Fische. Daß Kaffee frei ist, wißt Ihr wohl schon. Dagegen ist der Kaffeeersatz rationiert. Ebenso ist übrigens die Ersatzseife rationiert. Einiges ist doch noch verrückt hier. Aber im wesentlichen kann man doch schon hier leben. Wir haben uns jetzt von unseren Ersparnissen seit der Währungsreform bereits eine Kinderkarre nagelneu kaufen können und haben jetzt bereits wieder soviel Geld zusammen, um uns eine neue Couch kaufen zu können. Es fängt zum ersten Mal in Deutschland an, interessant zu werden, Geld zu verdienen. Man kann kaufen – und es wird gekauft!

Aber all die Briefe ersetzen nicht eine Unterhaltung. Es ist alles irgendwie ein wenig anders, als wie es geschrieben steht. Und man müßte eigentlich jeden Satz diskutieren und erklären, und dann stimmt es doch wieder nicht. Auch Otto ist der Meinung, und sagte mir gerade heute dasselbe. Man müßte sich mal wieder sprechen. Wann?

Jedenfalls bis dahin herzliche Grüße von uns dreien

Euer Günter

BERLIN

Wilhelm Fingerle* an Joseph und Erna Lang

Berlin SW 61, den 11. 5. 1947
Katzbachstr. 30

Liebe Erna, lieber Jola!

Nach nunmehr über 4 Monaten habe ich von Euch immer noch keine Antwort auf meinen Brief. So nehme ich an, daß die Post verloren ging. Ich will mich deshalb zuerst noch einmal für Euer liebes Weihnachtspäckchen bedanken, das mir Werner Seyfert übermittelte. Es fällt mir schwer zu schildern, mit welcher Freude ich Eure Gabe erhalten habe und welche Hoffnungen es in unserem ach so trostlosen Dasein auslöste. War es doch die erste Post, die mich wieder aus dem Auslande erreichte, und war es mir ein großer Liebesbeweis, daß wir noch Freunde draußen haben und nicht vergessen sind. Inzwischen erhielt ich die Adresse von Herbert George in London und haben wir mehrere Briefe gewechselt. Es würde mich ungeheuer interessieren, auch mit Euch in einen Gedankenaustausch zu kommen.

Ja meine Lieben, es ist schon lange her, daß wir voneinander etwas hörten, und haben wir allerhand erlebt. Ich habe oft an Euch denken müssen und mich gefragt, was Ihr und die anderen Freunde draußen in dieser bewegten Vergangenheit alles mitmachen mußtet. Bestimmt hattet Ihr es nicht leicht durchzukommen. Was mich betrifft, hatte ich es zeitweilig sehr gut, doch reichen mir die Erlebnisse hier und möchte ich in einem neuen Rahmen ganz von vorn anfangen. Um das Soldatspielen bin ich zwar herumgekommen, da ich in einflußreicher Stellung als Betriebsingenieur bei der bekannten Werkzeug- und Maschinenfabrik Fritz Werner A. G. während des ganzen Krieges reklamiert war. Aber sonst habe ich alles verloren, engste Angehörige und Freunde sowie meine ganze Habe. Da ich zuletzt Betriebsleiter eines Verlagerungswerkes im Sudetenland war, wurde ich dort nach Kriegsende als Reichsdeutscher ausgewiesen, obwohl mir die Tschechen auf Grund meiner Haltung anboten, den Betrieb unter ihrer Leitung weiterzuführen. Ich landete nach 15 Tagen Fußmarsch mit meiner Frau und meinen beiden Kindern, damals 3 und 1½ Jahre alt, hier in Berlin. Seitdem bemühe ich mich, mir wieder eine Existenz zu schaffen. Vergebens. Sicherlich sind Euch unsere Verhältnisse aus anderen Quellen nicht unbekannt. Was wir jetzt Wirtschaft nennen, ist ein sterbender Organismus, der in den letzten Zügen liegt. Von einer nennenswerten Produktion ist nichts zu finden, im Gegenteil die letzten Werte werden auf dem schwarzen Markt zu den phantastischsten Preisen verscheuert oder gehen als Reparationen verloren. Ich möchte es mir ersparen zu schildern, wie schwer es da ist, wenn man alles, aber auch alles im wahrsten Sinn des Wortes neu erwerben muß. Es ist hoffnungslos. Den letzten Rest gab uns nun noch der vergangene strenge Winter und die Ernährungslage. Man muß sich wundern, was die Menschen alles aushalten. Mich hier jemals wieder herausrappeln zu können, daran glaube ich nicht mehr. Ich möchte so schnell als möglich auswandern, aber ohne Hilfe von draußen geht es bisher nicht. Entschuldigt also bitte, wenn ich auch Euch die Frage vorlege, ob Ihr etwas in dieser Angelegenheit tun könnt.

Doch nun zu etwas anderem. Politisch bin ich meiner sozialistischen Einstellung immer treu geblieben. Leider wurde unser Freundeskreis im Laufe der Jahre immer kleiner und besonders während des Krieges wurden wir in alle Winde zerstreut. Es hatte jeder allein seinen Mann zu stehen und ich darf sagen, daß ich in meiner Stellung besonders auch unter den Ausländern ein gutes Wirkungsfeld hatte. Wir waren aber zu wenige, die bewiesen, daß es auch ein anderes Deutschland gab. So kann man beinahe das Miß-trauen gegen uns verstehen. Doch sind wir wirklich allein schuldig? Gab es nicht auch genug ausländische Kräfte, die das Regime unterstützten? Ich glaube, auch die Welt draußen versagte. Ich möchte den Gedanken heute nicht weiter ausspinnen. Jedenfalls sind wir Menschen und wollen leben. Mich veranlaßte der Anschauungsunterricht, mich ganz entschieden zu demokratischen Methoden zu bekennen, und lehne ich heu-te auch jedwede Diktatur des Proletariats ab. Ich schloß mich wieder der SPD an, spie-le aber in der Partei bisher keine Rolle, da ich aus lauter persönlichen Sorgen kaum Zeit finde, eine Veranstaltung zu besuchen. Umso erstaunter bin ich, viele Genossen von früher heute in der SED wiederzufinden. Wahrscheinlich sind bewußt oder unbewußt die damit verknüpften materiellen Vorteile daran schuld. Ich habe mich unter den Na-zis nicht verkauft und möchte es auch heute nicht nach einer anderen Seite tun. So ist es schwer, den früheren Kontakt wieder herzustellen.

Nun für heute Schluß. Schreibt doch bitte einmal, wie es Euch ergangen ist und wie es draußen aussieht. Ich würde mich sehr freuen, Näheres zu erfahren. Und vor allem, wenn Ihr mir irgendwie zu einer Auswanderung in ein zukunftsreicheres Land verhel-fen könntet, bitte, bitte, so tut es. Ich wäre Euch auch wegen meiner Kinder sehr dank-bar. Und nochmals vielen Dank für Euer liebes Päckchen.

Recht herzliche Grüße Euch und allen Freunden und Bekannten draußen

Willi

Wilhelm Fingerle an Joseph und Erna Lang

Berlin SW 61, den 25.9. 1947
Katzbachstr. 30

Liebe Erna, lieber Jola!

Soeben erhalte ich von Günter [Spruch]* Eure Rundfrage vom August. Ich will nun gleich Antwort geben, damit ich nicht wieder in den Fehler verfalle, es auf die lange Bank zu schieben, wie bei der letzten Post, wozu ich Euch nochmals bitten möchte, mir nicht allzu böse zu sein.

Also erst einmal zu Euren Fragen. Ihr wollt über mich Näheres wissen. Bitte, meinen Namen kennt Ihr ja, ich heiße Wilhelm Fingerle und wohne zur Zeit in Berlin-Lichten-rade, Krusauerstr. 40. Da ich diese Wohnung aber nicht finanzieren kann, bin ich eifrig auf der Suche nach einer anderen. Leider hat es aber bisher noch nicht geklappt und ist deshalb meine Anschrift noch unsicher. Ich hatte Euch bisher die Anschrift meines Vaters in Berlin SW 61, Katzbachstr. 30 mitgeteilt, der genau so heißt wie ich und dort einen kleinen Laden unterhält. Einige Zeit habe ich dort bei ihm auch gearbeitet, aber für zwei Familien kommt nicht genug ein. Ich bitte es bis auf weiteres bei dieser alten Anschrift zu lassen, da ich wie gesagt hoffentlich bald einmal umziehen kann, aber na-türlich noch nicht weiß wohin. Von meinem Vater erhalte ich Eure Post jeweils schnell-stens, denn ich komme mit ihm sehr oft zusammen.

Geboren bin ich am 26.1.1913 in Berlin, bin also jetzt 34 Jahre alt. Ich bin seit 1940 ver-heiratet und habe zwei Kinder. Unser Junge, Karlheinz, ist am 3.1.42, während Rosemarie, unser Töchterchen, am 17.2.44 geboren wurde, sie sind also jetzt 5¾ und fast 4 Jahre alt.

Über meine Organisationszugehörigkeit und Funktionen kann ich berichten, daß ich seit April 1929 politisch und gewerkschaftlich organisiert war. Ich trat damals gleich nach meiner Schulentlassung der SAJ und dem DMV bei. Doch auch schon früher habe ich meinem Vater bei seiner Arbeit als Bezirksführer in der SPD beim Flugblatt verbreiten usw. geholfen. In der Familie steckt dieser Sinn für Politik scheinbar schon von jeher, soviel ich weiß, war unser Großvater schon vor den Sozialistengesetzen eifriges Mitglied der Arbeiterbewegung. In der Gewerkschaft war ich damals Jugendvertrauensmann. In der SAJ wurde ich bald Vorsitzender der älteren Gruppe in Mariendorf. Nach der Gründung des SJV übernahm ich den Vorsitz des Tempelhofer Werbebezirks. Nebenbei war ich Mitglied in der SAP. Hier übernahm ich 33 nach der Verhaftung von Günther Keil[1] den Vorsitz der Tempelhofer Gruppe, bis ich 34 für zwei Jahre in die Emigration nach Prag gehen mußte. Nach meiner Rückkehr stieg ich natürlich wieder in die illegale Arbeit ein, nachdem ich eine gewisse Karenzzeit hatte verstreichen lassen. Von eigentlichen Funktionen in dieser Zeit kann man aber, wie Ihr wißt, nicht sprechen, da ja alles sich nur auf die persönlichen Beziehungen zueinander beschränken mußte. Um eigentliche Strafen bin ich Gottseidank herumgekommen. Unter Beobachtung durch die Gestapo muß ich aber verschiedentlich gestanden haben, so erfuhr ich beispielsweise, daß 1944 hier in Lichtenrade bei verschiedenen Leuten Auskünfte über mich eingeholt wurden. Aus welchem Grunde kann ich mit Bestimmtheit nicht angeben, da ich zu der Zeit im Sudetenland war. Ich nehme an, daß es sich hierbei um eine Kontroverse handelt, die ich in meiner Eigenschaft als Betriebsleiter mit dem dortigen Kreisleiter hatte, es kann sich aber auch auf mein Verhältnis zu den bei mir beschäftigten Ausländern handeln.

Nach dem Zusammenbruch 45 und meiner Rückkehr nach Berlin trat ich wieder der SPD bei. Ich bekleide die Funktion eines Abteilungs-Beisitzers hier in Lichtenrade und habe als solcher die Werbearbeit zu betreuen. Unlängst übernahm ich auch die Jugendarbeit. Wie ich früher schon einmal schrieb, bedaure ich, daß die derzeitigen Verhältnisse mir leider nur sehr wenig Zeit für die politische Arbeit lassen. Ich würde mich sonst viel intensiver an diesen Dingen beteiligen, denn vieles gefällt mir nicht an der SPD, hier in Berlin ist sie aber die einzige Organisation, die für Menschen unserer Richtung in Frage kommt und in der man überhaupt die Möglichkeit zur sinnvollen Arbeit vorfindet.

Sonst hätte ich von uns keine Besonderheiten zu berichten, denn daß wir durch die Ausweisung aus dem Sudetenland oder wie es jetzt wieder heißt der Tschechoslovakei alles verloren haben, wißt Ihr ja. So fällt es uns besonders schwer, wieder Fuß zu fassen und sind wir Euch für jede Hilfe, die Ihr uns zukommen lassen könnt, von Herzen dankbar. Selbstverständlich wissen wir, daß Eure Mittel sehr sehr beschränkt sind, und es viele sind, die auf Eure Hilfe hoffen. Doch seid Ihr für uns, die von keinem Apparat etwas zu erwarten haben, unser einziger Trost.

Am allerliebsten würde ich ja mein Bündel packen und hier abhauen. Von Gerhard

---

[1] Günther Keil, geb. 1909, SJV-Funktionär, Mitglied der Berliner SAP-Leitung, wurde wie Joseph Lang und Hans Ils* am 28.11.1933 verhaftet. Nach einer fast 24-stündigen Folterung unternahm er vergeblich einen Selbstmordversuch. (Vgl. die ausführliche Darstellung bei Stefan Szende: Zwischen Gewalt und Toleranz. Frankfurt a. M. 1975, S.24–27 und 50 f.). Keil starb im August 1937 an den Folgen von Mißhandlungen im Gefängnis.

Beyer erhielt ich einen Brief, der mir wieder viel Hoffnung macht, ob es nicht doch eine Möglichkeit gibt, nach Süd-Amerika zu kommen. Nur zu gerne würde ich dorthin gehen, da mir gerade dort für meinen Beruf als Ingenieur (Werkzeug- und Maschinenbau) günstige Voraussetzungen zu sein scheinen. Ich habe ihm gleich geantwortet und in diesem Sinne angefragt. Den Brief füge ich bei, da ich annehme, daß er über Euch sein Ziel schneller erreichen wird. Bitte leitet ihn doch weiter.

Mit Günter [Spruch]* habe ich Fühlung genommen. Er macht einen sehr sympathischen Eindruck auf mich. Leider sind wir zu größeren politischen Unterhaltungen bisher nicht gekommen, da es zeitlich leider immer nicht paßte. Doch auch das wird werden.

Für heute will ich nun schließen, denn ich habe mich mit Günter verabredet und will ihm den Brief mitgeben. Ich habe ja nun wieder nur von mir erzählt, aber nächstes Mal werde ich dafür mehr über die anderen Sachen schreiben.

So möchte ich Euch und den anderen Freunden dort die herzlichsten Grüße senden und verbleiben wir

Eure Gertrud, Willi, Karlheinz und Rosemarie

Fritz Winguth* an den Solidaritäts-Fonds

Birkenwerder bei Berlin, den 20. 5. 1947

Verehrte Genossen!

Das von Euch in solidarischer Hilfe übersandte Paket habe ich unversehrt erhalten. Es war für uns ein Festtag, als wir es öffneten, da Lebensgüter solcher Art, die uns hier geschenkt wurden, in Deutschland nicht mehr auf normalem Wege zu kaufen sind. Wie wir uns freuten, könnt Ihr ermessen, wenn Ihr den beigefügten Grundabschnitt der Lebensmittelkarte eines Angestellten studiert. Die Karte für Arbeiter ist um 50 gr. Brot und wenig in den anderen Gruppen höher. Wenn wir noch wenigstens Kartoffeln hätten, aber auch diese sind nicht zu haben. So gehen wir bis zur Kartoffelernte einer trostlosen Zeit entgegen. Es ist so, daß niemand mehr Lust hat zum Arbeiten, weil man eben mit ständig hungrigem Magen und abgemagertem Körper und Kräfteverfall langsam völlig arbeitsunfähig wird. Nachdem sich die alliierten Mächte über unser Dasein in mehr als zwei Jahren nicht einigen konnten, werden wohl noch Millionen sterben müssen, bis wir wieder einigermaßen gesichert leben können. Und jeder hofft wie im Kriege, nicht zu den Sterbenden zu gehören. Sich aus den Erträgnissen des eigenen Landes zu ernähren, dazu sind wir nicht in der Lage. Wir haben schon immer Lebensmittel gegen Industrieprodukte eingetauscht und müßten es heute erst recht, auf kleinerem Raum mit ebenfalls 65 Mill. Gewiß hat Deutschland für seine Hitlerschande mit Recht zu büßen. Aber wir, und das sind viele Millionen, die Hitler bekämpften, leiden genau so. Darum muß geholfen werden; und nur die Siegermächte sind in der Lage, uns zu helfen. Die Schuld am Kriege und seinen Folgen abzutragen, das wird eine ständige Aufgabe des deutschen Volkes mehrerer Generationen sein. Zunächst aber muß wieder aufgebaut werden, damit unsere Verpflichtung erfüllt werden kann. Helft in dieser Richtung genau so mit, wie Ihr in treuer Solidarität uns mit Eurem Paket soeben geholfen habt. Dann wird sich die große Mehrheit des deutschen Volkes dankbar erweisen, wie ich mich für Eure Hilfe auf das allerherzlichste bedanke.

Als wir das Paket aufmachten, fanden wir Euren Gruß:
Mit herzlichen Grüßen und Wünschen
von Genossen in Amerika!
Dieser Gruß hat meine Familie und mich in der tiefen Überzeugung bestärkt, daß so-
zialistische Treue kein leerer Wahn ist und verpflichtet, weiter zu arbeiten, bis die inter-
nationale Solidarität wieder Allgemeingut geworden ist, wie einst zu Bebels Zeiten.
Mit herzlichen Grüßen und vielem Dank
Fritz Winguth und Familie

Lu Märten *an Erna Lang*

Berlin-Steglitz, den 3.9. 1947
Albrechtstr. 72 c

Liebe Frau Erna – wenn ich Sie so nennen darf? – Seit 14 Tagen bin ich aus Stuttgart
zurück, wo ich bei Bert[a Schöttle-Thalheimer]* schöne Tage verlebte. Wir gedachten
der Bekannten und Freunde in der Welt und Ihr Name in Verbindung mit der Güte, die
Sie auch mir bewiesen, wurde oft bedacht. Bert hat mich nun immer wieder ermutigt,
Ihnen einmal zu schreiben, was ich aus Dankbarkeit sowieso gern getan hätte; aber B.
behauptete auch, daß ich konkrete Wünsche an Sie äußern dürfte und so will ich es
denn auch tun. Ob Sie von mir einiges wissen, weiß ich nicht sicher. Ihr Name ist mir
seit je erinnerlich und vielleicht ist es auch umgekehrt so. Seitdem man nun wieder sprechen und schreiben kann, habe ich viel gearbeitet; viel direkte kritische Lektoren-
Arbeit und in der Hauptsache: meine größeren Arbeiten von einst für Neuausgaben
neu gemacht. Eigentlich sollte schon manches davon erschienen sein, aber besondere
Umstände ließen es noch nicht zu. Eine Begegnung mit interessierten Verlegern bei B.,
die meine Arbeit von früher her kannten, hilft vielleicht eher dahin, aber man muß es
abwarten. Eine andere Arbeit, eine Bibliographie des gesamten Socialismus von
1547–1933, für alle Länder, sollte jetzt auch erscheinen; aber der Verlag wird sie wahrscheinlich nur stückweise und langsam herausgeben und ich werde keine Freude daran
haben. Ich habe diese Arbeit trotz Nazismus und ewiger Angst vor seinen Schnüffeleien
bewahrt u. das Interesse dafür ist wie einst wieder stark genug; trotzdem habe ich damit
Pech. Da ich annehme, daß Sie P.[aul] F.[rölich]* manchmal sehen, schreibe ich davon,
und denke, es wird ihn auch interessieren.
Die tausend konkreten Dinge des hiesigen Lebens, wie sie dann auch mit der eigenen
Arbeit irgendwie zusammenhängen, kann man leider auch in Briefen nicht klar machen. Der gröbste Hemmungsfaktor ist natürlich immer der Papiermangel u. was damit
an andern Materialien zusammenhängt. Trotz aller Hoffnungslosigkeit, Alter und anderem Unglück arbeitet „man" also, als lebte man ewig. Bei alledem und auch aus körperlichen Gründen kann ich natürlich in Punkto Magenfrage nicht so für mich sorgen,
wie die meisten Menschen sonst und daher werden Sie ermessen, was es für mich bedeutet, Hilfe von Ihnen da draußen zu erhalten. Und ebenso vom großherzigen Charles [Sternberg]*. Seit dem lieben verunglückten Paket ist noch keins von dort wieder
gekommen; auch nicht das 2te von Ch. An kl. Einzelheiten will ich nun sagen, was mir
besonders fehlt und hier nur unerschwinglich oder schlecht zu haben ist. Also: weichen
Zahncreme für empfindliche Zähne (B. hatte so feinen), Kopfwaschmittel für m. Sim-
sonlocken, die durch keine Delila, aber durch die böse Zeit anfangen, sterblich zu wer-

den. Lichte. Wenn es geht, auch eine Taschenlampe. Wischtücher f. d. Boden. Etwas Garn. Ein paar warme Winterhandschuhe für eine sehr alte treue Gen.[ossin] hier. Nicht zu große Nummer. Das wichtigste für mich wären Schuhe, da ich kaum noch weiß, was anziehen u. niemand hier etwas repariert, es sei denn, man bringt Nägel und alles Mögliche dazu. Es können einfache Straßenschuhe, möglichst nicht schwarz, mit niedrigen, jedenfalls nicht hohen Absätzen sein. Größe gilt hier als 38–39 u. ich lege noch einen Fußriß bei. Hoffentlich geht er nicht verloren. Wenn es dort billige Füller gibt, wäre ich für einen dankbar. An Winterzeug fehlt es mir schon seit Jahren. Vielleicht kann mal ein Stoffpaket sein – aber ich stocke schon wieder – aus Furcht, unbescheiden zu sein. Natürlich stehen Cigaretten immer obenan in m. Wunschträumen – aber damit will ich aufhören.

Ja es war schön in Stuttgart trotz der enormen Hitze und der qualvollen Eisenbahnfahrt, die rückwärts etwas besser ging, weil Uli [d. i. der Sohn von Berta Schöttle-Thalheimer*] und B.[erta] den famosen Einfall hatten, mich noch in letzter Minute in den Sanitätswagen zu stopfen. Dies herrliche Land dort um Stg., das Land der Gärten und Hölderlins ist doch etwas anderes als unser Großstadttrümmerhaufen. Berts Wohnung ist wie eine Novelle: ein heiterer Vogelbauer, nach allen Seiten offen und Abends hat man alle Lichter unten in Stg. und alle Sterne zum Augentrost. Es ist schön, daß sie allein und unabhängig ist und nochmal ein Leben lebt mit ihrem lebendigen Herzen und manchem lieben und interessanten Menschen um sich. Und ich bin auch froh, daß ich trotz aller Furcht vor den Strapazen und allen Hemmungen die Reise gemacht habe. Seien Sie nun herzlich gegrüßt und grüßen Sie bitte die, die mich kennen! F.[röhlich]'s Buch habe ich mit großem Interesse gelesen, mußte es aber bald B. zurückgeben. Leider kann ich es hier vorläufig nicht besprechen – obwohl ichs zuerst dachte.

Haben Sie dort dtsch. Bücher? Auch hier sehr schwer zu haben; aber ich möcht's wissen. Kennt Ihr A. Seghers: Das siebente Kreuz?

Noch einmal Dank u. Gruß von   Ihrer Lu Märten

Lu Märten an Erna Lang

Berlin-Steglitz, den 28. 11. 1947
Albrechtstr. 72 c

Meine liebe Erna!

Freund H.[ölter]* hat mir das Paket gebracht, das durch Ihren Brief angekündigt war. Für diesen lieben Brief danke ich vor allem! Und bei dem Paket bin ich gerührt über Ihre Fürsorge und Mühe. Die schöne Unterwäsche und die molligen Jacken das meinte ich mit Winterzeug). Die Schuhe sind etwas sehr groß, aber so gut in der Qualität, daß ich sie doch tragen werde. Ich kann wohl bis 39 tragen, nur ist alles so dünn und zerbrechlich an mir, daß es nicht so wirkt; aber es ist schwer, gerade Schuhe für andre zu finden u. so danke ich sehr dafür! Die Cigar. sind immer sehr ersehnt. Das Kleid ist lang genug, daß man es leicht ändern kann. Und all die vielen kleinen Dinge, die doch so große sind! Sehr froh war ich auch, daß da etwas fürs „Innenleben" war – Fett – denn das ist doch wohl in der Büchse. Gerade diese Dinge gehen alle bei mir zuende, jetzt gerade vor Weihnachten. Fest ist ja nicht mehr; aber es laden sich meist einige (1–2) arme einsame G.[enossen] bei mir ein und man möchte dann doch etwas vorsetzen können. Also Liebe, die Sprache hat immer nur das kleine Wort: Dank! Man müßte es in alle Sprachen übersetzen, damit es leidlich ausreicht. – Hier war Stop – vier Std.

Lichtsperre und nun schreibe ich weiter. Daß auch Ihr Mann sich meiner erinnert, freut mich sehr. Hier tauchen immerzu Menschen auf, die ich tot geglaubt oder vor 20 oder gar 35 Jahren erlebte. Trotzdem ist man so einsam wie immer. Diese letzten Wochen verging fast kein Tag ohne Sitzungen oder Versammlungen. Und wollte man sich energisch von allem zurückziehen, ginge das doch nicht wegen der laufenden Geldarbeit und auch, weil man alle Beziehungen und Zusammenhänge verlieren würde. Denn im zertrümmerten Berlin konzentriert sich alles auf einen Punkt. Ja, wenn endlich eins meiner Bücher erscheinen würde. Aber da rührt sich nichts. Die in Stg. angebahnten Beziehungen sind wie abgebrochen; die Leute schweigen noch immer. Dagegen erhalte ich endlich einen Probebogen der Bibliographie – und wie ich gefürchtet, sieht das Ding aus wie für Bibliothekare, aber nicht für Studierende. Meinem Namen hat man Herausgeber und Mitarbeiter beigedruckt, die man mir nicht einmal vorgestellt hat. Aber es wäre zu lang, darüber zu schreiben. Nur daß sie meine Arbeit ausnutzen und mich beiseite lassen. Ich wollte ich könnte einmal mit Paul [Frölich]* darüber reden. Zunächst werden sie nun die Schr.[iften] für die 1848er Periode herausgeben. Wogegen nichts zu sagen wäre, wenn die Methode nicht so pedantisch und ängstlich wäre. Was hat es z. B. für einen Zweck, wenn man eine Broschüre (sei sie auch wichtig, wie etwa Lohnarbeit u. Kapital) in sämtlichen Ausgaben bringt? Man stelle sich vor, was – wenn man dies Prinzip für alle ähnlichen Schriften beibehält – das für eine endlose Geschichte wird. Aber das scheint der Zweck: auf Jahre sich Arbeit verschaffen. – Nun wird der Ärger über all das erst eigentlich losgehen. – Was Bücher betrifft, so würde ich gern wissen, ob da ein besonderer Wunsch ist. An Karel [Sternberg]* wollte ich gern Lasker-Schüler-Gedichte schicken, da mir schien, er hat sie gern. Obwohl ich dauernd mit Büchern oder Manuskr. zu tun habe, ist es mir schwer, welche zu bekommen. Einiges v. Mehring ist neu erschienen; aber das haben Sie gewiß selbst. Von Andersen-Nexö gibt es Kindheitserinnerungen, die wirklich gut sind. Auch (etwas ganz anderes) Der Fall von Paris v. Ehrenburg ist sehr interessant. Schreibt bitte, falls ein besonderer Wunsch vorliegt, daß ichs versuche, ihn zu erfüllen. Eine Leninbiographie ist leider sehr schlecht geschrieben – schade für solch einen Stoff. Interessiert evtl. franz. Lyrik von Leuten des Widerstands wie Eluard oder dem Hermlin? Sehr ehrlich, gut, aber natürlich etwas monoton.
Der Winter war bisher milde, aber die wenigen Kohlen muß man doch verbrauchen, weil sonst keine Arbeit im Zimmer möglich. Ich versuche, nicht zu sorgen und zu denken u. manchmal hilft diese Philosophie etwas. Nur ist es mein Kummer, daß ich vor lauter Arbeit nicht zu meiner eigentlichen – dem neuen Roman – komme.
B.[erta Schöttle-Thalheimer*] hat sehr lange nicht geschrieben, was mich sehr beunruhigt. Als heute die Welt finster wurde, war es sehr schön, nach der Taschenlampe zu greifen. Ich soll nun wegen der Schuhe noch wieder schreiben; aber ich wage es nicht, um nicht unbescheiden zu scheinen. Ich würde sagen, wenn da mal noch ein paar leichtere vorkommen, aber nicht mit hohen Absätzen (weil ich leichte Person so leicht falle), dann wäre es gut, sie zu haben. Ich weiß, daß es schwer für Sie dort ist, allen Nöten entgegenzuhelfen; darum will ich jetzt nichts weiter wünschen; nur wenn Ihr an Mehl u. Fett u. wenn möglich Kaffee einmal für mich übrig habt, wird es mir alles leichter werden. Man sieht, ich bin ein Leichtathlet.
Nun schließe ich -- weil meine Augen nicht mehr wollen – noch einmal mit allerinnigstem Dank u. werde mich freuen, von Euch allen zu hören wieder. Grüße auch an Rosi, Paul, Ihren Mann und K.[arel]

Ihre Lu

Franz Ostermann* an Joseph Lang

Berlin, den 24. 11. 1947

Lieber Freund!

Nun sind wir das zweite Mal mit einer Liebesgabe aus Schweden bedacht worden und danken sehr für Eure und Deine Mühe und Aufmerksamkeit. Das Paket, bezeichnet mit „Standard" kam unbeschädigt hier an. Ein Begleitschreiben mit Inhaltsangabe lag weder bei, noch kam es besonders an. Es lag bei: 1 Büchse Margarine, 1 Büchse Schmalz, 1 Büchse Kaffee, ein Paket Haferflocken, 2 ℔ Zucker, 1 Karton Knäcker-bröd und 40 am. Zigaretten. Du kannst wahrscheinlich ermessen, was uns das materiell bedeutet; doch ist der ideelle Wert gar nicht abzuschätzen. Der Gedanke, daß es auf der Welt noch Menschen gibt, die internationale Solidarität üben und pflegen, gibt uns in unserem Dasein voll Trümmern, Zusammenbruch, Korruptheit, Egoisterei, Demon-tagen und was dergl. Dinge mehr sind, die uns bedrücken, immerhin Halt und auch Auftrieb. Mucki bestätigte Dir den Empfang des ersten Paketes und berichtete von uns; auch welche Freude in unserem Kreis ausgelöst wurde; hoffentlich hast Du ihn erhal-ten. Ich versprach, Dir Nachricht zu geben, doch wie Du siehst, komme ich erst jetzt dazu, liege krank an einer blöden Magensache, die sich aber bessert.

Was hat sich alles ereignet, da wir noch zusammen waren. Die Laube, in der Du seiner-zeit genächtigt, soll einen Dauerwohnraum abgeben. Mir war es möglich, mit meines Vaters Hilfe (er war Maurer, heute liegt er schon 2 Jahre in der kühlen Erde) ein klei-nes Haus zu errichten, das den Krieg überdauert hat. Mein Arbeitsverhältnis war un-unterbrochen bei der „Peka", einer Gesellschaft im Peek & Cloppenburg-Konzern. Ich lernte hierdurch Genossen kennen, Antifaschisten, teils verurteilt mit Wehrunwürdig-keit (im Krieg wurden sie trotzdem geholt), doch war ein Einfluß auf den Verlauf der politischen Ereignisse betrieblich nicht wahrzunehmen. Im Krieg wurde der Betrieb auf Uniformen umgestellt; ich wurde an verschiedenen Stellen der Produktion eingesetzt. Bügelei, Zuschneiderei, Expedition. Einige Zivilsachen wurden auch noch hergestellt, die besten gingen ins Ausland, insbesondere Schweden. Doch den folgenden Arbeits-einsatz werde ich nicht vergessen: Die Knöpfe an den Uniformen, Hosen, Blusen, Mänteln, Tarnkleidung, O.[rganisation] T.[odt]-Uniformen wurden im Untersu-chungsgefängnis-Moabit von den Untersuchungshäftlingen angenäht und hier wurde ich eingesetzt und lehrte die Insassen des Hauses das Knöpfeannähen. Arbeitseingang, Verteilung, Materialausgabe, Kontrolle, Abnahme und Lieferung erledigte ich eben-falls mit Hilfe von Untersuchungsgefangenen. Hatte Zellen- und Torschlüssel, galt als „Werkmeister" und erlebte nun drinnen die auf das Urteil Wartenden. Über Einbre-cher, Spitzbuben, Post- und Feldposträuber, Schiebereien mit Gold, Schmuck oder an-deren Wertgegenständen, Textilien, Edelsteinen oder Lebensmitteln zu schreiben, lohnt kaum. Mehr Interesse erregten Fälle von „Aufkäufe" über die Organisation „Otto" in Paris. Die großen Herren Göring, Raeder und dergl. bezogen ungehindert waggonweise begehrliche Artikel aus Frankreich. Die Kleineren hatten unter dem Neid ihrer Umgebung zu leiden, wurden angezeigt, verhaftet und eingeliefert. In der Ge-richtsverhandlung wurde die Öffentlichkeit ausgeschlossen, wenn zur Sprache kam, was die Herren der Regierung auf die vorgenannte Art bezogen und bei geschickten Rechtsanwälten kam mancher der Belasteten mit Freispruch davon. – Bitter dann sol-che Sachen, wo man Menschen unmöglich machte, weil sie mit Juden Umgang hatten oder gar einen jüdischen Ehepartner. Am bittersten aber war alles was mit Heimtücke,

Wehrkraftzersetzung bezeichnet wurde; am schlimmsten, wenn Roland Freisler den Vorsitz führte. Ich denke mit Schaudern zurück an all die tschechischen Offiziere, Stabsoffiziere, Obersten, Oberstleutnants, Majore, Stabskapitäne, die durch Moabit durchgingen und ihr Leben verloren. Ebenso viele von der tschechischen Intelligenz, Lehrer, Oberlehrer, Ärzte, Professoren, denen es nicht anders erging. Ich wünschte, ich hätte in meinem Leben immer mit solch angenehmen, zuvorkommenden, höflichen, sauberen und arbeitsamen Menschen zu tun gehabt, wie diese, dergl. die Norweger Frederik Nissen, Narviks Barty Pettersen aus demselben Ort, die an Sabotage an der Erzverschiffung beteiligt waren. Barty P. selbst ein Krüppel, verlor den Kopf. Ich sehe ihn noch, wie er mir die Photos von seinem Zuhause zeigte und von seinen großen Jungen. Er lud mich ein, ihn nach Kriegsende zu besuchen. – Und dann die anderen seiner Landsleute, man kann die Namen nicht alle behalten. Mit französischen Zivilarbeitern hatte ich zu tun, mit belgischen Geistlichen (mit deutschen auch), mit Holländern, Dänen, Kroaten, und so viele sahen ihre Heimat nicht wieder. Auch mit einem Schweden wurde ich bekannt. Ein Mann aus der Streichholzindustrie, mit mehreren seiner Landsleute, die in Warschau in eine Spionagesache verwickelt gewesen sein sollten. Alle bis auf ihn wurden zum Tode verurteilt. Doch wurde das Urteil an keinem vollstreckt, sie wurden nicht gefesselt, man gab sich Mühe, sie nach wie vor zuvorkommend zu behandeln, sie durften Päckchen und Pakete über die schwedische Gesandtschaft empfangen und es hieß dann, sie würden ausgetauscht. Herr Grönberg aus Stockholm wird seine Moabiter Zeit nicht vergessen. Auch von österreichischen Arbeitern könnte ich berichten, die aus Solidaritätsgefühl für Betroffene sammelten, spendeten und daraufhin mit den Hitlerschen Gesetzen in Konflikt kamen, auch solchen, die als aufrechte Antifaschisten starben. – Tragisch das Schicksal vieler unserer Landsleute oder Soldaten aus der Wehrmacht, die den „Kanal voll hatten" und auf irgendeine Weise opponierten, Leute, auch vom Lande, die fremde Sender hörten und es weitergaben. Genossen, die Verfolgten Unterschlupf gaben, ehemalige Spanienkämpfer, die in Frankreich waren und bei der damaligen völligen Besetzung in die Fänge der Gestapo fielen, ebenso Emigranten aus dem bürgerlichen Lager, wie Hermann Meynen aus Rosenheim b/ München, der in Amsberg verstarb, als er die Anklageschrift bekam. Mit Freiherr [Heribert] M.[umm] von Schwarzenstein von der Tokioter Botschaft und Herrn [Nikolaus Christoph] v. Halem, der in einer Sache wegen Führerbeseitigung saß, machte ich Bekanntschaft, mit Großkaufleuten, wie Hermann Schlitt aus Köln („Zweifel am Endsieg") und alle hat die Hitlersche Justiz umgebracht. Traf in Moabit auch Günther Weisenborn[1], der jetzt als Schriftsteller sehr rührig ist: Autor von „Die Illegalen", neuerdings „Babel", Herausgeber einer satyrischen Zeitung (Ulenspiegel), auch als Dichter schon bekannt. Die Leitung des Schriftstellerkongresses in Berlin lag mit Ricarda Huch in seinen Händen. Anfänglich mißtrauisch, kamen wir uns allmählich näher. Er schrieb das Stück „U S 4", das seinerzeit bei der Volksbühne mit Heinrich George aufgeführt wurde. Konnte ihm Szenen seines Stückes anführen und so kamen wir uns näher. Er

---

[1] Günther Weisenborn (1902–1969), Dramatiker, Erzähler und Hörspielautor, gehörte seit 1937 der Berliner Widerstandsgruppe der „Roten Kapelle" unter Harro Schulze-Boysen und Arvid Harnack an. Im September 1942 verhaftet und mit etwa 50 der 76 Angeklagten, darunter 19 Frauen, zum Tode verurteilt. Weisenborn entging der Hinrichtung, bis Kriegsende war er im Zuchthaus Luckau inhaftiert. Sein Drama „Die Illegalen" (1946) und das von ihm herausgegebene Buch „Der lautlose Aufstand" (1953) gehören zu den ersten vielgelesenen Publikationen, die nach 1945 über die deutsche Widerstandsbewegung erschienen. Nach 1945 Chefdramaturg am Berliner Hebbel-Theater, seit 1951 an den Kammerspielen in Hamburg.

war in der Sache verwickelt, die nach seinen Ausführungen bis in Kreise des OKW ging, viele Personen umfaßte und vielen das Leben kostete. Er hatte „Glück" und kam mit 6 Jahren „Z" davon, die er in Luckau abmachte, wo er bis Kriegsende war. Habe ihm wie auch anderen manchen kleinen Dienst erweisen können. Auch Ernst Busch, der Schauspieler und Sänger[2], war in Moabit, doch war dieser nicht zum Knöpfeannähen zugeteilt. Die Untersuchungsgefangenen wurden mit vielerlei Arbeit beschäftigt, Strohschuhe flechten, Pantoffel herstellen, Saatgut verlesen, Briefpapier gummieren, Lumpen trennen vom Heeresbekleidungsamt, Architekten und Ingenieure kopierten technische Zeichnungen der AEG und dann Schuster und Schneider ihrem Beruf entsprechend. So hatte ich nur mit einem Teil der Insassen zu tun. Vielleicht wunderst Du Dich, daß ich dies alles mitansehen und ertragen konnte, und wenn ich alles zurückschauend überdenke, wundert es mich selbst. Meine Tätigkeit in Moabit ging zu Ende, in der Fabrik stellte die Firma Knopfannähmaschinen auf, die Handarbeit fiel weg, dazu der Transport von der Fabrik zum Gefängnis und nun kam auch meine Einberufung als Soldat im Okt. 1944. Kurze Station in Crossen a/Oder (dort liegt Klabund begraben), dann Christianstadt a/Bober, wo eine riesige Munitionsfabrik (vorm. Nobel Dynamit) etwa 18 000 Menschen, meistens Ausländer beschäftigte und den Untergang Deutschlands auch nicht aufhalten konnte, oder besser seine Niederlage. Danach Mitte Dez. 44 nach Frankfurt a/Oder. Hier sollte sich der Schneider Franz Ostermann mit Gleiskettenfahrzeugen vertraut machen (Raupenketten), bis dann die Russen kamen. Am 22. April 45 wurde Frankfurt geräumt, am 24. war ich in russ. Gefangenschaft. Was ich dort erlebte, wie ich Berlin im Aug. 45 wiedergesehen, was mir von meiner Frau und Freunden berichtet, was wir täglich erlebten und erleben und wie wir versuchen, es zu verarbeiten, davon vielleicht später.

[…] Die Masse der Jugend steht dem politischen Geschehen passiv gegenüber. Bei den Erwachsenen ist es kaum anders. Sport, Tingel-Tangel, Tanz, Schwarzmarktgeschäfte, Schiebereien reizen und bringen auch was ein. Man geht arbeiten in die Betriebe, aber auch hier unter den Kollegen werden die schwarzen oder die Tauschgeschäfte getätigt. Vielleicht kannst Du Dir ausmalen, wie die Moral der Bevölkerung ausschaut und was man der Jugend geben kann, ohne von vielen ausgelacht zu werden.

Seit September 1945 arbeite ich wieder bei der „Beka", ehemals die Fabrik für Neuanfertigung bei Peek & Cloppenburg. Jetzt aus dem Konzern herausgenommen, arbeitet der Betrieb unter treuhänderischer Leitung (aus der Kollegenschaft hervorgegangen). Produziert wie während des Krieges für die deutsche Wehrmacht, so jetzt russische Uniformen. Die Produktion ist in jeder Hinsicht modern, vielleicht die modernste Europas. Gearbeitet wird in 2 Schichten auf jeweils 10 auch 11 laufenden Bändern. Ich selbst bin in der Maßabteilung, arbeite Zivilsachen, zum überwiegenden Teil für Russen Herren- und Damensachen. Stoffe und Zutaten sind zum Teil noch alte Friedensware, auch schon neue aus Reißwolle. Mit Zutaten fängt es an sehr zu hapern. Die Be-

---

[2] Ernst Busch (1900–1980): gelernter Maschinenschlosser, seit 1922 Schauspieler, seit 1927 in Berlin. Im Umkreis der KPD und der linken Berliner Kulturszene wirkte er bis 1933 als Kabarettist, Schauspieler und Sänger. In der Emigration und vor allem im Spanischen Bürgerkrieg wurde er als Sänger zum Symbol des antifaschistischen Widerstandes; 1940 Internierung in den südfranzösischen Lagern St. Cyprien und Gurs, 1942 Auslieferung an die Gestapo. Während der Untersuchungshaft im Gefängnis Moabit galt Busch als Todeskandidat, eigenen Angaben zufolge rettete ihm der Generalintendant des Schauspielhauses in Berlin, Gustav Gründgens, durch mehrfache Interventionen das Leben. Ende 1943 zu vier Jahren Zuchthaus verurteilt, wurde er im Zuchthaus Brandenburg inhaftiert. Nach 1945 trat der Schauspieler Busch in der DDR im „Berliner Ensemble" als Brecht-Interpret hervor.

schaffung von Hilfsmaterial, Nadeln, Garn, Knöpfe, Leinen u. dgl. wird immer schwieriger. Für unsere Zivilbevölkerung ist kaum etwas da und kommen wir immer mehr herunter.

Die Fabrik und der Betrieb waren durch die Kriegshandlungen auch „angeschlagen", doch gelang es noch vieles zu retten und wiederherzurichten. Hierzu kommt das Interesse der S. M. A. (Sowjetische Militär-Administration) an diesem Betrieb. Schon im äußeren Straßenbild fällt er auf. Die Fensterscheiben wieder verglast, das Dach neu eingedeckt, der Bau ist frei zu sehen (eingestürzte und teils abgetragene Ruinen geben den Blick frei), innen ist fast alles renoviert, die Zentralheizung ist intakt (für Kohlen – Briket und Braunkohle – sorgt die russische Kommandantur), Strom- und Lichtsperre gibt es nicht für uns, es gibt etwas markenfreies Mittagessen, gelegentlich auch Sonderzuteilungen an Textilien und Schnaps (0,7 l für 56 oder 70,– M), den die meisten zu noch höheren Preisen wieder weiterverkaufen. Mein Einkommen beläuft sich auf etwa 200,– bis 240,– M im Monat (brutto). Was wird aus Deutschland? Was bringt die Londoner Konferenz? Wann gibt es stabile Werte? Wann ist unser Fall endgültig zu Ende? Gibt es dann eine Gesundung, einen Anfang, Aufbau? Viele sind zur SED gekommen, viele sind wieder fortgegangen. Manche, auch ehemalige Nazis sind Mitglieder geworden, dem Zug der Zeit folgend. Mucki ist Parteimitglied. Für mich gibt es noch keine und ich selbst kann keine schaffen. Zum 30. Jahrestag der russischen Revolution las ich in Larissa Reissners Buch „Oktober"[3] von Kasan bis Enseli und dachte an all die Genossen und Köpfe, ohne die die russische Revolution nicht zu denken ist und deren Namen heute nicht mehr genannt werden. Ich brauche sie Dir nicht zu sagen und Du weißt warum. –

Viele liebe Grüße von uns an Dich und alle Genossen und Dank, tausend Dank.

Franz Ostermann

Karl Müller* an Joseph Lang

Berlin-Oberschöneweide, den 15. 1. 1948
Rödernstr. 23

Lieber Gen.[osse] Jola,

Es ist an der Zeit, daß ich endlich aus meiner Versenkung auftauche und einige Zeilen an Euch, insbesondere an Dich sende. Durch die Verbindung mit W. Hölter* bin ich in den Besitz Eures Kollektivbriefes gelangt, der mir Aufschluß gab über Eure eigene Lage und über Euer Bemühen, auch anderen Freunden Hilfe und Unterstützung angedeihen zu lassen. Ich sehe darin ein Zeichen wirklicher internationaler Verbundenheit mit polit. Gesinnungsfreunden, was heutzutage schon immerhin als Aktivposten zu werten ist.

Ich erhielt durch den Kollektiv-Brief Kenntnis über Eure Isolierung und über die Schwierigkeiten, mit denen Ihr zu kämpfen habt. In dem Lande der „unbegrenzten Möglichkeiten" sind die Möglichkeiten Eurer Wirksamkeit tatsächlich sehr gering, letzteres gerade wegen der mächtigen Gewerkschaften, die abseits vom Sozialismus bezw. Klassenkampf stehen.

---

[3] Das 1926 posthum von Karl Radek herausgegebene Buch „Oktober" enthält ausgewählte Schriften der 1895 in Lublin geborenen und 1926 verstorbenen Larissa Reissner u. a. über ihre Kämpfe in der Roten Armee 1918/1919 (Kasan) und in der sowjetischen Flotte (Baku-Enseli).

Wir arbeiten hier in Europa bezw. in Deutschland unter ganz anderen Bedingungen. Daß diese gleichfalls schwierig sind, ist Dir ja zur Genüge bekannt. Der eine Vorteil besteht jedoch darin, daß hier Ansätze zu einer Entwicklung vorhanden sind, die Dinge sich also im Fluß befinden, im Gegensatz zu der Stagnation, die drüben herrscht. Vielleicht stehen wir gerade hier in Deutschland am Beginn einer Regeneration der Arbeiterbewegung. Ob sich diese so entwickelt, wie wir es alle wünschen unter dem Motto: „Gegen Stalinismus und Reformismus" ist noch nicht zu übersehen. Wir können aber schon einige Ansätze in dieser Richtung als positiv verbuchen, insbesondere von dem Aktivposten Berlin aus gesehen.

Die Arbeiterbewegung in Deutschland bildet sich, was ihre politische Organisation anbelangt, allmählich heraus zu einer breiteren demokratischen Freiheitsbewegung. Diese Entwicklung scheint mir naturprozeßlicher Art zu sein und darf nicht negativ beurteilt werden, unter Berücksichtigung der gegenwärtigen Verhältnisse. Damit soll vor allem die demokratische Massenbasis gemeint sein, in der freiheitliche Antriebskräfte wach sind. Schon diese Tatsache ist eine der Voraussetzungen, die hier für unseren Kampf erforderlich sind. Du weißt, daß unsere Frontstellung gegen den Stalinismus klar ist. Wir sehen in diesem nicht nur ein politisches System, sondern den politischen Überbau einer Wirtschaftsordnung, die auf Zwang und Reglementierung beruht. Nur in dieser Einheit kann der Stalinismus verstanden werden.

Es fragt sich nun, welcher Weg zur erfolgreichen Bekämpfung eingeschlagen werden muß. Du weißt, daß wir zur Zeit der Weimarer Republik Faschismus und „Sozialfaschismus" nicht auf denselben Nenner gebracht hatten. Von der These „Sozialfaschismus" distanzierten wir uns mit aller Entschiedenheit. Wir sahen im Reformismus, seiner organisatorischen Form nach, eine organisierte proletarische Massenbewegung, in welcher klassenmäßige Kräfte wirksam sind. Da wir die Zusammenfassung aller klassenmäßigen Kräfte zu einer Gesamtbewegung anstrebten, um eine fortschrittliche, sozialistische Entwicklung einzuleiten, stützten wir uns auf diese reformistische Massenbasis. Daher bejahten wir die Einheitsfront-Taktik zur Herausbildung einer Klassenfront.

Diese einheitliche Front muß heute erst wieder geschaffen werden. Soweit sie sich selbständig herausbildet, soll sie unsere Unterstützung finden. Sie hat dann als selbständiger Faktor ein besonderes spezifisches Gewicht in den Auseinandersetzungen mit allen reaktionären Mächten. Von der besonderen Lage Deutschlands ausgehend, kommt diese Bedrohung durch eine reaktionäre Macht aus dem Osten. Unter Stalinismus wird die politische Vergewaltigung und die wirtschaftliche Versklavung verstanden, die uns als allgemeine Empfindungen breiter Kreise durch Äußerungen und Haltung gegenübertreten. Es wird dadurch eine Grundhaltung demonstriert, die jede Diktatur und Willkür abzuschütteln bereit ist. Die Erhaltung und Förderung derartiger freiheitlicher Kräfte stärkt die Front gegen die Bedrohung, die auch der Arbeiterklasse durch eine Stalin-Willkür-Herrschaft entstanden ist. Natürlich sind in einer solchen Bewegung, die nicht nur klassenmäßigen Rahmen umfaßt, alle möglichen Gefahrenmomente vorhanden. So z. B. ein gewisses nationalistisches Gefälle oder sogar eine neue faschistische Verfärbung. Je stärker jedoch der sozialistische Teil der Arbeiterbewegung dieser Gesamtkraft ist, um so mehr kann dann diese Freiheitsbewegung in die Richtung gelenkt werden, die unser aller Ziel ist.

Damit will ich zunächst nur andeuten, daß wir erst am Anfang stehen und uns eben keine großen politischen Sprünge erlauben können. Die Tatsachen reden eine harte Sprache, und sie zwingen uns, von einigen wenigen Voraussetzungen auszugehen. Unsere politischen Aspekte sind natürlich viel weiter gesteckt; jedoch gilt hier mehr die Frage, wo knüpfen wir an an das richtige Kettenglied unter den vorherrschenden wirtschaftlichen und politischen Bedingungen. Der Ruf nach Sozialismus ist hier weniger vernehmbar als der Ruf nach wirtschaftlicher Gesundung, um aus den Tagesnöten herauszukommen. Dadurch ähneln wir in unserer Situation vielleicht der Situation in Amerika, wo zwar keine Wirtschaftskatastrophe existiert, aber ebenfalls keine Sozialismus-Problemstellung durch die Massen, wenngleich auch von ganz anderen Voraussetzungen diese Forderung nicht gestellt wird.

Lieber Gen.[osse] Jola,

die Regeneration der Arbeiterbewegung stellt uns in der Gegenwart vor neue Aufgaben, die auch uns zur Verarbeitung neuer Erkenntnisse zwingt. Ich bin bestimmt mit der großen Linie, die Ihr so ernsthaft vertretet, einverstanden. Vielleicht muß auch einiges, was zur Grundlage gehört, noch gemeinsam geklärt werden. Auf alle Fälle kann ich Dir hierzu meine Bereitschaft unterbreiten, so wie ich Eure Bereitschaft dadurch bestätigt finde, daß Ihr und Du insbesondere die Verbindung mit uns gesucht habt. Ich werde mir über W. Hölter noch Material besorgen, ich denke da an eine Arbeit von P. Frölich*. Hier haben wir aus eigener Kraft schon einiges aufgebaut und Du kennst ja die Bemühungen unserer Freunde, die auch mit G. Müller* zusammenarbeiten. Den Brief, den Du an letzteren im Dez. 47 geschrieben hast, habe ich ebenfalls gelesen. Ich begrüße es daher ganz besonders, wenn dieser Kontakt ersprießlicher Zusammenarbeit weiter aufrecht erhalten bleibt.

Ich grüße Dich nun herzlich und alle Freunde.

Karl Müller

Georg Kunz an den Solidaritäts-Fonds*

Berlin-Charlottenburg, den 4. 7. 1948
Niebuhrstr. 17

Liebe Genossen,

entschuldigt, wenn ich Euch nicht früher für Euer Lebensmittelpaket gedankt habe, aber die augenblicklichen politischen Verhältnisse ließen dieses nicht zu. Erst seitdem die Luftbrücke Berlin – Westen geschlagen ist, haben wir wieder die Möglichkeit, von unserer „Widerstandsinsel Berlin" durch die Hilfe amerikanischer Flugzeuge unsere Briefe befördern zu lassen.

Die Welt hilft uns – und wir helfen der Welt.

Es ist ein nervenzerreißender Kampf, aber wir Berliner und vor allen Dingen wir SPD-Genossen sind gewillt, diesen Kampf durchzustehen so – oder so. Ich gebe Euch einen kurzen Bericht, wie die rauhe Wirklichkeit hier ist. Es ist 2 Uhr nachts. Die stromreichste Zeit des Tages. Man kann in dieser Zeit jetzt nur die neuesten Radioberichte hören und die Werktätigen können nur nachts an ihren Maschinen stehen. Über uns das nicht abreißende Band der Flugzeuge, dessen surrendes Geräusch uns die Bombennächte und Fronterlebnisse wieder ins Gedächtnis ruft. Die Westzeitungen erscheinen noch regelmäßig, aber die allgemeine Produktion hinkt natürlich. Jeder in Berlin wußte, daß die Währungsreform kam, natürlich nicht den Stichtag, aber jeder versuchte, sein nun bald wertloses Geld in möglichen und unmöglichen Dingen anzulegen. Es war ein Run auf die ältesten Ladenhüter. Aber daß die Geldreform hier zur Kampfreform wird, hatten auch wir Genossen nicht erwartet. Wir Gewerkschaftler waren gerade im

Kampf um die Besetzung der Verwaltung, da kam uns der höhere Kampf um unsere Freiheit dazwischen. Die Partei brauchte uns nun 100%. Die Vorgänge in unserem Stadtparlament sind Euch sicher durch die Presse bekannt. Dieser Vorfall war bisher der kritischste Punkt in unserer dreijährigen Stadtdemokratie. Wäre es den Kommunisten gelungen, das Haus durch ihre Demonstrationen beschlußunfähig zu machen, so hätten dieselben eine neue Verwaltung gebildet und diese Verwaltung hätte „eine" Besatzungsmacht zur Hilfe gerufen. Der zweite Fall „Österreich" wäre konstruiert. Entsprechende militärische Vorbereitungen waren von den Russen vorgenommen. Nur dieses Mal mit dem Unterschied, daß an den „Grenzen" auf beiden Seiten Panzer standen und keine Willkommensgrüße[1]. Die doppelte Währung zeitigt hier natürlich die tollsten Sprünge im Wirtschaftsleben. Mit der „Deutschen Mark" kann man nur in den Westsektoren kaufen, aber nicht die Verkehrsmittel benutzen. Alles verlangt nur jetzt noch D-Mark, und sogar der „Blacketmarkt" wickelt seine Geschäfte nur in dieser Währung ab. Vom Russen selbst werden jetzt auf den Schwarzmarkt Zigaretten in bis daher unbekannter Fülle geworfen, auch diese verlangen D-Mark. Sie wollen damit wahrscheinlich die D-Markwährung untergraben und wohl auch die durch die Geldreform geschmälerten Kassen der KPD in den Westzonen auffüllen. Aber die Schwarzmarktbörse reagiert gegenüber der Ostmark immer noch 1 : 2. Der Aufforderung der Sowjets, sich auch Ostmark umzutauschen, kamen die Bewohner der Westsektoren in den ersten Tagen nicht nach. Dieses beruhte nicht nur im Vertrauen auf die gesunde D-Markwährung, sondern auf grundsätzlicher Ablehnung. Dann aber kam die Bekanntmachung der Westalliierten, daß auch die Ostmark in ihren Sektoren in Zahlung genommen wird, und forderten indirekt auf, sich auch dieses Geld zu holen. Nun setzte in jenen Tagen eine Massenwanderung vom Westsektor zum Ostsektor ein. Jeder wollte nun seine Kaufkraft erhöhen. Doch der Russe sowie die ihm hörigen SED-Leute merkten nun das Manöver der Westalliierten und dirigierten nun ihrerseits die Menschen von einer Umtauschstelle zur anderen, von einem Stadtteil zum anderen. Es gelang daher wenigen Bewohnern der Westsektoren die „Tapetenmark" als zusätzliches Bargeld zu bekommen. Wie Menschen auf Geld reagieren, weiß man ja, dieses muß man erlebt haben, wie diese Leute ohne Nahrung die ganze Nacht und den halben Tag vor den Tauschstellen standen, zu Zehntausenden, um dann zu hören, es fehlt noch dieser oder jener Ausweis, oder das Wechselgeld ist ausgegangen. Ich beobachtete die Mienen der Davongehenden. Es war keine Verzweiflungsstimmung, kein Ärger, keine Verbitterung zu sehen, noch waren laute Proteste zu hören. Nein, es lag über dieser Masse eine lähmende „Ist ja alles egal-Stimmung". Bei den Soldaten nannte man es Sturheit. Der breite Rücken der Berliner und der helle Geist umschifften bis jetzt alle

---

[1] Nachdem die sowjetische Militärregierung den Befehl zur Durchführung einer Währungsreform in der sowjetischen Besatzungszone und Groß-Berlin erlassen und die drei westlichen Stadtkommandanten von Berlin die Durchführung dieses Befehls in ihren Sektoren verboten sowie die Einführung der westzonalen DM-Währung angekündigt hatten, tagte die Berliner Stadtverordnetenversammlung am 23.6. 1948 und beriet über die Währungslage. Die Sitzung in dem im sowjetischen Sektor Berlins gelegenen Stadthaus wurde gewaltsam durch SED-Anhänger gestört; nach der Sitzung wurden einige Abgeordnete von den Demonstranten tätlich angegriffen.
Mit dem „zweiten Fall ‚Österreich'" dürfte Kunz meinen, daß die Kommunisten, falls es ihnen in dieser Situation gelingen würde, die Verwaltung Berlins allein zu übernehmen, zur Durchsetzung ihrer Politik auch in den Westsektoren die sowjetische Besatzungsmacht zu Hilfe rufen könnten – so wie die in Österreich gerade zur Macht gekommene nationalsozialistische Regierung unter Seyß-Inquart am 11.3. 1938 um Entsendung von deutschen Truppen zur Wiederherstellung von Ruhe und Ordnung ersuchte; den Einmarsch der deutschen Truppen begrüßte die Bevölkerung mit Jubel.

Klippen der großen Weltpolitik, die auf denselben ausgetragen wurden, doch jetzt weiß der nicht politisch bewußte Mensch nicht, verteidigt er seine persönliche Freiheit oder ist er nur Spielball im Viermächtekonzert. Interessant ist die Parallelerscheinung in Jugoslawien, wo Tito auch Stalin trotzt, und ich hoffe, daß Tito nicht dem Schicksal Trotzkis erliegt.

Möge dieser kalte- und Nervenkrieg zum Wohle der nach Freiheit und Menschlichkeit dürstenden Welt zum Siege führen, sonst war der vergangene Krieg gegen den Faschismus nur eine Phrase. Diktatur tauscht man nicht gegen Diktatur. Wir haben wirklich nichts mehr zu verlieren, aber Ihr dort drüben könnt Euch Euer Leben in Euren Freistunden wenigstens so gestalten, wie Ihr es wollt. Darum danke ich Euch für Eure materielle Hilfe, die wenigstens Tage überbrückte, wo wir nicht nur auf Nahrungsjagd sein konnten.

Helft uns weiter, jetzt besonders, denn daß man unseren Kindern keine Milch gibt und uns aushungern will, das darf die Welt nicht zulassen.

Verbleibt nochmals mit Dank und sozialistischem Gruß

Euer Georg Kunz

Georg Kunz an den Solidaritäts-Fonds

Berlin-Charlottenburg, den 16.9.1948
Niebuhrstr. 17

Meine lieben Genossen!

Ich habe Eure Zeilen erhalten und sende Euch wunschgemäß einen Bericht über die augenblickliche Lage in unserer „blockierten" Stadt.

Während die Welt und Berlin noch im Juli ds. Js. an den Verhandlungen im Kreml einen Hoffnungsschimmer der Einigung und des Friedenswillens hatten, so sind sie in diesen Herbsttagen restlos davongefegt worden. Der berliner grüne Tisch der vier Militärkommandanten sowie der Verhandlungstisch in Paris sind über Formstreitigkeiten nicht hinausgekommen[1]. Die Verstärkung und Aufrüstungsfreudigkeit der westlichen Armeen sind auch nicht von „ohne" und dienen nicht nur zur Unterstreichung der Verhandlungen der vier Großmächte. Nur ist dieses Mal die Tragödie dabei, daß das deutsche Volk und insbesondere die berliner Bevölkerung die Machtkämpfe der beiden großen Staaten auf ihrem so arg zerschundenen Rücken austragen.

Der Spaltpilz in der internationalen Arbeiterbewegung, den wir seit Kriegsende dachten überwunden zu haben, treibt hier in Berlin seine ungeahnte Breitenwirkung, die eine besondere Förderung von zwei Besatzungsmächten erfährt. Nicht nur Partei und Gewerkschaft, sondern auch die Magistratsverwaltung, Polizei und seit heute werden die Zeitungshändler in den Kampf „hie Ost, hie West" eingespannt.

---

[1] Im August 1948 fanden in Moskau Besprechungen der Botschafter der drei Westmächte mit Stalin und Molotow über die Aufhebung der sowjetischen Berlin-Blockade statt. Man einigte sich grundsätzlich über die Wiederherstellung eines freien Verkehrs von und nach Berlin und zwischen den einzelnen Zonen. Daran anschließend verhandelten im September 1948 die vier Militärgouverneure in Berlin ergebnislos über die Ausführungsbestimmungen. Auf der Pariser Außenminister-Konferenz der vier Alliierten im September 1948 wurde über die Berlin-Frage offiziell nicht gesprochen. Ein Notenwechsel zwischen den Westmächten und der Sowjetunion über die Aufhebung der Berlin-Blockade blieb ohne Ergebnis; die Berlin-Blockade wurde erst im Mai 1949 beendet.

Der „nie wieder Krieg" und „nie wieder Diktatur"-Wille der gesund und vernünftig denkenden Bevölkerung ist so stark in Berlin, daß er sich heute in Demonstrationen und organisatorischer Erfassung auszeichnet.

Als am 9. September die demokratisch orientierten Parteien zu einer Freiheitskundgebung vor der Reichstagsruine aufriefen, folgten die bürgerlichen wie proletarischen Massen diesem Rufe und ich erlebte eine Demonstration wie ich sie seit den Kapp-Putschtagen nicht wieder gesehen habe. In den Reden der drei Parteiführer sowie in der zuhörenden Masse war Kampfstimmung geboren aus den Alltagsunerträglichkeiten, die ihnen die Blockade auferlegte. Trotz alle diesem war eine Besonnenheit und Ernstheit, man kann sagen Sturheit anzumerken. Es fehlte der revolutionäre Elan, der in solcher Situation den Franzosen und Italienern zu größeren Ausschreitungen Anlaß gegeben hätte. Als der Schlußredner, der Parteivorsitzende Franz Neumann[1], ein Memorandum verlas und dieses persönlich sofort dem Kontrollrat überbringen wollte, schloß sich ein großer Teil der Demonstranten seinem Vorhaben an und zog nach dem in der Kleiststraße befindlichen Kontrollratsgebäude. Bei Auflösung der Demonstration gingen Hunderte von Teilnehmern durch das Brandenburger Tor, um den in der Nähe befindlichen S-Bahnhof „Unter den Linden" und „Friedrichstraße" zur Heimfahrt zu erreichen. Die von dem ehemaligen Ritterkreuzträger Polizeipräsident Markgraf befehligte Polizei wollte die Massen auseinandertreiben, da aber bei solch einer riesigen Menschenzusammenballung es kein zurück gibt, entstand ein Zusammenstoß. Auf der einen Seite Pistolenschüsse, auf der anderen Seite Ziegelsteinwürfe, die es auf dem Pariser Platz ja in Massen gibt. Die Polizei flüchtete und die Massen triumphierten. In dieser Siegesstimmung kletterte ein junger Mensch auf das Brandenburger Tor und holte trotz Maschinenpistolenschüssen einiger Russen die rote Fahne herunter. Außerdem wurden noch russische Autos umgeworfen und teilweise die Insassen verprügelt. Nach ungefähr 15 Minuten, nach Abzug der deutschen Polizei, kam russische Militärpolizei sowie deutsche Polizei mit Karabiner, Unter den Linden, und verhaftete wahllos Demonstranten, die nicht schnell genug in den englisch besetzten Sektor hinter dem Brandenburger Tor flüchten konnten. Das erste Urteil an 5 jugendlichen Demonstranten ist gestern unter Ausschluß deutscher sowie ausländischer Öffentlichkeit gesprochen worden: 25 Jahre Zwangsarbeit. Mit einem kalten Schauer vernahm die berliner Bevölkerung dieses „Abschreckungsurteil", und dachte an die Hitlerischen Volksgerichte. Ich persönlich bin mir im Klaren, daß eine Besatzungsmacht alles daran setzt, wenn Aufsässigkeit und Vernichtung ihrer Symbole durch die Bevölkerung geschieht, alles daran setzt, solche Vorkommnisse für die nächste Zukunft zu verhindern, und sie zu solchen Urteilen kommen muß. Aber daß nach Ansicht vieler politisch und juristisch bewußter Menschen die Verhandlung des sowjetischen Militärtribunals nicht den primitivsten Menschenrechten entspricht. Dieses Urteil ist wieder ein Glied mehr in der Kette der Haßbildung gegen den Russen. Aber zu all diesen Vorkommnissen haben die westlichen Besatzungsmächte nur papierene Proteste. Der Grund ist wahrscheinlich in der Tatsache zu suchen, den Frieden nicht zu gefährden und die letzte Verhandlungschance offen zu halten.

---

[1] Franz Neumann (1904–1974): im März 1946 Initiator der Urabstimmung in der SPD über die Frage der sofortigen Vereinigung mit der KPD, die nur in den Westsektoren Berlins durchgeführt werden durfte (82% sprachen sich gegen einen sofortigen Zusammenschluß aus, 62% waren aber für ein Bündnis beider Parteien); 1946–1958 Vorsitzender des (West-)Berliner Landesverbandes der SPD und SPD-Fraktionsvorsitzender im Berliner Abgeordnetenhaus.

Wie schlägt sich nun aber der „kleine Mann" durch all diese künstlich errichteten wirtschaftlichen und politischen Mauern durch?

Nach der Währungsreform im Juni, Aufatmung der arbeitenden Bevölkerung, daß sie nun endlich wieder ihren realen Arbeitslohn bekommen und damit eine Sicherheit in ihren bescheidenen Lebensunterhalt eintreten würde. Aber nichts an dem, denn mit der Währungsreform kam die Verschärfung der politischen Gegensätzlichkeiten der Besatzungsmächte noch klarer zu Tage und es begann der Kampf der kleinen Schikanen, die wohl Schwierigkeiten einer Besatzungsmacht gegen die anderen sein sollte, aber in Wirklichkeit nur die berliner Bevölkerung betraf. Mit Strom-, Gas-, Lebensmittelsperren, wie Frischkartoffel, Frischmilch für Kleinstkinder und Nichtanlieferung von Heizungsmaterial in den Westsektoren begann es, dagegen in den Ostsektoren, den von den Russen besetzten Stadtteilen, gewährte man geringe Lebensmittelzulagen und verausgabte Frischkartoffel und Heizungsmaterial und darüberhinaus forderte man die Westsektorenbewohner auf, ihre Lebensmittel doch ab jetzt in den sowjetischen Stadtteilen einzukaufen, um damit, mit einer Abstimmung in der Magenfrage, es der Welt gegenüber beweisen kann. Es sollte ein Mißtrauensantrag der berliner Bevölkerung gegenüber der von den Westmächten errichteten Luftbrücke sein. Aber der Berliner ist helle, individuelle Freiheit und zu lange Fahrzeit zog er diesem russischen Kalorienköder vor. Knapp 1% waren es im ersten Monat und im zweiten Monat überstieg die 1½% Grenze den magenfüllenden Versprechungen der Sowjets. Da die Hungerpeitsche nicht fruchtete, setzte man systematisch Störungen im Verwaltungskörper der Stadt ein. Man setzte dem Stadtrat für Ernährung einen moskauhörigen Abteilungsleiter bei. Das Stadtparlament konnte unter den „gewaltigen" Demonstrationen der SED Leute nicht zur Beschlußfähigkeit kommen und in den einzelnen Bezirksverwaltungen der Ostbezirke entließ man SPD-Angestellte unter den fadenscheinigen Begründungen wie Dienstunterlassung, Sabotage etc. Man sperrte vom Hauptkontor der Stadtkassen die Gelder der westlichen Bezirksämter, so daß diese eben nicht in der Lage sind, die fälligen Löhne und Gehälter an ihre Angestellten fristgemäß auszuzahlen. Privatbetriebe können ihre Geschäfte nur bargeldlos abwickeln und Überweisungen an westberliner Firmen aus der Sowjetzone werden nicht vorgenommen. So tritt zu unserer doppelten Währung die bargeldlose Zeit der breiten Masse ein. Ohne Strom und erst ohne Geld kann der beste Betrieb nicht arbeiten, also muß der Werktätige zwangsläufig „feiern". Wohl ist ein gewisser Prozentsatz zu Bauarbeiten an den Flugplätzen herangezogen, aber der größte Teil muß sehen, wie er selbst seinen Lebensunterhalt erwirbt. Es sind ihm vom Magistrat wohl 60% Arbeitsausfallunterstützung zugesagt worden, aber da der Russe ja die Konten sperrt, so kann er nicht zahlen. Der Dumme ist wieder, wie immer, der Arbeiter.

In meiner Firma, die bis jetzt Kriegs- und Nachkriegsschwierigkeiten überbrückte, hat nun auch ihre Pforten geschlossen und ich kann nach 15jähriger Zugehörigkeit nun mir einen anderen Job besuchen. Das ist nicht so leicht, denn alle noch lebenserhaltene Betriebe nehmen keine Einstellungen mehr vor und so muß ich eben sehen, wie ich mich durchschlage. Junge Menschen machen Blockadebrecher und holen Kartoffel und Gemüse heran. Mit welcher Gier das Frischgemüse und die Frischkartoffel abgenommen werden, könnt Ihr Euch nicht vorstellen. Denn die 3monatige Blockade macht sich doch gerade in dieser Form sehr bemerkbar. Eigenartigerweise sind trotz der Blockade die Schwarzhandelspreise gefallen und es wird grundsätzlich nur in Westmark gehandelt. Der heutige Wechselkurs ist eine Westmark gleich 3,80 Ostmark. Es kostet ein 1500 gr. Brot 4 Westmark, 1 Pfd. Frischkartoffel 35 Pf., 1 Kohlkopf

70–80 Pfg. Fett hält immer noch die Spitze, und so kostet Butter 28–30 Westmark und ist für den Normalsterblichen nicht erschwinglich. Besonders traurig ist es um die älteren Leute bestellt, die nicht mehr die Kraft und das Geld haben, sich solche zusätzlichen Dinge besorgen zu können. Auf Grund der Gassperre können sie sich manchmal nicht ein warmes Mittagessen herstellen und Holz holen aus dem Grunewald ist nicht möglich, da dort fast kein Baum mehr steht.

An diesen Schilderungen erseht Ihr, daß unser Leben in Berlin aufreibender im Alltagskampf geworden ist, aber die breite Masse der Bevölkerung wieder politisch stärker interessiert, was auch einen gewissen Widerhall auf dem Parteitag der SPD in Dortmund gefunden hat. Trotz alledem hoffe ich, daß wir aus dem Reformierungszeitalter herauskommen und gesunde sozialistische Wirtschaftsmaßnahmen, wenn auch jetzt dieselben nur schulungsmäßig, in Deutschland durchgeführt werden können.

Liebe Genossen, ich habe jetzt noch eine persönliche Bitte an Euch. Wenn Ihr wieder einen Bericht haben wollt, dann bitte sendet Luftpostrückantwort, dann könnt Ihr denselben innerhalb von 5 Tagen erhalten, denn ich schätze, daß dieser 4–6 Wochen laufen wird und viele Dinge überholt sind.

Ich danke nochmals für Euer kalorienreiches Paket vom Juni ds. Js. Trotzdem bitte ich Euch, wenn es möglich ist, mir ein paar feste „Arbeitsschuhe" zu besorgen. Meine Schuhgröße ist 41, vielleicht hat einer der Genossen ein Paar ausgediente Armeeschuhe. Ihr müßt diesen meinen Wunsch verstehen, ohne Schlips und Socken kann man herumlaufen, aber im Winter dauernd nasse Füße zu haben, dann kommt man aber restlos auf den Hund.

Ich verbleibe mit sozialistischen Grüßen
Euer Georg Kunz

Georg Kunz an Joseph Lang

Berlin-Charlottenburg, den 10. 1. 1949
Niebuhrstr. 17

Lieber Gen.[osse] Joseph Lang und Gesinnungsfreunde!

Nehmt meinen besten Dank für Eure bewiesene Solidarität. Gen.[osse] Günter S.[pruch]* übermittelte mir 14 Tage vor Weihnachten eine Riesentüte mit folgendem Inhalt: 1 Paar braune Halbschuhe, prima, damit habt Ihr mir eine meiner größten Sorgen abgenommen, denn mit dem Schuhwerk habe ich meine Gehfestigkeit wieder gewonnen. 1 Hose, etwas lang, aber meine Frau wird dieselbe schon passend hinzaubern. Ein Pullover, der heute uns die blockierte Wärme ersetzt sowie für die Gehstelzen ein paar wollene Socken und ein Unterhemd. Der Schlips strahlt eine Vornehmheit aus (Erstes Herrenausstattungsgeschäft London), daß ich Hemmungen habe, denselben in unserer Trümmerstadt spazieren zu tragen.

Besonders gefreut hat mich, daß Ihr die Spende mit Verständnis zusammengetragen habt, ich denke da an die Schuhsohlen und Absätze, die hier in Berlin auch noch unerreichbare Schätze sind. Aber daß sogar meine Raucherseele den lieblichen „Ami-Duft" in Gestalt von 20 Sargnägeln und einem Paket Tabak inhalieren durfte, gab mir das Bewußtsein des Menschdasein wieder. Also nochmals meinen Dank für Eure Hilfe. Will Euch gleich Eure briefliche Anfrage betreffs meines Familienstandes beantworten: bin (sogar glücklich) verheiratet und habe einen 5jährigen sehr lebendigen Jungen und eine

1ojährige Tochter. Waren etwas traurig, daß der Onkel aus Amerika nicht an sie gedacht hatte, von wegen der so sehr entbehrten Schokolade, aber ich vertröstete sie auf
später. Wenn es möglich ist, bereitet diesen Kindern, die seit Geburt nur Entbehrung
gewohnt sind, diese Freude.

Nun einen kurzen Bericht über unsere augenblickliche Situation in Berlin.

Den Wahlausgang in Berlin am 5. Dez. [1948] begrüßte die SPD mit einem lachenden
und einem weinenden Auge. Nach Durchsicht der 86% Wahlbeteiligung ergab es sich,
daß die Sozialdemokraten sämtliche Jungwählerstimmen und die SED-Stimmen in den
Westbezirken aufgesaugt haben. Einen Einbruch, wie es verschiedene Vorstandsmitglieder gern gesehen hätten, in die bürgerliche Front gab es nicht. Die Schaukelpolitik
Friedenburgs[1] stärkte die jeden Sozialisierungsversuch ablehnende LDP. Die mit über
60% errungene Mehrheit im Stadtparlament und in den Bezirksausschüssen bürden der
Partei die Gesamtverantwortung auf. Diese Mehrheit, die selbst die Nazis in den noch
einigermaßen freien Wahlen nie erreichten, geben dem Landesausschuß Berlin der
SPD eine schwere Nuß zu knacken.

Die Berliner Wirtschaft, die im Gesamtrahmen gesehen nicht mehr das notwendige
Steueraufkommen aufbringt, um die notwendigsten Etats zu decken und die damit ver-
bundene Bettelei an Westdeutschland sind die Lasten, die die SPD heute auf sich nehmen muß und woraus später bestimmt die reaktionären Parteien ihren Nutzen ziehen
werden. Die Tragik in dieser Wahl ist, daß sozialistische und chauvinistische Elemente
eine Front bilden. Wer hätte je geglaubt, daß der Kreml eine so blöde Tagespolitik mit
nur einseitigem Interesse stur verfolgen wird?

„Wir" ziehen daraus natürlich unsere Schlüsse und versuchen, so viel wie möglich an
ideologischem Einfluß auf den Mitgliederabenden und besonders bei den Jugendlichen
zu gewinnen. Der marxistische Arbeitskreis[2] hat mehr Einfluß als es manchen Refor-
mern lieb ist. Daß unsere Arbeit nicht die Breite findet, ist wohl logisch, doch den Kern
haben wir gelegt und unser Kontakt ist besser, in unserem Wohngebiet gesehen, als
im vorigen Jahre. So zum Beispiel betreue ich die Jungsozialisten meiner Abteilung,
Gen.[osse] Günter [Spruch]* fungiert als Abteilungsleiter und Rengel[3] hat sein Betäti-
gungsfeld in der Entnazifizierung (Ja, so etwas gibt es noch immer) und Holz* muß
sich mit Gewerkschaftsfragen rumplagen. Dieser kleine Einblick genügt Euch wohl,

---

[1] Ferdinand Friedensburg (1886–1972): 1945 Mitbegründer der CDU in der sowjetischen Besatzungszone; nach den ersten Berliner Wahlen, die in allen vier Sektoren stattfanden, zum zweiten Bürgermeister von Berlin gewählt; nach der Spaltung der Berliner Regierung und Verwaltung in West
und Ost im Gefolge der Währungsreform und der Berlin-Blockade und den Wahlen in den drei
Westsektoren Berlins am 5. 12. 1948 war er 1948–1951 zweiter Bürgermeister von West-Berlin. Zur
Situation in Berlin allgemein vgl. J. Fjalkowski u. a.: Berlin. Köln 1967; K. L. Shell: Bedrohung und Bewährung. Köln 1969.

[2] Der Marxistische Arbeitskreis (MAK) in Berlin bestand seit dem Spätherbst 1945 als offener Kreis in
der SPD. Unter den maximal 300 Teilnehmern waren ehemalige Mitglieder der Splitterparteien wie
der KAPD, Rote Kämpfer, KPO und SAP zahlreich vertreten. Anfangs versuchte der Kreis eine Analyse und Verarbeitung der Niederlage der deutschen Arbeiterbewegung, seit Frühjahr 1948 war er bemüht, politisch-programmatisch in die Berliner SPD hineinzuwirken. Er trat dafür ein, daß die SPD
eine am Marxismus orientierte Klassenpartei des Proletariats bleiben sollte. In einigen linken SPD-
Bezirken (Charlottenburg, Tiergarten und Kreuzberg) vermochte der MAK zeitweise einen erheblichen Einfluß zu erlangen. Auf Landesebene hatte der Arbeitskreis, der bis heute, wenn auch in ge-
wandelter Funktion, fortbesteht, jedoch stets die Position einer Minorität.

[3] Das ehemalige USPD- und SPD-Mitglied Kurt Rengel (1896–1956) gehörte wie Georg Kunz seit
Herbst 1931 der SAP in Berlin-Charlottenburg an. Nach 1945 erneut in der SPD, Vorsitzender eines
Entnazifizierungsausschusses.

daß wir Berliner auf dem „Kien" sind und trotz aller Alltagsschwierigkeiten nicht den Blick und die Tatbereitschaft verlieren.

Ganz anders ist es natürlich bei der breiten und nur bedingt politischen Masse. Der Kampf zwischen den West- und Ostalliierten hat den Magenlebensstandard der Bewohner in beiden Sektoren natürlich gehoben. Die Strom- und Gasfrage sowie das Brennmaterial sind noch Probleme, die die Westbewohner unserer Stadt jeder auf seine Art lösen muß. Mit Petroleumfunzeln erleuchten wir unsere mehr oder weniger gut geheizten Zimmer. Das eigenartigste ist dabei, daß man „schwarz" Petroleum und Kerze kaufen kann, so viel man will u. braucht. Auf dem normalen Zuteilungswege hat die Westbevölkerung nur einen halben Liter Petroleum und ¼ Zentner Steinkohle erhalten. Die Ostsektorenbewohner haben pro Haushalt 18 Ztr. Kohlen, die entsprechende Menge Kartoffeln bekommen und können Lichtstrom verbrauchen so viel sie gebrauchen. Die Gegenliebeswerbung der Westmächte an die Westberliner war die Fetterhöhung um monatlich 100% bei der Hungerkarte III und 75 gr. Bohnenkaffee oder 25 gr. Tee monatlich. Jedenfalls hat der Berliner einen bedingten Magennutzen aus dem kalten Krieg gezogen. Aber auf Grund der großen Arbeitslosigkeit (100 000 in den Westsektoren) sind viele Menschen nicht in der Lage, die aufgerufenen Textilien zu erstehen, worauf sie jahrelang gewartet haben. Ein Spaziergang auf dem Kurfürstendamm zeigt einem, daß es nahezu alles gibt, mit oder ohne Bezugsschein, man muß nur die genügende Westmark in der Tasche haben. Trotz der verschärften Blockade und den verbundenen Raubmethoden der sowjethörigen Polizei hat der Kurs der Westmark gegenüber der Ostmark seinen Stand gehalten. Eine W-Mark gleich 3,50 O-Mark. Trotzdem ist die Kaufkraft nicht 1 zu 3½, für eine Westmark kann man den begehrten Artikel erhalten, aber für 3,50 Ostmark sieht man denselben nicht einmal in der Ostzone. So wandert nun ein Artikel über die „Grenzen" unserer Stadt und jeder versucht, sein Geschäftchen dabei zu machen. Vom Luftbrückenpilot bis zum 12jährigen Schulbuben. Diese Geschäftchen, die dem einen Profit bedeuten, sind bei den anderen der natürliche Selbsterhaltungstrieb. Was die Berliner allen 4 Alliierten nie verzeihen, ist daß sie aus der Not ein Geschäft machen und sie die geringe Substanz, die sie besaßen, nun restlos aufsaugen. Eigenartigerweise werden auch keine Vergleiche aus der Nazizeit herbeigezogen, man will diese Epoche vergessen und auch nie *Dafür* gewesen sein. Eine Untergrundbewegung in dieser Richtung existiert nicht in Berlin, dafür werben die Weltbürger à la Davis, Garry⁴ in Spießer- u. Künstlerkreisen. Schluß für heute und verbleibt mit den besten Wünschen und sozialistischem Gruß

Euer G. Kunz

---

⁴ Garry Davis, geb. 1921, während des Krieges Pilot der US-Luftwaffe, legte am 25. Mai 1948 in Paris seine amerikanische Staatsbürgerschaft ab und erklärte sich zum „Weltbürger"; er trat für die Abschaffung der Nationalstaaten ein. Seine Mitmenschen rief er dazu auf, sich gleichfalls zu „Weltbürgern" zu erklären. Die von Davis initiierte Bewegung zeigte zunächst große Wirkung, vor allem auch in Deutschland.

Briefe aus der Sowjetischen Besatzungszone

Zusammenfassung durch die Herausgeberin

Joseph und Erna Lang und ihr Kreis in den Westzonen haben versucht, auch Kontakte zu ehemaligen politischen Freunden in der SBZ anzuknüpfen, zunächst durch Briefe, dann durch Reisen einiger Freunde von Langs in die SBZ oder auch laufende und gezielte Besuche von Westberlin aus, aber auch durch Besuche von in der SBZ lebenden Freunden in Westberlin. In vielen Fällen blieb die Kontaktaufnahme erfolglos, d. h. ohne Resonanz, in einigen Fällen kamen Verbindungen zustande, die auch Paketsendungen oder Beteiligung an der Verteilung der nach Westberlin gelangenden Sendungen nach sich zogen. Meist wurden die Verbindungen von der einen oder der anderen Seite (überwiegend von Langs) abgebrochen, wenn sich auf die Dauer herausstellte, daß sich die politischen Grundüberzeugungen nicht mehr auch nur auf den kleinsten gemeinsamen Nenner bringen ließen. In ganz wenigen Fällen blieb eine bis zur Rückkehr Langs in die Bundesrepublik reichende Verbindung erhalten; der Briefwechsel war meist ohne einen Inhalt, der den von der Herausgeberin verwendeten Kriterien für die Briefauswahl auch nur in einem Punkt entsprochen hätte.
Dennoch fand sich in dem Briefnachlaß ein kleiner Bestand, der der Dokumentation Wert gewesen wäre, weil er Lebenssituation, Lebensgefühl und Motive für das jeweilige politische und soziale Engagement nun in der SED oder in deren Zielsetzungen entsprechenden beruflichen Positionen zwar nicht für die Bevölkerung in der SBZ exemplarisch, jedoch für einen bestimmten Personenkreis hätte deutlich werden lassen können. Um Zugang zu diesem Personenkreis (oder deren Angehörige) über diejenigen hinaus zu bekommen, die die SBZ/DDR Ende der 40er, Anfang der 50er Jahre aus politischen Gründen verließen und danach in Westdeutschland lebten, wurde die Ständige Vertretung der DDR in Bonn um Vermittlung gebeten. Diese sagte zu, daß sich das Büro für Urheberrechte der DDR in „geeigneter Weise mit Angehörigen der Briefschreiber" in Verbindung setzen würde. Am 1. 10. 1980 teilte die Ständige Vertretung mit: „(...) Die Autoren selbst sind verstorben. Die Gespräche haben ergeben, daß die betreffenden Personen aus ihrer Sicht einer Veröffentlichung dieser Privatbriefe nicht zustimmen. (...)"
Zumindest in einem Fall ist bekannt, daß der Briefeschreiber noch lebt; in einem anderen Fall soll der Briefschreiber seinen Wohnsitz nicht in der DDR gehabt haben; seine Anschrift ist jedoch bekannt. Diese Erkenntnisse erübrigen einen Kommentar. Es blieb der Herausgeberin nichts anderes übrig, als die durch das Urheberrecht gegebenen Möglichkeiten des Zitierens auszunutzen, und darüber hinaus jene Briefe zu verwenden, für die eine Abdruckerlaubnis von den inzwischen in der Bundesrepublik lebenden Briefschreibern gegeben worden ist. Die Zitatauswahl wurde auf einen Aspekt beschränkt, nämlich auf die Begründung der politischen Option nach 1945.
Bei dem auf diese Weise zu Worte kommenden Personenkreis handelt es sich überwiegend um frühere SAP-Mitglieder und aktive Widerstandskämpfer. Sie beklagen die sehr einseitige Information über die politische Entwicklung in der SBZ: „Ich glaube, daß ich durchaus objektiv urteile, wenn ich darauf hinweise, daß im allgemeinen sowohl das politische wie auch das wirtschaftliche Leben hier von starken Impulsen getragen wird, von stärkeren als es im übrigen Deutschland der Fall ist", so schreibt am

7.6. 1946 G.K., ein Berliner Freund von Joseph Lang, während des „Dritten Reiches"
zweimal im Zuchthaus und dann im Strafbataillon 999 und nunmehr Leiter des
Jugendfunks des Berliner Rundfunks.

Die Besorgnis, die Verwunderung und z.T. Verärgerung (in denen immer auch Trauer
mitschwingt, Freunde verloren zu haben), die Langs in ihren Briefen darüber äußern,
die alten Kampfgefährten in der SED tätig zu sehen, wird von diesen immer mit einer
übereinstimmenden Begründung zurückgewiesen: „Nun sagte mir die E. noch etwas,
Ihr wäret erstaunt gewesen zu hören, daß ich in der SED sei. Stimmt denn das? Dann
könntet Ihr es nur sein, weil Ihr die Verhältnisse hier doch nicht kennt. Ihr könnt doch
nicht annehmen, daß wir heute noch die SAP aufleben lassen sollen, und als Indifferen-
te beiseitestehen können wir ebenfalls nicht. Vor dem Zusammenschluß waren wir, wie
auch alle früheren SAP-Leute in der KPD. Ich glaube, wenn Ihr hier sein würdet, wäret
Ihr genauso dabei. Es ist Vieles, was auch wir uns anders wünschten, aber das Wichtigste ist doch jetzt, gemeinsam an die vor uns liegenden Aufgaben heranzugehen, gemeinsam die leider gar nicht so schwachen Überreste des Faschismus anzugehen, als
sich untereinander um weniger wichtige Dinge zu streiten. Und der Zusammenschluß
zur SED war nötig und es wäre nur zu begrüßen, wenn es anderswo ebenfalls bald
dazu kommen würde. Es ist gewiß noch manches unvollkommen, die Folgen der langen Spaltung der Arbeiterbewegung werden eben auch nicht in einem Jahr überwunden sein." So F.H. aus Brandenburg am 29.12. 1946; sie, im „Dritten Reich" verfolgt
und nun in der Frauenarbeit tätig, spricht auch deutlich den eigentlichen Differenzpunkt an: die Stellung zur Sowjetunion: „Man mag zur SU so kritisch stehen, wie man
will, dieses oder jenes daran auszusetzen haben, etwas und zwar nicht Unwesentliches
wird man anerkennen müssen: sie haben die Revolution durchgeführt, sie haben das
Privateigentum an Grund und Boden, an den Produktionsmitteln beseitigt. Demgegenüber nun die Verhältnisse und Systeme anderer Länder als vorteilhafter hinzustellen
und von Unterdrückung unsererseits zu reden, ist meiner Meinung nach nicht richtig."
Die Briefschreiberin schließt diesen Punkt mit der Feststellung ab: „So, das wäre eine
kurze Begründung für unsere politische Einstellung. Es ist schon so, man kann entweder tatenlos beiseite stehen oder mitarbeiten, und als klassenbewußter Mensch kann
man doch nur das letztere tun."

Noch schärfer auf den eigentlichen Differenzpunkt gebracht nehmen sich die Äußerungen von K.B., Berlin, aus. K.B., mit Erna Lang vor 1933 auch persönlich befreundet, gehörte 1945 zunächst der KPD, dann der SED an. Er schreibt am 7.12. 1946:
„Für alle Freunde, die in der Ostzone einschließlich Berlin vom ersten Tage hier waren,
gab es nichts anderes, als sich zunächst in der KPD und mit ihr in der SED zu betätigen. Abgesehen von einigen Ausnahmen, die das nicht getan haben. Wie man auch zu
der Frage unseres großen Bruders stehen mag, für uns hier gab es und konnte es keine
andere Entscheidung geben, um überhaupt wirksam mitarbeiten zu können. In diesem
Fall konnte man sagen, es sei immerhin das kleinere Übel. [...] Es mag sein, daß Ihr andere Informationen über die Lage im Weltmaßstab habt, aber maßgebend für unsere
Einstellung ist und bleibt doch die Perspektive hinsichtlich Erreichung des gestellten
Zieles. Was 1918 nicht erreicht werden konnte, muß doch als Zielsetzung nach diesem
Kriege zu erreichen versucht werden."

Am 5.4. 1947 – nach den Wahlen in Berlin, bei denen die SPD 51,7% und die SED
13,8% der Stimmen erhielten, – heißt es dann umstandslos: „Unsere Haltung in allen
Fragen kann nur bestimmt sein von der Stellung zum Sozialismus. Ost und West. Dazwischen gibt es nichts."

In der gleichen Weise verlief – wenn auch zeitlich etwas ausgedehnter – die Korrespondenz mit K. L., Dresden. Dieser ehemalige SAP-Genosse hatte während des „Dritten Reiches" eine langjährige Zuchthausstrafe und härteste Verfolgungen erdulden müssen und war nun nach einigen Durchgangsstationen ein höherer Funktionär in der SED-Landesleitung von Sachsen. Er schreibt am 27. 5. 1947:

„Daß wir zu bestimmten Fragen verschiedener Meinung sein werden, beunruhigt mich nicht. Das betrifft wohl vor allem unsere Stellung zur SU. Zu Eurer Information über unsere Haltung sei übrigens gleich gesagt, daß es hier unter den Menschen mit sozialer Verantwortung niemand gibt, der sich nicht für die Arbeit zur Verfügung gestellt hätte. Das würdet Ihr auch tun. Welche weiteren Differenzen die Zeit sichtbar macht, bleibt abzuwarten. (...) Eines hatten wir uns allerdings fest vorgenommen seit wir dem Hitlerterror und dem Krieg entronnen sind, den anderen, die unterschiedlicher Meinung sind, nicht so zu begegnen als wären sie Halunken und Verbrecher."

Am 21. 7. 1947 bemerkt er knapp: „So im allgemeinen würde ich meinen Standpunkt gegenwärtig als identisch mit allem, was die SED veröffentlicht, kennzeichnen." Im nächsten Brief vom 5. 9. 1947 findet er, „daß bisher immer noch keine Argumente von Euch vorgebracht wurden, die eine unterschiedliche Haltung zwischen uns und Euch zu den hauptsächlichsten politischen Fragen erklären könnten", und kritisiert Walter Fabian*, der über sich selbst bemerkt hatte, „er stehe nach wie vor auf dem Standpunkt wie seinerzeit als wir uns trennten. Nun, das ist in mancher Beziehung etwas Positives, wenn es aber gleichzeitig heißen wird, die Lehren, die die 14 Jahre vermitteln, bleiben unbeachtet, und wenn es weiterhin heißt, die Besonderheiten der gegenwärtigen Situation kümmern uns nicht, so würde eine solche Feststellung negativ sein." Am 13. 10. 1948, dem letzten Brief aus der Korrespondenz, spricht er die Vermutung aus, daß Langs mit den Anforderungen an Paketen an sie ausgenützt würden: „So wie die Lage bei uns ist, und im Westen soll sie noch besser sein, besteht ja kein Grund mehr, das Ausland in Anspruch zu nehmen. Heute haben wir sogar die ersten weißen Semmeln bekommen. Und was die textile Versorgung betrifft, so gibt es auch ab und zu einiges wieder." Er berührt dann den „Ausgang unserer Beziehungen" und kommentiert ihn: „Jeder hat so seinen eigenen Weg. (...) Ob es richtig war, wird sich später am Ergebnis beweisen lassen. Wir jedenfalls sind auch heute schon davon überzeugt."

Die Perspektive eines „kleinen" Genossen aus dem gleichen Kreis vermittelt der Brief von Max Schöneseiffen vom 20. 12. 1947 aus Crimmitschau in Sachsen:

Max Schöneseiffen an den Solidaritäts-Fonds

Crimmitschau, Sachsen, den 20. 12. 1947
Wahlenerstr. 12

Meine lieben Genossen in Amerika!

Vor ca. einem halben Jahr erhielt ich Euer Paket mit den Liebesgaben. Wenn mich auch der Inhalt sehr erfreute, weil man hier bestimmt alles sehr gut gebrauchen kann, denn die Not ist bestimmt groß, so war es doch noch mehr der Gedanke der Solidarität zwischen alten Genossen, welche mich riesig freute und die in der Aufschrift enthalten war: „Von Genossen in Amerika". Zunächst wußte ich ja nicht, wer der Absender war, und erfuhr das erst bei einem kurzen Besuch in Köln durch unseren Freund Hubert

[Pauli]*, der Euch ja auch meine Anschrift übermittelt hatte. Ich danke Euch dann, wenn auch verspätet, von ganzem Herzen für die schöne Überraschung. […]

Nun werdet Ihr gerne etwas Politisches von mir hören wollen, aber da kann ich Euch leider nicht mit dienen. Über die hiesigen Verhältnisse weiß erstens Hubert genau Bescheid und ist auch in der Lage über dieselben zu schreiben, aber zweitens hatte ich kürzlich Gelegenheit, zwei amerikanische Zeitungen in deutscher Sprache zu lesen, und da konnte ich feststellen, daß man „drüben" mindestens so gut über die allgemeinen Verhältnisse weiß als wie hier. Ich habe sogar sehen müssen, daß man dort über Angelegenheiten Bescheid weiß, die unsereinem hier gar nicht bekannt sind, die aber stimmen. Ganz allgemein kann ich Euch nur sagen, daß unter alten Genossen, sofern sie keine eingefleischten KPD-Leute sind (und selbst darunter befinden sich noch welche), eine schwere Enttäuschung über die Politik unserer russischen Genossen besteht, die soweit führt, daß z. Bsp. ich selbst mich von allem zurückgezogen habe, was irgendwie mit der Parteipolitik zusammenhängt. Ich bin soweit, daß ich keine Versammlung mehr besuche, weil es absolut keinen Zweck hat, hinein zu gehen. Es ist eine politische Luft hier wie in der Nazizeit. Jeder hält seine Meinung, falls sie nicht mit der „Linie" übereinstimmt, für sich oder äußert sie nur guten Bekannten gegenüber. So könnt Ihr Euch ein Bild machen, was hier los ist. Mein Bestreben war es ja schon längst, wieder in die Heimat zu kommen, aber Ihr wißt ja selbst, was in Köln in der Wohnungsfrage los ist. Ich hoffe aber, daß es im Frühjahr klappen wird und werde jedenfalls alles unternehmen, um aus dem „Roten Sachsen", welches schwärzer ist wie das Rheinland, heraus zu kommen.

Es würde mich nun sehr freuen, von Euch einmal etwas zu hören. Gedenkt Ihr dort zu bleiben? Ich kann mir das eigentlich gar nicht vorstellen, denn obschon ich ja immerhin noch im Lande bin, fühle ich mich wie in der Immigration und kann es Euch gut nachfühlen, was es heißt, dort ständig unter fremden Menschen zu leben. Wir sind zwar als Sozialisten international, aber Heimat bleibt doch eben Heimat und außerdem werdet Ihr ja auch hier benötigt, während Ihr drüben jedenfalls keine großen Betätigungsmöglichkeiten habt.

Also schreibt mir bitte einmal und teilt mir überhaupt einmal mit, wer sich alles drüben befindet. Ich weiß nicht, ob der eine oder der andere mich persönlich kennt, weil ich in der ehemaligen SAP nicht so bekannt war, weil ich nicht von der SPD mit herüber kam, sondern von der USP bezw. KPD. Von Euch kann ich mich nur des Genossen Beier[1] erinnern, mit dem ich öfter zusammen gekommen bin.

Jedenfalls sende ich Euch allen meine besten Grüße und wünsche ich allen ein besseres neues Jahr.

Euer Genosse Max Schöneseiffen

Gewissermaßen exemplarischen Charakter für diejenigen, die in Opposition zur SED standen, die versuchten, die Tradition einer demokratisch-linkssozialistischen Richtung zu bewahren, und die dann die DDR verlassen mußten, hat der Lebenslauf von *Gerhard Kaulich**. Der zum Bestand gehörende, stark verschlüsselte Brief vom 28.7. 1949 an Herbert Tulatz* wird wegen seiner extremen Kommentierbedürftigkeit nicht veröffentlicht. Der Tenor dieses Briefes ist der Abscheu vor dem vor Fälschungen nicht zurückschreckenden anpasserischen Verhalten ehemaliger SPD-Funktionäre wie z.B. Otto Buchwitz in seinem Buch „50 Jahre Funktionär der Arbeiterbewegung". In dem

---

[1] Zu Willi Beier vgl. Anm. 1 zum Brief Bernhard Molz' vom 5. 2. 1947, S. 118.

gleichen Brief wirft er Max Seydewitz* vor, zu all dem zu schweigen: „Er schweigt ebenso wie zu den Verunglimpfungen Paul Levis."[2]

Eines der schönsten Stücke des gesamten Briefbestandes ist der Brief von Ch. R. aus einem Ort in der Nähe von Weimar vom 30. 4. 1948. Ihr Mann ist in Stalingrad gefallen, sie hat einen 6jährigen Sohn und ist Neulehrerin geworden. Aus diesem Brief zu zitieren, ist unmöglich: es wäre so, als würde man von einem großen Gemälde eine Ecke oder ein paar Farbtupfer reproduzieren. Gerade dieser Brief trägt – wie im einzelnen man seine Aussagen auch bewertet – fast symbolischen Charakter für jene Zeit: die ewige Mühe ums tägliche Brot, die Sorge um eine friedliche Zukunft, aber gleichzeitig ein vitales „Dennoch" und geradezu Aufbruchsstimmung: „unsere Zeit ist so explosiv und so hoffnungsvoll für uns".

---

[2] Paul Levi (1883–1930): Rechtsanwalt, Schüler Rosa Luxemburgs und deren Verteidiger in politischen Prozessen; Mitbegründer des Spartakusbundes und der KPD, 1921 Ausschluß aus der KPD, 1922 USPD, mit dieser im selben Jahr zurück zur SPD, bis zu seinem Tod Führer der Linksopposition in der SPD, 1920– 1930 MdR.

MÜNCHEN

Franz Marx* an Joseph Lang

München, den 2. 11. 1947
Maronstr. 3/IV

Lieber Freund!

Herzlichen Dank für Dein Schreiben. Ich freue mich, daß nun ein direkter Kontakt zwischen uns aufgenommen ist, und daß Ihr von unserer Arbeit schon von anderer Seite gehört habt.

Gewisse Erfolge in unserer Tätigkeit, die nur auf entschlossenes Zupacken, Härte und Ausdauer zurückzuführen sind, rechtfertigen unsere Überzeugung, daß es durchaus möglich ist, in der SPD die Grundlagen einer guten sozialistischen Politik zu schaffen. Leider gibt es immer noch Freunde, die ihre mangelnde Bereitschaft und Entschlossenheit mit dem Argument, daß nichts zu machen sei, abtun. Das ist sicher bequem, und sie mögen ihr Gewissen mit ideologischen Auseinandersetzungen beruhigen. Es kann nicht darüber hinwegtäuschen, daß es eine negative Haltung ist. Erfreulicherweise ist das ein sehr geringer Teil, bedauerlich ist, daß sich darunter mancher befindet, der uns durch seine geistigen Qualitäten eine wertvolle Hilfe sein könnte. So ergibt sich eine außerordentlich starke Überlastung der wirklich tätigen Menschen. Und die Anstrengungen für uns sind manchmal so, daß Stunden der Resignation verständlich sind. Die Ermutigung, die uns durch Eure Anstrengungen zuteil wird, ist moralisch nicht hoch genug einzuschätzen, und das Gefühl, daß es Genossen gibt, die durch gewisse Umstände wirklich nicht teilhaben können an dieser Arbeit, diese Arbeit aber verstehen und anerkennen, ist immer wieder ein erneuter Ansporn. Seid von unserer unbeirrbaren Entschlossenheit und Zähigkeit überzeugt. Ich hoffe, in der nächsten Zeit (eine zeitliche Zusage kann ich nicht machen) zu einem ausführlichen politischen Bericht an Euch zu kommen. Habt Verständnis für die Überlastung, die mich dauernd unter Druck hält. Ihr müßt Euch zunächst auf Euer Vertrauen in unsere Zuverlässigkeit stützen. Wir können nichts anderes als dies von Euch zu erwarten. Jede Minute ist ausgefüllt mit einer dringenden Arbeit, und man hat tatsächlich immer nur zu entscheiden zwischen der Möglichkeit, diese Arbeit liegen zu lassen und dadurch sein Gewissen zu belasten oder diese Arbeit zu machen und dadurch seine physischen Kräfte bis an die äußerste Grenze oder vielleicht noch darüber hinaus anzuspannen.

Ich freue mich insbesondere über die Haltung von Paul Frölich*, der mit mir zusammen Kandidat für die letzten Reichstagswahlen vor der faschistischen Machtübernahme im Wahlkreis München-Oberbayern war. Wir sprachen noch zusammen in einer öffentlichen Versammlung im Februar 1933, die sehr gut besucht war, in München.

[...]

Nach Rücksprache mit diesen Freunden werden wir Euch dann auch einmal eine Liste von benötigten Dingen zustellen. Wir wünschen jedoch nicht, daß Ihr Euch über Eure eigenen Kräfte verpflichtet und einsetzt. Es wäre uns eine Beruhigung, wenn wir wüßten, daß die gegebene Hilfe keine besondere Belastung für Euch bedeutet.

Wir danken Euch recht herzlich und grüßen Euch in alter Freundschaft!

Herzlichst F. Marx

Beachtet meine richtige Anschrift. Die Sendung, die ich jetzt erhielt, war an mein Sekretariat geschickt. An den Absender werde ich den Empfang besonders bestätigen.

München, den 29.12.1948
Maronstr. 3/IV

Lieber Jola,

längeres Schweigen würde trotz aller Belastung nicht mehr zu rechtfertigen sein. In der Tat aber ist die Beanspruchung ungewöhnlich groß, unsere Hoffnung, daß sich das bald ändern wird und eine Normalisierung der allgemeinen Verhältnisse auch in unserer Arbeit zu einer Beschränkung auf das vertretbare Maß führen würde, verschieben wir von Jahr zu Jahr. Den Nutzen davon haben die destruktiven Faktoren innerhalb und außerhalb der Partei. Man wäre geneigt, diesen Zustand die Kinderkrankheiten einer sich neu formenden Zeit zu nennen, wenn die sich abzeichnenden Möglichkeiten einer erneuten Fehlentwicklung nicht so beunruhigend wären. Das Gefühl für diese Möglichkeit verstärkt neben einer Reihe anderer Gründe die politische Resignation namentlich in den proletarischen Schichten Europas, und man hat alle Hände voll zu tun, um ein Übergreifen der allgemeinen Mutlosigkeit und Lähmung auf die Partei zu verhindern.

Damit ist Dir ein wesentliches Gebiet unserer Arbeit schon angedeutet. Daß diese Schwierigkeiten nicht isoliert von unseren allgemeinen politischen Entscheidungen zu betrachten sind, ist eine Tatsache, die uns gleichzeitig verpflichtet, unsere Bemühungen zu verstärken, die Entscheidungen so zu beeinflussen, daß sie für Sozialisten tragbar sind. Doch vermag alle Phantasie nicht, sich den Umfang der Schwierigkeiten vorzustellen, die wir bei unserer Arbeit gegenwärtig haben. Sie sind ungleich größer als vor 1933, weil die verständlichen Hoffnungen, die sich mit dem Sieg der Vereinten Nationen und der Niederlage des Faschismus verbanden, in einer Weise enttäuscht wurden, wie wir das selbst nicht einmal erwarteten. Die Politik der Siegermächte in Deutschland ist im Grunde genommen nichts anderes als der Versuch, die in ihrer eigenen Innenpolitik wirksamen Kräfte und Anschauungen auf Deutschland zu übertragen. Abgesehen von den allgemein sichtbaren Konflikten und Schwierigkeiten in der internationalen Politik schafft das neue Konflikte und Schwierigkeiten, in die wir hineingestellt sind, mit denen wir uns auseinandersetzen und Wege aufzeigen müssen, die mit hinreichendem Verständnis aufgenommen werden. Hier beginnt die Auseinandersetzung mit den Demagogen, deren Zahl in Deutschland mit jedem Tag wächst und die sich auf Gefühle stützen, die dem deutschen Volk besonders liegen, mit denen aber andererseits keine sozialistische Politik zu machen ist. Hervorragend an dieser Art beteiligt sind die Kommunisten, die jede Beziehung zur Sauberkeit der Prinzipien verloren haben. Man kann sich nur wundern, wie ein Stamm an sich guter und brauchbarer Funktionäre, der unzweifelhaft in der KP vorhanden ist, den Parolen einer mit allen Wassern gewaschenen und gerissenen Clique von Spitzenfunktionären Folge leistet. Die Tragik der Arbeiterbewegung liegt wiederum darin, daß der Anziehungspunkt einer überzeugenden praktischen Politik fehlt. Rußland hat weniger durch die Propaganda seiner Gegner als durch seine eigenen Dispositionen jeden Kredit verloren, und die Aussicht, daß sich das ändern wird, schwindet mit der Möglichkeit, das ganze System zu ändern. Die SP läßt die Chance offen, zu einer Partei zu werden, die es zum mindesten Sozialisten möglich macht, mit gutem Gewissen in ihr zu arbeiten. Sie hat noch viele Schwächen, und eine besondere ist, daß sich jeder, der nach 1945 etwas in das Rampenlicht kam, sei es durch eigene Initiative oder durch Hilfe, anmaßt, programmatische Erklärungen abzugeben, die in der Partei tatsächlich keine Aussicht auf Anerkennung haben. Ich glaube, daß hier die demokratische Freiheit wirklich zu weit getrieben wird, d. h. sie sollte nicht zur Narrenfreiheit werden. Doch neige ich zu der Erwartung, daß wir mit diesen Entgleisungen bald fertig werden und zum mindesten einen Rahmen schaffen, der das umschließt, was als Mindestforderung für unsere Arbeit zu betrachten ist. Auf die Geschicklichkeit unseres Auftretens und die Festigkeit unseres Willens und unsere Ausdauer kommt es an, wie bald wir zu Erfolgen in der grundsätzlichen Beeinflussung kommen. Nicht immer operieren die Genossen richtig - sie haben verlernt, zäh und ausdauernd zu sein - und verscherzen sich oft durch ihre Ungeduld jede Chance einer Einflußnahme. Revolutionäre Politik besteht nicht darin, die Grundsätze bei jeder Gelegenheit wie eine Marktware anzupreisen oder aber das „Entweder – Oder" als das Kriterium zu betrachten. Ständige Bereitschaft, politische Entscheidungen im Hinblick auf die von uns gewünschte Entwicklung zu beeinflussen, Entscheidungen anzunehmen, nicht um sich ihnen zu unterwerfen, sondern sie zu entwickeln zu neuen Entscheidungen, die die Entwicklung vorwärtstreiben, den Blick auf das Ziel gerichtet. Kein Opportunismus, der sich Stimmungen und Entscheidungen anpaßt – sondern eine Bereitschaft, Stimmungen und Entscheidungen zu analysieren und im Sinne unserer Prinzipien vorwärtszutreiben, das scheint mir revolutionäre, praktische Politik zu sein. Daß eine Reihe von Voraussetzungen notwendig sind, in diesem Sinne zu arbeiten, wird vielfach vergessen, vor allem die wichtigste Voraussetzung: Härte, unerbittliche Arbeit an sich selbst.

Es ist möglich, daß ich in der nächsten Zeit an einem Amerikabesuch teilnehme. Damit wäre dann Gelegenheit gegeben, Euch zu besuchen und sich über manche Dinge auszusprechen, die zu schreiben schwieriger sind.

Mit gleicher Post geht die erste Nummer der CSU-Zeitung an Euch, die es unternimmt, mich bekanntzumachen. Die CSU ist, wie Ihr wohl wißt, die bayerische CDU. Nun wünsche ich Euch allen noch ein gutes Neues Jahr und möchte hoffen, daß unsere gemeinsame Arbeit erfolgreich sein wird.

Zum Schluß möchte ich noch meinen besonders herzlichen Dank für Eure materielle Unterstützung sagen. Ich möchte nicht viel Worte machen – doch ist Euch vielleicht die beste Anerkennung, wenn ich bestätige, daß sie eine spürbare Erleichterung und Unterstützung bei der Arbeit war. Sollte es notwendig sein, dann möchte ich dem Spender in einem besonderen Schreiben danken. Die Kleider haben wir verteilt an ärmere Genossen und Flüchtlingsgenossen und viel Freude damit machen können.

Recht herzliche Grüße!
Euer Franz Marx

Herzliche Grüße an E. Blencke*, die ich sehr schätze.

Walter Heist* an Albert Schmidt* (Stuttgart),

München, den 29. 4. 1947
Maistr. 31/II Rgb.

Lieber Genosse Schmidt!

Mit vieler Freude fand ich, als ich heute morgen von einer Reise zurückkam, Deinen Brief vor. Es freut mich, daß der „Ruf“, in den ich vor zwei Monaten nach meiner Rückkehr aus Kriegsgefangenschaft eintrat, so viel Zustimmung findet, und zwar gerade bei alten Genossen und Gesinnungsfreunden. Leider sind inzwischen Ereignisse eingetreten, von denen Du wohl auch schon gehört hast, und die die fernere Lektüre des „Ruf“ nicht mehr zu diesem Genuß machen werden.[2] Der Verlag war mit der politischen Linie des „Ruf“ schon lange nicht mehr einverstanden und hat einen akuten Zwischenfall mit den Amerikanern benutzt, um die beiden Herausgeber auszubooten, d. h. vor allem Herrn Richter[3], der übrigens auch in der SAP war (Freund von Fritz Sternberg*). Sie hofften, die Redaktion und den Mitarbeiterstab weiterbehalten zu können und auf diese Weise den „Ruf“ zunächst unbemerkt in ihre neue Richtung (verwaschener bürgerlicher Humanismus à la „Deutsche Beiträge“[4]) hinüberschmuggeln zu können. Wir haben ihnen aber einen Strich durch die Rechnung gemacht. Obwohl ich erst seit drei Nummern als Redakteur beim „Ruf“ arbeitete und erst im Aufbau meiner Arbeit und meines journalistischen Rufes war – da meine journalistische Vergangenheit vor 1933 lag, kennt mich niemand mehr –, habe ich sofort niedergelegt, desgleichen die übrigen Büromitglieder der Redaktion (bis zur Stenotypistin) und die wichtigsten stän-

---

[1] Die Briefe von Walter Heist entsprechen alle nur bedingt den Kriterien für diese Edition. Da es aber sinnvoll erschien, auch die Beurteilung der Situation nach 1945 durch einen Publizisten zu dokumentieren, hat sich die Herausgeberin entschlossen, dennoch einige Briefe zu veröffentlichen.

[2] Die Aussagen von Walter Heist über den „Ruf“-Konflikt vom April 1947 stimmen mit den neuesten Forschungsergebnissen überein, vgl. Jérôme Vaillant: Der Ruf. Unabhängige Blätter der jungen Generation (1945–1949). München/New York/Paris 1978. Entgegen der Anschauung, daß die beiden bisherigen Herausgeber Alfred Andersch und Hans Werner Richter durch das Verbot des „Ruf“ durch die amerikanische Militärregierung mundtot gemacht werden sollten, weist Heist eindeutig auf Konflikte zwischen Verlag und Redaktion (also zwischen Deutschen) hin, bei denen die Haltung der Amerikaner ausgenutzt wurde; dies entspricht in etwa den Ergebnissen Vaillants (vgl. v.a. S. 108–150). Vgl. auch „Text und Kritik“. Sonderheft 1980, Kap. 1.

[3] Hans Werner Richter, geb. 12. 11. 1908, Schriftsteller. Buchhandelslehre, seit 1928 in Berlin. 1930 KPD, 1932 ausgeschlossen, Anschluß an die SAP. Nach Widerstandtätigkeit Herbst 1933 Flucht nach Paris; 1934 Rückkehr nach Deutschland, erneut Widerstandsarbeit. Ab 1935 im Buchhandel und im Verlagswesen tätig. Februar 1940 verhaftet, mangels Beweise freigelassen. Mai 1940 Soldat, 1943 amerikanische Kriegsgefangenschaft. 1944/1945 zunächst Redakteur, dann Herausgeber der Zeitung des Kriegsgefangenenlagers Camp Ellis (Illinois) „Lagerstimme“; ab September 1945 im Lager Fort Kearney (Rhode Island), Mitglied der Redaktion des „Ruf“, der seit März 1945 als Umerziehungsorgan erscheinenden Zeitung für die deutschen Kriegsgefangenen in den USA. April 1946 Entlassung nach Deutschland, seit Juni 1946 in München. Bis April 1947 gemeinsam mit Alfred Andersch Herausgeber der Zeitschrift „Der Ruf“. Initiator und Organisator der „Gruppe 47“.

[4] Die von Berthold Spangenberg und Wolf Lauterbach unter Mitwirkung des Literatur- und Kunsthistorikers Hermann Uhde-Bernays und des Dichters Ernst Penzoldt herausgegebene Zeitschrift „Deutsche Beiträge (Zum Europäischen Geist)“ erschien von Dezember 1946 bis Ende 1950 in München zweimonatlich in einer Auflage von ca. 20000 Exemplaren. Die „Deutschen Beiträge“, die wie der „Ruf“ von der Nymphenburger Verlagshandlung verlegt wurden, wollten alle „geistigen Strömungen und schöpferischen Leistungen im neuen Deutschland mit besonderer Betonung der westlich-demokratischen Haltung“ zu Wort kommen lassen.

digen Mitarbeiter, darunter besonders Leute wie Ortlieb, Mannzen, Guggenheimer u. a.[5] Wir stehen somit augenblicklich ein wenig vis-à-vis de rien. Zwar könnte jeder einzelne von uns sofort in eine Redaktion eintreten – ich habe z. B. hier ein Angebot einer Wochenzeitung –, aber wir möchten gern als geschlossene Gruppe irgendwo einsteigen, um anderswo die „Ruf"-Arbeit fortzusetzen. Wir haben einen bestimmten Plan, nach dem ich als Chefredakteur eine Wochenzeitung übernehmen würde, andere Redaktionsmitglieder gehen mit, und Andersch[6] und Richter schließen feste Mitarbeiterverträge ab derart, daß von jedem zwei große Artikel und zwei Glossen im Monat geliefert werden. Sie beteiligen sich außerdem am Aufbau der Zeitschrift, und sämtliche ständigen freien Mitarbeiter des „Ruf" – es sind etwa dreißig Mann – gehen geschlossen mit uns. Der Sinn dieser Regelung ist lediglich der, daß Richter und Andersch nicht mehr wie seither mit dem Redaktionstechnischen belastet werden, sondern daß sie vor allem sich dem Schreiben und der beratenden Teilnahme am Aufbau der Sache widmen. Wir haben evtl. eine Sache in Frankfurt in Aussicht, bei der sich unser Plan durchführen ließe, aber wir sind noch in einigen Schwierigkeiten mit dem Verleger, der leider auch zu der Klasse der ewigen Angsthasen gehört. Wie wären die Aussichten in Stuttgart mit einer solchen Sache? Freilich wenn der Plan sich nicht in absehbarer Zeit so durchführen läßt, so werden einige von uns woanders zugreifen und in verschiedene Redaktionen eintreten müssen. Wenn auch mit jedem von uns die seitherigen „Ruf"-Mitarbeiter als Schreibende mitgehen, so ist doch die geschlossene Wirkung des einheitlich eingesetzten Teams nicht mehr da. Das möchten wir gern vermeiden. Ich selbst könnte zunächst für einen Berliner Verlag Franz Mehrings literarhistorische Schriften zur Neuherausgabe bearbeiten, aber dann würde ich mich auch langsam nach einer festeren redaktionellen Bindung umsehen. Wie ist es, braucht Ihr vielleicht einen Münchner Korrespondenten? Ich schreibe schon Münchner Berichte für eine Mainzer Zeitung und würde Euch auch schreiben können. (Ich bin Mainzer und wurde deshalb von dort eingeladen.) Ich kenne die Stuttgarter Zeitung und sie gefällt mir sehr. Sie nimmt auch kein Blatt vor den Mund, und das ist heute nötig. Habt Ihr ein Interesse an einem Aufsatz „Bomben auf Rußland"? Ich hatte ihn für den Ruf geplant – er ist noch nicht geschrieben –, und ich würde ihn Euch schicken, wenn Interesse daran besteht. Es geht um eine prinzipielle Stellung zu der Zweiteilung der Welt. Mit diesem Brief schicke ich Dir ein Capriccio über die französische Literatur, das vielleicht Euer Feuilleton interessiert (war auch für den „Ruf" geschrieben). Du siehst, ich komme gleich ziemlich dick heraus. Aber ich möchte es so lang wie möglich hinausschieben, in

---

[5] Bei den drei Genannten handelt es sich um Mitarbeiter des „Ruf": Heinz Dietrich Ortlieb, geb. 1910, Volkswirt. Nach 1945 Mitglied der SPD. 1949 Professor an der Akademie für Gemeinwirtschaft, 1952–1954 deren Leiter. Nach 1964 Direktor des Hamburger Welt-Wirtschafts-Archivs. – Walter Mannzen (1905–1972), Jurist, publizierte bis 1933 u. a. in den „Neue(n) Blätter(n) für den Sozialismus". In Fort Kearney 1945 zusammen mit Hans Werner Richter Redakteur des „Ruf"; seit 1946 ständiger Mitarbeiter. – Walter Maria Guggenheimer (1903–1967), Volkswirt, 1930–1933 Journalist. 1933 Schutzstellung bei der MAN, die ihn 1935 als rassisch Gefährdeten im Auftrag der Firma nach Teheran sandte. 1942–1945 Freiwilliger in der Armee de Gaulles. 1946 Mitglied der CSU, Ende der vierziger Jahre der SPD. Leitender Redakteur der „Frankfurter Hefte".

[6] Alfred Andersch (1914–1980): Schriftsteller. Sohn eines Offiziers und Parteigängers von Ludendorff; nach Verweis vom Gymnasium 1928–1930 Buchhändlerlehre, danach arbeitslos. Mitglied des KJVD, 1932 Organisationsleiter des KJVD Bayern. 1933 im KZ Dachau inhaftiert. 1933–1940 Büroangestellter in München und Hamburg. Soldat; 1944 ging A. in Italien freiwillig in amerikanische Kriegsgefangenschaft. 1945/46 Redaktionsassistent Erich Kästners bei der „Neuen Zeitung" in München, 1946/47 zusammen mit Hans Werner Richter Herausgeber der Zeitschrift „Der Ruf". Führendes Mitglied der „Gruppe 47".

eine Redaktion einzutreten, in der ich mich – nach der farblosen Haltung der übrigen Mitglieder – nicht ganz am Platz fühlen würde. Ich hoffe immer wieder, daß sich in ein paar Wochen unser Plan einer geschlossenen Sache doch durchführen läßt. Diese Zeit will ich durch freie journalistische Arbeit evtl. überbrücken.

So, und jetzt habe ich Dir auf Deinen Brief sofort mit soviel Persönlichem geantwortet, daß Du Dich kaum durchfindest. Entschuldige es damit, daß mich der Fall gerade im unglücklichsten Moment des Aufbaus getroffen hat und ich nun davon in meinen Gedanken weitgehend eingenommen bin. Aber da Du ja auch vom Fach bist, wird es Dich doch ein wenig interessieren. Und Eure Redaktion wohl auch.

Deine Broschüre über Deine russische Gefangenschaft werde ich heute noch lesen. Sie interessiert mich besonders deswegen, weil wir für eine geplante Sondernummer des „Ruf" über Rußland Berichte über Erlebnisse in der russischen Kriegsgefangenschaft gesucht haben.

In der Hoffnung, von Dir wieder zu hören, grüßt Dich herzlich

Dein Genosse Walter Heist

Walter Heist an Joseph Lang

Hannoversch-Münden, den 17.6. 1948

Lieber Jola!

Jetzt erst komme ich dazu, Deinen lieben Brief vom 16. Mai zu beantworten. Wie Du schon aus dem Kopf dieses Briefes ersiehst, bin ich wieder einmal auf Reisen. Ich habe jetzt die Redaktion der Halbmonatsschrift NEUES EUROPA in der britischen Zone übernommen. Ich werde Dir laufend ein Exemplar der Zeitschrift, sobald die erste Nummer in der neuen Gestalt, die ich ihr geben will, fertig ist, zusenden. Es ist bei den publizistischen Verhältnissen in Deutschland nicht möglich, sich auf lange Sicht irgendwie festzulegen. Hier nun in NEUES EUROPA habe ich ziemlich freie Hand und wenn ich nicht mit der Militärregierung in Konflikt komme, kann ich damit rechnen, diese Zeitschrift in meinem Sinne zu redigieren. Was mir fehlt, sind Mitarbeiter, die auch in diesem Sinne schreiben. Es gibt nicht viel linke Publizisten im nachfaschistischen Deutschland. Das Kennzeichen heute ist bei den einen eine allzugroße Zurückhaltung, bei den anderen ein ziemlich bedenkenloses Sichverkaufen an die eine oder andere „Macht".

[...]

Sehr gerührt hat mich Dein freundlicher Vorschlag, ich solle doch einmal Alter, Name und Größe meiner Kinder angeben.

Der Älteste, Holger, wird im März nächsten Jahres 14 Jahre alt. Das Mädchen Ute wird jetzt am 24. Juni 8 Jahre alt, der Dritte, Walter, wird am 17.8. 6 Jahre alt und die Kleinste, Ingrid, wird am 11.12. 4 Jahre alt. Ich lege Dir zwei Bilder bei. Auf dem einen bin ich mit den drei Kleinen, auf dem anderen, das leider nicht ganz gut geworden ist, die ganze Familie.

Und nun noch eine Bitte: Besteht die Möglichkeit, daß Du mir von Zeit zu Zeit einige der wichtigsten linken Zeitschriften, die in Amerika erscheinen, zusenden kannst? Ich denke an: „Politics", „New Republic", „New Masses" u. ähnliche. Sie können den verschiedensten Richtungen angehören. Ich bin gerne bereit, Exemplare von NEUES

EUROPA zum Austausch zu übersenden. Ich möchte auf jeden Fall mit der linken amerikanischen Publizistik in Verbindung bleiben.

An Paul Frölich* habe ich nochmals von hier aus wegen Mitarbeit geschrieben. Wir brauchen hier jeden guten schreibenden Mann.

Sei für heute herzlich gegrüßt

Dein W. Heist

Walter Heist an Joseph Lang

Hannoversch-Münden, den 29.1.1949

Lieber Jola!

Vielen Dank für Deinen Brief vom 7. Januar, den ich gleich selbst in meinem stillen Kämmerlein beantworten will, auch auf die Gefahr hin, daß einige Tippfehler unterlaufen werden, wenn ich selbst in die Maschine schreibe. Dafür kann ich freier schreiben. [...] Als ich anfing, war gerade die Währungsreform vorbei, der Abonnentenstand der Zeitschrift [„Neues Europa"] war auf ein Minimum geschmolzen, Geld war keins da, die Kioske weigerten sich, politische Zeitschriften zu führen, und wir mußten sehen, wie wir durchkamen. Damals bekamen wir unser Geld 10-Markweise. Ich konnte meine Zeitschrift nur halten, wenn ich sie ganz allein machte. Daneben verfielen wir auf den Ausweg, Schundhefte herauszubringen, um überhaupt den Verlag am Leben zu erhalten. Wenn ich Dir sage, daß ich die Zeitschrift ganz allein mache, ohne einen zweiten Mann, daß ich noch nicht mal eine eigene Sekretärin habe, daß ich in manchen Heften bis zu fünf Artikel unter verschiedenen Namen selbst schrieb, daß ich mich daneben auch an der Schundhefte-Produktion beteiligte (wenn Du einmal von Ben Cribbs, dem melancholischen Detektiv hören solltest, den habe ich ins deutsche Schrifttum eingeführt), daß ich jedes Heft sozusagen mit der Aussicht mache, es würde das letzte sein, weil beim nächsten schon der ganze Verlag in die Luft gegangen ist, so kannst Du Dir eine Vorstellung machen. Dazu sind die meisten Leute im Verlag keine Fachleute, umschulende Berufsoffiziere u. ä., also es ist eine unglaubliche Wirtschaft. Honorare werden gezahlt, wenn es wirklich nicht mehr anders geht. Dementsprechend verhalten sich die Mitarbeiter, die ja auch leben müssen und halt da schreiben, wo sie mehr verdienen. Aber ich möchte die Zeitschrift halten, so lange ich kann. Wir sind tatsächlich die einzige in jeder Hinsicht unabhängige Zeitschrift in Deutschland. Mit allen Fehlern. Für mich ist nun immer das große Problem: Wie kann ich die Auflage steigern. Propaganda machen kann ich nicht. Kein Geld. Die Kioske lehnen strikte jede politische Zeitschrift ab. Ich habe es nun mit sensationellen Mätzchen verstanden, doch immer wieder in die Kioske hineinzukommen. Und in einer Zeit, wo alle politischen Zeitschriften zurückgehen und eingehen, oder meistbietend verkauft werden – „Volk und Zeit" ist zum Beispiel auch schon an einen üblen Radauverlag, der's aber kann, zum Verkauf angeboten worden, habe ich's immerhin fertig gebracht, die Auflage zu vervierfachen und die Zeitschrift in den Mund der Leute zu bringen. Ich könnte die Zeitschrift im Nu sicherstellen, wenn ich mich irgendeiner Gruppe anschließen würde, und wenn ich mich nur zum „Organ" irgendeiner solchen machen würde, wäre ich in finanzieller Hinsicht ohne Sorgen. Aber ich versuch's halt solange ich kann, so weiterzuwursteln, unabhängig zu bleiben, und doch mit der Zeit so stark zu werden, daß ich mir erlauben kann, die billigen Mätzchen draußenzulassen. Jetzt versuch' ich's halt mit der Deutschen Stimme. Ich war bei der Gründung der „Deutschen Union"[1] dabei. Ich hätte hier einen gewissen Hintergrund finden können. Aber will sie zunächst kritisieren, also kann ich nicht mit ihnen, wie sie wünschten, zusammenarbeiten. Mein Verleger machte so ein langes Gesicht, als ich zurückkam und sagte, ich will nicht zu ihrem Organ werden. Ich versuch's solange ich kann, und wenn ich nicht mehr weiterweiß, dann werde ich irgendwo in der Provinzpresse untertauchen oder ich werde Kriminalromane schreiben. Ich bin dauernd auf der Suche nach einem Verlag, der mehr Mittel hat, aber es gibt keinen, der auch gleichzeitig Unabhängigkeit garantiert. Mit dem verfluchten Lizenzsystem ist es so, daß man auch nicht selbst einfach seinen Laden aufmachen kann. Man muß eine bestehende Zeitschrift solange zu halten suchen, wie es geht, um sie dann vielleicht unter günstigeren äußeren Verhältnissen besser gestalten zu können. Denn wenn sie verloren ist, dann ist sie bei dem Lizenzsystem für immer verloren. Das sage ich auch meinen Freunden, die mir immer raten, doch zuzumachen und günstigere Zeiten abzuwarten und bis dahin als freier Journalist das Doppelte und Dreifache zu verdienen, was ich jetzt verdiene. Aber mein Argument ist immer: ich halte die Zeitschrift, so mangelhaft sie auch ist, so ist doch wenigstens ein Organ da, über das wir im Notfall verfügen, und wo man wenigstens noch sagen kann, was man sonst in Lizenzdeutschland nicht sagen kann. Es ist schon so: keiner unserer uns nahestehenden Verleger wagt es heute, eine politische Zeitschrift aufzumachen, alle machen sie in Belletristik u. ä., weil keiner sich schmutzig machen will. Und wenn mal einer ganz heimlich eine finanziert, dann nur unter der Bedingung, daß kein Mensch was davon erfährt. Gewiß, man könnte die Zeitschrift besser machen, aber es kommt mir jetzt vor allem drauf an, dazusein, wenigstens die Atmosphäre von Unabhängigkeit, die in Deutschland heute was Unbekanntes ist, aufrechtzuerhalten, und – gelesen zu werden. Glaub' mir, die Zeitschrift ist im Ton das, was wir brauchen. Daß es an allem Übrigen fehlt, weiß ich. Aber es ist schon so: diejenigen, die richtiger schreiben könnten, schreiben in einem Stil, den heute keiner mehr liest. Aber wenn ich Ende der Woche nach München fahre, werde ich dort hören, ob sich nicht doch eine Möglichkeit zu etwas Richtigem ergibt. Ich habe ein wirklich verführerisches Angebot, aber wenn ich nur einen Strich meiner Unabhängigkeit aufgeben müßte, werde ich es nicht machen. Und nun zu den Verlagsplänen. Lehning macht mit seiner Buch-Verlagslizenz jetzt vor allen Dingen „höhere Unterhaltung" in der Art jener Goldmann-Bücher, die ich seinerzeit für die Firma Joseph Lang bei Leihbüchereien vertrieben habe. Ich würde gern an die Deutsche Stimme eine Art Buchreihe der Deutschen Stimme anfügen, wozu also die Sachen, von denen Du mir schriebst, gehören würden. Aber ich will nicht mit Brenner* sprechen, ehe ich nicht ganz klar sehe. Wenn ich von München zurück bin, werde ich also meinem Herrn Verleger sagen, daß es wohl Zeit sei, wieder einmal in Hannover bei der Englischen Militärregierung vorzusprechen und um gut Wetter zu bitten und bei dieser Gelegenheit will ich zu Brenner gehen. Bei meinem letzten Besuch in Hannover war Brenner leider verreist. Und wir müssen uns leider Gottes auch unnötige Reisen

---

[1] Die „Deutsche Union", gegründet Ende Januar 1949 in Braunschweig, verstand sich nicht als eine neue Partei, sondern als eine überparteiliche Sammlungs-Vereinigung vornehmlich der „vergessenen Generation von 20–40 Jahren". Nach ihrer vielbeachteten Gründung geriet die „Deutsche Union" jedoch rasch in Vergessenheit und erlangte fast nur noch Publizität aufgrund der Verbindungen einiger ihrer Vorstandsmitglieder zu verschiedenen nationalistischen Rechtsgruppierungen.

so sehr wie möglich ersparen. Aber ich werde in etwa vierzehn Tagen, wenn ich von München zurückkomme, zu Brenner fahren.

So und jetzt habe ich wohl etwas konfus und lang geschrieben, aber es lag mir daran, Dir und Euch allen einmal einen Einblick in die Art, wie man heute „unabhängige Zeitschriften" machen muß, zu geben. Ich werde Dir, sobald ich von München zurückbin, wieder schreiben. Vielleicht sieht da manches anders aus. Außerdem erwarte ich noch einen langen Brief aus Dänemark, von dem auch allerhand abhängen kann. Auf jeden Fall glaub mir, daß sich in meiner Zielsetzung nichts geändert hat, wenn es auch vielleicht manchmal aussieht, als wüßte die Zeitschrift nicht genau, wo sie hinauswolle. Ich bemühe mich nur, mit den Mitteln und auch mit den Worten, mit dem Tonfall, der heute nötig ist, die alten Ziele anzusteuern. Wenn Du bedenkst, daß die Wochenzeitung, die das Tagebuch der Eva Braun veröffentlicht hat, nur durch diese Sache allein auf 750000 Auflage gekommen ist, so hast Du das Gesicht des augenblicklichen Deutschland. Mit fabelhaften Analysen kommst Du nicht an die Leute ran, und es ist nun mal wichtig, an die Leute heranzukommen. Vor allem muß man immer wieder die Kioske dazu verführen, daß sie Dich aushängen. Es ist schon ein Kreuz!

Sei also mit Deiner Frau recht herzlich von mir gegrüßt

Dein Walter

Walter Heist an Joseph Lang

München, den 12.3.1949
Maistr. 31/II Rgb.

Lieber Jola!

Das erste, was ich jetzt, nachdem ich von einer Reise nach Stuttgart zurückgekommen bin, tun will, ist Dir einen Brief schreiben und Dir und Deiner Frau vor allem für das riesige Kleiderpaket danken, das am Tag vor meiner Abreise ankam. Meine Frau wird Deiner Frau selbst noch schreiben. Das war eine Freude und eine Überraschung, die um so größer war, als sie gerade in einem Augenblick kam, wo wir ziemlich deprimiert waren. Ich habe nämlich zur Zeit das zweifelhafte, aber wahrscheinlich vorübergehende Vergnügen, ohne Stellung zu sein. Aber das schreibe ich Dir weiter unten. Zunächst möchte ich Dir sagen, daß alles fabelhaft gepaßt hat. Die Jacke und der Anzug sitzen mir wie angegossen, und auch die Schuhe sind genau passend. Auch die Kindersachen passen, da wir ja eine Stufenleiter der Größen haben und so das, was dem einen zu groß ist, sicher dem anderen paßt oder umgekehrt. Aber das wird Euch meine Frau noch schreiben. Auf jeden Fall möchte ich Dir und Deiner Frau jetzt meinen herzlichsten Dank aussprechen.

Und nun zu mir. Ich habe also mit dem Walter Lehning-Verlag Schluß gemacht. [...] Das Neue Europa und dann später die Deutsche Stimme waren immerhin seltene Töne im publizistischen Konzert Zonendeutschlands. Aber als dann Mißhelligkeiten kamen, als der finanzielle Erfolg ausblieb usw., da wurde Lehning weich. Ich habe mich jetzt mit ihm geeinigt, daß unser Vertragsverhältnis zum 1. April aufhört. Er ist mir noch fast 2000.– DM schuldig, da er immer nur sehr langsam gezahlt hat, und ich glaube, daß ich das Geld einklagen muß, wenn ich es je sehen will. Das ist es, was mich im Augenblick etwas deprimiert. Aber ich bin natürlich schon lebhaft auf Ausguck nach einer neuen Tätigkeit. Zunächst mache ich mit drei jungen Franzosen zusammen, die aus dem „Esprit"-Kreis kommen, eine Monatsschrift „Aussprache"[1], die mir finanziell aber sehr wenig einbringt, so daß ich davon nicht existieren kann. Ich muß mir noch etwas dazu suchen. Zunächst schreibe ich in aller Eile einen Kriminalroman, mit dem ich mir etwas Handgeld für die nächste Zeit zu machen hoffe. So etwas geht immer. Dann habe ich Verhandlung aufgenommen mit einer Funk-Illustrierten. Das ist eine ganz farblose Sache, aber ich will Politik machen, nur wenn ich wirklich unabhängig sein kann. Und das ist fast unmöglich in Deutschland. Verkaufen möchte ich mich nicht. Ich suche also mit Gewalt ins Feuilleton zu rutschen. Meine Politik mache ich dann ganz nebenher mit den drei Franzosen. So ist also die Lage. Glaube mir, es ist heute fast unmöglich, als anständiger Mensch in Deutschland Politik zu machen. Ich hatte halt das Pech, erst 1947 aus Gefangenschaft zurückzukommen, als schon alle guten Sachen aufgeteilt waren. Und heute kommt man als ehemaliger Nazi, der sich reuig gebärdet und erklärt, daß nur der Abscheu vor dem bösen Kommunismus ihn Hitler in die Arme getrieben hat, weiter wie als Nicht-Nazi, bei dem halt immer der Verdacht besteht, daß er aus bolschewistischen Gefühlen Anti-Nazi gewesen ist. Wir leben in einem Deutschland der Restauration. Und nicht das Wenigste hat die schwankende, dumme Politik der Besatzungsregierungen dazu beigetragen. Du kannst gut leben heute nur, wenn Du hier im Westen ordentlich gegen die Russen und die Kommunisten hetzest, und im Osten ordentlich gegen die Amerikaner. So viel ist selbst unter Goebbels in Deutschland nicht gelogen worden wie heute. Wenn Du nur sagst: Wir wollen mal die Kirche im Dorf lassen und nüchtern an die Dinge herangehn, dann bist Du schon ein Feind. Man will keine Unabhängigkeit, man will Quislinge.

Aber das sind alles Dinge, die Du wohl schon weißt. Ich glaube, aus dem Neuen Europa und der „Deutschen Stimme" ist das schon zur Genüge hervorgegangen. Ich habe jetzt nur einen Wunsch, irgendetwas zu finden, wo ich leben kann, ohne Politik zu machen. Wenn es klappt, schreibe ich am laufenden Band Kriminalromane. So weit sind wir also wieder. Und drüben in der Ostzone sind sie, nur in umgekehrter Richtung, genau so weit. Nur daß man drüben, wenn man wider den Stachel löckt, mehr verliert als seine wirtschaftliche Existenz. Aber das ist ein gradueller Unterschied, den nur der einzelne merkt, der gerade in die Finger der NKWD fällt. Und außerdem sind drüben die Ernährungsverhältnisse wesentlich ungünstiger. Ich nehme an, daß Lehning Dir meine letzte Nummer, die eine Rußland-Spezialnummer war, nicht gesandt hat. Sobald ich in Hann. Münden bin, wohin ich noch einmal zur Abwicklung fahren muß, lasse ich Dir die Nummer schicken. Darin habe ich ganz klar meinen Standpunkt herausgestellt. Sie hatten nämlich überall in der britischen Zone kolportiert, ich sei von den Russen „gekauft". Die Idioten! Nur weil ich die dumme Hetze nicht mitmache. Freilich, die Redakteure des „Tagesspiegel" haben die formelle Zusicherung, daß sie im Flugzeug aus Berlin herausgeschafft werden, wenn's so weit ist. Aber dafür dürfen sie sich auch „Freiheitskämpfer" nennen! Aber das sind alles keine Neuigkeiten. Ich habe es für meine Aufgabe gehalten, gegen die Kriegshetze, die von interessierter Seite gemacht wird, Front zu machen. Wenn es nun den Anschein hat, daß politische Publizistik in Deutschland nur möglich ist, wenn man sich bedingungslos und blindlings an einen der vielen Karren anhängt, dann habe ich keine Lust mehr, politisch zu schreiben. Sollen's

---

[1] Der „Esprit"-Kreis gruppierte sich um eine 1932 gegründete linkskatholische Zeitschrift gleichen Namens; nach 1945 gehörten ihre Mitarbeiter zur parteipolitisch unabhängigen Linken; nach 1948 erfolgte unter einer schärferen Akzentuierung des Gegensatzes zum Stalinismus eine Annäherung an die französischen Sozialisten. – „Die Aussprache" erschien mit wechselnden Untertiteln und Herausgebern zwischen 1948 und 1952.

die machen, die schon vorher es verstanden haben, sich durchzuschlängeln. Ich werde mich auch so anständig durchschlagen können. Aber man sollte nur dann nicht soviel von der Demokratisierung und Reeducation und gar Entmilitarisierung und Entnazifizierung reden.

So, jetzt habe ich Dir wieder einmal einen recht bösen Brief geschrieben. Aber ich muß mir manchmal Luft machen. Und bei Dir weiß ich, daß Du das verstehst. Ich schicke Dir jetzt übrigens, sobald es angelaufen ist, laufend die „Aussprache". Die Zeitschrift wird herausgegeben von Charles Maignial, für die französische Redaktion zeichnet Louis Clappier, für die deutsche zeichne ich. Als dritter Franzose im Redaktionskomitee ist Joseph Rovan[2], als die beiden anderen Deutschen Hans Werner Richter und Gottfried Beutel. Wir treffen uns jeweils in Stuttgart. Ich hoffe auch, dort in einer Funk-Illustrierten einen Unterschlupf finden zu können.

Habe also nochmals besten Dank für das große Paket, grüße bitte Deine Frau von mir, grüße bitte alle Freunde drüben und sei selbst herzlich gegrüßt

Dein Walter Heist

Walter Heist an Joseph Lang

München, den 20.11.1949
Maistr. 31/II Rgb.

Lieber Jola!

Jetzt muß ich Dir doch endlich wieder einmal schreiben. Du wirst mich wahrscheinlich, wie viele meiner Freunde, für treulos halten. Aber ich bin tatsächlich seit April nicht mehr zur Ruhe gekommen, und zwar vor Sorgen. Als ich damals in Hann. Münden meinen Laden zumachen mußte, fand ich natürlich nicht gleich eine andre Stelle. Ich schlug mich mehr schlecht als recht zwei Monate als freier Journalist durch, d.h., wie die Verhältnisse liegen, ich hungerte wiedermal ein bißchen. Dann trat ich in ein scheußliches Monatsmagazin im Typ von Readers Digest ein, das mit französischem Geld finanziert wird, und dort machte ich Kuliarbeit. In der Hauptsache machte ich Übersetzungen aus dem Französischen. Diese öde Arbeit deprimierte mich so, daß ich am liebsten niemand mehr gesehen hätte. Die Sache war so unsicher, daß ich auf Wochenhonorar arbeiten mußte. Folgerichtig hat man mir jetzt auch zum 31. Dezember gekündigt. Ich habe jetzt zum 1. Januar mir eine Stelle als Hilfsredakteur in einem „Magazin" (nackte Mädchen usw.) aufgetan. Eine Bewerbung bei einer Gewerkschaftszeitung ist leider fehlgeschlagen. Ich habe aber noch zwei weitere Sachen laufen, die mir mehr liegen würden, auch etwas mehr Geld einbringen – haltet mir Daumen, daß etwas daraus wird. Wenn die Verhältnisse in der Presse nur nicht so katastrophal werden würden. Aber die Lizenzfreiheit hat zunächst nur eine Wiederkehr im Großen der inzwischen rehabilitierten Dritte-Reichs-Koryphäen gebracht – und die Linke, daß Gott erbarm! Die haben vor jedem, der einmal ein nicht ganz linientreues Wort wagt,

---

[2] Joseph Rovan, geb. 1918 in München. Studium der Germanistik, Politikwissenschaft und Jura in Paris. Als Mitglied der französischen Résistance während des Krieges Deportation in das KZ Dachau. Nach 1945 Tätigkeit als Journalist und Berater von französischen Ministerien, 1955 Korrespondent des Bayerischen Rundfunks in Paris. Seit 1968 lehrt Rovan deutsche Geschichte und Politik an der Universität Paris-Vincennes; 1980 erschien seine „Geschichte der deutschen Sozialdemokratie" in deutscher Sprache.

Angst. Wir haben hier jetzt einige journalistisch ausgezeichnete Rechtsblätter (Die Zeit, Rheinischer Merkur, Deutsche Zeitung, Deutsches Echo, Deutsche Kommentare), wir haben eine farblose Tagespresse, und wir haben eine paar vollkommen verkalkte Linksorgane, die gar keinen Einfluß haben. Das Hamburger Echo ist die einzige SPD-Zeitung, die man lesen kann. Das sagt alles. Wir versuchen hier immer wieder, etwas auf die Beine zu bringen, vielleicht hat Euch Franz Marx* schon davon geschrieben, aber es wird nichts daraus. Ich gehöre doch hier zu der sog. „Gruppe 47" – das sind lauter Leute, mit denen etwas anzufangen ist: wir schreiben alle in Blättern herum, daß wir uns schämen, d. h. ich selbst schreibe schon lange nicht mehr, sondern ernähre meine Familie anonym durch literarische Kuliarbeit in Kitschblättern. Wenn man dann wenigstens nebenbei noch etwas tun könnte. Aber dann ist man so ausgequetscht und schlechter Stimmung, daß man zu anderem kaum noch Lust hat. Wenn ich Dir nur die Titel meiner letzten Arbeiten nenne, so sagt das alles: „Als der Tintenfisch mich umarmte ..." – „Seehundsjagd bei Kap Horn" – „Auf Java bleiben die Frauen immer jung" – „Ich suchte einen Schatz in Luristan" – „Die falschen Herzkranken" – „Neue Hoffnung für Rheumatiker".

Kannst Du nun verstehen, daß ich in Permanenz schlecht gelaunt bin? Und dabei all die üble Politik mitansehen, die hier überall getrieben wird, und kein Wort dagegen schreiben können – es ist tatsächlich, um die Wände hinaufzugehen. Ich bin aus lauter Verzweiflung wieder in die SPD gegangen, aber die macht ja selbst eine Politik, daß es einem graust. Wenn ich jetzt einigermaßen klar sehe, was nach dem 1. Januar mit mir wird, will ich mich einmal mehr um den Kleinkram der Politik kümmern, aber Hoffnung habe ich keine. Kannst Du Dich noch an Kurt Kläber erinnern? Er schrieb vor 33 „Passagiere der Dritten Klasse", „Barrikaden an der Ruhr" usw. Er ist jetzt Schweizer Bürger. Er war kürzlich hier und wollte unbedingt etwas aufmachen – aber er kam auch nicht durch. Schade. Und die andern halt sitzen in ihrem Kämmerlein und „analysieren" die Zeit, was ja auch nicht weiterhilft. Was nützt es einem, daß man recht hat, wenn nicht Effektives gemacht werden kann. Mit den beiden Staaten Ost und West hätte eine wirklich aufgeschlossene und undoktrinäre Arbeiterbewegung Möglichkeiten in Hülle und Fülle, und statt dessen verbringen sie ihre Tage damit, sich gegenseitig anzugeifern, während die Reaktion fester im Sessel sitzt denn je. Ich habe mir gestern einen Prozeß wegen „Schund und Schmutz" eines Magazins angehört, 6 Stunden lang: diesen Richter zu hören, war aufschlußreicher bezüglich der deutschen Situation als jede „Analyse". Aber was soll ich Euch noch so viel vorjammern. Ihr könnt Euch die Verhältnisse ja selbst vorstellen, Ihr wart ja auch 1932 in Deutschland, zur Zeit als man Ossietzky einsperrte. Das Traurige ist nur, daß die SPD nicht merkt, daß man sie zu nichts anderem duldet, als der Reaktion die Kastanien aus dem Feuer zu holen, die Antiosthetze abzurunden und im übrigen für die wankelmütige CDU das Alibi zu liefern. Wenn die auf der andern Seite nur nicht so blöde und korrupt wären. Na ja, das brauche ich Euch ja alles nicht zu schreiben. Im Osten predigen sie eine Einheit und meinen etwas anderes, und im Westen predigen sie eine Freiheit und meinen etwas anderes. Und wenn Du versuchst, die Dinge ohne Demagogie beim Namen zu nennen, wird Dir von beiden Seiten vorgeworfen, Du seist gekauft. Es gibt kein Blatt, weder im Osten noch im Westen, das irgendein Problem mehr ruhig, phrasenlos und nüchtern betrachtet. Aber ich komme vom Hundertsten ins Tausendste. Ich wollte Euch auf jeden Fall wieder einmal schreiben, damit Ihr nicht denkt, ich sei vom Boden unserer Bundesrepublik verschwunden. Seid also für heute recht herzlich gegrüßt, grüßt alle Freunde

Euer W. Heist

BREITBRUNN am Ammersee

Karl Franz Theissen* an Emil Samorei* (Gelsenkirchen)

Breitbrunn a/Ammersee, den 15.1.1948

Mein lieber Emil!

Wenn man so nach zwanzig Jahren unerwartet von einem alten Freund einen Brief bekommt, freut man sich natürlich sehr. Ich danke Dir herzlich für Deine Zeilen.
Wir hätten uns so viel zu sagen, daß ich nicht recht weiß, womit ich anfangen und womit ich aufhören soll. Beginnen wir einmal mit der Politik, der ich zwar praktisch ganz
entfremdet bin, für die ich aber immer noch ein lebhaftes theoretisches Interesse habe.
So viel, daß ich sogar einen Zeitungsaufsatz schrieb, der allerdings arg verstümmelt
war. Immerhin, was das V.E.[1] veröffentlichte, ist noch deutlich genug, um erkennen zu
lassen, daß ich der K.P. und ihrer Politik kritisch gegenüberstehe. Was Du in Deinem
Brief schreibst, unterstreiche ich ganz. Es sind Gedanken, die sich jedem Kommunisten, der kein vernagelter Fanatiker oder schwachköpfiger Mitläufer ist, aufdrängen
müssen. Ich betrachte mich nach wie vor noch immer als einen Kommunisten, zumin-
desten gehört meine ganze Sympathie der kommunistischen Bewegung. Von der Sozialdemokratischen Partei halte ich gar nichts, von der theoretischen Seite womöglich
noch weniger als von der praktischen. Für eine dritte Partei ist die Zeit m.E. nach noch
nicht reif, fraglich ob das überhaupt der richtige Weg ist. Eure sozialistische Arbeitsgemeinschaft interessiert mich sehr, wahrscheinlich ist sie das Beste, was man z.Zt. überhaupt tun kann. Sind auch Mitglieder der K.P. in Eurer Arbeitsgemeinschaft?
Soweit ich sehen kann, besteht keine Aussicht auf eine Einigung der sozialistischen
Kräfte, solange Stalin lebt und führt. Erst wenn dieser übermächtige Mann von der politischen Bühne abtritt, werden in der Sowjetunion die Kräfte frei werden, die einen
Umschwung in der kommunistischen Politik herbeiführen können. Ich beurteile Stalin
nicht so schlecht, wie die meisten Kommunisten es tun, die mit der Partei ein Zerwürf-
nis haben. Es ist auch zu früh, um die Rolle, die dieser bedeutende Mann gespielt hat,
einigermaßen richtig abzuschätzen. Nur eins scheint sicher: Ein theoretisches Kirchen-
licht ist er nicht. Damit habe ich den wunden Punkt der kommunistischen Bewegung
berührt – sie ist theoretisch erstarrt, lebt geistig von Autoritäten. Eine echte, tiefschür-
fende theoretische Diskussion gibt es überhaupt nicht mehr in der K.P., weder in Rußland noch anderswo. Alles dreht sich um die praktische Politik des Tages; man treibt
regelrechte revolutionäre Konjunkturpolitik. Alle großen Fragen haben die Autoritäten, Marx, Engels, Lenin und Stalin, bereits gelöst, und bei Meinungsverschiedenheiten
entscheidet Stalin unfehlbar wie der Papst. In dieser Vorstellung ist der Durchschnitts-
kommunist, besonders aber der Apparatische, erzogen, so denkt und handelt er; eine
geistig tote Masse. Die Parallele zum Nationalsozialismus ist hier handgreiflich. Fana-
tisierte, aber nicht geistig überzeugte Anhänger entstehen auf diese Weise. Sie lassen
sich überaus bequem führen – raus aus den Kartoffeln, rin in die Kartoffeln! Fehler der
Führung werden nicht diskutiert, nur die Fehler der Ausführenden. Diese dafür mit un-
barmherziger „bolschewistischer Härte". Das alte Lied, das wir nun seit einem Vierteljahrhundert zur Genüge kennen. Die Folge: Auf den Kommunisten lastet ein geistiger

---

[1] Gemeint ist die KPD-Zeitung „Westdeutsches Volks-Echo" in Dortmund.

Druck, der sie auf der einen Seite zwar an- und vorwärts treibt, auf der anderen aber auch ihre Kräfte an der freien Entfaltung hindert. Und das, was auf den Kommunisten als geistiger Druck lastet, übertragen sie auf ihre Umgebung. Übereinstimmend lauten alle Berichte, die ich aus der Ostzone erhalten habe, daß die Menschen dort unter einem „furchtbaren Druck" leben, dem gleichen seelischen Druck, unter dem alle Gegner Hitlers und Nichtnazianhänger während des Naziregimes in Deutschland gelebt haben. Bornierte Kommunisten werden sagen, daß das auch beabsichtigt sei, eine *notwendige* und *unvermeidliche* Auswirkung der proletarischen Diktatur darstelle, die unter demokratischem Deckmantel ausgeübt werde und ausgeübt werden müsse, wenn man das sozialistische Ziel erreichen, den Kommunismus verwirklichen wolle. Wer das nicht begriffe, sei eben kein Kommunist und verstehe nichts von kommunistischer Politik. Das ist die Ansicht „bornierter Kommunisten". Nicht alle Kommunisten denken so, aber viele, wahrscheinlich die meisten. Vom einfachen Parteimitglied und Mitläufer, der von Hunger oder anderem Elend getrieben das Ziel des Kommunismus in der proletarischen Diktatur erblickt, von den Gläubigen, denen alle tiefere Einsicht in das Wesen der menschlichen Gesellschaft, in Politik und Theorie fehlt, kann man kaum mehr verlangen. Aber von den kommunistischen Funktionären, insbesondere von den höheren und führenden, müßte man erwarten, daß sie das Primitive und Falsche dieser Ansicht erkennen und ihr entgegenzuwirken suchten. Das bedeutet aber nichts anderes als einen Kurswechsel in dieser Hinsicht.
Aus diesem oder jenem Einzelvorgang könnte man vielleicht schließen, daß ein derartiger Kurswechsel beabsichtigt sei, daß man die kommunistische Theorie und Praxis aus ihrer dogmatischen Starre und Enge, in die sie unter Stalin geraten ist, allmählich, wenn auch behutsam und langsam, herausführen und frischen geistigen Wind in die kommunistische Partei hineinblasen lassen wollte. Ich habe alle derartigen Anzeichen mit großem Interesse verfolgt, weil ein Kurswechsel dieser Art die Voraussetzung dafür bildet, daß ich mich wieder politisch betätige, was für mich nur auf kommunistischem Boden respektive in der kommunistischen Partei möglich ist. Ich bin nicht nur meiner alten kommunistischen Überzeugung treu geblieben, sondern diese hat sich auf Grund meiner wissenschaftlichen Studien womöglich noch vertieft und befestigt.
Aber leider haben sich alle Anzeichen, die auf einen Kurswechsel der gedachten Art schließen ließen, bisher als trügerisch erwiesen – opportunistische Mätzchen und Tricks, aber kein Kurswechsel. Ich lasse mich weder durch die bitteren persönlichen Erfahrungen, die ich vor zwanzig und mehr Jahren in der KPD gemacht habe, weder durch Hinauswurf noch dumme Verdächtigungen in meinem Urteil und meinem Handeln beirren. Ich sehe das Große und Gewaltige der kommunistischen Bewegung, die Verdienste und unvergänglichen Leistungen, die auch die Stalinsche Führung und Politik aufzuweisen hat, aber ich sehe auch die Fehler, die Mängel und Schwächen dieser Führung und Politik, kurz: ich lasse mir mein Urteil nicht aufschwätzen noch aufzwingen, sondern bilde es mir selbst. Das ist alles, was mich von der K.P. trennt.
Solange die „Seeleningenieure Stalins" (siehe Zeitungsausschnitt) in der kommunistischen Bewegung den Ton angeben, ist für mich keine Arbeitsmöglichkeit darin.
Der Zeitungsausschnitt beleuchtet übrigens die opportunistische, von der Tagespolitik bestimmte Ansicht führender Kommunisten über das sozialistische Erziehungsideal. Von der welt- und menschheitsumfassenden Idee des Sozialismus ist darin nicht die Rede, wohl aber von einem der „Heimat ergebenen Menschen". Ich muß dabei an die Bayernpartei denken, die dieses Erziehungsideal ohne weiteres akzeptieren könnte.
[...]

Die Satrapen (Dimitroff, Tito) werden unbequem, weil sie eine gewisse selbständige, den Interessen ihrer Länder entsprechende Politik auf eigene Faust treiben wollen. Ich habe diese Entwicklung vorausgesehen und bereits vor etwa einem Jahr darüber mit einem Freund gesprochen; sie liegt sozusagen im Zuge der natürlichen Entwicklung. [...] Doch das sind schließlich Tagesfragen der Stalinschen Politik, es sind nicht die einzigen. Inwieweit diese Sorgen, wenn sie sich mehren und stärker werden, den Kurs der Stalinpolitik beeinflussen werden und nach welcher Richtung hin, läßt sich natürlich schwer voraussagen. Ungleich wichtiger als diese Tatsachen ist die Zenittatsache, daß die theoretische Diskussion in der kommunistischen Bewegung unter Stalin praktisch beseitigt worden ist. An ihre Stelle ist das Dogma von der Stalinschen Unfehlbarkeit getreten. Selbstverständlich wird noch diskutiert. Aber nach Stalinschen Methoden, so wie „die Partei" befiehlt. Nur unklare Köpfe können diese „Diskussionsfreiheit" und das, was dabei herauskommt, als theoretische Diskussion betrachten. Seit Lenin ist noch nicht der kleinste Fortschritt auf theoretischem Gebiet zu verzeichnen, alles ist erstarrt, steht noch da, wo dieser geniale Kopf es hat stehen lassen, oder ist sogar noch zurückgeschraubt in Richtung eines Radikalismus, den Lenin in seiner treffenden Schärfe als Kinderkrankheit des Kommunismus bezeichnet hat.

Man darf sich durch die wachsende Macht der Sowjetunion, durch die Tageserfolge der kommunistischen Politik nicht blenden lassen. Die wachsende Macht der S. U. entspringt dem natürlichen Wachstum der Kräfte auf sozialistischem Boden und die Tageserfolge der kommunistischen Politik der saudummen Politik der Gegner. Unter den gegebenen Umständen hat Stalin es ziemlich leicht, erfolgreiche Politik zu machen. Auf die Dauer halte ich die revolutionäre Konjunkturpolitik, die er betreibt, jedoch nicht für haltbar. Wo ihre Grenze ist und wann die Geschichte einen Kurswechsel dieser Politik erzwingen wird, das kann ich allerdings ebensowenig sagen, wie irgendein anderer mit Sicherheit das voraussagen kann.

Meine wissenschaftlichen Studien, zu denen mir das Hitlerregime unbeabsichtigt die nötige Muße verschafft hat, haben mich zu erkenntnistheoretischen Untersuchungen geführt und mir die Augen für die Bedeutung der Theorie und theoretischen Diskussion geöffnet. Ich sehe heute viele Dinge in der Politik, obwohl meine Studien weder politische noch wirtschaftliche Fragen betrafen, viel klarer als vor zwanzig Jahren. Erst wenn man selbst auf theoretischem Gebiet, gleichgültig auf welchem, einen Fortschritt erzielt hat, wird man richtig klar über die Bedeutung der Theorie, über ihr Wesen und die Notwendigkeit, nicht stehen zu bleiben bei einmal gefundenen theoretischen Sätzen und Wahrheiten. Wie Du aus dem Vorwort, welches das V. E. meiner Zuschrift vorausschickte, ersehen kannst, habe ich mich der Psychologie, speziell der Tierpsychologie, zugewandt. Und das V. E. war so gütig, mich einen bedeutenden Kenner auf diesem Gebiet zu nennen. Nun, wenn man mehr als zehn Jahre sich ausschließlich und höchst intensiv mit einem Stoff beschäftigt hat und kein ausgesprochener Dummkopf ist, muß man dieses Gebiet wohl wirklich einigermaßen kennen. Soweit hat das V. E. also nichts Falsches über mich gesagt. Was aber ungleich wichtiger ist: ich habe auf diesem Gebiet eine Entdeckung von weittragender Bedeutung gemacht, deren Veröffentlichung allerdings sehr große Schwierigkeiten entgegenstehen, weil eine ausführliche Darstellung und Begründung des Sachverhalts ein sehr umfangreiches Buch beansprucht. Und für diese Dinge ist im „demokratischen Westen" kein Papier vorhanden. Immerhin hoffe ich, noch in diesem Jahr zu einer Veröffentlichung zu kommen; ich muß mich schließlich beeilen, weil ich infolge allzu reichlicher Ernährung vorzeitig in die Jagdgründe abberufen werden könnte. Mit meiner Gesundheit steht es schon seit einigen Jahren ziemlich schlecht, im letzten halben Jahr ist sie aber so wackelig geworden, daß ich Grund zu ernstlicher Sorge habe.

Bis heute bin ich noch ohne jedwede Entschädigung für meine Entlassung durch die Nazis. Ich habe bis jetzt gewartet, in der Hoffnung, daß endlich die Ersatzansprüche gesetzlich geregelt würden, weil ich keine Almosen, sondern einen Rechtsanspruch auf Entschädigung haben wollte, bevor ich mich an die Stadt Essen wende. Leider ist diese gesetzliche Regelung bis heute noch nicht da, und so habe ich mich vor einigen Tagen dann mit einigem Widerwillen dazu aufgerafft, einen Antrag auf einen Vorschuß zu stellen. Ich bin die jahrelange Hungerei nicht nur leid, sondern kann sie einfach nicht mehr lange ertragen. Vom Idealismus allein kann man nicht leben.

Aus Deinem Brief ersehe ich, daß Du auch nicht von Krankheiten verschont geblieben bist und das Hitlerregime Dich 4½ Jahre Zuchthaus gekostet hat. Mir ist es in letzterer Hinsicht besser ergangen. Allerdings wollte man mich im Herbst 44 ins KZ bringen. Ich bin der freundlichen Einladung zur „Vernehmung", welche die Gestapo mir dieserhalb schickte, aber nicht gefolgt, sondern habe es vorgezogen, vier Monate zu „verschwinden", bis die Gestapo anfing, ihre Akten zu verbrennen und selbst zu verschwinden. Wie ich das „gedreht" habe, ist ganz lustig; ich hoffe bald einmal Gelegenheit zu haben, Dir das zu erzählen. Für heute habe ich Dir wohl genug geschrieben, meine Hand ist lahm, und ich bin müde.

Grüße alle lieben Freunde und alten Kämpen, insbesondere Oskar Triebel* und W. Kuhlmann* recht herzlich von mir, auch Karl Völker*. Du aber sei recht schön begrüßt von Deinem alten

Karl Fr. Theissen[2]

---

[2] Dieser Brief liegt nur in einer zeitgleich von Emil Samorei angefertigten Abschrift vor, die er an Joseph und Erna Lang weiterleitete.

NÜRNBERG

Karl und Emma Grönsfelder* an den Solidaritäts-Fonds

Nürnberg, den 24. 2. 1948

Liebe Freunde!

Eure beiden Briefe vom 25. 1. und 4. 2. habe ich durch Fritz [Opel]* erhalten. Vielen Dank dafür. Wir verstehen Eure Lage sehr gut, denn alle Freunde wenden sich an Euch, so daß Ihr eigentlich ein Büro haben müßtet mit festbesoldeten Kräften, die alle die Arbeiten verrichten sollten, die einer Erledigung bedürften. Aber schließlich muß ja, was für Euch von Interesse ist, von außen kommen. Unser Schuldkonto, das wir Euch aufbürden, ausgenommen.

[...]

Die Sylvesterfeier war mehr eine Fühlungnahme der Freunde, wie sie die Lage beurteilen und eine lose Aussprache über gangbare Wege. Es ist eben kein Vergleich mehr mit vor 1933. Ihr dürft nicht verkennen, daß auch wir isoliert arbeiten, was auch heute noch nicht überwunden ist. Die zerstreuten Stützpunkte verzehren viel Zeit und Geld, was bei uns eben fehlt. Doch haben wir den Weg der Klärung beschritten, denn das ist die erste Voraussetzung einer einheitlichen Arbeit. Im Mittelpunkt steht die Bildung der Kaderorganisation und das Verhältnis zur SP und KP. Das sind Fragen, die, von politischer Bedeutung für die Zukunft und die beiden Parteien, beantwortet werden müssen. Über das, was die SP und die KP ist und nicht sein kann, gibt es keine Meinungsverschiedenheiten. Ich nehme an, daß der Klärungsprozeß 1948 erfolgen wird. Von draußen sehen sich die Dinge an Hand der Vergangenheit viel einfacher an und selbst bei uns ist noch eine große Kluft zwischen Theorie und Praxis. Wer, wie ich, im Betrieb steht, empfindet das am besten.

Meinen Urlaub habe ich benützt, um zu „Meier und Schulze" zu fahren, die ich alle von früher her kenne. Alle möchten sich auf eigene Füße stellen. Die neu gebildete AP in Stgt. (lizensiert!) ist nach ihrem ersten Trommeln festgefahren und versucht Gemeinde- und Parlamentssitze zu erhalten. Stoff für Kritik an anderen Parteien gibt es in Hülle und Fülle, wozu ein großer Mund soviel Anhänger bringt, daß ein neues Parteigebilde vegetieren kann. Siehe Offenbach! Neue Parteibildungen vermehren laufend das deutsche Lexikon[1].

Zur letzten Streikwelle, zu der Bayern den Anfang machte (1918 Räte!), eine Skizze. Ihr wißt ja, daß die Ernährungskrise alle guten Ratschläge über den Haufen wirft; sie fragt nicht nach Programm und Partei, sondern geht ihren eigenen Weg, wenn eine Führung fehlt, wie bei uns, und das kam auch in dieser Hungeraktion zum Ausdruck. Die beiden Arbeiterparteien waren unbeteiligt bei den Bewegungen, die seit November 1947 in den verschiedenen Städten einsetzten. Die Bundesleitung tat alles, um die einzelnen Streiks in den Betrieben zu unterbinden. Vergebens! Die Betriebsräte waren außerstande, die Belegschaften zurückzuhalten, so daß sie gezwungen waren, örtliche Gewerkschaftsleitungen in Bewegung zu setzen durch Einberufung von Betriebsräte-

---

[1] Zur Stuttgarter „Arbeiter-Partei" vgl. die Biographien und Briefe von Richard Schmid*, Louis Pilz*, Otto Hofgabe* und Günter Eckstein*; zur Offenbacher „Arbeiter-Partei" vgl. die Biographie und Briefe von Heinrich Galm*.

Vollversammlungen, bei denen Beschlüsse gefaßt wurden für eine Demonstration durch Arbeitsniederlegung und den Euch bekannten Forderungen. Letztere zeigen, wie ziellos diese Bewegungen waren. Eines aber haben sie geschaffen, den Willen für eine größere Aktion. Die Belegschaften der Betriebe ließen abwechselnd die Arbeit stundenlang ruhen mit dem Verlangen eines Generalstreiks in Bayern. In dieser Atmosphäre hatte der Bundesvorstand keinen anderen Ausweg mehr als die Arbeitsruhe für Bayern, die auch ohne ihn heute oder morgen, wenn auch nicht in dieser geschlossenen Einheit, ausgebrochen wäre. Die Betriebsbelegschaften wußten nicht einmal, daß der Bundesvorstand Arbeitsruhe angeordnet hat, und waren der festen Überzeugung, daß es ein Generalstreik sei, der nicht mit einem Tag beendet sei. Der weitere Verlauf ist Euch ja bekannt[2]. Bei dem Fettabzug im Januar kam es erneut in Nürnberg zu Sitzstreiks und Betriebsversammlungen, und 11 Betriebe stehen in Verhandlungen mit der Regierung über die 40-Stundenwoche mit Lohnausgleich, bis die Ernährung eine bessere wird. Gleichzeitig haben sie beschlossen, bei Ablehnung den Kampf mit allen Konsequenzen aufzunehmen. Die Gewerkschaftsbürokratie[3] lenkt ein bißchen ein und erklärt die Verbandstaktik während der Streikwelle nicht für richtig. (Sie kennen sich aus.) Jetzt treten die Sieger auf! Jeder will der Akteur gewesen sein, wo sie doch alle nur hinterhergelaufen sind. Die KP hat die Streiks ausgelöst und die SP hat erreicht, daß die Fettkürzung nur zur Hälfte erfolgt!!! Das einzige, was diese beiden Brüder taten, war eine Erklärung, daß sie bei den Streikenden stehen. Die sonst so gepflegte demokratische Abstimmung der Gewerkschaftsleitung wurde durch die Arbeiterschaft außer Kurs gesetzt. Jetzt bemühen sie sich bei der bayr. Regierung und dem Wirtschaftsrat, unter ihrer Beteiligung wenigstens eine gesetzliche Kontrolle zustande zu bringen, um die Lebensmittel zu erfassen und die gehorteten Waren der Industrie an den Verbraucher zu bringen. Eine Beruhigungspille. Die Ortsleitungen sehen die Lage ernster als die Bundesleitung. Die Nürnberger erklärten, daß der Kurs der Gewerkschaft bei all den letzten Bewegungen nicht richtig war; es müsse ernster an die gestellten Aufgaben gegangen werden. Die Einheit der Gewerkschaft könne nur erhalten werden, wenn die Arbeiterschaft auch einheitlich ihre Nahrungssorgen löse. Zu diesem Zweck forderten sie die Betriebsräte auf, den Exportbonus in ihren Betrieben abzulehnen, weil dies eine weitere Spaltung der Arbeiterschaft bedeuten würde. (Die Besatzungsmacht gewährt der Export-Industrie 10% Dollar, die zum Einkauf von Material und ... für Nahrungsmittel für die Arbeiterschaft Verwendung finden sollen.) Eine Gewerkschaftsleitung, die derartige Vorschläge macht, kann doch nicht ernst genommen werden! Kennzeichnend für die Gewerkschaftsleitung ist ein neuer Tarifvertrag. Seit Sommer 1947 führt die Gewerkschaftsleitung Tarifverhandlungen mit den Unternehmern. Bis Dezember 1947 haben sie glücklich einen Rahmentarif geschaffen, und wie-

---

[2] Nach der Ankündigung einer Halbierung der Fettration und einer möglichen Kürzung der Fleischration kam es in Bayern in der ersten Januarhälfte 1948 zu zahlreichen lokalen Proteststreiks. Am 17. 1. 1948 übergab der Bayerische Gewerkschaftsbund der Bayerischen Staatsregierung eine ultimative Sieben-Punkte-Forderung zur Überwindung der Ernährungskrise; nach einer vom Gewerkschaftsbund als ausweichend und unbefriedigend empfundenen Antwort rief er zu einem 24stündigen Generalstreik auf, der am 23. 1. 1948 durchgeführt wurde. Auch nach diesem Generalstreik kam es noch zu verschiedenen spontanen Streikaktionen in einzelnen Betrieben, die nicht von den Gewerkschaften autorisiert waren.

[3] Die folgenden Bemerkungen Grönsfelders zur Haltung der Gewerkschaftsführung in Bayern und über die politischen Parteien, insbesondere die SPD und die KPD, sind im einzelnen nicht verifizierbar, wurden jedoch nicht gestrichen, um die konturierte politische Perspektive Grönsfelders – die der alten KPO – nicht zu verstümmeln.

weit die Lohntabelle 1948 gediehen ist, entzieht sich meiner Kenntnis. Wohlgemerkt, die bayerische Arbeiterschaft weiß davon bis zum heutigen Tage nichts.

Die pol.[itische] Situation in Bayern gleicht der von 1923, nur unter anderen Bedingungen und auf einem Niveau, das sich nicht in Worten ausdrücken läßt. Die beiden „demokratischen" Arbeiterparteien sind einander wert. Die KP muß „Opfer" bringen. Die Mitglieder sind zum Teil passiv und die anderen verstehen unter Demokratie Revolution. Da ist es kein Wunder, wenn ein Teil der Mitglieder austritt, während die SP Zuwachs erhält. Zwei demokratische Arbeiterparteien sind aber zuviel. ... In der SP finden ebenfalls scharfe Auseinandersetzungen statt mit den „Jungen", die mit an die Führung kamen, aber abgesackt sind.

Die Ostzone und SU liefern der SP-Führung billige Argumente für ihre Politik. So kommt es, daß viele Mitglieder der SP trotz ihres inneren Gegensatzes zur SP-Politik doch bei der Stange bleiben. In den theoretischen Organen und Zeitschriften werden große Probleme über den Marxismus gewälzt. Die einen betrachten ihn als überlebt, andere wollen ihn verbessern und die 100%igen benützen ihn als Bibelsprüche und oft noch dort, wo es sich nicht einmal reimt.

Wenn die SP-Zeitung „Das Volk" noch aufzutreiben ist, schicke ich es Euch. Wenn Ihr beim Lesen gut aufgelegt seid, werdet Ihr einmal herzlich lachen, für uns die wir es zu kosten bekommen, ist es ein trauriges Kapitel, wenn einer wie der Zorn – ehemaliger Wirtschaftsminister in Bayern, sein ökonomisches Wissen niederschreibt[4].

Die CSU kommt aus der Krise nicht heraus. Die Erfassung aller möglichen Elemente in der Union mit den verschiedensten Interessen können nicht unter einen Hut gebracht werden. Man spürt das Bestreben, auf alle mögliche Art eine Massenorganisation zu schaffen, so auch eine christliche Gewerkschaft – bis jetzt ohne Erfolg. So gehen die aktiven Elemente dazu über, eine politische Massenstimmung à la Hitler zu schaffen. Das geht aber nicht als Union, also Bildung einer Partei – „Bayernpartei". Eine Massenkundgebung nach der anderen findet in Oberbayern statt (München Zirkus Krone). Dr. Baumgartner, der ehemalige Landwirtschaftsminister CSU, ist ihr „Führer" geworden. Er proklamiert ein föderalistisches Bayern in Europa. [...] Bei uns ist politischer Jahrmarkt wie bei Hitler. Wenn die Sache nicht so bitterernst wäre, könnte man dazu lachen. Kahr und Hitler sind tot – es leben Kahr und Hitler, das ist auch Bayerns Losung. Föderalismus und Zentralismus sind nur scheinbare Gegensätze bei ihrer Propaganda, ihr Ziel bleibt das von 1923: die europäische Bavaria!

[...]

Liebe Freunde! Ich hoffe, daß Euch meine Zeilen bald erreichen werden. Mit den herzlichsten Grüßen an alle unsere Freunde verbleibe ich

Euer Karl und Emma

---

[4] Rudolf Zorn (1893–1966): Wirtschaftsanwalt, SPD; Januar–September 1947 bayerischer Wirtschaftsmininster, Januar–Juni 1951 bayerischer Finanzminister. Zorn entwickelte 1947/48 eine Alternative zu den wirtschaftspolitischen Konzeptionen der Führungsgremien der SPD; er forderte eine Synthese von Planwirtschaft und Konkurrenzwirtschaft zu einer Wirtschaftsordnung, die er als „regulierte Marktwirtschaft" bezeichnete. Die Mehrheit der SPD war zu diesem Zeitpunkt nicht bereit, Zorns Konzeption zu folgen. – Die Halbmonatsschrift „Das Volk. Zeitschrift für grundsätzliche und aktuelle Fragen des demokratischen Sozialismus" wurde in den Jahren 1947 bis 1949 vom Landesvorstand Bayern der SPD mit dem Ziel herausgegeben, eine Diskussion über die „sozialistische Neuordnung" zu initiieren.

Nürnberg, den 17. 2. 1949

Werte Genossin Halbe!

Durch die Genossin Emma [Grönsfelder]* erhielt ich das von Dir abgeschickte Paket mit Kleidern u. Wäsche, wofür ich hiermit herzlich danke. In meiner jetzigen Lage kommen mir diese Dinge sehr zu statten. Sonderbarerweise paßt auch alles wie angemessen. Nur den Ölhautmantel kann ich nicht tragen, weil derselbe, scheinbar durch den Transport, vollkommen durchlöchert ist. Obwohl ich nur knapp 200 km von meinem Heimatort entfernt bin, ist es im Augenblick nicht möglich, irgendwelche Sachen aus der Ostzone rüberzubekommen, da hüben und drüben totale Paketsperre besteht. Meine Frau hatte jemandem ein kleines Paket mit Schal, den ich so nötig gebraucht hätte, u. andere kleine Utensilien mitgegeben, damit er es in der Westzone an mich schicken soll. Aber auch das ist bis heute noch nicht angekommen u. wird höchstwahrscheinlich auch nicht mehr ankommen. Wie Du schreibst, soll ich, falls ich Schuhe brauche, die genaue Größe angeben. Gewiß brauche ich Schuhe. Ich arbeite zwar in einer Schuhfabrik, aber dort werden nur Damenluxusschuhe hergestellt. Auch brauchte ich ein paar vernünftige Hausschuhe. In Halbschuhen habe ich Größe 43 u. in hohen Schuhen Größe 44. Vorausgesetzt, daß es sich um eine gute Paßform handelt. Ich möchte in keiner Weise aufdringlich oder unverschämt sein. Nur wenn Ihr es möglich machen könnt, meinen Wunsch zu erfüllen, wäre ich Dir dankbar. Da Ihr ja selbst Emigranten seid, bin ich überzeugt, daß Ihr für meine derzeitige Lage volles Verständnis habt.

In der Annahme, daß Du mit den Genossen Tittel* und Bräuning* des öfteren zusammen kommst, will ich Euch kurz meine Erlebnisse von 1933 bis heute unterbreiten. Nach unserer letzten Reichskonferenz in Berlin (Neujahr 1933)[1] war ich nur noch einmal mit dem Genossen Bräuning in einer illegalen Versammlung in Erfurt zusammen. Anfangs haben wir illegal weitergearbeitet u. hatten Verbindung mit Gera, Greiz, Weimar u. Sömmerda. Nach dem Reichstagsbrand wurde ich in Erfurt als erster und einziger von der KPO verhaftet. In Sömmerda der Genosse Kröter. Wir waren dann zusammen im K.Z. Esterwegen bis Weihnachten 1933, wo ich entlassen wurde. 1934 wurde Alfred Schmidt* verhaftet, wurde aber nach einigen Wochen wieder frei gelassen. Wir hatten noch bis 1935 Verbindung mit Weimar und erhielten illegal „Gegen den Strom"[2]. 1935 gingen die Genossen in Weimar, Jena und Gera hoch und seitdem war die Verbindung abgerissen. Im August 1935 wurde Alfred Schmidt, sein Bruder u. Gen.[osse] Henkel verhaftet. Während die beiden Letzteren wieder frei gelassen wurden, blieb Alfred bis 1939 in Esterwegen und Sachsenhausen im K.Z. Ich selbst bin zwar noch einige Mal denunziert, aber nicht verhaftet worden. Da ich aus politischen Gründen in keinem Betrieb eingestellt wurde, ging ich als Versicherungsonkel zur „Volksfürsorge". Bei dieser Tätigkeit hatte ich nicht nur mein Auskommen, sondern

---

[1] Auf dieser KPO-Konferenz wurde angesichts der Gefahr eines nationalsozialistischen Staatsstreichs ein Organisationsstatut beschlossen, das den KPO-Gruppen die Umstellung auf getrennte Fünfergruppen vorschrieb, um die Partei auch in der Illegalität weiterführen zu können.

[2] Die Zeitschrift „Gegen den Strom – Organ der KPD (Opposition)", das Zentralorgan der KPO, wurde von August Thalheimer*, Heinrich Brandler*, Jacob Walcher* und Erich Hausen herausgegeben. Von 1933 bis 1935 wurde neben der normalen Ausgabe eine kleinformatige Dünndruck-Ausgabe zur illegalen Verbreitung in Deutschland hergestellt.

kam auch mit vielen Gleichgesinnten zusammen. Ab 1939 wurde ich Organisationsleiter u. zog nach Saalfeld. Die mir unterstellten Kassierer waren zu 70% Antifaschisten,
meistens SPD. Unter dem Deckmantel der „Volksfürsorge" machten wir regelmäßige
Sitzungen. Das ging bis August 1943, wo ich zum Militärdienst zur Marine-Art.[illerie]
eingezogen wurde. Ich kam bald nach Athen, von da auf die Inseln Leros und Kos. Bei
der Kapitulation kam ich in engl.[ische] Gefangenschaft und wurde nach Ägypten abtransportiert. Hier war ich Leiter der sozialistischen Arbeitsgemeinschaft u. habe meinen Kameraden Vorträge über Sozialismus u. Gewerkschaften gehalten. Wir verfolgten aufmerksam die Entwicklung in Deutschland. Mit der Methode des Zustandekom-
mens der SED war ich nie einverstanden, sondern betrachtete es nur als Einheitsrum-
mel. Mir war sofort klar, daß die Einigung auf Befehl der Russen erfolgte. Die Richtigkeit dieser Ansicht wurde mir vom Kreisvors.[itzenden] der damaligen KPD bestätigt.
Dieser Gen.[osse] hat unser Material gelesen u. verbreitet u. ist mit mir aus der SED
ausgeschlossen. Er erzählte mir folgendes: Eines Tages erschien um 9 Uhr auf seinem
Büro der politische Offizier und erklärte: „Bis 10 Uhr muß der Zusammenschluß der
SPD und KPD erfolgt sein." Ich hatte in Afrika immer noch die Hoffnung, daß die
Diskussion über die Fehler sowohl der SPD und KPD, welche zur Niederlage der
deutschen Arbeiterklasse führten, nachgeholt würde. Aber weit gefehlt. Als ich im Februar 1947 zurückkam, mußte ich feststellen, daß man eine solche Diskussion scheute,
wie ein gebranntes Kind das Feuer. Die Folge war, was auch gar nicht anders sein
konnte: Es bestand nur eine organisatorische, aber keine ideologische Einheit. Ich habe
in geschickter Form versucht, eine Diskussion zu entwickeln. Es wurde aber sofort ab-
gebogen, weil man nur „Gläubige" gebrauchen kann. Man hatte sofort einen Verdacht
gegen mich. Trotzdem wurde ich zum Stadtteilleiter u. in den Ortsvorstand gewählt.
Man wollte mich sogar als Ortssekretär wählen. Sofort funkte der Kreisvorstand dazwischen.
Nach meiner Rückkehr nahm ich sofort mit Alfred Schmidt* Verbindung auf u. organisierte eine Gruppe um mich, die ich mit Material versorgte. Besonders im Landratsamt, wo ich Abteilungsleiter der Bodenreform war, hatte ich viele Freunde. Alfred war
z. Zt. noch Landesvorstand des FDGB, I.G. „Nahrungs- u. Genußmittel" u. wollte
mich in Saalfeld als Sekretär einsetzen. Sofort setzte die frühere „Linie" Albrecht, Eier-
mann, Noth [?] und Genossen alle Hebel in Bewegung, um das zu verhindern. Auf Anweisung der Russen wurde Alfred abgesetzt. Er arbeitete dann in der Krankenkasse.
Ich war mehrmals bei ihm in Erfurt. Er hatte bereits eine starke Gruppe organisiert, als
er im Juli 1948 von den Russen verhaftet wurde. Mit ihm gingen noch ca. 12 Genossen
hoch. Für mich hatte man versehentlich meinen Neffen verhaftet. Ich wollte damals
schon türmen. Aber der Kreisvorstand Saalfeld hatte etwas gewartet u. mich mit noch
2 Genossen am 27. 9. 48 ausgeschlossen. Erfahrungsgemäß holte solche Ausgeschlossenen die G.P.U. u. wir sind alle drei getürmt. Nach sechswöchentlichem Umherirren bin
ich in Nürnberg untergekommen. Ich kam sofort in Verbindung mit Gen.[osse] Grönsfelder* u. wurde von hier in jeder Beziehung unterstützt. Ich arbeite in einer Schuhfabrik u. wohne z. Zt. im Bunker.
Für heute dies. Nun sei recht herzlich gegrüßt von Deinem dankbaren Genossen

Paul Elflein

Paul Elflein an den Solidaritäts-Fonds

Nürnberg, den 6.9.1949

Werte Gesinnungsfreunde!

Von Herrn Senator Ehlers*, Bremen, erhielt ich ein Paket mit dem Vermerk: „von Freunden aus USA", so daß ich annehmen muß, daß Ihr die Sender seid. Für diese Aufmerksamkeit sage ich Euch meinen herzlichsten Dank. Der Inhalt des Paketes kam uns sehr zu statten, da ich meine Frau u. Tochter wieder bei mir habe u. wir uns, trotzdem ich arbeite, diese Dinge nicht leisten können. Außerdem arbeite ich kurz. Ordnungshalber will ich den Inhalt des Paketes aufführen: 1 Büchse Fett (5 Pfund), 1 Pfund Kaffee, 1 Pfund Kakao, 1 Pfund Reis, 1 Kanister Speiseöl (1 kg).
Werte Freunde! Seit meinem Schreiben an Euch v. Februar d.J. hat sich in meinen Verhältnissen manches geändert. Zunächst sind meine Befürchtungen Tatsache geworden. Anfang März wurde meine Familie in Saalfeld aus der Wohnung gesetzt. Möbel durfte sie nicht mitnehmen, sondern mußte diese verschleudern. Ohne Wohnung, ohne Möbel u. ohne Einkommen blieb meiner Frau nichts anderes übrig, als bei ihrer Schwester in Erfurt Unterschlupf zu suchen. Da dies keine Lösung auf lange Dauer war, mußte sie versuchen zu mir zu kommen. Meine Frau kam denn auch mit der Kleinen in der Woche vor Pfingsten schwarz über die Grenze nach hier. Anfangs mußten sie mit im Bunker wohnen. Zum Glück bekamen wir nach 3 Wochen 2 Zimmer in einer Barakkenwohnsiedlung zugewiesen. Nun fangen wir nach 30jähriger Ehe wieder von vorn an. Trotzdem fühlen wir uns ganz wohl u. versuchen, uns über den Verlust hinweg zu setzen.
Meine Frau brachte wieder schlechte Nachrichten aus der Ostzone mit. Nach meiner Flucht wurden allein in Saalfeld 12 Genossen verhaftet. Bei einem Besuch bei der Frau von Alfred Schmidt* erfuhr meine Frau, daß Alfred in Sachsenhausen sei. Es scheint ihm gelungen zu sein, einen Brief raus zu schmuggeln. Es ist kaum anzunehmen, daß Alfred heute noch in S. ist. Denn S. ist als Durchgangslager nach Sibirien bekannt. Wenn ihm doch die Flucht gelingen würde. Es ist mir immer noch unfaßbar, daß so ein selbstloser Arbeiterfunktionär wie Alfred ein solches Ende nehmen soll. Ihm gegenüber komme ich mir vor, als wenn ich das große Los gezogen hätte.
Wie geht es Euch noch? Alles noch gesund u. munter?
Viele herzliche Grüße an Hans [Tittel]* u. Karl [Bräuning]* + Frau. Sie sollen mal etwas von sich hören lassen.
Nun habt nochmals recht vielen Dank und seid herzlich gegrüßt von

Eurem Paul Elflein + Familie

REHAU i. Bayern

Alfred und Lotte Krüger* an Joseph und Erna Lang

Rehau i. Bayern, den 6. 1. 1948
Dr. R. Breitscheidstr. 11

Liebe Erna, lieber Jola!

Die seinerzeitige damalige Trennung, die uns in alle Winde zerstreute, könnte ja nun theoretisch überwunden sein, und wir könnten mit derselben Energie im selben Sinne wie damals an derselben Stelle wirken, wenn nicht, ja wenn nicht Deutschland zu einem der primitivsten Kolonialvölker herabgesunken wäre. Wenn es trotzdem ein großer Teil von alten Freunden für richtig hielt, sich wieder aktiv einzuschalten, so jedoch nicht wie damals in einer, wenn auch kleinen, geeinten Organisation, sondern mit verschiedenen Auffassungen über die künftige Entwicklung, ein Teil bei der KPD – der andere Teil bei der SPD. Daß auch wir zum ersten Male in unserem Leben SP-disten geworden sind, ist Euch sicher bekannt. Daß unser Wirkungskreis jetzt in Bayern liegt, ist auch nichts neues für Euch, sonst hättet Ihr uns ja nicht so liebevolle Grüße in Form eines Paketes übersenden können. Dafür danken wir Euch und allen beteiligten Freunden recht herzlichst. Das dadurch entstehende Kalorienplus ist absolut nicht zu verachten. Aber viel wichtiger erscheint uns der auf diese Weise gelieferte Beweis der *echten Solidarität*. Daß es uns dabei nicht auf die Größe des Grußes ankommt, sondern auf den ideellen Wert, versteht Ihr. Und jedes Quantum Lebensmittel, die wir daraus zu uns nehmen, formt für uns immer wieder das Lied der internationalen Solidarität, wie es Karl Marx begründete mit dem Mahnruf „Proletarier aller Länder vereinigt Euch". Nun, davon sind wir vielleicht noch weit entfernt. War der Kampf für den Sozialismus zu Großväters Zeiten mit ungeheuren Entbehrungen für die Bannerträger verbunden, so ist es jetzt nicht anders. Doch wie dornenreich und lang der Weg auch noch sein mag, wir werden unverzagt die historisch bedingte Last auf uns nehmen, bis sich das Morgenrot des Sozialismus erhebt. Wer hätte es geahnt, daß nach so vielen Lehren aus der Vergangenheit der Weg zur Überwindung des Kapitalismus so schwierig sein würde. Es ist ganz zweifellos, daß nach dem Zusammenbruch des Faschismus eine sozialistische Grundlage wahrscheinlich fast in ganz Europa gelegt sein konnte, wären die Stalinisten statt Imperialisten Sozialisten geblieben. Genau wie 1918 lag der deutsche Kapitalismus, sicher auch der italienische und französische vollständig zusammengebrochen danieder. Selbst die Besetzung Deutschlands durch England und Amerika wäre u. E. nicht in der Lage gewesen, die Gestaltung einer sozialistischen Grundlage nach dem Zusammenbruch des Faschismus auf deutschem Boden zu verhindern, wenn Rußland sozialistische Politik machen würde. Für uns ist es kein Geheimnis, daß am Zustandekommen des Nazismus in Deutschland die Komintern ihr gerüttelt Maß Schuld mit dazu trägt. Aber von noch größerer Tragik ist ihr Versagen nach dem Nazismus. Unzweifelhaft sind die Sympathien aller Antifaschisten nach der Niederlage des Faschismus auf seiten der Russen gewesen. Aber durch die weitere Politik derselben ist alles Mögliche für den Sozialismus wieder zerschlagen worden. Und was für eine Politik! Darüber brauchen wir nicht längere Ausführungen zu machen. Es genügt zu wissen, daß es eine Oder/Neiße-Linie gibt, deren Hinterland von allen deutschen Menschen entblößt ist. Auf der anderen Seite dieser Linie gibt es die Sowjetzone. Dieselbe Politik, die uns Rußland gegenüber zu Kritikern werden ließ, versucht man dort durchzuführen. Von allen den Verheerungen auf ökonomischer Grundlage werden Euch Zeitungen und Freunde sicher berichtet haben. Alles in allem eine Politik, wie sie nicht besser auszudenken war, um die hoffnungslosen, suchenden Menschen im übrigen Deutschland in die Arme der Reaktion zurück zu treiben. Genau so, wie es uns 19/ 20 nicht möglich war, den Reformismus zu brechen, ebenso wenig reichen jetzt unsere Kräfte aus, dem Kapitalismus den Gnadenstoß zu geben. Dennoch ist anzunehmen, daß die Sozialisten diesmal dazu bereit wären, sie aber von den Bolschewisten daran verhindert sind. Gewiß ist noch nicht das letzte Wort gesprochen. Aber, man sieht es ja täglich, wie unter den westlichen Okkupationsmächten Kapitalismus sich wieder mehr und mehr befestigt. Daß man von Eurem Gastlande kaum mehr verlangen konnte, ist Euch nichts neues. Unter Berücksichtigung der jetzigen Abhängigkeit von USA einerseits und des vorhandenen ökonomischen Chaos andererseits ist es klar, daß unsere Aktionskraft nicht im entferntesten ausreichen kann, um hier die geschichtlich bedingte sozialistische Grundlage zu schaffen, die alleinige Garantie für einen künftigen Frieden und des Rückdrängens des Bolschewismus. Unsere damalige Auffassung, daß nur die Gestaltung des Sozialismus in Deutschland und einigen anderen europäischen Ländern eine Reformierung des Bolschewismus nach sich ziehen könnte, entbehrt auch heute weniger denn je ihre Berechtigung. Da Deutschland als selbständiger Faktor z. Zt. nicht besteht, gibt es nichts anderes als auf England zu bauen und dem dortigen Experiment Erfolg zu wünschen. Würde dies gelingen, so bestände zweifellos die Möglichkeit, auch in Westdeutschland eine ähnliche Entwicklung anzugleichen. Aber zur weiteren Ausbreitung des Bolschewismus gehört die Einbeziehung auch der übrigen europäischen Länder in einen solchen Prozeß. An eine längere kapitalistische Restauration zu glauben, ist unmöglich bei unserer Erkenntnis über die Niedergangsepoche des Kapitalismus. Es sind gewaltige Aufgaben, die vor uns stehen. Die Neuformierung der Arbeiterbewegung, die zweifellos geschehen muß, ist ja noch viel schwerer wie früher durch die Zerklüftung Deutschlands in zwei Teile. Geschichtlich bedingt wäre es schon, die Sozialistische Einheitspartei und nichts anderes zu haben. Aber leider gibt es die noch nicht. Und, was sich jetzt so nennt, ist ja nichts anderes als die ehemalige, uns sehr gut bekannte KPD, die heute mehr denn je Väterchen Stalin huldigt. Allerdings, sie möchten sich ausbreiten über ganz Deutschland. Aber auch nur unter der Bedingung ihrer Hegemonie: der Vollziehung der russischen Wünsche ökonomisch und politisch. Solange diese Wahrscheinlichkeit nicht gegeben ist, wird sicher die Ostzone von dem übrigen Deutschland getrennt gehalten werden. Drum glaube ich zunächst nicht an das Zustandekommen einer deutschen Einheit. Es sei denn, die Russen ziehen sich zurück hinter die Oder und überlassen die Ostzone ihrem Schicksal, wenn sie daraus keine Reparationen mehr entnehmen können. Die andere Alternative ist die Einbeziehung in einen östlichen Großwirtschaftsraum und damit die vorläufige Unmöglichkeit der deutschen Rumpfeinheit. Persönlich glaube ich an das Letztere. Wird es so, dann sind die Zukunftsperspektiven sehr schwarz. Es sei denn, es geschehe ein Wunder, wodurch sich die vereinigten sozialistischen Staaten Europas etablieren würden. Dann allerdings könnte man etwas hoffnungsvoller sein. Aber dem stehen noch allzu starke kapitalistische Kräfte in den entscheidenden Ländern entgegen. Deshalb baut man ja auch mehr an einem Westblock, nehmen beide, Ost- und Westblock Gestalt an, dann wird es doch mit aller Wahrscheinlichkeit in absehbarer Zeit eine neue Explosion geben, die die jetzt hinter uns liegende vollständig in den Schatten stellt. Das wird nicht den Sozialismus bedeuten, der daraus hervorgeht, sondern der Untergang der Zivilisation. Ihr seht, wie schwer wir es haben, die wir am täglichen Kampfe für unsere Idee teilnehmen. Dabei dürft Ihr nicht vergessen, daß wir es in der SPD nicht mit Revolutionären, sondern mit Wahlvereinsfetischisten zu tun haben. Dabei entsteht so manches Mal der Wunsch, doch lieber mit den kommunistischen Genossen zu tun zu haben, aber keinesfalls mit ihrer Politik. Da würden die Gewissenskonflikte zu groß werden. Dafür würden wir es dann lieber vorziehen, in die Passivität nach Dänemark oder Schweden zurückzugehen, wo wir noch immer willkommen sind. [...] Nun habt Ihr ungefähr ein Bild, wie wir die jetzige politische Lage betrachten.

Persönlich geht es uns soweit gut. Natürlich mit der Berücksichtigung des herabgesetzten Lebensstandards für alle. Zur Zeit ist Alfred Vorsitzender der hiesigen Spruchkammer. Wir nehmen an, Ihr wißt, was das beinhaltet. Eine von der Besatzungsmacht eingerichtete Form zur Entnazifizierung. Ein jeder Einwohner der US-Zone unterliegt der Verpflichtung sich entnazifizieren zu lassen. Je nach dem Anteil des Betroffenen am Nazismus wird eine gestaffelte Sühne erhoben, mit Ausnahme derjenigen, die nicht dabei waren, die dann eine Nichtbetroffen-Bescheinigung erhalten. Und die Lotte, sie kocht das bißchen, was es gibt und versucht darüber hinaus, als Unterbezirksleiterin die sozialistischen Frauen zu revolutionieren.

Und nun zum Schluß noch vielen Dank für Euren Brief vom Oktober, der uns von Fritz Nagel* zugesandt wurde. Euch und allen Freunden ein gutes Neues Jahr wünschend

verbleiben wir mit den besten Grüßen und vielen Dank

Eure Lotte und Alfred

Emil Deutsch* an Joseph Lang

Hof/Saale, den 1. 11. 1948
Jahnstr. 7

Werter Genosse J. Lang!

Von dem Genossen Senator Ehlers*, Bremen, Osterdeich 8, erhielt ich ein Paket von Genossen aus USA. Für diese Spende, die große Freude ausgelöst hat, danke ich recht herzlich.

Zu meiner Person möchte ich sagen, daß ich aus dem schlesischen Eulengebirge stamme, aus einer Handweberfamilie und im Jahre 1889 geboren wurde. Seit 1908 bin ich Mitglied der Sozialdemokratischen Partei und der Freien Gewerkschaft. Mein Leben war bis heute ein steter Kampf für unsere Ideale und Ziele. Mit der Heimat verlor ich – wie nicht anders möglich – auch alles, was ich mir mit meiner Frau in 35 Jahren erarbeitet und erspart hatte. Besonders schlimm waren die Tage von Januar 1945 bis August 1945. Ich war in der Heimat geblieben, als die Russen kamen, in der Absicht, die Heimat so oder so für uns zu erhalten, in der wir gekämpft hatten für eine Verständigung unter allen Völkern, also auch mit den Russen. Die Entwicklung nahm aber mit dem Russen und nachher mit den Polen Formen an, daß ein Weiterkämpfen für ein besseres Deutschland in einem besseren Europa nur möglich war außerhalb des Machtbereiches dieser Völker. Vom ersten Tage meiner Einreise nach Bayern an, zuerst in Bamberg und dann in Hof, habe ich die Arbeit in der SPD und der freien Gewerkschaft aufgenommen und mit den hier alt eingesessenen Genossen geleistet. Der Kampf ist schwer, weil auch hier die alten Sachwalter der Reaktion noch sehr fest im Sattel sitzen. Was es bedeutet, gegen diese alten Gewalten sich die allernotwendigsten Dinge zum Leben zu schaffen, wenn man nur das nackte Leben retten konnte, kann nur der beurteilen, den das Schicksal traf. Und trotzdem politische Verfolgung während der Nazizeit und zweimaliger Konzentrationslager-Aufenthalt meine Gesundheit schwer geschädigt haben, führe ich mit meiner Frau und meinen beiden Töchtern den Kampf um unsere alten und ewig neuen Ideale weiter und habe dabei noch die gewisse Hoffnung, eines Tages die alte Heimat Schlesien wiederzusehen und wieder aufzubauen.

Indem ich Ihnen, werter Genosse Lang, und unseren Genossen in Amerika nochmals herzlich danke, bin ich mit den besten Grüßen

Ihr Emil Deutsch

BAMBERG

Fritz Nagel* an Joseph Lang

Bamberg, den 12. 11. 1946
Memmelsdorferstr. 2a

Lieber Freund!

Am 3. 11. 46 erhielt ich Deinen Brief vom 14. Juli d. Jrs. und freue mich sehr darüber, daß Ihr uns da drüben nicht vergessen habt. Gleichzeitig danke ich Dir für Deine Glückwünsche, daß ich trotz aller Bedrängnis noch so davongekommen bin. Allerdings mit der Einschränkung, daß ich zu 70% körperbehindert bin, aber dies und alle damit verbundenen körperlichen Schmerzen hindern mich nicht, wieder meinen Mann zu stehen im Kampf der Klasse gegen Klasse.

Ihr glaubt nicht, welche Verwüstungen die Nazis hier in den Köpfen der Menschen durch ihren geistigen Terror angerichtet haben, deshalb hielt ich es für meine Pflicht, am Wiederaufbau der Arbeiterbewegung schon aus diesem Grunde teilzunehmen. In ihr sind, im Gegensatz zu den bürgerlichen Schichten, vor allem den Intellektuellen, deren geistiger Stolz vor den Nazis schnell vor die Hunde ging, relativ noch die geistig klarsten Gedanken vertreten. Wie sich die politischen Geister scheiden, werdet Ihr durch die Ausgänge der Wahlen in den verschiedenen Zonen festgestellt haben. Was niemand für möglich gehalten hätte nach diesem fürchterlichen Regime ist, daß die Arbeiterschaft vom Kommunismus, genauer gesagt von der Sowjetunion aufs schwerste enttäuscht wurde und noch ständig weiter wird. So wird die SPD in immer erhöhtem Maße wieder die Partei, der die Massen zuströmen. Die SPD von heute ist auch nicht mehr die Partei von vor 1933, auch sie hat eine gewaltige Lehre aus den Dingen gezogen und zieht sie noch. Dies zeigte auch die Landeskonferenz der Bayerischen SPD in Ingolstadt vor drei Wochen, an der ich als Delegierter von Bamberg teilnahm. Auf der Konferenz herrschte ein erfreulicher frischer oppositioneller Wind, der Hoegner beinahe seine Stellung als Vorsitzender kostete[1]. Auf der Konferenz traf ich auch eine Reihe ehemaliger SAP-Genossen, die vor allem in München, Schwaben und Oberfranken eine Rolle spielen. Auch die jungsozialistische Bewegung rührt sich immer kräftiger, nur fehlt es uns allen an geistigem Werkzeug. Leider hat auch mir die Gestapo meine herrliche und mühevoll aufgebaute Bibliothek gestohlen. So macht mir meine Tätigkeit als Referent in der Partei, den Jungsozialisten und an der Volkshochschule manchmal Sorge.

Wenn Ihr Eure Aktivität nunmehr auf das Gebiet der Linderung unserer materiellen Nöte legt, so ist Euch das hoch anzurechnen und zeigt uns, daß die sozialistische Treue kein leerer Wahn ist. Dafür danke ich Euch schon im Voraus. Die Bekleidung bei uns

---

[1] Am 19./20. 10. 1946 fand in Ingolstadt die zweite Landeskonferenz der bayerischen SPD statt, in deren Mittelpunkt die Verabschiedung der vornehmlich vom SPD-Landesvorsitzenden und Ministerpräsidenten Wilhelm Hoegner (1887–1980) gefertigten Satzung für den SPD-Landesverband stand. Dabei zeigte sich bereits Opposition gegen Hoegners stark föderalistische, auf betonte Eigenständigkeit des bayerischen SPD-Landesverbandes hinauslaufende organisatorische und politische Vorstellungen, die denen des SPD-Parteivorstandes unter Kurt Schumacher in Hannover zunehmend entgegenliefen. Diese Opposition nahm in den Folgemonaten stark zu und trug mit dazu bei, daß Hoegner Anfang 1947 als Landesvorsitzender zurücktrat.

ist auch ein Kapitel für sich. Was mich anbelangt, so habe ich im Konzentrationslager alles an Wäsche und Bekleidung eingebüßt und bin von Dachau aus in einem Drillichanzug und Filzstiefeln entlassen worden. Inzwischen habe ich aus einer Kleidersammlung, zu der ehemalige Pgs natürlich ihre allerschlechtesten Anzüge abliefern mußten, auch einen erhalten, das ist alles. Mein ganzes übriges Hab und Gut haben wir bei der Zwangsevakuierung aus Schlesien restlos verloren. Natürlich würde ich mich sehr freuen, wenn Ihr mir an Kleidungsstücken etwas aushelfen könntet. Größe 1,65 m, Brustumfang 0,95 m, Hosenlänge insgesamt 1,00 m. Hoffentlich genügen Dir diese Größenangaben. Meine Frau und meine beiden Töchter benötigen aufs dringendste Strümpfe für mittlere Größen. Wenn Du an Medikamenten etwas auftreiben könntest, so wäre ich Dir dankbar für Perubalsam, Jod und einige Mullbinden.

So, das wäre mein Wunschzettel, wie Du ihn erwünschtest.

Zur Zeit stehen wir mitten im Wahlkampf und hoffen, den Einfluß der CSU noch mehr zurückzudrängen, zumal die Stimmen der Flüchtlinge in hohem Maße für uns in die Waagschale fallen werden. Je mehr die CSU sich christlich nennt, um so reaktionärere Zielsetzungen hat sie. Nach ihren neuen Kandidaten zu beurteilen, bemüht sie sich den starken linken Flügel der verfassungsgebenden Landesversammlung auszumerzen und das geistliche Element in ihren Kandidatenlisten zu verstärken. Uns soll es recht sein, je klarer die Fronten, um so schärfer scheiden sich die Geister. Große Schwierigkeiten stehen unserem wirtschaftlichen Aufbau bevor. Der Rohstoffmangel ist das Schlimmste. Wenn auch das Großkapital äußerlich zerschlagen da steht, sind wir uns darüber klar, daß es sich wieder konsolidieren wird. Von einer Bedrohung der Weltsicherheit kann nur der reden, der bei uns irgend ein Geschäft wittert, und bei einer Auseinandersetzung zwischen Ost und West zöge der Osten ohne weiteres den kürzeren.

Nun lieber Freund hoffe ich, daß Dich und alle lieben Freunde dieser Brief bei bester Gesundheit antreffen möge, es wird nicht der letzte sein und ich möchte nur wünschen, daß dieser Meinungsaustausch, den ich gern fortsetzen möchte, für uns alle von Interesse sein wird.

Es grüßt Dich und alle Freunde herzlichst

Euer Fritz Nagel

Fritz Nagel an Joseph und Erna Lang

Bamberg, den 5.2.1947
Memmelsdorferstr. 2a

Mein lieber Freund Jola und Erna!

Gerade am letzten Tage des alten Jahres traf Dein Brief vom 15.12. ein und löste keine geringe Freude aus. Und vor einigen Tagen erhielt ich erst ein Paket von Dir mit einem Anzug, Unterwäsche, Strümpfe, Medikamenten und diversen Vitamintabletten. Bald darauf folgte das andere mit dem Kleid, Schuhen und Lebensmitteln, das ich mir aber von Nürnberg abholen lassen mußte, wo es schon seit November bei Freunden lag, denen meine Adresse nicht sofort bekannt war. Alles war in bestem Zustand und unsere Freude groß, zumal an derartige Dinge hier nicht zu denken ist. Deine und aller anderen Freunde Fürsorge für mein Wohl ist doch sehr anerkennenswert, nur weiß ich nicht, wie ich Euch dafür danken soll. Konrad Reisner* hat mir aus Minneapolis einen Brief geschrieben, aus dem hervorgeht, daß er sich im gleichen Sinne bemüht. Selbstverständlich werde ich über die Verwendung der Vitamine mit einem Arzt in Verbindung treten. Zu meinem Leiden kann ich Dir nur sagen, daß der rechte Schambeinknochen durch eine aus der Unfallstelle hervorgegangene Wucherung stark zerstört ist und ich, abgesehen von meiner Körperbehinderung beim Gehen, unter erheblichen Schmerzen leide, vor allem des nachts. Ohne schmerzlindernde Mittel (Tabletten) komme ich leider nicht aus. Ein Kriegsbeschädigter, der ein Bein verloren hat, ist darin besser dran, er hat wenigstens keine Schmerzen. Der Arzt hat mir verordnet, viel zu liegen, um den Beckenknochen zu schonen. Geistige Arbeit während der Nacht hilft mir, denn das Schlafen habe ich mir fast abgewöhnt, und Schlafmittel möchte ich so wenig wie möglich anwenden. Um das weitere Wachstum der Wucherung zu verhindern (die Krankheit wurde ursprünglich ostitis fibrosa genannt), erhielt ich im vorigen Jahr vier Röntgenbestrahlungen in der Univ. Klinik Erlangen, deren Auswirkungen allerdings Zeit gebraucht. Nie wäre es so weit gekommen, wenn im KZ-Lager eine Behandlung möglich gewesen wäre. Ihr werdet aus diesen Folterhöhlen des Dritten Reiches manches Bild gesehen und manche Schilderung gelesen haben, doch die Wirklichkeit ist niemals wiederzugeben. So ist es logisch, daß wir Antifaschisten, die durch diese Höllen gegangen sind, die sogenannte Entnazifizierung mit Argusaugen betrachten. Hier haben wir auch ein Vermächtnis unserer durch die Nazis zugrunde gerichteten Freunde zu erfüllen. Bilder wie das unseres lieben Ernst Eckstein* und vieler anderer stehen mir immer vor Augen so lange ich leben werde. Freilich, der Geist Hitler spukt in Deutschland noch genug herum, gefördert durch die schlechte ökonomische Lage, vor allem in der Jugend, welche noch nichts anderes kennengelernt hat. Daß aber diese Ideenwelt noch einmal ihre Auferstehung feiert, ist ein Unding. Der Nationalismus hat hier in Europa Orgien zur Genüge gefeiert und feiert sie leider noch. Karl Renner hat durchaus recht wenn er meint, daß die Auflösung des Habsburger Reiches, in dem es gar nicht einmal so untolerant zuging, seinen Völkern kein Glück gebracht hat', wohl aber, wie ich dazu meine, einer ganzen Reihe von Leuten einträgliche Ministersessel und der Rüstungsindustrie große Aufträge. Die Freiheit der Völker ist nur eine suggestive Hypothese geblieben. Wie viele Völker leben nicht friedlich in den U.S.A. zusammen, aber in Europa werden die Minderheitenfragen so gelöst, daß dabei noch mehr Minderheiten geschaffen werden und sich am Ende einer vor lauter Nationalitäten nicht mehr auskennt. Mit solchem Theater werden nur die Geister abgelenkt von der großen Frage über unser Kapitalverhältnis. Auch in Deutschland hört man viel von Föderalismus, von der beabsichtigten Bildung von so und so viel Staaten, mit Parlamenten, Regierungen, außenpolitischen Vertretungen und was weiß ich alles. Und andererseits wird wieder viel geredet von Sparmaßnahmen, niedrigerem Lebensstandard, Reparationen u. ä., Widersprüche über Widersprüche. Ich lese häufig in CSU-Blättern, daß der Zentralismus des Weimarer Systems nicht mehr wiederkommen darf, wohl, weil er der CSU nicht genug Pfründe bringt, dabei ist bekannt, daß es der Berliner Regierung vor 1933 nicht einmal möglich war, den Hitler des Landes zu verweisen, weil die Befugnisse der Länder dem im Wege standen und so dieser Bandit schließlich in Braunschweig Regierungsrat werden konnte.

' Karl Renner (1870–1950): führender Vertreter der österreichischen Sozialdemokraten, 1918–1920 österreichischer Staatskanzler. Nach dem Februaraufstand 1934 in Haft, 1938 stimmte er dem Anschluß an Deutschland zunächst zu. 1945–1950 österreichischer Bundespräsident. Seit 1899 veröffentlichte Renner mehrere Bücher und Broschüren zur Nationalitätenfrage, in denen er für eine bundesstaatliche Ordnung des Vielvölkerstaates eintrat.

Unter den politischen Gebilden des heutigen Deutschlands, wenigstens der West-zonen, ist die SPD der ruhende Pol in der Erscheinungen Flucht geworden. Für uns ist das Zerreißen des deutschen Reichsgebildes ein Zerreißen des Wirtschaftskörpers, der gerade im Interesse Europas als Einheit erhalten werden muß. Die Durchführung der Sozialisierung der Schlüsselindustrien, die heute nicht mehr wie 1919 diskutiert wird, sondern in das Stadium ihrer akuten Durchführung getreten ist, bietet auch die beste Garantie für die Sicherheit der Völker. In der Kontrolle der Schwerindustrie durch das Volk liegt diese Bürgschaft begründet. Imperialistischen Geschäftemachern bringt allerdings diese Lösung nichts. Hier winken keine Profite. Mit Dr. Schumacher hat die Partei ohne mit Überschwang zu sagen einen Führer, der in seiner Konsequenz und Popularität seit Bebel nicht vorhanden war, und durch ihn ist sie ein so festes einheitli-ches Gebilde geworden, wie kein zweites in Deutschland.

Wenn Freund Walcher* herüberkommt, wird er die Dinge in ihrem tatsächlichen Aus-sehen kennenlernen, die er drüben nur in einer ideologischen Gewünschtheit schim-mern sah. Wir haben und können am Osten viel lernen, der uns vor allem zeigt, daß der Ablauf der Geschichte keine konstante Größe ist und der Mensch ein unberechenbares Wesen.

Unter uns deutschen Antifaschisten gab es eine helle Empörung, als wir hörten, daß eine deutsche Frau Dr. Gabriele Strecker auf einem in den U.S.A. abgehaltenen Frau-enkongreß erzählte, daß es im Dritten Reich gar keine Widerstandsbewegung gegeben hätte[2]. Die Dame hat ja nie mit Linksparteien in Berührung gestanden, denn sonst hätte sie wissen müssen, wieviel Menschen in den Jahren 1933–1938 in die Gefängnisse, Zuchthäuser und KZ-Lager von uns gewandert sind. 1936 waren es fast 40000. Da gab es z. B. Massenprozesse wie in Hamm i. W., wo Gruppen bis zu 2500 Mann abgeurteilt wurden[3]. In jeder Einmannzelle lagen wir 3 Gefangene und weil die Anstalten nicht mehr ausreichten, wurden auch für Strafgefangene immer mehr Arbeitslager geschaf-fen.

Nun einiges über unsere SAP-Freunde[4]: Max Rausch wohnt in Görlitz und ist Sekretär bei der SED, Willi Kalinke unser letzter Bezirksleiter in der Illegalität lebt wie ich hörte in Erfurt, er war zu 12 Jahren Zuchthaus verurteilt; Fritz Sommer aus Breslau wurde nach 5 Jahren Zuchthaus in ein Strafbataillon gesteckt und ist bei einem Fliegerangriff auf den Dodekanes-Inseln gefallen. Max Rettig lebt in Berlin, Arnold Trupke in Dres-den N. 23, Wilder Mann-Str. 23e, er war Distriktleiter in Breslau und ihm geht es ge-

---

[2] Gabriele Strecker, geb. 1904, Ärztin und Publizistin, 1946–1962 Leiterin des Frauenfunks des Hessi-schen Rundfunks, 1954–1962 MdL Hessen (CDU), 1958–1966 Mitglied des Bundesvorstandes der CDU; wurde als erste deutsche Frau nach dem Ende des Zweiten Weltkrieges zu einer Internationa-len Frauenkonferenz eingeladen, die im Oktober 1946 in South Kortright, New York, stattfand. In einem Interview mit der New York Times am 15. 10. 1946 sagte Gabriele Strecker auf die Frage nach der Beteiligung von Frauen in der deutschen Widerstandsbewegung in Deutschland: „Es gab keine Widerstandsbewegung in Deutschland. Das ist eine Tatsache, und das müssen wir zugeben." Vgl. dazu ihre eigene Darstellung in: Gabriele Strecker: Überleben ist nicht genug. Frauen 1945–1950. Freiburg i. Br. 1981, S. 34 f.

[3] Diese Angaben konnten nicht verifiziert werden.

[4] Die im folgenden Genannten gehörten alle der illegalen SAP in Breslau an. Willi Kalinke und Fritz Sommer wurden Anfang 1936 verhaftet, die Lehrerin Ilse Hacks* und Herbert A. Tulatz* im Septem-ber 1937. Der Laboratoriumsdiener Max Rettig, der Metallarbeiter Arnold Trupke und der Buchhal-ter Siegfried Pech wurden im Frühjahr 1937 vom Oberlandesgericht Breslau zu je drei Jahren Zucht-haus verurteilt. Der Schneider Oskar Krummschmidt war von 1939 bis 1941 im KZ. Zu Einzelheiten des SAP-Widerstandes in Breslau vgl. Jörg Bremer: Die Sozialistische Arbeiterpartei Deutschlands (SAP). Untergrund und Exil 1933–45. Frankfurt a. M. 1978, S. 76–80.

sundheitlich sehr schlecht, Herbert Tulatz*, der noch nach unserer Verhaftung mit Ilse Hacks* in Breslau die Sache weiter leitete, bis auch diese das Schicksal ereilte, lebt in Reutlingen und gibt dort die Jugendzeitschrift „Die Zukunft" mit heraus. Unser früherer SAP-Freund Hans Ziegler*, früher Sekretär des Metallarbeiterverbandes in Breslau, ist seit 1945 Oberbürgermeister in Nürnberg. Mit einer ganzen Reihe SAP-Freunde aus Brieg, die vor allem in der britischen und der Ostzone verteilt wurden, stehe ich in Verbindung. Der Fritz Lewy*, jetzt Lynn, wohnt auch in New York; wo mag Dr. Fritz Sternberg* sein? Leider konnte ich Oskar Krummschmidt noch nicht finden und Siegfried Pech dürfte wohl in Gefangenschaft sein. Seine letzten Grüße kamen 1944 von der Insel Rhodos. Daß Freund Oppler* in Wiesbaden ist, habe ich noch nicht gewußt. Konrad Reisner* hat mir auch geschrieben. Ja, wenn die Grenze der Ostzone endlich einmal fällt, dann dürfte an unserer Verständigung vieles besser werden. Erfreulich ist es immer wieder festzustellen, daß das alte Interesse überall lebt und an Erfahrung reicher geworden ist.

Unsere einstige Parteijugendbewegung ist auch älter geworden und einer nach dem andern meldet sich bei mir. Sie waren alle gezwungene sehr schlechte Hitlersoldaten. Einer meiner tapfersten Brieger Freunde Karl Dierschke konnte 1936 der Gestapo entkommen, kämpfte 1937 in der 11. int. Brigade in Spanien mit und fiel im September an der Aragonfront.

Gestern führten die Gewerkschaften in Bamberg und anderen Städten einen allgemeinen zweistündigen Proteststreik wegen der faschistischen Sprengstoffattentate durch, wobei ich hier in Betriebsversammlungen Ansprachen zu halten hatte[5]. Lebhaft genug geht es bei uns zu. Verwunderlich ist das nicht, denn alles ist in einer Umformung begriffen und Widerstände sind dazu da, daß sie überwunden werden. Nach diesem alten Grundsatz haben wir weiter zu leben.

Lebt recht wohl und laßt Euch herzlich grüßen und für Eure vorbildliche kameradschaftliche Gesinnung in alter Treue danken

von Eurem Fritz Nagel und Familie

Fritz Nagel vermutlich an Konrad Reisner

Bamberg, den 12.2.1947
Memmelsdorferstr. 2a

Lieber Freund!

Am 21.1.1947 erhielt ich Deinen ersten Brief. An Dich zu erinnern vermag ich mich sehr gut. Du wirst doch O.K. und F.S.[1] gekannt haben und diese beiden haben Deinen Namen mir gegenüber manchmal genannt. Was war das für eine schöne, für uns alle lebhaft bewegte Zeit, als wir als Jungsozialisten und später als SAP-Genossen uns so manches Mal zum Meinungsaustausch in Breslau trafen. Menschen unserer Art konnten sich 1933 niemals so ohne weiteres einer kampflosen Resignation hingeben und den Nazis das Feld so ohne weiteres überlassen. Ich habe in Brieg und in zwei Orten des Landkreises die SAP illegal weitergehalten; dazu kam eine in der Illegalität noch sehr

---

[5] Zu den Protestaktionen in Bayern wegen der Sprengstoffanschläge vgl. Anm. 3 zum Brief Bernhard Molz' vom 5.2.1947, S.120.

[1] Gemeint sind höchstwahrscheinlich Oskar Krummschmidt und Fritz Sternberg*.

starke Gruppe des soz.[ialistischen] Jugendverbandes, deren Existenz die Gestapo nie erfahren konnte auch als 1936 der ganze Bezirk aufgerollt wurde. Nur der Zufall konnte, wie mir selbst Gestapoleute sagten, ihnen gegenüber helfen unsere illegale Bewegung zu fassen. Die Zuverlässigkeit unserer Genossen war vorbildlich.

Dieser Idealismus wurde von der Gestapo deshalb als besonders gefährlich bezeichnet, weil er nicht stur geleitet war. Hätten wir uns dabei z. B. mit der KPD eingelassen, hätten wir keine drei Monate arbeiten können, weil diese Organisation damals von Spitzeln wimmelte. Daß uns auch unser Schicksal ereilte, lag, wie gesagt, nicht an uns. Bei einer lächerlichen Gepäckkontrolle nach geschmuggelter Butter im Postauto an einem schlesischen Grenzdorf fanden die Zollbeamten im Rucksack unseres Genossen Gremmel, der damit türmen wollte, an die 500 frisch aus Prag geholte verbotene Zeitungen und eine Anzahl Braunbücher[2]. Nun kannst Du Dir alles weitere ausmalen. Allerdings hat uns die nachfolgende Zeit schwer mitgenommen, vor allem auch Frau und Kinder, wenn ihr Ernährer auf Jahre im Zuchthaus festgehalten wird. Zur Nachkur holte man mich nach dem 20. 7. 44 noch einmal ins KZ, aus dem ich durch die USA Truppen gerade noch im letzten Augenblick befreit wurde. Leider gingen diese Schicksalsschläge an mir nicht spurlos vorüber; sie haben mich etwas sehr arg mitgenommen. Trotzdem gebe ich mir Mühe meinen Platz als Funktionär der Arbeiterbewegung und Gewerkschaft auszufüllen, denn jeder von uns aus der alten Schule wird bitter gebraucht, angesichts der vielen Aufgaben, die infolge der Neubildung der politischen Fronten sich ständig stellen.

Es ist für mich eine große Freude wenn ich von Dir höre, daß Du und die übrigen Freunde uns drüben nicht vergessen habt und ich weiß auch, daß diese Hilfeleistung von Euch Opfer fordert, die bestimmt nicht klein sind. Für Deine Bemühungen um meine Person kann ich Dir leider nur auf diesem Wege danken, ebenso Mr. Peterson. Die Kleiderfrage, so peinlich sie ist, vor allem der Mangel an Unterwäsche, lieber Freund, spielt bei uns eine große Rolle. Die Textilien, die es mitunter auf einen Bezugsschein gibt, für Männer z. B. niemals Oberkleidung, sind von schlechter Qualität, daß von einer Behebung des Notstandes nicht eher gesprochen werden kann, bis bei uns wieder gute Rohstoffe an Wolle und nicht deutscher Wald verarbeitet werden. Bis dahin wird aber noch viel Wasser ins Meer fließen. Meine Mädels sind 22 und 23 Jahre alt. Ihnen wie meiner Frau fehlen vor allem Strümpfe, Unterwäsche und einiges Gummiband, das hier unmöglich zu bekommen ist. Mein ganzes Hab und Gut habe ich durch die Zwangsevakuierung meiner Familie aus Brieg nach Mecklenburg verloren. Was ich auf dem Leibe trug, wurde mir mit allen Wertsachen im KZ abgenommen. Bei meiner Entlassung erhielt ich einen Drillich-Turnanzug und ein Paar Filzstiefel mitten im Sommer. Deshalb, gebraucht wird jedes Kleidungsstück in diesem Lande der Trümmerhaufen.

Eine neue Möglichkeit ist Euch drüben auch jetzt gegeben, Sendungen mit Büchern und Schriften nach hier zu senden. Leider herrscht auch darin bei uns eine mächtige Knappheit. An volkswirtschaftlicher und sozialwissenschaftl. Literatur, gerade was wir

---

[2] Herbert Gremmel (oder Grämmel) und Erna Krüger, die beide als Grenzkuriere arbeiteten, wurden im November 1935 festgenommen; ihre Verhaftung war der Ausgangspunkt für die Zerschlagung der Breslauer SAP 1936. – Das „Braunbuch über Reichstagsbrand und Hitlerterror" erschien am 1. 8. 1933 in Paris als Gemeinschaftswerk deutscher Antifaschisten innerhalb und außerhalb Deutschlands. Es setzte sich mit dem Reichstagsbrand auseinander und enthielt eine zusammenfassende Dokumentation über den Terror seit dem 30. 1. 1933. Innerhalb weniger Monate wurde das „Braunbuch" in 17 Fremdsprachen übersetzt.

brauchen, wird nichts hergestellt, höchstens belletristische Zeitschriften oft undefinierbarer Art, die uns nicht interessieren. Die Geistesöde des Hitlerregimes hat auch auf diesem Gebiet ihre Wirkungen hinterlassen, dazu kam, daß die Gestapo auf unsere Bibliotheken, die wir uns früher mühselig aufbauten, ein scharfes Auge hielt. Die meine wurde von dieser Bande fast völlig weggeschleppt. So stehen wir also auch in dieser Beziehung nackt und bloß da.

Daß Kurt Oppler*, an den ich mich sehr gut erinnere, er war ja auch bei uns in Brieg, in Wiesbaden tätig ist, habe ich auch erst jetzt von Jola gehört und so werde ich versuchen mit ihm Verbindung zu bekommen. Wo mag unser Freund Kaliski hingekommen sein; er war so viel ich mich erinnere noch in Holland beim Einmarsch 1940 und kam von dort in ein KZ in Deutschland. Er mag wohl da zugrunde gegangen sein wie Karl Mache und der Ökonom Philipp des Gewerkschaftshauses, dessen Sohn 1933 von der SA erstochen wurde³. Der frühere Polizeipräsident Voigt und Präsident Wiersich vom ADGB sind 1944 in Berlin erhängt worden wegen Mitbeteiligung am 20. Juli⁴. Da ich wehrunwürdig war, kam ich für die Wehrmacht nicht in Frage. Trotzdem bin ich durch eine Knochenverletzung am rechten Schambeinast während meiner Strafhaft 1936–39 heute zu über 70% körperbehindert worden und kann mich nur mühsam an zwei Stökken gehend fortbewegen. Das hat mir das Hitlerregime eingebracht. Doch deshalb lasse ich den Mut nicht sinken. Ich bin z. Zt. als Angestellter im Arbeitsamt tätig. Natürlich wäre ich lieber in unserem schönen Schlesien, als im schwarzen Lande der Bajuwaren, von dem ich mir früher auch andere Vorstellungen gemacht hatte. Die sprichwörtliche Intoleranz und Unduldsamkeit der hiesigen Bevölkerung uns Flüchtlingen aus dem Osten gegenüber bekommen wir bei jeder sich bietenden Gelegenheit zu spüren. Deshalb ersehnen wir nichts mehr als einmal wieder in unsere alte Heimat zurückzukehren. Über das Schicksal Deutschlands sind ja die Würfel noch nicht zum Stehen gebracht worden, sie rollen ja noch. Daß ein Nationalsozialismus noch einmal bei uns entstehen könnte, ist unmöglich; trotzdem versuchten so viele Profitmacher unter dem Mantel der Sicherheitsforderung ihre Vorteile zu wahren. Man kann auch von hier aus sehr gut durch den Schleier hindurchsehen, der über Tatsachen gebreitet wird. Dr. Schumacher führt in dieser Hinsicht eine offene Sprache im Interesse der Arbeiterklasse, die Chauvinisten von anderer Seite ihm als Nationalismus ankreiden. Doch wir verstehen schon schwarz von weiß zu unterscheiden. Wir Antifaschisten gehen auch auf das Gerede von der Kollektivschuld nicht ein, denn wir wissen am besten, was wir gegen den Nationalsozialismus angestellt haben. Unsere internationale Gesinnung ist

---

³ Der Jurastudent und Referendar Martin Kaliski, der der SAP in Breslau angehörte, emigrierte im Sommer 1935. Nach dem Einmarsch der deutschen Truppen in Holland wurde er verhaftet und kam später im KZ Mauthausen oder in Auschwitz ums Leben. – Karl Mache (1880–1944), ein Bäckergeselle, war in den zwanziger Jahren Funktionär der Breslauer SPD, Vorsitzender des SPD-Bezirks Breslau, mehrere Jahre Abgeordneter des Schlesischen Provinziallandtags und des Reichstags sowie bis 1933 2. Bürgermeister von Breslau. Im Herbst 1944 wurde er im KZ Dürrgoy ermordet. – Der Leiter des Breslauer Gewerkschaftshauses Karl Philipp starb 1945 unmittelbar nach seiner Befreiung aus dem KZ Dachau.
⁴ Fritz Voigt (1882–1945): Bauarbeiter, 1905 SPD, Gewerkschaftssekretär, 1918 Vorsitzender des Zentral-Soldatenrats für Schlesien, 1919 Mitglied der Nationalversammlung. 1919–1920 Polizeipräsident in Breslau, dann Leiter der schlesischen Bauhütten. Von März bis Dezember 1933 im KZ Lichtenburg. Wegen seiner Beteiligung am 20. Juli 1944 wurde Voigt am 1. 3. 1945 in Berlin-Plötzensee durch den Strang hingerichtet. Oswald Wiersich (1882–1945): vor 1914 SPD-Parteisekretär, Funktionär des DMV, in den zwanziger Jahren Bezirkssekretär des ADGB für Schlesien und Mitglied des preußischen Staatsrates. Wiersich wurde wie Voigt am 1. 3. 1945 hingerichtet.

trotz des Geistesterrors der Nazis lauter und rein geblieben und wir haben keinen größeren Wunsch als daß man uns dafür Verständnis entgegenbringt. Der Faschismus ist eine gewaltige Gefahr und Macht gewesen und niemand wußte es besser als wir, daß auch seine Stunde einmal schlagen mußte. Ich sehe noch heute im Geiste unseren Freund Ernst Eckstein* auf einer mächtigen Einheitsfrontkundgebung die wir in Brieg noch am 7. Februar 1933 abhielten, also nachdem die Nazis schon über eine Woche regierten, die prophetischen Worte sprechen, daß wenn von Hitler und seiner Bewegung kein Stäubchen mehr vorhanden sein wird, unsere Sache und unser Ziel noch viel fester und klarer vor der Menschheit stehen werden. Und so kommt es auch.

In diesem Sinne, lieber Freund, grüße ich Dich und alle anderen Kameraden auf das Herzlichste und wünsche Euch alles Gute.

Fritz Nagel[5].

Fritz Nagel an Joseph Lang

Bamberg, Ende Juni 1947
Memmelsdorferstr. 2a

Lieber Freund Jola!

Nun ist es hohe Zeit auf Deine Briefe vom 2.3. und 21.4. zu antworten. Besonders danken aber muß ich Dir für die zwei Pakete, die meine Frau und Tochter kürzlich von Freund Katel[1] aus München holte. Eines war ausschließlich mit Lebensmitteln, das andere mit den verschiedensten Kleidungsstücken gefüllt. Das, was ich nicht unbedingt brauchte, gab ich an andere hilfsbedürftige Antifaschisten weiter. Jedenfalls war die Freude über Eure Mühewaltung bei uns sehr groß und die Lebensmittel sind in dieser kritischen Zeit, die unsere Kalorien pro Woche um fast die Hälfte kürzte, uns besonders willkommen. Das Brot wird fast ganz aus Maismehl hergestellt, Fleisch gibt es nur noch 100 und Butter keine 40 gr. mehr auf die Woche. In einem Dorfe des Kreises rotteten sich am 1. Pfingstfeiertag die Flüchtlinge zusammen und verlangten vom Bürgermeister Brot oder sie stürmen die Bauernhöfe und holen sich die vielen Festkuchen. Darauf ging der Bürgermeister zu den Bauern und forderte sie zum Abliefern auf. In ihrer Angst erklärten sie sich natürlich sofort dazu bereit und die Flüchtlinge gingen befriedigt nach Hause.

Deine liebe Erna hat sich für mein Befinden sehr interessiert und ich kann ihr mitteilen, daß ich wieder kürzlich in der Univ. Klinik Erlangen zur Nachuntersuchung war und die Ärzte ein Stagnieren meiner Knochenaufbeulung am rechten Schambein, das allerdings im Ring zur Hälfte zerstört ist, feststellten. Ursache der Erkrankung war eine Verletzung des Knochens durch Schlag oder Stoß im Strafgefangenenlager Roßlau und eine an der Stelle sich entwickelnde Wucherung ist einmal wegoperiert worden, doch ein zweiter, den Schaden endgültig behebender Eingriff ist durch meine KZ-Inhaftierung illusorisch geworden und hat mein Leiden so verschlimmert, daß ich stark lahm gelegt bin. Nach vier Monaten muß ich mich erneut in der Klinik vorstellen und man erhofft eine Verkalkung des Krankheitsherdes. Eine erneute Operation ist nicht

---

[5] Dieser Brief liegt nur in einer zeitgleich angefertigten Abschrift vor, die zu Langs gelangte.

[1] Der Sozialarbeiter russischer Herkunft Jacques Katel war nach 1945 als Vertreter des IRRC in Deutschland tätig.

mehr möglich, auch neue Röntgenbestrahlungen sind vorläufig nicht erforderlich. Die fast ständig mehr oder weniger auftretenden Schmerzen bekämpfe ich durch schmerzlindernde Mittel, die in den Apotheken (was fehlt denn nicht alles) kaum zu kriegen sind. Um zu meinen häufigen Sitzungen und Besprechungen zu gelangen benütze ich möglichst Kraftwagen. In den nächsten Wochen ziehe ich endlich in eine eigene Wohnung ins Gewerkschaftshaus Kleberstr. 33a um, da habe ich die Büros in nächster Nähe, bisher wohnte ich als Untermieter möbliert. Da bei uns ein größeres Gewerkschaftssekretariat eingerichtet wird, hat man auch mir nahe gelegt mich als Sekretär zu bewerben. Doch befinde ich mich beim Arbeitsamt in angenehmer Stellung und habe dabei trotzdem die Möglichkeit mich in der Bewegung zu betätigen. Von der Gewerkschaft bin ich auch in den Verwaltungsrat des Verbandsvorstandes in München gewählt worden. Durch sie komme ich hier an Menschengruppen heran, an die hier in der schwärzesten Ecke Bayerns durch die Partei nicht heranzukommen ist. [...] Die Abhandlungen von P.[aul] F.[rölich]* über die Sowjetunion und die Gewerkschaftsfrage habe ich auch erhalten. Seine Standpunkte teile ich durchaus und bin erstaunt darüber wie richtig z. B. P. F. die Bedeutung und die Wirkungsmöglichkeiten der heutigen Gewerkschaften bei uns beurteilt. Das Erfreuliche ist, daß die einstige Vielheit der Berufsverbände einer restlosen Vereinheitlichung der Gewerkschaften in der U.S. Zone in Industrieverbänden gewichen ist, zum Ärger aller der Kreise, die früher auf der Seite der christlichen Gewerkschaften standen und heute wieder mit Spaltungsabsichten liebäugeln. Richtungsmäßig sind hier die Gewerkschaften, die in Bayern an die 600000 Mitglieder umfassen, auf eine sozialistische Zielsetzung ausgerichtet. Es herrscht also das alte freigewerkschaftliche Element. Der Einfluß, den die Gewerkschaften in der Privatwirtschaft haben, ist größer als bei den Behörden. Ja, oft einflußreicher als vor 1933. Das ist zum guten Teil darauf zurückzuführen, daß der Betriebsrat Einfluß hat auf die Billigung der Beschäftigung Belasteter des Naziregimes und häufig Treuhänder an Stelle der alten Unternehmer stehen, aber auch wohl vor allem deshalb, weil das Unternehmertum seine organisatorische Kampffront noch nicht gebildet hat. Sie ist erst in einer langsamen Bildung begriffen. Aber auch weil die wirtschaftlichen Großunternehmungen des Kapitals aufgelöst sind und so die führenden Spitzen fehlen. Die rechtliche Stellung der Betriebsräte ist durch das Kontrollratsgesetz Nr. 22 (sogen. Betriebsrätegesetz) denkbar schwach. Das Gesetz besteht fast nur aus Kannbestimmungen. Trotzdem haben die Betriebsräte dort, wo zielbewußte Kollegen stehen, großen Einfluß. Allerdings werden Erfolg versprechende Möglichkeiten sehr schnell durch die Besatzungsbehörden in der Westzone beseitigt und dem Wirtschaftsaufbau oft unvorstellbare Hemmungen entgegengesetzt durch die unsinnigsten Maßnahmen. So liegt jetzt z. B. unsere Bauwirtschaft in der schönsten Zeit des Jahres völlig darnieder, weil bis zum 30. Juni alle hergestellten und herzustellenden Baustoffe von der Mil. Reg. für ihre Zwecke beschlagnahmt sind. So sind auch große Lager von Textilstoffen und anderen Waren seit 1945 nach wie vor beschlagnahmt, während die Bevölkerung ihre halbzerstörten Häuser nicht aufbauen kann und Bekleidung kaum zu haben ist. Die Folge ist eine Schieberei mit allen möglichen Waren und Baustoffen die als Kompensationsgeschäfte sogar von den Behörden zugelassen sind. Z. B. erhalten die zwei Schuhfabriken in Bamberg 20% ihrer Produktion, um aus der anderen Zone Garne, Nägel und sonstige Zutaten zur Schuhherstellung zu tauschen. Aus dem Ruhrgebiet kommen Händler mit den so sehr benötigten Eisenwaren nach hier, um bei den Bauern Lebensmittel einzutauschen. Wir leben wie in der Naturalwirtschaft. Bedauernswerte Geschöpfe sind demgegenüber alle Lohn- und Gehaltsempfänger, die ihre wenigen Geldscheine und sonst nichts in den Händen haben. Zur Kontrolle und Überwachung dieser Zustände versuchen sich auch die Gewerkschaften einzuschalten. Infolge des Lohnstopps sind sie nicht in der Lage Lohnverhandlungen zu führen, dafür kämpfen sie um Schwer- oder Teilschwerarbeiterzulagen bei den Ernährungsämtern. Da und dort flakkern wilde Streiks auf und bleiben nicht ohne Wirkung. Allmählich werden auch die Arbeitsgerichte, die Spruchkammern bei den Arbeits- und Versicherungsämtern wieder eingeführt und ein weiteres, immer mehr an Bedeutung für die Gewerkschaften gewinnendes Arbeitsgebiet bildet das Genossenschaftswesen. Leider sind die hier 1933 von der Arbeitsfront geraubten gewaltigen Kapitalsanlagen von der Mil. Reg. den Gewerkschaften noch nicht zurückgegeben, wie überhaupt die Frage der Wiedergutmachung auch für die Opfer des Faschismus ganz ungenügend ist.

Im Parteileben brachte die vor kurzem in Landshut stattgefundene Landeskonferenz der SPD die Ausbootung Hoegners aus dem Parteivorstand. Auf der örtlichen Parteiausschußsitzung habe ich es durchgesetzt, daß die hiesigen drei Delegierten gegen die Fortsetzung der Koalition stimmten[2]. Der Wortführer der Opposition war unser Freund Marx* aus München. Bedeutungsvoller kann unser Wirken erst werden, wenn die Zonengrenzen fallen und die Besatzungsmächte nicht die Durchführung von Beschlüssen verhindern werden, die im Zuge der Umformung der Wirtschaft im sozialistischen Sinne liegen. Was nützt uns die Beherrschung des bizonalen Wirtschaftsamtes in Minden[3], praktisch dürfen wir nichts unternehmen was die kapitalistische Wirtschaft in Deutschland einengt. Die Behörden arbeiten oft gegeneinander, eine neue Verfügung hebt die andere auf und Gesetze werden erlassen und die Ausführungsbestimmungen fehlen. In den Ausschüssen weiß keiner mehr was los ist und alles stiert auf den sich mehr und mehr verdunkelnden Horizont im Osten, der eine geradezu lähmende Wirkung zeigt. Die meisten politischen Diskussionen kreisen um die Frage einer Auseinandersetzung zwischen Ost und West. Die Gewährung der Anleihen an Griechenland und die Türkei, das Verhalten der Russen Österreich gegenüber, das einer Sabotage des Friedens gleichkommt, die Regierungsänderung in Ungarn sind Fragen, die damit in Zusammenhang gebracht werden[4]. Trotzdem glaube ich nicht an ei-

---

[2] Am 9./10.5.1947 fand in Landshut die 4. Landeskonferenz der bayerischen SPD statt, auf der Waldemar von Knoeringen als Nachfolger des zurückgetretenen Wilhelm Hoegner zum SPD-Landesvorsitzenden gewählt wurde. Es gab scharfe Kritik an der bisherigen Politik des Landesvorstandes und an der Regierungskoalition zwischen CSU und SPD unter Ministerpräsident Hans Ehard (CSU). Im September 1947 beschloß der SPD-Landesausschuß den Austritt der SPD aus der Regierung Ehard.

[3] Seit Februar 1947 stellte die SPD mit Viktor Agartz den Direktor des bizonalen Verwaltungsamtes für Wirtschaft; Agartz war bereits 1945/46 Leiter des Zentralamtes für Wirtschaft in der britischen Zone gewesen.

[4] Am 12.3.1947 verkündete der amerikanische Präsident Truman die nach ihm benannte Truman-Doktrin, in der er allen nichtkommunistischen Ländern die Unterstützung der USA bei ihrer Auseinandersetzung mit dem Kommunismus anbot. Unmittelbare Folgen dieser Doktrin waren Kreditzusagen und Waffenlieferungen an Griechenland und an die Türkei. – In Österreich versuchte die Sowjetunion, in den Verhandlungen zum Abschluß eines Friedensvertrages ihre Forderung nach Übernahme der deutschen Guthaben und des deutschen Eigentums in Österreich als Reparationen durchzusetzen. – In Ungarn führte die Aufdeckung einer angeblichen Verschwörung gegen die demokratische Ordnung, in die neben Militärs vor allem führende Mitglieder der aus den Wahlen im November 1945 als stärkste Partei hervorgegangenen Kleinlandwirtepartei des Ministerpräsidenten Ferencz Nagy verwickelt waren, Ende Mai 1947 zum Rücktritt des Ministerpräsidenten und zur Umbildung der Regierung. Dadurch wurden der Einfluß der KP erheblich verstärkt und die Kleinlandwirtepartei als unabhängige Partei langsam ausgeschaltet; aus den Neuwahlen vom August 1947 ging die KP als stärkste Partei hervor.

nen Krieg. Der Russe führt sich eben so plump fordernd auf, weil er weiß, daß die anderen Mächte keinen Krieg deshalb beginnen werden. Genauso zeigt er sich im Sicherheitsrat, im Ausschuß für Atomkontrolle und überall dort, wo er mit seinem Vetorecht alles durcheinander bringen kann. Aber im Hinblick auf unsere Ernährungslage, die eine schnelle Bereinigung der außenpolitischen Situation erfordert, sind das alles Spielereien, die allen Beteiligten nur teuer zu stehen kommen, denn sie kosten viel Zeit, die nutzbringender verwendet werden könnte.

Eine zunehmend politische Bedeutung gewinnt bei uns die Vereinigung der Verfolgten des Naziregimes, die als eine übernationale Organisation sogar im Begriff ist von den Alliierten in der UN anerkannt zu werden. Diese Vereinigung umfaßt alle politischrassisch u. religiös Verfolgten. Ähnliche Vereinigungen sind in fast allen Ländern die Hitler schädigte entstanden, und schließen sich international vor allem zum Zwecke der Wiedergutmachung erlittener Schäden zusammen. Die Zahl der in Bayern lebenden politisch Verfolgten einschl. Flüchtlinge beträgt 18 000, dazu 17 000 rassisch Verfolgte. Von z. B. 2 000 Juden die früher in Bamberg lebten, existieren heute noch ganze 5. Das Jahr 1936 war das, in dem die meisten politischen Verhaftungen erfolgten und zwar 38–40 000. Gar manche illegale Organisation, die damals häufig entstanden, hielt sich nur kurze Zeit und die Gestapo wand allerlei Tricks an um Genossen zu überführen. Im Ruhrgebiet gab es einige K.P. Gruppen, die bis 2 500 Mann stark wieder in kleinere Gruppen aufgespalten vor die Strafsenate des Oberlandesgerichts Hamm i. W. zur Verurteilung kamen. Dieses Gericht war wegen seinen schweren Verurteilungen berüchtigt. Das Strafmaß steigerte sich von Jahr zu Jahr. Wofür ich z. B. 1936 drei Jahre Zuchthaus erhielt, gab es 1944–45 die Todesstrafe. Was hätten die Nazis wohl dazu gesagt, wenn sie je gewußt hätten, daß ich als junger Funktionär im September 1923, als ich von Bayern zurückkam wo ich die ersten Anfänge der Hitlerbewegung kennen lernte, in aller Stille im Auftrage der Gewerkschaften in Brieg zwei Hundertschaften proletarischen Selbstschutzes organisierte, der mit Schußwaffen und Handgranaten, aus alten Weltkriegsbeständen zusammengeholt, gut bewaffnet war und am 8. u. 9. 11. 1923 in höchster Alarmbereitschaft lag um im Falle eines Putsches dieser Banditen bei uns sofort zuzuschlagen, ohne erst eine Generalstreikparole abzuwarten. Diese organisierte Selbsthilfe war leider schon damals eine streng verbotene Sache und ist nach Zusammenbruch des Hitlerputsches in München wieder von uns demobilisiert worden um nicht unnötig, sagen wir einmal gute Demokraten, schon damals der Klassenjustiz auszuliefern, nachdem jeder von den 200 Mann seine Sache gemacht und dicht gehalten hatte. Ich freue mich noch heute wenn ich an diesen gelungenen Streich denke.

Während meiner Untersuchungshaft in der Graupe [Breslau] wurde eine Gruppe von etwa 80 Mann Schwarze Front⁵ eingeliefert, dann Gruppen von Mönchen, Geistlichen wegen § 175, Devisenschiebung u. ä., da war von der KPO die Gruppe Rektor Felsen, Breslau. Im Zuchthaus lagen wir in Brandenburg a. H. in jeder Einmannzelle 3 Mann. Dann wurden besondere Strafgefangenenlager eingerichtet, außer den K.Z.Lagern, denn man wußte nicht mehr wohin mit den vielen Gefangenen, dabei waren noch keine Ausländer darunter. Zahlreiche Gruppen von Gefangenen wurden, schrecklich untergebracht, beim Bau des Westwalls eingesetzt. Die meisten Verhaftungen erfolgten in den Jahren 1935–37. Dann war der innere Widerstand illegaler organisierter Gruppen

---

⁵ Anhänger von Otto Strasser, der zusammen mit seinem 1934 ermordeten Bruder Gregor ein führender Vertreter des linken Flügels der NSDAP war und nach seinem Austritt aus der NSDAP die „Kampfgemeinschaft Revolutionärer Nationalsozialisten" gründete, aus der später die „Schwarze Front" hervorging.

gebrochen. Er wurde nur in kleineren Kreisen fortgesetzt, die aber von der Gestapo gut beobachtet wurden. Mit dem Genossen Herbert Tulatz* aus Breslau traf ich nach unserer Entlassung 1940 aus der Haft einigemal wieder zusammen ohne daß irgend jemand davon wußte, trotzdem wurde er bald erneut zur Gestapo zitiert und schwer vermahnt. Durch meine spätere Überführung ins K.Z.Gr. Rosen waren wir erneut auseinandergerissen. Heute finden wir uns, soweit wir noch leben, wieder zusammen. Schade daß die Grenze der Ostzone uns so scharf trennt, denn dort sitzen die meisten Bekannten und es sähe um uns manches anders aus. [...]

Ich hätte Dir ja noch vieles vieles mitzuteilen, aber ein Brief läßt dies nur in beschränktem Umfang zu.

Vielen Dank auch noch für die Zigaretten, die ich mir bei Freund Opel* in den nächsten Tagen holen werde. – [handschriftlich hinzugefügt:] Schon geschehen.

Nochmals herzlichen Dank für Deine viele Mühewaltung und die Fürsorge Deiner Frau.

Es grüßt Dich recht herzlich Dein Freund

Fritz Nagel und Familie

Fritz Nagel an Joseph Lang

Bamberg, den 19. 10. 1947
Kleberstr. 33a

Lieber Freund Jola!

Deine Briefe und Rundschreiben vom August und September habe ich erhalten. Daraus kann ich feststellen, welche umfangreiche Tätigkeit ihr drüben und vor allem Du mit dem Hilfswerk aus dem Solidaritätsfonds für uns hier geleistet habt. Mir ist gleichwertiges von anderen linkspolitischen Gruppen nicht bekannt. [...] Von mir aus muß ich sagen, daß Eure Hilfe vor allem auch in der Bekleidung für mich und meine Familie in vieler Hinsicht von entscheidendem Einfluß war. Was ich nicht selbst unbedingt brauchte habe ich davon unter Angabe der Herkunft an andere hilfsbedürftige Genossen weitergegeben. Da ich im Gewerkschaftshaus nun auch wieder eine eigene Wohnung beziehen konnte, waren die Textilien für mich besonders wertvoll. Auf welche Weise ich Euch dafür mit einer Gegenleistung dienen könnte weiß ich leider noch nicht. Vorläufig kann ich meinen großen Dank Euch nur immer wieder in dürren Worten aussprechen. Ich muß dabei immer an das Verhältnis Marx-Engels denken, deren über alles erhabene Freundschaft und Hilfsbereitschaft wie ein leuchtender Stern auf Euer Hilfswerk strahlt, das eine sozialistische Tat für sich darstellt. Das beweist Dein Bericht über Eure Aktion. Lieber Freund! Du wunderst Dich daß ich nicht schreibe! Einen Brief, glaube ich, mußt Du von mir in den letzten Wochen bekommen haben. Manchmal bin ich ganz verzweifelt, daß ich meine Post nicht regelmäßig beantworten kann. Wäre ich nicht so leidend, würde mir dies viel leichter fallen, doch die Mitarbeit an den Organisationen füllt die meisten meiner dienstfreien Stunden. Vergangene Woche z.B. Montag abend mußte ich einen Zeitungsartikel für den Ortsausschuß der Gewerkschaften gegen einen hiesigen Bürgermeister der CSU wegen der Kartoffelversorgung der arbeitenden Bevölkerung schreiben. Dienstag abend jede 2. Woche bei der Gewerkschaftsjugend im Rahmen eines laufenden Kursus über die Geschichte der Gewerkschaften sprechen. Mittwoch abend jede Woche in der sozialistischen Arbeitsge-

meinschaft, in der ich SPD und KPD-Funktionäre zusammenfaßt habe (1931–32 wollte es nicht gehen, jetzt geht es) über den „Dialektischen Materialismus". Donnerstag mußte ich im Bett bleiben wegen starker Beinschwellung. Freitag abend sprach ich in der Versammlung meines Parteidistrikts über: die weltpolitische Lage. Sonnabend endlich, Vorstandssitzung meiner Gewerkschaft. Das ist alles völlig „ehrenamtliche" Arbeit und so geht es Woche um Woche. Angesichts der bestehenden Zustände kann ich mich nicht abseits stellen. Dies ginge gegen mein Gewissen und meine Überzeugung und Ihr würdet es drüben auch nicht verstehen können. Unsere politische Situation wird angesichts der bevorstehenden Demontagen immer verrückter. Die westlichen Demokraten wundern sich dauernd, warum bei uns die Demokratie nicht richtig Fuß fassen will. Wir wundern uns über diese Naivität, die geradezu kindlich anmutet. Wenn man uns Lebensmittel schickt, so ist das schön und gut, wenn man uns aber die Möglichkeiten nimmt diese zu bezahlen, das verstehe wer will. Ja wenn es sich wenigstens ausschließlich um Rüstungsbetriebe handelte, aber die allermeisten der Werke haben sich längst auf Friedenswirtschaft umgestellt und vor allem die Kraftwerke brauchen wir so notwendig. Das nennt sich „Aufbau" der Wirtschaft wenn zwei Millionen Arbeitern die Produktionsstätten genommen werden. Die Demontage überschattet hier gegenwärtig alles und wirkt in Verbindung mit der Kohlen- und Kartoffelnot einfach niederschmetternd auf die Bevölkerung. Kein Wunder wenn dadurch nazistische Strömungen florieren und amtliche Stellen sich über die Bekämpfung antisemitischer Machenschaften unterhalten müssen. Auch der kleinste Mann spürt daß es hier nicht mehr um Zerstörung eines Kriegspotentials geht, das ist bereits geschehen, es ist nackte Ausschaltung der Konkurrenz vom Weltmarkt. Zuckerbrot und Peitsche zugleich angewandt, erzieht in der Demokratie ebenso wie in der Diktatur zur Heuchelei, das müßten auch Demokraten endlich lernen, die immer schnell bei der Hand sind, einem im Siegestaumel schwellenden Diktator nachzuweisen, daß er alle Vernunftgründe in den Wind schlägt.
Nun lieber Freund wünsche ich Dir und allen andern alles Gute, und vielen Dank auch für das gestern erhaltene Care-Paket.
Sei nun aufs herzlichste gegrüßt von Deinem

Fritz Nagel u. Familie

Fritz Nagel an Joseph Lang

Bamberg, den 20. 3. 1948
Kleberstr. 33a

Mein lieber Freund Jola!

Endlich komme ich dazu Dir Deinen lieben Brief vom 22. 2. zu beantworten. Viel Erfreuliches über mich kann ich Dir allerdings nicht mitteilen, denn seit Anfang Dezember muß ich im Bett liegen. Der Zustand der Krankheit erfordert, daß der Körper völlig stillgelegt wird, wenn überhaupt noch etwas gerettet werden soll, denn das rechte Schambein ist zerstört und der Beckenknochen mit dem Hüftgelenk muß erhalten bleiben. Ich habe mir eben bei meiner Tätigkeit im öffentlichen Leben zu wenig Ruhe gegönnt. Daß ich nun so untätig das Bett hüten muß, ist mir die reinste Qual, denn draußen verlangt die Bewegung förmlich nach mir, ohne dabei zu übertreiben. Ich sollte z. B. unter allen Umständen jetzt auch für die Wahl zum Stadtrat kandidieren. Man rennt mir von der Partei aus fast die Bude ein. Aber was nicht geht, das geht eben nicht! Für Deine Sorge mich von meinen quälenden Schmerzen etwas zu befreien, danke ich Dir von Herzen. Die Medizin habe ich von Freund Opel* erhalten, nur schade, daß sie schon alle ist. Mein Arzt tut ja für mich auch was er kann und daß Ihr ihn durch eine Spende ehrt, darüber ist er hoch erfreut gewesen.

In dieser Woche war ich auch wieder zur Röntgenaufnahme in Erlangen, aber wie gesagt, ich stehe mit meinem Stand der Krankheit auf des Messers Schneide. Nun hat sich ja auch bei meinen übrigen Freunden in Deutschland mein Zustand herumgesprochen und alle nehmen großen Anteil an meinem Schicksal. Einer hat wohl die Sache schon ganz tragisch aufgefaßt und er ist der Meinung daß ich schon in die Unterwelt abgefahren wäre und so schrieb er meiner Frau einen schönen Beileidsbrief. Na, man sagt immer wenn man tot gesagt wird bei Lebenszeiten, wird man noch lange leben.

Über die Verwendung Deiner Penicillinspende kann ich Dir nur mitteilen, daß sie im Krankenhaus doch nicht angewandt werden konnte, da der Fall anders lag als erst vermutet wurde und so befindet sie sich noch in den treuen Händen meines Arztes.

Wenn ich Dir nun einiges über die politischen Verhältnisse noch mitteilen darf, so folgendes: Das Erstarken der Gewerkschaften und ihre Einflußnahme auf das politische Geschehen wie es durch den Proteststreik am 21. Januar wegen der beabsichtigten Fettkürzung zum Ausdruck kam[1], ist der CSU furchtbar in die Glieder geschlagen. Durch dieses entschlossene Vorgehen der Gewerkschaften ist vor aller Welt die Unfähigkeit der derzeitigen Bayer. Regierung in der Ernährungsfrage klipp und klar festgestellt worden. Da ja die Bauernschaft zum größten Teil zur CSU steht, ist es erklärlich, daß die Regierung bei ihren Plänen in Punkto Einhaltung des Ablieferungssolls dauernd beide Augen zugedrückt hat. Die Folge ist, daß die Landbevölkerung 4 × so viel zu essen hat als die Stadtbevölkerung. Dazu kommt, daß die SPD in voller Öffentlichkeit genaue Angaben machen konnte über die Art der Eierverteilung. Während die Bevölkerung fast keine zu sehen bekommt, werden die kirchlichen Einrichtungen wie Klöster, Internate, Pensionistenheime und die Küchen der kirchlichen Würdenträger mit großen Mengen beliefert. Das ist natürlich ein Skandal, der in der Öffentlichkeit großes Aufsehen hervorgerufen hat.

Ich hoffe, daß die hier sich neu bildende Bayernpartei der CSU bei den nächsten Wahlen schweren Schaden zufügen wird. Wie sich der in Frankfurt neu gebildete bizonale Wirtschaftsrat auf die Belebung unseres Wirtschaftslebens in der Westzone bewähren wird, darauf kann man gespannt sein. Ja, wenn er frei von der amerik. Wirtschaftskontrolle wäre, denn diese hat sich bisher nicht so fördernd ausgewirkt wie wir es uns wünschten. Drüben in der Ostzone redet man nur noch von der Sklaverei wie sie jetzt durch den Marshallplan über die westeuropäischen Mächte kommen wird. Dabei sieht es in der Ostzone mehr als traurig aus. Die SED kann machen was sie will, ihr Volkskongreßgedanke findet hier keinerlei Gegenliebe, da auch der einfachste Mensch fühlt, daß dieses Gebilde uns dem Frieden auch nicht einen Zoll näher bringt[2]. Ich habe das

---

[1] Gemeint ist der vom Bayerischen Gewerkschaftsbund wegen der schlechten Ernährungslage ausgerufene Generalstreik, der am 23.1.1948 in ganz Bayern durchgeführt wurde und an dem sich mehr als eine Million Arbeiter und Angestellte beteiligten. Vgl. dazu auch Anm.2 zum Brief Karl und Emma Grönsfelders vom 24.2.1948, S.210.

[2] Am 26.11.1947 lud die SED alle Parteien aus allen Besatzungszonen zu einem „Deutschen Volkskongreß für Einheit und gerechten Frieden" für den 6./7.12.1947 nach Berlin ein. Aus den Westzonen sagte als einzige Partei die KPD zu, allerdings nahmen an dem Kongreß auch Einzelpersonen

Gefühl als ob die Teilung Deutschlands, so wie sie jetzt besteht, nicht mehr rückgängig gemacht wird, denn wie es in einem Deutschland zugehen wird in dem private Großbetriebe, die mit dem internationalen Kapital verflochten sind, private Mittelbetriebe, Produktionsgenossenschaften, landeseigene Betriebe und sowjeteigene Betriebe nebeneinander wirtschaften sollen, dazu die ungeheuer großen Unterschiede in der reformierten Landwirtschaft, ist mir völlig unklar. Man wird eben bei den Verhandlungen unter diesen Umständen nie zu einem Ergebnis kommen und die Ostzone wird die Republik Nr. 17 der UdSSR. Mit Gewalt läßt sich eben das alte Deutschland nicht mehr herstellen, aber unter dem jetzigen Zustand kann es die Arbeiterklasse auch nicht länger aushalten. Unseren alten Lebensstandard wieder zu erhalten, wird noch langer zäher Kämpfe bedürfen.

Nun lieber Freund, auch Du und Ihr anderen über dem großen Wasser werdet Eure Sorgen haben. Ich wünsche Euch alles Gute und Erfolge in Eurem Lebenskampf. Die herzlichsten Grüße sendet Dir und allen Freunden

Euer Fritz Nagel u. Familie[3]

Otto Werner Mager* an den Solidaritäts-Fonds

Bamberg, den 5.2.1948
Schützenstr. 7

Liebe Genossen!

Über Euer Lebensmittelpaket habe ich mich so von Herzen gefreut, denn es sind ja nun schon so viele Jahre her, wo wir gemeinsam kämpften und wir, die wir hier geblieben sind, eine schwere Zeit durchmachen mußten. Man verhaftete uns, nahm uns in Schutzhaft und sperrte uns dann schließlich ins Gefängnis. Nun ist diese dunkle Zeit vorbei, und trotzdem stehen wir vor schier unüberwindlichen Schwierigkeiten. Aber trotzdem sind wir wieder die alten und stehen nun wieder am alten Fleck wie vor 1933. Wir sind unermüdlich tätig, die letzten Reste des Nazismus zu beseitigen, und sind bemüht die Arbeiterschaft in eine geschlossene Front zu bringen. Aber man hat vorläufig

---

teil, die anderen Parteien angehörten. Der „1. Deutsche Volkskongreß" verabschiedete ein Manifest an die in London tagende Konferenz der Außenminister der vier Alliierten. Nach den Vorstellungen von SED und KPD sollte die Volkskongreßbewegung eine gesamtdeutsche Massenbewegung werden; die KPD plante für Anfang 1948 Volkskongresse in den einzelnen Ländern der Westzonen, die aber 1948 von den westlichen Besatzungsmächten verboten wurden. Die KPD erreichte aber ohnehin ihr Ziel nicht, über die aktuellen Themen deutsche Einheit und Friedensvertrag Mitglieder der SPD und der nicht-sozialistischen Parteien für die Volkskongreßbewegung zu gewinnen und auf diese Weise ihren Einfluß in den Westzonen wieder zu stärken.

[3] Am 10.5.1948 schrieb Helene Nagel an Joseph und Erna Lang:
Liebe Familie Lang, liebe Gesinnungsfreunde!
Schweren Herzens muß ich Euch mitteilen, daß mein lieber Mann, Euer aufrechter Freund nach einem schmerzensreichen Leben am 6.Mai verschieden ist [...] Nun ist er erlöst und so haben wir seinen Leib am 8.Mai in die kühle Erde gebettet. Es war eine wirklich ehrenvolle Beisetzung, ein kleines Ereignis für Bamberg, denn wir sind konfessionslos und so war kein Pfarrer anwesend, sondern ein lieber Freund Emil Deutsch* hielt die Trauerrede, oder besser gesagt, widmete ihm einen herzlichen Nachruf. Viele Organisationen waren vertreten und taten mit herzlichen Worten und reichen Kranzniederlegungen ihr Beileid kund. [...] Euch aber ihr Lieben alle, die Ihr ihm und uns so unendlich viel Gutes getan, ruft Euer toter Freund einen herzlichen Abschiedsgruß und ein herzliches Lebewohl zu. [...]

noch nicht viel gelernt, denn das gegenseitige Bekämpfen ist wieder im vollen Gange.
Unsere erste Aufgabe muß es deshalb sein, eine einheitliche und geschlossene Gewerkschaftsbewegung zu schaffen, um gegen die auflebende Reaktion gewappnet zu
sein. Wir haben da schon beachtliche Erfolge erzielt. Wir wollen nun diejenigen sein,
die für den Frieden kämpfen, damit nicht noch einmal das Unglück über uns herein-
bricht. Denn die Nachwirkungen des wahnsinnigen Krieges sind fürwahr schrecklich.
Vor allem der brave Arbeiter, der alle seine Kräfte zum Wiederaufbau einsetzt, muß
arg darben, während die Schieber, Schwarzhändler und Nichtstuer ein herrliches Leben führen und die deutschen Stellen nicht genügend durchgreifen. Deshalb hatten wir
kürzlich hier in Bayern 24 Stunden Arbeitsruhe, welche in aller Ruhe und Disziplin
durchgeführt wurde[1]. Unsere Aufgabe ist schwer, und doch müssen wir es schaffen.
Deshalb war ich tief beeindruckt, als ich das Paket von Euch erhielt. Denn es war mehr
als ein Paket. Es war ein Zeichen, daß Ihr uns in unserer schweren Zeit doch nicht vergessen habt. Allen Genossen nochmals meinen herzlichsten Dank!

Mit herzlichen Grüßen
Werner Mager

Otto Werner Mager an den Solidaritäts-Fonds

Bamberg, den 12.7.1948
Schützenstr. 7

Liebe Genossen!

Vor einigen Tagen erhielt ich Eure so netten Zeilen. Ich freue mich jedesmal sehr,
wenn ich von Euch wieder eine Antwort erhalte. Habt recht herzlichen Dank dafür.
Vom Tod Fritz Nagels* habt Ihr ja Nachricht erhalten. Er hatte eine wunderbare letzte
Fahrt. Die Beteiligung der gesamten Bamberger Arbeiterschaft war sehr groß und die
Grabreden wollten gar kein Ende nehmen. Man hat gesehen, daß Fritz eben überall
sehr beliebt war. Ich komme sehr oft mit seiner Frau und seiner Tochter zusammen.
[…]
Bei uns hier hat sich in den letzten Wochen auch so allerhand ereignet. Nun ist endlich
die langersehnte Währungsreform in Gang gekommen. Nur hatten wir gehofft, daß die
kleinen Sparer und braven Arbeiter etwas berücksichtigt würden, aber leider sind wir
enttäuscht worden. Vor allem sind wir sehr erstaunt, daß es auf einmal so viele Waren
gibt, welche wir seit Kriegsende nie zu Gesicht bekommen haben. Es ist eben alles gehortet worden. Die Preisüberwachung ist auch teilweise aufgehoben worden und deshalb das rapide Steigen derselben. Mag manches für uns Schaffende auch schwer sein,
besonders die Überwindung der momentanen Übergangszeit, so sind wir doch froh,
daß unsere Arbeit jetzt wieder an Wert gewinnt, denn man kann sich jetzt auch wenigstens etwas kaufen. Die Ernährungslage hat sich in der letzten Zeit auch wesentlich gebessert, vor allem da es jetzt sehr viel Gemüse gibt. Auch haben wir gegenüber vorigem
Jahr ausgiebig Regen. Wir denken, daß es doch nun besser werden wird. Gerade in der
letzten Zeit war die Lage der Arbeiterschaft fast hoffnungslos und es kostete unsere

---

[1] Gemeint ist der 24stündige Generalstreik in Bayern am 23.1.1948; vgl. dazu Anm. 1 zum Brief Fritz
Nagels vom 20.3.1948, S.232; sowie Anm. 2 zum Brief Karl und Emma Grönsfelders vom 24.2.1948,
S.210.

ganze Mühe, daß sie vernünftig blieb. Der Radikalismus nahm oft beängstigende Formen an. Auch nahmen die separatistischen Bewegungen innerhalb Bayerns stark zu. Nun ist durch die Berliner Krise wieder eine neue schwierige Lage entstanden. Unser Wunsch und Ziel ist und bleibt es danach zu streben, daß recht bald ein einheitliches Deutschland wieder erstehen möchte, denn sonst wird es bei uns keine Ruhe geben. Die Russen haben eben andere Ziele und da gehen sie keinen Schritt davon zurück. Wir wollen nur hoffen, daß uns endlich nach so vielen Jahren des Jammers und der Not endlich einmal Friede wird. Wir wollen als schaffende Menschen unsere ganze Kraft dafür einsetzen, verlangen aber, daß wir mitarbeiten dürfen, was durch unsere Gewerkschaftsbewegung erfolgen müßte. Nur glaube ich, daß eines Tages doch die einheitliche Gewerkschaftsbewegung in die Brüche gehen wird und wir wieder zu dem alten System zurückkehren, anstatt die Lehre aus Vergangenem zu ziehen. Der Arbeiter hier in Bayern ist eben ein anderer Schlag als in der früheren Heimat. Wollen wir hoffen, daß doch einmal eine bessere Zeit auch für uns wieder einmal kommen wird. Wir wollen unsere ganze Kraft dafür einsetzen.

Liebe Genossen! Habt Dank, daß Ihr meinen Namen mit nach der Schweiz gegeben habt.

Ihr schreibt mir auch, wenn ich einmal etwas an Bekleidung benötigen sollte, dann möchte ich es Euch mitteilen. Mir liegt das Betteln nicht, und wenn ich mit einer Bitte komme, dann wird es sicher die einzige sein. Da ich auch alles verloren habe, fehlt es mir an einer Hose und Jakett. Sollte mein Wunsch Euch nicht zuviel sein, so danke ich Euch schon herzlichst im Voraus. Meine Größe beträgt 1,78 mtr. Die Anzugsgröße kann ich Euch leider nicht angeben, da es schon fast nicht mehr wahr ist, seitdem ich mir den letzten Anzug kaufen konnte. Meine Figur ist schlank wie bei allen Arbeitern. Habt für Euren Brief nochmals recht herzlichen Dank und die besten Grüße und Wünsche sendet Euch

Euer Werner Mager

Otto Werner Mager an den Solidaritäts-Fonds

Bamberg, den 15.8.1949
Schützenstr. 7

Liebe Freunde!

Nun wird es aber höchste Zeit, daß ich Euch wieder einige Zeilen schreibe. Euer Paket haben wir mit großer Freude erhalten. Unterdes ist uns eine Tochter, Irene Brigitte, geboren worden. Obzwar ich lieber einen Jungen gehabt hätte, bin ich trotzdem sehr froh, denn es ist alles gesund und munter. Das Töchterchen macht jeden Tag neue Fortschritte und es bereitet einem täglich immer mehr Freude. Ich glaube, daß Ihr eine gute Nase gehabt habt, daß es eine Tochter geworden ist, denn Ihr schicktet uns ein paar nette Kleidchen. Wir haben diese bereits schon angezogen, und da sieht sie allerliebst aus. Ihr habt uns damit eine sehr große Freude bereitet. Auch meine Nichte, das Flüchtlingsmädel, hat sich über die Kleider sehr gefreut und wird Euch ein paar Zeilen mit beilegen. Für sie ist es ja doppelt schwer, da sich ihre Eltern noch im polnisch besetzten Teil von Oberschlesien befinden. Wir haben uns ihrer angenommen, denn da hat sie wenigstens einen Halt und ein Zuhaus. Ich selbst bin ja noch nie ein Egoist gewesen und habe immer geholfen soweit es mir selbst möglich war. Nun hat sich auch unsere Wohnraumlage etwas gebessert, denn wir haben noch ein Zimmer dazu bekommen und leben für uns in dem Hause abgeschlossen von den anderen Mietern. Es gibt eben heute noch sehr viele unvernünftige Menschen, mit denen man am liebsten nicht in Berührung kommen möchte. Die Not und das Elend waren eben nach diesem Krieg zu groß. Unser Los hat sich seit der Währungsreform nun doch in vielem gebessert. Jetzt gibt es wenigstens wieder genügend zu essen, und auch sonst hat sich manches zum Guten verändert. Nur sind die Lebenshaltungskosten noch sehr hoch und es langt gerade zum Essen und für die nötigsten Anschaffungen. Zur Zeit stecken wir in einer schweren Krise, denn es gibt eine sehr hohe Zahl von Arbeitslosen und Kurzarbeitern, was sich merklich bemerkbar macht. Als Gewerkschaftsfunktionäre haben wir jetzt sehr viel Arbeit, denn es will vielen geholfen sein. Es ist nur gut, daß es wenigstens in der Gewerkschaftsbewegung eine Einheit gibt, obzwar von verschiedenen Seiten der Versuch gemacht wird diese wieder zu zerreißen. Wollen wir aber hoffen, daß dieses nicht gelingt, denn die Zersplitterung innerhalb der Arbeiterschaft politisch gesehen ist genau so arg wie wir es vor 1933 feststellen mußten. Der Wahlkampf zum Bundestag hat dies wieder recht deutlich gezeigt. Gestern haben ja nun die Wahlen stattgefunden, und da hat sich ein merklicher Rechtsruck bemerkbar gemacht, der zeigt, daß die Arbeiterparteien eben nicht in der Lage sind, die Masse der Arbeiterschaft einem großen Ziel entgegenzuführen[1]. Wenn wir nicht noch mehr eine rückläufige Bewegung machen wollen, müssen in Zukunft neue Wege gefunden werden, nur wird dies ein schwerer Kampf sein bei der Zersplitterung der Arbeiterschaft. Wir können nur hoffen, daß die Ereignisse der Vergangenheit doch noch einen Weg finden lassen, um nicht noch einmal eine gleiche Lage herauf zu beschwören. Leider vermissen wir hierbei die Jugend, welche wir früher hatten. Die Aufgaben sind in Zukunft für uns keine leichten. Ich jedenfalls will versuchen im Rahmen der Gewerkschaft diesem Ziele näherzukommen, denn nur hier ist es bis jetzt möglich gewesen, von einer einheitlichen Bewegung zu sprechen.

Nun habe ich Euch einiges aus unserem Geschehen mitgeteilt und ich glaube, daß auch Ihr rege daran interessiert seid, was noch werden wird. Für heute will ich meine Zeilen beenden in der Hoffnung, daß es Euch allen recht gut gehen möge, und grüße Euch auf das herzlichste

Euer Werner Mager nebst Gattin

---

[1] Zum Ergebnis der Wahlen zum ersten deutschen Bundestag vgl. Anm. 3 zum Brief Oskar Triebels vom 12.8.1949, S.88.

Herbert A. Tulatz* an Joseph Lang

Metzingen/Württemberg, den 17.7. 1948

Lieber Jola!

Ich danke Dir für Deinen Brief vom 28.6., der für mich sehr interessant war. Es freut mich, daß Ihr meine Sendungen, die ich aus der amerikanischen Zone an Euch gehen ließ, erhalten habt.

An Ilse Hacks* schreibe ich mit gleicher Post. Sie will in eine neue Heilanstalt im Schwarzwald gehen.

Vielen Dank für die neuen Anhaltspunkte für die Opferliste[1]. Von den Genannten habe ich Ehlers* auf dem Nürnberger Parteitag der SPD kurz gesprochen. Er wurde mir von Paul Lohmann, Neumünster, Brunnenkamp 2, vorgestellt. Paul hat damals in Neumünster die SAP begründet und ging kurz vor der Nazimachtübernahme zur KPD und wurde dort Sekretär. Dann ging er zweimal durch Zuchthaus und KZ, und wir fanden uns schließlich in Fort Devens, Mass., wo er in unserem Lager eine sehr gute Rolle als Herausgeber des „PW" und Redner spielte. Er ist jetzt Landtagsabgeordneter der SP. – Inzwischen hat mir Walter Hammer* mehr über das Schicksal von Franz Bobzien* mitgeteilt. Franz sei 1941 als Häftling des KL Sachsenhausen beim Bombensuchen umgekommen.

[...]

Obwohl BERLIN das Thema Nr. 1 in Deutschland sein sollte, beschäftigt sich der kleine Mann – vor allem in Süddeutschland – viel mehr mit den Auswirkungen der Währungsreform. Die SP hat hier zu Kundgebungen aufgerufen, an denen die bürgerlichen Parteien zum Teil mit aufmarschieren. Das Echo ist aber nicht zu groß. In der englischen Zone scheint es besser zu sein. Hier bewirken diese Kundgebungen zunächst, daß die Kluft zwischen der SP und der KP noch viel weiter aufgerissen wird und daß man bei dieser Gelegenheit wieder vielen Kommunisten in Ämtern den Garaus macht. Berlin ist zweifellos wichtig, für die Bewegung wäre es aber ebenso wichtig, klare Stellung zur Währungsreform und zum kommenden Lastenausgleich zu nehmen und *dafür* eine große Agitationswelle zu entfachen, die heute auf sehr großes Interesse stoßen würde. Bei Berlin befürchte ich immer, daß wir die Vorreiter für alliierte Interessen sind und eines Tages im Stich gelassen werden.

Über die rigorose Währungsreform werdet Ihr schon viel gehört haben. Die kleinen Sparguthaben (bei einer fünfköpfigen Familie z. B. RM 2 800) sind restlos weg. Die Freischaffenden sind in einer verzweifelten Situation. Plievier, der Autor von „Stalingrad" zum Beispiel, der sich jetzt in unserer Zone am Bodensee niedergelassen hat, besaß vor einer Woche noch 10 DM. Er hat nur ein Konto in Berlin, wo er zur Zeit nichts herbekommen kann. Es ist fast ausgeschlossen, daß ein Verleger jetzt auch nur einen kleinen Vorschuß zahlen kann. Vorläufig kann jedes Unternehmen nur über 50% seines im Verhältnis 10 : 1 zusammengelegten Guthabens verfügen. Die Betriebe, die kei-

---

[1] Herbert A. Tulatz sammelte Informationen über SAP- und SJV-Mitglieder, die während der NS-Diktatur verfolgt worden waren. Eine im Briefbestand überlieferte Liste vom Mai 1948, in der Tulatz zufolge ganze Bezirke fehlen, enthält die Namen von 388 verfolgten Linkssozialisten.

ne schnellverkäuflichen Waren haben, müssen Kredite aufnehmen, die schwer erhältlich sind und bis zu 9% kosten. Wenn auch offiziell eine Lohnerhöhung von 15% möglich geworden ist, so sind die Reallöhne von *einer* Seite her doch schwer angeschlagen.
Durch die unnatürlichen Verhältnisse vor der Währungsreform zahlte man schwarz in
bar oder in Deputaten meistens höhere Löhne und Gehälter als zulässig war. Dies fällt
mit einem Schlage fort. Die Arbeitslosigkeit ist noch nicht bedeutend gestiegen. Bei uns
hier fast unmerklich. Der Reallohn erfährt eine gewisse Erhöhung dadurch, daß jetzt
Waren für Pfennige erhältlich sind, die man vorher überhaupt nicht sah. Dies fängt an
mit Senfgurken und hört auf mit Sicherheitsnadeln. Um etwas über die Zigarettenwäh-
rung (Camel etc.) zu sagen: Wer bisher über 250 RM im Monat verfügte, konnte sich
bisher 2½ Schachteln kaufen. Jetzt kann er von diesem Geld über 60 Packungen kaufen. Der schwarze Markt in Zigaretten steigt schon wieder. Dies kommt daher, weil
durch die hohe Tabaksteuer eine Schachtel sehr schlechter deutscher Zigaretten
DM 2,80 mindestens kostet. Unter Umständen gibt es aber amerikanische Zigaretten
schon für 3 DM die Packung! Das gleiche ist beim Bier eingetreten. Die Steuern sind so
hoch und das Bier noch so schlecht, daß man in Bayern bei den Brauereien Kurzarbeit
einführen mußte und Hunderte von Hektolitern auslaufen ließ. Kriedemann vom PV
der SPD[2] hat einen ausgezeichneten Artikel über die plötzliche Warenflut geschrieben.
Er geißelt den Betrug am deutschen Volke und auch am Auslande. Jahrelang haben wir
unsere ausländischen Freunde um Kämme und Zahnbürsten angebettelt und in der
Nacht vom 19. zum 20. Juni tauchten sie paketweise auf. Vorher wurden Enthortungs-
gesetze abgelehnt, weil man keine Hortungen in nennenswertem Ausmaße festgestellt
haben wollte.
Über den persönlichen Sorgen anläßlich der Währungsreform vergißt fast das ganze
deutsche Volk, an die politischen Folgen für Deutschland zu denken. Unsere Besa-
zungsmacht ist wieder recht unfreundlich geworden, weil die französisch besetzten
Landesregierungen nicht so spuren, wie gewünscht. Hier ist weder von einer Locke-
rung der Bewirtschaftung, noch von einem Abbau der Befugnisse der Besatzungsmacht
etwas zu spüren. Dies wirkt sich noch in den kleinsten Lebensregungen des Volkes aus.
[...] Die Nahrungsmittelversorgung ist besser geworden. Einmal, weil jetzt in den
Städten ein Angebot seitens der Bauernschaft spürbar ist und zweitens, weil auch die
offiziellen Rationen langsam höher werden. Außerdem sind die Ernteaussichten nicht
schlecht und es war z.B. schon ein ganz erheblicher Gemüseanfall zu verzeichnen.
Durch die einseitigen Maßnahmen der Franzosen ist das Steuersäckel unserer Länder
schwer betroffen worden: In der Bizone ist die Bewirtschaftung von vielen Artikeln
aufgehoben worden, während bei uns mit Polizeigewalt auf die Einhaltung der alten
Vorschriften geachtet wird. Nun hat die Bevölkerung ein Rausch nach Waren gepackt,
die sie jahrelang nicht sah. Sie trägt die kostbare D-Mark in die Bizone. Durch die
scharfen Bedingungen des Währungsschnittes waren auch Wirtschaft und Handel gezwungen, schnell Lagerbestände abzustoßen. Da dies in unserer Zone nur beschränkt
möglich war, ist auch viel Ware nach der Bizone abgewandert.
Ihr könnt Euch gar keinen Begriff davon machen, wie sehr sich das Bild in Westdeutschland nach der Währungsreform gewandelt hat. Volle Läden, äußerst höfliche
Bedienung in Geschäften, Ämtern und öffentlichen Verkehrsmitteln, sparsamste Haus-
haltung bei den Behörden (die Vermögen der Körperschaften, Gemeinden, Kreise usw.
wurden auf Null abgewertet!), Beamtenabbau, Rückgang des Zeitschriftenverkaufs bis

---

[2] Herbert Kriedemann (1903–1977): Agrarexperte der SPD, 1949–1972 MdB.

auf 20% der bisherigen Umsätze, verschärfte und kurzfristige Zahlungsbedingungen für alle Lieferungen. Der Wechsel wird wieder üblich. Kein Streik seit der Währungsreform, erhöhte Arbeitsproduktivität um 30%. Zutagetreten der unsichtbaren Arbeitslosigkeit, verstärkte Kurzarbeit und einige Entlassungen. Dickere Zeitungen und zum Teil häufigeres Erscheinen. Nun ist vom bizonalen Wirtschaftsrat auch die vollkommene Gewerbefreiheit verkündet worden. Süddeutscher Länderrat und verschiedene Fachverbände protestieren. Den Verlegern in der französischen Zone, die im Augenblick kein Papier für Bücher zugeteilt bekommen, können jede alte Buchlizenz noch einmal verwenden, wenn sie sich Papier hierfür aus der Bizone verschaffen oder welches ihrem Lager entnehmen (Amnestie für die Hortung!). Die Massenveranstaltungen des schwarzen Marktes vor den deutschen Bahnhöfen sind verschwunden, obwohl der schwarze Markt wieder aufholt. Die Eisenbahnen sind nur noch halbvoll, alle Zulassungsbeschränkungen gefallen. Die Bahnhöfe, bisher Tummelplatz aller Heimatlosen und Schieber und Faulenzer sind fast menschenleer. Riesige Übernachtungsbaracken werden auf einmal nicht benötigt. In Hamburg sind 30000 „fluktuierende Elemente" plötzlich verschwunden. Man fragt sich, wohin? Ich glaube, daß die meisten zu Verwandten gegangen sind oder sich schnellstens nach einem festen Arbeitsplatz umgesehen haben. Die meisten Studenten befürchten, daß sie ihr Studium nicht fortsetzen können und versuchen sich als Werkstudenten. Die Preise ziehen an: Textilien, Schuhe, Kohle, Stahl, Elektrizität, Gas, Milch, Butter, Papier (50–70%). Im Gegensatz zur Ostzone, wo die Parteivermögen zu 100% umgewertet worden sind, haben die Parteien bei uns ihr Vermögen bis auf ¹⁄₁₀ verloren. Der Organisationsapparat wird verkleinert und das Leben in den Parteien hat zunächst ein langsameres Tempo angenommen. Ein by-product hat sich noch ergeben: Die Nazis, die bisher auf Grund ihrer politischen Belastung stellungslos waren und die bisher über die von ihnen zu zahlenden Sühnebeträge lachten, sind in die Klemme geraten. Konnten sie sich bisher auf ihren Geldpolstern ausruhen, so ist dies über Nacht anders geworden. Jetzt erst fühlen sie die Stellungslosigkeit und da neue Sühnebeträge in DM zu zahlen sind, ist die ganze Sache kein Spaß mehr.

Ihr werdet gemerkt haben, daß der Brief in Etappen geschrieben wurde. Dazwischen liegt eine Geschäftsreise nach Baden-Baden. Jetzt muß man vor solch einer Reise genau kalkulieren, ob es sich auch lohnt. Noch konnten wir die Junigehälter nicht voll auszahlen.

Inzwischen haben wir durch unseren Stuttgarter Freund das Textilpaket mit den angenehmen Beilagen erhalten. Meine Frau ist rein aus dem Häuschen. Sie ist schon beim Trennen und Waschen. In der Länge sind die Größen richtig, dagegen ist unser Leibesumfang überschätzt worden. Vielen herzlichen Dank! Konnte man die Sachen, die Ihr uns geschickt habt, bisher effektiv nicht bekommen, so sind es jetzt finanzielle Gründe, die diese Sendung hochwillkommen gemacht haben. Ich hoffe, daß ich Recht habe, wenn ich sage, daß die Spenden aus dem Auslande in Zukunft im Etat des Einzelnen nicht mehr eine so entscheidende Rolle wie bisher spielen werden.

Ich hoffe, daß Euch dieser Brief einen kleinen Einblick in das Westdeutschland der D-Mark gegeben hat. Mit den besten Wünschen und Grüßen an Euch und alle Freunde

Euer Herbert und Frau

STUTTGART

Wilhelm Kress* an den Solidaritäts-Fonds

Stuttgart-Zuffenhausen, den 24. 12. 1946
Elsässerstr. 5

Liebe Kameraden und Genossen!

Über das International Rescue and Relief Committee in Genf ist mir heute durch das Arbeiterhilfswerk in der Schweiz mitgeteilt worden, daß ich ein Paket abholen kann, das mir von Euch für mich gestiftet wurde. Ich freue mich, auf diesem Wege eine Erinnerung daran zu bekommen, daß die deutschen Arbeiter nicht nur auf bürgerliche Wohltätigkeit aus den „Siegerländern" rechnen können, sondern auch auf die einfache Solidarität der dortigen Klassengenossen. Das erscheint mir beinahe noch wichtiger und für unsere Lage stärkender als der voraussichtliche Inhalt des Paketes. Das soll nicht heißen, daß dieser Inhalt nicht erwünscht oder nicht notwendig wäre, ganz im Gegenteil. Gerade für uns, die wir nicht von der Sonne eines großen Apparates beschienen werden, ist jede Hilfe in dieser nüchternen materiellen Hinsicht im Augenblick besonders wichtig.

Ich will Euch nicht in Einzelheiten die Lebensverhältnisse schildern, denen wir im Augenblick unterworfen sind. Die Zahl der uns zugestandenen 1 200 Kalorien sagt alles, und wenn Ihr dazu wißt, daß der Lohnstop praktisch noch in Kraft ist, während Kontrollratsgesetze teilweise lebensnotwendige Dinge im Preis auf das Fünf- bis Sechsfache gesteigert haben, dann könnt Ihr Euch vorstellen, daß diejenigen, die unter dem Nazismus gelitten haben – und das waren in erster Linie die Arbeiter – auch heute wieder am stärksten von den momentanen Verhältnissen betroffen sind.

Ich selbst gehöre zwar nicht direkt zu den Handarbeitern. Ich habe die Nazizeit, wenn auch von Hitler ausgebürgert und unter größten Entbehrungen, in der Emigration überstanden. Ich bin seit September vorigen Jahres aus der Schweiz, wohin ich mich nach der Totalbesetzung Frankreichs noch retten konnte, wieder zurückgekehrt. Ich bemühe mich im Augenblick, unter wahrlich großen Schwierigkeiten, auf einem Gebiet zu arbeiten, das für die zukünftige Entwicklung Deutschlands im allgemeinen, der Arbeiterklassen und ihres Kampfes im besonderen, von entscheidender Wichtigkeit ist. Als öffentlicher Kläger der hiesigen Spruchkammer bin ich bestrebt, aus den Erfahrungen der zwölf Jahre Hitler-Zeit die Konsequenzen gegenüber den Trägern und den Machern des Nationalsozialismus im Rahmen der Möglichkeiten zu ziehen, die uns die Besatzungsmächte gestatten. Ich weiß, daß es Stückwerk ist, solange diese gründliche Reinigung und Abrechnung mit den Kräften des Faschismus nicht ureigenste Sache der deutschen Arbeiter und des deutschen werktätigen Volkes geworden ist. Ich bemühe mich, das zu erreichen oder zumindest herbeizuführen.

Jetzt versteht Ihr vielleicht das eingangs Gesagte, daß bei dieser Tätigkeit und in dieser Situation Eure solidarische Hilfe uns von Wichtigkeit ist, weil sie gleichzeitig uns Hoffnung gibt, daß wir für die Forderung unserer Souveränität und selbständigen Entscheidung auch auf Eure internationale Solidarität rechnen können.

In diesem Sinne nochmals meinen besten Dank für Eure Hilfe. Ich freue mich, von Euch auch einmal eine Nachricht zu erhalten.

Mit kameradschaftlichen Grüßen
Euer Willi Kress

Richard Schmid* an Joseph Lang,

Stuttgart-Sonnenberg, den 23.6. 1946
Danziger Str. 7

Lieber Freund,

zuerst bedanke ich mich für Deinen Brief vom 9. Juni und für das sehr schöne Paket, das ich gleichzeitig bekommen habe. Außerdem bitte ich Dich, meinen Dank an [George (Günther)] Eckstein* für das Bücherpaket auszurichten, dessen Empfang ich noch nicht bestätigt habe. Ich bitte, ihm zu sagen, daß diese Bücher gerade das waren, was meine Freunde und ich am bitter notwendigsten gebraucht haben. Besonders die beiden Bücher von Koestler haben in Anbetracht unserer Isolierung und Aushungerung wie eine Offenbarung gewirkt und trotz ihrer allgemeinen pessimistischen Tendenz wie eine Aufrichtung. Daß der sozialistische Gedanke, insbesondere seine internationalistischen und humanitären Bestandteile noch von solchen Leuten vertreten wird und noch so überzeugend auftreten kann, war eine wirkliche Herzstärkung, ganz abgesehen von dem Wert, den die Bücher als Information und Analyse bezüglich des russischen Komplexes für uns haben. Schade, daß ich die Bücher in englischer Fassung habe, denn die meisten Genossen, die sie brauchen würden, können nicht englisch lesen, und es fehlen mir Zeit und Hilfskräfte, sie in größerem Umfange übersetzen zu lassen. Zur Zeit bin ich mit der „Managerial Revolution" von Burnham[2] beschäftigt, das eine sehr schwere Probe auf die sozialistische Überzeugung des Lesers ist. Ich selber gedenke sie aber zu bestehen. Was Ihr freimachen könnt an Literatur dieser Art ist willkommen. Begierig sind wir auch auf die Zeitschrift „Politics"[3] und deren Sonderabdrucke. Von Koestler habe ich erhalten: „Darkness at Noon" und „The Yogi and the Commissar"[4]. Wie ich feststelle, gibt es noch mehrere Bücher von ihm. Er war uns bis jetzt ganz unbekannt. Deine Nachrichten über einzelne Genossen sind mir wertvoll. Ich bitte, allenthalben zu grüßen. Daß Jacob [Walcher]* dort hinüberhängt, habe ich schon im Jahre 1937 in Pa-

---

[1] Die folgenden Briefe Richard Schmids wurden aus einem umfangreichen Briefwechsel mit Joseph und Erna Lang ausgewählt.

[2] James Burnhams Buch erschien 1941 in New York unter dem Titel „The Managerial Revolution", 1948 in deutscher Übersetzung unter dem Titel „Das Regime der Manager". Burnham, 1905 in Chicago geboren, war bis zur Mitte der 30er Jahre ein Anhänger Trotzkis und wurde dann ein scharfer Kritiker des Sozialismus und des Kommunismus. In seinem Buch vertrat er die Auffassung, daß der Kapitalismus zum Untergang verurteilt sei, daß aber entgegen Marx nicht der Sozialismus sein Erbe sein werde, sondern das „Regime der Manager", d. h. derjenigen, die die Verfügungsgewalt über die Produktionsmittel als die technischen und bürokratischen Leiter des Produktionsprozesses haben und nicht identisch sind mit den Eigentümern. Das Proletariat werde im Zuge der „Revolution der Manager" nur seine Herren und Ausbeuter wechseln. Als Beispiele für das Einnisten des „Systems der Manager" galten ihm der New Deal und der Nationalsozialismus, während die Entwicklung in der Sowjetunion gezeigt habe, wie das „Regime der Manager" sich auf den Trümmern des Kapitalismus festsetzen kann. Als der eigentliche Verfasser der Theorie von der „Revolution der Manager" gilt der Trotzkist Bruno Rizzi; vgl. dessen unter dem Namen Bruno R. 1939 in Paris erschienenes Buch „La Bureaucratisation du Monde".

[3] Zur Zeitschrift „Politics" vgl. Anm. 7 zum Brief Adolf und Ella Ehlers' vom 22.9. 1946, S. 54.

[4] Arthur Koestler, geb. 1905 in Budapest. Journalist u. a. in Palästina und Berlin. 1931 KPD, 1933 Emigration, 1936–1937 Korrespondent einer englischen Zeitung im Spanischen Bürgerkrieg, von einem franquistischen Gericht zum Tode verurteilt, auf englischen Druck jedoch freigelassen. 1938 Austritt aus der KPD. In seinem Roman „Darkness at Noon" (1940, 1946 dt. „Sonnenfinsternis") analysiert K. die Mechanismen der Stalinschen Kommunistenverfolgung; der Essayband „The Yogi and the Commissar" (1945) erschien 1950 unter gleichem Titel in deutscher Übersetzung.

ris in einer langen Unterhaltung mit ihm festgestellt, von der ich kopfschüttelnd abgezogen bin. Meine persönlichen Beziehungen zu dieser Seite sind immer noch ziemlich lebhaft, weil tatsächlich auch unter diesen viel Gutes an Intelligenz und Charakter vorhanden ist, was man bis auf weiteres nicht abschreiben möchte. Im Laufe der Jahre wird sich schon herausstellen, was an Unabhängigkeit, Freiheitsbedürfnis und Vernunft noch vorhanden ist. Die Ablösung von einer Richtung, für die einer 12 Jahre im KZ war, ist schwer.

Zusammen mit einem Freund von der früheren Opposition [d. i. Louis Pilz*], der vor einigen Wochen von der französischen Gefangenschaft zurückgekehrt ist, wollen wir daran gehen, eine etwas engere Zusammenfassung der Leute unseres Schlages zuwege zu bringen. Erwin Lüscher* gedenke ich im Juli zu sehen, er hat mir die Einreiseerlaubnis nach der Schweiz verschafft.

Was die in Aussicht gestellten Kleidersendungen betrifft, so werden sie besonders dem oben erwähnten Freund hochwillkommen sein; er ist ganz abgebrannt aus Frankreich heimgekommen. Er ist 1,78 groß, sehr schlank, Schuhgröße 42. Wenn Ihr Lebensmittelpakete schicken könnt, so beachtet bitte, daß sehr knapp und wohl am rationellsten zu verschicken sind: Fett, Zucker, Eiweiß in Gestalt von Fleisch oder Kondensmilch, Seife.

Mit herzlichem Dank und vielen Grüßen
Dein Richard Schmid

Richard Schmid an Joseph Lang

Stuttgart-Sonnenberg, den 30. 12. 1946
Danziger Str. 7

Lieber Freund,

ich bedanke mich samt Frau und Kind herzlich für das Weihnachtspaket, das intakt in unseren Besitz kam. Es enthielt u. a. ein kostbares Ölkanisterchen und eine inhaltsreiche Nummer von „Foreign Affairs". An [George (Günther)] Eckstein* habe ich schon vor längerer Zeit den Empfang eines Care-Pakets, das Dich als Absender trug, bestätigt. Ich wiederhole meinen herzlichen Dank auch unmittelbar. Das Paket kam Ende Oktober. Desgleichen bestätige ich Deinen Brief vom 10. November 1946, der an mich und Albert Schmidt* gemeinsam gerichtet war. Inzwischen ist mir eine kurze Schweizerreise vergönnt gewesen, eine große Rarität für unseresgleichen und nur mit großen Umständlichkeiten zu realisieren. In Basel war ich Gast Erwin Lüschers*, der mein Genosse und Nachfolger als Zuchthaus-Bibliothekar in Ludwigsburg war; Ihr kennt Euch. Einen Bericht über meine Eindrücke werde ich Dir noch zugehen lassen.

Über die allgemeine politische Lage habe ich kürzlich einiges an Eckstein geschrieben. Was uns und unseresgleichen angeht, so scheint sich allmählich abzuzeichnen, daß ein Zusammenschluß unabhängiger freier und oppositioneller Sozialisten in irgendeiner Form nicht zu umgehen sein wird. Zwischen den Leuten, die sich täglich mehrmals gen Osten verneigen, und denjenigen, die die SPD als eine Posten- und Stellenvermittlung betrachten und reine Ministerialisten geworden sind, bildet sich allmählich eine qualitativ und quantitativ nicht unbeträchtliche Schicht heraus. Wir wollen aber nicht in den Fehler der amerikanischen Militärregierung verfallen, politische oder gar Parteiorganisationen zu bilden, ehe politische und wirtschaftliche Gegenstände und Ziele möglich

sind. Das wird erst dann der Fall sein, wenn die Militärregierung uns Stück für Stück die Souveränität zurückgibt. Die parlamentarischen und demokratischen Institutionen exerzieren bis jetzt erst mit Holzgewehren und das sogar mit veralteten Modellen (die Deutschen lieben eben die militärischen Bilder). Inzwischen gibt es noch enorm viel zu lernen und aufzuklären. Wenn ich bloß bedenke, mit welcher Naivität und Beschränktheit ich selber vor einem Jahr, als der Zusammenhang mit der Welt allmählich wieder hergestellt wurde, an die Probleme heranging! Das ganze Gesichtsfeld war damals durch Dinge wie Kollektivschuld, Denazifizierung, KZ-Enthüllungen und ähnliches verstellt. Inzwischen sind mir (und ich bin so unbescheiden zu sagen, durch mich manchen anderen) die größeren Zusammenhänge wieder deutlich geworden, nicht zuletzt durch Eure wertvolle literarische Hilfe. Allmählich ist es dahin gekommen, daß die Gespräche mit Genossen und Nicht-Genossen alle auf die Polarität zwischen der politischen Natur der Sowjet-Union und dem Begriff der persönlichen Freiheit hinauslaufen, welch letzteren wir Deutsche nach den Erfahrungen des Dritten Reiches ganz besonders gut zu definieren verstehen. Ihre Lösung kann jene Polarität meiner Meinung nach nur im Sozialismus finden, aber nur in einem Sozialismus, dessen wesentlicher Bestandteil die Internationalität ist, wobei man nicht radikal genug sein kann in der Verneinung und Bekämpfung aller nationalen Ideen und Begriffe, soweit sie nicht nur das Kulturelle betreffen. Sogar dieses Reservatgebiet des Nationalen würde noch am besten abgeschafft werden, wenn sich darin irgendein Nährboden für andersartige Nationalismen erhalten sollte. Das ist der Punkt, in dem wir am radikalsten sein müssen, und die Charakteristik der Sowjet-Union ist für den Sozialisten an und für sich schon mit dem unbedingten Nationalismus, der dort gepflegt wird, geliefert.
Ungemein bewegt hat mich Burnhams „Machiavellians". Der Mann hat eine so kalte und voraussetzungslose Denkweise, daß man gezwungen wird, eine höchst scharfe und kritische Inventur seiner Begriffe und Ideen vorzunehmen. Ich gehe zur Zeit damit um, darüber etwas zu schreiben. Meine seinerzeitige Besprechung der „Managerial Revolution" hat ungemein gewirkt. Ich glaube aber, daß bei der Besprechung der „Machiavellians" noch deutlicher zu sagen sein wird, daß Ideen und insbesondere die Idee des Sozialismus nicht nur Form und Oberfläche, sondern, historisch gesehen, wirksame Größen sind.
Die Weihnachtsgrüße von Dir und Deiner Frau erwidere ich mit der meinen herzlich. Zum Neuen Jahr wünsche ich Dir und Euch allen alles Gute

Dein Richard Schmid

Richard Schmid an Joseph Lang'

Stuttgart-Sonnenberg, den 19. 10. 1947
Danziger Str. 7

Lieber Jola,

[...] Obwohl Albert [Schmidt]* die Sache gegen unseren Rat und den Rat anderer, wie Peter Blachstein*, August Enderle* usw. unternommen hat, hat doch seine Extratour der Freundschaft kein Loch gemacht. Nur habe ich den Eindruck, als ob Albert selbst

---

' Der Brief befaßt sich im ersten, hier zum Teil abgedruckten Teil mit der Gründung der Arbeiter-Partei in Stuttgart durch Albert Schmid*; der zweite Teil des Briefes enthält lediglich Einzelheiten der Paketversendung.

inzwischen das Gefühl hat, sich verrannt zu haben. [...] Es ist ihm auch gar nicht gelungen, irgendeinen bedeutenderen Genossen zum Mitmachen zu bewegen; es sind alles namenlose Gestalten. [...] Eine Partei muß ein spontanes, aus einer politischen Bewegung oder aus einem politischen Konflikt erwachsenes Gebilde sein. Und was kann man schon von politischer Bewegung und politischen Konflikten reden bei unserer 0,5%igen Souveränität und 200%igen Not. Ich selber bin während des vergangenen Frühjahrs eine Weile damit umgegangen, einen „Bund freier Sozialisten" ins Leben zu rufen; als ich aber feststellen mußte, daß nicht nur die Gründung, sondern jede Zusammenkunft genehmigungspflichtig wäre, und daß man gewärtig sein muß, Fragebogen, Berichte, Rechenschaft über jede Person und jeden Dreck abzulegen und auf allen möglichen Dienststellen der Besatzungsmacht zu antichambrieren, habe ich die Sache wieder aufs Eis gelegt. [...]

Herzliche Grüße
Dein Richard Schmid

Richard Schmid an Joseph Lang

Stuttgart-Sonnenberg, den 21.2.1948
Danziger Str. 7

Lieber Jola,

[...]
Fritz O. [pel]* von Frankfurt war Anfang Januar da; ich habe ihn, als ich kürzlich in Frankfurt war, leider nicht angetroffen. Es ist mir aber gelungen, die beiden Genossen Oppler* und Gerold* zusammenzubringen, die schon seit Monaten höchst wichtige Funktionen versehen und, ohne etwas voneinander zu wissen, fast Wand an Wand sitzen. Gerold ist Herausgeber der einen Frankfurter Zeitung; er war das Dritte Reich über in Basel. – Allerdings habe ich mich bei dieser Frankfurter Reise nicht wenig geärgert. Einmal über den schauderhaften Bürokraten-Haufen und über den legislativen und administrativen Leerlauf, der dort klappert; dann aber auch darüber, daß die Sozialisten, die dort sitzen, so ernsthaft in dem demokratischen Scheingetriebe mitmachen, mit der CDU um die Posten raufen, ohne zuerst einmal den Kampf um die Souveränität aufzunehmen. Die Generäle sitzen um die Arena herum, rufen die einzelnen Nummern auf, geben Befehle und Zensuren. Volksmeinung und sogenannte öffentliche Meinung (in Presse und Parlamenten) geraten immer weiter auseinander und haben gar keinen Zusammenhang mehr. Und unterdessen bemächtigt sich doch die CDU der Volksmeinung und der nationalen Interessen. Die Linke läßt sich die Nazis zum Fraß hinwerfen und befriedigt daran ihr Bedürfnis, obwohl dieser Knochen längst abgenagt ist und obwohl es den Besatzungsmächten *darauf* schon längst nicht mehr ankommt, höchstens als einer Beschäftigung für die deutsche Linke. Es wäre höchste Zeit, daß sich die deutsche Sozialdemokratie die Stampfer'sche Linie[1], die ich aus der Volkszeitung entnehme, deutlich zu eigen macht.

---

[1] Anfang Januar 1947 veröffentlichten zehn frühere sozialdemokratische Reichstagsabgeordnete, darunter Siegfried Aufhäuser, Fritz Baade, Marie Juchacz*, Wilhelm Sollmann und Friedrich Stampfer, in der New Yorker „Neue(n) Volks-Zeitung", dem Organ der „German Labor Delegation", eine Erklärung, in der sie sich zu der für das Frühjahr 1947 bevorstehenden Konferenz der Außenminister

Ein interessantes Detail aus der Praxis der amerikanischen Besatzungspolitik will ich Euch nicht vorenthalten. Im Januar 1947 wurde hier der Bombenschmeißer Kabus (durch den übrigens niemand verletzt wurde) von einem amerikanischen Militär-Gericht zum Tode verurteilt[2]. Seine Zurechnungsfähigkeit war umstritten. Alter: etwa 20 Jahre. Über sein Gnadengesuch wurde jetzt (nach einem Jahr!) negativ entschieden, von Omgus – Berlin, wie die amerikanische Centralbehörde heißt. Da es sich um einen deutschen Staatsangehörigen handele, wünscht die Militärregierung, daß wir, d.h. die deutsche Justiz, die Hinrichtung vornehmen. Im Interesse des Prestiges der deutschen Justiz, aus Courtoisie. Wörtlich so! Mir selber ist es seit 1945 gelungen, ohne *eine* vollzogene Todesstrafe auszukommen, und nun sollen wir für die Amerikaner die Henker machen.

Wenn dieser Vorgang nicht charakteristisch wäre für das ganze Scheinwesen mit der Demokratie und für den cachierten Kolonialstatus, in dem wir leben, hätte ich ihn nicht erzählt; aber ich bin nun mal darauf angewiesen und in der Lage, aus meiner besonderen Justiz-Perspektive heraus Beobachtungen zu machen, und ich glaube mich nicht zu täuschen, wenn ich ihnen allgemeine Bedeutung zumesse. –

[...]

Nicht vergessen möchte ich zum Schluß den Dank für Eure unablässige und, wie ich mir vorstelle, geradezu aufreibende Fürsorglichkeit. Meine Wünsche habe ich ja schon gestanden. Ich will sie darin ergänzen, daß ich statt oder neben den Ledersohlen auch Gummi-Sohlen schätze, wobei meine enorme Schuhnummer (45) zu beachten ist; die meiner Frau 37.

Entschuldige die Klaue; meine Frau, die mir sonst schreibt, ist ganz vom Kind, das krank ist, in Anspruch genommen.

Grüße allerseits!
Dein RS.

---

der vier Alliierten in Moskau und den mit ihr verbundenen Verhandlungen über einen Friedensvertrag mit Deutschland äußerten. Sie wandten sich gegen die Abtrennung deutscher Gebiete, gegen die „Massenaustreibungen ganzer Bevölkerungen", gegen Demontagen und gegen die Beschränkung der Leistungsfähigkeit der deutschen Wirtschaft. Der Wortlaut dieser Erklärung ist abgedruckt in: Mit dem Gesicht nach Deutschland. Eine Dokumentation über die sozialdemokratische Emigration. Aus dem Nachlaß von Friedrich Stampfer, ergänzt durch andere Überlieferungen. Hrsg. von Erich Matthias. Düsseldorf 1968, S. 726–728.

[2] Der 23jährige berufslose Siegfried Kabus war Anführer einer „Organisation der ehemaligen SS-Angehörigen" (Deckname Odessa), acht ihrer zehn Mitglieder waren erst zwischen 17 und 19 Jahre alt. Die Gruppe verteilte in Stuttgart Flugblätter gegen die Urteile der Nürnberger Prozesse und zündete im Oktober 1946 vor den Spruchkammergebäuden in Stuttgart, Backnang (bei Stuttgart) und Eßlingen sowie vor einem Militärgefängnis in Stuttgart selbstgefertigte Bomben; weitere Anschläge waren vorbereitet. Kabus wurde als Hauptangeklagter im Januar 1947 zum Tode durch den Strang verurteilt, die eingelegte Revision wurde verworfen, das Urteil dann aber im Mai 1948 vom amerikanischen Militärgouverneur Clay in lebenslange Haft, später in eine zeitlich begrenzte Gefängnisstrafe umgewandelt.

Richard Schmid an Joseph Lang

Stuttgart-Sonnenberg, den 22.7.1948
Danziger Str. 7

Lieber Jola,

[...]

Durch die Währungsreform hat sich viel geändert, mehr zum Guten als zum Schlechten. Die Versorgung in Gemüse, Kartoffeln, Haushaltartikeln ist gut, diejenige in Textilwaren etwas besser; auch das Fleisch und Fett hat sich, wenn auch wenig, verreichlicht, ersteres ist diesen Monat auf 300 g gestiegen. Allerdings ist die Prognose, daß sich die sozialen Gegensätze verschärfen, ziemlich sicher. Die Preise haben die Tendenz, sich dem Weltmarkt anzupassen, und man befürchtet, daß das erste Angebot an Waren aus der allgemeinen Hortung bald nachläßt, die Produktion aus Mangel an Rohstoffen zurückgeht, eine Arbeitslosigkeit in größerem Umfang entsteht und aus dem letzteren Grund die Löhne sich nicht anpassen werden. Mißlich sind die Verhältnisse in der französischen Zone, wo sich die Franzosen den Hauptanteil des neuen Gelds gesichert haben und damit nun in ihrer Zone, in den andern Zonen und im Ausland aasen. Aus ein paar Nummern der „Wirtschaftszeitung", die ich gleichzeitig wegschicke, entnehmt Ihr näheres. Über die Staatsbildung und das Besatzungsstatut kann ich keine bestimmte Meinung zurechtmachen; von letzterem halte ich blitzwenig. Bisher bemerkt man nur die Vorauswirkung, daß die Ämter der Militärregierung ihre Aktivität steigern und darauf ausgehen, ihre Unentbehrlichkeit zu beweisen und ihre Kompetenzen zu vermehren. Das ökonomische Sein dieser Herren bestimmt ihr Bewußtsein.
Ein Vorgang in Württemberg-Baden ist vielleicht von Interesse: Wir haben ja noch eine Koalition aller Parteien mit einem KPD-Arbeitsminister (Kohl), einem früheren KPO-Mann aus Mannheim. Es ist der, der das Betriebsrätegesetz lanciert hat und den in diesem Punkt, soviel ich beobachten kann, die drei SPD-Minister herzlich wenig unterstützen[1]. Nun soll er im Zusammenhang mit der Berliner Sache aus der Regierung geworfen werden, auf gemeinsame Initiative von CDU und SPD. Bei der letzteren begrüßt man offenbar die Gelegenheit, den unbequemen Aktivisten loszuwerden[2]. Mein Vorstoß wegen des Betriebsrätegesetzes blieb ziemlich allein.

Herzliche Grüße an Dich und die Freunde
Dein RS.

---

[1] Art. 22 der württemberg-badischen Verfassung legt eine Beteiligung der Arbeitnehmervertreter „an der Verwaltung und Gestaltung der Betriebe" fest; zur Ausfüllung dieser Rahmenbestimmung versuchte der Arbeitsminister Rudolf Kohl (KPD) 1947 eine gleichberechtigte Mitbestimmung der Betriebsräte vergeblich durchzusetzen; die Landtagsmehrheit von CDU und DVP schwächte in der auch von den SPD-Ministern mitgetragenen Regierungsvorlage das Mitbestimmungsrecht in wirtschaftlichen Fragen stark ab. Am 4.10.1948 suspendierte die US-Militärregierung alle das wirtschaftliche Mitbestimmungsrecht betreffenden Paragraphen vollends. (Vgl. dazu Carl Böhret: Probleme politischer Entscheidung am Beispiel der Auseinandersetzungen um ein Mitbestimmungsgesetz in Württemberg-Baden 1945/1949. In: Politische Vierteljahresschrift. 8. Jg., 1967, H. 4, S. 608–624)
[2] Nach einem Mißtrauensantrag der Landtagsmehrheit von CDU, DVP und SPD wurde Arbeitsminister Rudolf Kohl (KPD) am 23.7.1948 von Ministerpräsident Reinhold Maier (DVP) entlassen, da eine vertrauensvolle Zusammenarbeit nicht mehr möglich sei, nachdem sich die KPD nicht klar genug von der sowjetischen Berlin-Blockade distanziert habe; als weiterer Grund wird Kohls kompromißloses Eintreten für ein weitgehendes Mitbestimmungsrecht angesehen. Aus den anderen westdeutschen Landesregierungen waren KPD-Minister nach der kommunistischen Machtübernahme in der ČSSR und dem Beginn der Blockade Berlins schon im Frühsommer 1948 entlassen worden.

Richard Schmid an Joseph Lang

Stuttgart-Sonnenberg, den 2.6. 1949
Danziger Str. 7

Lieber Jola,

[...] Ich erinnere mich lebhaft der Zeit von 1934 bis 1936, als vom Ausland die Emigrantenblättchen kamen, unter anderem auch das „Banner"[1] seligen Angedenkens und man sich gelegentlich blau ärgern mußte über die zeitungspapiernen und wirklichkeitsfernen Meinungen und Meldungen, durch deren Verbreitung zahllose Leute in Gefahr und ins Zuchthaus gerieten. Es ist einfach menschenunmöglich, die soziale Atmosphäre mit allen ihren Schwankungen an Temperatur und Spannung von draußen zu realisieren. Ich habe den Prozeß des Vertrautwerdens bei Fritz [Lamm]* genau verfolgt; er hat sich mehr, als ihm gut tut und uns lieb sein sollte, ins Gewühl gestürzt und er hat dabei entdeckt, wie die alten Unterscheidungen, Kategorien und Begriffe fragwürdig geworden sind, wenigstens für den, der nicht nur an seinem Schreibtisch die Lage analysieren will, sondern der mit den heutigen Menschen, den jungen und den alten, den einzelnen und den Gruppen, in lebendigen und aktiven Kontakt kommen will. So ist zum Beispiel der Begriff der Klasse zwar theoretisch noch richtig; die konkrete Bestimmung und Unterscheidung der Klassen ist bei den chaotischen Veränderungen im sozialen Gefüge vollkommen ins Fließen geraten. Dadurch ist auch der schäbige Rückstand an Klassenbewußtsein zum Teufel gegangen, und es bedarf einiger Geduld und sehr viel praktischer Erfahrung, um ein neues Bewußtsein zu fördern. Dabei kann man sich nicht deutlich genug vergegenwärtigen, wie mißtrauisch und gelangweilt die Leute sind, wenn sie Spuren des alten Jargons entdecken. Charakteristisch für den gegenwärtigen Zustand ist die enorme ökonomische Unsicherheit in der die Massen und der Einzelne leben; er weiß nicht was aus ihm wird und wo er hingehört; das ist bei den Intellektuellen und Studenten ebenso der Fall wie bei den Arbeitern. Jeder will ein Minimum an Sicherheit zurückgewinnen und versucht es vorerst auf höchst privat-egoistische Weise. Jeder hat sich beim Kommiß und im Gefangenenlager, in der Rüstungsfabrik und im Luftschutzbunker vorgenommen, nichts mehr von allgemeinen Dingen wissen zu wollen und sich nur noch seinem Privatleben, seinem Schrebergarten, seiner Berufsausbildung, seinem Familienleben oder seinem Sport zu widmen. Dazu kommt, daß jeder, zwar nicht das Bewußtsein, aber das richtige Gefühl dafür hat, daß ein politisches Leben noch gar keine Basis hat, weil der Ami oder der Russe oder der Engländer sowieso bestimmt, was zu geschehen hat. Die politischen Diskussionen und Auseinandersetzungen, mit denen die Zeitungen, die verschiedenen Räte und Ausschüsse und so weiter sich beschäftigen, haben alle nur mock-reality; und das weiß der gemeine Mann besser als eben jene Presse und jene Ausschüsse. Soviel ist man immerhin noch Marxist, um zu wissen, daß sich das Bewußtsein und die Erkenntnis gemeinsamer Interessen richtig erst im Kampf um diese Interessen bildet. Die richtige Geduld lernt man, wie es

---

[1] Von 1933 bis 1939 gab die Auslandsleitung der SAP in Paris die Zeitschrift „Neue Front. Organ für proletarisch-revolutionäre Sammlung" heraus. Eine Auswahl von Artikeln wurde in den Jahren 1934 bis 1936 in Kleinformat und auf Dünndruckpapier unter dem Titel „Das Banner der revolutionären Einheit" in Deutschland illegal vertrieben. In unregelmäßiger Folge erschienen insgesamt 21 Nummern des „Banner".

scheint, erst hier; und Ihr draußen werdet häufig in die Versuchung kommen, das junge Radieschen aus der Erde zu ziehen, um zu sehen, wie weit es gewachsen ist. [...]

Herzlichen Gruß
Dein RS.

Louis Pilz* an Joseph und Erna Lang

Stuttgart, den 3. 1. 1947
Hermannstr. 9

Liebe Freunde.

Über die Schweiz kamen Reis und Tomatenpüree in ausgezeichnetem Zustand in unseren Besitz. Am Jahreswechsel möchten wir unseren Dank zusammenfassen für all das was Ihr für uns getan habt. Ich schrieb Euch ja schon einmal, daß wir arme Hunde wären, wenn wir nicht Eure Hilfe hätten. Vergelten werden wir sie nie können. Das bekümmert uns manchmal. Leider haben wir bei Beginn des neuen Jahres keinen Optimismus. Wir werden in Deutschland nur eines stabil haben und das ist die allgemeine Not. Mit der „Umerziehung zur Demokratie" wird es auch hapern, wenn nicht endlich die Lebenshaltung gehoben wird. Manchmal kann man Anwandlungen pessimistischer Art bekommen, dann rechnet man damit, daß die Gesellschaft nie dazu fähig sein wird, ihre Widersprüche zu lösen. Wißt ihr, wenn man in der Arbeit steht wie ich in den Gewerkschaften, dann stellt man immer wieder fest, wie sehr doch die sozialistische Bewegung nach der faschistischen Periode in geistiger und moralischer Hinsicht Einbußen erlitten hat. Wir müssen von vorne anfangen und mehr als das. Wir müssen den alten Erkenntnissen die neuen hinzufügen. Es ist schlimm sehen zu müssen, wie wenig oder wenn schon, wie falsch Kritik an der Vergangenheit geübt wird. Als seien sich die Menschen der unsäglichen Barbarei und der eigenen Unzulänglichkeit gar nicht bewußt geworden.

Kürzlich bekam ich den Brief Tucholskys an Arnold Zweig[1] zu lesen und ich teile da nicht ganz die Ansicht Richards [Schmid]*, der meinte, es sei eben ein Dokument eines Verzweifelten: – ich meine es ist mehr als ein solches. Liebe Freunde. Ich muß Schluß machen. Euch nochmals herzlich dankend für alle Mühe und Opfer, bin ich mit herzlichen Grüßen

Euer Louis Pilz

---

[1] Am 15.12.1935, sechs Tage vor seinem Tod, schrieb Kurt Tucholsky in einem langen Brief an Arnold Zweig unter anderem:

„Man muß von vorn anfangen – nicht auf diesen lächerlichen Stalin hören, der seine Leute verrät, so schön, wie es sonst nur der Papst vermag – nichts davon wird die Freiheit bringen. Von vorn, ganz von vorn.

Wir werden das nicht erleben. Es gehört dazu, was die meisten Emigranten übersehen, eine Jugendkraft, die wir nicht mehr haben. Es werden neue, nach uns, kommen. – So aber gehts nicht. Das Spiel ist aus."

(aus: Kurt Tucholsky: Ausgewählte Briefe 1913–1935. Gesammelte Werke Bd. 4. Reinbek b. Hamburg 1962, S. 333 ff.)

Louis Pilz an Joseph und Erna Lang

Stuttgart, den 29.6. 1947
Hermannstr. 9

Liebe Freunde!

Wieder kam von Euch ein Paket in meinen Besitz. Wie sollen wir das danken? Alle die hochwillkommenen Sachen, die Eure Sendung enthielt, waren gut erhalten. Wir haben uns schon oft gefragt, was aus manchem von uns geworden wäre, hättet Ihr nicht geholfen. Leider ist die allgemeine Not nicht geringer geworden. Ihr wißt das, ohne daß wir Euch sie zu schildern brauchten. Allen, die am Gelingen der Hilfe für uns beigetragen haben, teilt bitte mit, daß wir diese Beweise sozialistischer Kameradschaft nie vergessen werden. In einer Zeit, in welcher der Gedanke der Internationale vor die Hunde gegangen ist, stärkt Eure Hilfe alle die, welche in der Überwindung des Nationalismus aller Schattierungen einen wesentlichen Teil ihrer Arbeit sehen.
Mit herzlichen Grüßen

Euer Louis Pilz

Louis Pilz an Joseph und Erna Lang

Stuttgart, den 26. 10. 1947
Hermannstr. 9

Liebe Freunde.

Von Anne [?] kam kürzlich ein ganzer Stoß B. [?]. Die Weiterleitung an die Freunde ist inzwischen geschehen. Gerade weil wir wissen, wie schwach der Gedanke der Internationale in der Welt und besonders in Amerika im allgemeinen ist, können wir uns die Schwierigkeiten vorstellen, die Ihr bei Eurer Hilfe für uns zu überwinden habt. Es ist darum keiner hier, der Euch nicht höchste Anerkennung zollt, und große Dankbarkeit empfindet.
„Respekt" braucht Ihr ja wirklich nicht vor uns zu haben, denn es ist ja schließlich kein Verdienst in der deutschen Misere leben zu müssen. Eben so wenig wie es ein solches ist, daß wir versuchen, uns in Corpora zu wehren. Aber glaubt nur, manchmal ist es auch der Fatalismus, der uns weitermachen läßt. Dann wieder ist es gut, daß das Ausmaß des Elends den meisten gar nicht völlig ins Bewußtsein kommt. In unserer Arbeit für den Sozialismus sind wir immer wieder erstaunt über das geistige und moralische Trümmerfeld, das der Nazismus hinterlassen hat. Da gäbe es viel zu tun, wenn nicht die Kräfte fehlen würden, die da ackern könnten. Hinzu kommt noch der Mangel an geeigneter Literatur. Wir freuen uns immer, wenn wenigstens ab und zu etwas in unseren Besitz kommt. Wie über das Buch welches Richard [Schmid]* zuletzt von Kuno [Brandel]* bekam[1].

---

[1] Gemeint ist: Allen Welsh Dulles, Germany's Underground, New York 1947 (deutsch: Verschwörung in Deutschland, Zürich 1948). Allen W. Dulles (1893–1969), Bruder des US-Außenministers unter Eisenhower John Foster Dulles, war während des Zweiten Weltkrieges in der Schweiz als Leiter des amerikanischen Nachrichtendienstes in Europa OSS und von 1953–1961 Direktor der CIA. In dem Buch berichtet er über den deutschen Widerstand gegen Hitler, mit dem er über Kuriere in Kontakt gestanden hatte; das Schwergewicht liegt auf der Aktion vom 20. Juli 1944.

An einigen Anschlagsäulen sind nun Plakate: „Die alten Parteien versagen schon wieder, werdet Mitglieder der soz.[ialistischen] Arbeiterpartei". Ich habe dem, was ich Euch im vorigen Brief schrieb, nichts hinzuzufügen. Im Grunde genommen ist die Neugründung nichts anderes wie ein Ausweichen vor der zunächst notwendigeren Aufgabe in den alten Parteien zu boxen. Das ist schwerer als das Wirken in der neu lizensierten Partei unseres Freundes Albert [Schmidt]*. Der Versuch, in den großen Parteien zu arbeiten, wurde ja bisher noch gar nicht ernsthaft gemacht. Ich meine nicht gemacht nach dem Zusammenbruch des tausendjährigen Reiches.

Was man darüber hinaus tun kann und tun muß, ist die Pflege engen Kontaktes zwischen den alten Freunden. Wir müssen sehr ernsthaft die Bildung von Kadergruppen betreiben. Vor allem dürfen wir nicht die Überprüfung unserer Auffassungen vernachlässigen. Der soz.[ialistische] Gedanke braucht neue Impulse. Die alten Theorien müssen durch neue Erkenntnisse entwickelt werden. Ich freue mich über die Beiträge, die wir von hier aus geleistet haben zur Klärung des Begriffes menschlicher Freiheit. Vor allem ist es doch Richard [Schmid]*, der da einige Verdienste hat. Wir müssen in dieser Richtung aber doch noch weit mehr tun. Bevor keine völlige Klarheit über den Totalitarismus, wie auch über das Wesen der Bürokratie im besonderen herrscht, kann es keine Gesundung der Arbeiterbewegung geben.

Wir dürfen uns keinen Augenblick Täuschungen hingeben über die Schwierigkeiten die uns entgegenstehen. Doch wir haben ja keine Wahl.

Leider haben wir zu wenig Freunde, die in unserem Sinne arbeiten. Dadurch sind wir überlastet. Ihr werdet wissen, daß ich in den Gewerkschaften arbeite. Leider bin ich da so sehr in Anspruch genommen, daß ich kaum Zeit habe, mich um die pol.[itische] Arbeit zu kümmern. Hinzu kommen noch ungünstige Wohnverhältnisse und dergleichen. Ein Büdchen mit kaum 12 Quadratmetern zu zweit kann einem doch manchmal auf die Nerven gehen. (Stuttgart ist zu 54% zerstört).

Wir sehen allgemein dem Winter mit großer Sorge entgegen. Obwohl die Kohlenförderung dauernd steigt, waren wir zu keiner Zeit so schlecht mit Feuerung versorgt wie gegenwärtig. Wenn man geneigt ist von einer Stabilisierung des Elends in Deutschland zu sprechen, so trifft das darum nicht ganz zu, weil auf vielen Gebieten eine deutlich spürbare Verschlechterung eingetreten ist. Lassen wir das, obwohl der Widerspruch ungeheuer aufreizend ist, zwischen dem was ist und dem was sein könnte. Leider ist die Not kein Schrittmacher einer Veränderung der bestehenden Verhältnisse. Im Gegenteil, Deutschland bietet mit seinem Dalles [jiddisch: Armut] ein Musterbeispiel dafür, wie demoralisierend die Not ist.

Der Gewerkschaftsbund hielt kürzlich in Kornwestheim seine diesjährige Bundeskonferenz ab. Eine Delegation aus Schweden brachte mir einige Bücher mit. Unter anderem eines von Fromm, „Flucht aus der Freiheit"[2]. Ich hoffe, daß Ihr es kennt. Ich habe nicht geringe Anregung durch dieses Buch erfahren.

Liebe Freunde. Es ist Zeit, daß ich diese Zeilen schließe. Ich tue es in der Hoffnung, daß Ihr wohlauf seid. Mit den herzlichsten Grüßen an Euch und alle Freunde,

Euer Louis Pilz

---

[2] Die Erstausgabe von Erich Fromms Studie „Escape from Freedom" wurde 1941 in New York veröffentlicht. 1945 erschien unter dem Titel „Die Furcht vor der Freiheit" in Zürich eine deutschsprachige Übersetzung.

Frida Euchner* an den Solidaritäts-Fonds

Stuttgart-Zuffenhausen, den 16. 4. 1947
Ludwigsburgerstr. 60

Mit einem Liebesgabenpaket von Genossen aus Amerika bin ich zugleich auch in den
Besitz Ihrer Anschrift gelangt und so bin ich in der Lage, Ihnen meinen herzlichsten
Dank für Ihre so wohltuenden und hochherzigen Gaben auszusprechen. Ihre Unterstützung wirkt bei unserer schlechten Ernährungslage bei meinen Kindern und mir wie
ein Silberstreifen am verdunkelten Horizont.
Die Angabe meiner Adresse durch einen Genossen ist Ihnen die Gewähr, daß ich Antifaschistin bin. Ich möchte mich aber trotzdem vorstellen, damit Sie ein Bild bekommen,
in welche Hände Ihre Liebesgaben kommen.
Ich bin 39 Jahre alt, berufstätig und Mutter von einem 14jährigen Sohn und einer 4jäh-
rigen Tochter. Mein Vater war Arbeiter und Sozialdemokrat. Leider fiel mein Vater im
Weltkrieg 1914–18 zum Opfer. Dasselbe Schicksal wie meine Mutter hat auch mich
getroffen, da mein Mann ebenfalls 1944 in Frankreich sein Leben lassen mußte.
Nach der Machtergreifung Hitlers setzte sich mein Mann mit Genossen der SAP für
die Verbreitung illegaler Zeitschriften ein. Die Folge davon war eine achtmonatige
Haft meines Mannes (Hochverratsprozeß Sauter* und Genossen) und eine darauf
folgende Arbeitslosigkeit. Trotz immerwährender Beobachtung der Nazis war mein
Heim während der 12jährigen Nazizeit ein Treffpunkt von Antifaschisten.
Ich bin Mitglied der SPD und gewerkschaftlich organisiert. Gerne würde ich mich politisch noch mehr betätigen. Leider ist mir dies nicht möglich, da ich ohne Unterstützung bin und für den Lebensunterhalt für meine Kinder und mich selbst aufkommen
muß. Trotzdem bin ich Vorsitzende der Frauengruppe der SPD in Stuttgart-Zuffenhausen, da ich der Meinung bin, daß in einem Volk mit fast ⅔ Frauenmehrheit alles
getan werden muß, um gerade Frauen für die sozialistische Idee zu gewinnen.
Indem ich nochmals meinen herzlichsten Dank zum Ausdruck bringe begrüße ich Sie

Ihre Frida Euchner
Kind Walter Euchner
Kind Susi Euchner.

Otto Palmer* an den Solidaritäts-Fonds

Stuttgart, den 4. 4. 1947
Rohnwaldstr. 102

Liebe Genossen!

Mit herzlichem Dank und mit großer Freude habe ich Euer Paket erhalten. Sein Inhalt
erlaubt mir und meiner Familie, Ostern ohne Not zu feiern. Die Not an Nahrung, Kleidung, Wohnraum und Brennstoff ist ja bei uns das hervorstechendste Merkmal unserer
Situation. Wir Antifaschisten kennen die Not und Entbehrung dieser Güter aus den
12 Jahren des Faschismus. Für uns ist sie deshalb, so schmerzhaft wir sie spüren, nicht
das Primärste. Uns bedrückt vielmehr die hoffnungslose innenpolitische Situation, in
der wir uns befinden. Konnte man nach dem Weltkrieg sagen: Der Kaiser ging, die Generäle blieben, so könnte man heute sagen: Hitler ging, (Nazis wäre zuviel gesagt) die

Bürokraten blieben. Das Ergebnis ihrer Tätigkeit spiegelt sich in dem rapiden Abstieg unseres Lebenstandards. Der schwarze und der graue Markt dominiert, die Moral der Solidarität und der Sittlichkeit sinkt, und das Ausmaß dieser unbeschreibbaren Katastrophe erweitert sich zum Unerträglichen. Während es vor einem Jahr noch möglich war, in 28 Tagen 1 000 gr. Fleisch, 400 gr. Fett und 6 000 gr. Brot auszugeben, hat sich die Lage bis heute wesentlich verschlechtert. Die Ursachen hierfür sind zwar verschiedene; aber soweit sie an uns Deutschen liegen, beleuchten sie das vollständige Versagen der Administration. Der Erfolg ist, daß der aus der nazistischen Verseuchung resultierende Fatalismus noch mehr Nahrung zum Negativen findet. Diese Tatsachen erschweren uns, als Erben dieses Trümmerhaufens, den politischen Kampf außerordentlich. Wir führen ihn aber trotzdem, weil wir wissen, daß in ihm die einzige Chance der Zukunft Deutschlands, der Arbeiterklasse und des internationalen Sozialismus liegt. Ich kann deshalb mit Worten meiner Freude gar keinen Ausdruck verleihen, was ich empfunden habe, als mich Eure Bruderhand erreichte. Sie ist der Ausdruck einer internationalen Solidarität, die mir psychisch und physisch neue Impulse gab. Ich wünsche mir nur, daß es einmal auch möglich werde, einen befruchtenden Gedankenaustausch zu pflegen.
In diesem Sinne grüße ich Euch und danke nochmals herzlich für die Spende.

Otto Palmer

Wilhelm (Willy) Blind* an den Solidaritäts-Fonds

Stuttgart, den 10.4. 1947
Kolbstr. 13

Betrifft: Dank für Lebensmittelpaket Nr. 6764 vom 13.2.47.

Ich bitte den Genossen, die das Paket spendeten, das mir am 2.4. 47 zugestellt wurde, meinen u. meiner Familie herzlichen Dank und die besten Grüße zu übermitteln. Dies war für uns eine schöne Osterfreude u. stellte eine große Bereicherung unserer oft dürftigen Mahlzeiten dar.
Es zeigt uns die große Verbundenheit der internationalen Arbeiterbewegung mit uns Antifaschisten. Leider sind wir bei den Beziehungen über unsere Grenzen nur nehmender Teil. – Um einen kleinen Teil zur Förderung der gegenseitigen Annäherung beizutragen, bin ich gerne bereit, mit einem der Genossen in Gedankenaustausch zu treten. Ich bin 33 Jahre alt. – Beruf: Maschinentechniker. – Früher u. heute Gewerkschaftsfunktionär u. Sozialist. Während des Dritten Reiches: Mitglied einer sozialistischen Widerstandsgruppe und durch die Gestapo verhaftet. – Trotzdem Soldat in diesem Krieg u. Kriegsversehrter.
Auch für Ihre Bemühungen besten Dank.

Mit freundlichem Gruß
Ihr Willy Blind

Stefie Restle* an den Solidaritäts-Fonds

Stuttgart, den 13.4. 1947
Schwabstr. 173

Liebe Genossen in Amerika!

Vor einigen Tagen hat mich ein Paket von Euch überrascht. Ich war nicht wenig erstaunt, daß ich nun auch einmal ein Paket von drüben bekam. Und wie sehr der Inhalt willkommen war, könnt Ihr ermessen, wenn ich sage, daß mir gerade in der letzten Zuteilungsperiode die Lebensmittelkarten von fast 3 Wochen gestohlen waren. Ich war vielleicht nicht vorsichtig genug und selbst dran schuld, aber von dieser Erkenntnis wurde ich auch nicht satt. Gute Freunde haben mir geholfen, so gut es ging, und nun kann ich durch Euer Paket dafür Freude machen.

Wißt Ihr, wie köstlich eine Tasse Kaffee ist, wenn man müde und zerschlagen und zerquält nach Hause kommt, ganz voll von Sorgen, die tagsüber anstürmten?, wie herrlich eine Handvoll Haferflocken mit etwas Zucker geröstet schmecken kann? Vermutlich sind diese und ähnliche Dinge bei Euch selbstverständlicher, und ich danke Euch herzlich dafür, daß Ihr von dem abgebt, was Ihr habt.

Sehr habe ich mich gefreut über das beigelegte Kärtchen mit den Grüßen und Wünschen der Genossen in Amerika; das war ein moralischer Leckerbissen. Es ist so notwendig und so gut zu wissen, daß irgendwo und da und da in der Welt Menschen sind, die ahnen, wie schwierig sich das Leben in Deutschland gestaltet.

Ich weiß, Genossen, auch Ihr drüben habt Eure Sorgen, bei uns aber hungert die Masse, aus der ein Volk mit neuer Denkungsart sich formen soll. Es ist so schwer, die Vernunft anzurufen, wenn man weiß, daß der Magen schon lange rebelliert. Es gehört schon ein gutes Stück Optimismus dazu, nun wieder in alle die politischen Probleme einzusteigen und an die Aufgaben heranzugehen, die uns die Not diktiert. Es ging so entsetzlich viel in Trümmer in den letzten 14 Jahren, in uns und um uns. Aber allem zum Trotz arbeite ich wieder mit, solange die Kraft reicht.

Beruflich bin ich Leiterin eines Arbeiterbüros (Autorep.Werk) und Betriebsrat-Vorsitzende. *Politisch* bin ich 2.Vors. des Landesvorstandes der SPD-Frauen und Mitglied der Parteileitung Stuttgart. Ich werde oft als Referentin eingesetzt in und außerhalb Stuttgarts. Ferner bin ich die Hauptkassiererin der Internationalen Frauenliga für Frieden und Mitglied verschiedener Ausschüsse. Meine politische Tätigkeit ist ehrenamtlich.

Meine Tage sind oft sehr, sehr lang und die Nächte sehr kurz. Die Kalorien zu zählen, habe ich meist keine Zeit, dafür sagt manchmal eine leise Weichheit in den Knien, daß es bestimmt mal wieder zu wenig sind.

Ich glaube aber nicht, daß es mir persönlich am schlechtesten geht, ich habe wenigstens nicht für eigene Kinder zu sorgen. Ich habe mich vom Tage anno 1933, da uns die Fahne aus den Händen geschlagen wurde, auf diesen Krieg gefaßt gemacht. (Ich wurde übrigens damals aus dem Staatsdienst entlassen.) Und ich war während des Krieges auf dieses gräßliche Ende vorbereitet. Vom ersten Kriegstage an trug ich die Gewißheit in mir, daß wir diesen Krieg verlieren müssen, wenn die Welt nicht in Tyrannei versinken sollte, und ich lebte all dies in Ahnung voraus. Ich hoffe, daß ich auch den Tiefstand (den wir noch zu erwarten haben, meiner Ansicht nach) überstehen werde. Während des Krieges ging mein Heim in Trümmer, doch eine Stube für mich alleine habe ich wieder.

Einmal wird es besser werden, noch will ich daran glauben und arbeiten.
Ich danke Euch, Genossen, für Eure Sendung und grüße Euch herzlichst

Stefie Restle

Stefie Restle an den Solidaritäts-Fonds

Stuttgart, den 18. 4. 1948
Schwabstr. 173

Liebe Genossen,

ich will mich beeilen und mich herzlich bedanken für das Paket das ich in gutem Zustand von Euch erhalten habe. Es war wieder mal Feiertag in meiner Stube, mit Bohnenkaffee, den ich mir aber nur in homöopathischen Dosen gönne, damit recht lange ein kleiner Rettungsanker in trüber Stunde in der Schrankecke bleibt. Ich bin recht froh an allem, was Ihr mir an guten Dingen eingepackt habt. Anderseits ist es aber auch recht bedrückend zu denken, daß solche Gaben doch bestimmt sehr fühlbare Opfer für Euch sind.

Im Sommer, Herbst und Winter des vergangenen Jahres war ich sehr krank und konnte keiner Berufsarbeit nachgehen (Erschöpfung). Nun geht es aber seit einigen Monaten wieder besser. Der Kräfteverbrauch der tätigen Genossinnen und Genossen ist viel zu groß im Verhältnis zu den durchschnittlichen Lebensbedingungen.

Ich persönlich will mich nicht beklagen, ich bin ja ledig und habe keine Familiensorgen, aber ich gestehe, daß die dauernde Berührung mit so viel Not und die Unmöglichkeit, wirksam zu helfen, manchmal sehr, sehr müde macht und traurig.

Ich weiß aber, daß gerade wir die Dinge nicht treiben lassen dürfen. Genossen sagt, seid Ihr nicht auch der Ansicht, daß auch nach dem Kriege viel falsch gemacht worden ist und noch viel falsch gemacht wird? Ich glaube, vom Standpunkt des sozialistischen Menschen aus beurteilt, wird die Welt zur Zeit nicht gut eingerichtet. – Überall sind Brandherde vom Grunde auf miteingebaut. –

Ich halte nichts von der Rüstung zur Aufrechterhaltung des Friedens. Sie führt bei den geltenden Spielregeln der Weltwirtschaft und bei der gefährlichen Überschneidung der Interessensphären mit schauerlicher Konsequenz zur Katastrophe.

Ich selbst fühle mich zwar noch frei von der Kriegspsychose in aller Welt. Ich denke so: Amerika ist noch auf Rüstungsindustrie eingestellt. Es läßt sich noch allerhand verdienen mit den Anlagen, wenn im Staatshaushalt 45 Mrd. für Heereszwecke eingesetzt sind. Um die Masse des Volkes geneigt zu machen, den Budget-Brocken zu schlucken, wird Stimmung gemacht. Und der Mensch in Furcht wird gefügig. In Rußland ist es wohl ganz ähnlich. Dort wird die Masse des Volkes durch den Hinweis auf die Gefahr gefügig gemacht und bereit, auf alles, was nur ein klein wenig über den primitivsten Lebensanspruch hinausgeht, zu verzichten. Das alles ist aber ein bitterböses Spiel. In Wirklichkeit geht es um Macht. – Absatzmärkte – Rohstoffe. – Wenn dieses ganze Theater nicht so grauenvollen Hintergrund hätte, könnte man mit Interesse beobachten, aber es gehen Generationen von Menschen zugrunde dabei, und das ist für mich entscheidend.

Der Höllenspuk des III. Reiches machte beinahe wahnsinnig vor Empörung, Zorn und Scham. Man ist merkwürdigerweise noch bei den Überlebenden, auch nach den drei

Nachkriegsjahren noch. Man hat geschuftet und unsäglich viel guten Willen aufgebracht. Und nun?

Nein, Genossen, ein noch „fortschrittlicherer" 3. Weltkrieg ist für mein Hirn nicht mehr denkbar, mein ganzes Sein sträubt sich gegen diese Möglichkeit.

Ich halte es bereits für ein Verbrechen, die Menschen in dieser Angst und Furcht zu binden, sie werden nicht besser dadurch, im Gegenteil, die Beziehungen von Mensch zu Mensch werden vom Grunde auf vergiftet. Ich hoffe aber doch, daß das alles noch Nachkriegswogen sind und für die internationalen Spannungen eben doch noch andere Lösungen gefunden werden als kriegerische Auseinandersetzungen.

Noch will ich glauben, daß es möglich ist, die Welt von Grund auf zu ändern, nicht heute, nicht morgen, vielleicht im nächsten Jahrhundert oder später. Es gibt Dome (nach diesem Krieg allerdings nicht mehr viele), an denen Jahrhunderte gebaut haben. Und in diesem Sinne möchte ich durch mein Leben ein Steinchen einfügen in den Bau einer sozialistischen Welt- und Wirtschaftsordnung, die auf gerechteren Gesetzen ruhen wird.

Ich grüße Euch herzlich und wünsche Euch für Eure Arbeit guten Erfolg!

Stefie Restle

Otto Hofgabe* an den Solidaritäts-Fonds

Stuttgart-Süd (ohne Datum)

Werte Freunde!

Lasset mich bitte in einigen Worten meinen allerherzlichsten Dank aussprechen für das mir von Euch gütigst übersandte Paket. Es war uns eine sehr große Genugtuung, dieses Paket zu empfangen, wissend, daß wir auch heute noch uns wohlgesinnte Genossen im Ausland haben, die uns noch nicht vergessen haben u. nicht vergessen werden. Wie großzügig von Euch, liebe Freunde, uns diese Wohltat zu erweisen, ist es doch eine enorme Zulage zu unseren kärglichen Rationen, zumal es Sachen enthielt, die wir hier nicht mehr bekommen. Ihr könnt Euch vielleicht gar nicht vorstellen, wie unsere geistige Verfassung war, als wir Aufrichtigen mit ansehen mußten, wie manch einer von uns abfiel, sei es durch Einkerkerung oder gar Aufgabe seiner Gesinnung. Aber trotzdem sind wir Übrigen niemals schwankend geworden, glaubten wir doch stets an den Sieg der Gerechtigkeit. Wenn es auch noch nicht so ist, wie es sein sollte, so ist wenigstens doch das größere Unglück von uns abgewendet, aber trotzdem noch sehr viel Arbeit zu leisten. Ich glaube fest u. hoffe auch, daß es uns gelingen wird, die Arbeiterschaft aufzurütteln, wenn es auch langsam geht, denn die Lethargie hat bei den meisten überhand genommen, es ist ja auch kein Wunder bei den heutigen Lebensverhältnissen. Nochmals, liebe Genossen, unsern allerherzlichsten Dank für das liebe Paket.

Es grüßt Euch alle freundlich

Otto Hofgabe

Otto Hofgabe an den Solidaritäts-Fonds

Stuttgart, den 10. 3. 1948

Werte Genossen!

Ich möchte Euch wieder einmal ein kleines Stimmungsbild geben von unserer engeren Heimat. Wir erleben ja jeden Tag etwas Neues, was uns Eingeborene eigentlich schon gar nicht mehr aufregt, aber für andere, zum Beispiel für Euch Genossen über dem Wasser, schon erheblich anders aussieht. Wir leben jetzt wieder in einer Zeit sozusagen zwischen Ost u. West, u. ich muß schon sagen, wir als Unparteiische sehen die Sache mit ganz anderen Augen als diejenigen, die die Urheber sind, u. man kann sich nur wundern, wie schlecht die große Masse orientiert ist, daß sie hier noch mitgrölt. Sie glauben nämlich, wenn sie hier mittut, etwas für sich selbst herauszuholen, ganz vergessend der Lehren, die sie erleben mußte, und daß ihnen von keiner Seite die gebratenen Tauben in den Mund fliegen. Würde sich z. B. die Masse ruhig verhalten bis zu dem Augenblick, wo sie eine Gelegenheit sieht, dem wahren Sozialismus wieder auf die Füße zu helfen, so hätte sie wenigstens eine Genugtuung, aber so schliddern sie wieder von Stufe zu Stufe abwärts, während die Nazibonzen ihr Haupt wieder frech erheben u. ihre alten Positionen einnehmen, ganz wie es zu Beginn des Hitlerreiches war. Wir erleben im Westen, also bei uns, Konferenzen, Ausschüsse, Unterausschüsse, Beratungen u. Versprechungen, während im Osten gehandelt wird, siehe Tschechoslowakei, aber für die Arbeiterschaft nichts Gutes herauskommt, sondern nur weitere Maßregelungen. Was nützt es der Arbeiterschaft, wenn sich die führende Klasse (ob nun Privat- oder Staatskapital) streitet, wer wen ausbeuten darf oder wie, wenn sie dabei keinen Vorteil sieht, sondern nur weiter darben muß. Wir sollten heute so weit sein u. so viel gelernt haben seit 1848, daß wir heute dem Kapital auf internationaler Basis keine Konzessionen machen, sondern Forderungen stellen sollten, um wenigstens sagen zu können, daß unsere sozialistischen Vorfahren nicht umsonst gekämpft haben oder gestorben sind, anstelle dessen sind wir heute aber noch keinen Schritt weitergekommen, im Gegenteil, wir müssen uns heute vor denen schämen, die uns das sozialistische Banner vorangetragen haben. Ein Beispiel nur vom Sonntag, den 7. 3. 48, anläßlich der Oberbürgermeisterwahl in Stuttgart[1], es waren aufgestellt nur 2 Kandidaten, einer angeblich unparteiisch, also gestützt durch sämtliche Bürgerparteien, der andere von der sozialistischen Partei, also gestützt durch die Arbeiterschaft, obendrein noch ein Mann, der sich sehr gut auskennt in der Kommunalverwaltung, während der erstere erst seit Kriegsende am Posten ist. Man hätte also glauben sollen u. müssen, daß der Arbeitervertreter haushoch gewählt wurde, anstelle dessen konnte man wieder sehen, daß die Arbeiter schlafen, denn die Lethargie war wieder einmal hervorstechend, denn es waren nur 58% bei der Abstimmung u. das hauptsächlich die oberen Kreise, während die Arbeiter zu Hause blieben u. sagten, ich habe kein Interesse, wer Oberbürgermeister wird, denn es ändert sich ja doch nichts. Also, werte Genossen, was haltet Ihr von einer solchen Lauheit? Ist ein solches Verhalten nicht eine Schande, könnte es einen Menschen nicht bald zur Verzweiflung bringen, wenn man nicht ein klein wenig mehr Ehre und Geduld aufbringen würde, um zu sagen, bis zum nächstenmal ist es bestimmt besser.

---

[1] Es bewarben sich: Dr. Arnulf Klett (parteilos), seit April 1945 Stuttgarter Oberbürgermeister, und Josef Hirn (SPD); Klett erhielt 53,9%, Hirn 46,1% der abgegebenen gültigen Stimmen.

Ich will nun für heute meinen kleinen Bericht schließen in der Hoffnung, daß er Euch ein klein wenig gefällt, denn er ist ja nur von einem Laien geschrieben. Dann möchte ich auch nicht versäumen, Euch, werte Genossen, recht herzlich zu danken für das liebe Paket, das Ihr so freundlich wart mir zukommen zu lassen. Ihr habt uns ganz bestimmt eine recht große Freude bereitet, eingedenk der recht schwierigen Lage, in der auch Ihr, liebe Freunde, Euch befindet.

Mit sozialistischem Gruß u. guten Wünschen.

Trotz alledem –

Euer dankbarer Genosse
Hofgabe

Otto Hofgabe an den Solidaritäts-Fonds

Stuttgart, den 22.7.1948

Werte Genossen, liebe Freunde.

Einmal wieder ein kleines Lebenszeichen aus der schönen deutschen Heimat. Vor allem danke ich recht herzlich für die lieben Grüße, die Sie mir durch Genosse [Richard] Schmid* übermitteln ließen. Es hat sich ja in der Zwischenzeit, seitdem ich das letztemal schrieb, allerhand ereignet u. wäre Stoff genug vorhanden, ein ganzes Buch zu schreiben, aber wirklich, man bezeichnet dies bei uns nur noch mit Lappalie. Wenn man z. B. die Sturheit der Menschen im allgemeinen betrachtet, so kommt einem das beinahe unmöglich vor, angesichts der Größe u. Bedeutsamkeit der Vorkommnisse. Nehmen wir zuerst einmal die Währungsreform, oder besser gesagt, die Ausräuberung der arbeitenden Klasse, so ist einem das unverständlich, mit welcher Ruhe alles hingenommen wurde, man hatte den Eindruck, die Leute wären froh gewesen, einmal wieder ihre Ersparnisse seit 1923 los geworden zu sein. Wir haben nämlich bei dieser sogenannten Reform ein Kopfgeld, oder wie man früher sagte, eine Rate für den Sklaven von 60 Mark versprochen bekommen, davon aber nur 40 Mark ausbezahlt, die übrigen 20 Mark dann einmal *später*. Mit diesen 40 Mk sind dann sehr viele *Männer* ins Wirtshaus gegangen u. haben dann einen guten Teil davon verzehrt. Die Gedanken dieser Herren sind dann auch nicht weiter gegangen, als daß sie endlich einmal wieder einen Wein oder Most trinken konnten, den übrig gebliebenen Rest haben sie dann der Frau zu Hause überreicht, welche dann ihrerseits, ebenso wenig denkend wie der Mann, am Montag früh in die Stadt ging, um mehr oder weniger unnützen Kram zu teuren Preisen einzukaufen, da es wieder viele Sachen, die man vorher nicht gesehen hat, ohne Marken gab. Denn die Waren, die am Montag morgen verkauft wurden zu gutem Geld, waren alle gehortet, um dadurch Kapital in die neue Zeit herüber zu retten, selbstverständlich mit Wissen der Behörden, denn es soll keiner dieser Instanzen den Mut haben zu sagen, er habe davon keine Ahnung gehabt. So ging das Geld dann beinahe zu Ende, der Mann, der in der folgenden Woche vielleicht gar keinen oder bestenfalls nur einen Teil seines verdienten Lohnes erhielt, stand dann vor einem Nichts, aber immerhin ohne dabei die Konsequenz zu ziehen, was am Platz gewesen wäre. Wir hatten nämlich seit Ende des Krieges eine annehmbare Beschäftigungsquote aufzuweisen, die Rohstoffe hierzu sind meistenteils durch Kompensationen herbeigeschafft worden, die so fabrizierten Waren sind dann nicht durch die Wirtschaftsämter dem Publikum zu gute gekommen, sondern in die *schwarzen* Kanäle zur Hortung bestimmt worden, um nun, als die Geldreform vollzogen wurde, auf den Markt gebracht zu werden. Durch diese Vorgänge war dann der Warenhunger sehr groß, aber nun kommt der Clou der ganzen Angelegenheit, anstatt dem Händler (Schieber) seine Waren entweder zwangsläufig auch 10 : 1 zu verkaufen, oder aber die Finger ganz weglassen, haben sie die so gehorteten Waren mit gutem Geld zum alten oder vielleicht noch zu überhöhten Preisen bezahlt. Die Waren sind aber durchweg eher teurer geworden als billiger, auf Grund der großen Kauflust des Publikums. Ein kleines Beispiel nur: am 1. Juli ist die Bewirtschaftung der Eier aufgehoben worden, am 30. Juni, also am Vorabend, gab es noch große Mengen Eier auf Karten, das Stück zu 13 Pfennig, aber dann am 1. Juli morgens in aller Frühe war nirgends mehr ein Ei zu sehen, aber am 2. Juli dann gab es wieder welche zum doppelten Preis, u. heute wird für ein Ei schon 35 Pfennig bezahlt, also bereits 300% mehr, alles unter Duldung der Regierung, die sonst streng darauf achten soll, daß die Preise nicht in die Höhe gehen. Aber so wie es hier ist, geht es auch mit anderen Waren, meistenteils schon mit 50 beziehungsweise 100% Aufschlag. Hierzu muß noch gesagt werden, daß dem Arbeiter aller Schichten eine Lohnaufbesserung von 15% versprochen wurde, aber bis jetzt noch nicht eingehalten mit der Begründung, es sei kein Geld flüssig zu machen, u. dann die Drohung obendrein, wenn so die Arbeiterschaft nicht zufrieden ist, gehen die Unternehmer zur Kurzarbeit beziehungsweise zu Entlassungen über. Ergo hat man die Arbeiterschaft wieder da, wo man sie wollte. Auch liegt die Wahrscheinlichkeit nahe, daß eben unsere Industrie lahmgelegt werden sollte, um dann erst mit fremdem Geld wieder aufgebaut zu werden. Wir, die Arbeiter-Partei, tun unser Möglichstes, um hier aufzuklären, da ja die vier anderen großen Parteien schon längst wieder versagt haben, aber wie schon einmal oben erwähnt, der Widerhall ist minimal angesichts der großen Notlage zur Zeit u. der noch größeren in naher Zukunft. Wir fordern z. B. für die kleinen Sparer, d. h. eben das werktätige Volk, eine ganz andere Aufwertung; z. B. 1 000 Mk Altgeld mit 1 000 Mk Neugeld, von da bis 3 000 Mk 2 : 1 u. bis 5 000 Mk 3 : 1, so daß der kleine Mann wenigstens noch einige Spargroschen sein eigen nennen kann, während er jetzt bei 5 000 Mk Ersparnissen nichts mehr hat, d. h. er ist über Nacht zum Bettler geworden[1]. Wir hatten auch dementsprechend eine Protestversammlung einberufen, aber auch hier war das Interesse nicht so, wie es hätte sein sollen, man mußte zu der Überzeugung kommen, daß die Menschen froh sind, daß sie ihr sauer erspartes Geld los geworden sind. Wir sind nun heute tatsächlich ebenso weit wie Italien, Österreich u. das Saarland, die Schaufenster der Läden zum Brechen voll u. außen die Kundschaft mit leeren Taschen, dabei sind es alles Sachen, die man notwendig gebrauchen könnte, nachdem man durch die Bombenangriffe total geschädigt wurde, aber wie gesagt, das Geld reicht eben nur schwach zum Lebensunterhalt, von einer weiteren Anschaffung ganz zu schweigen. Ich will natürlich nicht für mich plädieren, denn mir geht es bestimmt nicht schlechter als vielen Millionen anderen, es ist nur, um Euch, werte Genossen, einen Einblick zu geben in unsere derzeitigen Lebensverhältnisse.

---

[1] Sparguthaben wurden generell im Verhältnis 10 : 1 von Reichsmark in Deutsche Mark umgewandelt; allerdings wurden vom Altgeldguthaben vor dieser Umwandlung je 540,– RM für jedes Familienmitglied zum Ausgleich für das an jeden ausgegebene Kopfgeld in Höhe von 60,– DM abgezogen. Von dem so entstandenen Neugeldguthaben war allerdings nur die Hälfte sofort frei verfügbar. Die andere Hälfte wurde zunächst einem gesperrten Konto gutgeschrieben; durch ein Gesetz vom Oktober 1948 wurden davon nochmals 70% gestrichen. Eine fünfköpfige Familie, die vor der Währungsreform über ein Sparguthaben von RM 5 000,– verfügte, hatte nach der Geldumstellung nur noch ein Guthaben von DM 230,–, wovon ihr nur DM 115,– sofort zur freien Verfügung standen.

Und nun zum Schluß, wie geht es Euch, liebe Freunde, in der jetzigen Zeit vor der Prä-
sidentenwahl, bekommt Ihr viel Versprechungen von dem einen oder anderen Kandidaten? Aber wie dem auch sei, Ihr seid wenigstens in einem Land mit festem Boden,
während wir hier auf den Wellen des Meeres schaukeln. Ich möchte hier nicht auf die
Verhältnisse in Berlin zu sprechen kommen, denn wir durften ja auch nicht erfahren,
was in Potsdam unter den Herren ausgemacht wurde.
Nun möchte ich für heute Schluß machen u. wünsche Euch allen alles Gute für kommende Zeiten

Euer Genosse Otto Hofgabe

Günter Eckstein* an den Solidaritäts-Fonds

Stuttgart, den 18. 4. 1948
Lerchenstr. 70

Liebe Genossen!

Ich bedanke mich herzlichst für Euer liebes Paket und entschuldige mich zugleich für
die späte schriftliche Antwort, was daran lag, daß ich einige Wochen krank war und
des weiteren mit Arbeit sehr überlastet bin.
Ich will diesen ersten Brief dazu benutzen, um Euch über mich ein Bild zu geben.
Am 26. 7. 1915 wurde ich in Breslau geboren und lebte dort, außer meiner Soldatenzeit,
bis 1945. Der furchtbare Hitlerkrieg hat uns unsere Heimat nun geraubt. Mit 7 Jahren
wurde ich Mitglied der Arbeiterkinderfreunde, von wo ich mit dem 14. Lebensjahr in
die SAJ überging. Desweiteren wurde ich Mitglied der SPD und des Reichsbanners,
wo ich stellvertretender Jungbannerführer wurde. 1933 wurde ich von der SA verhaftet
und im braunen Haus, wie viele andere, übel zugerichtet. Während der Nazizeit gehörte ich einem illegalen Zirkel in Breslau an, den ich als Soldat mit Pistolen belieferte.
Nach dem Krieg wurde ich in Radis/Kreis Wittenberg Gemeinderat, gründete dort die
SPD, deren 1. Vorsitzender ich wurde. Am 1. 9. 1945 wurde ich Unterbezirkssekretär
im Unterbezirk Bitterfeld und am 1. 2. 1946 Bezirkssekretär im Bezirk Halle-Merseburg. Des weiteren wurde ich Ehrenbeamter der Stadt Halle. Nach der SED-Zwangs-
vereinigung in der Ostzone hielt ich mit anderen Funktionären die SPD illegal weiter
aufrecht, wo ich als Folge im September fliehen mußte. Mich brachte der Engländer
von Berlin nach Hannover.
Hier mußte ich feststellen, daß die SPD nicht mehr die sozialistische Partei war, die sie
einstmals gewesen ist, ich behandle dieses Thema in einem weiteren Brief, und schloß
mich der Arbeiter-Partei an, wo ich im Landesvorstand bin sowie 2. Kreisvorsitzender
für den Kreis Stuttgart. Beruflich bin ich jetzt als öffentlicher Kläger bei der Spruchkammer tätig.
Ich glaube, Euch ein Bild über meine Person gegeben zu haben, wozu ich mich als erstes verpflichtet fühlte, und hoffe von Euch auch brieflich etwas zu hören.

Mit sozialistischem Gruß
Günter Eckstein

Anmerkung:
Die jetzigen Zeilen sind mir eigentlich peinlich, und ich habe in mir gekämpft, ob ich
sie schreibe.

Ich habe durch den Krieg mein gesamtes Eigentum verloren und bin u.a. in großer Schwierigkeit mit einer langen Hose. Es ist das dringendste, was mir fehlt. Wenn Ihr mir mit einer solchen helfen könntet, da hier keine zu bekommen ist, wäre ich Euch sehr dankbar und würde als Entschädigung eigens für Euch einen ausführlichen Bericht über die Ostzone schreiben, deren Verhältnisse ich ja bestens durch eigene Erlebnisse kenne. Ich bin 1,78 mtr groß und habe normale Figur.
Seid mir über diese Zeilen bitte nicht böse, aber Not zwingt zu solchen.

Nochmals herzliche Grüße
Günter Eckstein

Erich Schumacher* an den Solidaritäts-Fonds

Stuttgart, Weil i. Dorf, April 1948
Lindenbachstr. 59

Liebe Freunde!

Mit Mißvergnügen verfolgte ich in den letzten Tagen die hier allerdings spärlichen Meldungen über den Kampf der amerikanischen Bergarbeiter gegen die Grubenbesitzer und die amerikanischen Regierungsstellen[1]. Denn diese Auseinandersetzungen dürften eine über Amerikas Grenzen weit hinausgehende Bedeutung haben. Nicht nur in den von amerikanischen Truppen besetzten Gebieten, sondern so weit der Einfluß der amerikanischen Wirtschaft reicht, wird die soziale Entwicklung in die selben Bahnen gelenkt werden. Ich sehe immer nur die Parallelen dieser sogenannten Notmaßnahmen, die die angeblich demokratischen Rechte der Arbeiter nicht nur beschneiden, sondern direkt illusorisch machen, mit den Verordnungen der Nationalsozialisten und dem im russischen Einflußgebiet bestehenden Verbot, soziale Forderungen zu stellen. Nachdem hier nun die Hoffnungen auf die Entnazifizierungsmaßnahmen, insofern man solche gehegt hatte, gründlich zerstört sind, zeichnet sich der Weg der Entwicklung immer klarer und deutlicher ab. Die durch die Besatzungsmächte eingesetzten radikalen Schreier lassen ihre Masken fallen, zeigen immer mehr ihre reaktionären Absichten im Dienste ihrer kapitalistischen Auftraggeber und konfessionellen Hintermänner, die wenigen Idealisten, die zur Tarnung beim Zusammenbruch mit herangezogen wurden, nicht nur auszubooten, sondern gründlich zu erledigen. Dazu geben Männer, denen man diese schlechten Absichten nicht, oder nur ungern, unterstellen möchte, ihre Hand her, ohne zu merken, daß sie sich dabei mit dem Stuhl selbst vor die Türe setzen. In großen Zügen gesehen wird es nicht übertrieben sein, wenn man behauptet: die Entnazifizierung in Deutschland war ein großer Schwindel, der zur Verblendung der wenigen, die in Deutschland noch selbständig denken wollen, aufgezogen war. Überflüssig geworden, kann man dieses Theater nun abbrechen. Denn der Zweck ist erreicht. Das Interesse der Arbeiter an politischen Fragen ist so ziemlich zerstört. Sämt-

---

[1] Mitte März 1948 traten etwa 400 000 amerikanische Bergarbeiter in den Streik, Anlaß war die von den Unternehmern abgelehnte Forderung nach einer verbesserten Pensionsregelung. Unter Anwendung des ursprünglich gegen sein Veto durchgesetzten Taft-Hartley-Gesetzes, das u.a. vor jedem Streikbeginn eine „Abkühlzeit" von 60 Tagen vorschrieb, versuchte US-Präsident Truman, den Chef der Bergarbeitergewerkschaft John L. Lewis zu zwingen, den Streik umgehend abzubrechen; die Bergarbeiter nahmen jedoch erst nach Erzielung einer befriedigenden Regelung in der Pensionsfrage Mitte April ihre Arbeit wieder auf.

liche wichtige Positionen sind von Nazis, Militaristen oder anderen willfährigen Elementen der Reaktion besetzt. Die paar Arbeiter, die sich noch um politische Fragen bekümmern, sehen meistens nicht klar, sondern streiten sich um hingeworfene Köder, wie die „Einheit Deutschlands", „Ausrichtung nach Ost oder West" und ähnliches mehr. Dabei hungern sie von Tag zu Tag schlimmer und glauben dabei sogar zum Teil noch die ihnen aufgetischten Lügen von höheren Rationssätzen bzw. Kalorienzahlen, die man errechnet, indem man beispielsweise 50 gr Eipulver verspricht und erklärt, damit einen höheren Kaloriensatz als von 3 Frischeiern zu verteilen, und dazu noch die paar Gramm tatsächlicher Nährstoffe der seither verteilten Tropfen Magermilch und der 100 gr Fleisch wöchentlich durch einige Trockenfrüchte ersetzt.

Dafür wird aber die Propagandaschraube auf volle Touren gedreht, Unstimmigkeiten zwischen den Besatzungsmächten werden aufgezogen und groß ausgeschlachtet, um die Nerven einer kriegsmüden Menschheit nicht zur Entspannung kommen zu lassen. Ich hoffe, daß ich die Lage zu pessimistisch sehen möchte und daß sie sich bei Euch freundlicher abzeichnen möge als hier. Eure Geschenkpakete beglücken mich in dieser Stimmung, von dem Gefühl, ein Almosenempfänger geworden zu sein, abgesehen, mit doppelter Freude und Dankbarkeit.

In der Hoffnung, daß es uns gelinge, die Entwicklung zu Gunsten der Menschheit zu beeinflussen, grüße ich Euch und sage Euch meinen allerherzlichsten Dank.

Erich Schumacher

Georg Regenbogen* an Joseph Lang

Stuttgart, den 27. 7. 1947

Werter Freund,

von Berta Th.[alheimer]* erfahre ich Eure Adresse und auf ihre Veranlassung, die uns Eurem Solidaritäts-Fonds empfohlen hat, möchte ich neben einem offiziellen Dank Euch doch auch etwas ausführlicher berichten, wie sehr Eure Gabe uns erfreut und geholfen hat. Ihr werdet sicher manche Schilderungen der Not von hier erhalten, und ich will Euch nicht damit langweilen, trotzdem ich durch meine persönliche Lage und politische Arbeit manche Illustration zu dem Begriff Hunger geben könnte. Ich selber war in diesen Tagen so weit, daß ich morgens beim Rasieren nicht mehr fest stehend war, sondern vor dem Spiegel ins Schwanken kam, anscheinend drehte sich alles vor den Augen. Ihr könnt Euch vorstellen, was man in solchem Zustand noch arbeiten und leisten kann. Ich bin neben meiner Berufsarbeit als Ingenieur bei […] Stuttgart als Betriebsrat tätig, dazu kommt Gewerkschaftsarbeit, Kulturorganisation u. Partei hinzu. Überall fehlt es an Leuten, die auch nur etwas über das im allgemeinen recht niedere Niveau (in unserem Sinn) herausragen. Wollen wir also Kräfte sammeln, Neues anregen, jüngere Leute mit unseren Ansichten vertraut machen, so müssen wir arbeiten…! Denn wir sehen, daß im großen und ganzen *alle* Parteien da weitermachen, wo sie 1933 gezwungen wurden aufzuhören. Mehrere Reisen in die Sowjet-Besatzungszone und sonstige Beziehungen dorthin verschärften bei mir (u. meiner Frau) die Erkenntnis, wie wichtig es ist, die herkömmliche Linie der Partei gegenüber dem Osten einer kritischen Überprüfung zu unterziehen (darüber später!). Will ich mich nun in die Arbeit stürzen, die Erkenntnisse (die oft schon auf starke Menschen sehr deprimierend wirken!) richtig auswerten, so merkt man dann mit Verzweiflung, daß es einfach nicht mehr geht: die Körperkraft – und was viel schlimmer ist – die geistigen Kräfte versagen!

Das bißchen Literatur, was uns zugänglich ist, kann man nicht lesen u. verdauen, wichtige Vorträge und vor allem Diskussionen, wo unser Standpunkt zu vertreten ist, kommen zu kurz, man ist nicht mehr produktiv ... und hat dabei doch immer das Gefühl, schwer zu arbeiten, Ungeheures zu leisten, kurz gesagt, auch die seelischen Kräfte lassen nach, und dann möchte man wirklich verzweifeln. Sieht man dann, wie die Reaktionäre aller Spielarten, die Kompromißler, die braven „Linientruppen", die nie und nirgends irgendjemand Opposition entgegensetzen, ja viel mehr Zeit haben für sich, für ihres Leibes Notdurft ... während wir wenigen an die Arbeit denken und am wenigsten an uns, ja dann kann es schon zu einer persönlichen Krise kommen. Wir sind kürzlich erst wieder in Berlin gewesen und haben dort neben manchem Erfreulichen doch auch so viel Schmutz u. allgemeine Korruption gesehen, gerade auch in sog.[enannten] sozialistischen Kreisen, so viel menschliche charakterliche Unsauberkeit, daß wir erschüttert waren. Dasselbe ist wohl auch hier in der Westzone der Fall, aber bei „Sozialisten" soll und muß es besser sein. Und deshalb hat es uns so sehr gepackt, daß wir so überraschend Euer Paket erhielten. Ich habe ja angedeutet, daß es für meinen körperlichen Zustand fast eine Rettung bedeutete, mehr aber noch rührt uns der Geist, aus dem heraus Ihr uns helft, und die Anerkennung, die Ihr damit unserer Arbeit gebt. Durch Berta Th.[alheimer]* werdet Ihr wissen, wie hier die Arbeit not tut, und ich freue mich, mit ihr, die ich bis dahin nur namentlich kannte, nun seit über 2 Jahren in so gutem Kontakt zu stehen. Es ist für uns oft beschämend zu sehen, wie sie, eine Gefährtin und Freundin erlauchter Geister, hier nicht so gewürdigt wird, wie es sich gebührte. Trotz unseres Altersunterschieds (ich bin 41 Jahre) glaube ich, daß wir beide von unserer Bekanntschaft gewonnen haben.
Ich war bis ins 3. Reich in Berlin (u. a. Karl-Marx-Schule Neukölln) und ging dann, als mir dort der Boden zu heiß wurde, nach Süddeutschland. Dadurch und weil ich 1944 auch in Berlin – Ostdeutschland tätig war, habe ich einen etwas besseren Überblick auch für die Resonanz soz.[ialistischer] Ideen im Osten als manche anderen Freunde. Das macht mir zur Pflicht, deutlicher zu sprechen und schafft mehr Feinde ... aber auch Freunde! – Ich würde mich freuen, von Dir, werter Genosse, zu erfahren, welche Dinge Du oder Deine Freunde besonders wissen willst, und könnte ich manches genauer mitteilen.
(Daß der USA-Gouverneur von Württemberg, Sewall, uns halboffiziell auf den schwarzen Markt verwies, sei der Kuriosität halber vermerkt. Meldung Stuttgart 22. Juli von einer Pressekonferenz über die Tatsache, daß internierte Nazi 1700 wirkliche Kalorien kriegen, während wir etwa 600–800 erhalten.)
Nun herzliche Grüße und schreibt uns einmal wieder, damit wir wieder etwas Auftrieb kriegen! Auch das hilft unserer Sache.

Herzlichst
G. Regenbogen

Stuttgart, den 3.4. 1947
Böblingerstr. 204 c

Liebe Genossen,

Mit freudigster Überraschung erhielt ich heute, am Gründonnerstag, ein Paket von Euch. Eine frohere Osterbotschaft hättet Ihr mir nicht bereiten können als mit diesem Geschenk. Unsere Lage ist Euch ja nicht unbekannt, und so könnt Ihr versichert sein, wie dankbar ich das, was Ihr mir gesendet habt, quittiere. Da wir uns unbekannt sind, möchte ich Euch ein klein wenig über meine Person orientieren. Meine Tätigkeit in der Arbeiterbewegung datiert schon, in unserer schnellebenden Zeit, weit zurück. Seit 1908 bin ich politisch und gewerkschaftlich organisiert. Ich war Mitbegründer der sozialistischen Jugendbewegung in Ulm a.D. In den Auseinandersetzungen in den Fragen des Revisionismus (Bernstein, David usw.) war ich auf der Seite Franz Mehrings, Rosa Luxemburgs, Liebknechts u.a. Während des Krieges 1914–1918 war ich auf der Seite der Spartakus-Gruppe. Von den Genossen des Ruhrgebiets wurde ich 1923 zum Bezirkssekretär der KJ gewählt. Von den Franzosen wegen antimilitaristischer Propaganda verhaftet und ein halbes Jahr in Mainz in Untersuchungshaft gehalten. Nach meiner Freilassung im Mai 1924 in Opposition zur Partei geraten, Brandler*, Thalheimer*-Gruppe zuneigend, aus der KP ausgeschlossen. 1927 wieder durch Recurs Antikomintern wieder in die Partei aufgenommen[1]. Durch den ultralinken Kurs der Partei, der den Nationalsozialismus in Deutschland begünstigte, immer mehr in Opposition mit der falschen Anwendung marxistischer Grundsätze geraten. 1928 mit noch vielen Genossen erneut aus der Partei ausgeschlossen.
Ich will mich jetzt nicht verbreiten, ob die Tätigkeit der KPO noch vieles hätte retten können, aber in grundsätzlicher Aufklärung über das Wesen des Nationalsozialismus hatten wir bestimmt Gutes geleistet. Auch unsere Arbeit in den Massenorganisationen (Gewerkschaften) war fruchtbringend und hat bis auf den heutigen Tag noch seine Auswirkungen behalten. Während der Nazizeit, wie so viele Millionen Deutscher, zur inneren Emigration gehörend und heute mit Kollektivschuld belastet, daß wir das Dritte Reich lebend überstanden haben. Wenn wir heute mit noch vielen ehemaligen oppositionellen Genossen in die KPD eingetreten sind, so ließen wir uns 1945 von dem ersten Enthusiasmus leiten, daß sich in Deutschland nun wirklich gesellschaftliche und politische Veränderungen vollziehen würden. Aber unsere Frühlingsträume haben durch das Verhalten der beiden Arbeiterparteien SPD und KPD bald große Abkühlung erfahren, und so gehöre ich eigentlich für meine Person zur heimatlosen Linken und zähle mich ganz zu den Genossen in aller Welt, die einem neuen Internationalismus das Wort reden und auch darum streiten.
Noch ein paar Worte zu der Situation in Deutschland. Die tiefe Resignation, die im ganzen Volke Wurzel geschlagen hat, ist einem politischen Neubeginn nicht günstig. Dazu kommen Fäulniserscheinungen, von der hauptsächlich die Jugend infiziert wird, schwarzer Markt, Demoralisation auf allen Gebieten des öffentlichen Lebens, Bildung von Lumpenproletariat, dieser, um mit Marx zu sprechen, passiven Verfaulung der Ge-

---

[1] Im Frühjahr 1925 verfügte eine von der Komintern in Moskau eingesetzte Kontrollkommission die formlose Wiederaufnahme der, wie es jetzt hieß, während der ultralinken Ruth-Fischer-Führung zu Unrecht ausgeschlossenen Genossen.

sellschaft, dann das Einexerzieren der Demokratie, nicht als spezifisch deutsches
Gewächs gepflanzt, sondern Importware, all dies zusammen gibt für den Sozialisten
kein hoffnungsfreudiges Bild. Aber wir sind nicht untätig, und warum nicht wieder
vorn anfangen mit den Erfahrungen von zwei Generationen sozialistischer Kämpfe
und Niederlagen.
Das, Genossen, ist nur ein skizzenhaftes Bild, was ich oben entworfen habe. Über unsere materielle Lage will ich mich nicht auslassen, da müßte ich ein Inferno schildern,
und das ist nicht meine Aufgabe.
Euch nochmals meinen herzlichsten Dank für Eure Spende sagend, grüßt Euch in aller
Herzlichkeit

Euer Genosse Georg Stetter

Georg Stetter an den Solidaritäts-Fonds

Stuttgart, den 20. 4. 1948
Böblingerstr. 204 c

Liebe Genossen,

Für die vielen Beweise Eurer geradezu großzügigen Liebestätigkeit kann ich nicht um-
hin, Euch, meine lieben Freunde, meinen allerherzlichsten Dank auszudrücken. Es ist
bestimmt nicht falsche Bescheidenheit, wenn mich jedesmal so eine Art Skrupel plagen,
in dem Sinne, wie können wir Euch gegenüber Dank abstatten. Wir möchten Euch
doch auch mal von Erfolgen berichten können. Ich nehme auch an, daß Ihr von uns
nicht erwartet, daß wir das Rad der Geschichte mit Schallgeschwindigkeit noch vorwärtstreiben können. Aber eines erwartet Ihr bestimmt von uns, daß wir unsere Pflicht
erfüllen, und darüber werdet Ihr Euch in uns nicht zu täuschen brauchen. Mich und
uns alle, und auch bestimmt Euch, beschäftigt das Ringen nach Klarheit. Ich habe das
Gefühl, daß es allmählich heranreift, seit die großen zwei Arbeiterparteien sich klar
entschieden haben, Ost und West, so tritt immer mehr die Schaffung einer neuen
Linken mit sozialistischer Zielsetzung in den Vordergrund.
Vielleicht ist diese Formulierung zu stereotyp, ich meine, man muß mit neuen Methoden das ungelöste Problem einer neuen sozialistischen Bewegung herausarbeiten. Viele
Wege führen nach Rom, aber eines ist erfreulich, daß sich viele Gruppen und Einzel-
personen auch hier in Europa bemühen, den richtigen Weg zu beschreiten.
Ich habe vor einigen Tagen ein Manifest von französischen Linken gelesen, vielleicht
ist es Euch bekannt, Jean Paul Sartre hat mit unterzeichnet, ich muß schon bekennen,
dort sind wertvolle Gedanken enthalten, die für die Zukunft auch für die französische
sozialistische Bewegung hoffen lassen. Bei uns erscheint z. Zt. eine ausgezeichnete
Zeitschrift „Volk und Zeit"[1], die sehr viel zur Klarheit beiträgt.
Eine Änderung der K. P. oder gar Reformierung halte ich für ausgeschlossen, da ist sie
zu sehr dem russischen Staatskarren verpflichtet und wird deshalb bei der Lösung der

---

[1] Die Zeitschrift „Volk und Zeit. Monatsschrift für Demokratie und Sozialismus. Politik, Gesellschaft,
Geistesleben der Völker" erschien von Januar 1946 bis Januar 1949 in einer Auflage von ca. 10000 Ex-
emplaren in Karlsruhe; ihre Autoren, darunter u. a. ehemalige Mitarbeiter des „Ruf" (vgl. auch die
Biographie von Walter Heist*), vertraten nicht-parteigebundene sozialistische Positionen.

Probleme, so wie sie der west- und mitteleuropäischen Arbeiterklasse gestellt sind, keine Rolle im progressiven Sinne spielen, im Gegenteil, ihre Rolle ist uns hemmend und auch oft geradezu schädlich. Ideologisch habe ich schon den Trennungsstrich gezogen, ich werde ihn auch formell ziehen. Ich denke, daß ich ziemlich Klarheit erlangt habe, was notwendig ist, und glaube daran, daß diese tiefe Krise innerhalb der Arbeiterbewegung überwunden wird und auf einer höheren Stufe wieder zu einem neuen Ausgangspunkt werden wird.

Was ich mit meinen bescheidenen Mitteln tun kann, das erfülle ich so, wie es mir meine Kräfte erlauben. Meine Tätigkeit liegt vor allem in der Gewerkschaftsarbeit, und hier hauptsächlich bei der Jugend. Auch die Naturfreunde sind mein Tätigkeitsfeld, und es ist z. Zt. die einzige Organisation außer den Gewerkschaften, die eine größere Anzahl Jugendlicher in ihren Reihen zählen, und das will schon etwas heißen bei der geradezu unüberwindlichen Passivität der deutschen Jugend. Auf diese Weise muß man den steinigen Boden beackern, und ich glaube annehmen zu dürfen, daß manches Samenkorn auch von meiner Seite auf fruchtbaren Boden gefallen ist. Nicht jeder Sommer bringt die Fülle, es gibt auch magere Jahre, aber deshalb kann sich der Sämann nicht entmutigen lassen. Mein Acker, wie herrlich weit und breit, die Zeit ist mein Acker, mein Acker ist die Zeit.

Über die großen Zeitprobleme will ich mich nicht weiter verbreitern. Ich denke, daß wir hier und Ihr dort die gleichen Meinungen hegen. Es kommt ja vor allen Dingen darauf an, sie zu beeinflussen, das Registrieren allein ist unfruchtbare Zeitverschwendung. So möchte ich also meine Epistel schließen.

Euch allen, liebe Freunde, und insbesondere Dir, lieber Genosse Jola, nochmals meinen herzlichsten Dank, und ich muß bekennen, ich wäre bestimmt schon längst auf den Friedhof ausgewandert, wenn ich nicht Eure Hilfe in so reichlichem Maße genossen hätte.

Mir selbst geht es momentan nicht gerade am besten, ich bin etwas sehr mitgenommen mit meinem Nervensystem, aber das ist eine Zeitkrankheit, und die ist nicht nur auf mich beschränkt. Noch viele herzliche Grüße an Kuno und Else [Brandel]* und sage ihnen, daß der schöne Stadtgarten von einst, unser einst so prächtiges Visavis, der jetzt im Frühlingsschmuck prangen sollte, eine öde Steinwüste geworden ist. Sic transit gloria, sic transit mundi. Aber wo Gräber sind, da ist auch Auferstehung, in diesem Sinne in aller Verbundenheit

Euer Georg Stetter

*Berta Schöttle-Thalheimer** an Erna Lang*

Stuttgart, den 27. 5. 1948
Wannenstr. 62

Liebe Erna!

Dein lieber Brief vom 9. ds. ist Veranlassung, Dir rasch wieder zu schreiben. Es ist mir wohlbekannt, wie Ihr Eure ganzen Kräfte einsetzt, um uns hier zu helfen und wir sind stets tief gerührt darüber und sehr dankbar für alles.

---

¹ Der umfangreiche Briefwechsel zwischen Berta Schöttle-Thalheimer und Joseph und Erna Lang aus den Jahren 1946–1949 bezieht sich überwiegend auf private Angelegenheiten oder politische Personalfragen; ein Brief, der über diesen Horizont hinausgeht, ist der hier abgedruckte.

Zuerst möchte ich auf einige allgemeine Bemerkungen von Dir eingehen. Ich kann kaum glauben, daß Du alte Klassenkämpferin auf das allgemeine Geschrei vom Aufbau D.[eutschlands] und der Verbesserung der wirtschaftlichen wie der Ernährungslage durch den M.[arshall]-Plan hereingefallen bist. Man hat immer eine gewisse Scheu über diese Dinge detailliert zu schreiben, aus Furcht, es könnte falsch aufgefaßt werden. Aber ich war von je ein „Wahrheitsfanatiker", und muß die Dinge schildern, wie sie tatsächlich sind und wie ich sie sehe und zwar rücksichtslos gegen andere wie gegen mich selbst. Ich habe darüber, glaube ich, auch schon an Karl [?] geschrieben. Die breiten werktätigen Massen machen sich keinerlei Illusionen und erwarten keine Besserung, selbst bis hinein in Geschäftskreise. Unsere Wirtschaft ist so reduziert und zerschlagen, *wird weiter von allen Mächten* wacker ausgeplündert. Vergegenwärtige Dir doch, der größte Teil der Produktion von Kohle wird ausgeführt, wir hier müssen jetzt in Stgt. Gas-Sperrstunden einführen aus Mangel an Kohle. Und so ist die Wirkung durch die Bank und die Massen spüren das am eigenen Leibe. Z. B. die Landwirtschaft durch Mangel an Düngemittel (die Kunstdüngerfabriken geschlossen abmontiert) in ihrem Ergebnis herabgedrückt. Größter Mangel an Milch, Fett und Fleisch. Heute steht es da, daß wir ganze 100 gr. Fleisch pro Monat erhalten, 2 Monate gab es nur 150 gr. Fett. Alle Zulagen von Fleisch an Schwerarbeiter gestrichen. Sie bekamen vorher 1200 gr., heute 100 gr. Folge, ständig große Streiks landauf landab gegen die schlimme Ernährungs- und Wirtschaftslage. In Coburg eine Frauen-Demonstration mit über 1500 proletarischen Frauen mit entsprechenden Transparenten und Forderungen. Und das alles soll anders und besser werden durch den bekannten Plan? Das wäre doch ein kindlicher Glaube. Man will doch den alten Konkurrenten nicht wieder hoch kommen lassen und wir und die Massen spüren das täglich handgreiflich und können das auch durch die Tatsachen erhärten. *Keine* der Mächte denkt daran, grundsätzlich Politik und Taktik gegenüber Deutschland zu ändern. Die Wirtschaft wird ständig blutloser. Während andere Staaten ihre Wirtschaft gegenüber 38 ziemlich diese Prozente erreichen, D.[eutschland] nur zu einem ganz geringen Prozentsatz. Wird die Produktion gesteigert, dann gesteigerte Ausfuhr.

Das deprimierendste ist, daß keine Kraft vorhanden ist, keine klare, rücksichtslose, charaktervolle Führung, die den Mut hat, nach *allen Richtungen* das Kind beim richtigen Namen zu nennen. Diese A.[rbeiter]-Parteien humpeln hinter den Massen drein. Statt sie vorwärts zu führen, ihrem Klassengefühl klaren Ausdruck zu geben, ihnen den einzigen und richtigen Weg zu weisen, bremsen sie alle ab, vertuschen die Dinge, die einen nach der einen, die anderen nach der anderen Seite. Ein Glück, daß man auf Grund unserer marx.[istischen] Einsicht doch den Glauben an die gute Sache nicht verliert. Das wichtigste, daß man fest auf seinen Beinen bleibt und sich klar ist über den einzig notwendigen Weg, der zu gehen ist. Der Weg ist schwer, zumal der Osten die beste Sache diskreditiert und heute nicht Vorbild, sondern zeigt, wie es nicht gemacht werden soll.

Ausdrücklich möchte ich noch bemerken, daß Ihr ja nicht auf Grund meiner Schilderung der Ernährungslage Euch einfallen laßt, mit Sendungen Euch noch mehr anzustrengen. Auf keinen Fall. Ich ging auf diese Dinge aus allgemeinen Gründen ein. Es wird wohl eine Rechnung von Erhöhung der Kalorien aufgemacht. Aber das ist ja eine Milchmädchenrechnung, vieles wird auf einmal höher berechnet. Oder z. B. bis vor kurzem bekamen wir die Lebensmittelkarten für vier Wochen, heute als Neuerung für 30 und 31 Tage. Du mußt die Arbeiter selbst hören, was das heißt, den ganzen Tag mit trockenem Brot schwer arbeiten, höchstens durch Kantine fettlose Suppen zu erhalten.

Ebenso schlimm steht es mit der Versorgung von Kleidern usw. Es ist eine tägliche Erscheinung, daß Menschen nicht ausgehen können, wenn ihr einziges Paar Schuhe beim Schuhmacher ist. Um es zusammen zu fassen, die Verhältnisse sind greifbar schlechter geworden und auf der *vorhandenen Basis* nicht die geringste Aussicht zur Besserung, in keiner Hinsicht. Ich meine, es war nötig, diese Dinge einmal klar auszusprechen. Die anderen Freunde wird das auch interessieren. –

[…]

Daß die KPD ihren Namen umändern wollte in Sozial.[istische] Volkspartei D.[eutschlands][2], wißt ihr sicher. Wir wollen den Schwindel nicht länger mitmachen. Ich, wie einige Bekannte, sind nun ausgetreten.

Ich habe betr. Pakete und Wünsche auf Deinen Brief auf raschere Weise geschrieben. Wenn ich ab und zu einige internationale Postwertzeichen bekommen könnte, wäre ich dankbar.

Helene, Emil [Birkert][3] und alle Freunde hier lassen Euch bestens grüßen. Ich selbst grüße Euch herzlichst und bedanke mich für alle Hilfe, Mühe und Fürsorge, die Ihr uns zuteil werden laßt.

Stets Eure Berta

---

[2] Zur Umbenennung der KPD in SVD vgl. Anm. 2 zum Brief Oskar Triebels vom 5. 5. 1948, S. 80.

[3] Die in den zwanziger Jahren in der Stuttgarter KPO organisierten Helene und Emil Birkert gehören zu den aktiven Mitgliedern und Funktionären des Touristenvereins „Die Naturfreunde". Emil Birkert war von 1949 bis 1966 Vorsitzender des Landesverbands Württemberg der „Naturfreunde".

MANNHEIM

Gustav Roos* an Joseph Lang

Mannheim, den 28.7.1947
Käfertalerstr. 65

Lieber Freund!

Es ist eine besondere Freude von Menschen zu hören, die in schwerer Zeit in gleicher Auffassung und dem gleichen Ziele kämpften: um die Beseitigung einer Tyrannis. Zum letzten Male traf ich die Freunde draußen im Jahre 1936 in Paris (Pl. Robinson) auf einer illegalen Besprechung. Unter anderen auch Jacob Walcher*, welcher mich vor einigen Wochen aufsuchte. Jacob sollte beschwichtigen und kam von Berlin. Seine Tendierung war mir von Basel her bekannt, wo wir uns über die jeweilige Situation berieten.
Obwohl mir Jacob stets menschlich sympathisch war und ist, konnte ich mit seiner heutigen Auffassung nicht in Übereinstimmung kommen. Ökonomische Statistik ist eben noch nicht Beweis der Richtigkeit einer Anschauung im gesamten.
Kurze Zeit vor dem Besuche Jacobs hatten wir eine Konferenz organisiert zwecks Aussprache über die Notwendigkeit der Erneuerung der soz.[ialistischen] Bewegung[2]. Danach wurde ich geladen und sollte in einem Schreiben all das, was auf dieser Konferenz zum Ausdruck kam, als falsch bezeichnen und dagegen Stellung nehmen. Das lehnte ich ab und erklärte in meiner Antwort, daß der Wille zur Einheit nicht diktiert und nicht eine Forderung aus taktischen Gründen sein kann. Das Grundsätzliche was differenziert, brauche ich nicht besonders herauszustellen; es ist uns allen bekannt und hat sich in nichts geändert, nur noch schärfer herauskristallisiert. Nun bin ich zur Zeit in keiner Partei organisiert und arbeite an einer kritischen Betrachtung zur Lage der soz.[ialistischen] Parteien.
Ich habe schon einmal geschrieben und zwar an die Paketadresse. An Paul Frölich* werde ich demnächst auch schreiben und möchte damit unseren Dank für Eure liebe Überraschung verbinden. Denn Ihr dürft nicht in der Illusion leben, als hätten ehemalige politische Häftlinge ein besonders gutes Dasein. Nicht daß wir vermeinen, nun materiellen Vorteil haben zu müssen, denn darum ging unser Kampf nicht, aber es ist anderes. So verweigerte man mir beim ersten Wahlgang das Wahlrecht auf Grund des vom Volksgerichtshof in Verbindung der, wegen Vorbereitung zum Hochverrat ausgesprochenen Zuchthausstrafe und des Ehrverlustes. Erst nach mehrmaliger Vorsprache setzte ich mich durch. Alfred Meixner erklärte man auf einem Amt: Was, wegen Vorbereitung zum Hochverrat sind Sie bestraft und 8 Jahre Zuchthaus, na da müssen Sie schon was schönes angestellt haben[3]. Ja ja, derlei Dinge gibt es noch viele. Aber wir sind vieles gewohnt und abgehärtet worden in den Tretmühlen des Faschismus.
Falls Ihr einmal interessiert wäret an dem Ausmaß unserer illegalen Tätigkeit, während

---

[1] Die folgenden Briefe wurden aus einem größeren Briefwechsel mit Joseph und Erna Lang ausgewählt.
[2] Vgl. dazu und zum folgenden Abschnitt die Biographie von Gustav Roos*.
[3] Der um 1900 geborene Schreiner Alfred Meixner stieß 1933 zur illegalen SAP in Mannheim; seit Ende 1934 Hauptkassierer der Ortsgruppe, 1936 einer der Leiter der illegalen SAP in Südwestdeutschland. Meixner wurde im Mai 1938 zusammen mit Gustav Roos verhaftet.

der Hitler-Tyrannis, werde ich Euch einen Bericht schreiben. Ich nehme an, daß dieses
heute geht. Über einen Teil seid Ihr ja orientiert, und die von Euch hergestellten Zeitungen haben damals ganz gute Wirkungen hervorgerufen. Mit 12 verschiedenen Titeln versehene Zeitungen stellten wir her, so daß mindestens alle 14 Tage eine Zeitung
erschien in hoher Auflage, die ganzen Jahre hindurch. Dazu die direkten Fabrik- und
Straßenaktionen über ganz Süddeutschland. Während der 1. Maitage verbreiteten wir
während der Kundgebungen der „Deutschen Arbeitsfront" unsere eigenen auf photo-
technischem Wege hergestellten Plaketten. Diese trugen Aufschriften wie z. B. „Heraus
mit den pol.[itischen] Gefangenen", „Für einen freien Völkermai", oder bei einer
Hitlerkundgebung anläßlich der Wiedereinführung der Wehrmacht [richtig: -pflicht],
Zettel mit der Aufschrift: „Nieder mit Hitler und seinen Trabanten", „Wer Hitler und
seine Trabanten wählt, wählt den Krieg" usw. Das war alles stets fein durchorganisiert,
so daß wir stets ein klares Arbeiten vollbrachten. Schärfere Maßnahmen waren vorbereitet, aber in den Jahren vor dem Kriege hätte die Volksmasse durch seine damalige
psychologische Verfassung dieses nicht begriffen.
Wir arbeiteten stets ohne Unterschriften, so daß diese Aktionen bis heute auf ihre Urheber in Dunkel gehüllt sind. Selbst die Gestapo konnte uns diese Aktionen nicht nachweisen. In solchen Fällen bedeutet Schweigen: Leben.
Das war nur ein kleiner Abriß und führe Euch dieses an, weil heute so viele, um sich
selbst rein zu waschen, davon reden, in Deutschland hätte es keine Widerstandsbewegung gegeben. Diese Leute hatten ja damals Angst, auch nur einen Groschen zu geben,
so daß wir dieses alles von unserem eigenen Arbeitsverdienst bestritten, dazu noch die
Unterstützung für die Familien inhaftierter Freunde.
Alfred Meixner läßt ebenfalls vielmals grüßen, ebenso die anderen Freunde. Mit herzlichen Grüßen

Euer Freund Gustav Roos

Gustav Roos an Joseph Lang

Mannheim, den 11. 3. 1948
Käfertalerstr. 65

Lieber Freund Jola!

Deinen Brief habe ich erhalten und ich hatte einen Brief gleich nach Eingang der Pakete geschrieben. Einige Blätter, und beim Durchlesen derselben ließ ich diese liegen und
so kam es, daß erst jetzt ein Brief von mir kommt.
Ich lege aber diese Hemmungen ab (nicht Euch gegenüber), die entstanden waren, daß
wenn der Brief vorher gelesen wird, falsche Forderungen gezogen werden könnten.
Sind wir uns doch klar, daß an manchen Stellen die Differenzierungen zu den gegebenen Verhältnissen nicht mit der scharfen Unterscheidung und Folgerung betrachtet
werden, wie wir dies tun.
Eine schöne Freude habt Ihr uns bereitet und manche Tage leichter gestaltet. Wir danken Euch dafür und auch Deiner Frau lieben Dank. Denn das kleine Kärtchen mit
Eurer Unterschrift ließ uns fühlen, daß Ihr vieles mitgab.
Wir verstehen die Schwierigkeiten, die Euch gegenüberstehen, und wissen wohl, daß es
nichts leichtes ist, die Mittel dafür aufzubringen, zumal in Eurer Lage.

Aber schließlich bindet uns ja mehr als dieses, und wenn Euch die Unterstützung nicht mehr möglich sein wird, haben wir auch volles Verständnis dafür.

Ich sagte ja, es ist viel mehr, was uns bindet, und heute mehr denn je. Nur 14 Tage Parteileben einmal bei uns, gleich wo in der Arbeiterbewegung, und Ihr würdet die Schwere der künftigen vor uns liegenden Arbeiten noch klarer erkennen.

Die zwölfjährige Herrschaft der NSDAP wirkt in der politischen Dekadenz noch lange nach. Auch die Hinlenkung zum Gegebenem und dem daraus zu Folgerndem wird noch seine Zeit gebrauchen. Wird doch in der ganzen vorhandenen Tagespresse über die Möglichkeit, die Jugend am politischen Leben zu interessieren, sehr viel geschrieben. Der Begriff des Jugendlichen geht dabei in die vierzig.

Nun, die überwiegende Desinteressiertheit dieser Schicht voll in Betracht gezogen, zeigt jedoch, daß mit all dem, was die Ursachen zur Entwicklung bis 1933 waren, wieder seit 1945 neu aufgebaut wird. Ungefähr so, als wenn man ein altes, verbautes, den Verhältnissen nicht mehr entsprechendes zusammengefallenes Haus im alten gleichen Stil ohne Berücksichtigung der notwendigen Dinge wieder aufbaut.

Die alten Baumeister mit den gleichen Fehlern bauen wieder mit der mangelhaften Statik ihrer Vergangenheit.

Unsere Freunde haben überwiegend die Kritik am Gewesenen und heute noch Gegebenen wieder gesund angesetzt. Wenn auch beschränkt in der Zahl, ist die Wirkung, gleich wo der einzelne ansetzt, stets sehr gut zu bemerken. Und so ganz schwach zwar noch stellen wir fest, daß gerade der zu bearbeitende Teil, welchem es unmöglich war, einen weiteren politischen Blick in den vergangenen Jahren zu bekommen, sich bei intensiver Diskussion angestoßen fühlt.

Eines müssen wir uns klar sein, daß wenn die Möglichkeiten klärend zu wirken, ausgenutzt werden sollen, keiner Wert darauf legen darf, Parteiveteransjubilar in einer der gegebenen Parteien zu werden.

Auch wir selbst führen noch lebhafte Diskussionen, und wir haben diese Fragen in Gewerkschaften oder Parteien mit lebhaftem Aufhören ebenfalls zur Sprache gebracht.

Das heute üblichste und auch billigste, was behandelt wird, ist die Forderung der Verstaatlichung. Von Forderungen der Vergesellschaftung und wer die tragenden Organe derselben sein sollen, ebenso die Gestaltung derselben, spricht man nicht.

Die Kritiklosigkeit und das unbekümmerte Fordern der Verstaatlichung der Betriebe stört die alte Parteiapparatur nicht, zugleich ohne weiteres die Voraussetzungen mit zu übernehmen, welche mit zum heutigen Stand der Entwicklung in der UdSSR führten.

Die entstehende Zwangsjacke anderen aufgezwungen drückt selbst nicht, ob der Dirigent der SP oder KP zugehörig ist, spielt dabei keine Rolle.

Die Tragik für die deutsche Arbeiterbewegung liegt, zumal diese sich hier verstärkt auswirkt, in der katastrophalen Entwicklung der UdSSR. Noch schlimmer ist die Auswirkung der Diffamierung des Rätegedankens, obwohl dort solche schon 25 Jahre nicht mehr existieren.

Meine Auffassung ist, jeder Illusion gegenüber der Sowjet-Union muß entgegengetreten werden, eine klare Abgrenzung vollzogen werden in der Erkenntnis, daß es sich nicht mehr um einen Arbeiterstaat mit der Entwicklung zum freien Sozialismus handelt. Jedes Zwischending macht es von vorn herein unmöglich, die Arbeiterbewegung wieder auf eine gesunde Basis zu stellen. Wie auch bei uns die Verstaatlichung des einen oder anderen Industriezweiges der heutigen gesellschaftlichen Struktur weniger Abbruch tun würde als auch nur der geringste Einbruch der Betriebsräte in die Leitung eines Betriebes.

Wie Ihr wohl auch wissen werdet, ist von Freunden auch in Stuttgart die AP gebildet worden[1]. In Mannheim und Heidelberg ist jedoch noch nichts geschehen.

So kamen wir in Mannheim nach reiflicher Aussprache zu dem Entschluß, so lange wie möglich in den gegebenen Organisationen in unserer Auffassung zu wirken, und das geschieht in wirksamem Maße. Unsere Verbindung ist dadurch natürlich in keiner Hinsicht getrübt und nach wie vor die alte gute.

Von vielen Freunden aus verschiedenen Gegenden des Reiches hatte ich schon tagelange Besuche, und unser Kreis besprach mit ihnen die heutige Lage. Die von den einzelnen dargelegten Auffassungen waren verschieden und in einem Fall mit einem Freund aus Norddeutschland mußten wir uns, mit einer Ausnahme, schon sagen, daß wenn nach dessen Auffassung die Dinge mit dem Osten so minimal differenziert wären, kein Grund vorhanden wäre, noch weiter um die Erneuerung der Arbeiterbewegung zu ringen. Wir legten unseren Standpunkt auch entsprechend dar, und beim zweiten Besuch mußte ich ihm sagen, daß wir gewohnt wären, selbst zu denken und in freier Aussprache die Dinge zu klären versuchen. Er hat sich jetzt angewöhnt, auch andere anzuhören.

Ebenso hatte ich am Samstag und Sonntag Besuch von einem Freund, der aus Frankreich zurückkehrte und dort einige Zeit verunglückt war. Die Strömungen sind vielfältig, und unser Versuch geht dahin, eine Gerade herzustellen, um auch wirkungsfähig zu bleiben. Die Vergangenheit hat schon bewiesen, daß ein Kreis gut geschulter Freunde mehr vermag als ein großer verschwommener Apparat. Das heißt jeder auf seinem Platz wirksam erreicht mehr, wenn er die Situation zu meistern versteht.

Ich habe vor einiger Zeit in einer hier erscheinenden Zeitschrift „Die Auslese", eine Erwiderung Léon Blums gegen die Auffassung von Bornheim [gemeint ist James Burnham] gelesen[2]. Diese Auseinandersetzung war sehr interessant und zeigte vieles auf. Was ich an der von Bornheim seiner Auffassung nach weiterentwickelten Theorie und praktische Auswirkung als positiv entnahm, war, daß bei einer Nur-Verstaatlichung der Produktionsmittel sich die gesellschaftlichen Verhältnisse in gleichem Maße entwickeln müßten wie in der UdSSR, mit der einen Unterscheidung, daß der Prozeß bei uns oder in anderen industriell höher entwickelten Ländern schneller vor sich gehen würde als dort. Bornheim nannte seine Darlegung: „Revolution der Managers" und soll, wie man mir von bekannten Funktionären der SPD sagte, bei Euch in Amerika Aufsehen erregt haben. Ich finde daran nichts derartiges, als mehr jedoch die Aufzeigung einer Gefahr, der man beizeiten begegnen muß.

Mein letzter Besuch, welcher demnächst vielleicht auch Bornheim treffen wird, wird wieder zu uns kommen.

In einem in einigen Tagen bestimmt folgenden Briefe werde ich Dir die Namen, Haftzeit usw. der Freunde mitteilen. Ebenso folgen ausführliche Berichte über unsere illegale Tätigkeit von 1933 bis zur Verhaftung und danach. Denn wir wollen damit aufzeigen, daß wir als geschlossene Organisation mit unserem Sozialistischen Jugendverband eine intensive und auch durchgreifende in der Öffentlichkeit stark spürbare Tätigkeit

---

[1] Zur Stuttgarter Arbeiter-Partei vgl. die Biographien und Briefe von Richard Schmid*, Louis Pilz*, Otto Hofgabe* und Günter Eckstein*.

[2] Léon Blum: Die Revolution der Direktoren und die sozialistische Revolution, in: Neue Auslese aus dem Schrifttum der Gegenwart 2, 1947, Heft 7, S. 5–14. – Léon Blum (1872–1950): Führer der französischen Sozialisten, nach dem Wahlsieg der Volksfront 1936/37 französischer Ministerpräsident, 1943–1945 in deutschen KZs interniert, 1946/47 Ministerpräsident eines sozialistischen Minderheitskabinetts. Zu James Burnham vgl. Anm. 2 zum Brief Richard Schmids vom 23.6. 1946, S. 241.

entfaltet hatten. Heute reisen im Auslande Leute herum, die einzelne Akte von einzelnen als das wirklich in Deutschland Gewesene hinstellen und damit die sozialistische illegale Bewegung zu diffamieren versuchen.

Wir haben bis zum heutigen Tage über alles geschwiegen, da wir der Auffassung sind, daß die Reife in der Masse noch gar nicht vorhanden ist, um für solches Verständnis zu finden.

Ich habe mit einem Freund im Jahre 1935 mit Leuten zwecks Zusammenarbeit verhandelt, die aber damals jedoch nicht den Mut aufbrachten, intensiv zu werden, und erst 9 Jahre später kurz in Erscheinung traten, und da ihnen jede Massenbasis fehlte und sie keine Verbindung mit anderen illegalen Organisationen hatten, unbedingt scheitern mußten.

Du wirst ausführlicheres noch hören. Kurz erwähnen möchte ich jedoch noch, daß als es den früher großen Arbeiterparteien nicht mehr möglich war, ihr Material vom Ausland hereinzuholen, wir es waren, die dieses bewerkstelligten und auch Freunde dieser Parteien ins Ausland von uns gebracht wurden. Ihr werdet ja selbst auch davon wissen. Im Namen aller Freunde grüße ich Dich, Deine Frau und alle Freunde.

Mit besten Grüßen
Gustav Roos

Gustav Roos an Joseph Lang

Mannheim, den 11.12.1948
Käfertalerstr. 65

Lieber Freund Jola!

Es ist tatsächlich ein Greuel gewesen mit dem Briefe schreiben in den letzten Monaten. Aber trotz der vielen Arbeit in dieser Zeit war auch ein Stück Faulheit von mir dabei. Sehr vielseitige in die Breite ringende Besuche waren in letzter Zeit da. Mit den Freunden zusammen besprachen wir alle die Dinge, die heute in verschiedenen Formen zum Ausdruck kommen. Unser oberster Grundsatz dabei ist, über alle tagesmäßigen Einflüsse hinweg die Lage und Folgerungen so zu betrachten und so zu ziehen, daß unsere eigene Position sich als anzunehmen richtig erwies.

In kurzen Umrissen möchte ich ein Bild geben, wie die heutigen Parteien in ihrem inneren Aufbau nach außen wirken: Das hervorstechendste Merkmal ist bei allen großen Parteien, daß ihre Politik nicht getragen ist von den bei ihnen Organisierten, sondern der leitende Apparat die Gestaltung ausmacht. Bedeuten tut dieses nicht, daß überhaupt nicht in ihnen gerungen würde, um eine Änderung herbeizuführen. Die Ansätze sind speziell bei den Arbeiterparteien über das Anfangsstadium schon hinaus, und es ist zu hoffen, daß es diesen kritischen Geistern gelingt, das wirkliche Ringen um das Morgen auf breite Schichten auszuweiten.

Die nazistischen Organisationsformen mit ihrer Mißachtung des Individiums waren es, die diese Voraussetzungen für diese Stupidität der Volksmasse schufen. Stark ist noch der Nachklang und dadurch ist es den einzelnen Parteiapparaturen möglich, über den sich anbahnenden Willen der Mitglieder hinweg Politik zu machen, die einem Diktat gleichkommen.

Ein Beispiel dafür: Die allgemeine Lage der Lebenshaltungskosten der Bevölkerung hat sich wesentlich verschlechtert. Jeder einzelne stellt dieses fest und verlangt Änderung.

Zu diesem Zweck wurde eine „Willenskundgebung" mit 24stündiger Arbeitsruhe in der Bizone durchgeführt[1].

Ein jeder war sich klar, daß danach nichts weiter geschehen würde und daß die Reaktion darauf Null sein würde und doch wurde diese 100%ig in der Privatindustrie durchgeführt; teilweise auch von den Kommunalbetrieben. Sehr groß war aber ein anderer Erfolg. „Man begann darüber nachzudenken."

Ich propagierte in allen Versammlungen, die ich durchführte, als wirksames Mittel: „Dem gleitenden Lebenshaltungsindex die gleitende Lohnskala entgegenzustellen." Dafür war überall Verständnis vorhanden, d.h. bei den Arbeitern im Betriebe.

Ein anderes Merkmal bei den Parteien ist folgendes: Um an den ehemals nazistisch befangenen Volksteil besser heranzukommen und um das Buhlen um die Wählerstimme besser durchführen zu können, versucht man die, welche durch die Kerker und Lager des dritten Reiches gegangen sind, auszuschalten wo es geht. Mit gutem Beispiel geht darin die Presse voran: Mit entstellten Berichten wird der Anschein erweckt, als hätten die Verfolgten des Naziregimes ungeheure Vorteile gegenüber dem übrigen Volksteil. Tatsächlich ist dieses auch geglückt und ich übertreibe nicht, wenn ich sage, daß der Faschist von gestern heute wieder mehr Macht verkörpert und mehr Recht vor dem Gesetz findet als der Verfolgte von gestern. Wir klagen nicht darüber, aber wir sind auf der Hut schon dem politischen Morgen wegen. Der große Vorteil der Verfolgten bestand darin, daß wir als mehrjährige Häftlinge eine Zeitlang eine Teil- bezw. Schwerarbeiterzulagekarte bekamen. Diese bekam jeder Arbeiter im Betriebe auch.

Ich schreibe heute weiter. Gestern am 4.12.[?] war ich in Stuttgart auf einer außerordentlichen Landes-Konferenz der VVN Württemberg-Baden. Dort wurde über die Möglichkeit gesprochen, einen Kompromiß zu suchen, der es ermöglichen sollte, daß die der SPD angehörenden Mitglieder der VVN auch weiterhin angehören könnten.

Ein Parteitagsbeschluß der SP besagt, daß die Mitgliedschaft in der VVN nicht vereinbar sei mit der Mitgliedschaft in der SPD. Wer weiterhin der Vereinigung der Verfolgten des Naziregimes angehört, wird aus der SPD ausgeschlossen. Die VVN sei eine von der KPD beherrschte Organisation[2]. In Württemberg-Baden war der Aufbau der VVN auf wirklich überparteilicher Grundlage aufgebaut.

Für SP-Mitglieder ist diese Entscheidung nicht so einfach, zumal man vorher den Kreis, den es betrifft, nicht befragt hat. Auch haben bei der Abstimmung in Düsseldorf Delegierte mit abgestimmt, die früher einer Nazi-Organisation angehört hatten und von der Spruchkammer entlastet sind. Daß diese kein Interesse an einer Organisation der Verfolgten haben, ist leicht denkbar.

Die Ursache, daß es so weit kommen konnte, liegt in der heutigen Spannung zwischen Ost und West. Auf der Konferenz habe ich auch klargemacht, daß es mit den demokratischen Freiheiten nicht vereinbar ist, daß wie die Vereinigung der KP & SP zur SED alles andere ausschließt. Es ist doch gut denkbar, daß unter den gegebenen Verhältnissen viele Sozialdemokraten weiterhin als SP-Organisierte bestehen wollen. Auch

---

[1] Gemeint ist der 24stündige Generalstreik in der Bizone am 12. November 1948.

[2] Am 6.5. 1948 stellte der Parteivorstand der SPD fest, daß die VVN (Vereinigung der Verfolgten des Naziregimes) von der KPD als Hilfsorganisation ausgenutzt würde und die Mitgliedschaft in der VVN deshalb unvereinbar mit der Mitgliedschaft in der SPD sei. Der Düsseldorfer Parteitag der SPD im September 1948 billigte bei nur wenigen Gegenstimmen einen Antrag, der diesen Beschluß des Parteivorstandes bestätigte. Bereits im September 1946 hatte der Parteivorstand den SPD-Mitgliedern empfohlen, nicht Mitglied der VVN zu werden und jegliche Mitarbeit in dieser Vereinigung abzulehnen.

sei es für die VVN der Ostzone nicht gut, wenn sie zusehen muß, daß der VVN angehörende SP-Mitglieder in Haft genommen werden.

Die aus dem Osten gekommenen Maßnahmen, welche in der Ostzone zur Durchführung kommen, sind mit Hauptgrund, wenn heute die VVN scheitern sollte. Eine höllische Freude ist jetzt schon bei den Neofaschisten festzustellen; ebenso auch bei denen, für die die VVN das schlechte Gewissen bedeutet.

Nur drei Jahre waren nötig, um in Deutschland wieder derartiges zu ermöglichen. Letzten Endes ziehen die einzelnen die Mitgliedschaft in der SP vor.

Einige Tage hatte ich ausgesetzt und schreibe jetzt wieder weiter. Während der Zeit war ich in Stuttgart, wie bereits erwähnt, auf einer Landeskonferenz der VVN. Diese nahm Stellung zu dem Parteitagsbeschluß der SPD. Letzte Entscheidung wurde keine getroffen. Viele Freunde traf ich dort in einer gesunden unabhängigen Haltung und unbeeinflußt von den Dingen des Tages. Sie haben, wo sie sind, guten Einfluß und das war eigentlich das positive für mich an der Konferenz. Die Pforzheimer Freunde[3] waren gut vertreten und in der SP haben sie gute Funktionen. Demnächst reise ich dorthin zu einem Besuch. Sie vertraten mir gegenüber die Auffassung, daß die SAP die Massenbasis im Jahre 1945 oder 1946 gehabt hätte. Das gesunde unserer Auffassung wird auch seine Früchte zeitigen.

Meine Kritik auf dieser Konferenz richtete sich gegen die Abhängigkeit der VVN in der Ostzone. War doch vor längerer Zeit ein Freund einige Tage bei mir. Dieser flüchtete dort aus einem [Gefangenen-]Schub. Als früherer SAP-Mann war er in seiner Auffassung verblieben. Die Methoden möchte ich hier nicht schildern, wie er behandelt wurde, zumal seine Haltung in der Rußlandfrage bekannt war.

Von Norddeutschland bekam ich letzte Tage auch Post. Die Freunde freuten sich darüber. Die Grundmauern scheinen dort gut zu werden.

Aus München kam das Kleiderpaket und aus Bremen ein Lebensmittelpaket.

Ich danke Dir, Deiner Frau und den Freunden recht herzlichst dafür. Für unseren kleinen Jungen war eine schöne blaue Joppe dabei. Die Aufteilung haben wir schon vorgenommen und vor einer Stunde brachte ich unserem Freunde Lang[4] ein für ihn passendes Teil. Meixner[5] bringt anderes zu Petry's kleinem Mädchen. Wie Ihr wißt, ist ja Petry[6] nach seiner Zuchthausstrafe zum Militär gezogen worden und gefallen. Es wird redlich nach Bedarf verteilt.

In Pforzheim wurde vor einiger Zeit eine Straße in Karl Bührerstraße umbenannt. Bührer*, ein feiner und standfester Freund, wurde einen Tag nach mir vom Volksgerichts-

[3] Der illegalen SAP im Raum Pforzheim gehörten ca. sechzig Personen an. Im Rahmen der Fahndungsaktion gegen die SAP in Südwestdeutschland wurden 1938 von der Gestapo 21 Mitglieder ermittelt, 16 wurden angeklagt und verurteilt, darunter der Hauptlehrer Karl Otto Bührer*, der Hilfsarbeiter Erwin Raisch und der Stahlgraveur Karl Schroth. Zum Widerstand in Pforzheim vgl. Karl Schroth: Und immer wieder für die Freiheit. Pforzheimer sozialdemokratische Arbeiterbewegung 1924–1939. Pforzheim 1977.

[4] Peter Lang, geb. 1907, 1926 Mitglied der SPD, 1931 der SAP. In den dreißiger Jahren gehörte Lang zur illegalen SAP-Gruppe in Frankfurt a. M., die über ihr Mitglied Willi Birkelbach* illegale Schriften aus Mannheim bezog. Im Laufe der Zerschlagung der Mannheimer SAP kam die Gestapo 1938 auch der Frankfurter Gruppe auf die Spur und verhaftete neun ihrer Mitglieder, darunter Peter Lang, Willi Birkelbach und Fritz Schmidt. Zum Widerstand in Frankfurt vgl. Barbara Mausbach-Bromberger: Arbeiterwiderstand in Frankfurt am Main. Gegen den Faschismus 1933–1945. Frankfurt a. M. 1976.

[5] Zu Alfred Meixner vgl. Anm. 3 zum Brief Gustav Roos' vom 28.7.1947, S. 268.

[6] Willy Petry war einer der Leiter der illegalen SAP in Mannheim, 1936–1938 Bezirkskassierer für Südwestdeutschland.

hof zu 10 Jahren Zuchthaus verurteilt. Als besonders belastend für ihn wurde seine Tätigkeit als Jugenderzieher ausgelegt. Bührer war Hauptlehrer. Über Mauthausen führte sein Weg zur großen Armee unserer Besten und heute bereits Vergessenen. Wie geht es Euch allen überm Wasser und wie haltet Ihr Euch dort über demselben?

So nötig jeder einzelne ist, so ist die jetzige Lage derart, daß Ihr keine besondere Eile zu haben braucht mit dem Kommen. Nicht daß ich annehmen würde, daß Krieg bevorstehen würde, dazu gebraucht es noch Jahre, d. h. wenn die Entwicklung nach dieser Seite ungehemmt vor sich gehen würde. Wir tragen dagegen ja auch eine Hoffnung in uns.

Und unbeirrt unserem Ziel arbeitend gleich welcher Art Widerstände sind und kommen, hoffen auch wir, an dem für die Menschen besseren Weg zu schaffen.

Für die kommende Weihnacht wünschen wir Dir, Deiner Frau und allen Freunden frohe Zeit und für das kommende Jahr gute Gesundheit und ein Stück des Weges, der uns zu unserem Hoffen führt.

Die einzelnen Freunde grüßen nochmals herzlichst und fühlen sich Euch mit Dank verbunden.

Freundliche Grüße Euer Gustav Roos und Frau Else

Heinrich Galm* an Karl Osner* (USA)[1]

Offenbach, den 12. 11. 1945
Beethovenplatz 6

[...]

Am Samstag erlebten wir eine große Überraschung, als zwei Amerikaner vorfuhren und an uns die Frage stellten: Have you ein Freund in Amerika? Die beiden Amis waren vorsichtig und haben sich erst versichert, ob ich es auch wirklich bin. Am darauffolgenden Tag brachten sie die beiden Päckchen und Deinen Brief. Ihr könnt Euch denken, welch große Freude es auslöste, endlich wieder etwas von den alten Freunden zu hören. Von einem Genossen, der aus Schweden kam, wußte ich, daß Jola in NY sein sollte, Brandler* und Thalheimer* sollten sich in Cuba aufhalten. Von Dir wußte man nichts, und Du kennst ja die Situation, wo man im Stillen bangt, ob der Freund am Leben geblieben ist oder nicht. Also Ihr lebt und ich danke Euch herzlich für den Brief und die 2 Päckchen.

Ich habe die Nazizeit überlebt, meine Frau ist gesund, ich selbst bin gesundheitlich nicht mehr auf der Höhe. Ich war in der Zwischenzeit 8mal im Gefängnis, bin aber niemals zur Verurteilung gekommen. Die Nazis haben alle Anstrengungen gemacht, um mich zu Fall zu bringen. Daß es ihnen nicht gelang mutet heute wie ein Wunder an. Zuletzt wurde ich im Anschluß an die Juliaktion mit vielen andern Funktionären der Bewegung in Haft genommen. Die Amis kamen zur rechten Zeit, um unser Schicksal entscheidend umzugestalten. Leider kamen sie nicht zeitig genug, um unsern Helmut zu retten, der 43 im Osten gefallen ist. Er hatte sich zu einem prächtigen Kerl entwickelt und war ideologisch vollkommen auf unserm Boden. Ich hatte keine Freunde, die mir halfen, ihn aus dem Kriegsbetrieb herauszuhalten. Er war nicht Mitglied der Hitlerjugend und als solcher im voraus beim Einzug zur Wehrmacht bevorzugt. Mit dem Einzug der Amerikaner habe ich sofort die pol.[itische] Arbeit wieder aufgenommen. Vier Monate lang war ich pol.[itischer] Berater des Militärgouverneurs in Offenbach und konnte an der Neugestaltung des kommunalen und pol.[itischen] Lebens Anteil nehmen. Der größte Teil unserer Funktionäre aus KPO und SAP sind noch vorhanden und gehören auch ideologisch noch zu uns. Sie sind in diesen 12 Jahren nicht verdorben. Direkte Todesverluste durch das Hitlerregime haben wir nicht zu verzeichnen. Angermeier*, Großzimmern, ist in Dachau umgekommen. Albert Kuntz*, Frankfurt, der zur Linie gehörte, wurde in Buchenwald aufgehängt. Viele jüdische Freunde sind von uns weg, über deren Verbleib wir noch nichts Genaues wissen. Von den Emigranten sind Ph. Pless* aus Frankreich und Aug.[ust] Enderle* aus Schweden zurückgekehrt. Von allen anderen fehlt Nachricht. Von mir selbst ist noch zu berichten, daß ich im Jahre 43 innerhalb 12 Wochen an 6 verschiedenen Stellen durch die Flieger verbombt wurde und längere Zeit in Michelstadt im Odenwald evakuiert war. Zur Zeit wohne ich wieder in Offenbach.

Nun zur pol.[itischen] Situation: Ich hatte natürlich geglaubt, daß nach diesen

---

[1] Die folgenden Briefe wurden aus einem umfangreichen Briefwechsel mit Joseph und Erna Lang ausgewählt.

12 fürchterlichen Jahren die pol.[itischen] Parteien und ihre Anhänger gelernt hätten. Ich muß Dir aber mitteilen, daß ich sehr enttäuscht bin. Wir haben sofort versucht, mit den Funktionären aller pol.[itischen] Parteien eine sozial.[istische] Einheitspartei aufzuziehen. Anfänglich mit gutem Erfolg, bis sich SPD und KPD von ihrem Schock erholt hatten und ihren eigenen Parteiladen wieder aufzogen. Für Hessen haben wir eine soz.[ialistische] Einheitspartei ins Leben gerufen. Es ist nach meinem Dafürhalten historisch gesehen die letzte Gelegenheit, in Deutschland eine soz.[ialistische] Einheitspartei ins Leben zu rufen. Ich bedaure es, daß unsere emigrierten Freunde nicht hier sein können, um all diese Fragen zu ventilieren. Schreibe mir bitte Deine Ansicht über das, was wir hier gemacht haben.

SP u. KP schütten genau wie früher ihre Schmutzkübel über uns. Irgendwelche pol.[itische] Tätigkeit außer Postenbesetzung konnte man noch nirgends feststellen. Die Einigungsbestrebungen beider Parteien ist ein Manöver zur gegenseitigen Überlistung. Unsere 1. Versammlung war von 1200 Personen besucht, die nächste findet morgen statt und verspricht wieder ein Erfolg zu werden. Ohlhof*-Mainz hat eine langjährige Zuchthausstrafe überstanden und ist im fr.[anzösisch] besetzten Gebiet Leiter der Betreuungsstelle für pol.[itisch] Verfolgte. Karl Hebeisen* lebt, war lange Jahre Soldat u. wurde von mir wenige Tage nach seiner Rückkehr zum Leiter des Wohnungsamts Offenbach vorgeschlagen. Er übt diese Funktion noch aus. Otto Arzt [d. i. der Schwager Galms], der früher das Wald- und Kinderheim betreute, ist Leiter des Wirtschaftsamts Offenbach und macht seine Sache sehr geschickt. Hans Rott*, der seinerzeit zur Linie ging, ist Leiter des Ernährungsamts Offenbach. Sie gehören alle zur soz.[ialistischen] Einheitspartei und wir hoffen, daß es uns gelingt, Boden zu gewinnen.

Persönlich geht es uns allen so, daß wir z. Zt. keine Klagen haben. Du kannst Dir denken, wie die Situation in Deutschland auch ernährungspolitisch ist. Es wird schon dafür gesorgt, daß wir nicht umkommen, unsere Freunde in Stadt und Land halten gut zusammen.

Ich hoffe, daß Dich mein Brief bei bester Gesundheit antrifft und ich bald wieder Nachricht von Dir erhalte. Grüßt bitte alle erreichbaren Freunde, besonders Jola, wenn Du mit ihm zusammenkommst.

Dich und Carola grüßt herzlich Dein Freund

Heiner und Mariechen[2]

Heinrich Galm an Joseph Lang, Karl Osner* und alle anderen Freunde in den USA

Offenbach, den 5.7.1946
Beethovenplatz 6

Lieber Jola, lieber Osner und alle Freunde!

Euer Brief vom 26.5.46 hat mich erreicht und große Freude ausgelöst, sehe ich doch daran, daß Ihr in einem Maße Anteil an unserer Arbeit nehmt die zeigt, daß Euer Interesse an diesen Fragen hell wach geblieben ist. Was mich besonders verwundert ist die Tatsache, daß Ihr trotz dieser großen Entfernung außerordentlich gut unterrichtet seid und in der Bewertung der politischen Entwicklung vollkommen richtig liegt.

Eure Sorge, daß wir hier aus partikularistischen Gründen das Große übersehen würden, ist unnötig. Wir haben vom ersten Tage unserer Gründung an nichts Anderes im

---

[2] Dieser Brief liegt nur in einer zeitgleich angefertigten Abschrift vor.

Auge gehabt wie die Schaffung einer neuen Partei, die nicht nur für Offenbach/Stadt & – Kreis gedacht war. Die Schwierigkeiten, die hierbei erwachsen, haben wir mit einkalkuliert und es ist für mich erstaunlich, wie klar Ihr sie von dort aus ebenfalls seht. Nichtsdestotrotz geht unser Entwicklungsgang fast programmgemäß vor sich. Seit unserer Gründung haben wir uns versiebenfacht. Am Ort Offenbach gewinnen wir monatlich im Durchschnitt 30–35 neue Mitglieder. Mitglieder-Verluste haben wir bis heute noch nicht einen einzigen.

Unseren kommunalen Wahlerfolg werdet Ihr ja beobachtet haben. Mit 7 200 Stimmen haben wir auf den ersten Hieb 5 Mandate erhalten. Wir haben damit mehr geschafft wie die KPD in ganz Groß-Hessen, die in allen Groß-Städten leer ausgegangen ist. Unsere Sorge war nun, diese ursprünglich lokalgebundene Zustimmung auch auf die politische Wahl zu übertragen. Dies ist uns vollständig gelungen. Wenn wir auch am Ort Offenbach selbst etwas an Stimmen verloren haben, die Umwandlung von kommunalpolitischen Stimmen zu politischen Stimmen ist uns gelungen. Ihr selbst könnt den Wert dieser Umwandlung noch besser beurteilen wie wir. Wir haben jetzt in ca. 130 Orten Stimmen und damit Stützpunkte. Wenn man uns für ganz Groß-Hessen zugelassen hätte, wären wir nach meiner Berechnung mit ca. 3–4 Mandaten in die Landesversammlung gekommen. Aus einem beigefügten Schreiben könnt Ihr die Schikanen nachlesen, mit denen man uns entgegen getreten ist. Gemessen an diesen Schikanen haben wir eine Kraft gezeigt, die für die Zukunft das Beste erwarten läßt.

Unmittelbar nach der Wahl haben wir aus allen Teilen Hessens Anfragen und Proteste erhalten von Freunden draußen, die uns wählen wollten, aber durch die Schikanen der Kreiswahlausschüsse nicht zur Wahl zugelassen wurden. Wir haben die feste Zuversicht, daß wir auch dies überwinden. Die Größe der historischen Parteien und ihre momentane Sogkraft stört uns in keiner Weise. Gerade die von Euch angedeuteten und von uns voll erkannten weltpolitischen Komplikationen werden diese Frage ganz zwangsläufig bereinigen. Bedenkt den politischen Wert: „ *Wir sind da!* "

Wir sind das Sammelbecken aller entschlossenen und wieder wachgewordenen sozialistischen Kämpfer. Ihr wißt so gut wie wir, daß die SPD wie KPD ihre Mission nicht erfüllen können. Wir halten uns hierzu berufen und schaffen die Grundlage für eine saubere, konsequente, klar sozialistisch ausgerichtete Massenbewegung. Was uns z. Zt. fehlt, sind einige theoretisch gut beschlagene Genossen (keine Thesenschuster) sondern Menschen mit politischem Klar- & Weitblick, die den Mut haben, den Dingen mit neuen Gedanken und Überlegungen auf den Grund zu gehen. Insofern freut mich jeder Brief von Euch, weil er immer theoretische Überlegungen zur Genüge enthält, woran wir uns wieder ausrichten können.

Zur Wahl am vergangenen Sonntag noch Folgendes: Offiziell waren wir in 16 Wahlkreisen zugelassen. Ein großer Teil der Kreiswahlleiter hatte unsere Partei nicht mit auf den Stimmzettel drucken lassen. Unser Erfolg lag schon darin, daß sie im Rundfunk aus der Splittergruppe Galm die Arbeiter-Partei machen mußten. Mehr wie 200mal mußten sie den Namen unserer Partei nennen. Wir verkennen so wenig wie Ihr den Wert dieser Feststellung. Wir fühlen uns als Träger der historisch bedingten neuen deutschen sozialistischen Arbeiterbewegung.

In einigen Tagen ein Brief über persönliche Sachen. Unterdessen ist wieder ein großes Paket mit Wäsche eingegangen (von Karl und Karola [Osner]* gezeichnet), das wir in Eurem Sinne verwenden. Recht herzl. Dank dafür.

Für heute grüße ich Euch Alle recht herzlichst in alter Freundschaft

Euer Heiner und Mariechen

Heinrich Galm an Joseph und Erna Lang und Karl und Karola Osner*

Offenbach, den 19.1.1947
Beethovenplatz 6

Lieber Jola, Karl, Karola und Erna!

Mit Schrecken sehe ich, daß schon wieder Wochen vergangen sind, daß ich Euch ge-schrieben habe. Mir erscheint es wie Tage; denn der Ablauf meiner Arbeitstage voll-zieht sich in einem Tempo, daß ich immer einen Wettlauf mit der Zeit mache. Zwölf Stunden täglich ist das Mindeste was dabei herauskommt. Meine Gedanken sind viel draußen bei Euch, weil wir hier, trotz der Hast unserer Arbeit, trotz der Vielfältigkeit der Ereignisse und Geschehnisse allein und einsam sind. Deutschland hat aufgehört, ein Land der großen Organisation mit klug durchdachter Zielsetzung zu sein. Die so-zialistische Bewegung ist aufgespalten in Personen und Interessengruppen denen die klare Zielsetzung fehlt. Sie sind der Spielball fremder Einflüsse, die Deutschland zum Objekt der großen Auseinandersetzung gemacht haben, deren Angelpunkte Kapitalis-mus – Sozialismus sind. Die Existenz der großen Millionenparteien beweist nichts ge-gen diese Feststellung. Unsere Absicht, der historischen Situation entsprechend eine so-zialistische Bewegung ins Leben zu rufen, findet hier ihre Grundlage. Den Umständen nach können wir durchaus zufrieden sein. Organisatorisch entwickeln wir uns den Er-wartungen gemäß. Außer Offenbach Stadt und Kreis sind wir nach der Genehmigung der Militär-Regierung nunmehr auch in Frankfurt, Kreis Darmstadt Unter-Taunus und Obertaunus zugelassen. Kreis Hanau Büdingen und Heppenheim stehen unmittel-bar bevor. Bei kleinen Schwankungen geht es dennoch aufwärts. Sowohl von Seiten der SPD wie der KPD fehlt es nicht an Angeboten und Versuchen, uns zur Mitarbeit an ei-ner mehr oder weniger fragwürdigen Politik zu gewinnen. Ich sehe den Zeitpunkt noch nicht gekommen, allen diesen Angeboten näher zu treten; denn sie laufen doch alle darauf hinaus, einem großen Misthaufen angegliedert zu werden, ohne Aussicht den Kurs von innen ändern zu können. Politisch zeigen sich bei uns die ersten gesunden Ansätze, durch eine Programmdiskussion unsern eignen Standort festzulegen. Eine im Februar vorgesehene Landeskonferenz wird die ersten Beschlüsse in dieser Art fassen. Zur Zeit prangen in allen hessischen Städten unsere Werbe-Plakate, die wie die Zu-schriften beweisen großes Aufsehen erregen. Es sind deren zwei mit dem Titel „A.P. die Partei der Gegenwart und Zukunft, unabhängig sozialistisch demokratisch" – AP „Die alten Parteien versagen schon wieder Deine Antwort werde Mitglied der A.P." Ich lasse Dir von Helen [?] zwei Exemplare zustellen damit Ihr sie auch anschaulich vor Euch habt. Eine Anzahl soz.[ialistischer] Polizeidirektoren und Oberbürgermeister hat es sich nicht nehmen lassen, die Plakate überkleben zu lassen, obwohl sie von der Mili-tär Regierung genehmigt waren. Die Koalitionspolitik der SPD mit der CDU in Hes-sen hat uns den Zeitpunkt unserer Werbung gut wählen lassen. Die SPD steuert erneut den Kurs von Weimar. Das Gesetz des Handelns geht klar an die bürgerlichen Parteien über. Man könnte verzweifeln wenn man die 12 fürchterlichen Jahre bedenkt.
Nun zu den Dingen die Euch besonders interessieren. [...] Am gleichen Tag hatte ich hohen Besuch aus Amerika. Jacob Walcher* kreuzte bei mir auf. Er war seit Dez. 46 in Bremen und wartete auf Einreiseerlaubnis für Berlin. Seine Einstellung ist klar für den Stalinkurs. Es war für ihn nicht leicht, nach all den Erfahrungen der letzten Jahre mir die Notwendigkeit dieser seiner politischen Stellungnahme darzulegen. Er gab viele Ausstellungen, die er wohl mir zuliebe gemacht hat. Ich hab erst bei dieser Unterhal-

tung so recht gemerkt, wie stark wir doch von all dem Kurs distanziert sind. Seine Ermutigung, doch im Rahmen der KP zu arbeiten, war denn auch sehr dürftig; denn die Ulbricht, Dahlem, Pieck konnte er mir doch nicht als die Garanten einer geraden soz.[ialistischen] Politik vorstellen. In einigen Wochen fährt er nach Stuttgart, auf dem Wege dorthin will er mich besuchen, um mir ehrlich seine Meinung über die gewonnenen Eindrücke zu sagen. Ein Tag nach seinem Besuch erfuhr ich, daß der Verbindungsmann von Heinz Br.[andler] und August [Thalheimer]* in der r.[ussischen] Zone verhaftet worden sei. Sein Name ist mir entfallen. Er hatte auch einen kurzen Besuch bei mir im Büro gemacht, anläßlich einer Informationsreise.

Hoffentlich macht Jacob nicht die gleichen Erfahrungen. Die Politik der KP ist vollkommen charakterlos. Es fehlt ihr jede sachliche Einstellung gegenüber der SPD, die, gestützt auf ihre Wahlerfolge, sich rüstet in Deutschland zu „regieren". Gegenwärtig propagieren sie „sozialistische Wirtschaftspolitik". Die Wirtschaftsminister der 3 Zonen sind SPD Leute, in den Länder-Regierungen spielen sie 1. Geige, das genügt vollständig. Es schwebt ihnen wohl eine halb planwirtschaftliche Politik vor. Das Schlimme ist, daß sie vor den Massen soz.[ialistische] Politik mimen, hierzu lediglich Atrappen verwenden und in keiner Weise eine grundsätzliche Änderung unserer Wirtschaftsordnung anstreben. Der „Erfolg" wird nicht ausbleiben – der sozialistische Gedanke wird kompromitiert und die Reaktion hat den Erfolg. In den Mitgliederkreisen der SPD regt sich nichts, die Wählermassen haben Sorgen um Brot und Hausbrand. In dieser Situation zeigt sich die Wirkung der 12 Jahre Naziherrschaft. Die Masse ist unfähig, selbst politisch zu denken und in eine Richtung zu drängen. Es fehlt ihr, wenn Ihr wollt, ein Spartakusbund. Die in SPD und KP eingestreuten Genossen zeigen keinerlei Betriebsamkeit. Ich habe das Gefühl, daß in erster Linie Versorgungsgründe die hauptsächlichen Hemmungen sind. „Wer will den ersten Stein auf sie werfen".
[...]
Helen fährt in einigen Tagen nach Amerika. Sie wird für Euch einiges mitnehmen. Wir hoffen, daß es Euch Freude macht. Uff ich habe geschrieben.

Herzlich Euer Heinrich & Mariechen

Heinrich Galm an Joseph Lang, Karl Osner und alle anderen Freunde in den USA*

Offenbach, den 1. 11. 1947
Beethovenplatz 6

Liebe Freunde, lieber Jola und Karl!

[...]
Heute will ich nun versuchen, Euch einen Überblick über unsere Politik zu geben. Wie ich aus den letzten beiden Schreiben entnommen habe, habt ihr über die Weiterentwicklung der Arbeiter-Partei wenig erfahren. Wir können berichten, daß die Entwicklung unserer Bewegung durchaus günstig weiter verlaufen ist. Die im vorigen Jahr gewonnenen Verbindungen in Hessen und darüber hinaus sind ausgeweitet worden und haben vornehmlich in Württemberg (Stuttgart) zu einer aktiven Gruppe geführt. Durch [Albert] Schmidt*, Stuttgart, einem ehemaligen SAP-Mann ist es dort zum Lizenzantrag bei der Militärregierung gekommen. Die Gruppe ist sehr kräftig; [...] Wie schon kurz berichtet, war der diesmalige Parteitag von 65% auswärtigen Besu-

chern und 35% Offenbachern besucht. Seit der Gründung habe ich darauf hingearbeitet, Programmdiskussionen hinauszuschieben, um eine einseitige politische Orientierung zu vermeiden. Mir war klar, daß eine praktische Arbeit nur aus einer Kraftreserve heraus durchgeführt werden kann. Außerdem waren die politischen Verhältnisse zu labil, um nicht durch Hinausschieben der Frage eine Klärung der Differenzen zu erzielen. Klärung ist vielleicht zu viel gesagt, aber in diesen zwei Jahren haben sich die wichtigsten Punkte, die für unsere Partei von Bedeutung sein könnten, herausgeschält, die Fragen „Kollektivismus, Zwangsplanwirtschaft oder freiheitlicher Sozialismus". Die Formulierung „freiheitlicher Sozialismus" wurde schon bei der Gründung der Partei geplant. Ich weiß nun nicht, wie Ihr von drüben diese Fragen beurteilt. Distanziert von allem Geschehen der letzten 12 Jahre sehen diese Dinge vielleicht ganz anders aus als bei uns. Hier in Deutschland, wo wir diesem Geschehen unmittelbar ausgesetzt sind, sieht man die Dinge klarer. Nach meiner Meinung und der Meinung meiner Freunde hat die Frage des kollektivistischen Sozialismus einen entscheidenden Stoß erhalten. Das russische Beispiel und die Ableger in der Ostzone ermutigen nicht, den kollektivistischen Sozialismus erneut zu propagieren. Wir halten ihn für falsch, weil er jede freiheitliche Regung und jedes freiheitliche Sein abtötet. Es erscheint Euch vielleicht paradox, daß wir einen Sozialismus als Träger der Freiheit ablehnen, weil doch feststeht, daß auf dem Boden des Kapitalismus keine Freiheit gedeihen kann. Genau gesehen bietet das kapitalistische System heute größere Freiheiten als das sozialistische (Osten). Mit diesen Problemen haben wir uns auseinanderzusetzen, und wir sind uns über die Schwierigkeiten bei der Auseinandersetzung im klaren. Unser Eintreten für die Demokratie ist echt, und wir lehnen den Zwang, wie wir ihn in Rußland und in der Ostzone sehen, ab.

Wie sind wir aber zu der Formulierung „freiheitlicher Sozialismus" gekommen? Es bedeutet nicht ein Einschwenken in die bürgerliche, liberale Ideologie, sondern wir sind im ganzen für den Marxismus. Die heutigen Gralshüter des Marxismus haben diesen derart verzerrt, daß auf der Grundlage dieser Theorien eine politische Werbearbeit unmöglich erscheint. Die Krisis in der SPD hat ihre tieferen Ursachen in diesen Problemen. Theoretisch sind die Sozialdemokraten für den Kollektivismus, praktisch möchten sie ihn ablehnen, aber mit Rücksicht auf ihre Arbeiteranhänger müssen sie ihn beibehalten. Das Ergebnis dieser Politik sehen wir in dem heutigen Auftreten der großen historischen Partei.

Unsere Partei hat sich nach einer sachlichen Diskussion auf den Boden eines freiheitlichen Sozialismus gestellt und wird auf dieser Basis ihre politische Propaganda weiterführen. Ich gebe Euch als Anlage die beschlossenen Grundsätze und bitte Euch, rückhaltlos Eure Meinung über unsere Formulierung zu sagen.

Organisatorisch sind wir weitergekommen und erwarten für die nächste Zeit die Gründung weiterer Ortsgruppen. Durch die Herausgabe unserer „AP-Nachrichten" haben wir wertvolle Verbindungen geschaffen. Auffallenderweise versagen unsere sogenannten oppositionellen Freunde innerhalb der Sozialdemokraten vollständig. All diese „Freunde" sind ängstlich bemüht, jede Verbindung mit uns zu vermeiden. [...] Bei dieser „innerparteilichen Demokratie" kann sich eine sachliche Opposition zur Ausrichtung und Erneuerung der sozialistischen Bewegung niemals bilden, und haben wir die Hilfe dieser Freunde vollkommen abgeschrieben. Wenn Ihr die allgemeinen Diskussionen in Deutschland verfolgt, werdet Ihr finden, daß in allen Lagern die Frage „freiheitlicher oder totalitärer Sozialismus" diskutiert wird. Es wäre eine dankbare Aufgabe für Paul [Frölich]*, diese Frage zu ventilieren und Formulierungen zu finden, die für unsere Zeit brauchbar wären. Ich gebe Euch in der Anlage einen Teil meiner Rede auf dem Parteitag im Manuscript, woraus Ihr den Gedankengang vielleicht noch besser erkennen könnt.

Neuerdings haben wir Verbindung aufgenommen mit einem Teil Freiwirte[1]. Diese jungen Elemente sind aufgeschlossener sozialistischen Gedanken gegenüber als die Funktionäre der sogenannten historischen Parteien. Da ihre wirtschaftlichen Forderungen gegenüber dem hier herrschenden Wirrwarr oder Chaos geradezu wohltuend wirken, sind wir in eine Prüfung dieser Forderungen auf ihre Durchführbarkeit hin eingetreten. Es wäre uns erwünscht, wenn Ihr uns hierzu einiges schreiben könntet.

Der Versuch, uns in der Öffentlichkeit verächtlich zu machen, kann als mißlungen bezeichnet werden. Man hat jetzt den direkten Kampf gegen uns gewählt, um vor allem den Vorort Offenbach zu unterminieren. Wenn Ihr unsere „AP-Nachrichten" in die Hand nehmt, werdet Ihr einen Teil dieses Kampfes finden. Nehmt ihn nicht zu tragisch. Unsere politischen Kraftreserven haben sich erhalten. Unsere letzte öffentliche politische Versammlung war von 1 700 Personen besucht. Sie war eine der größten aller Parteien seit 1945.

Seid nun alle herzlich gegrüßt

Euer Heinrich & Marie

Frieda Rudolph* an den Solidaritäts-Fonds

Offenbach, den 6. 4. 1947
Kopernikusstr. 31

Liebe Genossen in Amerika!

Mit großer Freude erhielten wir ein liebes Paket von Euch, und wir möchten Euch doch aufs herzlichste dafür danken. Kam es doch gerade zurecht, einen schönen Osterkuchen auf den bescheidenen Tisch zu zaubern, und bei dem so langentbehrten Bohnenkaffee werden wir freudig Eurer gedenken. Zumal so wenig Raum für Freude in unserem armen deutschen Lande ist.

Ihr werdet wohl manchmal mit Besorgnis zu unserem deutschen Volke herüberschauen, denn sein Weg, sein politisches Gestalten, sein Aufbauwille im Laufe dieser zwei Jahre hat nicht gerade die große befreiende Linie gezeigt, die Ihr und auch wir eigentlich erhofften.

Anstatt gleich 1945 mit Mut u. Zuversicht sich zusammenzufinden, in sozialistischer Erkenntnis die Fehler der Vergangenheit zu überwinden u. die alle umfassende Partei aller Schaffenden zu proklamieren, die, auf einem neuen, festen Fundament aufgebaut,

---

[1] Bei den Freiwirten handelt es sich um Anhänger der Wirtschaftslehre von Silvio Gesell (1862–1930), die eine liberale, von Privatmonopolen und von privater Grundrente befreite Volkswirtschaft anstrebt. In den zwanziger Jahren beeinflußte die Theorie Gesells sowohl Kreise in der sozialistischen Arbeiterbewegung als auch in der NSDAP. Gesell selbst wurde 1919 durch seinen Anhänger Ernst Niekisch Finanzminister der bayerischen Räterepublik. Heinrich Galm nahm 1947 Verbindung auf zu der von dem Freiwirt Friedrich Penk geleiteten „Sozialistischen Union" in Worms, die wie die „Arbeiter-Partei" in Offenbach nach SPD und CDU lokal die drittstärkste Partei darstellte. Bereits in den zwanziger Jahren hatten die Freiwirte in Worms im Rahmen der Arbeiterbewegung eine größere Rolle gespielt und insbesondere mit der KPD zusammengearbeitet. Die Kooperation zwischen der Offenbacher AP und der Wormser SU dauerte bis in die fünfziger Jahre an.

die völlig neuen, schwierigen Aufgaben in Angriff nimmt, anstatt so handelnd ein neues Hoffen in unser verzweifeltes Volk hineinzutragen, wußten die alten Parteiführer nichts Besseres zu tun, als nach altem, ach so übel „bewährtem" Schema ihre Parteien wieder aufzubauen und den alten Zwist, die alte Unfähigkeit neu zu verankern.

Sie stehen wieder, die alten Parteien, haben auch die alten Getreuen wieder um sich geschart, preisen jede ihre allein selig machende Demokratie, ihren allein gültigen Sozialismus u. merken nicht einmal, wie apathisch u. deprimiert die Menschen außerhalb ihrer Parteien sind. Was noch schlimmer ist, sie ermutigen direkt die Reaktion, frecher u. frecher zu werden, u. geben mit erhobenem Zeigefinger dem Anderen die Schuld, daß es so gar nicht voran gehen will.

Liebe Genossen, in diesem Chaos stehen wir mitten drin u. lassen nicht ab, um die Erneuerung der sozialistischen Bewegung zu ringen. Und erleben die Freude, daß überall in allen Zonen die gleiche Sehnsucht nach dem neuen Gestalten laut wird, daß ganze aktive Gruppen sich schon zusammengefunden haben und bereits am Werke sind, die Partei der Schaffenden nach dem Vorbild der Offenbacher Arbeiter-Partei zu gründen. Dabei sind so große Schwierigkeiten zu überwinden, die Zulassung wird nur zögernd gewährt, Presse und Rundfunk übergehen bewußt die Idee der sozialistischen Erneuerung, aber an den Widerständen wächst die Kraft. Unser Mitteilungsblatt, das wir zum ersten Mal zum öffentlichen Verkauf angeboten haben, findet reißenden Absatz, die Kioske fordern doppelte Mengen an, wir setzen uns mit allen nur erreichbaren Genossen in Verbindung und hoffen, uns trotz aller Schwierigkeiten durchzusetzen.

Weiß man eigentlich in Amerika von der Schwere dieses Ringens? Sieht man auch drüben die unmögliche Politik der alten Parteien u. ihre verhängnisvolle Auswirkung? Sicher ist mit einem Zwei-Parteien-System leichter Politik machen, und es wäre auch für uns besser, die Geister würden sich eindeutig nach rechts u. links entscheiden. Fast sieht es so aus, als wollte die sichtbar werdende Reaktion solches bewerkstelligen, denn anläßlich der wiederholten Angriffe mit Bomben u. Handgranaten auf Spruchkammern u. politische Institutionen[1] schließen sich die sonst streitenden Brüder zu antifaschistischer Abwehr zusammen, und der V. V. N. (*Verein der Verfolgten des Nazismus*) schließt seine Mitglieder aus allen Parteien zu aktiver Gegenwehr zusammen. Wollen wir es als eine Hoffnung in unserer schweren Zeit deuten.

Liebe Genossen, ein etwas merkwürdiger Dankesbrief, aber wes das Herz voll ist, des läuft der Mund über. In diesem Sinne Dank u. Gruß –

Frieda Rudolph

---

[1] Zu Anschlägen auf Spruchkammern vgl. auch Anm. 3 zum Brief Bernhard Molz' vom 5. 2. 1947, S. 120, sowie Anm. 2 zum Brief Richard Schmids vom 21. 2. 1948, S. 245.

WIESBADEN

Kurt Oppler* an Joseph Lang[1]

Namur (Belgien), den 1.2.1946

Lieber Jola,

Hans Schoemann* übermittelte mir Deine Grüße, wofür ich bestens danke. Gleichzeitig sah ich den Brief, den Du an verschiedene Genossen gerichtet hattest. Ich antworte Dir heute direkt, weil ich gern noch und möglichst umgehend, einige Auskünfte haben möchte.

Meine Tätigkeit hier hat ihr Ende erreicht, und ich habe nun Gelegenheit, etwa Anfang März nach Deutschland in die amerikanische Zone für eine Besuchsreise zu fahren. Ein amerikanischer Major, mit dem ich hier zusammengearbeitet habe, hat mich aufgefordert, ihn zu begleiten; er ist sogenannter Schadenfestsetzungsoffizier, mit der Aufgabe, die Schäden – vor allem in Groß-Hessen – aufzunehmen (also durchaus keine politische oder militärische Angelegenheit). Dabei hätte ich also Gelegenheit, weit herumzukommen und zwar ohne alle Beschränkungen und mich für später umzusehen. Diese Reise soll ungefähr 6 Wochen dauern – falls nicht noch etwas dazwischenkommt[2].

Nun hätte ich gern gewußt, ob und wo wir augenblicklich Freunde haben, außer [Paul] Walter* in Frankfurt ist mir keine Adresse bekannt. Walter kenne ich allerdings sehr gut, noch von unserer gemeinsamen Breslauer Zeit her, vor allem mit seiner Frau stehe ich augenblicklich in ständiger Verbindung. Du schreibst vor allem von Heinrich Galm* in Offenbach und ich möchte gern mit ihm die Fühlung aufnehmen. Haben wir sonst jemand in Kassel, Marburg, Heidelberg, Frankfurt oder Umgebung?

Und nun meine persönliche Einstellung. Ich habe nicht die Absicht, mich schon jetzt parteipolitisch zu binden. Wie Du weißt, habe ich jahrelang mit Ernst Eckstein* zusammengearbeitet und ich bin von diesen unseren gemeinsamen Ideen auch jetzt noch nicht abgegangen, d.h. von der Möglichkeit einer Schaffung einer einzigen Arbeiterorganisation. Ich habe niemals Neigung gehabt, zur KPD zu gehen, werde es auch weiterhin nicht tun. Für alle diejenigen, die genau so denken, bleibt ja nur die Frage: SPD oder eine neue Organisation oder keine parteipolitische Bindung. – Wie Du selber weißt, sind viele unserer vielen Freunde zur SPD gegangen, ohne alle Garantien, daß diese Partei ihre Gedankengänge und vor allem ihre Führung geändert hat. Wie Du weißt, sind selbst Enderles* zur SPD gegangen und auch Heinz Kühn*, der von hier aus nach Köln zurückging, steht ihr mehr oder weniger nahe. Nach den augenblicklichen Berichten habe ich jedoch nicht den Eindruck, daß sich dieser gewünschte grundsätzliche Wandel vollzogen hat und daß unsere Elemente stark genug sind, diese Wandlung herbeizuführen. Wäre das möglich, dann sollte man vielleicht diesen Schritt tun, aber wie gesagt – ich habe nicht das Vertrauen.

---

[1] Die folgenden Briefe wurden aus einem umfangreichen Briefwechsel mit Joseph und Erna Lang ausgewählt.

[2] Diese Reise fand im Frühjahr 1946 statt. Nach der achttägigen Fahrt durch Gebiete der amerikanischen Besatzungszone verfaßte Oppler einen Bericht über seine Eindrücke, den er an seine politischen Freunde, die sich noch in der Emigration befanden, schickte. Eine Abschrift dieses Berichtes erreichte auch Joseph und Erna Lang in New York und befindet sich im Nachlaß Lang, Mappe Oppler.

Andererseits wäre es nicht richtig, eine neue Partei aufzuziehen, wenn diese nicht eine gewisse Basis hat: entweder auf Grund gegenseitiger Kenntnis der dazu fähigen Genossen, die in der Lage wären, durch Ansatzpunkte in mehreren Orten diese Basis zu schaffen oder auf Grund einer Entwicklung von unten her, die den Gedankengängen der Arbeiter entgegenkäme. Die SAP ist ja gerade auch daran gescheitert, daß sie sich mehr oder weniger nur auf zwei Provinzen stützte und ihre Basis nicht mehr erweitern konnte (vielleicht weil das Stadium des Faschismus schon zu weit vorgeschritten war). Was ich keineswegs tue, das ist, etwa der SPD beizutreten, um dadurch vielleicht einen wichtigen Posten in der Verwaltung zu bekommen; in diesem Falle würde ich es vorziehen, unabhängig zu bleiben. Als Anwalt z. B. kann ich das ohne weiteres und trotzdem die Entwicklung weiter im Auge behalten und dabei unsere Interessen vielleicht besser wahrnehmen als in einer allzu engen parteipolitischen Bindung.

Das eine steht jedoch fest: ich werde mich auf dieser ersten Reise nur umsehen und erst dann eine Entscheidung treffen.

Nach den obigen Ausführungen kannst Du am besten sehen, ob und in welcher Richtung Du mir evtl. Angaben machen kannst, die mir behilflich sein könnten oder ob Du vielleicht Nachrichten wünschst, die ich Dir nachher übermitteln könnte und worauf Du Wert legst.

Hans Schoemann* benimmt sich hier ausgezeichnet und er hat mir hier sehr geholfen; wenn dies auf Eure Anweisung oder mit Eurer Hilfe geschehen ist, so danke ich Euch ebenfalls dafür.

So hoffe ich, recht bald Nachricht von Dir zu erhalten, wenn möglich postwendend, und bin mit den besten Grüßen

Euer K. Oppler

Was ist übrigens aus Fritz Lewy* (Seydewitz's* Schwager) geworden? Und welches sind Eure Absicht über eine Rückkehr?

Kurt Oppler an Joseph Lang

Wiesbaden, den 16. 7. 1946
Adolfsallee 17/I

Lieber Jola,

Meine Frau hat mir Deinen Brief geschickt, aus dem ich ersah, daß Du wieder einen Bericht möchtest. Dieser hat sich etwas verzögert, denn wie Du Dir denken kannst, muß man sich erst etwas akklimatisieren und einarbeiten und das ist zum Anfang gar nicht so einfach.

Der Unterschied, vor allem in der Essenfrage, ist so groß, daß ich mich bis heute noch nicht daran gewöhnen konnte.

In der Zwischenzeit bin ich also hierher zurückgekehrt und seit mehr als zwei Monaten hier in Wiesbaden. Dies ist augenblicklich die Hauptstadt von Groß-Hessen, dem dritten Staat der amerikanischen Zone. Hier arbeite ich im Justizministerium als Oberregierungsrat. Ich habe ein recht umfangreiches, aber auch sehr interessantes Dezernat, so vor allem Sozial- und Arbeitsrecht, Wiedergutmachungsrecht, Bodenreform, Teile des Eherechts und des öffentlichen Rechts. Außerdem erfolgt in unserem Ministerium die Nachprüfung der Gesetze der anderen Ministerien, was nicht ganz ohne Einfluß ist. Darüber hinaus fahre ich auch ziemlich regelmäßig, fast wöchentlich, zu den Tagungen des Länderrats nach Stuttgart, wo der Versuch gemacht wird, die Gesetze der drei Länder der amerikanischen Zone zu coordinieren. Somit reicht unser Einblick, bezw. Einfluß eigentlich in das gesamte Gebiet der amerikanischen Zone. Dies nur zur Einleitung, damit Du siehst, von welchem Gesichtswinkel aus ich die Dinge beobachten kann. In Stuttgart wiederum bin ich an den Sitzungen des Rechtsausschusses, bei Sozialversicherung und property control beteiligt. Alles in allem gibt es unheimlich viel Arbeit, denn es gibt kaum ein Gesetz, das nicht erneuert oder abgeändert werden muß. Bisher bin ich keiner Partei beigetreten. Trotzdem gelte ich nicht etwa als parteilos im Sinne „unparteiisch". Jeder weiß, wer ich bin und kennt meine Einstellung, aus der ich nie ein Hehl mache oder zu machen brauche. Der Justizminister Zinn[1], ein früherer Rechtsanwalt aus Kassel, ist ein Mann, mit dem sich gut arbeiten läßt. Er gehört der SPD an. Niemand würde einen Druck ausüben, der Partei beizutreten. Aber andererseits würde es wohl auf die Dauer schwierig sein, draußen zu bleiben. Ich habe diese Frage hier viel mit Freunden diskutiert, aber bisher offen gehalten. Dazu kommt, daß meine Tätigkeit mir Gelegenheit zur Arbeit gibt, ohne organisiert zu sein. Andererseits ist die Wahl, welcher Partei man beitreten soll, nicht übermäßig schwer. Die KPD kommt ja nicht in Frage. Sie spielt hier in Hessen fast gar keine Rolle und man kann an den Wahlergebnissen verfolgen, daß ihre Stärke abnimmt, je mehr sie sich den Grenzen der russischen Zone nähert. Das läßt sich genau belegen. Meine Liebe zur SPD ist bekannt, trotzdem kommt kaum etwas anderes in Frage. Ich habe einmal lange mit Galm* diese Frage diskutiert. Es ist richtig, daß er in Offenbach bei den Gemeindewahlen 5 oder 6 Sitze erhalten hat. Das beruht aber mehr auf seiner persönlichen Beliebtheit als auf einem Parteiprogramm. Bei den Landeswahlen ist er leer ausgegangen, denn jede Partei muß mindestens 5% der Stimmen aufbringen. Und damit sind leider auch diese Stimmen verloren gegangen. Die unpolitische Einstellung der Massen ist noch so groß, daß sie diese Differenzen gar nicht erkennen, sie sprechen nur von Splittergruppen etc. Und bei aller Anerkennung der Lauterkeit der Ideen und der aufreibenden Arbeit halte ich im gegenwärtigen Zeitpunkt eine dritte Arbeiterpartei nicht für möglich. Ich glaube, auch Galm hätte diese Gründung nicht vorgenommen, wenn er diese Partei nicht *vor* dem Bestehen von SPD und KPD in Offenbach gegründet hätte. Für eine breitere Basis fehlt es im Lande an Personen, aber auch allen Mitteln. Ich glaube, man kann im gegenwärtigen Augenblick nur draußen bleiben oder muß in die SPD! Die Antwort, ob und wann hängt wieder davon ab, ob man sonst keinen Wirkungskreis hat. Über den meinen schrieb ich, außerdem arbeite ich in den Gewerkschaften, wobei man nicht Parteimitglied zu sein braucht. Andere können wieder sonst nicht arbeiten, und sie sind so zwangsläufig beigetreten.

Was die SPD selbst betrifft, so muß man sagen, daß nur eine Tatsache wohltuend auffällt, nämlich daß sie nicht mehr die starke Agitation gegen die KP betreibt. Man sagt sogar, daß für den Wahlkampf entsprechende Anweisungen bei beiden Parteien ergangen waren und Tatsache ist, daß während der Wahlen alle gegenseitigen Angriffe unterblieben sind. Natürlich muß man beobachten, ob das anhält. Schwieriger ist es schon, sonst sozialistische Elemente zu entdecken. Sie hat sich darin nicht wesentlich gewandelt. Man spricht zwar viel von der politischen Demokratie, aber nicht von der wirtschaftlichen. Und man ist von der letzteren weiter entfernt denn je, jedenfalls weiter als 1918. Viele sagen nun, man solle eintreten, um mitzuhelfen, sie so zu gestalten,

---

[1] Dr. Georg August Zinn (1901–1976), SPD, 1946–1949 Justizminister, 1951–1969 Ministerpräsident des Landes Hessen.

wie man es möchte. Das ist aber eine schwierige Angelegenheit. Denn man will ja schließlich nicht eintreten, um seine Meinung zu sagen, sondern um mitzuarbeiten. Man kann so im allgemeinen sagen, daß die SPD nach außen zwar als eine starke Partei erscheint, daß es ihr aber an innerer Festigkeit mangelt. Sie ist nachgiebig, nicht stark im Willen, es fehlt ihr an Theoretikern und an Nachwuchs. Sie hat keine Leute, vor allem mit Erfahrung, die wichtige Staatsstellungen besetzen können und dann aber auch ihren Gegnern gewachsen sind. Das bedeutet nicht, daß die Sache hoffnungslos wäre, aber sie erscheint es zuweilen; demgegenüber ist die CDU viel zielbewußter, sie hat ihre Leute von früher, die wissen, was sie wollen. Sie erobert mit Zielbewußtsein und Ausdauer die vorübergehend verlorenen Positionen zurück. Sie setzt ihre Leute im Augenblick nur an unscheinbare Posten, um sie morgen wieder vielleicht an Schlüsselstellungen zu bringen. Sie hat vor allem ausgebildete Leute, denn die Sozialisten sind naturgemäß durch die vergangenen Jahre dezimiert und haben keinerlei Nachwuchs. Bei der CDU aber taucht jetzt alles auf. Alle sind unschuldig, sie waren nur gezwungenermaßen Parteimitglieder oder bei der SS, sie haben alle unter Druck gehandelt, traten nur in die NSDAP ein, um diese gesellschaftsfähig zu machen und ihr gerade den revolutionären Charakter zu nehmen. Zu Sondergerichten waren sie nur abkommandiert und es finden sich immer Zeugen, die beweisen, daß die Leute in Wirklichkeit gegen die Partei gewesen sind und daß sie sogar Sabotage getrieben oder für einige Tage einen Juden versteckt haben. Dabei muß es noch als ein Glück angesehen werden, daß der 20. Juli nicht geglückt ist, sonst wären alle diese Herren noch größer und bedeutender als sie es heute sind. Wie hoch diese Taten gewertet werden, dafür ist typisch der Fall der Geschwister Scholl, jener Studenten, die von dem Hausmeister der Universität denunziert und hingerichtet wurden. Dieser Hausmeister wurde jetzt zu ganzen 5 Jahren Gefängnis verurteilt und fand das noch so schrecklich hoch, daß er Berufung eingelegt hat.

Der wirtschaftliche Wiederaufstieg ist noch nicht sehr stark zu beobachten. Auch bildlich gesprochen befindet man sich noch im Stadium der Trümmerbeseitigung. Es geht alles ungeheuer langsam. Die Abtrennung der Zonen, die dadurch bedingte Abschnürung behindern alles. Damit sind auch weitere Beschränkungen des täglichen Lebens verbunden und der Deutsche, der schon immer die Reglementierung liebte, kann so noch einige Papiere und Genehmigungen mehr verlangen als früher. Denn diese Beamteneigenschaft hat sich nämlich auch nicht geändert und man sieht es um so mehr, wenn man aus dem Auslande kommt. Die Währungsreform läßt weiter, wohl ebenfalls wegen Fehlens der russischen Zustimmung, auf sich warten und die erhöhten, ja überhöhten Steuern treffen nur die Ehrlichen, während die Schwarzhändler und die Bauern nur durch die Währungsreform erfaßt werden könnten. Ebenso fehlt die Angleichung an die Weltmarktpreise. Das deutsche Preisniveau hat sich seit 1939 nicht verschoben, während die Weltmarktpreise erheblich stiegen, so daß deutsche Waren im Ausland zu einem Spottpreis gekauft werden können. Ich billige daher nicht den Gewerkschaftsstandpunkt, das Preis- und Lohnniveau unter allen Umständen halten zu wollen und empfehle vielmehr eine Angleichung an die Weltmarktpreise. Gerade letztere Frage empfehle ich einem Studium der Fachleute.

Damit will ich für heute schließen. Besten Dank für das Paket, das mir meine Frau hierher bestätigte, leider nicht schicken kann.

[…]

Für heute die besten Grüße
K. Oppler

Kurt Oppler an Joseph Lang

Wiesbaden, den 7.9.1946
Adolfsallee 17/I

Lieber Jola,

Besten Dank für Deinen Brief und das schöne Paket, das mir wie immer eine große Hilfe bedeutet. Leider braucht man noch immer diese Zuschüsse und es ist ebenso wenig abzusehen, ab wann man sie entbehren kann. Jedenfalls kannst Du mir glauben, daß diese Pakete ein wertvoller Zuschuß für mich sind und ich wüßte nicht, wie ich sonst durchkommen könnte, zumal meine Frau immer noch keine Einreisegenehmigung hat und man von Belgien aus nichts hierher in die amerikanische Zone senden kann. Jedenfalls ist bisher seit meiner Ankunft hier nichts angekommen, obwohl meine Frau sicher alles menschenmögliche versucht hat.

Seit meinem letzten Brief sind hier wesentliche Änderungen nicht eingetreten. Allmählich gewöhnt man sich hier wieder an das Leben, wenn man sich auch an den Geist bestimmt nicht gewöhnen kann. Leider hat sich bisher nichts Entscheidendes geändert. Ich selbst hatte Gelegenheit, an einem der letzten Verhandlungstage dem Nürnberger Prozeß beizuwohnen. Genau so, wie dort alle bis zum letzten leugnen, jemals etwas mit der Sache zu tun gehabt zu haben, genau so ist es bei uns hier und in der Bevölkerung. Ob die Menschen wirklich so dumm sind oder es schließlich wirklich glauben, ist gar nicht mehr auseinanderzuhalten. Fest steht, daß sie alle unschuldig sind, nie etwas mit der Sache zu tun hatten und wenn sie in die Partei oder SA eintraten, so eben deshalb, weil sie die Partei salonfähig machen wollten oder weil sie Familie hatten und gezwungen waren, sonst hätten sie die Stellung verloren. Genau so treten sie heute in die CDU ein, für sie war es halt nur eine Partei und jetzt ist eine andere. Einen großen ideologischen Schritt sehen sie dabei keineswegs, sie verurteilen natürlich die Grausamkeiten, hatten aber selbst nie etwas damit zu tun: kurz es ist zum Verzweifeln, wenn man jeden Tag dieselbe Litanei hört. Ich kenne nicht einen einzigen, der irgend etwas bedauert, von einer Kollektivschuld ganz zu schweigen, und nach und nach komme ich doch zu dem Ergebnis, daß die ganze Besserung für unsere Generation eine hoffnungslose Sache ist. Dazu kommt, daß das Menschenmaterial, das für die Wiederaufbauarbeit zur Verfügung steht, viel zu gering und nicht immer qualifiziert genug ist, um etwas Entscheidendes leisten zu können. Weiter ist diese Arbeit weitgehend durch die Mittel – und unteren Instanzen gehemmt, denn man kann eben im wesentlichen nur die oberen Funktionen richtig besetzen. Was aber hier geleistet wird, ist größtenteils eine Sisyphusarbeit, es ist durchaus nicht immer oder etwa Sabotage, das vieles ins Gegenteil verkehrt, aber die Gesinnung der Ausführenden hat sich eben nicht geändert, man stößt überall auf Widerstand und kann ja schließlich nicht auch noch die Kleinarbeit selber machen. So ist der mittlere Beamtenapparat in den Händen der Bürokratie und damit der CDU verblieben und daran kann nichts geändert werden, bis vielleicht einmal ein besserer Nachwuchs da ist.

den 12.10.

Diesen Bericht hatte ich einige Wochen liegen lassen. Ich hatte nämlich gehofft, nach Belgien auf Urlaub fahren zu können und dort hätte ich mehr Zeit zu einem ausführlichen Bericht gefunden. Leider hat sich das bisher nicht verwirklichen lassen, teils weil es mit den Papieren noch nicht klappte, teils weil meine Zeit es nicht zuließ. Inzwischen erhielt ich Pauls [Frölich]* Bericht und ich werde – hoffentlich bald – einmal darauf

288

eingehen können, denn alle diese Probleme sind höchst aktuell hier und werden, wenn auch nur in kleinerem Kreise, heftig diskutiert. Vor kurzem besuchte mich Ruth Fabian*, mit der ich einmal einen Abend plaudern konnte. Vielleicht berichtet sie Euch einiges.

Was die Stellung der Partei anbelangt, so hat sich noch nicht zuviel geändert. Es scheint doch immer mehr so, daß für eine dritte Partei im Augenblick kein Raum ist. Ich glaube auch, daß Galm*, mit dem ich jetzt einige Male zusammenkam, dies doch auch einsieht. Dies besagt nicht, daß er seine Arbeit nicht fortsetzen sollte, im Gegenteil, aber ich glaube, dies auch nur im hessischen Raum aufzuziehen, ist fast unmöglich. Die wenigen guten Kräfte, die zur Verfügung stehen, sind ander[weitig] so in Anspruch genommen, daß für eine solche Arbeit kaum jemand zur Verfügung steht. Denn ohne Presse, ohne Organisation und ohne alle Mittel das durchzuführen, ist eine Illusion. Das heißt nicht, daß man keine besonders gute Verbindung wahrt, aber man muß auch von der Kräfteverteilung ausgehen und der Tatsache, daß die SPD in diesen linken Organisationen wie vor 33 ihren stärkeren Feind sieht als in der Rechten und keine Mittel in diesem Kampfe scheut. Dies ist leider eine Tatsache, die unsere Leute über Gebühr verbrauchen würde, und vor allem ist der beabsichtigte Erfolg im Augenblick bestimmt nicht zu erreichen. Wir müssen leider mit unseren Kräften haushalten und ich neige nun nach langer Beobachtung doch zu der Erkenntnis, daß die SPD gegenwärtig doch gewisse Arbeitsmöglichkeiten gewährt, die vielleicht nur am Rande liegen, aber doch eine breitere Basis für später schaffen. Noch bin ich nicht eingetreten, aber man drängt mich doch jetzt ziemlich stark, so soll ich die soz.[ialistischen] Studenten, die Aufziehung der Juristen und schließlich eine wesentliche Funktion in der Leitung der Jugend übernehmen und dies alles, obwohl meine Einstellung bekannt ist, aus der ich bisher kein Hehl gemacht habe[1]. Wieweit meine Zeit schließlich diese Arbeit zuläßt, kann ich noch nicht sagen, denn gegenwärtig sehe ich vor allem noch wichtige Aufgaben in der augenblicklichen Stellung. Ich glaube, daß es mir gelungen ist, diese weiter auszubauen und meinen Einfluß weiter auszudehnen. Dies betrifft vor allem meine Tätigkeit auf dem Gebiete der Gesetzgebung. Dadurch komme ich nicht nur mit allen Ministerien hier im Lande sondern auch in Stuttgart bei den Kommissionen mit den Ländern der Zone und neuerdings auch mit Vertretern der britischen Zone in Berührung. Das Gebiet ist so weit wie möglich gesteckt und ich glaube, man kann sagen, daß ein gewisser Erfolg sich doch allmählich abzeichnet. Dieser liegt nicht nur in der Aufhebung nazistischer oder militaristischer Gesetze und Bestimmungen, sondern auch in der Neufassung wie Fragen des Arbeitsrechts, Wohnungsgesetzgebung und Bodenreform, wo wir immer wieder weiter stoßen, auch der Wiedergutmachung, manches Mal auch in der Verhinderung bestimmter Gesetze oder Bestimmungen, wie der Betriebsräteverordnungen, wo wir schließlich mit fast allen im Kampf lagen, um eine kapitalistische Verordnung zu verhindern. Daß von meiner Abteilung alle in Hessen neugegründeten Firmen überprüft werden, ist nur ein anderes Beispiel. So wurde ferner eine Studienstiftung ausgearbeitet, die es etwa 10% erlauben soll, kostenlos zu studieren, ein Anfang, um endlich einen gewünschten Nachwuchs zu erhalten.

Aus allen diesen Gründen beabsichtige ich, diese Tätigkeit so lange beizubehalten, als ich glaube etwas erreichen zu können. Geht das nicht mehr, dann gibt es genug andere

---

[1] In seinem Brief vom 9. 12. 1946 an Joseph Lang teilte Oppler dann mit, daß er „vor einiger Zeit in die SPD eingetreten" sei. Joseph Lang antwortete O., daß er in der gleichen Lage wahrscheinlich auch so gehandelt hätte.

Möglichkeiten. So ungefähr sehen die Probleme hier aus. Leider sind wir hier mit der Denazifizierung gar nicht zufrieden, wenn es hier auch noch weitaus am besten geht. Ich hoffe, daß der Freispruch der drei in Nürnberg uns nicht noch neue Schwierigkeiten schafft[2].

Im übrigen beginnen hier die Verhältnisse, sich doch etwas mehr zu konsolidieren. Alles geht nur entsetzlich langsam und kostet eine ungeheure Nervenkraft. Ist dann ein Monat vorbei, so denkt man dann doch, daß man eine Kleinigkeit weiter gekommen ist und ich hoffe, daß die Wahlen uns keinen Strich durch die Rechnung machen. Dazu kommt, daß wir allmählich doch eine Gruppe bilden, die sich aufeinander absolut verlassen kann und völlig einer Meinung ist. Leider läßt die Tagesarbeit und der Kampf mit den Kleinigkeiten des täglichen Lebens keine politische Arbeit wie früher zu.

Das kurz für heute. Sollte ich bald meinen Urlaub nehmen können, so verspreche ich Euch einen sehr ausführlichen Bericht. Bis dahin müßt Ihr Euch mit diesen abgekürzten Berichten begnügen.

Laßt bald wieder von Euch hören, denn auch uns interessiert natürlich die Reaktion unserer Arbeit im Auslande.

Für heute also recht herzliche Grüße

Euer Kurt

Kurt Oppler an Joseph Lang

Wiesbaden, den 31. 3. 1947
Fichtestr. 20

Lieber Jola!

Recht herzlichen Dank für Deine letzten Briefe. Ebenfalls besten Dank für das angekündigte Paket, und meine Frau ist selbstverständlich gern bereit, die anderen Pakete weiter zu befördern. Bezgl. der Babywäsche hat sich meine Frau mit der Empfängerin in Verbindung gesetzt.

Für Walter Hanke, den mir Konrad Reisner* besonders empfohlen hatte, habe ich mich inzwischen verwandt und ich nehme an, daß er diese Woche zum öffentlichen Kläger bei einer Spruchkammer bestellt wird. Erich Lewinski* soll ja auch in diesen Tagen eintreffen und wir erhalten sonderbarerweise Anfragen bis aus Shanghai von Leuten, die gern zurückkehren wollen. Es ist hier ein viel erörtertes Problem, ob man ehrlich jemandem dazu raten soll, und ich muß sagen, daß es einem jeden Tag schwerer fällt, zuzureden. Die allgemeine Entwicklung der Dinge läßt dies nicht angezeigt erscheinen. [Karel] Sternberg* wird ja inzwischen zurückgekehrt sein und Euch einiges berichtet haben. Die ganze Entwicklung steht augenblicklich meiner Meinung nach unter zwei besonders bedrückenden Ereignissen: das ist die Wiederkehr der Nazis in ihre alten Stellungen und der Niedergang der soz.[ialistischen] Bewegung.

Man sollte meinen, daß es andere und wichtigere Fragen gibt, die in der Praxis zu lösen wären, wie Ernährung, Ankurblung der Wirtschaft etc. Ich glaube jedoch vielleicht im Gegensatz zu vielen anderen, daß sie sich eines Tages von selbst lösen werden. Dazu

---

[2] Im Haupt-Kriegsverbrecher-Prozeß vor dem Internationalen Militärgerichtshof in Nürnberg wurden freigesprochen: der frühere Reichskanzler Franz von Papen, der frühere Reichsbankdirektor und Reichswirtschaftsminister Hjalmar Schacht und der ehemalige Abteilungsleiter im Reichspropagandaministerium Hans Fritzsche.

wird der Friedensvertrag mit oder ohne Ostzone und die Währungsreform einmal die Grundlage geben und diese Fragen werden auch durch die sachliche Notwendigkeit ihrer Regelung bestimmt werden. Die beiden angeschnittenen Fragen jedoch sind diejenigen, auf die wir gegenwärtig einen gewissen Einfluß ausüben könnten, ohne dazu fähig zu sein.

Was die Denazifizierung betrifft, so wird das Problem im allgemeinen damit abgetan, daß man sagt, es gäbe gegenwärtig dringendere Probleme und dies sei eine Sache, die der Vergangenheit angehört. Mit dieser Begründung schafft man eine Erklärung dafür, daß man praktisch wieder die ganzen Nazis als entnazifiziert hereinläßt. Es ist richtig, daß auf die Dauer die Arbeit kaum von Unbelasteten allein geleistet werden kann. Ich stehe jedoch auf dem Standpunkt, daß dies gemacht werden muß, bis Nachwuchs da ist, um nicht wieder erneut alle Fehler von 1918 zu begehen. Aus diesem Gefühl der Trägheit heraus, weil die Arbeit allmählich jedem, der sich in einer Schlüsselstellung befindet, zuviel wird, beginnt man wieder alte Nazis heranzuziehen. Bisher konnte man sich dadurch erwehren, daß man sagte, sie müßten erst entnazifiziert werden, jetzt sind fast 2 Jahre seit dem Umbruch vergangen, ein größerer Teil ist durch die Spruchkammern gegangen und zu Mitläufern oder gar Entlasteten erklärt worden. Ich will hier nicht die Fehler des sogen. Befreiungsgesetzes, das ich glücklicherweise nicht mitverfaßt habe, und das in seiner ganzen Anlage falsch ist, aufführen: Aber es steht nun einmal fest, daß alle diejenigen, die keine eigentlichen Verbrechen begangen haben, obwohl sie den Verbrecherorganisationen angehörten, fast vollkommen straflos aus der Reinigung hervorgehen. Alle diese Menschen, ob Richter oder Rechtsanwälte, Kaufleute oder höhere Beamte, vor allem auch das große Heer der mittleren Beamten verlangen nun wieder, in ihre alten Posten eingesetzt zu werden, und die Not an Menschenmaterial veranlaßt viele Vorgesetzte, diese wieder hereinzunehmen und somit meiner Meinung nach nicht absehbare Fehler zu begehen. Wenn man sich damit begnügen würde, diese Leute auf kleine Eingangsstellungen zu verweisen, wenn man ihnen eine mehrjährige Bewährungsfrist auferlegt hätte, dann hätte man darüber reden können. Aber der deutsche bürokratische Geist würde es niemals zulassen, etwa einen Landgerichtspräsidenten als Justizobersekretär zu nehmen. Somit entsteht wieder dieselbe Situation, daß dieselben Menschen mit Ausnahme der kriminellen Verbrecher dieselben Positionen beziehen, die sie bis 1945 innegehabt haben. Diese Tatsachen muß man sich vor Augen halten, um zu sehen, wie sich augenblicklich wieder die Machtverhältnisse gestalten. Ich selbst war der Ansicht, daß keiner von diesen Menschen jemals wieder in die Verwaltung hätte übernommen werden dürfen. Aber wer unsere sozialistischen Freunde kennt, der weiß, daß sie immer eine besondere Schwäche gegenüber allen bürgerlichen Titeln und Minderwertigkeitskomplexe gegenüber allen Personen bürgerlicher Abkunft haben. So vollzieht sich meines Erachtens der Wiederaufbau eines Staatsapparates mit Menschen, die am wenigsten geeignet sein sollten, ihn aufzubauen. Es ist daher kein Wunder, daß die geringen sozialistischen Kräfte, die in ihm eine Rolle spielen, durch diese Übermacht allmählich immer stärker an die Wand gedrückt werden. Und das führt zu der zweiten Frage. Die SPD sitzt in jeder Regierung; wie vor 1933 sieht sie ihren Feind nicht in der Reaktion, sondern in der KPD. Sie verbindet sich lieber mit der Rechten zum Kampf gegen die Linke, als umgekehrt. Sie huldigt immer noch dem Glauben, daß sie durch Kompromisse eher dem Bürgertum Stimmen abgewinnen kann, als durch eine entschiedene sozialistische Linie. Sie glaubt die bürgerlichen Parteien zu überspielen und ist selbst stets der Betrogene, schon weil sie nicht über dasselbe Menschenmaterial mit derselben Zähigkeit und denselben Fähigkeiten verfügt, wie der Klassengegner. Die Koalitionspolitik unserer Tage ist die geradlinige Fortsetzung der SPD-Politik von 1933, die absolut nichts dazu gelernt hat und heute Severing und Konsorten dieselbe Rolle spielen läßt, wie früher[1]. Die leider auch von einigen unserer Freunde vertretene Auffassung – man müßte Positionen halten, die in Wirklichkeit nichts wert sind – ist kindisch und irrsinnig. So begeht in den politischen Fragen die SPD einen Fehler nach dem anderen und entfernt sich sichtbar immer mehr von den Massen. Und das ist vielleicht das einzig Erfreuliche an der augenblicklichen Situation, daß nämlich die Massen aus gesundem Instinkt nicht bereit sind zu folgen und die Differenzen zwischen Mitgliedern und der angeblich demokratischen, in Wirklichkeit aber bürokratischen Parteileitung immer größer werden. Nur so ist es auch zu verstehen, daß die an sich der KPD feindlichen Arbeitermassen in ungeheurer Zahl zu den Gründungsversammlungen der SED gehen, ohne vielleicht zu übersehen, was sie damit politisch erreichen. Sie tun dies aber aus innerem Widerstand gegen die augenblickliche Bürokratie einer Partei, die in Wirklichkeit vielleicht gegenwärtig diktatorischer wirtschaftet, als es die KPD tut[2]. In diesen Tagen hat Genosse Galm* im übrigen eine Konferenz von Freunden aus dem ganzen Land veranstaltet[3]. Die Tatsache, daß der Rundfunk sich ziemlich eingehend damit befaßt hat, scheint mir dafür zu sprechen, daß auch hier ein Ausweg versucht wird, wenn ich auch nach wie vor ihr keine Chance geben kann.

Dies sind so einige Probleme unserer Tage, mit denen wir uns herumschlagen müssen. Dazu kommt leider die viele Arbeit, die nicht abnimmt. [...]

Für heute recht herzliche Grüße, nochmals mit herzlichem Dank für alles, was Ihr für uns arme verrückte Idealisten tut. Wenn Ihr Zeit habt und es erscheint Euch interessant genug, dann gebt den Brief weiter, ich selbst hatte keine Gelegenheit, Abschriften zu fertigen. Im übrigen brauchen wir dringend sozialistische Literatur auch von Standardwerken, wenn Ihr damit mal helfen könnt, wäre ich Euch dankbar. Es kann auch in englisch oder französisch sein.

Nochmals recht herzliche Grüße auch von meiner Frau

Euer Kurt

---

[1] Der ehemalige preußische und Reichs-Innenminister Carl Severing (1875–1952) erlangte, wie alle SPD-Spitzenpolitiker der Weimarer Republik, nach 1945 keinen größeren Einfluß mehr in der wiedererstehenden SPD der Westzonen, obwohl er zunächst von der britischen Militärregierung als Berater herangezogen worden war. Kurt Schumacher und sein „Büro Schumacher" in Hannover distanzierten sich bereits im Dezember 1945 von Severing und sprachen sich klar gegen ein größeres Engagement von ihm in der SPD aus.

[2] Auch diese Aussage Opplers stimmt so nicht mit den historischen Gegebenheiten überein: Die Gründungsversammlungen der SED in den Westzonen blieben ohne größere Resonanz im traditionellen SPD-Mitglieder- und -Wählerstamm. Vgl. dazu auch Anm. 1 zum Brief Emil Brunes vom 31. 3. 1948, S. 113, sowie die dort angegebene Literatur.

[3] Am 22. 3. 1947, einen Tag vor dem Landesparteitag der „Arbeiter-Partei Hessen", fand in Offenbach a. M. eine „Interzonenkonferenz" über „Probleme der sozialistischen Bewegung Deutschlands" statt, an der Anhänger der SPD, KPD, SED und Trotzkisten, darunter Gustav Roos* und Berta Schöttle-Thalheimer*, teilnahmen. Die Diskussion blieb ohne greifbares Ergebnis.

FRANKFURT am MAIN

Franz Pfaffenhäuser* an Joseph und Erna Lang

Frankfurt a. M., Pfingsten [= 16. 5.] 1948
Heilmannstr. 23

Lieber Freund Jola und Erna!

Erst vorige Woche haben wir ein Paket von Euch erhalten u. wurde damit gemahnt, endlich Euch persönlich zu danken u. endlich einen Brief zu schreiben. Von Philipp [Pless]* erhielt ich vor einem halben Jahr die Aufforderung, Euch zu schreiben, ebenso vor zwei Monaten durch einen nicht bekannten Freund in Sachsenhausen. Nur die Hauptsache fehlte dabei, die Adresse. Diese erhielt ich vor 14 Tagen anläßlich eines Besuches von Wölfchen [Wolfgang Abendroth*].
Über Euch selbst bin ich sehr schlecht unterrichtet, was Ihr von mir auch sicher seid. Wie geht es Euch nun drüben, sicher habt Ihr auch allerlei hinter Euch u. die Gegenwart wird auch nicht leicht sein.
Ich möchte Euch mal alle gerne wiedersehen, was gäbe es da zu erzählen, ganz anders als auf so einem dämlichen Papier, wo die Gedanken oft anders sich niederschreiben als sie sind. Wenn ich so an Euren früheren Wohnungen u. Zusammenkunftsorten vorbei komme, dann denke ich an Euch. Vor kurzem fuhr ich über die Untermainbrücke, da sah ich einen Mann der sah aus wie Jola, ich sprang vom Rad, aber da fiel mir ein, das kann er ja nicht sein, der muß jetzt älter aussehen u. ist in Amerika. Durch die lange Zeit, die man aus dem Leben gerissen war, sind einem viele Gesichter entwachsen.
Nun einiges von mir selbst. Damit ich nichts Wesentliches vergesse, mache ich es der Reihe nach kurz. Am 2. Mai 1937 wurde ich verhaftet, war aber 6 Wochen vorher von meiner bevorstehenden Verhaftung durch einen Kassiber von Wölfchen durch dessen verstorbene Freundin Berta über CC[?] informiert. Mir graute es vor der Emigration mehr als vor dem Zuchthaus, u. ich blieb, bis die Gestapo zugriff. Der Angeber war Hans Löwendahl*, er hat mir nachher bei einem Gefangenentransport alles bestätigt. Außerdem habe ich vorher alle seine Angaben durch die Verhöre erfahren. In Düsseldorf sollen etwa 80 Leute durch ihn hochgegangen sein, ob Lubinski[1] auch dazu gehörte, konnte ich nicht feststellen. Ich sollte 35 Leute in Ffm betreuen u. man verlangt von mir die Namen. Es gelang mir, mit einer Ausnahme u. zwar Adolf Schüttler[2], der 9 Monate erhielt, alle aus der Sache zu halten. Aber 16 Monate Untersuchung gingen darüber hin, 2½ Jahre Z.[uchthaus] war das Ergebnis, man konnte mich nur auf Annahme verurteilen. Anstatt frei zu kommen, war ich wieder von April bis Dez. 1940 in der Polizeikiste. Weihnachten 1940 kam ich in Dachau an, nach einigen Wochen ging es in die Strafkompanie des Lagers mit ½ Verpflegung. Mit Hilfe von Freunden habe ich durchgehalten. Nach einem halben Jahr kam ich total ausgehungert in den Frei-Block. Hier konnte ich mich wieder satt essen u. wurde von Freunden zur Arbeit in die Schreinerei kommandiert. In diesem Werk waren etwa 600 Kameraden beschäftigt. Durch meine Fachkenntnisse wurde ich Capo. Über diese Leute herrscht eine Meinung, über die ich

---

[1] Zu Dagobert Lubinski vgl. Anm. 1 zum Brief Hertha Tüsfeld-Heines vom 19. 9. 1947, S. 110.
[2] Der Eisendreher Gustav Adolf Schüttler, geb. 1906, aus Offenbach a. M., gehörte seit Anfang der zwanziger Jahre dem KJVD und der KPD, seit 1929 der KPO an.

mich nicht zu rechtfertigen brauche. Wenn Ihr den SS-Staat von Kogon[3] kennt, dann brauche ich Euch mit der inneren Einrichtung nicht aufzuhalten. Die Jahre gingen vorbei. Im Lager herrschte ein reger politischer Austausch von Meinungen unter den Politischen, wir waren auch einig, uns nicht im letzten Moment von der SS ins Jenseits ohne Gegenwehr befördern zu lassen.

Eine Flucht war in 99 Fällen der sichere Tod. Aber wir merkten bereits 1943, daß man uns brauchte. Es war unter uns vereinbart, daß, wenn jemand Gelegenheit hätte, ins Heer zu kommen, er das ohne Bedenken tun sollte, um dort Zersetzungsarbeit zu leisten. Im Oktober 1944 kam nun an uns alle die Aufforderung, uns freiwillig zum Heeresdienst zu melden. In Dachau betrug die Meldung über 90% der politischen Häftlinge. Im November wurden wir zu unserem Erstaunen in SS-Uniform gesteckt u. kamen mit 250 Mann nach der Slowakei. Dort trafen wir auf etwa 250 Mann aus dem Lager Sachsenhausen. Wir sollten zum Partisaneneinsatz kommen, aber unsere Unfähigkeit darin wurde bald erkannt[4]. Das schönste war, daß es an Offizieren und Ausbildern fehlte, wir haben dann diese Leute aus unseren Reihen heraus gewählt. Am 12. Dez. 1944 waren wir an der russ. Front und sind am anderen Tag ohne einen Schuß abzugeben, zum Russen übergegangen. Nach längerer Verhandlung hat man dann eingesehen, wessen Geistes Kind wir waren und ein russ. Panzeroberst hat uns feierlichst versprochen, uns nicht als Kriegsgefangene zu behandeln, sondern uns politisch bzw. militärisch in den Einsatz gegen Hitler zu bringen. Dieses Versprechen wurde trotz unseres dauernden Protestes durch alle 10 Kriegsgefangenenlager, durch die wir kamen, nicht gehalten. Es gab immer neue Versprechungen, die nie eingehalten wurden, während sich unsere Lage in jeder Beziehung verschlechterte. Von einem Kommando wurden wir ins andere gegeben und jedes Kommando machte sich einen Spaß daraus, uns unser letztes Eigentum abzunehmen, bis wir schließlich in Lumpen gekleidet, zerfetzt wie chinesische Bettler aussahen. Wie unsere Kleider sah auch unser Körper aus. Verhungert, schließlich Wasser, Versagen von Herz u. Nieren infolge Schwäche. Bis Ende August waren von uns KZlern genau 50 an Unterernährung zu Grunde gegangen. Heute werden die Russen behaupten, sie wußten nichts von uns. Wir haben die Gegenbeweise in der Hand u. wissen, daß die Herren Ulbricht und Pieck genau über unser Schicksal informiert waren, aber wir sollten verrecken, wir hätten für Hitler gekämpft. Ich schilderte schon, daß wir ohne einen Schuß übergingen, aber die Tatsache noch, daß wir etwa 2000 Deutsche mit herüber brachten durch unser Loch, was wir in die Front rissen, können die Herren nicht bestreiten. Es war den Leuten unangenehm, in Deutschland eine Widerstandsbewegung zu wissen, das paßt nicht in die Theorie, alle Deutschen müssen verrecken, dann können wir Russen alles ohne Widerstand nach Rußland abtransportieren.

Auf unserem Transport vom Dez. 44 bis März 45 landeten wir im Bergwerk bei Stalino. Das berüchtigte Bergwerk, in dem wir arbeiteten, hieß „Kolbona Balka". Ich war bereits nach 14 Tagen erledigt u. konnte kaum noch den Urin halten, so voll war ich mit Wasser. Durch dauerndes Liegen im Lazarett ging das Wasser zurück, aber ganz gelang es mir u. allen anderen in dieser Zeit nicht. Im Bergwerk wird 8 Stunden ohne Essen hintereinander gearbeitet in Kohleflößen von 60 u. noch weniger Centimeter Höhe, mit Wassersuppen u. 1000 Gramm trocken Brot. Allerdings war das Brot nicht

---

[3] Eugen Kogon: Der SS-Staat. Das System der deutschen Konzentrationslager. Frankfurt a. M. 1946, jüngste Aufl. München 1981.

[4] Zu den Strafbataillonen 999 und die SS-Division Dirlewanger vgl. Einleitung, Anm. 27, S. 26.

trocken. Es wird, um es zusammenzuhalten, in Blechformen gebacken, denn ohne Form liefe es wegen dem vielen Wasser auseinander. Neben dem An- und Rückmarsch zur Arbeit mußte immer gewartet werden, bis die Letzten ihre Leistung vollbracht hatten. Zuerst waren wir 10 Stunden, mit der Zeit wurden es 16 Stunden, die wir unterwegs u. zum Abzählen bereit standen. In dem Bergwerk arbeiteten auch russische Frauen. Die gesamten russ. Kriegsgefangenen, die in Deutschland waren, arbeiten jetzt dort als Strafgefangene, es ist unverständlich, aber kein Märchen. Ebenfalls die zwangsweise nach Deutschland transportierten Zivilarbeiter u. -Arbeiterinnen. Allmählich haben wir erfahren, daß alle Leute im Werk Strafarbeiter waren.

Als Aufsicht im Lager u. Bergwerk benutzte man unsere Offiziere, Ungarn u. Rumänen. Die Offiziere erhielten auch doppeltes Essen. Jedes Vergehen gegen unsere Offiziere (wir waren nachher mit allen möglichen Leuten gemischt) wurde mit Arrest u. Essenentzug bestraft. Für eine LLL-Feier [Lenin, Luxemburg, Liebknecht] wurden uns 5 Minuten bewilligt.

Vom Lazarett aus habe ich wie alle anderen alles getan, um nicht mehr ins Bergwerk zu kommen. Vom Juni ab ging ich auf die Kolchosen zum Arbeiten. Drei Meter schwarze Erde, von Juni bis August Tropenklima, man sieht wie schnell alles wächst. Aber die Pflanzen werfen geringen Ertrag, weil der Boden oberflächlich bearbeitet wird, weil der Samen degeneriert ist, weil die Kolchosearbeiter den Samen verdünnen, um ein Teil zu verkaufen, weil ihr Lohn so schlecht ist, daß sie sonst nichts kaufen könnten. Von der Ernte stiehlt jeder, jeder Russe ob Mann oder Frau, Klein u. Groß hat immer einen Sack bei sich. Es könnte ein Paradies sein, ist aber ein Jammerland.

Der schwarze Markt besteht offiziell, jeder Russe ist ein Händler nebenbei, um wieder zu den Dingen zu kommen, die er notwendig gebraucht. Durch diese Umstände wird überall u. an allen Gütern, die es gibt, gestohlen. Die Planwirtschaft wirkt sich darum so schlecht aus u. das Interesse für die Arbeit ist nur eine zwangsmäßige. Das Interesse am Menschenleben ist gering. Alte Leute sieht man wenig, bei dem Leben können die Leute nicht alt werden. Dabei ist die Kinderzahl unendlich. Die Hauptarbeit tragen die Frauen, Wegebau, Bergbau, Landwirtschaft, Eisenbahn. Die meisten Männer haben Druckposten u. sind sehr viel betrunken. Es ist das höchste Begehren, betrunken zu sein, jeder brennt möglichst selbst seinen Fusel u. was für ein Zeug! Die Viehwirtschaft ist miserabel, trotz guter Rassen, die man eingeführt hat. Das Winterfutter wird nur im geringen Maße gehortet, darum geht viel Vieh vor Hunger ein oder kommt im Frühjahr (Mai, Juni) als Garderobenständer auf die Weide. Es dauert dann Monate, bis das Vieh wieder Milch gibt u. trächtig wird.

Was bei dem Dreschen von Getreide verloren geht, ist kaum zu schildern, dazu die mangelhafte Verpackung bei den Transporten. Ein Frischgemüse im Sommer fehlt. Sauerkraut ist die höchste Leistung. Kartoffeln stehen im Felde ganz schön, aber am Stock wachsen 4–5 kleine Dinger, nur weil die Kartoffelsaat degeneriert ist u. nach dem Setzen überhaupt keine Pflege mehr erhält. Man sieht große Tomatenfelder ohne Pflege, die Pflanze wird gesetzt u. bleibt an der Erde klein verkrüppelt, nicht hochgezüchtet wie bei uns, die Ernte ist noch nicht 10% von unserer Ernte, dabei wird kein Stück reif trotz Tropenklima u. wird grün in große Fässer mit Salz eingelegt, jeder Nährwert geht damit verloren. Zeigt man die Fehler auf, dann wird großspurig erklärt, das verständen wir nicht, wir hätten ja keine Kultur. Das Wort Kultur u. Spezialist hört man immer, ohne daß sie die Bedeutung nach unseren Begriffen erkennen. Auf ihr Bauen von Wohnhäusern, Holzbearbeitung einzugehen, ist überflüssig.

In die Industrie hatte ich keinen Einblick. Aus Schilderungen von glaubwürdigen

Freunden, die dazu alles wieder entschuldigen, wurde mir klar, daß die Produktion dort keine bessere ist. Wenn es so in Bergbau u. Landwirtschaft ist, wie kann es dann in der Industrie besser sein? In der Forstwirtschaft (eine solche gibt es nicht), Baumschlag besser gesagt, ein Sortiment von Nutz- u. Brennholz ist eine seltene Angelegenheit. Zum Beispiel eine Papierfabrik wird in der Nähe von Fluß oder Eisenbahn errichtet, eine kleine Eisenbahn notdürftig gelegt, dann wird alles abgehackt u. geht durch die Papiermühle.

Jetzt genug von diesen Dingen. Ende August 1945 wurde ich als nicht mehr arbeitsfähig für den Transport nach der Heimat ausgesucht. Erst als wir ohne Bewachung in offene Waggons verladen wurden (nicht verschlossene Türen), hatten wir die Hoffnung, es geht nach Hause. Unterwegs sind dann noch viele gestorben. Unsere Zugleitung konnte es nicht verschmerzen, unsere Lebensmittel gegen Schnaps u. andere glänzende Dinge einzutauschen. Frankfurt a. d. Oder Entlassungslager, im KP-Büro der Stadt müde hoffnungslose Menschen. Auf Zügen (man setzt sich auf einen Güterwagen), sie gingen damals von Osten alle leer zurück, so daß wir genügend Platz hatten. Heute sind die Waggons, die vom Osten kommen, noch alle leer, höchstens sind die Personenzüge mit Soldaten besetzt. Berlin, Trümmer u. Trümmer! Die Partei wollte uns gut verpflegen, auf eigene Faust habe ich die Leute aufgesucht u. ihnen erzählt, daß noch mehr als 250 KZ-Kameraden in Stalino wären, daß sie verhungern, daß sie im Strafbergwerk arbeiten (heute weiß ich, daß *nur* Sträflinge dort arbeiten). Achselzucken u. wir werden mit den Russen verhandeln! Erfolg, daß heute noch viele dieser Ärmsten drüben sind. Auch ist mir bekannt, daß viele inzwischen eingegangen sind, wie der Fachausdruck in KZ- u. Lagersprache heißt. Ich will nicht über die Vergewaltigungen u. Plünderungen reden, darüber seid Ihr sicher besser informiert. In Deutschland war mir die Politik der Russen sofort klar. Hier wie in Rußland Mißachtung des menschlichen Lebens u. Vernichtung. Man kann für diese Dinge keine Lanze brechen, ohne selbst schuldig zu werden. Millionen Deutsche haben Rußland gesehen und kehren diesen Dingen stumm den Rücken. Ich rufe nicht nach Vergeltung, aber diese Dinge gehen ihren Weg, den sie gehen müssen. Das traurigste ist, daß unsere Idee beschmutzt ist und der Russe uns die Beine abgeschlagen hat.

Am 11. September kam ich in Ffm. wieder an nach 8 Jahren 4 Monate. Die Römerstadt war von den Amis besetzt, wo meine Frau war, wußte niemand. Endlich habe ich sie durch Bekannte auf dem Wohnungsamt nach Wohnung suchend gefunden. Sie konnte nur weinen, erst meine Sache, dann Krieg, Bomben, Bomben. Aber sie hat sich gut gehalten trotzdem. Während meiner Haft hat sie das Geschäft weitergeführt u. gut durchgehalten. Nach einigen Wochen haben wir dann eine Wohnung bekommen. Im Geschäft ist nichts los, für eine Schreinerei zu bekommen, kam ich zu spät nach Hause. Seit 2 Jahren bin ich nun bei der Reichsbahn in der Rentenabteilung tätig, na alles ist ja nur ein Provisorium bis die Sanduhr abgelaufen ist. Über meine politische Stellungnahme später etwas. In der KP bin ich nicht mehr. Wölfchen will nach hier kommen, für ganz, hoffentlich geht alles gut. Ich habe noch so viel zu sagen, aber es geht nicht mehr. Wenn Ihr mal Zeit habt, schreibt etwas persönliches was Ihr macht u. wie Ihr lebt, man freut sich doch so wenn man etwas voneinander hört. Für Eure Pakete danken wir Euch vielmals, wir konnten unseren Dank leider nie recht anbringen. Auch sind wir eigentümliche Menschen, Dankes Briefe zu schreiben ist unsere Schwäche, wir denken nur immer wann können wir es wieder vergelten. Aber doch hoffen wir u. sind jederzeit bereit dazu, in diesem Sinne grüßen wir Euch herzlichst Euer Franz und Anny Grüße Osner*, Frölich* u. alle Bekannten.

Oben: *Joseph und Erna Lang, 1946*

Rechts: *Irmgard und August Enderle, 1952*

Unten links: *Otto Brenner, 1949*

Unten rechts: *Adolf Ehlers*

Franz Marx

Rechts: Stefie Restle

Gustav Roos, 1946

Emil Brune, 1944

Richard Schmid, 1947

Oskar Triebel, 1946

Walter, Susi und Frida Euchner, 1947

Frau Frida Euchner
Stuttgart-Zuffenhausen
Ludwigsburgerstr. 60
Deutschland

Stuttgart, 16. April 1947

Solidaritäts-Fonds
c/o Transcontinental
715 Amsterdam Avenue
New York 25, New York

Mit einem Liebesgabenpaket von Genossen aus Amerika bin ich zugleich auch in den Besitz Ihrer Anschrift gelangt und so bin ich in der Lage Ihnen meinen herzlichsten Dank für Ihre so wohltuenden und hochherzigen Gaben auszusprechen. Ihre Unterstützung wirkt bei unserer schlechten Ernährungslage bei meinen Kindern und mir wie ein Silberstreifen am verdunkelten Horizont.

Die Angabe meiner Adresse durch einen Genossen ist Ihnen die Gewähr, dass ich Antifaschistin bin. Ich möchte mich aber trotzdem vorstellen damit Sie ein Bild bekommen, in welche Hände Ihre Liebesgaben kommen.

Ich bin 39 Jahre alt, berufstätig und Mutter von einem 14 jährigen Sohn und einer 4 jährigen Tochter. Mein Vater war Arbeiter und Sozialdemokrat. Leider fiel mein Vater im Weltkrieg 1914-18 zum Opfer. Dasselbe Schicksal wie meine Mutter hat auch mich getroffen, da mein Mann ebenfalls 1944 in Frankreich sein Leben lassen musste.

Nach der Machtergreifung Hitlers setzte sich mein Mann mit Genossen der SAP für die Verbreitung illegaler Zeitschriften ein. Die Folge davon war eine achtmonatige Haft meines Mannes (Hochverratprozess Sauter und Genossen) und eine darauf folgende Arbeitslosigkeit. Trotz immerwährender Beobachtung der Nazis war mein Heim während der 12 jährigen Nazizeit ein Treffpunkt von Antifaschisten.

Ich bin Mitglied der SPD und gewerkschaftlich organisiert. Gerne würde ich mich politisch noch mehr betätigen. Leider ist mir dies nicht möglich, da ich ohne Unterstützung bin und für den Lebensunterhalt für meine Kinder und mich selbst aufkommen muss. Trotzdem bin ich Vorsitzende der Frauengruppe der SPD in Stuttgart-Zuffenhausen, da ich der Meinung bin, dass in einem Volk mit fast 2/3 Frauenmehrheit alles getan werden muss, um gerade Frauen für die sozialistische Idee zu gewinnen.

Indem ich nochmals meinen herzlichsten Dank zum Ausdruck bringe

begrüsse ich Sie
Ihre *Frida Euchner*
Kind *Walter Euchner*
Kind *Susi Euchner.*

Faksimile des auf Seite 251 abgedruckten Briefes

Empfangsbestätigung.

Als ehemaliger politischer Häftling, der der illegalen Gruppe Samorei angehört hat, erhielt ich aus der Zigarettenspende unserer Freunde in Amerika die nachstehend aufgeführte Stückzahl. Den Spendern spreche ich hiermit meinen Dank aus.

Name	Wohnort.	Strafe	Stückzahl	Quittung.
Amend, Karl	Gelsenkirchen	25 Stk		Karl Amend
Bosholt, Franz.	"	25 Stk		Franz Bosholt
Kornett, Albert,		25 Stk		Kornett
Heppe, Ewald,	"	15 Stk		Heppe
Krüger, Paul,		25 Stk		
Melchers, Fritz,	"	25 Stk		Fritz
Randen, Hugo,	"	25 Stk		J.
Samorei, Emil	"		25 Stk	Hugo Krüger
			200	

Empfangsbestätigungen für Spenden (Zigaretten und Lebensmittel) aus den Paketen des Solifonds

Empfangs - Bescheinigung

Ich bestätige hiermit, von dem Gen. Otto Brenner

1/2 Dose Fett

1000 gr. Zucker

1250 gr. Mehl

aus der Weihnachtssendung des Soli-Fonds erhalten zu haben.

Hannover ..11. 2. 50...   Rs

....
(Name)

B e s c h e i n i g u n g .

Hiermit bescheinige ich, dass ich durch die Genossen in Gelsenkirchen vom Committee and Rescue in New-York erhielt:
Owl, Kaffee, Zucker, Mehl und Schmalz.
Mein Mann wurde im Jahre 1943 von den Nazis verhaftet, erhielt
Jahre Zuchthaus ----... Gefängnis Wurde erschlagen-hingerichtet.
Für die Spende spreche ich den Genossen meinen herzl. Dank aus.
Gelsenkirchen, den Februar 1950
Frau Anna Mitteck Gelsenk. Liebfrauenstr. 38

Quellennachweis: Alle Bilder stammen aus Privatbesitz; die Originale der Faksimiles im Bildteil und auf den Vorsatzblättern befinden sich im Briefbestand des Solifonds (Nachlaß Joseph Lang im Archiv der sozialen Demokratie Bonn).

Johann Georg Schlott* an den Solidaritäts-Fonds

Frankfurt a. M., den 1.9. 1947
Moselstr. 15

Werte Genossen in Amerika.

Es hatte mich vorgestern in eine frohe Erwartung versetzt, als die Post mir eine Mitteilung zustellte, wonach ich auf dem Zollamt ein an mich gerichtetes Paket abholen sollte. Da ich in der jetzigen Notzeit solchem Ersuchen selbstverständlich umgehend Folge leiste, verfügte ich mich gestern gleich an die angegebene Stelle. Als ich die beiliegende Karte beim Aufmachen mit der Aufschrift „von Genossen in Amerika" las, da übermannte mich doch die Rührung. Solidaritäts-Fonds, was ist das doch ein erhebender Begriff. Wie gewinnt da wieder die internationale Zusammengehörigkeit Form und Gestalt. Wie dankbar müssen wir hier Euch dort drüben sein, daß Ihr den Gedanken internationaler Solidarität in so überzeugender Form lebendig erhaltet. Es ist ein Zeichen dafür, daß die Entfernung nicht so weit und der Ozean nicht zu breit ist, um das alles umschlingende Band brüderlicher Solidarität zu zerstören. Wie läßt uns hier so ein froher Lichtblick wieder aufleben. Ihr seid ja auch wie wir hier Verfolgte des Nazisystems und fühlt mit uns in allen Lagen. Gemeinsame Ideen verbinden uns, gleichgültig wo wir uns befinden. Wegen Unterstützung der Frau und der Kinder eines inhaftierten Genossen wurde mir, da das andere Anklagematerial zur Verurteilung nicht ausreichte, der Prozeß wegen Vorbereitung zum Hochverrat gemacht. Da ich dann ein Gezeichneter war, kam ich dann später auch in das Konzentrationslager Dachau, wo ich mit knapper Not am Tode, den Tausende von Genossen erleiden mußten, vorbeikam. Ich weiß nicht, welcher Genosse dort mich dem Solidaritäts-Fonds namhaft gemacht hat, aber jedenfalls ist es einer, für den internationale Hilfsbereitschaft keine agitatorische Phrase, sondern Lebenszweck ist. Der Glaube an die Gemeinschaft aller Arbeitenden und auf dem Boden des Sozialismus Stehenden hat uns ja alle die Marter des Dritten Reiches überstehen lassen. Wir wußten uns eins mit allen Genossen im In- u. Ausland, und wir wußten auch, daß der Tag kommen würde, wo das Tor der Freiheit sich uns wieder öffnen würde. Wenn auch die diesbezüglichen Wünsche nicht so in Erfüllung gegangen sind, als wie wir es als Abrechnung mit den Naziverbrechern erwarteten, so wollen wir doch unsere ganze Kraft einsetzen, daß die einigenden Ideen der Internationale Wirklichkeit werden zum Nutzen der Gesamtarbeiterschaft. Wenn wir hier auch noch eine schwere Leidenszeit durchmachen müssen, so hält uns doch der Gedanke aufrecht, daß die Genossen aller Länder innigen Anteil an uns nehmen und uns so den moralischen Rückhalt zum Durchstehen geben. Kleinlicher Egoismus bei der breiten Masse hier läßt für die großen politischen Ideen noch nicht die Verwirklichung in greifbare Nähe rücken. Das Blut von den Zehntausenden von opferbereiten Genossen darf in den KZ-Lagern und Zuchthäusern nicht umsonst geflossen sein. In ihrem Geist weiterzuarbeiten, muß Verpflichtung für uns sein. Herzlichsten Dank Euch allen im fernen Amerika, die Ihr im Geist der Gefallenen der Bewegung in uneigennütziger Weise handelt. Meine Familie ist acht erwachsene Personen, da wir alle ausgebombt sind und in der Wohnung meiner Schwester gemeinsam hausen. Daß alle Mitgl.[ieder] der Arb.[eiter]wohlfahrt sind, versteht sich von selbst. Genossenschaftliche Grüße von allen und nochmals herzlichen Dank für Euer aufrechtes proletarisches Verhalten, für das Ihr ja keinen Dank beansprucht, den wir aber Euch doch gewähren als Anerkennung.

Schlott

Johann Georg Schlott an Joseph Lang

Frankfurt a. M., den 21. 3. 1948
Moselstr. 15

Liebe Freunde in Amerika!

Heute ist wieder mal ein vielbesungener Tag, der aus unserem Liederschatz nicht wegzudenken ist. Frühlings Anfang. Wie viele Hoffnungen ranken sich um denselben und
seine symbolische Bedeutung. Frohe Zuversicht bewegt die leidgeplagten Menschen,
wenn dieser Tag auch äußerlich das Gesicht wahrt und sich wie heute in überzeugender Schönheit präsentiert. Strahlende Sonne und wolkenloser Himmel lassen mit fro-
hem Mut und gläubigem Vertrauen der Zukunft und der weiteren Entwicklung des
Jahres entgegen sehen. Bedeutungsvoll für den heutigen Tag ist auch die große Rede
des Präsidenten Truman zur Sicherung des Friedens und Verhütung des Krieges, die er
am 17. d. M. in der gemeinsamen Sitzung beider Häuser abgegeben hat[1]. Hier war die
Übertragung auf 18.30 gelegt, also zu einem Zeitpunkt, den jeder wahrnehmen konnte.
Selten hat aber auch eine Rede so ein erwartungsvolles Publikum gefunden. Überall
war von dieser Übertragung die Rede, und überall wurde am Tage darauf dieselbe diskutiert. Auch bei uns war die ganze Familie um das Radio versammelt, um die Stimme
des einen der beiden großen Partner der Weltgeschichte zu hören. Wie verzweiflungs-
voll klammert sich alles an das, was aus dem Weißen Hause als dem großen Haupt-
quartier verlautet. Die Bergpredigt kann keinen nachhaltigeren Eindruck ausgelöst haben als diese Rede. Im Allgemeinen werden hier die Veröffentlichungen der Mil.Reg.
überhaupt nicht beachtet, und meistens noch nicht einmal zur Kenntnis genommen.
Denn sie ist uns ja greifbar nahe, und ist mit dem verhaßten Bürokratenapparat so eng
liiert, und ihre Anordnungen und Verlautbarungen haben sich noch immer bis jetzt als
nicht durchführbar resp. als wahrheitswidrig erwiesen, so daß sie jedes Vertrauen eingebüßt hat. Eine Botschaft des heiligen Vaters in Rom kann bei den gläubigen Katholiken nicht zuversichtlichere Aufnahme finden wie hier in den Westzonen die Rede Tru-
mans. Er ist bereit, für den Frieden zu zahlen, und ihn ev. teuer zu erkaufen. Liebe
Freunde, diese Formulierung ist nicht glücklich gewählt, ebensowenig wie die Drohung an Italien, ihm im Falle des für die Kommunisten günstigen Wahlausganges die
wirtschaftliche Hilfe zu entziehen. Wenn Ideale als politisches Leitmotiv gelten sollen,
und selbst eigner Prestigeverlust in Verfolg der Durchsetzung derselben in Kauf genommen werden soll, dann darf der kapitalistische Pferdefuß nicht gar so offen durch-
scheinen. Liebe Freunde, jede aggressive Außenpolitik führt zu Komplikationen, die
sich zum Schaden der Menschheit auswirken. Deshalb bin auch ich gegen eine solche.
Hoffen wir aber auch, daß das gläubige Vertrauen, das die Massen hier dem amer.[ika-
nischen] Präsidenten entgegen bringen, nicht wieder enttäuscht wird, denn das hätte
katastrophale Auswirkungen. Auch hier werden die kommenden Wahlen ein Stim-
mungsbarometer sein. Heute morgen war ich bei einer Jüdin, deren Vater auch vergast
wurde im dritten Reich. Bei der Erörterung der Wahlen erklärte sie mir auch, daß sie

---

[1] Am 12. 3. 1948 verkündete der amerikanische Präsident Truman vor beiden Häusern des Kongresses
die nach ihm benannte Truman-Doktrin. Veranlaßt durch die dem Westen bedrohlich erscheinende
Entwicklung in Griechenland und in der Türkei, wo eine Machtübernahme der Kommunisten bevor-
zustehen schien, bot Truman allen nicht-kommunistischen Ländern die Unterstützung der USA bei
ihrer Auseinandersetzung mit dem Kommunismus an.

nur KPD wähle. Nicht als Ausdruck ihrer politischen Überzeugung sondern als Opposition gegen die hinhaltende Politik der USA hier in den Westzonen. Liebe Freunde, jetzt sind hundert Jahre verflossen seit dem Jahre, wo die demokratische Idee den Kampf mit der Waffe gegen den Feudalismus und die autokratische Monarchie aufnahm. Die gleichen Ideale wie damals gelten auch heute noch, aber harren leider noch ihrer Verwirklichung. Wie schnellebig ist doch die Zeit und wie lebensstark erweist sich die Reaktion. Mit den seitherigen Methoden kann man nicht gegen sie an, wenn man sie endgültig vernichten will. Friede, Freiheit, und ein geeintes Deutschland, das sind auch heute wieder die Parolen auf den Transparenten der öffentlichen Versammlungen. Also ist ein volles Jahrhundert vergangen, und die gleiche Sehnsucht besteht immer noch als solche unverwirklicht. Ihr da drüben nehmt wohl nun an, daß Frankfurt als der Brennpunkt der damaligen Ereignisse auch jetzt voll der Erinnerungen an dieselben ist. Das ist jedoch nicht der Fall. Der hehre Gedanke der Demokratie hat selbst an dieser historischen Stätte seiner Geschichte nicht die Kraft, die Masse zu seiner Verwirklichung zu begeistern. Frankfurt hätte doch die historische Verpflichtung, ein würdiger Hüter und Treuhänder jener Idee zu sein, die aufs engste mit seinem Namen verbunden ist. Aber der graue Alltag verläuft immer in demselben Einerlei. Große Ereignisse werfen ihre Schatten voraus. Wenn man von diesem Gesichtspunkt aus die Jahrhundertfeier betrachtet, dann wird es ein kleines Ereignis, von dem die breite stupide Masse überhaupt keine Notiz nimmt. Man hätte wenigstens erwarten können, daß in den Schulen der Geschichtsunterricht ausschließlich im Zeichen der historischen Würdigung des damaligen Geschehens steht und daß die begeisterungsfähige Jugend eindringlich auf ihre Aufgabe als Vollender des damals Begonnenen hingewiesen wird. Die zerstörte Stadt gibt ja nun allerdings nicht den richtigen Hintergrund ab, um das seinerzeitige Geschehen in würdiger Form in Erinnerung zu bringen. Um die Paulskirche ist großer Betrieb, selbst bei Nacht wird im Lichte der Scheinwerfer intensiv gearbeitet. Die ganze Gegend ist scharf bewacht. Nicht um ein Attentat auf diese historische Erinnerungsstätte ev. zu vermeiden, sondern um die Baumaterialien, vor allen Dingen Holz usw. vor Diebstahl zu bewahren. Selbst das kleinste Bauvorhaben muß bewacht werden, denn sonst ist am anderen Tage nichts mehr da. Not macht ja erfinderisch, aber leider leidet die Moral sehr darunter. Der Römerberg ist ja wieder aufgeräumt, aber wenn ihr meint, daß das geschehen ist, um in stiller Einkehr alte Erinnerungen lebendig werden zu lassen, dann irrt ihr euch. Historisch wertvolle Erinnerungsstätten standen schon immer unter Denkmalsschutz. Aber der Schutz darf sich doch nicht nur auf die Erhaltung des Baustils beschränken, sondern er muß auch eine allgemeine Profanierung unmöglich machen. Aber was ist unser Römerberg geworden? Ein ganz ordinärer Rummelplatz, auf dem sich schmutzigster Geschäftsgeist austoben darf. Das so notleidende ambulante Gewerbe muß doch auch Verdienstmöglichkeiten haben, und der Geldüberhang der breiten Masse muß abgeschöpft werden, damit auch der Stadtsäckel seinen Tribut erhält. Es tut einem weh, wenn man diese Mißachtung einer geschichtlich doch geweihten Stätte sieht. Wie könnten dort die Erinnerungen von 1848 gepflegt werden, wie könnten Massenkundgebungen die Erinnerungen an jene Zeit wachrufen, wie könnte derjeniger gedacht werden, die auf den Barrikaden im Kampf und auf dem Sandhaufen als füsilierte Opfer der Reaktion fielen. Die Geschehnisse des Jahres 48 waren meine stärksten Jugendeindrücke, die eigentlich richtunggebend für meine spätere Einstellung wurden. Ein Schulfreund von mir, dessen Großvater auch auf den Barrikaden sein Leben gelassen hatte für die Freiheit, und dessen Vater in Erinnerung daran alles, was er an Literatur und Bildern auftreiben konnte, gesammelt hatte, wurde von seinem älteren Bruder in meinem Beisein immer auf den Sinn der damaligen Ereignisse hingewiesen und belehrt. Mit welcher Begeisterung verschlangen wir die Berichte der Kämpfe. Wie lebten wir mit den Turnern und Burschenschaftlern für die Ideale der Demokratie. Welche Empörung bemächtigte sich unser über die blutige Rolle des Kartätscheprinzen. Wie marschierten wir im Geiste mit dem Hanauer Turnerbataillon, das in den Festungsgräben von Rastatt verblutete. Wie waren die Farben Schwarz-Rot-Gold und das Einstehen für sie unser jugendliches Ideal. Immer und immer wieder lasen wir uns heiße Köpfe. Als ich auf Wanderschaft war, ging ich auch über Rastatt, um dort an der Stätte zu verweilen, und derer zu gedenken, die heroisch für ihre Ideale ihr Leben gegeben haben. Wie lebten die freien Turner von Hanau in unseren Liedern fort. Doch leider ließ die leichtlebige Zeit sie und ihr heldisches Opfer in Vergessenheit geraten. Die Römerhallen sind hier wieder benutzbar, und es waren da schon schöne Ausstellungen arrangiert. Aber jetzt im Jahr der hundertjährigen Wiederkehr wäre es doch die Pflicht der Stadtverwaltung, eine Ausstellung der damaligen Ereignisse in Permanenz zu veranstalten. Doch nichts geschieht in dieser Richtung. Auch sollte man annehmen, daß doch auch die Kinos in den Dienst der guten Sache gestellt werden. Aber da hier noch keine eigene Produktion gestattet ist, und wir doch in allem von der Genehmigung der Mil.Reg. abhängig sind, wird im allgemeinen ödester Kitsch geboten. Überhaupt ist das Kinopublikum eine sehr fragwürdige Gesellschaft. Wie können da doch die Gefühle geweckt werden für Recht u. Unrecht im Banne überzeugender Darstellung. Kürzlich hatte mein Neffe mir auch einmal eine Karte besorgt, denn auch da muß man ewig anstehen. Es wurde „Der Herr der sieben Meere" gegeben. Die Handlung spielt zur Zeit, als die spanische Armada weltbeherrschend war. Es war so ein Gegenstück zu dem Spartakusaufstand, nur das Milieu war ein anderes. Es wurde nämlich ein Aufstand der Galeerensklaven organisiert. Nun war deren Los, lebenslänglich an die Ruderbank geschmiedet, vielfach noch geblendet und erblindet, doch genau so ein Schandfleck in der Geschichte als wie die Inquisition. Man hätte da doch annehmen sollen, daß das grausame Los dieser armen Geschöpfe, die doch vielfach auch politische Gegner waren, Empörung gegen die angewandten Methoden auslösen müßte. Doch weit gefehlt, wenn man dem Publikum Mitgefühl unterstellen wollte. Als der schauerliche Gesang der Galeerenknechte ertönte und verzweiflungsvolle Schreie unter den Peitschenhieben der Aufseher die ganze Brutalität des damaligen Systems offenbarten, da lachte noch die herzlose Menge. Menschlicher Schmerz und seelische Qual bereiten dieser gefühllosen Gesellschaft noch Freude. Glaubt ihr denn da, daß man diese traurigen Kreaturen für politische Ideale noch begeistern könnte? Man könnte an der allgemeinen Interesselosigkeit verzweifeln, denn die gibt der Reaktion doch wieder mächtigen Auftrieb. Selbst in Parteikreisen ist dem Erhabenen und Schönen gegenüber eine Mißachtung festzustellen, die einen empören kann. Zur Feier des 18. März war eine Gedenkfeier im Handwerkerhaus veranstaltet worden. Keine große Linie. Enttäuschung für die, die gekommen waren im Gedenken an die großen Männer wie Blum, Struve, Hecker usw. Ein Streichquartett vom Rundfunk spielte in künstlerischer Vollendung. Das trauernde Schluchzen der Geigen, das in andachtsvoller Stille wirkungsvoll zur Geltung kommt, wurde gestört durch zwei Tratschen, die hinter uns saßen, und sich gedankenlos über Nichtigkeiten unterhielten. Da ich dank des Apparates alles gut verfolgen konnte und mich andachtsvoll dem Genuß ergreifender Musik hingeben könnte, machte ich sie auf das Ungehörige ihres Tuns aufmerksam, was bei beiden noch Entrüstung auslöste. Wie kulturfremd ist doch die breite Masse. Die einführende Rede wurde von einem Mitglied der B[ezirks]L[eitung] gehalten, der es aber nicht verstand, die Ideale der damaligen Revolution herauszustellen. Auch die folgenden Deklamationen wurden der großen Sache nicht gerecht. Am Schlusse führte die „Junge Bühne" eine Szene aus dem Bauernkrieg ergreifend vor. Doch auch da blieb der tiefere Sinn den meisten Anwesenden fremd. Auch da bewirkte das Auftreten des Dorftrottels in seiner unbeholfenen Gegnerschaft gegen den Feudalherrn nicht Mitleid mit der geknechteten Kreatur, sondern das tappische Hervorbringen seines Hasses gegen den Ausbeuter wurde mit Lachen von vielen im Publikum quittiert, die es eigentlich bitter notwendig hätten, sich ihres Handelns zu schämen. Wenn in solchem Kreis noch nicht einmal mitfühlende Solidarität offenbar wird im verstehenden Mitgehen, dann kann man das von der indifferenten Masse erst recht nicht beanspruchen. Liebe Freunde, seid froh, daß ihr nicht hier seid, denn da müßtet ihr mit eurem feinen Empfinden über vieles verzweifeln. Mit Schaudern muß man der kommenden Entwicklung entgegensehen, die jedenfalls den Untergang des Abendlandes bedeuten wird. Truman ist ja auch pessimistisch. Wie wird Amerika, dieses freie Land, dessen Gründer doch vielfach vor dem preußischen Korporalstock geflüchtet sind, die Einführung der allgemeinen Dienstpflicht aufnehmen? Ich kann mir Amerika als Militärstaat gar nicht vorstellen. Es stürzt zuviel ein bei dem Verstehenwollen dieser Maßnahme. Wie sagt Goebbels bei seiner letzten Eintragung in sein Tagebuch vor seiner Vergiftung? „Wenn uns der große Sprung in die Macht auch nicht geglückt ist, so wollen wir doch unseren Nachfolgern eine Erbschaft hinterlassen, an der sie zu Grunde gehen müssen." Soll diese düstere Prophezeiung wirklich in Erfüllung gehen, soll Goebbels selbst nach seinem Tode noch das Chaos organisieren? Soll die Parole „Kanonen statt Butter" immer noch das leitende Motiv der Produktion darstellen? Ich kann es einfach nicht glauben, daß alle Menschheitsideale gerade in dem Jahre der Jahrhundertfeier vollkommen außer Kurs gesetzt werden sollen. Es fehlt aber auch die Möglichkeit der Propaganda, um die Ideen der Masse überzeugend beizubringen. Die Zeitungen müssen meistens einseitig erscheinen, da zu diesem Zweck kein Papier zur Verfügung steht. Auch für Literatur hat man höheren Orts kein Verständnis. Überall, wenn man Papierwaren irgendwelcher Art kaufen will, muß man entsprechendes Altpapier mitbringen. Dasselbe ist hier ein sehr wertvoller Kompensationsartikel. Jetzt bringen auch die Buchhändler die ältesten Ladenhüter an den Mann. Denn viele kaufen so einen Schinken, um ihn sofort als Tauschpapier wieder zurückzugeben. Selbst die Schreibhefte für die Kinder in der Schule kann man nur im Schwarzhandel bekommen. Seitens der Stadt und seitens der Schulbehörden ist noch nichts erfolgt, um den Vertrieb in eigene Regie zu nehmen. Papier ist lediglich für den Formularkrieg da. So wurde zur Durchführung des Speisekammergesetzes[2] z. B. jedem Haushalt ein Formular zugestellt. Ganze Ämter wurden errichtet zur Anlegung der Kartothekkarten über die Auswertung dieser Aktion. Jeder sollte das, was über die normale Ration sich in seinem Besitz als Vorrat befindet, anzeigen. Aber es ist natürlich gekommen, wie es ja eigentlich kommen mußte. Die Strafandrohungen, die in Deutschland ja zur Unterstreichung der Staatsautorität auf jedem amtlichen Formular nicht wegzudenken sind, bleiben bei der Bevölkerung vollkommen unbeachtet. Kein Mensch bekümmerte sich um die ganze groß aufgemachte Angelegenheit. Manchmal hatte wohl einer in ulkiger Form St. Bürokratius zum Besten gehalten. Zur Erleichterung hatte man die Formulare per Boten in die Häuser zugestellt, und auch entsprechend wieder abholen lassen. Jetzt steht die Verwaltung tiefsinnig vor dem Problem, wie man der Be-

---

[2] Zum „Speisekammergesetz" vgl. Anm. 3 zum Brief Oskar Triebels vom 24. 2. 1948, S. 79.

völkerung den Respekt vor den behördlichen Anordnungen wieder beibringen kann, und wie man vor allen Dingen den ganzen Apparat, den man zur Erledigung der Angelegenheit organisiert hatte, wieder auf ein anderes, möglichst gleichgerichtetes Aufgabengebiet verlagern kann. Ja ja, die Leute haben hier in der Verwaltung schwere Sorgen, um alle die unabkömmlichen Nazis zu beschäftigen. [...] Das was nicht nur hier, sondern auch in Washington die Gemüter bewegt, ist die Währungsreform. Sie kommt allerdings nicht von heute auf morgen. Erstens ist Deutschland noch nicht vollkommen ausgeplündert, und dann hat sie jedenfalls nicht angenehme politische Folgen, die in ihren Auswirkungen erst wohl überlegt werden müssen. Die W. R. ist das drohende Gespenst, das unheilverkündend auf seine Opfer lauert. Chaos wird die unausbleibliche Folge sein. Die jetzigen Mittelschichten werden radikalisiert werden, da ihnen ja der Abstieg ins Proletariat sicher ist. Unvorstellbar sind die Auswirkungen der Entziehung jeder Existenzmöglichkeit, die jedenfalls eintreten wird. Das Verhältnis zwischen amtlichen Normalpreisen und denen des schwarzen Marktes ist jetzt 1 zu 100. Die Bauern tragen alle Hypotheken ab. Grundsteuern, Pachten, Renten u. dgl. werden schon auf Jahrzehnte im voraus abgegolten, um bei einer Reform trotzdem wieder unwirksam zu werden. Der Bauer und Grundbesitzer wird m. E. zumindest doch mit der Belastung belegt, die zu Beginn des Krieges bestanden hat. Die Fabriken stellen laufend Leute ein, soweit sie zu bekommen sind, um ja eine große Belegschaft zu haben. Jetzt ist in den Fabriken schön zu arbeiten, denn es sind viele Stellen doppelt besetzt. Alles was in normalen Zeiten zusammengefaßt von einem einzelnen bewältigt werden mußte, ist jetzt detailliert in einzelne Funktionen. Das erfolgt aber nicht unter Berücksichtigung des derzeitigen Ernährungsstandes und der damit verbundenen Minderleistungsfähigkeit, sondern es sind rein materielle Erwägungen in bezug auf die kommende W. R., es wird nämlich damit gerechnet, daß für jeden Beschäftigten im Betrieb ein gewisser Betrag in wertbeständiger Form als Grundkapital in Anrechnung kommt. Jetzt spielen in den Betrieben das Lohn- u. Sozialkonto überhaupt keine Rolle. Je höher jetzt, je höher auch bei der Umrechnung. Aber was dann, wenn die W. R. gestartet wird? Wenn dann wieder scharf kalkuliert werden muß! Wenn dann wieder die Rationalisierungsmethoden angewandt werden, dann ist eine Massenarbeitslosigkeit da in unvorstellbarem Ausmaß. Alle Versicherungen werden wohl auch hart betroffen werden. Lebens-, Aussteuer-, Renten-, Haftpflicht- usw. Versicherungen werden wohl wertlos sein. Der Hausbesitz wird stärkstens belastet werden. Die Produktion muß sich auf die Erzeugung der Ausfuhrgüter beschränken, so daß für den persönlichen Bedarf wieder nichts zur Verfügung stehen wird. Truman hat mit seiner Rede die Gefahr der Radikalisierung nicht gebannt, sondern er hat da wieder Versprechungen eingeflochten, die nicht eingehalten werden können. Hier werden zur Beruhigung der hungernden Öffentlichkeit Rationen zur Ausgabe in Ansatz gebracht, die nie ausgegeben werden können und dadurch die Verzweiflung immer mehr steigern. So sind auch jetzt für April pro Kopf 9 000 Gr. Kartoffeln vorgesehen, obwohl in Frankfurt außer in den Werksküchen überhaupt keine Kartoffel zu finden ist. Die alten Leute über 70 Jahre mußten schon im Oktober gemeldet werden, da sie zu Weihnachten eine Flasche Wein erhalten sollten. Doch weder zu Weihnachten noch zu Neujahr sah man etwas davon. Die Osterfreude in dieser Richtung ist aber auch noch sehr fraglich. Da schwindet das Vertrauen zu den Behörden vollkommen, und jeder hemmungslosen Propaganda ist Tür und Tor geöffnet. Die kommende W. R. treibt auch sonst sehr eigenartige Blüten. Jetzt überbieten sich die Bewährungsfristler der Gr.[uppe] III des Entnaz.[ifizierungs-]Gesetz in der Bekundung ihrer sozialen Einstellung, denn das ist ein billiges Vergnügen. Jetzt wird auch die Pietät eingespannt in die Abwälzung späterer Lasten. Kaufgräberanträge bis zum Jahre 2000 liegen hier massenweise vor. Der Friedhof ist vollkommen ausverkauft. Grabunterhaltungsverträge für Angehörige werden bis zu 50 Jahren vorausbezahlt. Die Friedhofsverwaltung hat jetzt alles gesperrt. Auch der liebe Gott und seine Fürsprache steht wieder hoch im Kurs. Alle Schieber und sonstige fragwürdige Zeitgenossen fürchten auf einmal um ihr ewiges Seelenheil. Vor allen Dingen die Bauern wollen nicht von Gewissensbissen behelligt werden für ihr verantwortungsloses Handeln und suchen ihr Gewissen durch die Tröstungen der Kirche zu beruhigen. Allerdings geschieht das in sehr protziger Form infolge der stattgefundenen Kapitalanhäufung bei ihnen. Heilige Messen werden jetzt in einem Umfang gelesen, und sind laufend auf Jahre schon vorausbestellt, daß die Geistlichen entschieden Front machen gegen die ihnen zugemutete Mehrbelastung. An den Kirchentüren sind jetzt Anschläge, daß keine Messen mehr angenommen werden. Das hatte natürlich zur Folge, daß jetzt die Anträge für die Gewährung der göttlichen Fürsprache nach dem Gesetz von Angebot und Nachfrage jetzt in einer Form erfolgen, die selbst das härteste Gemüt erweicht. Das Geltungsbedürfnis auf dem Lande muß sich für alle Situationen das Wohlwollen des geistlichen Herrn sichern. Da spielen dann Schwarzschlachtungen keine Rolle, wenn man sich da die Gunst erkaufen kann. Die armen Schulkinder können einem leid tun, die um Mitternacht als Ministranten Dienst tun müssen. Die Messe im Anschluß an den Gottesdienst ist nicht so wirksam, als die um Mitternacht gelesene, für die natürlich Sondertarife gelten. [...] Jetzt, mein lieber Jola, muß ich Dir auch noch Deinen Brief bestätigen, der das Datum vom 22. 2. trägt. Deinen Hinweis am Schluß des Briefes verstehe ich vollkommen. Im nächsten Brief werde ich vielleicht schon mitteilen können, daß ich auch offiziell dem Stierle-Kreis beigetreten bin[3]. Anmeldungsformulare bekomme ich von allen Seiten. Die Spannungen zwischen den Koalitionspartnern wachsen. Einzelheiten kann ich leider heute nicht überzeugend berichten. Der Witterungswechsel macht mir wieder sehr zu schaffen. Mir springt der Schädel bald wieder voneinander. Keinen vernünftigen Gedanken kann ich heute fassen. Der Brief wird das ja bestätigen. Wenn sich jetzt an den Feiertagen die Möglichkeit ergibt, werde ich einmal nach Langen zu Erich Person fahren. Es ist immer gut, wenn man überall sich auf aufrechte Genossen stützen kann. Sie sind immer ein stolz ragender Fels im brandenden Meer. Ein guter Genosse ist immer mehr wert, als ein ganzer Schwarm gedankenloser Mitläufer. Am Sonntag nach Ostern wird meine Schwiegertochter jedenfalls ihre schwere Stunde bestehen müssen. Sie ist ja so glücklich in der Erwartung des Jungen, denn das ein solcher ist, das steht bei ihr außer Zweifel. Karolas [Osner]* Paket ist noch nicht angekommen. Eure Prophezeiungen haben sich aber bisher immer erfüllt, so daß kein Anlaß zur Sorge besteht. Auch daß ich als Großvater noch einen Adoptivvater erhalte, hätte ich nicht erwartet. Ich habe dem Mr. Buttinger* kürzlich einen ziemlichen Brief geschrieben. Mein Neffe dient mir hier ja als Dolmetscher. Jedenfalls, mein lieber Jola, danke ich Dir herzlichst für Deine rührende Fürsorge, die Du uns erweist. In Deinem Sinne zu handeln und Dir nachzustreben, soll der Dank an Dich sein. Jetzt bin ich froh, daß der Abend da ist, denn der Schlaf richtet mich immer etwas auf, wenn es auch bei den Kopfschmerzen lange dauert, bis ich einschlafen kann. Für heute an alle lieben Freunde dort drüben die herzlichsten Ostergrüße von der ganzen Familie

Schlott

---

[3] Mit dem „Stierle-Kreis" meint Schlott hier die Frankfurter SPD, deren 1. Vorsitzender Georg Stierle* war.

Lina Heise* an den Solidaritäts-Fonds

Frankfurt a. M., den 10. 11. 1947
Hanauerlandstr. 7

An Genossen in Amerika!

Liebe Freunde! Heute bekam ich von Euch ein wunderbares Paket. Die Freude war riesengroß. Ganz besonders, daß Schmalz dabei war, diese Woche ist die Fettration bei
uns gestrichen. Dieser Tage hatte ich mir so sehr mal etwas Reis gewünscht, u. schon
ging dieser Wunsch in Erfüllung. Ist das nicht wundervoll? Die Armut ist ja leider zu
groß in Deutschland, man hat zu lange schon gehungert und hungert weiter, wer weiß
wie lange noch. Nie ist mir so bange vor dem Winter gewesen wie dieses Jahr. Ich bin
nun schon elf Jahre allein u. bin eine Frau von 60 Jahren, über 40 Jahre in der Partei.
Mein Mann Stephan Heise war hier Redakteur u. Stadtverordneter. Am 23. Oktober
[1935] wurde er verhaftet u. zu 14 Monaten Gefängnis wegen Hochverrat verurteilt.
Aus seiner Haft wurde er nicht entlassen nach Verbüßung seiner Strafe, sondern kam
in das K. Z. Buchenwald. Am 9. November 41 kam er frei. Aber am 19. Januar 43 erneut
verhaftet, kam dann ins K. Z. Sachsenhausen bei Oranienburg, ist bis heute noch nicht
zurückgekehrt. In all diesen Jahren hatte ich ein kleines Cigarrengeschäft, wo ich von
der Hand in den Mund lebte. Die Nazis boykottierten mich, u. unsere Leute hatten
Angst zu kommen. Im Juni 1943 bekam ich ein Geschäftsverbot wegen politischer Unzuverlässigkeit. Habe dann einige Monate als Arbeiterin u. die letzten zwei Jahre als
Pflegerin in der Rhön gearbeitet. Ich kann wohl sagen, daß ich in all den letzten Jahren
es sehr schwer gehabt habe und auch heute noch zu kämpfen habe. Unsere Pensions-
kasse (Verein der Arbeiterpresse) ist leider noch nicht ins Leben gerufen. Die Wiedergutmachung steht noch auf dem Papier. So habe ich denn wieder meinen Cigarrenhan-
del in Angriff genommen. Verkaufe dabei noch sozialistische Schriften, für unsere
Volksstimme, es ist noch alles klein u. erst im „Werden" begriffen. Aber ich hoffe, daß
es auch hier „Aufwärts" geht. Ich will gerne noch arbeiten, ich bin ja so verwurzelt in
dem allem, daß man (auch wenn einem nicht alles gefällt) eben nicht anders kann. Die
Probleme in Deutschland sind kolossal schwer, u. es ist verdammt nicht leicht zu arbeiten, man darf nicht so schnell kritisieren. Ich persönlich bin trotzalledem voller Hoffnung für unsere Sache. Bin fest überzeugt, daß auch Ihr keinen leichten Kampf dort
habt.
Für unsere gemeinschaftliche Idee alles Gute wünschend verbleibe ich mit dem Gruß
„Freundschaft"

Ihre Genossin Lina Heise
P. S. Nochmals recht vielen Dank.

Lina Heise an Joseph und Erna Lang

Frankfurt a. M., den 22. 9. 1948
Hanauerlandstr. 7

Liebe Freunde!

Jeden Tag wollte ich schreiben, aber immer kam was anderes dazwischen. Heute will
ich Euch nun mal von dem Deutschland nach der Währungsreform berichten. Es ist
wirklich viel besser geworden, man kann so ziemlich alles kaufen, wenn man über ei-

nen guten Geldbeutel verfügt. Aber fragen Sie nicht nach den Preisen. Es ist erstaunlich was alles auf den Markt geworfen wird, sogar Bohnenkaffee das & *nur* 25–28 Mark kann man regulär im Geschäft kaufen. Obst, Gemüse ja Kartoffeln kann man wirklich haben, wenn man auch nicht alles kaufen kann, so erfreut man sich doch an den vielen Dingen die es heute wieder gibt. Also es geht wieder „Aufi!“ Ich möchte Sie nun bitten mir nichts mehr zu schicken, ich bin Ihnen zu großem Dank verpflichtet. Glauben Sie nur, es war wirklich eine große Freude für mich zu sehn, daß die Solidarität der Arbeiterschaft weit über die Grenzen, für viele, auch für mich, so schwer daniederdrückenden Menschen, so rührig in Tätigkeit war. Das gibt wieder neuen Mut zu arbeiten für unsere gemeinschaftliche Sache. Eine Bitte hätte ich nun doch noch an Sie, aber nur wenn Sie es möglich machen können, mir fehlt so sehr ein Mantel, für mich sind die Preise noch unerschwinglich, in Textil wird man sich vorläufig so bald nichts kaufen können. Wie geht es Reisners*? Ist das Baby angekommen? Hoffentlich geht es Mutter u. Kind gut, wenn Sie zusammen kommen recht herzliche Grüße auch an Familie Siegel [?].
Ihnen alles Gute wünschend verbleibe ich mit den besten Grüßen
Ihre dankbare Lina Heise
Was sagen Sie von den Zuständen in Berlin? Mein Sohn steckt auch mitten drin, die Sorgen sollen nicht aufhören.

Begrüßungs-Rundbrief von Joseph und Erna Lang an die Freunde und Genossen
in der alten Heimat anläßlich ihrer Rückkehr aus den USA

Hamburg, Ende August 1950

Liebe Freunde und Genossen!

Wir sind am 17. August in Bremen angekommen und von den dortigen Genossen so freundschaftlich und wohltuend in Empfang genommen worden, daß wir diese erste Begegnung mit den Freunden in der alten Heimat gern als verheißungsvollen Anfang ansehen wollen.

Als wir vor 16 Jahren aus Haft und Illegalität nach Prag flüchteten, ahnten wir nicht, welche Zeitspanne vor uns liegen und welche Ereignisse über uns alle hereinbrechen würden, bis wir wieder nach Deutschland zurückkehren können. Die schlimmsten Befürchtungen wurden übertroffen.

Und jetzt, 5 Jahre nach dem Zusammenbruch der Nazis, wird die gesamte Menschheit von der Furcht vor der Zukunft, von der Angst vor dem Kriege beherrscht. Wir kennen die Ursachen: Keines der Probleme, die unsere Generation seit 35 Jahren nicht mehr zur Ruhe kommen lassen, ist gelöst. Die sozialistischen Kräfte waren nicht in der Lage, entscheidend einzugreifen und im industriell entwickelten Teil Europas der Entwicklung ihren Stempel aufzudrücken.

Doch es ist nicht unsere Absicht, mit diesen ersten Zeilen große politische Ausführungen zu machen. Wir werden uns vermutlich in den nächsten Wochen und Monaten mit Euch über Entwicklungstendenzen und Perspektiven noch eingehend unterhalten. Wir möchten nur andeuten, daß nach unserer Meinung der allzu simple Traum vom friedlichen Hineinwachsen in den Sozialismus ebenso überwunden werden muß wie der Stalinismus mit seinem NKWD-Terror.

Heute wollen wir uns nur erst einmal bei Euch melden und Euch sagen, daß wir wohl wissen, welche Schwierigkeiten uns hier erwarten. Wir haben keine Illusionen. Wir glauben aber zutiefst, daß die Aufgaben, an deren Lösung wir seit Jahrzehnten mit Euch zusammenarbeiten, im Kern die gleichen geblieben sind.

Wir sind zurückgekommen, da wir nicht länger Zaungäste sein, sondern an Eurer Arbeit, Euren Versuchen und Euren Kämpfen teilnehmen wollen und um uns mit jenen Kräften zu verbinden, die gleich uns davon überzeugt sind, daß eine Regenerierung der Arbeiterbewegung ausgehen muß von den Erkenntnissen und Impulsen, von dem Ethos und dem Mut, die Karl Marx und Friedrich Engels ihr gaben. In diesem Sinne wollen wir uns wieder einreihen. Und wir vermuten, es wird gar nicht so schwer sein, uns mit Euch zu verständigen und eine gemeinsame Marschroute zu finden.

Wir kommen – trotz außenpolitischer Bedrohungen und unerfreulicher Anzeichen in innenpolitischer Hinsicht – mit Zuversicht und Freude, mit Toleranz und Aufgeschlossenheit, um wieder aktiven Anteil an Eurem Leben zu haben. Wir kommen ohne feste Pläne und wissen auch noch nicht, wo wir uns niederlassen werden. Um dies zu klären, um uns zu orientieren und uns mit dem Alltag vertraut zu machen, werden wir in einigen Wochen eine Rundreise durch Westdeutschland unternehmen, wobei wir voraussichtlich in alle wichtigen Zentren kommen werden.

Wir freuen uns, bei dieser Gelegenheit die persönliche Verbindung zu Euch herzustellen. Von dem Ergebnis der Besprechungen mit Euch, von unseren Eindrücken und Erfahrungen wollen wir unsere Entscheidung, wo wir schließlich bleiben und was wir beginnen werden, abhängig machen.

Dies sei unser erster Gruß an Euch, liebe Freunde, wobei wir uns auch gern der Verpflichtung entledigen, Euch von den in Amerika verbliebenen Genossen, die mit uns gemeinsam an der Arbeit des Solidaritäts-Fonds beteiligt waren, zu grüßen und Euch ihre Wünsche zu übermitteln.

Ihr müßt entschuldigen, daß wir uns in der Form eines Zirkularbriefes an Euch wenden, aber der Freundeskreis ist so groß, daß es uns leider unmöglich ist, jedem von Euch separat zu schreiben. Wir schließen in der Hoffnung auf ein baldiges Wiedersehen und mit dem Wunsche auf ein gutes kameradschaftliches Zusammenwirken.

In herzlicher Verbundenheit und Freundschaft!
Joseph und Erna Lang

Teil II: Biographien

Wie die Biographien zustande kamen

Der biographische Teil setzt sich aus Biographien unterschiedlicher Herkunft und Länge zusammen. Er enthält die – meist ausführlicheren – Lebensläufe der 71 Personen, deren Briefe in der vorliegenden Edition veröffentlicht werden; des weiteren Biographien und biographische Angaben zu Personen, die in den Briefen erwähnt werden, seien es überregional bekannte ehemalige Funktionäre und Mitglieder der SPD, KPD, KPO, SAP, des ISK, der Gruppe „Neu Beginnen", Emigranten oder solche Sozialisten, die im lokalen Rahmen der Briefschreiber Widerstand gegen das NS-Regime leisteten. Die unterschiedliche Länge der Biographien ergibt sich zum einen aus dem Stellenwert, der den Personen in den Briefen zukommt, zum anderen aus der Quellenlage. Die Lebensläufe der 71 Briefschreiber sind zum allergrößten Teil von mir recherchiert; soweit sie in der Literatur Erwähnung finden, ist diese benutzt und verzeichnet. Bei allen anderen Biographien wurde Literatur nur dann genannt, wenn sie in größerem Umfang weiterführt; bei den prominenteren Vertretern der linkssozialistischen Parteien und Gruppen, sofern sie in der Emigration waren, wird nur das „Biographische Handbuch der deutschsprachigen Emigration nach 1933"[1] angeführt, das neben meist ausführlicheren Biographien vollständige Literaturhinweise enthält.

Ausgangspunkt der Recherchen über die Briefschreiber waren im Januar 1979 die in den Briefköpfen vermerkten Anschriften aus den Jahren 1946 bis 1949. Das Gros der heutigen Adressen der Briefschreiber bzw. ihrer Angehörigen ließ sich über Einwohnermelde- und Statistische Ämter ermitteln. Darüber hinaus bot die wissenschaftliche Literatur zu den sozialistischen Kleinparteien ISK, SAP, KPO, zur Lokal- und Regionalgeschichte der Arbeiterbewegung sowie zum Widerstand im „Dritten Reich" Hinweise, die es mir ermöglichten, mich mit gezielten Fragen an einschlägig bekannte Personen zu wenden (vgl. Verzeichnis b). In einigen Fällen war es erforderlich, an Ort und Stelle, d.h. bei Stadtarchiven, Erbschaftsgerichten und anhand von Todesanzeigen und Telefon- und Adreßbüchern zu recherchieren. Trotz der zeitlichen Distanz konnten so mit einer Ausnahme alle Gesuchten ausfindig gemacht werden. Von den 71 Sozialisten, deren Briefe in die Edition aufgenommen wurden und die der Veröffentlichung zustimmten – sechs Personen lehnten eine Veröffentlichung ihrer Briefe bzw. der Briefe ihrer Eltern ab – lebten 1979 nur noch dreißig. In zehn Fällen lebten die Ehefrauen, in 22 konnten Kinder, in einigen weiteren Fällen entferntere Verwandte aufgefunden werden. Sieben Briefschreiber waren kinderlos und ohne sonstige Angehörige verstorben. Nach Ermittlung der Adressen besuchte ich die genannten Personen, bat sie um die Erlaubnis, die Briefe zu publizieren und befragte sie zu ihrem Leben bzw. zum Leben der Briefschreiber. Bei den Interviews nahm ich so weit wie möglich in schriftliche Unterlagen Einblick, die die Erinnerungen und Erzählungen in vielen Fällen außerordentlich präzisierten und ergänzten: Rentenbescheide, Haftbefehle, Briefe aus dem KZ und aus der Nachkriegszeit, selbstverfaßte Lebensläufe von Verstorbenen und andere diverse Dokumente. Auf der Grundlage der so gewonnenen Daten und in Verbindung mit Informationen aus der Literatur verfaßte ich Lebensläufe, die dann den Briefschreibern bzw.

---

[1] Biographisches Handbuch der deutschsprachigen Emigration nach 1933. Hrsg. v. Institut für Zeitgeschichte München und v. d. Research Foundation for Jewish Immigration. Unter der Gesamtleitung v. Werner Röder u. Herbert A. Strauss. München/New York usw. Bd. 1: Politik, Wirtschaft, öffentliches Leben. Leitung u. Bearbeitung Werner Röder, Herbert A. Strauss. Unter Mitwirkung v. Dieter Marc Schneider, Louise Forsyth. 1980.

ihren Angehörigen zur Begutachtung vorgelegt wurden. Später wurde bei einem zweiten Durchgang versucht, die Biographien in den jeweiligen lokalen bzw. gruppenspezifischen Zusammenhang zu stellen. Ergänzende Hinweise verdanke ich einer Reihe von Organisationen und Institutionen (vgl. Verzeichnis b). Besonders hervorzuheben ist das Nordrhein-Westfälische Hauptstaatsarchiv in Düsseldorf, durch dessen Gestapo-Akten die Biographien der bereits in den fünfziger und sechziger Jahren verstorbenen Arbeiter und Arbeiterfunktionäre aus dem Ruhrgebiet zum Teil substantiell erweitert werden konnten. Bei den ohne Angehörigen verstorbenen Briefschreibern war es durch mündliche und schriftliche Befragungen ebenfalls möglich, einige Angaben zur Erstellung von Kurzbiographien in Erfahrung zu bringen. Ein Briefschreiber und ein Angehöriger legten Wert darauf, die Namen durch Pseudonyme zu ersetzen.

Bernd Klemm

a) Verzeichnis der befragten Briefschreiber bzw. ihrer Angehörigen

Werner Aßmus, Wesel
Willy Blind, Stuttgart
Sofie J. Bowman, Dowal, Quebec, Kanada (Frieda Rudolph)
Martha Brenner †, Frankfurt
Emil Brune, Dortmund
Ilse Bühring, Hamburg (Dora Hoffmann)
Gertrud Deutsch, Nürnberg
Eberhard Dörfler, Bielefeld
Edith Doil, Schwelm (Bernhard Molz)
Günter Eckstein, Köln
Ella Ehlers, Bremen
Paul Elflein, Salzgitter
Irmgard Enderle, Köln
Frida Euchner, Stuttgart
Wilhelm Fingerle, Bad Rothenfelde
Heinrich Galm, Offenbach
Hermann Grzeski, Köln
Flora Halbach, Trier
Kurt Heise, Frankfurt
Walter Heist, Mainz
Gerritt Hensel, Anholt
Hans Ils, Freiburg
Ottilie Issel, Duisburg (Oskar Triebel)
Emma Jahnke, Hamburg
Ursula Kappius, Bremen
Irmgard Keun †, Köln
O. Klostermann, Solingen (Otto Hensel)
Sophie König, Nürnberg (Karl und Emma Grönsfelder)
Margarete Kunz, Berlin
Friedel Linder, Solingen
Walter Märten, Berlin

Angelika Mager, Bamberg
Franz Marx, München
Irmgard Müller, Berlin (Karl Müller)
Helene Nagel, Bamberg
Günter Nelke, Bonn
Karin Neumann, Kaltenkirchen (Karl Grunert)
Kurt Oppler, Baden-Baden
Margarete Ostermann †, Berlin-DDR
Elisabeth Pauli, Köln
Louis Pilz, Stuttgart
Hugo Röhrig, Solingen
Gustav Roos, Mannheim
Frieda Ruhnau, Hamburg
Hans-Joachim Sabo, Köln (Ludwig A. Jacobsen)
Margarete Samoray, Gelsenkirchen
Gerhard Sauter, Stuttgart
Richard Schmid, Stuttgart
Walter Schmitz, Bocholt
Maximilian Schöneseiffen jun., Köln
Thomas Schöttle, Stuttgart
Lisbeth Schultz, Gelsenkirchen (Albert Kornett)
Erich Schumacher, Stuttgart
Adolf Stephan, Hannover
Maria Stockhaus, Dortmund
Fried Theissen, Essen
Fritz Treu, Monroe, New York, USA
Hertha Tüsfeld-Heine, Dortmund
Martha Tulatz, Oberursel
Maria Walter, Leutkirch (Stefie Restle)

b) Auskunftsperson und -institutionen

Lisa Abendroth, Prof. Dr. Wolfgang Abendroth, Frankfurt; Ernst Behm, Sollentuna, Schweden; Prof. Dr. Theodor Bergmann, Stuttgart; Martin Bier, Unterhaching; Elisabeth Bier, Schwendt/Kössen, Österreich; Dr. Jörg Bremer, Frankfurt; Dr. Holger Christier,

Hamburg; Clara Döhring, Stuttgart; Dr. Hanno Drechsler, Marburg; Prof. Fritz Eberhard, Berlin; Eugen Eberle, Stuttgart; George G. Eckstein, Great Neck, New York, USA; Ruth Fabian, Paris; Prof. Dr. Walter Fabian, Köln; Erwin Gräff, Linköping, Schweden; Herrmann Grzeski, Köln; Ilse Hacks, Wiesbaden; Dr. Beatrix Herlemann, Mannheim; Rudolf Holz, Berlin; Henry Jacoby, Genf; Gerhard Kaulich, Wiesbaden; Louise Köhler, Berlin; Dr. Hartmut Kokott, Frankfurt; Otto Kraus, Nürnberg; Marianne Kühn, Köln; Dr. Barbara Mausbach-Bromberger, Frankfurt; Dr. Susanne Miller, Bonn; Hans Picard, Stuttgart; Hilde Ruge, Hamburg; Albert Schmidt, Stuttgart; Hans Schoemann, Brüssel; Günter Spruch, Berlin; Charles Sternberg, Forest Hills, New York, USA; Georg Stierle, Butzbach; Hanspeter Stockhaus, Dortmund; Herta Thielcke, Hamburg; Hans Tittel, Nürnberg; Helmut Tulatz, Lippstadt; Prof. Dr. Hermann Weber, Mannheim; Fritz Wiest, Stuttgart.

Archiv der sozialen Demokratie, Bonn-Bad Godesberg (Dr. Ilse Fischer); Institut für Zeitgeschichte München (Dr. Norbert Frei, Dr. D. M. Schneider); Institut für Politikwissenschaft der Universität Marburg (Prof. Dr. Georg Fülberth); Internationales Institut für Sozialgeschichte Amsterdam (Götz Langkau), Nordrheinwestfälisches Hauptstaatsarchiv (Dr. Ziegahn); Stadtarchiv Frankfurt; Deutscher Bundestag, Parlamentsarchiv; Landtag von Nordrhein-Westfalen (Herr Eyckers); Stadt Duisburg, Dezernat für Bildung und Kultur; Stadt Schwelm; Die Quelle. Funktionärszeitschrift des DGB Köln; SPD Schwelm (Ulrich Härtel); SPD Wesel (Dieter Heisig); SPD-Landesverband Berlin; DGB-Berlin; IG Druck und Papier Nürnberg; Arbeiterwohlfahrt Nürnberg; VVN-Bund der Antifaschisten Niedersachsen e. V., Hannover.

Biographien in alphabetischer Reihenfolge

Abendroth, Wolfgang, geboren am 2.5. 1906 in Elberfeld, nach Besuch des Realgymnasiums in Frankfurt a. M. Jura-Studium, 1920 Mitglied des KJV, 1929 der KPO, 1932 Gruppe „Neu Beginnen", bis zur Entlassung 1933 Gerichtsreferendar, Anfang 1935 in Basel Promotion zum Dr. jur., 1936 Angestellter bei einer Bank in Berlin; seit 1933 konspirativ tätig, in Kontakt mit der KPO-Reichsleitung, im Februar 1937 Verhaftung und Verurteilung zu vier Jahren Zuchthaus, nach deren Verbüßung Soldat im Strafbataillon 999 in Griechenland, 1945/46 Kriegsgefangenschaft in England; im November 1946 Rückkehr nach Deutschland (Ost), 1947 Oberjustizrat der Deutschen Justizverwaltung für die Sowjetische Besatzungszone in Berlin, im selben Jahr Mitglied der SPD, 1948 o. Prof. an der Universität Jena, 1948 Übersiedlung in den Westen, seit 1951 Professor für die Wissenschaft von der Politik in Marburg, als dezidierter Marxist Engagement auf dem linken Flügel der SPD, Mitglied in der Programm-Kommission der SPD, 1959 Verfasser eines „Alternativ-Entwurfs" zum Godesberger Programm der SPD, wegen seiner Mitgliedschaft in der Förderergesellschaft des SDS 1961 Ausschluß aus der SPD. Seit den sechziger Jahren steht A., der neben bedeutenden staatsrechtlichen Arbeiten umfangreiche Forschungen zur Geschichte der deutschen Arbeiterbewegung betrieben und angeregt hat, politisch der DKP nahe. A. lebte 1981 in Frankfurt.

Wolfgang Abendroth: Ein Leben in der Arbeiterbewegung. Gespräche, aufgezeichnet und hrsg. von B. Dietrich und J. Perels. Frankfurt a. M. 1976.

Angermeier, Heinrich (1884–1945), Bauer in der Gemeinde Groß-Zimmern, seit 1924 KPD-Abgeordneter im Hessischen Landtag, 1929 Übertritt zur KPO. Angermeier war mit Heinrich Galm* politisch und persönlich eng befreundet. 1933–1934 im KZ Osthofen; im Juli 1944 ins KZ Dachau deportiert, dort kam er am 22.2. 1945 ums Leben.

Hermann Weber: Die Wandlung des deutschen Kommunismus. Bd. 2. Frankfurt a. M. 1969.

Aßmus, August, geboren am 30. 3. 1909 in Neheim. Der Vater war Buchdruckmaschinen-Meister, die Mutter Hausfrau. Nach der Volksschule ließ sich A. zum Pflasterer ausbilden. Bei Ausübung des Pflastererberufs zog er sich eine Rückgratverkrümmung zu, die ihn zwang, diesen Beruf aufzugeben. Er absolvierte deshalb eine Schneiderlehre und war bis etwa 1930 bei verschiedenen Meistern tätig. Seitdem erwerbslos. Eine Zeitlang betrieb er einen kleinen Straßenhandel mit Kurzwaren. Seit 1922 Mitglied der SAJ, 1931 gründete er mit einem Teil der SAJ-Gruppe, darunter auch Heini Landsiedel, den SJV und die SAP in Wesel.
Bedingt durch seine Krankheit konnte A. nicht sehr aktiv sein, doch beteiligte er sich seit 1933 im Rahmen der SAP am Widerstand durch Flugblattverteilen u. ä. Im Jahre 1933 fanden bei ihm Haussuchungen statt; es ist nicht bekannt, daß er wegen politischer Aktivitäten angeklagt wurde. Nach dem Zweiten Weltkrieg erhielt er jedoch wegen gesundheitlicher Schäden eine Rente nach dem Bundesentschädigungsgesetz; seine Mutter wurde als politisch Verfolgte eingestuft. Ab 1938 war A. an den Rollstuhl gefesselt. Im September 1944 wegen der starken Luftangriffe auf Wesel nach Thüringen evakuiert.
In der Nachkriegszeit trat A. der SPD bei, wegen seiner Krankheit konnte er jedoch nicht mehr aktiv werden. Heini Landsiedel war nach 1945 SPD-Stadtverordneter. A. starb am 20. 1. 1959.

Baier, Karl, einflußreicher KPO-Funktionär; seit Dezember 1930 einer der Wortführer der KPO-Minderheit, im Januar 1932 wegen Geheimverhandlungen mit der SAP zusammen mit sieben anderen führenden Vertretern der KPO-Minderheit (u. a. Enderle*, Frölich*, Lang*, Walcher*) Parteiausschluß; SAP, 1933 Mitglied der illegalen SJV-Reichsleitung, am 22. 8. 1933 verhaftet und zu einer Zuchthausstrafe verurteilt; nach 1945 Mitglied der SED.

Baumeister, Heinz (1902–1969), Drogist; von 1924 bis 1933 hauptamtlicher Sekretär beim Gau Westliches Westfalen des „Reichsbanner Schwarz-Rot-Gold". B. war einer der engsten politischen Freunde von Ernst Niekisch und gründete in Dortmund die nationalrevolutionäre „Widerstands"-Bewegung; über Franz Osterroth vom ehem. Hofgeismar-Kreis der Jungsozialisten Verbindung zur SOPADE in Prag; wiederholt in „Schutzhaft", am 6. 11. 1937 verhaftet und am 25. 8. 1938 in das KZ Buchenwald eingeliefert, dort am 11. 4. 1945 befreit; nach Kriegsende in der SBZ, wo er Präsident einer Handwerkskammer und 1947 Abgeordneter des Thüringischen Landtags war. Später – der genaue Zeitpunkt ist unbekannt – kehrte B. wieder nach Dortmund zurück und leitete bis zu seinem Tod eine Speditionsfirma.

Widerstand und Verfolgung in Dortmund 1933–1945. Katalog der ständigen Ausstellung. Dortmund 1981.

Bergmann, Josef, geboren am 4. 10. 1913, Buchdrucker; KPO, nach illegaler Arbeit Anfang 1939 Emigration nach Schweden, Mitglied der „Landesgruppe deutscher Gewerkschafter" in Schweden; Anfang 1946 Rückkehr nach Hamburg, dort führendes Mitglied der „Gruppe Arbeiterpolitik".

Birkelbach, Willi, geboren am 12. 1. 1913 in Höchst bei Frankfurt a. M. Gymnasium und kaufmännische Ausbildung, Fremdsprachenkorrespondent, nach 1933 illegale Tätigkeit im Rahmen der SAP, Verbindungsmann zur SAP-„Zentrale" in Mannheim, 1938 zusammen mit anderen Mitgliedern der Gruppe verhaftet, 1939–1941 im Zuchthaus, ab 1942 Soldat im Strafbataillon 999, 1944–1946 Kriegsgefangenschaft; nach der Rückkehr Eintritt in die SPD, 1947–1950 Leiter der Gewerkschaftsschule Hessen, 1949–1964 MdB, 1958–1963 Vorsitzender der sozialistischen Fraktion im Europäischen Parlament, 1954–1963 Vorsitzender der SPD Hessen-Süd, 1954–1957 Mitglied des PV der SPD, 1964–1969 Staatssekretär, Chef der Hessischen Staatskanzlei und Direktor des Landespersonalamtes Wiesbaden.

Blachstein, Peter, geboren am 30.4. 1911 in Dresden; Gymnasium, Studium der Nationalökonomie, Literatur und Geschichte, kaufmännische Ausbildung im Buchhandel, Tätigkeit
als Journalist; 1928 SPD, 1931 Mitbegründer der SAP in Sachsen, Agitpropleiter. Von März
1933 bis August 1934 im Gefängnis und im KZ Hohnstein; Ende 1934 Emigration, in Oslo
zusammen mit Willy Brandt Mitarbeiter im „Internationalen revolutionären sozialistischen
Jugendbüro"; seit 1936 Freiwilliger im Spanischen Bürgerkrieg, im Mai 1937 in Barcelona
von Mitgliedern der spanischen KP verhaftet und bis Januar 1938 in Haft; über Frankreich
Rückkehr nach Norwegen, 1940 Schweden, dort in der „Landesgruppe deutscher Gewerkschafter"; 1945 Betreuer der Juden, die im Rahmen der „Bernadotte-Aktion" nach Schweden kamen; im April 1947 Rückkehr nach Deutschland, Mitglied der SPD in Hamburg,
1949–1968 MdB, seit Mitte der fünfziger Jahre einer der Exponenten der SPD-Linken. Mitglied des Landesvorstands der SPD Hamburg; 1968/69 Botschafter in Jugoslawien; B. starb
am 4.10. 1977.

Biographisches Handbuch der deutschsprachigen Emigration nach 1933. Bd. 1. München 1980.

Blencke, Erna, geboren 1896, Pädagogin; 1928–1933 Studienrätin in Frankfurt a.M. und
Hannover, 1933 entlassen, daraufhin Gründung eines Brotgroßhandels, der gleichzeitig der
Tarnung illegaler ISK-Arbeit galt; im Februar 1938 nach Frankreich, bei Kriegsausbruch interniert, 1940 im Lager Gurs in Südfrankreich, August 1940 Flucht aus dem Lager; Emigration in die USA, politische Tätigkeit u.a. im deutschsprachigen Zweig des Workmen's Circle in New York; 1951 Rückkehr nach Deutschland, bis 1954 Leiterin der Heimvolkshochschule Springe am Deister; in den sechziger Jahren Vorstandsmitglied der SPD-Frankfurt
a.M.; Tätigkeit in der Erwachsenenbildung.

Biographisches Handbuch der deutschsprachigen Emigration nach 1933. Bd. 1. München 1980.

Blind, Wilhelm (Willy), geboren am 23.9. 1913 in Stuttgart. Der Vater war von Beruf Maga-
zinarbeiter im Konsum, er gehörte der Gewerkschaft und der SPD an; die Mutter war
Hausfrau. Nach Beendigung der Volksschule 1928 absolvierte B. eine vierjährige Modell-
schreinerlehre. 1932/1933 arbeitslos, fand er Anfang 1934 Arbeit bei der Fa. Daimler-Benz.
1929 schloß sich B. dem Holzarbeiterverband an, er war Delegierter des Verbands im Kar-
tell der Gewerkschaftsjugend des ADGB. 1930 SAJ, im Januar 1932 SJV.
1933–1934 war B. in der illegalen SAP in Stuttgart aktiv. 1934 verhaftet und im September
1934 wegen Vorbereitung zum Hochverrat zu acht Monaten Gefängnis verurteilt. Nachdem er 1937 wegen politischer Unzuverlässigkeit seinen Arbeitsplatz bei Daimler-Benz verloren hatte, arbeitete er in einer Bäckereimaschinen-Fabrik. Im August 1939 wurde er als
Soldat eingezogen, im April 1940 verunglückte er und wurde daraufhin im Herbst entlassen.
Durch Selbstumschulung Zeichner und Maschinentechniker bei den Technischen Werken
der Stadt Stuttgart.
1946 wurde B. Mitglied der ÖTV und der SPD, in beiden Organisationen war er von 1946
bis Anfang bzw. Mitte der sechziger Jahre Kreis-Delegierter. 1947 Beitritt zum „Touristenverein Die Naturfreunde", dort ist B. seit mehreren Jahren Senioren-Obmann.

Bobzien, Franz, Lehrer; seit 1931 Vorsitzender des Hamburger SJV, Mitglied der SJV-
Reichsleitung, 1933 zuständig für die Umstellung der Hamburger und Schleswig-Holstei-
ner SAP auf die Illegalität; Ende des Jahres Flucht nach Dänemark. Im Februar 1934 nahm
B. an der beabsichtigten Gründung einer revolutionären Jugend-Internationale in der holländischen Kleinstadt Laaren teil. Kaum war die Konferenz jedoch eröffnet, da ließ der mit
den Nationalsozialisten sympathisierende Bürgermeister alle ausländischen Teilnehmer verhaften und nach Belgien „abschieben"; B. und drei weitere SJV-Funktionäre, die die
deutsch-holländische Grenze illegal überschritten hatten, wurden gefesselt an die Gestapo
ausgeliefert. In Hamburg schwer gefoltert; am 27.7. 1934 in einem SAP-Prozeß gegen B.

und fünfzehn weitere Angeklagte zu drei Jahren Zuchthaus verurteilt; zunächst im Zuchthaus Bremen-Oslebshausen, dann im KZ Sachsenhausen, dort kam B. am 21. 3. 1941 zusammen mit anderen politischen Häftlingen bei einem Bombenräumkommando ums Leben.

Ursel Hochmuth; Gertrud Meyer: Streiflichter aus dem Hamburger Widerstand 1933–1945. Frankfurt a. M. 1969.

Böhme, Fritz, arbeitete mit Emil Brune*, Emil Heyen* und Hans Möller* in der Dortmunder SAP zusammen. Nach 1945 beschritt er in der SBZ eine juristische Laufbahn und wurde Landgerichtspräsident und Hauptabteilungsleiter im Justizministerium der DDR. Zahlreiche dienstliche Besuche in der Bundesrepublik in Sachen Gefangenenaustausch. In den fünfziger Jahren floh Böhme aus der DDR. In Dortmund wurde er erneut in seinem früheren Beruf als Verkäufer im Bürohandel tätig und schloß sich der SPD an.

Brandel, Kuno, Ende der zwanziger Jahre Mitglied der KPO, nach 1933 Emigration in Frankreich; 1949–1956 Redakteur, anschließend bis März 1961 Chefredakteur der IG Metall-Zeitung „Metall" und ebenfalls Redakteur der Funktionärzeitschrift „Der Gewerkschafter", später in derselben Funktion bei der IG Bau-Steine-Erden.

Brandler, Heinrich, geboren am 3. 7. 1881 in Warnsdorf/Böhmen, Fliesenleger, 1897 Deutscher Bauarbeiterverband, 1901 SPD; 1909–1914 in Zürich; ab 1914 in Chemnitz hauptamtlicher Sekretär des Bauarbeiterverbandes; Mitbegründer der Spartakus-Gruppe und der KPD, im Februar 1921 als Nachfolger von Paul Levi Mitvorsitzender der KPD; enge politische Kooperation mit August Thalheimer*; Vertreter der Einheitsfrontpolitik gegenüber der SPD; 1922 Sekretär des Politbüros der KPD; 1923 führend bei den Umsturzvorbereitungen der KPD; nach dem Scheitern des anvisierten Bündnisses mit der linken Sozialdemokratie für den geplanten Generalstreik Abbruch der Aufstandsvorbereitungen, im Februar 1924 als „Hauptschuldiger" an der „Oktoberniederlage" von der Komintern seiner Ämter enthoben und nach Moskau befohlen; 1926 rehabilitiert, Ämter im sowjetischen Staats- und Parteiapparat; im Oktober 1928 illegale Rückkehr nach Deutschland, mit August Thalheimer Organisator der rechten Opposition in der KPD, im Dezember 1928 Parteiausschluß; Mitglied der KPO-Reichsleitung, ab 1931 ihr Sekretär; im März 1933 Emigration nach Frankreich, Sekretär des Auslandskomitees der KPO; im Spanischen Bürgerkrieg Solidarisierung mit der POUM; 1939 zeitweise interniert, 1940 in südfranzösischen Lagern; 1941 mit Thalheimer nach Kuba; nach 1945 Herausgeber der „Briefe aus der Ferne" an ehemalige Parteifreunde; nach zweijährigem Aufenthalt in London 1949 Rückkehr nach Deutschland, bis 1956 Leitungsmitglied der „Gruppe Arbeiterpolitik"; B. starb am 26. 9. 1967 in Hamburg.

Biographisches Handbuch der deutschsprachigen Emigration nach 1933. Bd. 1. München 1980. Hermann Weber (Hrsg.): Unabhängige Kommunisten. Der Briefwechsel zwischen Heinrich Brandler und Isaac Deutscher 1949 bis 1967. Berlin 1981.

Brandt, Willy, geboren am 18. 12. 1913 in Lübeck als nichtehelicher Sohn einer Verkäuferin; unter Schulgeldbefreiung Besuch der Realschule, ab 1928 eines Reformgymnasiums; 1929 SAJ, 1930 SPD, im Oktober 1931 Übertritt zur SAP, Vorsitzender des Lübecker SJV; 1932 Abitur, 1932–1933 Volontär bei einer Schiffsmaklerfirma; Anfang 1933 Mitwirkung am Aufbau einer illegalen Parteiorganisation, am 11./12. 3. 1933 Delegierter auf dem in der Illegalität tagenden II. Reichsparteitag der SAP in Dresden. Nach der Verhaftung Paul Frölichs* erhielt B. den Auftrag, in Oslo ein SAP-Büro einzurichten, am 1. 4. 1933 auf einem Fischkutter von Travemünde aus Flucht nach Dänemark, von dort nach Oslo, Tätigkeit für die Presse der Norwegischen Arbeiterpartei und der Gewerkschaften; Verbindung zu illegalen Gruppen in Berlin und in Nordwestdeutschland; 1934–1938 häufige Informations-

und Kurierreisen zur SAP-Auslandszentrale nach Paris; von Juli bis Dezember 1936 als norwegischer Student getarnt in Berlin Leiter einer SAP-Untergrundorganisation, von Februar bis Juni 1937 Journalist und Verbindungsmann der SAP-Auslandsleitung zur POUM in Barcelona, im September 1938 von den Nationalsozialisten ausgebürgert, seitdem staatenlos; nach dem deutschen Überfall auf Norwegen am 1.5. 1940 in norwegischer Uniform – um seine Identität zu verbergen – in deutsche Kriegsgefangenschaft; im Juli 1940 illegaler Grenzübertritt nach Schweden; über die norwegische Exilregierung in London Erwerb der norwegischen Staatsbürgerschaft. In Schweden war B. einer der maßgeblichen Vertreter der norwegischen und der deutschen Emigration, von 1942 bis Mai 1945 Mitinitiator und ehrenamtlicher Sekretär der „Internationalen Gruppe demokratischer Sozialisten", zusammen mit August und Irmgard Enderle* treibende Kraft bei der Annäherung der SAP an die SOPADE, im Oktober 1944 Übertritt zur Ortsgruppe Stockholm der SOPADE; seit Sommer 1945 Berichterstatter für norwegische Zeitungen bei den Nürnberger Kriegsverbrecher-Prozessen, 1947 Presseattaché an der Norwegischen Militärmission in Berlin; Ende 1947 als deutscher Staatsbürger wiedereingebürgert; seit Februar 1948 Vertreter des SPD-Parteivorstands in Berlin. 1957–1966 Regierender Bürgermeister von Berlin, seit 1964 als Nachfolger von Erich Ollenhauer Vorsitzender der SPD, 1966–1969 Vizekanzler und Außenminister, 1969–1974 Bundeskanzler.

Biographisches Handbuch der deutschsprachigen Emigration nach 1933. Bd. 1. München 1980; Willy Brandt: Links und frei – Mein Weg 1930–1950. Hamburg 1982.

Bräuning, Karl, geboren am 5.1. 1886 in Ilversgehofen bei Erfurt, Metalldreher; 1903 DMV, 1906 SPD, Arbeiter in den Zeiss-Werken Jena, 1917 USPD, Spartakusbund, im Herbst 1920 mit dem linken USPD-Flügel zur KPD; von 1923 bis Januar 1924 inhaftiert, im Juli 1925 Verurteilung zu einem Jahr Gefängnis wegen Beihilfe zum Hochverrat; anschließend bis 1928 Organisationsleiter der KPD in Thüringen; im März 1929 Parteiausschluß; Sekretär des KPO-Bezirks Thüringen; 1933 Emigration ins Saargebiet, 1934 Organisationsleiter des illegalen Berliner Komitees der KPO, anschließend in der ČSR Tätigkeit für die Exil-KPO; 1936 Freiwilliger im Spanischen Bürgerkrieg, wegen seiner Verbindung zur POUM über ein Jahr lang als „Trotzkist" inhaftiert; Ende 1938 Trennung von der KPO, Übertritt zur SOPADE; 1941 Emigration in die USA, Mitarbeit im Workmen's Circle und in der von Marie Juchacz* geleiteten „Arbeiterwohlfahrt"; 1955 Rückkehr nach Deutschland, Mitglied der SPD; B. starb am 14.9. 1962 in Darmstadt.

Biographisches Handbuch der deutschsprachigen Emigration nach 1933. Bd. 1. München 1980.

Brenner, Otto, geboren am 8.11. 1907 in Hannover als Sohn eines Orthopädiemechanikers, die Mutter arbeitete seit dem Ersten Weltkrieg als Aufwartefrau, ein Bruder, zwei Schwestern; seit 1917 bis zur Schulentlassung 1921 Laufjunge bei einer Firma. Eine berufliche Ausbildung B's scheiterte an der durch den Kriegsdienst und die langjährige Kriegsgefangenschaft des Vaters entstandenen wirtschaftlichen Notlage der Familie; 1922–24 Hilfsarbeiter in verschiedenen Betrieben, im Inflationsjahr 1923 Erntearbeiter; Ende 1924 Hilfsmonteur bei der Fa. Hanomag, Ausbildung zum Betriebselektriker, 1926–32 Beschäftigung als Elektromonteur; Fortbildung auf der Berufsschule und in Abendkursen; 1921 DMV, Vertrauensmann und Mitglied der Branchenleitung der Elektriker des DMV bei Hanomag; 1920 „Arbeiter-Jugend", später 2. Vorsitzender der SAJ Hannover, 1928 Bezirksvorsitzender der Jungsozialisten, seit 1926 Mitglied der SPD, 1925 Eintritt in den „Arbeiter-Abstinenten-Bund", von 1928 an dessen Vorsitzender; aufgrund dieser Funktion und seines ausgeprägten Bildungsstrebens enger Kontakt zum ISK; 1930 wegen des Panzerkreuzerbaus Austritt aus der SPD. 1931 SAP, Leiter des Bezirks Hannover-Braunschweig. Seit 1932 verheiratet mit Martha B.
Anfang 1933 arbeitslos; illegale Fortführung der SAP; Ende August verhaftet und zusam-

men mit anderen SAP-Mitgliedern wegen Vorbereitung zum Hochverrat zu 2 Jahren Gefängnis verurteilt. Nach der Entlassung aus der Haft Ende 1935 wurde B. unter Polizeiaufsicht gestellt; da er seinen erlernten Beruf nicht mehr ausüben durfte, arbeitete er im Tief- und Straßenbau und als Zeitungsbote; Ende 1936 wieder als Elektromonteur bei einer antinationalsozialistisch eingestellten kleinen Montagefirma tätig, dadurch illegale Verbindungen.

Nach Kriegsende Mitbegründer einer aus ehem. SAP- und ISK-Mitgliedern bestehenden „Arbeitsgemeinschaft zur Bildung der sozialistischen Einheit" in Hannover, die am 18.8. 1945 einen Aufruf zur Vereinigung von SPD und KPD erließ. Nach Verhandlungen von B., Willi Eichler* (ISK) u.a. mit Kurt Schumacher im August und September Beitritt zur SPD, seit 1946 in der Hannoveraner SPD Aufbau eines „Marxistischen Arbeitskreises", der zur Schulung von Funktionären beitrug; Betriebsratsvorsitzender bei der Fa. Hanomag. Im November 1946 führte B. bei der Fa. Panzer-Bode den ersten Nachkriegsstreik durch, der zu einer Vereinbarung über gewerkschaftliche Mitbestimmungsrechte führte. Seit Ende 1945 Vorsitzender der Wirtschaftsgruppe Metall, von 1946 an Landesvorsitzender von Niedersachsen; 1947 auf dem 1. Gewerkschaftstag der IG-Metall für die Britische Zone gegen den Widerstand des Hauptvorstandes der IG Metall Wahl zum Bezirksleiter der IG Metall Hannover, Ende 1952 wurde B. neben Hans Brümmer gleichberechtigter Vorsitzender der IG Metall Bundesorganisation; 1951–1954 Mitglied des Niedersächsischen Landtags, Vorsitzender des Sozialausschusses; 1956–1972 Vorsitzender der IG Metall; 1961 Präsident des „Internationalen Metallarbeiterbundes". Als Vorsitzender der bei weitem mitgliederstärksten DGB-Organisation stellte B. die Weichen für zahlreiche wichtige politische Entscheidungen. Nach dem Scheitern der Sozialisierung und nach der Niederlage der Gewerkschaften im Kampf um das Betriebsverfassungsgesetz 1952 war er einer der Initiatoren des DGB-Aktionsprogramms von 1956, das die Durchsetzung folgender Nahziele in der Hochkonjunktur anstrebte: Arbeitszeitverkürzung von der 45- zur 40-Stunden Woche, Lohn- und Gehaltserhöhungen, verbesserter Arbeitsschutz, Mitbestimmung. In den fünfziger und sechziger Jahren mobilisierte B. für diese Ziele die Kampfkraft der IG Metall, der in zum Teil harten Tarifkämpfen bis hin zu Streiks und gerichtlichen Auseinandersetzungen häufig eine Vorreiterrolle unter den Gewerkschaften zukam. Auch in den außerparlamentarischen politischen Kampagnen spielte B. eine bedeutsame Rolle – 1954/55 beteiligte sich die IG Metall am Kampf gegen die Wiederbewaffnung, 1958 gegen die Atomrüstung. Im Unterschied zur SPD und zu anderen Gewerkschaftsführern hielt B. an dem langfristigen Ziel der Sozialisierung von Schlüsselindustrien und dem Ausbau der paritätischen Mitbestimmung fest und versuchte den Gewerkschaften gesellschaftspolitische Ziele zu weisen, die über die Lohn- und Arbeitszeitpolitik hinausgingen. Nach der Verabschiedung des Godesberger Programms 1959 lockerten sich die Beziehungen B's zur SPD, einen vorübergehenden Tiefpunkt erreichten sie Ende der sechziger Jahre, als die IG Metall zusammen mit dem SDS entschieden gegen die von der SPD in der Großen Koalition mitgetragene Notstandsgesetzgebung auftrat. Anfang der sechziger Jahre wurde auch ein zweiter gewerkschaftspolitischer Neubeginn von B. mitkonzipiert: die Hinwendung zur gewerkschaftlichen Basis in den Betrieben, z.B. durch das Konzept der paritätischen Mitbestimmung. B. starb am 15.4. 1972.

Gerda Zorn: Widerstand in Hannover. Frankfurt a.M. 1977; Franz Hartmann: Entstehung und Entwicklung der Gewerkschaftsbewegung in Niedersachsen nach dem Zweiten Weltkrieg. Hannover 1977; Theo Pirker: Die blinde Macht. Die Gewerkschaftsbewegung in der Bundesrepublik. Bd. 2 (1953–1960). Berlin 1979; Johannes Hermanns: Persönlichkeiten der Gegenwart. Otto Brenner. Freudenstadt 1967; Peter von Oertzen: Otto Brenner. In: Gewerkschaftliche Monatshefte, 23.Jg. 1972, H.6.

Brünen, Eberhard (1906–1981), Dreher; 1925 SAJ, SPD, 1931 Unterbezirksleiter der SAP; seit Herbst 1933 Leiter der westdeutschen SAP-Organisation (Mittelrhein, Niederrhein,

Westfalen). Am 3. 11. 1934 wurde Brünen verhaftet und im Juli 1935 zu fünfzehn Jahren Zuchthaus verurteilt, bis Kriegsende in Haft; nach 1945 Unterbezirkssekretär der SPD Duisburg, Ratsherr, 1947–1950 und 1954–1961 MdL Nordrhein-Westfalen, 1949-1953 und 1961–1972 MdB.

Brumlop, Kurt (1909–1977), seit 1924 im ZdA organisiert, bis 1929 Angestellter bei einer Bremer Tageszeitung, danach arbeitslos; führendes Mitglied des KJVD, als solcher 1930 aus der Gewerkschaft ausgeschlossen; 1934 verhaftet, von 1935 bis 1944 war B. als Werftarbeiter beschäftigt; seit 1947 Tätigkeit als Gewerkschaftsjournalist bei der Zeitschrift des DGB für die britische Zone „Der Bund", seit 1949 Redakteur der „Welt der Arbeit"; Anfang 1955 Chefredakteur der DGB-Funktionärszeitschrift „Die Quelle", von 1963 bis 1970 leitete B. die Gewerkschaftsorgane der IG Chemie-Papier-Keramik.

Brune, Emil, geboren am 31. 5. 1913 in Dortmund. Der Vater war Schlosser, die Mutter Hausfrau; ein Bruder. B. besuchte die Volks- und die Mittelschule und absolvierte dann eine Lehre als Versicherungskaufmann. Auf Grund der schlechten wirtschaftlichen Lage Ende März 1932 als Versicherungskaufmann entlassen, arbeitslos; im Juni 1934 Kontorist bei einem Dortmunder Bauunternehmen; seit 1924 Mitglied des „Touristenvereins Die Naturfreunde", 1927 der „Freien Schwimmer" im „Arbeiter-Turn-und Sportbund"; 1929 im freigewerkschaftlichen Zentralverband der Angestellten. Im Januar 1933 wurde B. zum Vorsitzenden des Dortmunder SJV gewählt. Die Umstellung der zu diesem Zeitpunkt etwa 300 Mitglieder zählenden SAP auf die Illegalität, die in Dortmund bereits mehrere Wochen vor der Machtübernahme Hitlers in Angriff genommen wurde, ging in erster Linie auf ihn zurück. In den folgenden Monaten trugen die Mitglieder des SJV, dessen führende Köpfe Emil Heyen*, Hans Möller*, Walter Mertin und Emil B. waren, die Hauptlast von Aktionen gegen das NS-Regime. Hans Möller* leitete den Bezirk III Westfalen der sich im Herbst unter Leitung des Duisburger Gebietsinstrukteurs Eberhard Brünen* herausbildenden westdeutschen SAP-Organisation. Über B. existierten 1933/34 Verbindungen zu einer etwa zehn bis zwanzig Personen starken „Naturfreunde"-Gruppe, die ihren politischen Diskussionen das von der SAP erhaltene Material zugrundelegte. Möller seinerseits nahm im Frühjahr und Sommer 1933 Kontakte zu einem Kreis um den Sozialdemokraten Fritz Henßler* auf. Nachdem die Gestapo die SAP in Dortmund mit Hilfe eines Spitzels mehrere Monate lang hatte observieren lassen, schlug sie am 30. 10. 1934 zu und verhaftete Hans Möller* und B. In den folgenden Tagen wurde die illegale Organisation im Raum Dortmund, in Düsseldorf, Duisburg und in Köln zerschlagen. Auch Eberhard Brünen* wurde am 3. 11. 1934 in Essen festgenommen.
B. wurde im Juli 1935 vom Oberlandesgericht Hamm wegen Vorbereitung zum Hochverrat zu zwei Jahren Zuchthaus verurteilt; im November 1936 aus der Haft entlassen. Von der Arbeitsvermittlung aus politischen Gründen zunächst ausgeschlossen, fand er im Juni 1937 eine Arbeit als Angestellter im Versicherungswesen, durfte jedoch nur in untergeordneten Stellen beschäftigt werden; Ende Januar 1943 Einberufung zum Strafbataillon 999.
Seit April 1945 in Kriegsgefangenschaft; im März 1947 Rückkehr nach Deutschland. B. wurde Mitglied des Gründungskomitees der Sozialistischen Einheitspartei Deutschlands (SED) im Ruhrgebiet. 1948 trat er mit der Begründung aus, die westdeutsche SED sei nur ein verlängerter Arm der KPD; im gleichen Jahr Beitritt zur SPD; seit Mai 1947 Mitglied der DAG. In der Dortmunder SPD hatte B. in den folgenden Jahren verschiedene Ämter inne, u. a. war er Vorsitzender der Jungsozialisten und 1957–1961 stellvertretender Vorsitzender der Partei; 15 Jahre ehrenamtlicher Verwaltungsrichter, vier Jahre ehrenamtlicher Arbeitsrichter. Aufsichtsratsfunktionen in der Stadtsparkasse und im Hafen. 1976 Vorsitzender der „Arbeitsgemeinschaft Verfolgter Sozialdemokraten" (AVS) im Unterbezirk. Seit 1979 Vorsitzender im Bezirk westliches Westfalen und Mitglied des Bundesausschusses der AVS.

Widerstand und Verfolgung in Dortmund 1933–1945. Katalog der ständigen Ausstellung. Dortmund 1981.

Buchheister, Werner, geboren am 5.6. 1901; 1928–1931 Hilfslehrer in Wolfenbüttel und Braunschweig, 1931–31.3. 1933 Lehrer an der Polizeischule in Hannover; 1928 Mitglied der Allgemeinen freien Lehrergewerkschaft, seit 1931 der SAP; 1933–1935 in „Schutzhaft", anschließend in die Emigration, 1937–1940 Tätigkeit als Journalist in Christiansand (Norwegen), 1940–1946 in Sundsvall (Nordschweden); 1946 Politischer Redakteur der „Braunschweiger Zeitung", 1947–1949 Redakteur der Niedersachsenausgabe der DGB-Zeitschrift für die britische Zone „Der Bund"; 1950 Leiter der DGB-Bundesschule Bad Münster am Stein (jetzt: Bad Kreuznach), 1956 Leiter der DGB-Bundesschule Niederpöcking am Starnberger See; B. starb am 16.9. 1963.

Bührer, Karl Otto (1901–1942), Lehrer, seit 1922 Mitglied der SPD und des „Reichsbanners", besonders in der Arbeitersportbewegung tätig; seit Oktober 1931 führendes SAP-Mitglied in Pforzheim; nach 1933 herausragender Kopf des SPD-Widerstandes gegen das „Dritte Reich" in Baden; Bührer wurde am 9.6. 1939 vom Volksgerichtshof zu zehn Jahren Zuchthaus verurteilt und kam am 27.12. 1942 im Zuchthaus Brandenburg/Havel ums Leben.

Jörg Schadt (Hrsg.): Verfolgung und Widerstand unter dem Nationalsozialismus in Baden. Die Lageberichte der Gestapo und des Generalstaatsanwalts Karlsruhe 1933–1940. Stuttgart 1976; Karl Schroth: Und immer wieder für die Freiheit. Pforzheimer sozialdemokratische Arbeiterbewegung 1924–1939. Pforzheim 1977.

Buttinger, Joseph, geboren am 30.4. 1906 in Reichersbeuren/Bayern als Sohn eines armen österreichischen Straßenarbeiters und einer elternlosen Magd; nach dem Tod des Vaters 1917 Knecht bei einem Bauern, 1921 Hilfsarbeiter in dem Fabrikdorf Schneegattern/Österreich; sozialdemokratischer Jugendfunktionär, 1926–1930 Leiter eines Heimes der sozialistischen Kinderfreunde in St. Veit an der Glan/Kärnten; Betriebsobmann der SAJ, 1930 sechsmonatiges Studium an der Partei-Arbeiterhochschule in Wien; Leiter des Parteibezirks St. Veit; nach dem 12.2. 1934 illegale Arbeit, von Mai bis August inhaftiert, dann nach Wien ausgewiesen; 1935–1938 Vorsitzender des ZK der „Revolutionären Sozialisten Österreichs", der im Untergrund tätigen Nachfolgeorganisation der verbotenen SPÖ (vgl. dazu seine eindrucksvolle dokumentarische Studie „Am Beispiel Österreichs. Ein geschichtlicher Beitrag zur Krise der sozialistischen Bewegung"). 1934 Bekanntschaft mit seiner späteren Ehefrau Muriel Gardiner*; im März 1938 Emigration nach Paris, Obmann der Auslandsvertretung der österreichischen Sozialisten; 1939 Flucht in die USA, 1940 Rückzug aus der Parteipolitik; 1943 amerikanischer Staatsbürger; seit 1940 Unterstützung und Rettungsarbeit für politische Flüchtlinge im Rahmen des IRRC, 1945–1947 europäischer Direktor des IRCC in Paris und Genf; ab 1954 intensive politische Beschäftigung mit dem Vietnam-Problem, Berater der US-Regierung, mehrere Buchveröffentlichungen über Vietnam; 1956 anläßlich des Ungarn-Aufstandes erneut Europa-Direktor des IRRC; Mitarbeiter an zahlreichen amerikanischen und österreichischen Zeitschriften und Zeitungen. B. lebte 1980 im US-Staat New Jersey.

Biographisches Handbuch der deutschsprachigen Emigration nach 1933. Bd. 1. München 1980.

Colditz, Anni, wohnte seit 1911 in der Familie von Ella Ehlers* zur Untermiete und wurde als Familienmitglied angesehen. Von Beruf Zigarettendreherin, vor dem Ersten Weltkrieg Mitglied der SPD, dann Spartakus-Gruppe und KPD. Seit 1920 arbeitete sie als Sekretärin von Wilhelm Pieck in der KPD-Zentrale in Berlin; Ende 1924 zur Komintern nach Moskau; 1926 Rückkehr, 1929 Mitglied der KPO, 1932 der SAP. Während des Zweiten Weltkrieges arbeitete Anni C. illegal in Berlin, 1943 kam sie bei einem Bombenangriff ums Leben.

Deutsch, Emil, geboren am 28.9. 1889 in Silberberg/Schlesien als fünftes von acht Kindern. Der Vater war Handweber. Seit seiner Kindheit arbeitete D. zuhause mit. Nach Abschluß der Volksschule begann er eine Elektromechanikerlehre, später arbeitete er als Elektriker im Bergwerk. Seit 1908 aktives Mitglied des Verbands der Bergarbeiter Deutschlands und der SPD. Wegen seiner Beteiligung an einem Streik wurde er 1914 von seiner Grube nicht reklamiert und kam als Soldat an die Front. 1916 wurde er nach mehrfacher Verwundung als arbeitsverwendungsfähig in die Heimat entlassen. Berufliche Weiterbildung in einer Kriegsverletztenabteilung. Im Frühjahr 1918 Betriebsleiter eines Elektrizitätswerks. 1919 wurde D. Sekretär des SPD-Unterbezirks Oels/Schlesien. In dieser Funktion unternahm er große Anstrengungen, die Arbeiterbewegung organisatorisch zu stärken. Er gründete einen Ortsausschuß der Gewerkschaften und eine soziale Beratungsstelle, das sog. Arbeitersekretariat. 1920 spielte D. eine führende Rolle im regionalen Widerstand gegen den Kapp-Putsch. Seit 1922 Redakteur der sozialdemokratischen „Volkszeitung für Oels und Umgebung", Stadtverordneter, Unterbezirksvorsitzender, Leiter der SPD-Kreistagsfraktion, Mitglied des Niederschlesischen Provinziallandtages, Mitbegründer einer Siedlungsgenossenschaft. 1931 wurde D. auf Wunsch des Preußischen Ministerpräsidenten Otto Braun technischer Direktor der halbstaatlichen Siedlungsgesellschaft für Mittel- und Niederschlesien, die in den Jahren 1928–1932 rund 7 000 Siedlerstellen schuf.
Im März 1933 wurde D. wegen seiner „staatsfeindlichen Einstellung" entlassen, im selben Monat erfolgte ein SA-Überfall auf sein Haus, dem er nur knapp entkam. Durch die Verhaftung seiner Frau und seiner beiden Töchter, die ebenfalls ihre Arbeit verloren, versuchte die Polizei, seinen Aufenthaltsort ausfindig zu machen. Bis Anfang Dezember hielt sich D. im Gebirge verborgen. Da er nicht emigrieren wollte, stellte er sich am 12.12. 1933 in seinem Geburtsort Silberberg der Polizei. Er wurde von einem SA-Trupp nach Oels gebracht, dort als „roter Hund" durch die Stadt geführt und anschließend so schwer mißhandelt, daß ihm die Haut in Fetzen am Körper hing. Danach wurde er in das KZ Papenburg gebracht. Nach seiner Entlassung im Sommer 1934 war er arbeitslos. Erst im Frühjahr 1938 fand er eine Anstellung bei einer Baufirma, 1939 wurde er durch Beziehungen zu einem ehemaligen SPD-Mitglied Verwalter eines Handelshofes in Breslau; im August 1944 verhaftet und zwei Monate lang im KZ Groß-Rosen inhaftiert.
Nachdem er bei der örtlichen sowjetischen Militärverwaltung gegen Gewalttaten russischer Soldaten protestiert hatte, wurde D. im Frühjahr 1945 zusammen mit seiner Frau verhaftet, zwangsweise nach Oberschlesien gebracht und dort von der polnischen Miliz ausgewiesen. Seit August 1945 lebte er in Bamberg; erneut SPD-Mitglied. Von Februar 1946 bis März 1948 war er Flüchtlingskommissar in Hof; 1950 Geschäftsführender Vorsitzender des DGB-Kreisausschusses in Bamberg; seit 1955 im Ruhestand. D. kam am 11.8. 1970 bei einem Autounfall ums Leben.

Wilhelm Matull: Ostdeutschlands Arbeiterbewegung. Abriß ihrer Geschichte, Leistung und Opfer. Würzburg 1973.

Dörfler, Eberhard, geboren am 6.10. 1901 in Bielefeld. Der Vater war von Beruf zunächst Schlosser, seit 1923 Gewerkschaftssekretär des DMV. Die Mutter arbeitete in einem Kolonialwaren-Großhandelsgeschäft. Nach Beendigung der Volksschule 1916 Ausbildung als Werkzeugmacher; „Arbeiter-Jugend" (AJ), im November 1918 Mitglied des DMV, im April 1919 der SPD; Stellvertretender Bezirksvorsitzender der AJ Ostwestfalen-Lippe. 1922 wanderte D. nach Nürnberg und arbeitete dort einige Zeit. Nach seiner Rückkehr wurde er auf Vorschlag des Bezirksvorstandes der SPD zu einem Kurzstudium an die von Alfred Braunthal geleitete Heimvolksschule Schloß Tinz bei Gera delegiert; 1924 Polizeischule für Rheinland-Westfalen, im März 1925 in Bielefeld in den Polizeidienst übernommen. Im August desselben Jahres mußte D. wegen eines schweren Herzschadens aus dem Polizeidienst ausscheiden. Bis 1927 war er erneut im Werkzeugbau tätig. Danach trat er die Stelle eines Gausekretärs des „Reichsbanners Schwarz-Rot-Gold" an; der Reichsbanner-Bundesvorstand lehnte jedoch die Anstellung eines Nichtkriegsteilnehmers unter Berufung auf die Satzung ab; seit September 1927 selbständiger Handelsvertreter. In der Bielefelder SPD bildete D., der sich entschieden gegen den Panzerkreuzer-Bau wandte, auf dem linken Flügel eine „Arbeitsgemeinschaft sozialdemokratischer Arbeitnehmer", 1931 Übertritt in die SAP.

Nach der Machtübernahme durch die Nationalsozialisten Verfasser und Verteiler illegaler Flugschriften; am 3.11.1933 nach einer Denunziation verhaftet, im Mai 1934 in einem Prozeß gegen D. und „Genossen" wegen Vorbereitung zum Hochverrat als Rädelsführer zu 22 Mon. Gefängnis verurteilt. Die Einreichung eines Gnadengesuches lehnte er ab; im September 1935 Entlassung aus dem Arbeitslager Eggeberg bei Halle/Westfalen. Ab Dezember mußte D. in einem der Stadt Bielefeld gehörenden Steinbruch arbeiten; seit August 1936 erneut als Werkzeugmacher tätig. Durch ein dreijähriges Abend-Fernstudium Qualifikation für eine Konstrukteur- und Ingenieurtätigkeit. Seit August 1940 Konstrukteur in verschiedenen Betrieben, u. a. bei den Dürrkopp-Werken; zu dieser Zeit in Verbindung mit einer Gruppe um den Sozialdemokraten Paul Brockmann und einer KPD-Gruppe bei Dürrkopp; am 3.8.1944 verhaftet und wegen „Hochverrates" sowie „Rundfunkverbrechens" in „Schutzhaft" gebracht. D. wurde zehn Tage lang von der Gestapo verhört, in diesem Zeitraum wurden aus seinem Freundes- und Bekanntenkreis zwölf politische Gefangene in Dortmund hingerichtet. Wegen der anhaltenden Bombardierung Bielefelds stellte die Gestapo die Verhöre ein; am 26.3.1945 aus der Haft entlassen.

Nach dem Einmarsch der Amerikaner Leiter eines „Sondereinsatzes für den Wiederaufbau", der Mitglieder der NSDAP zu Aufräumarbeiten heranzog. Auf Vorschlag der Militärregierung im August 1945 Arbeitsamtsdirektor, 1946 Ernennung zum Oberregierungsrat. 1951 wurde D. als Direktor zum Arbeitsamt Hagen versetzt, 1962 zum Verwaltungsdirektor befördert, seit 1966 im Ruhestand. D. war seit 1945 Mitglied der SPD und der Gewerkschaft ÖTV. Er starb am 6.1.1981.

Dohr, Hein (1895–1976), Schwiegervater von Hubert Pauli*, Heizungsinstallateur bei der Westdeutschen Waggonfabrik Köln-Deutz; Anfang der dreißiger Jahre Mitglied der SAP; von 1933 bis 1940 Verbindungsmann einer Vierergruppe zur illegalen Kölner SAP-Leitung; nach 1945 aktiver Gewerkschafter in der IG Metall.

Ebeling, Grete, geboren 1910, Kinderfreunde-Helferin, Abitur über Arbeiter-Abiturienten-Kurse an der Karl-Marx-Schule in Berlin 1930, bis 1932 Studium der Erziehungswissenschaften an der TH Braunschweig, Mitglied der SPD, der SAP und des „Sozialistischen Studentenbundes", 1932 Relegation; im Juli 1933 verhaftet, im Oktober desselben Jahres Emigration ins Saarland. 1934 heiratete sie Hermann E.*, 1935 nach Frankreich, Arbeit als Putzfrau, Tätigkeit für die Exil-SAP und die FDJ in Paris, Adoption eines behinderten jüdischen Kleinkindes; 1941 mit ihrem Mann in die USA, Sozialarbeit in den Slums; gegen Kriegsende in New York Tätigkeit im Central Location Index, einer Suchdienstkartei. Grete E. lebte 1981 bei Frankfurt a. M.

Ebeling, Hermann (1909–1980), 1930–1932 Studium der Erziehungswissenschaften an der TH Braunschweig, 1930 SPD, 1931 SAP; wegen antinationalsozialistischer Aktivität Stipendienentzug und Relegation von der Universität durch die NS-Landesregierung, im November 1932 Emigration nach Paris, journalistische Tätigkeit, u. a. Korrespondent der „SAZ – Sozialistische Arbeiter Zeitung", Ende 1933 bis Januar 1935 Lehrer an einer französischen Schule im Saarland, danach wieder in Frankreich; führender Mitarbeiter in der Pariser SAP-Gruppe, 1936–1940 Redakteur der „Pariser Tageszeitung"; von September 1939 bis April 1940 interniert, anschließend Prestataire beim britischen Expeditionskorps; im Juni 1941 in die USA, Sozialarbeit in den Slums, 1943–1946 Militärdienst, danach u. a. bis 1949 Assistant Director des „Unitarian Service Committee" (USC) New York für die Deutschlandhilfe, ab 1950 Mitarbeiter der „National Conference of Christians and Jews",

1951–1955 als deren Vertreter in Deutschland; 1952 Begründer der „Woche der Brüderlichkeit"; lange in der kommunalen Sozialarbeit im Staate New York tätig, kehrte E. in den siebziger Jahren mit seiner Frau in die Bundesrepublik zurück.

Biographisches Handbuch der deutschsprachigen Emigration nach 1933. Bd. 1. München 1980.

Eckert, Erwin (1893–1972), ev. Pfarrer; 1911 Mitglied der SPD, 1926–1931 geschäftsführender Vorsitzender des „Bundes der religiösen Sozialisten Deutschlands"; 1931 wegen „Zellenbildung" und „Sonderbündelei" aus der SPD ausgeschlossen, Beitritt zur KPD; im Oktober 1936 zu drei Jahren und acht Monaten Zuchthaus verurteilt; von 1946 bis 1950 1. Vorsitzender der KPD Baden, 1947–1956 MdL von Baden und Baden-Württemberg; Vorsitzender des „Westdeutschen Friedenskomitees"; in den sechziger Jahren stand Eckert der DKP nahe.

Friedrich Martin Balzer: Klassengegensätze in der Kirche. Erwin Eckert und der Bund der Religiösen Sozialisten Deutschlands. Köln 1973.

Eckstein, Ernst, geboren 1897, aus ärmlichen Verhältnissen stammend. E. ließ sich nach einem Jurastudium in Breslau als Rechtsanwalt nieder, dort genoß er bald einen Ruf als „Anwalt der Armen"; langjähriger Vorsitzender der SPD Breslau, Stadtverordneter und Mitglied des SPD-Bezirksvorstandes; Mitarbeiter in der linksoppositionellen „Klassenkampf-Gruppe", Gegner der Koalitions- und Tolerierungspolitik; 1931 führendes Gründungsmitglied der SAP, Vorsitzender der Bezirksleitung Mittelschlesien, Mitglied des SAP-Parteivorstandes; als der von den Nationalsozialisten in Breslau bestgehaßte Mann – bereits 1932 war ein Attentat auf ihn erfolgt – unmittelbar nach dem Reichstagsbrand verhaftet. Im Anschluß an schwere Mißhandlungen durch die SA erlag E. am 8. 5. 1933 im KZ Breslau-Dürrgoy den Folgen der Folterungen. Seine Beisetzung wurde zur letzten großen Demonstration der Breslauer Arbeiterbewegung.

Eckstein, George (Günther), geboren am 1. 12. 1909 in München; der Vater, ein assimilierter jüdischer Rechtsanwalt, wurde im Ersten Weltkrieg wegen seines Pazifismus aus der Anwaltskammer ausgeschlossen; 1925 mittlere Reife, 1925–1927 Lehrling in einer Spielwarenfabrik, 1927–1933 in der Betriebsleitung der elterlichen Spielwarenfabriken in Nürnberg und Sonneberg/Thüringen tätig; 1925–1932 Mitglied und zeitweise Ortsvorsitzender des „Deutsch-jüdischen Wanderbunds Kameraden" in Nürnberg. 1932–1933 Reichsvorsitzender der „Freien Deutsch-Jüdischen Jugend", die eine Assimilation der Juden auf der Grundlage einer sozialistischen Gesellschaftsordnung anstrebte; ab 1931 SAP; von April bis Juli 1933 „Schutzhaft", im Oktober 1933 Emigration nach Paris, 1934–1937 Mitglied der SAP-Auslandsgruppe; im Februar 1939 mit Frau und zweijähriger Tochter in die USA, Aufbau eines Spielwarenunternehmens, nach 1945 Beiträge für die „Stuttgarter Zeitung", ab 1958 für die „Gewerkschaftlichen Monatshefte"; nach dem Rückzug aus dem Geschäftsleben 1966 regelmäßige Beiträge für die deutsche Presse und den Rundfunk über die soziale und politische Entwicklung in den USA. E. lebte 1981 in Great Neck/N. Y.

Biographisches Handbuch der deutschsprachigen Emigration nach 1933. Bd. 1. München 1980.

Eckstein, Günter, geboren am 26. 7. 1915 in Breslau. Der Vater starb im Juni 1918 an den Folgen einer Kriegsverwundung. Die Mutter heiratete 1920 erneut; der Stiefvater, ein Metalldrücker, war SPD-Mitglied und Führer des „Reichsbanner Schwarz-Rot-Gold"; zwei Schwestern. Im Anschluß an die Volksschule begann E. 1929 eine vierjährige Installateur- und Klempner-Lehre; seit 1933 als Installateur tätig. Von 1933 bis Anfang 1934 nahm E. an illegalen Fahrten der Breslauer Gewerkschaftsjugend teil, nach 1934 hielt er lose Verbindungen aufrecht. Bis 1936/1937 bekam er den „Neuen Vorwärts" aus der Tschechoslowakei; 1935 sechsmonatiger Reichsarbeitsdienst; 1937–1939 Wehrdienst, seit Kriegsbeginn im September 1939 Soldat. 1940 meldete er sich zur Feuerwerkerschule und ließ sich als Waffen- und Munitions-Prüfer ausbilden; seit 1943 als Feuerwerker an der Ostfront. Bei Kriegsende vergrub E. in Radis/Wittenberg seine Uniform und seine Papiere und entging dadurch der sowjetischen Kriegsgefangenschaft. Im Juli 1945 Mitglied, wenig später Funktionär der SPD in Radis. Im September 1946 verließ E. die SBZ und ging über Hannover nach Bayreuth. Dort verdiente er sich seinen Lebensunterhalt als Gelegenheitsarbeiter. Ende 1947 nach Stuttgart, dort bis Dezember 1949 öffentlicher Kläger. 1948 führendes Mitglied der „Arbeiter-Partei". Seit 1951 arbeitete E. in Frankfurt als Installateur. 1957 verzog er nach Köln-Mülheim. Dort trat er 1960 der SPD bei; Vorstandsmitglied der SPD Köln-Mülheim und Unterbezirks-Delegierter. Seit Juni 1978 ist E. Rentner.

Ehlers, Adolf (Adje), geboren am 21.2. 1898 in Bremen als zwölftes und letztes Kind. Der Vater, der in wirtschaftlich guten Zeiten Fuhrmann und in schlechten Transportarbeiter war, starb 1904. Im Anschluß an die Volksschule absolvierte E. eine Handlungsgehilfenlehre, er wollte Kaufmann werden. Nach dem Tod der Mutter im August 1916 zog er zu seinem Schwager und zukünftigen politischen Mentor Wilhelm Deisen, einem Anhänger der „Bremer Linksradikalen"; seit November 1916 Soldat. Im April 1918 wurde E. an der Westfront verschüttet, erlitt einen Nervenschock und verlor eine Zeitlang die Sprache. Da er im Frühjahr 1919 keine Arbeit finden konnte, ging er auf Anraten seines Schwagers als ungelernter Arbeiter zur größten Bremer Werft, der A. G. Weser, deren Belegschaft den Kern der radikalen Bremer Arbeiterbewegung bildete; Qualifizierung zum Schweißer und Brenner; Mitglied des KJVD und der Gewerkschaft; bereits 1919 in den Ortsvorstand des DMV und des ADGB gewählt. Nach der Arbeit besuchte E. Volkshochschul-Kurse in Philosophie, Soziologie und Kunstgeschichte; 1921–1923 Politischer Leiter des KJVD im Bezirk Nordwest. Nach der Entlassung des alten Betriebsrats im Anschluß an einen politischen Streik wurde E. 1921 Betriebsratsvorsitzender der A. G. Weser. In dieser Funktion trat er im Oktober 1923 anläßlich des Einmarsches der Reichswehr in Sachsen im Gewerkschaftshaus für einen politischen Generalstreik zugunsten der sächsischen SPD-KPD-Regierung Zeigner ein; daraufhin verhaftet und bis zum März 1924 in „militärischer Schutzhaft"; am 18.11. 1923 als jüngster KPD-Abgeordneter in die Bremische Bürgerschaft gewählt; Anfang April 1924 Delegierter des in der Illegalität tagenden IX. Parteitags der KPD in Frankfurt a. M. Ende 1924 wurde E. als Anhänger des rechten Parteiflügels aus der KPD und aus der KPD-Fraktion in der Bürgerschaft ausgeschlossen. Anfang 1926 im Zusammenhang mit einer Rehabilitierung der 1924 und 1925 ausgeschlossenen Rechten durch die Kontrollkommission der Komintern jedoch formlos wieder aufgenommen; hauptamtlicher Sekretär der „Roten Hilfe" im Bezirk Nordwest, bei der Betreuung des „Rote Hilfe"-Kinderheims in Worpswede lernte E. 1926 seine Frau Ella kennen; 1927 Leiter der Propagandaabteilung im Zentralvorstand der „Roten Hilfe" in Berlin; 1929 zusammen mit anderen führenden Funktionären der „Roten Hilfe" wegen Rechtsabweichung seiner Funktion enthoben und zum zweiten Mal aus der KPD ausgeschlossen; Rückkehr nach Bremen, seit 1931 erwerbslos; die A. G. Weser, deren Belegschaft von 9 500 – Mitte der zwanziger Jahre – auf 400 Arbeiter und Angestellte 1931 gesunken war, bot keine Beschäftigungsmöglichkeit; Politischer Leiter des Bezirks Nordwest der KPO; mit der ca. 50köpfigen Bremer KPO-Gruppe im Februar 1932 Übertritt zur SAP, der in der Hansestadt vor allem ehemalige SAJ-Mitglieder angehörten; Organisationsleiter der SAP im Weser-Ems-Gebiet.
1933 konnten die Mitglieder der Bremer SAP, die bei der Reichstagswahl vom 6.11. 1932 nur 631 Stimmen erhalten hatte, ihre Organisation trotz Hausdurchsuchungen und Polizeikontrollen ohne Verluste auf die Illegalität umstellen. In den folgenden Jahren verzichteten sie auf eine riskante Öffentlichkeitsarbeit und bemühten sich in erster Linie darum, ihre Kader zusammenzuhalten, neue Anhänger zu gewinnen und zu schulen. Durch diese defensive Taktik war es der SAP in Bremen möglich, bis 1945 einen handlungsfähigen antifaschistischen Kreis zu bewahren, der unmittelbar nach Kriegsende Führungsaufgaben übernehmen

konnte. Als Leiter der illegalen SAP-Gruppe unternahm E. mehrere Jahre lang Kurierfahrten nach Berlin. Bis 1939 unterhielt er Verbindungen zu SAP-Genossen in Skandinavien,
u. a. zu Willy Brandt*, die für eine regelmäßige Übermittlung von Material sorgten; noch
während des Krieges schickten August und Irmgard Enderle* von Stockholm aus durch
schwedische Seeleute sporadisch Nachrichten nach Bremen. Nach siebenjähriger Arbeitslosigkeit – 1934/1935 war gegen E. ein Arbeitsverbot in der Rüstungsindustrie verhängt worden – erneute Beschäftigung bei der A. G. Weser; 1941 Verwalter eines Magazins, dadurch
Gelegenheit zu illegalen Kontakten. Seit Ende 1943 bereitete sich E. politisch auf die Zeit
nach dem Krieg vor. Auf seine Initiative hin trafen sich im Mai 1944 erstmalig ehemalige
Funktionäre der SAP, SPD, KPD, des ISK und der „Deutschen Friedensgesellschaft". Zusammen mit dem ehemaligen KPD-Mitglied Hermann Wolters Ausarbeitung eines über-
parteilich-antifaschistischen Aktionsprogramms für den „Tag X". Im selben Jahr erfuhr E.
durch einen kommunistischen Kurier, daß er – ohne sein Zutun – wieder in die KPD aufgenommen worden war.
Unmittelbar nach der Besetzung Bremens durch englische Truppen Mitbegründer und Vorstandsmitglied der Bremer „Kampfgemeinschaft gegen den Faschismus" (KGF), die Mitte
des Jahres in 35 Stadtteil- und Ortsgruppen ca. 6 500 Mitglieder zählte. Ende April 1945 beantragte E. bei der Militärbehörde erfolglos die Zulassung einer Einheitsgewerkschaft; ent-
schiedenes Eintreten für die Zusammenfassung aller sozialistischen Strömungen in einer
Partei; von Juni bis August 1945 im Dreier-Ausschuß für die Neugründung des Gewerkschaftsbundes; im Juni 1946 Leiter des Arbeitsamts, im August Senator für das Wohlfahrts-
und Gesundheitswesen; Mitglied der KPD-Bezirksleitung, doch in Opposition gegen die
Politik des ZK der KPD; im Mai 1946 zusammen mit Hermann Wolters Übertritt zur SPD;
1948 Senator für Inneres; 1948/1949 Vertreter Bremens im Parlamentarischen Rat und im
Bundesrat; seit 1959 zweiter Bürgermeister der Hansestadt. 1962 wurde E. auf dem Landesparteitag der SPD Bremen einstimmig zum Spitzenkandidaten für die Bürgerschaftswahl
1963 und damit zum Nachfolger Wilhelm Kaisens gewählt. Nach einem gesundheitlichen
Zusammenbruch verzichtete er auf Anraten von Ärzten auf die Kandidatur, Ende 1963
schied er aus der Bremer Landesregierung aus; 1962–1964 Mitglied des Bundesvorstands
der SPD, 1967–1969 des Landesvorstands der SPD Bremen. E. starb am 20. 5. 1978.

Hermann Weber: Die Wandlung des deutschen Kommunismus. Bd. 2. Frankfurt a. M. 1969. K. H. Tjaden: Struktur und Funktion der „KPD-Opposition" (KPO). Meisenheim am Glan 1964; Peter Brandt:
Antifaschismus und Arbeiterbewegung. Aufbau – Ausprägung – Politik in Bremen 1945/46. Hamburg
1976; Horst Adamietz: Das erste Kapitel. Bremen 1975; ders.: Freiheit und Bindung. Adolf Ehlers.
Bremen 1978.

Ehlers, Ella, geb. Schimpf, geboren im Mai 1904 in Dresden als jüngstes von drei Kindern.
Der Vater war Glaser und Tischler; die Mutter, die in einer großen Zigarettenfabrik gearbeitet hatte, drehte nach der Geburt ihrer Kinder Zigaretten in Heimarbeit. E. entstammt einer politisch interessierten und engagierten Familie. 1914 traten die Eltern aus Protest gegen
die Bewilligung der Kriegskredite aus der SPD aus. 1920 schlossen sie sich der KPD an. Seit
1916 verteilte E. die oppositionelle „Leipziger Volkszeitung". Als letzte der Geschwister organisierte sie sich 1922 im KJVD; nach Abschluß der Volksschule 1918 anderthalb Jahre in
der Kinderstation eines Krankenhauses; die von ihr gewünschte Ausbildung zur Krankenschwester scheiterte an der Armut der Eltern; Haushaltshilfe in einem Sanatorium. Dank einer Freistelle am „Fröbel-Institut" konnte sie seit 1922 den Beruf einer Kindergärtnerin bzw.
-pflegerin erlernen; 1924 Tätigkeit in einer Kinderbewahranstalt mit Halbwaisen und Kindern kriegsversehrter Väter. Im Februar 1926 wurde sie Helferin in einem Kindererholungs-
heim der „Roten Hilfe" in Worpswede, seit November dessen Leiterin. Auf dem „Barkenhof", den der Maler Heinrich Vogeler gestiftet hatte, betreute sie Kinder, deren Eltern in
den Unruhen nach der Novemberrevolution ums Leben gekommen waren oder aus politischen Gründen im Gefängnis saßen. Als im November 1926 staatliche Behörden die Entfer-

nung der revolutionären Wandgemälde Vogelers forderten, löste dies eine Welle der Solidarität aus, an der sich ein Großteil der deutschen Intellektuellen beteiligte. Seitdem galt der
Barkenhof als beliebter Treffpunkt zahlreicher Sozialisten, Schriftsteller und Maler. Seit
1927 fuhr Ella Sch. häufiger zu Adolf Ehlers nach Berlin, zusammen mit ihrem späteren
Mann nahm sie intensiven Anteil am kulturellen Leben der Stadt, besuchte Theatervorstel-
lungen und Filmvorführungen, über die „Rote Hilfe" lernte sie die Schriftsteller Theodor
Plievier, Ernst Toller, Max Brod kennen; 1929–1931 Leiterin eines Kinderheims der „Roten
Hilfe" in Elgersburg in Thüringen, verlor jedoch nach Adolf E.s KPD-Ausschluß ihre Ar-
beit. Nach der Rückkehr nach Bremen kümmerte sich Ella E. um die materielle Existenz der
Familie. Da sie als Erzieherin keine Arbeit finden konnte, besuchte sie die Handelsschule
und arbeitete in den Jahren 1931–1945 als Kontoristin und Stenotypistin bei verschiedenen
Firmen; bis 1938 bestritt sie den Lebensunterhalt für sich und ihren arbeitslosen Mann.
Nach 1933 beteiligte sich Ella E. an den politischen Aktivitäten der illegalen Bremer SAP-
Gruppe, auch an Kurierfahrten. Eine engere Freundschaft verband sie und Adolf E. mit dem
1935 verstorbenen Kunsthistoriker Julius Meier-Graefe, der dem Impressionismus in
Deutschland zur Anerkennung verholfen hatte, und mit dem Kunst-Schriftsteller Wilhelm
Hausenstein. Ein Skatclub und ein Wanderclub ermöglichten gelegentlich Treffen in einem
größeren Kreis.
Im August 1945 Mitbegründerin des „Bremer Arbeiterhilfswerks" und dessen 2. Vorsitzende. Auf ihre Initiative hin und durch enge Kontakte zum Schwedischen und zum Schweizer
Arbeiterhilfswerk sowie zu den freien Wohlfahrtsverbänden in den USA kam in der Nachkriegszeit eine internationale Hilfs- und Spendenaktion für notleidende Bremer Bürger zustande. In späteren Jahren galt ihr besonderes Engagement der Gründung eines Nachbar-
schaftshauses für Jung und Alt in Bremen-Gröpelingen, eines Mutter- und Kinderheimes
für ledige Mütter, der Einrichtung eines Programms „Essen auf Rädern" für Alte und Be-
hinderte, der Hauspflege für Kranke und der Betreuung von Altentagesstätten. Seit 1961
1. Vorsitzende des Landesverbands Bremen der „Arbeiterwohlfahrt". 1977 wurde sie für ihre
Verdienste im Bereich der sozialen Hilfe mit dem Bundesverdienstkreuz ausgezeichnet. Ella
E. lebte 1981 in Bremen.

Horst Adamietz: Freiheit und Bindung. Adolf Ehlers. Bremen 1978.

Eichler, Willi, geboren am 7. 1. 1896 in Berlin; Kaufmännischer Angestellter; 1919 Mitglied der SPD; 1923–1927 Privatsekretär des Göttinger Philosophen Leonard Nelson; nach
Nelsons Tod 1927 Vorsitzender des ISK. Im November 1933 emigrierte E. und übernahm
die Leitung der ISK-Auslandszentrale in Paris; von dort aus in Zusammenarbeit mit der
„Internationalen Transportarbeiter-Föderation" Unterstützung der illegalen ISK-Gruppen
in Deutschland; Herausgeber der sog. „Reinhart-Briefe" und des ISK-Organs „Sozialistische Warte"; seit Januar 1939 in London; nach dem Zusammenschluß des ISK mit der
SOPADE, der SAP und der Gruppe „Neu Beginnen" zur „Union deutscher sozialistischer
Organisationen in Großbritannien" im März 1941 Mitglied der „Unions"-Exekutive. 1945
machte sich E. entgegen noch starken Strömungen im innerdeutschen ISK zum Fürsprecher
für die Vereinigung mit der SPD; nach seiner Rückkehr nach Deutschland führende Beteiligung am Aufbau der rheinischen SPD; Chefredakteur der „Rheinischen Zeitung",
1945–1949 Herausgeber der „Sozialistischen Presse-Korrespondenz", langjähriger Schriftleiter der Monatsschrift „Geist und Tat". Als Mitglied des Parteivorstandes in den Jahren
1946–1968 nahm E. maßgeblichen Einfluß auf die programmatische Entwicklung der SPD,
insbesondere auf die Entstehung des Godesberger Programms von 1959. E. starb am 17.10.
1971.

Biographisches Handbuch der deutschsprachigen Emigration nach 1933. Bd. 1. München 1980.

Elflein, Paul, geboren 1897 in Wechmar bei Gotha. Der Vater, ein Zimmermann, war Gewerkschafts- und SPD-Mitglied. E. wurde als neuntes von elf Kindern geboren, von denen fünf früh starben. Im Jahre 1900 zog die Familie in einen Industrievorort von Erfurt. Seit 1911 erlernte E. das Schuhmacher-Handwerk. Er organisierte sich im „Arbeiter-Turn- und Sportbund", in der Gewerkschaft und in der AJ. Im April 1914 ging er auf Wanderschaft, 1915–1916 arbeitete er in einer Erfurter Schuhfabrik; 1916–1918 Soldat; 1919 Mitglied der USPD, 1920 mit dem linken Flügel der USPD zur KPD. 1923 wurde E. Vorsitzender der KPD-Ortsgruppe Hochheim bei Erfurt. Er war Mitglied des „Roten Frontkämpfer-Bundes", der „Roten Hilfe", gehörte dem Betriebsrat der Schuhfabrik, in der er arbeitete, und der Ortsverwaltung der Schuhmachergewerkschaft an. Am 29.6. 1929 erfuhr E. aus der Zeitung, daß er aus der KPD ausgeschlossen worden war. Daraufhin traten nahezu alle KPD-Mitglieder des Ortes zur KPO über, mit dem Ergebnis, daß die KPD im Gemeinderat seitdem nicht mehr vertreten war. E. gab die Ortszeitung der KPO heraus und war Abgeordneter im Gemeinde- und Kreisrat.
Im April 1933 wurde er verhaftet, fünf Monate KZ Esterwegen. 1934 stand er unter Polizeiaufsicht und wurde zu Notstandsarbeiten herangezogen. Zu seinem Lebensweg in den Jahren 1935–1948 vgl. den Brief vom 17.2. 1949, S.212 f.
Ende September 1948 flüchtete er aus der SBZ nach Nürnberg. Um politisch arbeiten zu können, trat er der SPD bei und wurde bald Vorsitzender der SPD Nürnberg-Langwasser. Zugleich schloß er sich der Nürnberger „Gruppe Arbeiterpolitik" (GAP) um Emma und Karl Grönsfelder* an; 1952 Austritt aus der SPD. Im selben Jahr wurde er von der Leitung der GAP nach Salzgitter geholt, um sich an den dortigen Auseinandersetzungen um die Demontage der Salzgitter-Hütte zu beteiligen. In Salzgitter arbeitete E. in der Gießerei, später im Walzwerk, politisch war er in der ungefähr einhundert Mitglieder zählenden GAP aktiv; bis zu seinem Ausscheiden aus dem Arbeitsleben im Jahre 1961 Betriebsrat und Mitglied der Ortsverwaltung der IG Metall; 1968 Vorsitzender des niedersächsischen Landesverbands der Freidenker. E. steht nach wie vor der GAP nahe. 1979 lebte er in Salzgitter-Lebenstedt.

K.P.Wittemann: Kommunistische Politik in Westdeutschland nach 1945. Der Ansatz der Gruppe Arbeiterpolitik. Hannover 1977. Paul Elflein: Immer noch Kommunist? Erinnerungen hrsg. v. Rolf Becker und Claus Bremer. Hamburg 1978.

Enderle, August, geboren am 5.8. 1887 in Feldstetten/Württemberg als Sohn eines Zimmermannes. Nach der Volksschule ließ sich E. zum Mechaniker ausbilden und arbeitete als Eisendreher. 1905 in Stuttgart Mitglied der SPD und des DMV. Bei Ausbruch des Ersten Weltkrieges Gegner der Burgfriedenspolitik. 1915 trat er in einer SPD-Versammlung in Nowawes bei Berlin gegen den früheren SPD-Linken Paul Lensch auf, der inzwischen zu einem Befürworter der Kriegskredite und der Vaterlandsverteidigung geworden war. Daraufhin wurde E. eingezogen und war bis 1918 Soldat. Nach Kriegsende bewirtschaftete er einige Zeit die Anteile seiner Mutter an einem Bauernhof. Aus der USPD trat er 1919 zur neugegründeten KPD über. 1921 wurde E. von Jacob Walcher* nach Berlin in die Gewerkschaftsredaktion des KPD-Zentralorgans „Die Rote Fahne" geholt. Gleichzeitig war er Mitglied der Gewerkschaftsabteilung des Zentralkomitees der KPD und 1922–1923 deutscher Vertreter in der Leitung der Roten Gewerkschaftsinternationale (RGI) in Moskau; ab 1924 wieder Gewerkschaftsredakteur der „Roten Fahne". E., der der Mittelgruppe um Ernst Meyer zugerechnet wurde, wandte sich 1923/1924 gegen die Gründung selbständiger kommunistischer Gewerkschaften. Daraufhin wurde die Abteilung nach dem vollständigen Sieg der Linken auf dem IX. Parteitag der KPD Anfang April 1924 aufgelöst. 1927 wurde E. zusammen mit Walcher* erneut in die wiedergegründete Gewerkschaftsabteilung aufgenommen. Während seiner Redaktionstätigkeit bei der „Roten Fahne" war E. ständiger Mitarbeiter für Gewerkschaftsfragen beim theoretischen Organ der KPD „Die Internationale" sowie der Komintern-Zeitschrift „Inprekorr". Für die gewerkschaftliche Bildungspolitik verfaßte er das Buch „Die Gewerkschaftsbewegung. Ein Leitfaden für proletarische Gewerkschaftsarbeit" und gab mit Heinrich Schreiner, Jacob Walcher* und Eduard Weckerle 1932 „Das Rote Gewerkschaftsbuch" heraus. Die Linkswendung der Komintern und der KPD, die insbesondere den Kurs der Gewerkschaftsspaltung einleitete, brachte E. zum zweiten Mal in Opposition gegen die Politik der Partei. Ernst Thälmann griff ihn als einen der maßgeblichen „Träger der rechten Gefahr in der Partei" an. Auf dem 4. RGI-Kongreß in Moskau im März/April 1928 opponierte E. gegen Beschlüsse, die u. a. vorsahen, „Streiks ohne Einwilligung und gegen den Willen der reformistischen (Gewerkschafts-) Führer zu leiten". Nach dem Kongreß wurde er in Moskau festgehalten und konnte erst zurückreisen, nachdem er gedroht hatte, er werde zur Wiedererlangung seines Passes zur deutschen Botschaft gehen. Mitte Dezember 1928 stellte das ZK der KPD ihm, Jacob Walcher*, Paul Frölich* u. a. in einem Parteiordnungsverfahren sechs Bedingungen für ihre weitere Mitgliedschaft in der KPD, dazu gehörten die „vorbehaltlose Billigung und die Anerkennung der Unzulässigkeit jeglicher Propaganda gegen die Beschlüsse der Komintern und der Partei". Nach ihrer Weigerung zu unterschreiben, wurden E. und fast alle führenden Rechten im Januar 1929 aus der KPD ausgeschlossen. E. wurde Gründungsmitglied der KPO und Mitglied der engeren Reichsleitung. 1930 und 1931 kam es in der KPO zu Fraktionskämpfen, die sich an der Stellung zur Sowjetunion und zur SPD-Linken entzündeten und schließlich zur Spaltung der KPO führten. Zusammen mit sieben anderen Vertretern der KPO-Minderheit wurde E. am 12. 1. 1932 wegen Geheimverhandlungen mit der neugegründeten SAP aus der KPO ausgeschlossen; mit der KPO-Minderheit trat er im März 1932 in die SAP ein; im August 1932 Redakteur des SAP-Organs „SAZ – Sozialistische Arbeiter Zeitung" in Breslau.

Im Februar 1933 übernahm E. in Breslau die Leitung des Bezirks Mittelschlesien der illegalen SAP. Im Anschluß an die Verhaftung von ca. zwanzig Genossen, darunter seiner Frau, im Juli 1933 Flucht nach Berlin und, da er steckbrieflich gesucht wurde, weiter nach Amsterdam. Von dort wurde er im November 1933 unter Hinweis auf die gegen ihn in Deutschland laufende Fahndung gemeinsam mit seiner inzwischen freigekommenen Frau aus Holland ausgewiesen; illegaler Grenzübertritt nach Belgien; da er auch dort nur eine kurz befristete Aufenthaltsgenehmigung erhielt, im März 1934 unter Verwendung gefälschter Papiere Weiterreise nach Kopenhagen und nach Stockholm. In Schweden war E. maßgeblich am Aufbau einer SAP-Landesgruppe beteiligt, die schließlich etwa dreißig Mitglieder umfaßte; Mitglied der Auslandsleitung der SAP. Seinen Lebensunterhalt verdiente er als kaufmännischer Vertreter, Eisendreher und Journalist, vorwiegend in der Gewerkschaftspresse; 1936 Verfasser einer Broschüre in schwedischer Sprache über „Die Moskauer Prozesse. Gerechtigkeit oder Justizmord?". Mit Unterstützung von Edo Fimmen, dem Generalsekretär der „Internationalen Transportarbeiter-Föderation" (ITF) politische Arbeit unter deutschen Seeleuten, über diese sowie über schwedische Pfarrer Verbindung mit SAP-Freunden und Widerstandskreisen in Deutschland bis in den Zweiten Weltkrieg hinein. Zusammen mit seiner Frau spielte E. in den vierziger Jahren eine bedeutende Rolle bei der programmatischen Diskussion der sozialistischen deutschen Emigranten. Als Vorstandsmitglied der „Landesgruppe deutscher Gewerkschafter" in Schweden trat er mit seiner Frau und Stefan Szende nachdrücklich für das Modell einer Basisgewerkschaft mit Vorrangstellung der Betriebsräte ein. Im Rahmen der „Internationalen Gruppe demokratischer Sozialisten", der auch Willy Brandt* und Bruno Kreisky angehörten, beteiligte er sich an der Diskussion über Inhalte der sozialistischen Nachkriegspolitik. Zusammen mit Willy Brandt* war er die treibende Kraft bei der Annäherung der SAP an die SOPADE. Im Oktober 1944 trat E. mit vierzehn weiteren Mitgliedern der Stockholmer SAP zur SOPADE über.

Im Juni 1945 gehörten August und Irmgard E. zu den ersten Emigranten, die nach Deutschland zurückkehrten; dies war nur illegal und mit Unterstützung der ITF möglich. Sie wollten nach Berlin, blieben dann jedoch bei Adolf und Ella Ehlers* in Bremen. In der Folgezeit widmete sich E. der Arbeit in der Bremer „Kampfgemeinschaft gegen den Faschismus", in der SPD und den entstehenden Gewerkschaften. Wegen des Mißtrauens der ehemaligen ADGB-Funktionäre gegenüber dem alten Linkssozialisten vermochte er der Untersuchung

Peter Brandts zufolge beim Gewerkschaftsaufbau nur eine begrenzte Rolle zu spielen. In der SPD setzte er sich bis Anfang 1946 für eine Vereinigung mit der KPD ein. Doch schon die SPD-Konferenz von Wennigsen am 5./6. 10. 1945, an der er als einziger Bremer teilnahm, zeigte, daß seine Position in der Partei minoritär war; Mitbegründer und bis 1947 Gewerkschaftsredakteur des Bremer „Weser-Kurier". 1947 übernahm E. die Redaktion der DGB-Zeitschrift für die britische Zone „Der Bund"; 1950 Chefredakteur des DGB-Funktionärsorgans „Die Quelle". Seit seiner Pensionierung Ende 1954 arbeitete er im Auftrag des DGB-Bundesvorstandes an einer Geschichte der Gewerkschaftsbewegung nach 1945. Kurz vor Abschluß der Studie, die unter dem Titel „Die Einheitsgewerkschaften" (unter Mitarbeit von Bernd Heise) vom DGB als Manuskript vervielfältigt wurde, starb E. am 2. 11. 1959.

(Literatur siehe bei Enderle, Irmgard.)

Enderle, Irmgard, geb. Rasch, geboren am 28. 4. 1895 in Berlin. Der Vater war Oberstudienrat. Irmgard R. besuchte das Mädchen-Realgymnasium, seit 1909 war sie in einer Mädchengruppe bei den Wandervögeln. 1917 nahm sie an Versammlungen des „Vortrupp" teil, einer lebensreformerischen Vereinigung, bei denen sie erstmals bewußte Kriegsgegner kennenlernte; im gleichen Jahr Lehrerinnen-Examen, anschließend mehrere Semester Philosophie, Pädagogik und Volkswirtschaft an der Universität Berlin; 1918 Mitglied der USPD; unter dem Einfluß von sozialistischen Studenten Teilnahme an Arbeitsgemeinschaften der Spartakus-Jugend, Mitglied der KPD. Ab Mitte 1919 war sie Funktionärin im zentralen Apparat der KPD in Berlin, zuerst Sekretärin der Abteilung „Land"; 1922 Instrukteurin in der Gewerkschaftsabteilung des ZK; entschiedene Verfechterin der Gewerkschaftseinheit; nach Übernahme der Parteiführung durch die Linken unter Ruth Fischer und Auflösung der Gewerkschaftsabteilung „Verbannung" an die KPD-Zeitung „Der Klassenkampf" in Halle; 1927–1928 Redakteurin der „Roten Fahne" in Berlin. Anfang 1929 wurde sie als Mitglied der Rechtsopposition aus der KPD ausgeschlossen; seitdem arbeitslos; in der KPO aktiv, ab Mitte 1932 in der SAP. Nach ihrer Eheschließung zusammen mit ihrem Mann August Enderle im Sommer 1932 Übersiedlung nach Breslau; Mitglied der dortigen SAP-Ortsleitung, Journalistin bei der „SAZ – Sozialistische Arbeiter Zeitung".
Im Frühjahr 1933 illegal tätig. Im Juni 1933 wurde E. verhaftet, nach einigen Tagen jedoch als „einfache Hausfrau" entlassen. Sie stand unter Aufsicht der Polizei, die hoffte, über sie ihren flüchtigen Mann ausfindig zu machen. Am 20. 8. 1933 verließ E. Deutschland ohne Papiere auf dem letzten Vergnügungsdampfer nach Arnheim. Ihr weiterer Emigrationsweg gleicht dem ihres Mannes. Seit 1934 aktives Mitglied in der SAP-Gruppe in Stockholm und in der „Landesgruppe deutscher Gewerkschafter"; journalistische Arbeit für die schwedische und die schweizer sozialistische und Gewerkschaftspresse. In programmatischer Hinsicht arbeitete sie eng mit ihrem Mann zusammen. Ferner war sie als Deutschlehrerin und Übersetzerin tätig; im Oktober 1944 Anschluß an die SOPADE.
Im Juni 1945 Rückkehr nach Deutschland, Redakteurin beim „Weser-Kurier". In der Bremer SPD vertrat E. eine einheitsfrontorientierte linkssozialistische Politik; 1946 Mitglied der Bremer Bürgerschaft. Im Frühjahr 1947 ging sie nach Köln und war dort bei der DGB-Zeitschrift „Der Bund" tätig; von 1949–1951 Redakteurin der „Welt der Arbeit"; 1948–1949 Mitglied des Bizonen-Wirtschaftsrates in Frankfurt a. M.; 1950–1955 im Vorstand der IG Druck und Papier in Köln, dort auch Vorsitzende im DGB-Frauenausschuß. Von 1951 bis 1965 war E. als freie Journalistin in der Gewerkschaftspresse tätig; vorübergehende Vorsitzende der „Deutschen Journalisten-Union", Mitglied der „Humanistischen Union". E. lebte 1981 in Köln.

Hermann Weber: Die Wandlung des deutschen Kommunismus. Bd. 2. Frankfurt a. M. 1969; K. H. Tjaden: Struktur und Funktion der „KPD-Opposition" (KPO). Meisenheim am Glan 1964; Hanno Drechsler: Die Sozialistische Arbeiterpartei Deutschlands (SAPD). Meisenheim am Glan 1965; Stefan

Szende: Zwischen Gewalt und Toleranz. Zeugnisse und Reflexionen eines Sozialisten. Frankfurt a. M. 1975. Jörg Bremer: Die Sozialistische Arbeiterpartei (SAP). Untergrund und Exil 1933–45. Frankfurt a. M. 1978; Helmut Müssener: Exil in Schweden. Politische und kulturelle Emigration nach 1933. München 1974; Klaus Misgeld: Die „Internationale Gruppe demokratischer Sozialisten" in Stockholm 1942–1945. Bonn-Bad Godesberg 1976; Peter Brandt: Antifaschismus und Arbeiterbewegung. Aufbau – Ausprägung – Politik in Bremen 1945/46. Hamburg 1976; Biographisches Handbuch der deutschsprachigen Emigration nach 1933. Bd. 1. München 1980.

Euchner, Frida, geb. Dold, geboren am 16.4. 1908 in Reutlingen. Der Vater, ein der SPD nahestehender Schreiner, fiel im Ersten Weltkrieg, die Mutter drehte Zigaretten in Heimarbeit. Frida D. beendete 1922 in Stuttgart die Volksschule und arbeitete seitdem als ungelernte Arbeiterin in einer Schürzenfabrik; 1922 Mitglied der SAJ. 1931 heiratete sie den 1906 geborenen Alfred Euchner. Alfred Eu. war von Beruf Lederzuschneider, gehörte seit 1924 der SPD an und trat 1931 zur kleinen Stuttgarter SAP über, die bei der Reichstagswahl vom 31.7. 1932 127 Stimmen erhielt.
Gemeinsam mit ihrem Mann nahm Frida Eu. 1933 an Gruppen-Wanderungen und an Schulungsabenden der illegalen SAP-Gruppe in Stuttgart teil; sie schrieben Flugblätter ab und verteilten sie. Bei der Zerschlagung der Gruppe, der u. a. Albert Schmidt*, Otto Palmer* und Wilhelm (Willy) Blind* angehörten, wurde Alfred Eu. Ende 1933/Anfang 1934 verhaftet und im September 1934 vom Oberlandesgericht Stuttgart zu acht Monaten Gefängnis verurteilt. 1941 wurde er Soldat, 1944 fiel er in Frankreich. Frida Eu. arbeitete in den dreißiger Jahren in einem Textilbetrieb. Nach der Emigration des jüdischen Eigentümers und der Auflösung des Betriebs im Rahmen der NS-Arisierungspolitik 1939 Tätigkeit als Directrice in einer Schürzen- und Kinderkleiderfabrik bis Ende des Krieges.
1945 oder 1946 wurde sie Mitglied der SPD, der DAG und der „Arbeiterwohlfahrt"; 1948–1970 hauptamtliche Tätigkeit für den „Verband der Kriegsbeschädigten" (VdK), dessen Kreis- und Landesvorstand sie zeitweilig angehörte; 1948–1950 SPD-Abgeordnete im Stadtrat; 1950–1955 Schöffin beim Amtsgericht Stuttgart, seit 1970 als Landessozialrichterin; 1971–1976 Vertreterin der Sozialrentner des Bezirks Nordwürttemberg. Frida Eu. lebte 1981 in Stuttgart.

Fabian, Ruth, geb. Loewenthal, geboren am 29.5. 1907 in Bockow bei Berlin; 1926 Abitur, Jurastudium, Referendarin am Kammergericht in Berlin, im Rahmen des „Arisierungsprozesses" entlassen; Mitglied der Jungsozialisten und der SPD, 1931 SAP; von 1933 bis Ende 1935 illegale Arbeit, Mitglied des Parteivorstandes der SAP in Berlin; über Prag Flucht nach Paris, Mitglied der dortigen SAP-Leitung; zusammen mit ihrem damaligen Ehemann Walter Fabian* Gründung eines Zeitungs-Ausschnittsbüros, das die französische Öffentlichkeit über die Vorgänge in Deutschland informierte; seit 1939 Fürsorgearbeit im Zusammenhang mit dem IRRC, seit 1940 in Marseille; nach der Besetzung Südfrankreichs Flucht in die Schweiz, Arbeit als Angestellte des IRRC im Rahmen des Schweizer „Arbeiterhilfswerks" in Zürich; bei Kriegsende Rückkehr nach Paris, einige Jahre Fürsorgearbeit beim IRRC; mit ihrem Lebensgefährten Max Picard 1951 Gründung der deutschsprachigen Buchhandlung „Calligrammes" in Paris; seit 1945 Vorstandsmitglied und aktive Arbeit im Rahmen der „Solidarité", der Hilfsorganisation für deutsche und österreichische NS-Opfer in Frankreich; F. lebte 1981 in Paris.

Fabian, Walter, geboren am 24.8. 1902 in Berlin; im Anschluß an das Gymnasium Studium der Pädagogik, Geschichte und Nationalökonomie, 1924 Promotion zum Dr. phil.; 1924 SPD, Mitglied des „Reichsausschusses für sozialistische Bildungsarbeit", Lektor, Redakteur; seit Ende 1928 Herausgeber der linksoppositionellen Zeitschrift „Sozialistische Information", im September 1931 Ausschluß aus der SPD; Vorsitzender des SAP-Bezirks Ostsachsen, Mitglied des SAP-Parteivorstands, Chefredakteur der „SAZ – Sozialistische Arbeiter Zeitung"; von August 1933 bis zu seiner Flucht im Januar 1935 Reichsleiter der illegalen

SAP; 1935–1937 Mitglied der SAP-Auslandsleitung, im Februar 1937 Parteiausschluß; bis 1939 Leiter der Gruppe „Neuer Weg", die sich vor allem gegen die Moskauer Prozesse wandte und zur Solidarität mit der spanischen POUM aufrief. Trotz Notvisum für die USA blieb F. 1940 in Frankreich, 1941–Mitte 1942 Mitarbeiter des IRRC in Marseille; Ende 1942 illegal in die Schweiz, dort journalistisch und schriftstellerisch tätig; 1957–1970 Chefredakteur des DGB-Organs „Gewerkschaftliche Monatshefte"; 1961 endgültige Übersiedlung in die Bundesrepublik; ab 1966 Honorarprofessor für Pädagogik an der Universität Frankfurt; in den sechziger Jahren aktiv in der Bewegung gegen die Notstandsgesetze und in der „Hilfsaktion Vietnam". Langjähriger Vorsitzender der „Deutschen Journalisten-Union" und der „Deutsch-Polnischen Gesellschaft", Mitglied der „Humanistischen Union". F. lebte 1981 in Köln.

Biographisches Handbuch der deutschsprachigen Emigration nach 1933. Bd. 1. München 1980.

Fingerle, Wilhelm, geboren am 26.1.1913 in Berlin. Der Vater war selbständiger Handwerker, seit 1914 SPD-Mitglied; die Mutter starb 1919; ein Bruder. Nach dem Besuch einer naturwissenschaftlich ausgerichteten Oberrealschule absolvierte F. in den Jahren 1929 bis 1932 eine Werkzeugmacherlehre in einer Telefonfabrik; in dieser arbeitete er bis zum Februar 1934 als Werkzeugmacher und Einrichter; 1929 Mitglied der SAJ im linken SPD-Bezirk Berlin-Tempelhof. Im Herbst 1931 trat er zusammen mit 800 bis 1000 von insgesamt 4000 Berliner SAJ-Mitgliedern zum SJV über.
1933 leitete F. gemeinsam mit Günther Keil und Gustav Seeger die illegale SJV- und SAP-Gruppe in Tempelhof. Ihre Arbeit war im wesentlichen darauf ausgerichtet, den Zusammenhalt unter den meist jugendlichen Mitgliedern aufrecht zu erhalten. Nach der Verhaftung von Keil und Seeger im Februar 1934 floh F. auf Anraten der Berliner SAP-Leitung in die ČSR. In Prag lebte er zusammen mit anderen deutschen Emigranten in Notquartieren von einer kleinen Unterstützung durch die tschechischen Gewerkschaften; im September 1935 illegale Rückkehr nach Deutschland. Dank der Unterstützung eines ehemaligen sozialdemokratischen Betriebsrats wurde er erneut in seinem alten Betrieb eingestellt. In Berlin fand F. ein relativ festgefügtes sozialdemokratisches Milieu vor. Er besuchte die Konzertabende des von führenden Sozialdemokraten wie Paul Löbe und Franz Künstler geleiteten Männerchors „Berliner Liederfreunde 1879", an dessen Veranstaltungen bis zu seinem Verbot im Mai 1938 tausende, auch prominente, ehemalige SPD- und Gewerkschaftsmitglieder teilnahmen. Beruflich war F. seit 1937 in einer Flugzeugmotorenfabrik der Fa. Daimler-Benz tätig. Nach der Arbeit besuchte er die Abendkurse einer Ingenieurschule und begann im Frühjahr 1939 – unterstützt vom Verband des Berliner Maschinenbaus – ein Ingenieurstudium, das er jedoch im Herbst abbrach, um der Einberufung im Kriegsfalle zu entgehen. Ende des Jahres fand er eine leitende Stellung in einer Werkzeugmaschinenfabrik, bis Ende des Krieges Betriebsleiter in einem Verlagerungswerk im Sudetenland. 1940 heiratete F., der Ehe entstammen drei Kinder.
Nach Kriegsende wurde F., der als Antifaschist bekannt war, von den tschechischen Behörden zunächst aufgefordert, die Leitung des Werkes fortzuführen; wenig später jedoch mit seiner Familie ausgewiesen; in Berlin erneut Mitglied der SPD. Da es ihm in den Jahren 1946 und 1947 nicht möglich war, eine Arbeit zu finden, ernährte er sich durch Reparaturarbeiten, durch das Flicken und den Verkauf von Gebrauchsgegenständen aus den Trümmerhaufen der Stadt. Ende 1947 wurde er Preisprüfer im Bezirksamt Tempelhof, diese Stellung verlor er nach der Währungsreform im Herbst 1948, danach erneut für längere Zeit arbeitslos. Im August 1950 erhielt F. eine Anstellung als Konstrukteur für Werkzeugausrüstung in einer Bielefelder Maschinenfabrik. In Bielefeld wurde er parteipolitisch nicht mehr aktiv; von 1961 bis zu seiner Pensionierung im Jahre 1977 Leiter der Konstruktionsabteilung dieser Firma. F. lebte 1980 in Bad Rothenfelde.

Frank, Karl, geboren am 31.5. 1893 in Wien als Sohn eines kleinen Fabrikanten; Studium der Fächer Psychologie, Biologie und Philosophie, nach Fronteinsatz als Leutnant 1916 Kriegsdienstverweigerer; 1918 einer der Führer der linksradikalen Studentengruppe um Ruth Fischer und Gerhart Eisler, 1919 KPÖ; Ende 1920 Übersiedlung nach Berlin, Mitglied der KPD, Redakteur der „Roten Fahne" und der „Internationale"; seit Herbst 1924 Anhänger des rechten Parteiflügels um Heinrich Brandler*, 1928 Parteiausschluß; 1929 Mitglied der KPO-Reichsleitung, 1932 Mitglied des SAP-Parteivorstands; als Mitglied der konspirativ operierenden „Leninistischen Organisation" um Walter Löwenheim und Richard Löwenthal*, der späteren Gruppe „Neu Beginnen", Ende 1932 Eintritt in die SPD; nach 1933 in Wien, später in Prag und Paris Auslandsleiter der Gruppe „Neu Beginnen", deren Strategie in der Eroberung der SPD von innen und in der Organisierung von illegalen Kadern im Reich bestand; 1935 programmatisch-politische Annäherung an die Sozialdemokratie; 1939 über London in die USA. Dort widmete sich F. vor allem der Ausarbeitung programmatischer Nachkriegsrichtlinien und der kritischen Berichterstattung über die Lage in Deutschland („Inside Germany Reports"). Trotz der Bemühungen von Ernst Reuter um F's Rückkehr nach Deutschland war dieser bei den Alliierten politisch unerwünscht; bis zu seinem Tod im Jahre 1969 als Psychoanalytiker in New York und Connecticut tätig.

Biographisches Handbuch der deutschsprachigen Emigration nach 1933. Bd. 1. München 1980.

Frölich, Paul, geboren am 7.8. 1884 in Leipzig in eine sozialistische Arbeiterfamilie; kaufmännische Lehre, 1902 SPD; im Anschluß an ein intensives Selbststudium Volontär, Ausbildung zum Journalisten bei der „Leipziger Volkszeitung", seit 1908 Redakteur an verschiedenen SPD-Zeitungen; 1914 Wechsel zur oppositionellen „Bremer Bürgerzeitung"; Mitglied der „Bremer Linksradikalen", Delegierter auf der internationalen sozialistischen Antikriegskonferenz in Kienthal im April 1916; anschließend Kriegsdienst, wegen fortgesetzter Antikriegspropaganda bis zur Novemberrevolution Inhaftierung in einer Irrenanstalt; 1919 KPD, Mitglied der ersten KPD-Zentrale, 1921–1924 und 1928–1930 MdR. Als Angehöriger des rechten Parteiflügels 1924 gemaßregelt, wurde F. 1925 mit der Herausgabe der Gesammelten Werke Rosa Luxemburgs betraut. 1928 Ausschluß aus der KPD, Mitglied der KPO-Reichsleitung, 1932 SAP, Verfasser der programmatischen Schrift „Was will die SAP?"; nach neunmonatiger KZ-Haft Ende 1933 Emigration; 1934–1939 führender Mitarbeiter an den Exil-SAP-Publikationen in Paris („Neue Front", „Marxistische Tribüne"); Studien zur französischen Revolution 1789 (postum veröffentlicht Frankfurt 1957), Verfasser einer Rosa Luxemburg-Biographie (1939, Frankfurt³ 1967); 1939 Internierung in Vernet, 1941 Emigration in die USA; 1951 Rückkehr nach Deutschland, Mitglied der SPD, Referent an der SPD-Heimvolkshochschule Georg v. Vollmar in Kochel/Oberbayern. F. starb am 16.3. 1953.

Biographisches Handbuch der deutschsprachigen Emigration nach 1933. Bd. 1. München 1980.

Frölich, Rose, geb. Wolfstein, geboren am 27.5. 1888 in Witten als Tochter eines jüdischen Kaufmanns; höhere Mädchenschule, kaufmännische Lehre; 1908 SPD, 1912/13 Besuch der SPD-Parteischule in Berlin; 1914 Opposition gegen die Bewilligung der Kriegskredite, Teilnahme am USPD-Gründungsparteitag 1917 in Gotha und am KPD-Gründungsparteitag 1918/19 in Berlin (Schriftführerin); im November 1918 Mitglied des Arbeiter- und Soldatenrats in Düsseldorf, 1920 Delegierte zum II. Weltkongreß der Komintern, 1921–1923 Mitglied der KPD-Zentrale, Leiterin der Parteiverlage, 1921–1925 MdL Preußen; 1924 in Opposition gegen die Ruth Fischer-Führung; Mitarbeiterin von Paul Frölich bei der Herausgabe der Werke Rosa Luxemburgs, Lektorin am Malik-Verlag; im Januar 1929 Ausschluß aus der KPD, Mitglied der KPO, 1932 der SAP; im März 1933 Flucht nach Belgien, 1936 nach Paris, dort Mitglied der SAP-Auslandsleitung; von September 1939 bis 1941 interniert, dann zusammen mit Paul Frölich* Emigration in die USA; bis 1950 in New York, dort in engem Kontakt mit Joseph Lang und Erna Lang (-Halbe), die sie seit 1917 kannte; 1951 Rückkehr nach Deutschland, Mitglied der SPD. Rose F. lebte 1981 in Frankfurt.

Biographisches Handbuch der deutschsprachigen Emigration nach 1933. Bd. 1. München 1980.

Galm, Heinrich, geboren am 23.10. 1895 in Seligenstadt/Main als jüngster Sohn eines Schreiners, drei Brüder und zwei Schwestern. Der Vater war ein aktiver SPD-Politiker, Delegierter des Wahlkreises Offenbach-Dieburg auf den SPD-Parteitagen 1893 und 1895. Die Mutter und die Schwestern waren strenggläubige Katholiken. G. ließ sich zum Sattler ausbilden und trat 1910 der Gewerkschaft und der AJ bei. Von 1916 bis Kriegsende war er Soldat. 1917 Mitglied der USPD, 1920 trat er mit dem linken USPD-Flügel zur KPD über. Im selben Jahr wurde er als einziger Kommunist zum hauptamtlichen Sekretär des Sattler-, Tapezierer- und Portefeuiller-Verbandes in Offenbach gewählt, zwei Jahre später wurde er 1. Bevollmächtigter der Gewerkschaft und in dieser Funktion von den Mitgliedern jährlich mit großer Mehrheit bestätigt. In den Jahren 1923–1925 wandte sich G. energisch gegen die Politik der linken Mehrheit der KPD, die kommunistische Richtungsgewerkschaften ins Leben rief. Seine Politik zahlte sich in den folgenden Jahren aus: als auf dem Kongreß des ADGB 1925 nur noch drei – gegenüber 1922 88 – kommunistische Delegierte vertreten waren, war G. einer von ihnen. Die Zahl der für die KPD in Offenbach abgegebenen Stimmen stieg kontinuierlich an, in der Reichstagswahl 1928 überholte sie die SPD und wurde mit 13 350 (SPD 11 345) Stimmen stärkste Partei. Gestützt auf seine Anhänger unter den Lederarbeitern und den Erwerbslosen, deren Zahl aufgrund von struktureller Arbeitslosigkeit ungewöhnlich hoch war, gelang es G., den linken Flügel in der Offenbacher KPD zunehmend zurückzudrängen. Seit 1924 war er Abgeordneter im Hessischen Landtag, 1927 wurde er als Kandidat ins Zentralkomitee (ZK) der KPD gewählt. 1928 opponierte G. erneut gegen die Linkswendung der Komintern und der KPD, die Offenbacher Parteizeitung „Das Volksrecht" wurde zum Organ der KPD-Rechten. Nach der Wittorf-Unterschlagungsaffäre stellte G. zusammen mit dem ZK-Kandidaten Erich Hausen aus Breslau den Antrag, den KPD-Führer Ernst Thälmann aus der KPD auszuschließen. Am 20. 11. 1928 vom ZK seiner Funktionen enthoben, wurde die Entscheidung über seinen Verbleib in der KPD an das Exekutivkomitee der Komintern nach Moskau überwiesen. In Moskau verteidigte G. zusammen mit Hausen den Standpunkt der rechten Opposition in der KPD; Anfang 1929 ausgeschlossen, folgte ihm die große Mehrheit der Mitglieder und Funktionäre in die KPO. Wenige Monate später errang die KPO bei der Kommunalwahl vom 17.11. 1929 in Offenbach 8 908 (die SPD 11 729), die KPD dagegen nur 2 309 Stimmen. Im November 1931 wurde G. als Kandidat der KPO erneut in den Hessischen Landtag gewählt. Alle Versuche, ihn als Bevollmächtigten des Sattler-, Tapezierer- und Portefeuiller-Verbandes abzuwählen, scheiterten, auf der letzten Verbandswahl im März 1932 erhielt er 446 Stimmen, der Kandidat der KPD 107 und der der SPD 37. Im April 1932 schlossen sich die Offenbacher KPO-Mitglieder mit wenigen Ausnahmen der kleinen SAP-Gruppe um Karl Hebeisen* an. Im Juni 1932 als einziger SAP-Vertreter in Hessen erneut Landtagsabgeordneter.
Im März 1933 wurde er vor dem Landtagsgebäude in Darmstadt verhaftet; bis zum 1. Mai im KZ Osthofen. Im Unterschied zu anderen, meist kleineren SAP-Gruppen lehnten die Mitglieder der Offenbacher SAP jeglichen Widerstand als letztlich wirkungslos und als zu gefährlich ab. Nach seiner Entlassung als Gewerkschaftsangestellter eröffnete G. einen Tabakladen, nebenbei handelte er als Reisender mit Lederwaren; seit 1933 mehrmals verhaftet. Im Juli 1944 sollte er nach Dachau kommen, glückliche Umstände führten jedoch dazu, daß er nur einige Monate in Bebra und in Darmstadt festgehalten wurde.
Bei Kriegsende ernannten die Amerikaner G. zu ihrem politischen Berater, bis zum Herbst 1945 spielte er im politischen Leben der Stadt die entscheidende Rolle. Es gelang ihm, seine politischen Freunde aus der Zeit vor 1933 sowie einige ehemalige Funktionäre der KPD um sich zu sammeln und fast alle kommunalen Ämter mit ihnen zu besetzen. Nach erfolglosen Verhandlungen mit Vertretern der SPD und der KPD über die Gründung einer Einheits-

partei beantragte dieser Kreis im September 1945 die Lizenzierung der „Arbeiter-Partei", deren Vorsitzender G. wurde. An der Reorganisierung des kommunalen Lebens hatte die „Arbeiter-Partei" (AP) bis 1947 hervorragenden Anteil. Nicht zuletzt aufgrund dieser kommunalpolitischen Erfolge erzielte sie in Offenbach 1946 17,5 und 1948 19,6 Prozent der Stimmen. Dagegen scheiterte der Versuch, die AP auf Hessen und auf Württemberg-Baden auszudehnen. Außerhalb Offenbachs blieb die Arbeiter-Partei überall Splitterpartei. Mit der Normalisierung des Lebens ging der Einfluß der AP auch in Offenbach seit 1949 kontinuierlich zurück, doch bestand sie – auch wegen der traditionellen Feindschaft zwischen G. und einem Teil der Offenbacher SPD-Führung – bis 1954 weiter. Im November 1954 löste G. die AP auf und trat zur SPD über. Programmatisch hatte er bereits in den vierziger Jahren in gewisser Weise die Entwicklung der SPD zum Godesberger Programm vorweggenommen: Unter seiner Führung entwickelte sich die „Arbeiter-Partei" seit 1947 zu einer Partei, die alle Volksschichten ohne marxistisches Programm in einer linken Volkspartei integrieren wollte. 1956–1968 ehrenamtlicher Stadtrat. In den sechziger Jahren arbeitete G. in der Anzeigenabteilung der „Frankfurter Rundschau". G. lebte 1981 in Offenbach a. M.

Hermann Weber: Die Wandlung des deutschen Kommunismus. Bd. 2. Frankfurt a. M. 1969; K. H. Tjaden: Struktur und Funktion der „KPD-Opposition" (KPO). Meisenheim am Glan 1964; Hanno Drechsler: Die Sozialistische Arbeiterpartei Deutschlands (SAPD). Meisenheim am Glan 1965; Bernd Klemm: Die Arbeiter-Partei (Sozialistische Einheitspartei) Hessen 1945–1954. Hannover 1980; Heinrich Galm: Ich war halt immer ein Rebell. Politische Erinnerungen von Heinrich und Marie Galm, nach Gesprächen zusammengestellt von Werner Fuchs und Bernd Klemm. Offenbach a. M. 1980; Bernd Klemm (Hrsg.): „... durch polizeiliches Einschreiten wurde dem Unfug ein Ende gemacht". Geheime Berichte der Politischen Polizei Hessen über Linke und Rechte in Offenbach 1923–1930. Frankfurt a. M. 1982.

Gardiner, Muriel, geboren 1901 in Chicago als Kind einer reichen Unternehmerfamilie; College, 1922 Bachelor of Arts in Literatur und Geschichte, 1922–1924 Studien in Rom und Oxford; seit 1926 in Wien Ausbildung zur Psychoanalytikerin, 1932 Medizinstudium; seit 1934 Verbindung zu Mitgliedern der sozialistischen Partei, seitdem illegale Arbeit, Kurierfahrten zur Auslandsvertretung nach Brünn; nach dem „Anschluß" Österreichs am 12. 3. 1938 Organisatorin der Ausreise von politisch Gefährdeten; im August 1938 Promotion zum Doktor der Medizin, danach nach Paris; seit 1939 Ehefrau von Joseph Buttinger*; Ende 1939 Übersiedlung in die USA; Psychiatrische Beraterin in Kindergärten; ihr Vermögen ermöglichte G. eine umfangreiche Unterstützung von Emigranten und Flüchtlingen; von April bis September 1945 in Paris Koordinierung der Flüchtlingshilfe des IRRC; später Lehrtätigkeit als Psychoanalytikerin; Psychiatrische Beraterin („counselor") an den „public schools" des Staates Pennsylvania, dann von New Jersey.

Muriel Gardiner; Joseph Buttinger: Damit wir nicht vergessen. Unsere Jahre 1934–1947 in Wien, Paris und New York. Wien 1978.

Gerold, Karl (1906–1973), Schlosser, seit 1922 Funktionär der SAJ, später der SPD; Mitarbeiter verschiedener Zeitungen; Anfang 1933 einige Monate lang in „Schutzhaft", nach Entlassung illegale Tätigkeit im badisch-schweizerischen Grenzgebiet; im Herbst 1933 Flucht nach Basel, Kurierdienste; im Exil schriftstellerisch tätig, als Korrespondent schweizer Zeitungen Teilnahme am Spanischen Bürgerkrieg, anschließend Internierung in schweizer Lagern; 1942 Gründer des „Bundes Deutscher Revolutionärer Sozialisten"; im Januar 1945 von einem schweizer Militärgericht wegen „Neutralitätsbruch" und „nachrichtendienstlicher Tätigkeit" zu einem Jahr Gefängnis verurteilt; im September 1945 Rückkehr nach Deutschland; 1946–1973 Lizenzträger, Mitherausgeber und Chefredakteur der „Frankfurter Rundschau".

Biographisches Handbuch der deutschsprachigen Emigration nach 1933. Bd. 1. München 1980.

Graber, Adolf, geboren am 15.4. 1902, Bergmann und Straßenreiniger; 1925–1931 SPD, dann SAP; als politischer Leiter der SAP-Ortsgruppe Hamborn organisierte er nach dem 30.1. 1933 die Beschaffung und Weiterverbreitung von SAP-Literatur; am 2.12. 1934 im Zuge der Aktion gegen Eberhard Brünen* verhaftet, am 13.7. 1935 vom Oberlandesgericht Hamm zu acht Jahren Zuchthaus verurteilt, nach Verbüßung der Haft KZ Sachsenhausen.

Seine Frau *Margarete Graber,* Schriftführerin der SAP-Hamborn, war in den dreißiger Jahren Laborantin bei der August-Thyssen-Hütte.

Graul, Ernst, geboren am 10.7. 1886 in Zeitz, USPD, seit 1920 Führer der KPD in Essen, im Januar 1925 als Rechter aus der KPD ausgeschlossen, im Januar 1926 wieder aufgenommen. Bis 1929 arbeitete G. führend in der „Roten Hilfe". 1929 Mitglied der KPO. Nach 1933 lebte er in Merseburg; 1944 gehörte er einer Widerstandsgruppe an; nach 1945 Mitglied der KPD und der SED, 1945 Oberbürgermeister von Merseburg.

Grönsfelder, Emma, geboren am 3.1. 1883 in München als Tochter eines Schneidermeisters, fünf Geschwister. Die Mutter starb 1888, aus einer zweiten Ehe des Vaters gingen zwei weitere Kinder hervor. Nach der Volksschule ließ der Vater sie keinen Beruf erlernen. Mit fünfzehn Jahren ging sie außer Haus in Stellung. Dabei eignete sie sich gute Kochkenntnisse an, die es ihr später ermöglichten, als Köchin in Gaststätten zu arbeiten. 1903 zog sie nach Nürnberg und lernte dort ihren Mann kennen; 1919 aktives Mitglied der KPD, im August 1921 Delegierte des VII. Parteitags der KPD, 1930 aus der KPD ausgeschlossen; in der KPO aktiv.

Im April 1933 wurde Emma G. verhaftet, bis September 1933 war sie in „Schutzhaft" im Zuchthaus Aichach.

Nach dem Zweiten Weltkrieg trat sie der KPD bei, 1949 wurde sie zusammen mit ihrem Mann ausgeschlossen; Mitglied der „Gruppe Arbeiterpolitik". Ende 1950 zog sich Emma G. aus gesundheitlichen Gründen aus der aktiven Politik zurück. Sie starb am 26.11. 1967.

Grönsfelder, Karl, geboren am 18.1. 1882 in Frankfurt a.M. als Sohn eines Kutschers und Dieners und einer Köchin. Seine Kindheit und Jugend verbrachte G. in dem württembergischen Landstädtchen Bartenstein, wo er bei seinen Großeltern aufwuchs. Im Anschluß an die Volksschule absolvierte er eine Mechanikerlehre. Nachdem er in den Jahren 1900-1903 in Frankfurt a.M., Köln, Düsseldorf, Siegburg und Krefeld gearbeitet hatte, ließ er sich 1904 in Nürnberg nieder. Dort arbeitete er in einer Elektrischen Bogenlampen- und Apparate-Fabrik. 1906 heiratete er seine Frau Emma; 1908 Mitglied des DMV und der SPD, in der er als Anhänger Rosa Luxemburgs auf dem linken Parteiflügel stand. 1914 wurde er von der Fa. MAN als Facharbeiter reklamiert; im Februar 1917 Mitglied der USPD, Ende Januar 1919 Mitbegründer der KPD in Nürnberg. 1920 wurde G. zum Betriebsrat gewählt, im Februar des Jahres war er Delegierter des III. Parteitages der KPD. 1921 hielt er sich als Delegierter des III. Weltkongresses der Komintern mehrere Monate lang in der Sowjetunion auf. Auf dem VIII. Parteitag der KPD Anfang 1923 wurde er als Anhänger von Heinrich Brandler* Mitglied der Gewerkschaftskommission und der KPD-Zentrale; 1921–1924 Vorsitzender der KPD-Bezirksleitung Nordbayern. Von 1923 bis 1928 war G. Abgeordneter des Bayerischen Landtags, 1926 wurde er Landessekretär der KPD Bayern, 1928 Sekretär für Gewerkschaftsfragen bei der Bezirksleitung. Nach der Wiederaufnahme der ultralinken Politik seit 1928 geriet G. in einen immer stärkeren Gegensatz zur politischen Linie der KPD. Im Anschluß an den 1. Reichskongreß der „Revolutionären Gewerkschafts-Opposition" (RGO) Ende 1929 begann er, eine Opposition gegen diese Politik zu organisieren. Daraufhin wurde er Anfang 1930 zusammen mit anderen Betriebsräten aus dem Nürnberger Gebiet aus der KPD ausgeschlossen. Wenngleich zu diesem Zeitpunkt noch keine Kontakte zur KPO bestanden, schloß sich der Großteil der Ausgeschlossenen und Oppositionellen bald der KPO an. G., der von 1930–1933 arbeitslos war, übernahm die Leitung der KPO-Gruppen in Nürnberg und in Nordbayern, der jeweils 65–70 Mitglieder angehörten.

Am 31.1.1933, nach einem vergeblichen Aufruf zum Generalstreik an die Ortsleitungen der SPD, der KPD und des ADGB, stellte die Nürnberger KPO ihre Organisation auf die Bedingungen der Illegalität um, das Parteibüro wurde aufgelöst, G. bezog ein geheimes Quartier. Trotz dieser Sicherheitsmaßnahmen konnte die Gestapo die KPO-Gruppe in Nürnberg bereits im April 1933 zerschlagen. G. wurde am 12.4. verhaftet und einen Tag später in das KZ Dachau eingeliefert; im März 1935 entlassen, bis Ende des Jahres unter Polizeiaufsicht; arbeitslos. 1937 fand er eine Anstellung als Mechaniker bei den Triumph-Werken. Am 1.9. 1939 wurde G. erneut verhaftet, doch kam er nach einer Reklamation seitens des Firmen direktors sowie Verbürgungen des Betriebsleiters und des Meisters einige Tage später wieder frei.

Nach Kriegsende war G. am Wiederaufbau der Nürnberger Metallarbeitergewerkschaft beteiligt. 1946 wurde er in den Betriebsrat gewählt, dem er bis zu seinem Ausscheiden aus dem Berufsleben im Jahre 1955 angehörte. 1946 trat er der KPD bei, 1947 Mitglied der Bezirksleitung Bayern; 1949 als „Titoist" und Brandler-Anhänger zum zweiten Mal aus der KPD ausgeschlossen. Bereits 1947/1948 war er der „Gruppe Arbeiterpolitik" (GAP) beigetreten, die in den Jahren 1948–1950 in Nürnberg ca. 50 Mitglieder zählte. Zusammen mit seiner Frau Emma war er in den fünfziger und sechziger Jahren Leiter und Repräsentant der Gruppe. Als 1959 ein Teil der Mitglieder zur SPD übertrat, trug G. zur Konsolidierung der GAP in Nürnberg bei. G. starb am 20.2. 1964.

Hermann Weber: Die Wandlung des deutschen Kommunismus. Bd. 2. Frankfurt a. M. 1969; Wilhelm Eildermann: Als Wanderredner der KPD unterwegs. Erinnerungen an die ersten Jahre der KPD 1919–1920. Berlin, DDR 1977; K. H. Tjaden: Struktur und Funktion der „KPD-Opposition" (KPO). Meisenheim am Glan 1964; K. P. Wittemann: Kommunistische Politik in Westdeutschland. Der Ansatz der Gruppe Arbeiterpolitik. Hannover 1977; Helmut Beer: Widerstand gegen den Nationalsozialismus in Nürnberg 1933–1945. Nürnberg 1976.

Grunert, Karl, geboren am 29.8. 1901 in Hamburg. Der Vater, ein in SPD und Gewerkschaft organisierter Hafenschiffer, starb 1912; die Mutter arbeitete als Putzfrau, Wäscherin und Schneiderin; Volksschule bis zur 8. Klasse, dann ein Jahr Selecta für begabte Schüler; Steindruckerlehre – aus finanziellen Gründen nicht abgeschlossen; von Juni 1918 bis Ende 1922 Arbeiter beim Telegrafenbauamt in Hamburg; Mitglied im „Sozialdemokratischen Jugendbund", seit 1916 gewerkschaftlich organisiert, Ende 1918 in der Presseabteilung des Arbeiter- und Soldatenrates tätig, Spartakusbund, KPD; auf dem VII. Reichskongreß der KJD (später KJVD) im März 1923 in deren ZK gewählt, Tätigkeit in der KJD-Zentrale in Berlin; nach Übernahme der KJD-Leitung durch die Linken 1924 wegen politischer Differenzen mehrfach in die Provinz strafversetzt; wegen seiner Gewerkschaftsarbeit und seinen Kontakten zu SAJ und Gewerkschaftsjugend sollte er zur Rechenschaft gezogen werden; nachdem jedoch Anfang 1925 die Komintern die Bedeutung gerade der Gewerkschaftsarbeit hervorgehoben hatte, im Herbst erneut in das ZK der KJD gewählt, von Oktober 1925 bis April 1926 Verantwortlicher im Ressort Presse des ZK der inzwischen in KJVD umbenannten „Kommunistischen Jugend"; 1926–1928 Besuch eines Zweijahreskurses der Internationalen Lenin-Schule der Komintern in Moskau. Beruflich war G. 1923 als Verlagsangestellter, 1924 bis 1929 als Lektor und freier Schriftsteller tätig, ab Herbst 1930 Angestellter beim Arbeitsamt Hamburg; 1930 als Versöhnler aus der KPD ausgeschlossen.

1933 wurde G. aus der Stadtverwaltung entlassen; fünf Jahre arbeitslos, aus politischen Gründen von der Arbeitsvermittlung ausgeschlossen; am 22.10. 1933 im Rahmen einer gegen die Westermann-Gruppe gerichteten Verhaftungsaktion festgenommen, bis zum 11.8. 1934 im KZ Fuhlsbüttel; dann erhielt er einen Prozeß wegen „Vorbereitung zum Hochverrat", in dem er nach schweren Folterungen wegen Mangels an Beweise freigesprochen werden mußte; im Frühjahr 1937 erneut einen Monat lang im KZ Fuhlsbüttel; seit 1938 Ange-

stellter in einer Foto-Großhandlung; 1940–1945 Soldat, ab Herbst 1941 wegen Gelenk-
rheuma zwölf Monate im Lazarett, anschließend in der Heeresentlassungsstelle Hamburg.
Seit Dezember 1945 Regierungsinspektor beim Arbeitsamt Hamburg, 1947 in das Amt für
Wiedergutmachung und Flüchtlingsfragen versetzt; seit 1950 Standesbeamter, später Vorsitzender des Landesverbandes der Hamburger Standesbeamten; 1945 Mitglied der KPD,
aus dieser 1950 wegen Verbindung zu „Parteifeinden" ausgeschlossen; Mitte der fünfziger
Jahre Mitglied der SPD, da G. der Auffassung war, daß ein politischer Mensch nicht im Abseits bleiben dürfe; er engagierte sich im Ortsverein, um den linken Flügel der Partei zu stärken und für seine politischen Vorstellungen zu öffnen. Etwa 1974 trat er wegen des Extre-
misten-Beschlusses aus der SPD aus und schloß sich später der DKP an. Seit Mitte der sechziger Jahre sammelte er Material für eine Studie über die Geschichte der Hamburger Arbeiterbewegung, half interessierten Geschichts- und Politik-Studenten, die sich regelmäßig bei
ihm trafen; Mitbegründer der „Gesellschaft zur Erforschung der Geschichte der Arbeiterbewegung Hamburg e.V.", bis 1977 deren 1.Vorsitzender, nach seinem krankheitsbedingten
Rücktritt zum Ehrenvorsitzenden ernannt; im September 1976 Mitinitiator des Kuratori-
ums „Gedenkstätte Ernst Thälmann e.V."; G. starb am 24.4. 1980 nach dreijähriger
schwerer Krankheit in Kaltenkirchen bei Hamburg.

Grzeski, Hermann, geboren am 28.11. 1912 in Frankfurt a.M. Der Vater war Schlosser, die
Mutter Hausfrau. Bis 1927 besuchte G. die Volksschule. Er absolvierte eine kaufmännische
Lehre, wurde aber unmittelbar im Anschluß daran 1931 arbeitslos; Tätigkeit als Bote bei einer Versicherung; 1934–1945 kaufmännischer Angestellter; 1932 Mitglied des SJV.
Nach 1933 gehörte G. einer illegalen SAP-Gruppe an, die im wesentlichen den Zusammenhalt der Organisation aufrechtzuhalten versuchte und sich in wechselnder Zusammensetzung selbst noch während des Zweiten Weltkrieges traf. Am 15.3. 1940 zum Kriegsdienst
eingezogen, im Mai 1943 in Tunesien in englische Kriegsgefangenschaft. Im Juli wurde er in
die USA gebracht und war dort seit 1944 zusammen mit Herbert A.Tulatz* in Fort Devens,
einem Kriegsgefangenenlager für deutsche Antifaschisten, interniert; nach Teilnahme an einem Polizeilehrgang im Januar 1946 nach Deutschland entlassen. Bis 1947 war G. bei einer
Versicherung tätig, dann wurde er Angestellter in einem Kölner Braunkohlenwerk; Mitglied der IG Bergbau, Betriebsrat, zeitweise Betriebsratsvorsitzender der Firma. Er arbeitete
im „Kölner Kreis" (vgl. Biographie v. Ludwig A. Jacobsen*) mit und wurde 1951 Mitglied
der kurzlebigen „Unabhängigen Arbeiter-Partei" (UAP).
Später Mitherausgeber der Monatsschrift „Sozialistische Politik" (SOPO), die von November 1954 bis 1962 auf Initiative einer Gruppe linker Sozialdemokraten unter maßgeblicher
trotzkistischer Beteiligung erschien. Neben der Mitarbeit im SOPO-Kreis war G. in der Gewerkschaft und später auch in der SPD tätig. Seit 1976 lebt G. im Ruhestand.

Hacks, Ilse, geboren um 1910, Studium der Fächer Deutsch, Englisch, Französisch an der
Universität Breslau, 1931 SAP; nach 1933 Widerstandtätigkeit, seit 1935 Mitglied der SAP-
Bezirksleitung in Breslau, Anfang September 1936 zusammen mit Herbert A.Tulatz* verhaftet und zu dreieinhalb Jahren Zuchthaus verurteilt; nach der Entlassung Arbeit als Sekretärin; nach 1945 längere Zeit in Heilanstalten zur Auskurierung einer offenen Tuberkulose,
die sie sich in der Haft zugezogen hatte; Lehrerin; seit 1961 Mitglied des Landesvorstands
Hessen der DFU; Ilse Hacks lebte 1979 in Wiesbaden.

Halbach, Otto, geboren am 15.10. 1900 in Hannover. Der Vater, der seit seiner Jugend in
der SPD aktiv war, starb im Alter von vierzig Jahren. Die Mutter war berufstätig, konnte die
Familie jedoch nur mit Mühe ernähren; fünf Geschwister; im Anschluß an die Volksschule
1915–1918 Ausbildung zum Bandagisten, 1918–1933 Tätigkeit als Bandagist-Geselle in ver-

schiedenen Firmen; 1915 Mitglied der „Arbeiter-Jugend", später des KJVD und der KPD.

Nach der Machtübernahme durch die Nationalsozialisten wurde H. wegen illegaler Arbeit verhaftet und bis 1935 im Zuchthaus Brandenburg inhaftiert, seit der Haft litt er an blutenden Geschwüren im Magen, seine Arbeitskraft war späteren ärztlichen Untersuchungen zufolge um die Hälfte reduziert; 1935–1937 erwerbslos; 1938 Hilfsarbeiter in einer Sattlerei; in diesen Jahren mehrere Märsche über die „grüne Grenze" in die ČSR, um der Exil-KPD Informationen zukommen zu lassen; 1939–1942 Bleipresser in einem Blei- und Zinn-Werk. 1942 wurde H. zum Strafbataillon 999 eingezogen und wenige Monate später – der Grund ist nicht bekannt – vom Volksgerichtshof zu drei Jahren Gefängnis verurteilt; Einlieferung in ein KZ.

Bei Kriegsende gelangte H. abgemagert und krank auf Krücken nach Hannover zurück; er wurde nie mehr gesund und war in späteren Jahren nur noch bedingt leistungsfähig.

1945 Mitglied der KPD, 1945–1948 Angestellter beim Ausschuß ehemaliger politischer Häftlinge, 1949–1955 erneut Bleipresser, Betriebsrat und Mitglied der Vertreter-Versammlung der IG Metall-Verwaltungsstelle Hannover. Ende der vierziger Jahre heiratete H. zum zweiten Mal; der erste Mann seiner Frau, ihre zwei Brüder und Schwestern waren seit Mitte der dreißiger Jahre als Kommunisten in Zuchthäusern und KZs inhaftiert gewesen. 1952 wurde H. wegen kritischer Äußerungen zum Slansky-Prozeß in der ČSSR und Kritik an der Sowjetunion aus der KPD ausgeschlossen; 1955–1965 Beitragskassierer der IG Metall; 1955 Eintritt in die SPD, die jedoch nicht zu seiner politischen Heimat wurde; H. starb 1971 an seinem Magenleiden.

Hammer, Walter (1888–1963), einer der führenden Köpfe der „Freideutschen Jugend" vor dem Ersten Weltkrieg und Inhaber des Fackelreiter-Verlages, war mit Franz Bobzien* eng befreundet. Hammer wurde 1940 von der Gestapo in Dänemark aufgespürt und wegen „literarischen Hochverrats" zu einer Zuchthausstrafe verurteilt; inhaftiert erst im KZ Sachsenhausen, dann im Zuchthaus Brandenburg-Görden. Nach Kriegsende machte Hammer die Quellensicherung über die Häftlinge des Zuchthauses zu seiner Aufgabe; es entstand ein Archiv und 1948 das Forschungsinstitut Brandenburg. Da er sich weigerte, den kommunistischen Widerstand einseitig hervorzuheben, wurde seine Arbeit behindert, im Februar 1950 mußte er unter Zurücklassung seiner Sammlungen aus der DDR fliehen. In der Bundesrepublik begann Hammer mit seiner Forschungsarbeit noch einmal von vorn. Vgl. seine Bücher: Theodor Haubach zum Gedächtnis. Frankfurt a. M. 1955; Hohes Haus in Henkers Hand. Rückschau auf die Hitlerzeit, auf Leidensweg und Opfergang deutscher Parlamentarier. Frankfurt a. M. 1956.

Hebeisen, Karl, geboren 1900, SPD, Gründungsmitglied und Vorsitzender der Offenbacher SAP; nach 1945 Funktionär der „Arbeiter-Partei"; Verlagsvertreter; 1948–1960 Stadtverordneter, seit 1954 der SPD; H. starb in den sechziger Jahren.

Heise, Lina, geboren am 28.7.1887 in Niste bei Kassel in einem Arbeiterhaushalt, ein Bruder. Nach der Volksschule in Stellung als Hausmädchen. Im April 1906 heiratete sie Stephan H., geb. 1883, einen Redakteur der in Duisburg erscheinenden „Arbeiterzeitung". Seit 1910 lebten sie in Stettin, dort war Stephan H. Redakteur des „Volksboten". Während des Ersten Weltkrieges arbeitete Lina H. im Büro eines Lebensmittelamtes, ihr Mann war Soldat und gehörte 1918 dem Arbeiter- und Soldatenrat in Wilna an. Seit 1917 waren beide in der USPD. Etwa 1921 verzogen sie nach Frankfurt a. M. dort traten sie 1922 mit der Rest-USPD zur SPD über. Stephan H. war bis 1933 ein stark engagierter Berufspolitiker; neben seiner Tätigkeit als Redakteur der SPD-„Volksstimme" war er u. a. Stadtverordneter und vor 1933 stellvertretender Vorsitzender der SPD-Fraktion im Stadtparlament.

1933 erhielt er als Redakteur Berufsverbot, seitdem führte er einen Zigarrenladen. Am 22.6.

1933 für kurze Zeit verhaftet. Danach war Stephan H. illegal tätig, am 23.10.1935 wurde er erneut verhaftet und wegen Vorbereitung zum Hochverrat zu vierzehn Monaten Gefängnis verurteilt. Nach Verbüßung der Haft Einweisung in das KZ Buchenwald, dort bis zum 9.11. 1941. Von einem Freund, dem er im Winter 1942/43 von neuen konspirativen Plänen berichtete, denunziert, kam er im Januar 1943 in das KZ Sachsenhausen. 1945 kam er bei einem Todesmarsch aus dem Lager ums Leben.

Lina H. führte seit 1935 den Zigarrenladen fort. Seit Mitte 1944 war sie in der Rhön als Betreuerin von zwei älteren Frauen tätig. Nach 1945 trat sie in Frankfurt erneut der SPD bei. Sie wurde nicht mehr berufstätig. Lina H. starb am 13.12.1971.

Heist, Walter, geboren am 4.1.1907 in Steinberg/Oberhessen. Der Vater, ein deutschnational eingestellter Volksschullehrer, starb im Oktober 1918. Seit 1914 lebte die Familie in Mainz. Nach dem Abitur, das er Ostern 1926 ablegte, kam H. über den SPD-Politiker Fritz Ohlhof* in Kontakt zur sozialdemokratischen Mainzer „Volkszeitung". Er begann, Theaterkritiken zu schreiben, und übernahm die Redaktion der Jugendbeilage. 1927 wurde er Mitglied der SPD; Studium der Romanistik und der Germanistik in Frankfurt a.M. und in Berlin. Im Oktober 1931 gehörte H. zu den Gründungsmitgliedern der SAP in Mainz. Bei der Hessischen Landtagswahl vom 15.11.1931 stimmten 2254 Wähler (2,6%) in der Stadt für die neue Partei, der Mainzer Kandidat Fritz Ohlhof zog neben Heinrich Galm* aus Offenbach als zweiter SAP-Abgeordneter in den Landtag ein. Ab 1931 war H. Redakteur der SAP-Organe „Mainzer Fackel" und „Arbeitertribüne" und Mitglied im Antifa-Kampfbund. Angesichts der sich zuspitzenden politischen Situation beschloß H. im Herbst 1932, sich aus der Politik zurückzuziehen und seine Dissertation über das Thema „Wege zum proletarischen Roman in Frankreich" abzuschließen und wurde im Dezember promoviert.

Im Unterschied zu anderen prominenten Mainzer SAP-Mitgliedern wurde H. 1933 nicht verhaftet; er führt das auf den Einfluß einer ihm gut bekannten Familie zurück, deren Söhne bereits vor 1933 insgeheim der NSDAP und der SS angehörten. In den Jahren 1933–1940 übte er häufig wechselnde Tätigkeiten aus, u.a. als Vertreter für Unterhaltungsromane, als Verfasser von Artikeln für populär-medizinische Zeitschriften und als Aushilfs-Abrechnungsprüfer bei der Eisenbahngastronomie „Mitropa". Im Mai 1940 zum Kriegsdienst eingezogen, dann jedoch wegen seiner Sprachkenntnisse Zensor in einem Lager für französische Kriegsgefangene. In den Jahren 1935 bis 1944 wurde H. Vater von fünf Kindern, ein 1938 geborener Sohn kam zusammen mit H's Mutter und seiner Schwester 1942 bei einem Luftangriff ums Leben. Im Herbst 1944 Soldat, im Frühjahr 1945 verwundet. Von Kriegsende bis zum Januar 1947 in englischer Kriegsgefangenschaft.

Nach seiner Rückkehr wurde H. erneut journalistisch tätig. In München wurde er Redakteur der von Alfred Andersch und Hans Werner Richter herausgegebenen Zeitschrift „Der Ruf. Unabhängige Blätter der jungen Generation". Nach dem Ausscheiden von Andersch und Richter und der damit verbundenen Änderung des politischen Kurses verließ auch H. zusammen mit zahlreichen anderen Autoren den „Ruf". Er ging zunächst als Redakteur zur „Stuttgarter Zeitung", dann war er sechs Monate lang bei der in Karlsruhe erscheinenden „Monatsschrift für Demokratie und Sozialismus" „Volk und Zeit" tätig. Im Juli 1948 übernahm H. auf Vorschlag von Hans Werner Richter die Redaktion der Halbmonatsschrift „Neues Europa" in Hannoversch-Münden, in der er die programmatische Linie des alten „Ruf" fortsetzte. Nach finanziellen Schwierigkeiten, an denen auch die Umbenennung der Zeitschrift in „die deutsche stimme" nichts änderte, mußte er die Zeitschrift Anfang März 1949 aufgeben. Anschließend Mitarbeit an der von einem deutsch-französischen Autorenkreis publizierten Monatsschrift „Aussprache". 1950–1952 Verfasser von Trivial- und Sensations-Artikeln; von November 1952 bis zu seiner Pensionierung im Jahr 1970 Pressechef der Stadt Mainz; Gründer und Redakteur der städtischen Zeitschrift „Das neue Mainz"; Initiator der „Kleinen Mainzer Bücherei", in deren Rahmen Publikationen zu lokalhistorischen und -literarischen Themen erscheinen. Seit den sechziger Jahren beschäftigte sich H. erneut und verstärkt mit der französischen Literatur. Ergebnis seiner Forschungen sind u.a.

folgende Veröffentlichungen: Genet und andere. Exkurse über eine faschistische Literatur von Rang. Hamburg 1965; Die Entdeckung des Arbeiters. Der Proletarier in der französischen Literatur des 19. und 20. Jahrhunderts. München 1974; Der französische Existentialismus, in: Neues Handbuch der Literaturwissenschaft, Bd. 21, Wiesbaden 1979, H. lebte 1981 in Mainz.

Jérôme Vaillant: Der Ruf. Unabhängige Blätter der jungen Generation (1945–1949). München 1978.

Hennig, Elisabeth (?–1958), wurde im Frühjahr 1941 in Amsterdam verhaftet; während der Untersuchungshaft in ihrem Heimatort Gelsenkirchen erkrankte sie durch Hunger und Kälte an einer schweren Lungen- und Nierenentzündung; am 10.4. 1942 vom Volksgerichtshof in Berlin zu sechs Jahren Zuchthaus verurteilt, bis zu ihrer Befreiung am 22.6. 1945 drei Jahre im Zuchthaus Cottbus in einem Saal für Tuberkulose-Kranke; nach 1945 Lehrerin, engagiertes Mitglied der SPD.

Hensel, Otto, geboren am 13.1. 1904 als uneheliches Kind auf dem Gut Bagnowen/Kreis Sensburg in Ostpreußen. Seine Mutter war Magd auf diesem Gutshof, sein Vater der Besitzer des Anwesens. H. besuchte bis zum zwölften Lebensjahr die Volksschule, danach arbeitete er als Knecht auf dem Gut seines Vaters. 1923 Mitglied der SAJ, 1924 der SPD, 1925 Übersiedlung nach Sterkrade/Holten, heute Oberhausen, dort als Hauer auf einer Zeche tätig. 1926 Austritt aus der evangelischen Kirche, seitdem Mitglied des Freidenkerverbandes; 1929 Heirat in Bocholt; 1930–1932 arbeitslos, dann als Brotauslieferer tätig; 1931 Mitglied der SAP.
Seit 1933 arbeitete H. im Rahmen der illegalen SAP; über Bocholt wurden SAP-Druckschriften und Zeitungen aus Holland eingeschleust. Im Januar 1935 verhaftet, wurde er im Juli 1935 vom Oberlandesgericht Hamm im Prozeß gegen Eberhard Brünen* und 40 weitere Angeklagte, die überwiegend aus dem Gebiet Duisburg-Hamborn kamen, zu zehn Jahren Zuchthaus verurteilt. Zu den Mitangeklagten gehörten Wilhelm Pennekamp* und Adolf Graber* aus Duisburg sowie Anna Schmitz aus Bocholt (vgl. auch S. 125).
Von 1935 bis 1941 war H. im Zuchthaus Münster und dann bis zum 13.2. 1945 im Zuchthaus Waldheim in Sachsen inhaftiert; vom 13.2. bis zum 6.4. 1945 im Polizeigefängnis Leipzig. An diesem Tag floh er während eines Fliegerangriffs aus dem Sammeltransport, der die Gefangenen ins KZ Sachsenhausen bringen sollte. 1945–1948 Mitglied der KPD. Nach Austritt aus der KPD Teilnahme an Bestrebungen, eine dritte „marxistische" Arbeiterpartei zu gründen. 1951 Eintritt in die „Unabhängige Arbeiterpartei" (UAP). 1950–1969 Funktionär der IG Bau, Steine, Erden in Bocholt. Ehrenamtlicher Richter am Arbeitsgericht Coesfeld. Seit 1961 Mitglied der „Deutschen Friedens-Union" (DFU). H. starb am 4.8. 1979.

Henßler, Fritz (1886–1953), geboren als dreizehntes von fünfzehn Kindern einer schwäbischen Arbeiterfamilie; Schriftsetzer, seit 1911 in Dortmund, Redakteur der „Westfälischen Allgemeinen Volks-Zeitung", 1920–1933 Bezirksvorsitzender der SPD Westfalen, führender Funktionär der Dortmunder SPD, 1930–1933 MdR; nach zweimaliger „Schutzhaft" 1933 am 25.4. 1936 festgenommen und am 3.5. 1937 vom Oberlandesgericht Hamm wegen Verstoßes gegen das „Gesetz gegen die Neubildung von Parteien" zu einem Jahr Gefängnis verurteilt, seit Juli 1937 im KZ Sachsenhausen; im April 1945 Teilnahme an einem zehntägigen Todesmarsch nach Mecklenburg, der 6000 Häftlinge das Leben kostete; der völlig entkräftete Henßler erlitt einen Zusammenbruch, wurde jedoch von der geheimen Häftlingsleitung gerettet; nach 1945 Oberbürgermeister von Dortmund, Vorsitzender des SPD-Bezirks Westliches Westfalen, Fraktionsführer im Landtag, MdB und Mitglied des Parteivorstands der SPD.

Widerstand und Verfolgung in Dortmund 1933–1945. Katalog der ständigen Ausstellung. Dortmund 1981; Kurt Klotzbach: Gegen den Nationalsozialismus. Widerstand und Verfolgung in Dortmund

1930–1945. Hannover 1969; Heinz Kühn: Aufbau und Bewährung. Die Jahre 1945–1978. Hamburg 1981.

Heyen, Emil (1904–1945), Dreher, trat Mitte der zwanziger Jahre der KPD bei, 1928 wurde er ausgeschlossen; bis zum Herbst 1930 Mitglied und Funktionär der KPO; 1931 SAP, zeitweise Leiter der Ortsgruppe Dortmund. Am 31.10. 1934 wurde Heyen wegen Verdachts der Vorbereitung zum Hochverrat festgenommen, Ende Juli 1935 aber wegen Mangels an Beweisen freigesprochen. Am 9.2. 1945 geriet er erneut in Haft und wurde am 19.4. 1945 im Rombergpark bei Dortmund, wo noch im März/April 1945 280 Menschen von der Gestapo ermordet wurden, tot aufgefunden.

Hölter, Willem, geboren 1904, Graphiker, Studium an der Kunstakademie Stuttgart und an der Kunstgewerbeschule Berlin, seit 1929 freischaffend; Mitglied der KPO; nach 1933 Ausstellungs-Graphiker, Widerstand im Rahmen einer KPO-Gruppe; 1946–1950 Professor an der Hochschule für angewandte Kunst in Ost-Berlin, 1951–1972 an der Staatlichen Hochschule für bildende Künste in West-Berlin.

Hoffmann, Dora, geboren am 25.9. 1872 in Hamburg, keine Geschwister. Der Vater war von Beruf Schneider, die Mutter Plätterin. Beide Eltern, insbesondere aber die Mutter, waren in der SPD aktiv. Dadurch geriet die Tochter schon früh in Berührung mit der Arbeiterbewegung; zur Zeit des Sozialistengesetzes schmuggelte ihre Familie in den Wäschekörben verbotenes Agitationsmaterial. 1891 nahm die Neunzehnjährige als eine der ersten Frauen an der Demonstration zum 1. Mai teil. Im selben Jahr trat sie der SPD bei und wurde Mitglied eines Arbeiterbildungsvereins. Nach dem Besuch der Volksschule und des Lyzeums absolvierte H. eine Schneiderlehre. 1891 heiratete sie. Ihr Mann, ein Schneider, war ebenfalls in der SPD organisiert. 1892 bekam sie ihr erstes Kind, dem bis 1914 elf weitere folgten. Von diesen starben zwei im Kleinkindalter. Im Ersten Weltkrieg stand H. auf der Seite der linken Kriegsgegner. Sie unterhielt Verbindungen zum Spartakusbund und trat 1923 der KPD bei. 1920 starb ihr Mann. In der Folgezeit hielt sie ihre Familie durch Schneiderarbeiten über Wasser. 1929 Mitglied der KPO, 1932 der SAP, die in Hamburg ca. 200 Mitglieder zählte.
Von 1933 bis 1935 war H. an illegalen Kontakten beteiligt, die der Vorsitzende des Hamburger SJV, Franz Bobzien*, im Mai 1933 nach Dänemark geknüpft hatte. Dank dieser Verbindungen konnten gefährdete SAP-Mitglieder über Flensburg außer Landes gebracht und Material in die Hansestadt geschmuggelt werden. Dieser organisierte Widerstand der Hamburger SAP kam im Herbst 1934 nach mehreren Verhaftungen zum Erliegen.
Nach 1945 trat H. keiner Partei mehr bei, politisch war sie jedoch weiterhin sehr interessiert. Sie starb am 20.6. 1957.

*Hofgabe**, Otto*, geboren am 21.9. 1889 in Stuttgart als jüngstes von sechs Kindern. Der Vater war Fuhrmann bei einer Spedition. Nach der Volksschule machte H. eine Friseurlehre. Im Anschluß daran ging er auf mehrjährige Wanderschaft nach Frankreich und England. In England während des Ersten Weltkrieges interniert. Um 1920 kehrte H. nach Deutschland zurück. Er arbeitete zunächst als Hilfsarbeiter in einem großen Stuttgarter Metallbetrieb und gründete dann 1926/1927 ein Friseurgeschäft. Über sein politisches Engagement in den zwanziger Jahren liegen keine Informationen vor, doch geht aus seinen Briefen hervor, daß er sich zur sozialistischen Arbeiterbewegung zugehörig fühlte.
Nach 1933 in Opposition gegen das NS-Regime. Während des Krieges wurde H. zum Sicherheitshilfsdienst, einer Technischen Nothilfe, eingezogen und in Stuttgart kaserniert; ausgebombt.
Als im Herbst 1947 Albert Schmidt, Verlagsleiter der „Stuttgarter Zeitung" und ehemaliges SAP-Mitglied, in Stuttgart die Lizenzierung der „Arbeiter-Partei" (AP), die seit 1945 in Of-

fenbach bestand, beantragte, gehörte H. zum Gründerkreis. 1948 schlossen sich Günter Eckstein* und Erich Schumacher* der Stuttgarter AP an. Die „Arbeiter-Partei", die die „hoffnungs- und interesselosen Massen" durch Aufklärung und Kampf gegen Mißstände in der Verwaltung, in der Lebensmittelzuteilung etc., für die sie pauschal die „alten Parteien" verantwortlich machte, zu mobilisieren hoffte, bestand in Stuttgart bis Anfang 1949. Sie kam über ca. hundert Mitglieder, die sich überwiegend aus ehemaligen SAP-, KPO- und aus unzufriedenen KPD-Mitgliedern rekrutierten, nicht hinaus. (Vgl. auch die Biographie von Albert Schmidt*.) 1956 gab H. sein Friseurgeschäft auf. Er starb 1967.

**Dieser Name ist ein Pseudonym. Er wurde auf Wunsch der Angehörigen des Briefschreibers gewählt.

Holz, Rudolf, geboren 1906, studierte seit 1929 neuere Sprachen und Sport an der Universität Berlin und gehörte der „Sozialistischen Studentenschaft" an. Zusammen mit Georg Kunz* 1931 Mitglied der SAP in Berlin-Charlottenburg. 1932 verließ er die Universität und tauchte in einer kleinen Stellung bei der Post unter; während seines Kriegsdienstes geriet er 1943 in amerikanische Kriegsgefangenschaft, in ein Lager für Kriegsgefangene aus dem Strafbataillon 999 in Mississippi; seit 1946 Berater der US-Militärregierung für Arbeitsfragen in Berlin; Holz lebte 1980 als Oberstudienrat i. R. in Westberlin.

Ils, Hans, geboren am 12.5. 1906 in Weißenhorn bei Ulm. Die Eltern betrieben ein Gemischtwarengeschäft; zwei Brüder. Nach dem Abitur, das er an einer Oberrealschule ablegte, studierte I. in Berlin Jura; neben dem Studium Tätigkeit als Pressestenograph; 1928 Mitglied der SPD und der „Sozialistischen Studentenschaft"; 1931 Gründungsmitglied der SAP in Berlin, seitdem intensive Tätigkeit für die Bildung einer Einheitsfront der Arbeiterorganisationen.

Im Frühjahr 1933 war I. an der Umstellung der Berliner SAP auf die Illegalität beteiligt. Die politische Arbeit beschränkte sich im wesentlichen auf das Zusammenhalten der Mitglieder, Sammeln von Nachrichten über Vorgänge in der Bevölkerung und Vorkommnisse in den Betrieben sowie auf das Verbreiten von politischen Informationen und die Einrichtung von unverdächtigen Stützpunkten. Am 24. 12. 1933 wurde I. im Rahmen einer größeren Verhaftungsaktion gegen führende SAP-Mitglieder, die im August begonnen hatte, festgenommen. Während der Verhöre durch die Gestapo schob I. einige Tatbestände auf das SAP-Mitglied Hans Schuricht, von dem er wußte, daß er einige Wochen zuvor in die ČSR geflohen war. Nach der beruflichen Tätigkeit Schurichts befragt, gab er die Auskunft, dieser habe als Buchhändler bei Joseph Lang gearbeitet. Daraufhin wurde Lang am 27. 12. 1933 verhaftet. (Auf diesen Sachverhalt bezieht sich der Anfang des Briefes von Ils.) I. kam zunächst ins KZ Oranienburg, dann in Untersuchungshaft. Erst am 1. 12. 1934 wurden 24 der verhafteten SAP-Funktionäre, darunter Klaus Zweiling*, Stefan Szende, Max Köhler, Karl Baier* und Gustav Kleinert, vor dem II. Senat des Volksgerichtshofes abgeurteilt. Die meisten Angeklagten erhielten Gefängnisstrafen, nur drei, darunter I., je zwei Jahre Zuchthaus. Die relativ milden Urteile sind u. a. darauf zurückzuführen, daß es gelang, die Anklageschrift ins Ausland zu schmuggeln, auf deren Grundlage die SAP-Exilgruppen dann eine breite internationale Solidaritäts- und Protestkampagne organisierten. Besonders in der französischen Öffentlichkeit erregte der Prozeß Aufsehen, so forderten am 29. 10. 1934 in Paris in einer Großveranstaltung 300000 Arbeiter die Freilassung der Angeklagten; französische Schriftsteller wie Romain Rolland, André Gide, André Malraux, Henri Barbusse richteten Protesttelegramme an die deutsche Regierung.

Nach der Entlassung aus der Haft stand I. unter Polizeiaufsicht, Verbot, als Pressestenograph zu arbeiten; eine Fortführung des Studiums wurde I. verweigert; 1936–1942 Angestellter in einem feinmechanischen Betrieb; 1943 zur „Bewährung vor dem Feind" eingezogen, wegen einer Gelbsuchterkrankung jedoch nicht frontverwendungsfähig. Kurze Kriegsgefangenschaft.

1946 Assistent eines Wirtschaftsprüfers, daneben Studium der Volkswirtschaft an der Humboldt-Universität in Berlin; Diplomprüfung, Promotion; 1950–1953 Dezernent in der Zentralstelle für Betriebswirtschaft der Deutschen Bundesbahn, 1954 Aufbau der Wirtschaftsabteilung beim Hauptvorstand der IG Metall; 1955–1971 Arbeitsdirektor bei der Klöckner-Werke-AG; seit 1946 Mitglied der SPD in verschiedenen Funktionen; 1965–1969 Bundestagsabgeordneter; in wichtigen Fragen in Opposition zur SPD-Fraktion: öffentliches Eintreten für die Anerkennung der Oder-Neiße-Grenze und der DDR, Ablehnung des Wehretats und der Notstandsgesetze. 1980 lebte I. in Freiburg, dort ist er im SPD-Ortsverein aktiv.

Jacobsen, Ludwig A., geboren am 13.12.1899 in Köln. Der Vater war Bäckermeister im Arbeiterviertel Köln-Ehrenfeld, seit 1912 Arbeiter in einer Brotfabrik; Volksschule, kaufmännische Lehre; 1917 zum Kriegsdienst eingezogen, an der Westfront durch einen Handgranatensplitter verwundet. Nach der Entlassung meldete er sich im Februar 1919 zum „Grenzschutz Ost", von Juni 1919 bis Januar 1920 Soldat der „Stadtschutztruppe Bremen". Während dieser Freikorpstätigkeit geriet J. bei Konfiskationen in Berührung mit marxistischer Literatur; im März 1920 Mitglied der USPD, im Dezember der KPD; 1921 Politischer Leiter der KPD Köln-Ehrenfeld, in der KPD zunächst auf dem linken Flügel in Opposition zur Parteiführung um Paul Levi. Nach dem Sieg der Linken in der KPD unter Führung von Ruth Fischer und Arkadij Maslow stellte er 1924 seine Mitgliedschaft in der Bezirksleitung der KPD zur Verfügung, nach der Übernahme der Führung durch Ernst Thälmann zog er sich aus dem Parteileben zurück. 1929 aus der KPD ausgeschlossen; Mitglied der KPO, in der er sich allerdings nicht aktiv engagierte; von Beruf seit 1920 Buchhalter in einem Installationswaren-Großhandel, der seinen späteren Schwiegereltern gehörte; 1932/33 arbeitslos, dann erneut Buchhalter in einer anderen Firma.
Nach dem 30.1.1933 übernahm J. die Organisationsleitung des Bezirks Niederrhein der illegalen KPO. Dabei arbeitete er mit Oskar Triebel* in Duisburg und insbesondere mit Bernhard Molz* in Schwelm zusammen; 1937–1939 Soldat in den Internationalen Brigaden im Spanischen Bürgerkrieg; 1943 von der französischen Gendarmerie an die Gestapo ausgeliefert, in Deutschland zu Zuchthaus verurteilt und bis Kriegsende in Haft. (Zu den Jahren 1933–1945 vgl. die ausführliche Darstellung im Brief vom 18.9.1946, S.58 ff.)
Nach der Befreiung durch die Amerikaner am 28.3.1945 kehrte J. mit der „selbstverständlichen Auffassung" nach Köln zurück, sich der KPD anzuschließen; bald jedoch von deren Politik enttäuscht, unterließ er diesen Schritt. Im Herbst 1946 Beitritt zur SPD. Zugleich war J. in den Jahren 1946–1948 der theoretische Kopf des „Kölner Kreises", einer losen Vereinigung von 25–30 Personen, die vor 1933 überwiegend der SAP und in geringerem Umfange der KPO angehört hatten; von Januar 1947 bis Februar 1948 Verfasser der Rundschreiben des Kölner Kreises, die der internen Standortbestimmung dienen sollten und darüber hinaus an befreundete Genossen im Ruhrgebiet wie Oskar Triebel*, Emil Samorei* und Bernhard Molz* versandt wurden. Die Mitglieder des „Kölner Kreises" verstanden sich als eine Gruppierung marxistischer Sozialisten, die eine Erneuerung der Arbeiterbewegung jenseits von Stalinismus und Reformismus anstrebten. Ihr Arbeitsschwerpunkt lag in den Gewerkschaften, die Mitgliedschaft in SPD und KPD war freigestellt. Im Laufe des Jahres 1948 kam es zu starken Spannungen und persönlichen Auseinandersetzungen, an denen der Kreis im Sommer 1948 in eine kleine Gruppe um J. und in eine größere um Hubert Pauli* zerbrach. Sachlicher Kernpunkt der Differenzen war die Beurteilung der Sowjetunion und die daraus zu ziehenden politischen Konsequenzen. Jacobsen trat gegen den „Irrglauben [auf], daß von der S.U. und der K.P.D. noch etwas wie Sozialismus kommen könnte" und plädierte dafür, als Marxist in der SPD zu arbeiten. Dagegen lehnte Pauli, der in der Sowjetunion eine zwar bürokratisierte, aber doch nichtkapitalistische Gesellschaft sah, die SPD als ihrem Wesen nach reformistisch ab und neigte zeitweilig der Gründung einer dritten Arbeiterpartei zu.
J. war nach 1945 Angestellter beim Arbeitsamt, später Abteilungsleiter und stellvertretender Direktor des Arbeitsamtes in Brühl-Bergheim; Mitglied der ÖTV; 1951–1959 unter dem

Pseudonym L. A. Jenssen Autor der von Fritz Opel* und Fritz Lamm* herausgegebenen linkssozialistischen Zeitschrift „Funken". Nach der Verabschiedung des Godesberger Programms stellte J. seine Beitragszahlungen an die SPD ein; 1963 pensioniert. Ende der sechziger Jahre wandte sich J. scharf gegen die „Illusionen" der Studentenbewegung und wurde zunehmend zu einem Befürworter des sowjetischen Gesellschaftssystems; einen demokratischen Weg zum Sozialismus hielt er nicht mehr für möglich. J. starb am 27. 5. 1978 in Köln.

Hans Manfred Bock: Geschichte des ‚linken Radikalismus' in Deutschland. Ein Versuch. Frankfurt a. M. 1976; Karljosef Kreter: Funken. Aussprachehefte für internationale sozialistische Politik. Entstehung und Entwicklung einer Zeitschrift der „heimatlosen Linken" in der Ära Adenauer (1950–1959). Unveröffentlichte Staatsexamensarbeit. Göttingen 1980.

Jahnke, Karl, geboren am 3. 10. 1898 in Hamburg. Der Vater, ein Postbeamter, starb 1908, die Mutter heiratete kurze Zeit später einen in der SPD organisierten Zigarrendreher. Nach der Volksschule absolvierte J. eine kaufmännische Lehre in einem Zigarrengeschäft. Da er den Eltern Kostgeld zahlen mußte, ging er im Anschluß an die 11stündige Arbeit einer Nebenerwerbstätigkeit nach; Mitglied im Hamburger Sozialdemokratischen Jugendbund; 1915 in eine Munitionsfabrik dienstverpflichtet; nach einer Antikriegsdemonstration der jugendlichen Arbeiter Mitte 1916 zum Wehrdienst eingezogen. Im Herbst kam er an die Westfront zu einem Todeskommando, das als „Feuerwehrtruppe" eingesetzt wurde; 1917 als Sanitäter abkommandiert, wenig später verwundet und mit einer schweren Entzündung in ein Berliner Lazarett eingeliefert. In Berlin stand J. in Verbindung mit der Spartakus-Gruppe, nach seiner Rückkehr nach Hamburg im Frühjahr 1919 Mitglied des KJVD und der KPD, auf derem linken Flügel er stand. Nach der Parteispaltung 1920 Übertritt zur KAPD, 1921 wieder zur KPD zurück; 1919–1921 arbeitslos, 1921 Angestellter bei einer Friedhofsverwaltung. 1922 heiratete J., seine Frau Emma ernährte seit 1923/24 die beiden Kinder und später auch ihren Mann durch Saubermachen, Nähen und Gelegenheitsarbeiten. Ende Oktober 1923 beteiligte sich J. aktiv an dem Aufstand der Kommunisten, der von der KPD-Zentrale ursprünglich für das gesamte Reichsgebiet geplant, wegen mangelnder Unterstützung in der Arbeiterschaft dann jedoch in letzter Minute abgeblasen worden war; der Aufstand in Hamburg am 24. 10. erfolgte in Unkenntnis dieser Entscheidung und konnte, da er isoliert blieb, von der Polizei nach wenigen Tagen niedergeschlagen werden. 1924 kurze Zeit Agitpropleiter des Bezirks Wasserkante der KPD, im gleichen Jahr Mitglied der Hamburger Bürgerschaft. 1924 wegen Beteiligung am Hamburger Aufstand zu mehrjähriger Festungshaft verurteilt, Anfang 1926 amnestiert. 1926 Mitarbeiter der Deutsch-Russischen Handelsgesellschaft (Betriebsratsvorsitzender). Im Februar 1926 griff J. in der Bürgerschaft den Justizsenator, der den Vertreter der KPD-Linken, Hugo Urbahns, einen „politischen Verbrecher" genannt hatte, tätlich an und schied danach aus dem Hamburger Parlament aus. Bei den Diskussionen 1926–1928 stand J. auf dem linken Parteiflügel, im Fall des Polleiters John Wittorf – Wittorf hatte Parteigelder unterschlagen und der Vorsitzende der KPD, Ernst Thälmann, hatte dies nachträglich gedeckt – vertrat er den Standpunkt Trotzkis. Deshalb Ende 1928 fristlos aus der Deutsch-Russischen Handelsgesellschaft entlassen und aus der KPD ausgeschlossen. 1929 schloß sich J. den Trotzkisten an und gehörte zur Leitung der Hamburger Gruppe. 1931, nach einer Reise seiner Frau in die Sowjetunion, erneuter Beitritt zur KPD; 1932 Angestellter der RGO in Berlin.
Nach 1933 mehrmals inhaftiert, bis 1936 im KZ Fuhlsbüttel, zum Teil in Einzelhaft; von schweren Mißhandlungen trug J. einen Hörfehler davon. Gleich ihm wurden in den Jahren 1933 bis 1939 etwa 8500 Hamburger Kommunisten wegen „Vorbereitung zum Hochverrat" angeklagt. Nach der Entlassung aus dem KZ war J. erneut mehrere Jahre lang erwerbslos, 1939 fand er eine Arbeit in einer Lüneburger Knäckebrotfabrik. Seitdem lebte er von seiner Frau getrennt in Lüneburg; erst nach den Großangriffen auf Hamburg im Juli 1943, in deren Verlauf auch Emma J. ausgebombt wurde, kehrte er in die Hansestadt zurück.
1945 wieder Mitglied der KPD, Betriebsrat in einer Hamburger Firma. Zunächst Mitglied

der DAG, dann der Ortsverwaltung HBV des DGB in Hamburg. Nach dem Verbot der KPD durch das Bundesverfassungsgericht im Jahre 1956 beteiligte er sich an illegalen Aktionen der Partei. J., der seit Anfang der fünfziger Jahre krank war, starb am 13. 8. 1961.

Hermann Weber: Die Wandlung des deutschen Kommunismus. Bd. 2. Frankfurt a. M. 1969.

Juchacz, Marie, geboren am 15. 3. 1879 in Landsberg an der Warthe, Hausangestellte, Fabrikarbeiterin, Krankenwärterin und Näherin; 1906 nach Trennung von ihrem Ehemann Übersiedlung nach Berlin, Heimarbeiterin; 1908 Mitglied der SPD, ab 1913 hauptamtliche Frauensekretärin für den SPD-Parteibezirk Obere Rheinprovinz in Köln; seit Januar 1917 Frauensekretärin der SPD, bis 1933 Mitglied des SPD-Parteivorstandes; 1920–1933 MdR, 1919 Gründerin der „Arbeiterwohlfahrt", die sich unter ihrer Leitung zu einer bedeutenden Organisation entwickelte; 1933 Emigration ins Saargebiet, 1935 nach Frankreich, 1941 in die USA. Im amerikanischen Exil stand J., deren Verhältnis zur SOPADE seit 1933 sehr gespannt war, der Gruppe „Neu Beginnen" nahe; bei Kriegsende erneute Tätigkeit auf sozialpolitischem Gebiet: Vorsitzende des Workmen's Circle, im Sommer 1946 Übertritt zur „Arbeiterwohlfahrt USA – Hilfe für die Opfer des Nationalsozialismus"; 1949 Rückkehr nach Deutschland, Mitglied der SPD, Ehrenvorsitzende der „Arbeiterwohlfahrt"; erneutes Engagement in der sozialdemokratischen Frauenbewegung; J. starb am 28. 1. 1956.

Biographisches Handbuch der deutschsprachigen Emigration nach 1933. Bd. 1. München 1980.

Kappius, Josef (Jupp), geboren am 3. 11. 1907 in Bochum. Der Vater, ein strenggläubiger Katholik, war von Beruf Stellmacher. Nach der Volksschule vier Jahre technische Lehre, dann Besuch der Betriebsfachschule für Werkmeister in Bochum, Vorzeichner und Konstrukteur im Stahlhoch- und Brückenbau; 1924 SAJ, 1925 DMV, später im „Bund Technischer Angestellter und Beamter". Über seine Frau Änne, die aus einer sozialistischen Bergarbeiterfamilie stammte, erhielt K. Verbindung zum ISK.
Ab Frühsommer 1933 Leiter der Bochumer Zelle der vom ISK geleiteten „Unabhängigen Sozialistischen Gewerkschaft" (USG). K. stand in regelmäßigem Kontakt mit Köln, dem wichtigsten ISK-Stützpunkt in Westdeutschland, über den in Zusammenarbeit mit der „Internationalen Transportarbeiter-Föderation" illegale Flugblätter aus dem Ausland eingeschleust wurden. 1935 verzog er nach Berlin, wo er u. a. eine ISK-Jugendgruppe leitete. Als Ende 1937/Anfang 1938 zahlreiche Mitglieder des ISK in einer Verhaftungswelle, die sich auf ganz Deutschland erstreckte, verhaftet wurden, gelang nur wenigen Illegalen die Flucht. Änne und Jupp K., die seit November 1937 steckbrieflich gesucht wurden, flohen in die Schweiz, dann nach Frankreich. Kurz vor Kriegsausbruch übersiedelte K. nach London, wo sich seit Januar 1939 auch der Auslandsleiter des ISK, Willi Eichler*, aufhielt; Arbeit in einer vegetarischen Gaststätte des ISK. Die Londoner ISK-Gruppe zerfiel, als die Mitglieder Ende 1939 als „feindliche Ausländer" interniert und zum großen Teil in Gebiete des Commonwealth verschickt wurden. Zusammen mit fünf weiteren ISK-Mitgliedern war K. bis 1942/43 in Australien. Im Frühjahr/Sommer 1944 wurde er in Zusammenarbeit mit der internationalen Gewerkschaftsbewegung und der Abteilung „Labor Desk" des US-Geheimdienstes für einen Untergrundeinsatz in Deutschland ausgebildet, mit dem Ziel, Verbindung zu innerdeutschen Widerstandsgruppen aufzunehmen und Vorbereitungen für die Neuordnung Deutschlands zu treffen. Nach unterstützenden Kurierdiensten seiner Frau, die im April 1944 von der Schweiz aus illegal durch Deutschland reiste, sprang K. am 1.9. über dem Emsland ab. Er tauchte in Bochum unter und wirkte von dort aus mit am Aufbau von Kontaktgruppen im Ruhrgebiet, die im geeigneten Moment die Führungspositionen in Betrieben und Kommunen besetzen sollten. Darüberhinaus gelang es, Verbindungen zu ISK-Freunden in Hannover, Berlin, Hamburg, Köln, Kassel, Göttingen, Frankfurt/M. und Darmstadt zu schaffen. Dagegen mußten Pläne, eine militante Widerstandsorganisation aufzubauen, fallen gelassen werden. Über Änne K., die im Oktober 1944 und im Januar/

Februar 1945 zu zwei weiteren Kurier-Fahrten nach Deutschland kam, ließ K. Situationsberichte herausschmuggeln, die von der ISK-Auslandsleitung im Londoner Rundfunk veröffentlicht wurden. Bei Einmarsch der Amerikaner zunächst wieder nach England ausgeflogen, kehrte K. Anfang Juli 1945 nach Bochum zurück.

Nach Kriegsende bemühte er sich um den Aufbau einer neuen, einheitlichen sozialistischen Partei auf der Basis der im englischen Exil 1941 gegründeten „Union deutscher sozialistischer Organisationen in Großbritannien" aus SPD, SAP, ISK und der Gruppe „Neu Beginnen". Auf Vorschlag Kurt Schumachers erhielt K. ein Gastmandat auf der ersten überregionalen sozialdemokratischen Parteikonferenz am 5./6. Oktober in Wennigsen bei Hannover. Auf dieser Konferenz sprach er sich entschieden gegen ein Zusammengehen mit der KPD aus. Ab 1945 Mitglied der ÖTV. In der SPD widmete sich K. vor allem der Bildungs- und Schulungsarbeit: 1946 Sekretär für Bildung und Kulturpolitik im Bezirk Westliches Westfalen, 1947 Mitglied des Kulturpolitischen Ausschusses. Seit 1952 im Ausschuß für Frauenfragen beim Parteivorstand der SPD. 1956 starb seine Frau Änne. 1955–1966 Mitglied des Landtags von Nordrhein-Westfalen; Vorsitzender des Zentralausschusses Sozialistischer Bildungsgemeinschaften e.V. Düsseldorf. 1965 ging er eine zweite Ehe ein. K. starb am 30.12.1967.

Werner Link: Die Geschichte des Internationalen Jugend-Bundes (IJB) und des Internationalen Sozialistischen Kampf-Bundes (ISK). Meisenheim am Glan 1964; Albrecht Kaden: Einheit oder Freiheit. Die Wiedergründung der SPD 1945/46. Bonn 1980; Hartmut Pietsch: Militärregierung, Bürokratie, Sozialisierung. Zur Entwicklung des politischen Systems in den Städten des Ruhrgebietes 1945 bis 1948. Duisburg 1978; Biographisches Handbuch der deutschsprachigen Emigration nach 1933. Bd. 1. München 1980.

Kaulich, Gerhard, geboren am 6.11.1912 in Breslau. Der Vater war Volksschullehrer, die Mutter Hausfrau. Die Eltern standen politisch der Zentrumspartei nahe. K. besuchte bis 1932 die Oberrealschule, anschließend studierte er Jura in Breslau. 1937 Referendarexamen. Er war bei den „Sozialistischen Schülern", seit 1931 gehörte er dem SJV, später der SAP an. 1933 illegale Widerstandstätigkeit im SJV; 1937–1939 Referendarausbildung, 1939–1945 Soldat. Im Mai 1945 geriet K. im Vogtland in amerikanische Kriegsgefangenschaft, aus der er jedoch kurze Zeit später entlassen wurde. Infolge der Besetzung Breslaus durch die Polen ging er nach Görlitz, wo er eine Arbeitsstelle in der Rechtsabteilung der Stadtverwaltung fand. 1945 Eintritt in die SPD, 1946 SED-Mitglied, Tätigkeit im Volkshochschulwesen; 1951 als „Trotzkist" aus der SED ausgeschlossen; von der für das Ausschlußverfahren zuständigen Betriebsgruppe enthielten sich 26, nur 4 stimmten dafür.

Übersiedlung erst nach Westberlin, dann nach Wiesbaden. Dort durchlief K. eine Verwaltungslaufbahn vom Assessor bis zum leitenden Regierungsdirektor. Zuletzt Tätigkeit in einer Entschädigungsbehörde; 1951 SPD-Mitglied, 1954 Distriktvorsitzender im Ortsverein, Mitglied des SPD-Unterbezirks-Vorstands. 1969 trat K. zusammen mit seiner Frau aus der SPD aus. 1974 pensioniert. K. lebte 1980 in Wiesbaden.

Keun, Irmgard, geboren am 6.2.1909 in Berlin, ein Bruder. K. wuchs in einem liberalen, großbürgerlichen Elternhaus mit Kindermädchen und privaten Sprachlehrerinnen auf. 1917 verzog die Familie nach Köln; der Vater, ein Berliner Fabrikant, übernahm dort die Leitung einer Ölraffinerie. Nach Abschluß eines evangelischen Lyzeums besuchte K. 1925 eine Schauspielschule und spielte eine Zeitlang am Stadttheater Greifswald. 1927 heiratete sie den 45-jährigen Romanautor, Dramatiker und Regisseur Johannes Tralow. Eine zufällige Bekanntschaft mit Alfred Döblin, der sie im Anschluß an ein längeres Gespräch aufforderte: „Schreiben Sie ein Buch!", veranlaßte sie zum Schreiben. Ihr erster Roman „Gilgi, eine von uns" war 1931 ein Sensationserfolg und erreichte innerhalb eines Jahres sechs Auflagen. Ebenso der in 18 Sprachen übersetzte Nachfolgeroman „Das kunstseidene Mädchen" (1932), in dem sie wiederum die Träume und Lebenseinstellungen eines gerade „flügge" ge-

wordenen Kleinbürgermädchens parodierte. „Sie hat Humor wie ein dicker Mann, Grazie wie eine Frau, Herz, Verstand, Gefühl", sie ist etwas, „was es noch niemals gegeben hat, eine deutsche Humoristin", jubelte Kurt Tucholsky in der „Weltbühne".
Nach der Machtübernahme durch die Nationalsozialisten wurden ihre beiden Bücher als „schädliches und unerwünschtes Schrifttum" verboten. Ihre Weigerung, der NS-Reichs-schrifttumskammer beizutreten, zog ein Berufsverbot nach sich. Im Oktober 1935 erhob sie beim Landgericht Berlin Schadensersatzanspruch für ihre beschlagnahmten Bücher. Verhaftung und „verschärftes Verhör" durch die Gestapo. Nach dem Krieg erfuhr sie von ihrer Mutter, daß ihr Vater sie für 200000 RM freigekauft hatte. Trennung von ihrem Mann. Sechsundzwanzigjährig emigrierte K. Ende 1935 nach Belgien. In Ostende, wo damals u. a. auch Egon Erwin Kisch, Ernst Toller und Stefan Zweig lebten, war sie längere Zeit mit dem österreichischen Romancier Joseph Roth befreundet. 1937 erreichte sie die Scheidung von ihrem Mann, der versucht hatte, sie nach Deutschland zurückzuholen. Auf Anraten von Roth schickte sie ihm eine Karte mit dem Inhalt: „Ich schlafe mit Juden und Negern", und wurde daraufhin wegen „schwerer Charaktermängel" schuldig geschieden. Zusammen mit Roth ausgedehnte Reisen. Während des Exils veröffentlichte K. vier Romane in den Verlagen Querido und Allert de Lange, in denen sie wie 1931 und 1932 in salopper, alltagsnaher Sprache Unterhaltung mit pointierter Gesellschaftskritik verband: 1936 „Das Mädchen, mit dem die Kinder nicht verkehren durften", die Lausbubengeschichte eines zehnjährigen Mädchens 1919 im besetzten Köln; 1937 „Nach Mitternacht", eine psychologische Deutung des kleinen Mannes im NS-Staat; 1938 „D-Zug dritter Klasse". Die Stationen ihrer Emigration – Brüssel, Ostende, Amsterdam, Paris, Nizza, Salzburg, Lemberg, Warschau – liegen dem Roman „Kind aller Länder" (1938) zugrunde. Bei Kriegsausbruch Einzug ihrer Papiere durch die holländischen Behörden. Als die deutschen Truppen im Mai 1940 das Land überrannten, konnte K. Holland nicht mehr verlassen. Mit Hilfe eines deutschen Offiziers gelang es ihr, sich unter falschem Namen einen deutschen Paß ausstellen zu lassen. Rückkehr nach Köln, dort lebte sie bis Kriegsende unentdeckt bei den Eltern. Ihr Untertauchen wurde erleichtert durch eine Falschmeldung in der internationalen Presse, in der es hieß, sie habe Mitte 1940 zusammen mit dem Dramatiker Walter Hasenclever in dem französischen Internierungslager Les Milles Selbstmord begangen.
Nach 1945 blieb K. bei ihren Eltern und pflegte sie bis zu deren Tod. 1950 Geburt einer nichtehelichen Tochter. 1947 erschien ihr Buch „Bilder und Gedichte aus der Emigration", 1950 „Ferdinand, der Mann mit dem freundlichen Herzen". Dieser Roman über die Nachkriegszeit – Hermann Kesten zufolge ihr bestes Buch – fand im Nachkriegsdeutschland keine Beachtung. Seitdem geriet K. in Vergessenheit und war lange Zeit eine Schriftstellerin ohne Publikum. Erst mit der zunehmenden Erforschung des deutschen Exils seit Anfang der 70er Jahre wurde sie von den Medien wiederentdeckt. Inzwischen liegen mehrere ihrer Romane wieder vor, zum Teil auch als Taschenbuchausgabe. K. starb am 5.5. 1982.

David Bronson: Joseph Roth. Eine Biographie. Köln 1974; Hermann Kesten: Meine Freunde, die Poeten. München 1959, ¹1980; ders.: Deutsche Literatur im Exil. Briefe europäischer Autoren 1933–1949. Wien 1964; Jürgen Serke: Die verbrannten Dichter. Berichte, Texte und Bilder einer Zeit. Weinheim 1978.

Korbmacher, Willy, geboren 1897, Arbeiter, Mitglied der SPD, USPD, KPD; 1922–1929 Sekretär der „Roten Hilfe"; nach Parteiausschluß Mitglied der KPO; 1929–1931 Studium an der Deutschen Hochschule für Politik in Berlin, anschließend Fürsorger; illegale Arbeit im Rahmen der SAP, im Januar 1935 Emigration in die ČSR; 1938 nach Schweden, Mitglied der SAP- und der „Landesgruppe deutscher Gewerkschafter"; K. kehrte nach dem Zweiten Weltkrieg nicht nach Deutschland zurück.

Biographisches Handbuch der deutschsprachigen Emigration nach 1933. Bd. 1. München 1980.

Kornett, Albert, geboren am 5.10. 1896 in Bortsch, Kreis Karthaus/Westpreußen als Sohn eines Arbeiters; sieben Geschwister. Die Mutter starb kurz nach der Jahrhundertwende. K. wuchs bei Verwandten auf, er erlernte den Beruf eines Schiffs- und Brückenmeisters. Bei Wiedergründung des polnischen Staates 1918 siedelte er nach Bartenstein in Ostpreußen über. Dort heiratete er 1921. Im Dezember 1924 Umzug nach Gelsenkirchen, zunächst Hilfsarbeiter in einer Eisenhütte, ab 1926 Maurer. In der Weltwirtschaftskrise war K. ca. drei bis vier Jahre lang arbeitslos. Mitglied der KPD. Über seine politische Betätigung in den zwanziger Jahren ließen sich keine Angaben ermitteln.

Nach 1933 illegale Tätigkeit im Rahmen der von Emil Samorei* geleiteten Gelsenkirchener SAP-Gruppe. Am 5.9. 1935 verhaftet; in der Untersuchungshaft war er schweren Mißhandlungen ausgesetzt, in deren Verlauf ihm eine Niere und der rechte Arm zerschlagen wurden. Am 18.4. 1936 vom Oberlandesgericht Hamm zu drei Jahren und sechs Monaten Zuchthaus verurteilt und für wehrunwürdig erklärt. Die Strafe verbüßte K. im Zuchthaus Herford und in einem Arbeitsbataillon; nach anschließender „Schutzhaft" wurde er am 20.4. 1939 zum „Führer-Geburtstag" amnestiert. Von 1939 bis 1944 Polier in einem Baugeschäft. Anfang Juni 1944 wurde K. zum Strafbataillon 999 eingezogen, er wurde kaserniert, kam jedoch mit seiner Einheit nicht an die Front.

Nach Kriegsende in amerikanischer Kriegsgefangenschaft in Frankreich. 1946 trat K. erneut der KPD bei, später verließ er die Partei; 1947 städtischer Angestellter bei der Baubehörde; 1947–1952 1.Vorsitzender VVN Gelsenkirchen, 1952 trat er wegen der engen Bindung der Verfolgtenorganisation an die KPD aus der VVN aus. K. starb am 5.2. 1953.

Kraus, Otto, geboren am 16.12. 1908 in Nürnberg als Sohn eines Formers; Volksschule, dreijährige Dreher-Lehre, seit 1931 Arbeit als Mechaniker; 1923 SAJ, 1931 SAP; wegen illegaler Fortführung der SAP im Dezember 1935 verhaftet und bis Oktober 1937 im KZ Dachau; nach 1945 langjähriger Funktionär und Vorstandsmitglied der IG Metall Nürnberg.

Wolfgang Ruppert (Hrsg.): Lebensgeschichten. Zur deutschen Sozialgeschichte 1850–1950. Nürnberg 1980, S. 174 ff.; Hans Dieter Baroth: Gebeutelt aber nicht gebeugt. Erlebte Geschichte (ran-Buch 6). Köln 1981.

Kress, Wilhelm, geboren um 1900 in Stuttgart-Zuffenhausen als Sohn eines Tischlergesellen; zwei Brüder, drei Schwestern. 1917 als Soldat eingezogen, wurde K. durch den Krieg politisiert, Mitglied der Spartakus-Gruppe und der KPD. Seit 1919 in Berlin. Von Beruf technischer Kaufmann führte ihn seine Aktivität in der KPD in die Gewerkschaftsabteilung des ZK der KPD und in höhere Positionen der Komintern. Mitte der zwanziger Jahre (1927?) im Auftrag der Komintern in China, wahrscheinlich gemeinsam mit Heinz Neumann im Zusammenhang mit der Auslösung des Kantoner Aufstands, der in einer eklatanten Niederlage der chinesischen Kommunisten endete. Während dieser Zeit gehörte K., der Georgi Dimitroff unterstand, zum Bekanntenkreis von Ernst Thälmann. Später – ab wann ist nicht bekannt – in Opposition zum politischen Kurs der KPD, Mitglied der KPO. Nach 1933 Emigration in Frankreich, von den Nationalsozialisten ausgebürgert. Um 1935 wurde K. vom Pariser Auslandskomitee der KPO zur Unterstützung der illegalen Arbeit des Berliner Komitees der KPO nach Deutschland entsandt. Im deutschen Untergrund näherte er sich wieder der KPD an, deswegen aus der KPO ausgeschlossen. Rückkehr nach Frankreich, bei Kriegsausbruch – vermutlich für längere Zeit – interniert; nach der Besetzung Südfrankreichs durch deutsche Truppen 1943 illegal in die Schweiz.

Im September 1945 Rückkehr nach Deutschland; erneut Mitglied der KPD; einem Ausschlußverfahren, das gegen ihn nach politischen Differenzen angestrengt worden war, kam K. 1946 durch seinen Parteiaustritt zuvor; seit Mitte 1946 öffentlicher Kläger der Spruchkammer Stuttgart. K. starb am 31.12. 1946 an einer Herzattacke.

Krüger, Alfred und Lotte, Alfred K. wurde um 1899 in Halle geboren, seine spätere Frau Lotte um 1904. Von Beruf war Alfred K. Bergmann, später arbeitete er als Sattler und Tischler. Seit seiner Jugend gehörte er der Arbeiterbewegung an, im Ersten Weltkrieg war er Soldat. 1918/1919 wurde er Mitglied der neugegründeten KPD, die schon zwei Jahre später im Industriegebiet des Bezirkes Halle-Merseburg die bei weitem stärkste Partei war. 1921 war dieser Bezirk Mittelpunkt der sog. März-Aktion der KPD. Die Besetzung der „unruhigen" Provinz Sachsen durch preußische Sicherheitspolizei am 19. 3. versuchte die KPD zur Auslösung einer revolutionären Aktion zu nutzen. Als nach dem 22. 3. der radikale Arbeiterführer Max Hoelz den bewaffneten Aufstand organisierte, schickte ihm die Bezirksleitung der KPD eine Gruppe junger Kommunisten, zu denen auch Alfred K. gehörte, zu Hilfe. Diese „Hilfstruppe" wurde von der Polizei entwaffnet und gefangengenommen. Lotte war ebenfalls an den Ereignissen beteiligt; als Jugendvertreterin nahm sie an einer Sitzung der KPD-Bezirksleitung teil, auf der ein Vertreter der Komintern Anweisungen gab, Sprengstoffanschläge auf Einrichtungen der Arbeiterbewegung auszuüben, um so die Massen auf die Straße zu bringen. Bei den sich anschließenden Kämpfen kamen 145 Arbeiter ums Leben, 3470 wurden verhaftet. Alfred K. wurde wegen seiner Beteiligung an dem Aufstand, von dem sich die KPD später distanzierte, zu einer hohen Zuchthausstrafe verurteilt. Im Zuchthaus lernte er Lotte kennen, die von der KPD mit der Betreuung des ihr unbekannten politischen Gefangenen beauftragt wurde. Nachdem Alfred K. infolge einer Amnestie vorzeitig entlassen worden war, heirateten sie. Lotte K. war in den zwanziger Jahren als Sekretärin im Parteiapparat der KPD, u. a. in der Gewerkschaftsabteilung des ZK in Berlin tätig. 1927 schlossen sich beide der rechten Opposition in der Partei an, 1929 wurden sie aus der KPD ausgeschlossen. Sie traten der KPO bei und gingen 1932 mit der KPO-Minderheit zur SAP.

Seit dem Frühjahr 1933 waren beide in der illegalen Organisation der SAP in Berlin aktiv; Alfred K. vervielfältigte die vierzehntägig erscheinende SAP-Zeitschrift „Das Banner des revolutionären Marxismus". Nach der Verhaftung von führenden Mitgliedern der SAP-Reichsleitung und der Berliner SAP-Bezirksleitung im Herbst 1933 wurden Alfred K. und drei weitere SAP-Funktionäre von Walter Fabian* wegen ihrer unmittelbaren Gefährdung aufgefordert, mit Hilfe von Hamburger und Flensburger Genossen nach Kopenhagen zu fliehen. Lotte K. blieb in Berlin zurück und setzte die illegale Arbeit fort, bis auch sie 1935 fliehen mußte. Bei der Besetzung Dänemarks durch deutsche Truppen am 9. 4. 1940 gelang ihnen mit Hilfe dänischer Fischer die Flucht nach Schweden. Wie fast alle SAP-Mitglieder in Schweden traten auch sie 1944 dem Landesverband der SOPADE bei. Zugleich waren sie in ihrem Wohnort Nyköping in der Schwedischen Sozialdemokratischen Arbeiterpartei aktiv.

1947 kehrten Alfred und Lotte K. nach Deutschland zurück; sie gingen nach Berlin, erhielten dort aber keine Zuzugsgenehmigung und zogen dann in die oberfränkische Kreisstadt Rehau. Aus Enttäuschung über die politische Situation und die fehlenden menschlichen Beziehungen sowie wegen der Schwierigkeit, eine erträgliche wirtschaftliche Existenz zu schaffen, gingen sie später nach Schweden zurück. Dort engagierten sie sich erneut in der Sozialdemokratischen Arbeiterpartei. Lotte K. starb am 16. 4. 1979, Alfred K. am 19. 5. 1979.

Kühn, Heinz, geboren am 18. 12. 1912, 1930 SPD, nach 1931 der SAP nahestehend; 1931–1933 Studium der Volkswirtschaft und Staatswissenschaften an der Universität Köln, Vorsitzender der örtlichen „Sozialistischen Studentenschaft"; nach kurzer Inhaftierung im Mai 1933 im Auftrag der SAP ins Saargebiet, dann Emigration in die ČSR; ab 1936 in Antwerpen und Brüssel, Kontakte zum ISK; während der deutschen Besetzung Belgiens im Untergrund. Schon Ende Dezember 1945 kehrte K. über die „grüne Grenze" nach Köln zurück und trat der SPD bei; 1946–1950 Redakteur an der von Willi Eichler* geleiteten „Rheinischen Zeitung"; 1948–1953 MdL, 1953–1962 MdB, seit 1962 erneut MdL, 1966–1978 Ministerpräsident des Landes Nordrhein-Westfalen.

Biographisches Handbuch der deutschsprachigen Emigration nach 1933. Bd. 1. München 1980; Heinz Kühn: Widerstand und Emigration. Die Jahre 1928–1945. Hamburg 1980; ders.: Aufbau und Bewährung. Die Jahre 1945–1978. Hamburg 1981.

Kühn, Marianne, geboren am 17. 11. 1914 in Köln, Adoptivkind; Volksschule, Anwalts- und Notariatslehre, Sekretärin; 1929 Mitglied, später Vorsitzende einer Gruppe der „Roten Falken", ZdA-Jugend, 1932 SPD; 1933 illegale Kontakte und Vermittlungsarbeit für in der Emigration arbeitende SPD-Funktionäre, darunter Heinz Kühn*, ihrem späteren Ehemann; Anfang 1938 Verhöre wegen häufiger Auslandsreisen, Entzug des Reisepasses; um einer Verhaftung zu entgehen, Ende Mai Flucht nach Belgien; im August 1939 Heirat; während des Krieges einige Jahre im Untergrund; 1945/46 in Brüssel Leiterin einer CARE-Paketaktion für Köln und das Ruhrgebiet, in diesem Zusammenhang Zusammenarbeit mit dem Schweizer „Arbeiterhilfswerk" und dem „Workmen's Circle"; im Spätsommer 1946 Rückkehr nach Köln, aktives Mitglied der „Arbeiterwohlfahrt" und der SPD, Frauenarbeit im Bezirk Mittelrhein; 1952–1973 Stadträtin, Arbeitsschwerpunkte: Kultur, Schule, Erwachsenenbildung; 1952–1963 Geschäftsführerin und stellvertretende Vorsitzende des „Sozialistischen Bildungswerks NRW"; 1956–1974 Mitglied des Programmbeirates des WDR für den Bereich Erwachsenenbildung; 1973/74 aus gesundheitlichen Gründen Rückzug aus der Politik; seit 1979 Galeristin für naive Kunst.

Kuhlmann, Willi [auch: Wilhelm], geboren 1902, 1923–1928 Mitglied der Bezirksleitung Ruhrgebiet des KJVD, 1929–1931 Bezirksleiter der KPO, 1931–1933 Mitglied des Bezirksvorstandes der SAP; 1933–1935 zwei Jahre lang im Gefängnis wegen „Vorbereitung zum Hochverrat"; 1942–1945 Militärdienst; 1945 zunächst KPD, dann seit September 1946 SPD.

Kuntz, Albert (1896–1945), Kupferschmied; Funktionär, Politischer Sekretär der Bezirksleitung Frankfurt-Hessen der KPD; am 12. 3. 1933 verhaftet und 1935 zu einem Jahr und sechs Monaten Zuchthaus verurteilt; KZ Buchenwald, dort gehörte er der Leitung der illegalen antifaschistischen Organisation an; am 23. 1. 1945 im Nebenlager Dora im Harz ermordet.

Hermann Weber: Die Wandlung des deutschen Kommunismus. Bd. 2. Frankfurt a. M. 1969.

Kunz, Georg, geboren am 26. 11. 1909 in Berlin. Der Vater, der im Juni 1915 als Soldat starb, war Berufsschullehrer; die Mutter arbeitete nach dem Tod ihres Mannes als Weißnäherin. Die Jahre 1915 bis 1917 verbrachte K. im Waisenhaus. Volksschule; 1924 – März 1928 Buchbinderlehre; Arbeit bei einer sozialdemokratischen Bücherfreunde-Organisation; längere Zeit arbeitslos; 1925 Mitglied der SAJ und des „Jungbanners", später des „Reichsbanners Schwarz-Rot-Gold"; 1927 SPD, seit Oktober 1931 SAP.
Im April 1933 als ehrenamtlicher Wohlfahrtspfleger in Berlin-Charlottenburg entlassen; 1933–1936 Angehöriger einer Widerstandsgruppe; Beteiligung an der Durchführung heimlicher Betriebsversammlungen und an der Unterstützung von Familien inhaftierter Genossen; mehrmals selbst von der Gestapo verhaftet; Gelegenheitsarbeiter; seit Oktober 1937 als Meister in einer Mappenfabrik. 1938 heiratete K.; 1942 zum Kriegsdienst eingezogen, Soldat in der Sowjetunion, dann in Italien; 1944 im Stellungskrieg bei Monte Cassino von den Engländern gefangengenommen. In der Folgezeit beteiligte sich K. als Sprecher an Programmen der deutschsprachigen Welle der BBC; im Juni 1946 aus dem englischen Antifa-Kriegsgefangenenlager Ascott entlassen; Rückkehr nach Berlin.
Mitglied der sich in Opposition zu dem von der SED/KPD beherrschten „Freien Deutschen Gewerkschaftsbund" herausbildenden „Unabhängigen Gewerkschafts-Organisation" (UGO) und der SPD, in der er auf dem linken Flügel stand. Seit 1950/51 vorrangiges Engagement in der Gewerkschaft ÖTV; ab 1948 Buchbinder bei der Oberfinanzdirektion Berlin. K. starb am 20. 1. 1965.

Lamm, Fritz, geboren am 30.6. 1911 in Stettin; Mitglied des „Deutsch-jüdischen Wander-
bundes Kameraden", Buchhändler; 1929 SAJ, SPD, 1930–31 Leiter der SAJ-Gruppe Stettin; 1931 SAP, Mitglied des SJV-Vorstandes Pommern; wegen illegaler Arbeit im Mai 1933
verhaftet und zu 27 Monaten Gefängnis verurteilt, nach neuerlicher Haftandrohung im Januar 1936 mit Hilfe Richard Schmids* Flucht in die Schweiz, von dort abgeschoben nach
Prag und im August 1938 nach Frankreich; in Paris als Sekretär von Fritz Sternberg* und
Jacob Walcher* in der SAP-Gruppe aktiv; nach Kriegsausbruch bis Dezember 1941 Internierung im Lager Vernet; Flucht, 1942–1948 Emigration in Kuba, Arbeit als Diamanten-
schleifer und Büroangestellter; nach seiner Rückkehr nach Deutschland im November 1948
Verlagsangestellter der „Stuttgarter Zeitung", 1956–1974 Betriebsratsvorsitzender; 1948
SPD, zeitweise im Stuttgarter Ortsvorstand; 1949–1958 zusammen mit Fritz Opel* Herausgeber der Zeitschrift „Funken. Aussprachehefte für internationale sozialistische Politik";
1963 wegen Förderung des SDS im „Sozialistischen Bund" Ausschluß aus der SPD; Bun-
deskulturreferent des „Touristenvereins Die Naturfreunde", in den siebziger Jahren Mitglied des „Sozialistischen Büros" Offenbach a. M.; L. starb am 15.3. 1977.

Heinrich Schwing (Hrsg.): Fritz Lamm. Stuttgart 1979; Karljosef Kreter: Funken. Aussprachehefte für
internationale sozialistische Politik. Entstehung und Entwicklung einer Zeitschrift der „heimatlosen
Linken" in der Ära Adenauer (1950–1959). Unveröffentlichte Staatsexamensarbeit. Göttingen 1980.

Lang, Erna, geb. Demuth, verw. Halbe, geboren am 30.6. 1892 in Hamburg als jüngstes von
drei Kindern. Ihr Vater, ein Kürschner (Zurichter), war SPD-Funktionär und Schriftführer
im Vorstand des Kürschnerverbands. Im Januar 1912 starb er an Schwindsucht. Erna Demuth wollte nach Abschluß der Volksschule 1907 Lehrerin werden, jedoch langte dazu das
Einkommen ihrer Eltern nicht. Ausbildung zur Kindergärtnerin im privaten „Fröbel-Institut", aktives Mitglied im Sozialdemokratischen Jugendbund, von 1908–1913 Dienstmäd-
chen und Erzieherin erst auf einem Gutshof in Schleswig-Holstein, dann bei einer deutschen Offiziersfamilie in Straßburg. 1913 Rückkehr nach Hamburg, im selben Jahr heiratete
sie Max Halbe, einen Funktionär des Jugendbunds, 1914 Geburt ihrer Tochter Herta, später verheiratete Thielcke*. Zusammen mit ihrem Mann engagierte sich Erna Halbe in der
SPD, der sie 1910 beigetreten war. Wegen ihrer Ablehnung der Bewilligung der Kriegskredite wurden beide aus der SPD ausgeschlossen. In den folgenden Jahren gehörte Erna Halbe zu den Funktionären der kleinen, aber aktiven Gruppe der Hamburger Linksradikalen,
deren ca. 200 Mitglieder sich vor allem aus Werft- und Hafenarbeitern sowie aus Jugendlichen zusammensetzten. Wie zwei weitere Gruppen in Berlin und Braunschweig orientierten
sich die Hamburger Linksradikalen an den politischen Positionen der in Bremen von Karl
Radek, Johann Knief und Paul Frölich* herausgegebenen Wochenzeitung „Arbeiterpolitik"; in ihrem Kampf gegen den Krieg und gegen die kapitalistische Gesellschaftsordnung
lehnten sie den Parlamentarismus, Parteien und Gewerkschaften ab und sprachen sich für
eine Einheitsorganisation und ein konsequentes Rätesystem aus. Auf dem Gründungsparteitag der USPD Ostern 1917 in Gotha begründete Erna Halbe als Delegierte die Ablehnung
der Hamburger Linksradikalen, der USPD beizutreten. Wenige Wochen später, Ende Mai,
verhaftet und drei Monate lang in sogenannter Sicherungshaft. Nach ihrer Entlassung
wandte sie sich erneut der Herstellung und Verbreitung revolutionärer Flugblätter zu, die
zum Massenstreik aufriefen. Im März 1918 mit fünf weiteren Genossen verhaftet und als
Rädelsführerin zu zweieinhalb Jahren Zuchthaus verurteilt. Ihr Mann, Max Halbe, starb
Ende Juni 1918 an den Folgen einer Kriegsverwundung. Ende Oktober aus der Haft entlassen, nahm sie an den Revolutionsereignissen in Hamburg teil und gehörte bis zum April
1919 als einzige Frau dem unter Führung der Linksradikalen stehenden 30-köpfigen Arbei-
ter- und Soldatenrat an. Seit Gründung der KPD in Hamburg Mitglied der Bezirksleitung
Wasserkante, ab April 1921 hauptamtliche Angestellte für die Frauenarbeit. Im November
1921 ging Erna Halbe auf Wunsch der KPD-Zentrale nach Magdeburg und übernahm bis
1924 die politische Leitung der KPD in diesem Industriebezirk. Politisch stand sie auf dem

linken Flügel der KPD, arbeitete eng mit Ruth Fischer und den Hamburger Linken Hugo Urbahns und Ernst Thälmann zusammen. Nach Übernahme der Parteiführung durch die Linken wurde sie 1924 auf dem IX. Parteitag der KPD in Frankfurt a. M. auf Vorschlag von Ruth Fischer zur Reichsfrauenleiterin der KPD gewählt. Die Organisations- und Personal-politik wie auch die Gründung kommunistischer Richtungsgewerkschaften, die Ruth Fi-scher während der anderthalb Jahre ihrer Führung propagierte, brachten Erna Halbe eige-nen Angaben zufolge zunehmend in Opposition zur linken Fraktion und führten dazu, daß sie sich 1925/26 dem sich herausbildenden rechten Flügel der KPD um Paul Frölich*, Rose (Frölich-)Wolfstein*, Hans Tittel*, Heinrich Galm* und Robert Siewert* anschloß. Ende 1927 schied sie aus der Frauenabteilung aus und übernahm die Leitung eines Kinderheims der Roten Hilfe in Eldersburg/Thüringen. Anfang 1929 Ausschluß aus der KPD, dadurch Verlust ihrer Arbeit; von 1930 bis 1932 verdiente sie sich ihren Lebensunterhalt, indem sie in Berlin in Warenhäusern oder von Haus zu Haus für Staubsauger warb. In der KPO mehr-fach Mitglied der Reichsleitung, seit 1930 zur Minderheitsfraktion zugehörig, Anfang März 1932 Übertritt zur SAP, auf dem im März 1933 in der Illegalität stattfindenden SAP-Partei-tag in Dresden Wahl in die SAP-Reichsleitung. Seit Ende Januar 1933 illegale Arbeit in Ber-lin, nach einer Haussuchung am 30. 5. 1933 verhaftet und bis zum 2.8. „Schutzhaft" im Frauengefängnis in der Ballinstraße. Seit ihrer Freilassung war Erna Halbe zusammen mit Walter Fabian* und Joseph Lang an der Koordinierung der illegalen Arbeit der SAP betei-ligt, im Juni 1934 wegen unmittelbarer Gefährdung Emigration nach Prag. In der ČSR, wo sie zusammen mit Joseph Lang lebte, leistete Erna Halbe illegale Arbeit an der tschechisch-deutschen Grenze. Durch die Verhaftung mehrerer Freunde in Berlin erhielt die Gestapo davon Kenntnis und verlangte von der tschechischen Regierung ihre Auslieferung; dies wurde zwar abgelehnt, aber sie wurde „gebeten", das Land so schnell wie möglich zu verlas-sen. Daraufhin 1938 über Wien und Zürich nach Paris. Im Mai 1940 interniert, wenig später auf einem Sammeltransport, der in das südfranzösische Lager Gurs führen sollte, freigelas-sen. Obwohl Erna Halbe und Joseph Lang im Herbst 1940 als politisch Verfolgte und un-mittelbar Gefährdete ein amerikanisches Visum erhielten, gestaltete sich die Ausreise als sehr schwierig. Erna Halbe besaß keinerlei Papiere und auch keine Ausreiseerlaubnis. Jo-seph Lang fuhr im November 1940 nach Lissabon ab, Erna Halbe folgte ihm nach kurzer Zeit, indem sie die Pyrenäen mit einer gefälschten Geburtsurkunde zu Fuß überquerte. Am 14. 12. 1940 trafen beide mit dem Schiff in New York ein. In den USA, wo sie später heirate-ten, eröffneten Erna und Joseph Lang nach anfänglichen Gelegenheitsarbeiten ein kleines Textilgeschäft. Seit Sommer 1945 zusammen mit politischen Freunden Organisatoren einer Hilfsaktion für verfolgte deutsche Sozialisten. Ende 1950 kehrte Erna Lang zusammen mit ihrem Mann nach Deutschland zurück, bis 1954 beruflich beim IRRC Frankfurt tätig. Seit Januar 1951 Mitglied der SPD, war sie bis vor wenigen Jahren politisch aktiv. Erna Lang lebte 1981 in einem Altersheim der Arbeiterwohlfahrt am Frankfurter Stadtwald.

Volker Ullrich: Die Hamburger Arbeiterbewegung vom Vorabend des Ersten Weltkrieges bis zur Re-volution 1918/19. 2 Bde. Hamburg 1976; Hermann Weber: Die Wandlung des deutschen Kommunis-mus. Bd. 2 Frankfurt a. M. 1969; K. H. Tjaden: Struktur und Funktion der „KPD-Opposition" (KPO) Meisenheim am Glan 1965; Hanno Drechsler: Die Sozialistische Arbeiterpartei Deutschlands (SAPD). Meisenheim am Glan 1965.

Lang, Joseph, geboren am 5. 4. 1902 in einer deutschsprachigen jüdischen Familie in Ungarn. Nach dem Tod seiner Mutter kam er als dreijähriges Kind nach Mainz, wo ihn der Bruder der Mutter an Kindesstatt aufnahm. Er wuchs in einem orthodoxen jüdischen Haus auf und besuchte bis 1918 die Oberrealschule. Anschließend absolvierte er in Frankfurt eine Buch-händlerlehre, seit 1922 in diesem Beruf tätig. 1920 Beitritt zur ultralinken Kommunistischen Arbeiterpartei (KAPD), in der sich in Frankfurt zu dieser Zeit ein großer Teil der kommuni-stisch gesinnten Jugendlichen organisierte. Später auf dem rechten Flügel der KPD, Funk-tionär; am 16. 1. 1929 in Frankfurt aus der KPD ausgeschlossen, in der KPO gehörte er zum

Führungskreis der Minderheitsfraktion. 1930 ging Joseph Lang nach Berlin und machte sich dort als Buchhändler selbständig. Am 12.1. 1932 zusammen mit sieben anderen maßgeblichen Vertretern der Minderheit wegen Geheimverhandlungen mit der SAP aus der KPO ausgeschlossen, Beitritt zur SAP, 1932 Vorsitzender der Berliner SAP-Ortsgruppe Schöneberg-Friedenau. Nach der Gleichschaltung der Gewerkschaften bildete er eine der ersten legalen Gewerkschaftsgruppen des Zentralverbands der Angestellten in Berlin, im Herbst 1933 – nach Verhaftung der meisten Mitglieder der SAP-Reichsleitung und der Berliner SAP-Bezirksleitung – zusammen mit Walter Fabian* und Erna Halbe Koordinator der illegalen Arbeit der SAP. Am 27.12. 1933 verhaftet, schwebte Joseph Lang als Jude in großer Gefahr; seine ungarische Staatsangehörigkeit bewahrte ihn jedoch vor der Einweisung in das berüchtigte Columbiahaus. Kurz nach seiner Entlassung „auf Ehrenwort" – seine Teilhaber hatten ihn erfolgreich als Geschäftsinhaber reklamiert –, ging er im Februar 1934 illegal über die tschechische Grenze nach Prag, dort zusammen mit Erna Halbe und Stefan Szende Leiter der 20–30-köpfigen SAP-Gruppe. Berufliche Tätigkeit als Buchhändler, Vertreter der deutschsprachigen Verlage Oprecht-Zürich, Allert de Lange-Amsterdam und Bermann-Fischer-Stockholm in der ČSR und im westeuropäischen Ausland, durch beruflich bedingte Reisen in direktem Kontakt mit der SAP-Auslandszentrale in Paris. 1938 Übersiedlung nach Paris, dort verdiente er seinen Lebensunterhalt, indem er mittels eines Bauchladens Bücher an deutsche und österreichische Emigranten verlieh. Im November 1940 mit einem amerikanischen Notvisum Ausreise aus Frankreich, zusammen mit Erna Halbe über Lissabon in die USA. In New York Inhaber eines kleinen Textilgeschäfts, politisch aktiv in der deutschsprachigen Abteilung des „Workmen's Circle".
1950 Rückkehr nach Deutschland, Anfang 1951 in Frankfurt Mitglied der SPD, 1952 Leiter der Buchhandlung des Bund-Verlages im Frankfurter Gewerkschaftshaus, die unter seiner Führung zum Treffpunkt von Gewerkschaftern, Verlegern und Politikern weit über Frankfurt hinaus wurde. Seit 1957 ununterbrochen im Vorstand des SPD-Unterbezirks Frankfurt, davon viele Jahre als stellvertretender Vorsitzender neben Walter Möller, zugleich leitete er den SPD-Ortsverein Frankfurt-Sachsenhausen. Seit 1967 im Ruhestand, spielte Joseph Lang bis zu seinem Tod am 10.9. 1973 in der Frankfurter und in der südhessischen SPD eine maßgebliche Rolle.

Hanno Drechsler: Die Sozialistische Arbeiterpartei Deutschlands (SAPD). Meisenheim am Glan 1965; Jörg Bremer: Die Sozialistische Arbeiterpartei Deutschlands (SAP). Untergrund und Exil 1933–45. Frankfurt a. M. 1978; Joseph Lang 1902–1973 (Reden aus Anlaß der Trauerfeier am 18.9. 1973). Broschüre, hrsg. vom Unterbezirk Frankfurt der SPD. Frankfurt a. M. o.J. [1973].

Lewy, Fritz, der Bruder von Ruth Seydewitz, gehörte in den zwanziger Jahren der „Klassenkampf"-Gruppe in der SPD an . 1931 Mitbegründer der SAP und leitender Redakteur der SAP-Wochenzeitschrift „Das Kampfsignal". 1933 floh Lewy in die ČSR, später wurde er bei einer Kurierfahrt in Deutschland festgenommen und im KZ Hohenstein inhaftiert. 1940 Emigration in die USA.

Lewinski, Erich (1899–1956), Rechtsanwalt in Kassel, Mitglied des ISK; nach 1933 Emigration nach Frankreich, in Paris Inhaber eines vegetarischen Restaurants, u.a. zur Finanzierung der ISK-Exilgruppe; 1940/1941 organisierte Lewinski mit Fritz Heine und in Zusammenarbeit mit dem „Emergency Rescue Committee" die Ausreise gefährdeter deutscher Emigranten in die USA; seit 1941 Büroangestellter in New York; 1947 Rückkehr nach Deutschland; 1949–1956 Landesgerichts-Präsident in Kassel.

Biographisches Handbuch der deutschsprachigen Emigration nach 1933. Bd. 1. München 1980.

Linder, Willi, geboren am 15.1. 1902 in Gräfrath bei Solingen. Der sozialdemokratisch eingestellte Vater war von Beruf Schleifer, die Mutter Hausfrau. Im Anschluß an die Volks-

schule begann L. eine Lehre als Ausmacher. Wegen des Kriegsdienstes seines Lehrmeisters konnte er diese jedoch nicht beenden. Er arbeitete als Schleifer in der Solinger Metallwaren-industrie. Seit 1919 im DMV, Branchenleiter der Schenkelspließter, Obmann der Erwerbs-losen im ADGB; 1923–1929 KPD, Mitglied der Ortsleitung Solingen. Neben seinem ge-werkschaftlichen und parteipolitischen Engagement gehörte L. dem Vorstand der Allgemei-nen Ortskrankenkasse und dem KPD-nahen „Internationalen Bund der Opfer des Krieges und der Arbeit" an, im Rahmen des „Bundes" war er Sachbearbeiter für Invaliden- und Un-fallangelegenheiten; Mitglied des Arbeitergesangvereins „Zukunft". 1929 wurde L. aus der KPD ausgeschlossen und trat der KPO bei. 1928 erkrankte er an Tuberkulose und wurde erwerbsunfähig, bis 1933 stand er in ärztlicher Behandlung. Danach erwerbslos, ab 1936 Pflicht- und Fürsorgearbeit, seit 1938 Beschäftigung als Teerstraßenarbeiter. Am 23. 8. 1938 wurde L. wegen des Verdachts der Vorbereitung zum Hochverrat festgenommen. Der ein-zige Anklagepunkt bestand darin, daß er im Sommer 1933 illegale Schriften von einer für die KPD tätigen Person gekauft und sie an seinen Gartennachbarn weitergegeben hatte. Wegen dieses „Delikts" wurde er am 24. 10. 1938 vom Oberlandesgericht Hamm zu einem Jahr und drei Monaten Gefängnis verurteilt. Nach der Entlassung aus der Haft Arbeit als Gärtner; seit April 1942 Soldat.
1945 Rückkehr nach Solingen; Mitglied der Gewerkschaft Landwirtschaft und Forsten, Ende der vierziger Jahre der SPD. 1946 machte sich L. als Gärtner selbständig. Wegen einer Magenerkrankung konnte er jedoch bald nicht mehr arbeiten und gab die Gärtnerei 1951 auf. L. starb 1959.

Löwendahl, Hans, geboren 1905, jüdischer Herkunft, Jurist, gehörte seit Mitte der zwanzi-ger Jahre der „Kommunistischen Studentenfraktion" in Frankfurt a. M. an; in den Jahren 1933–1935 maßgeblich am Aufbau der illegalen KPO-Organisation im Rheinland beteiligt, danach als Mitglied und Kurier der KPO-Reichsleitung tätig; am 23. 1. 1937 verhaftet; die Gestapo fand heraus, daß er homosexuell war und legte einen anderen Homosexuellen in seine Zelle, der ein Spitzel war. Über diesen und durch Erpressungen gewonnene Angaben war es der Gestapo möglich, die KPO-Reichsleitung sowie eine größere Zahl von Bezirks-leitungen und illegal tätige Mitglieder in ganz Deutschland zu verhaften. L. wurde am 10. 11. 1937 vom 2. Senat des Volksgerichtshofes zu einer hohen Freiheitsstrafe verurteilt, er kam später in einem KZ ums Leben.

Löwenthal, Fritz, geboren am 15. 11. 1888, Rechtsanwalt; 1928 Mitglied der KPD; 1930–1932 MdR; 1933 Emigration in die Sowjetunion; 1946 Leiter der Abteilung Justizauf-sicht der Zentralverwaltung für Justiz in der SBZ; im Mai 1947 Flucht nach Westdeutsch-land, SPD, Mitglied des Parlamentarischen Rates.

Löwenthal, Richard (Pseudonym: Paul Sering), geboren am 15. 4. 1908 in Berlin als Sohn eines Handelsvertreters, 1926–1931 Studium der Nationalökonomie und Soziologie; 1926 Mitglied, 1928 Reichsleiter der „Kommunistischen Studentenfraktion"; 1929 Abwendung von der KPD und Parteiausschluß, 1929–1931 KPO; nach 1933 als Theoretiker und Berli-ner Leitungsmitglied maßgeblich am Aufbau illegaler Kader der Gruppe „Neu Beginnen" beteiligt, im August 1935 Emigration in die ČSR, in Prag zusammen mit Karl Frank* Leiter des „Neu Beginnen"-Auslandsbüros; 1936/37 in London und 1938 in Paris vollzog L. durch die Aufgabe des Konzepts eines „demokratischen" Zentralismus und einer Erziehungsdik-tatur des Proletariats eine Annäherung an den Austromarxismus und an traditionelle politi-sche Positionen der linken Sozialdemokratie; im Sommer 1939 mit dem „Neu Beginnen"-Büro nach London, nach Kriegsausbruch einer der Redakteure der „Reports from Inside Germany". Im Hinblick auf die Kriegsziele der Alliierten propagierte L. 1941 die „deutsche Revolution zwischen den Weltmächten" und die Beteiligung der UdSSR an der Neuord-nung Europas, um eine Restauration der kapitalistischen Gesellschaftsordnung zu verhindern. Die Polenpolitik der Sowjetunion 1943/44 bewirkte dann eine Revision seiner politischen Perspektiven; in der 1946 unter dem Pseudonym Paul Sering erschienenen einflußreichen theoretischen Studie über einen demokratischen Sozialismus „Jenseits des Kapitalismus" trat er für tiefgreifende Strukturreformen in Zusammenarbeit mit und in Anlehnung vor allem an die britische und amerikanische Arbeiterbewegung ein. 1945 Mitglied der SPD, 1948–1958 Deutschlandkorrespondent verschiedener englischer Agenturen und Zeitschriften; 1961 Professor für Politikwissenschaft am Otto-Suhr-Institut Berlin, später Direktor des Osteuropa-Instituts der Freien Universität Berlin; Ende der sechziger Jahre einer der Initiatoren, 1970–1973 Vorstandsmitglied des konservativen „Bundes Freiheit der Wissenschaft", seit seiner Emeritierung 1974 freier Publizist, Mitglied der Grundwerte-Kommission der SPD.

Biographisches Handbuch der deutschsprachigen Emigration nach 1933. Bd. 1. München 1980.

Lüscher, Erwin, geboren 1905, ein schweizer Lehrer und Sozialdemokrat, unterstützte die SAP-Gruppe in Basel bei der illegalen Arbeit; am 27. 5. 1939 wurde er von einem Verräter auf deutschen Boden gelockt und verhaftet; am 18. 5. 1940 vom Oberlandesgericht Stuttgart zu fünf Jahren Zuchthaus verurteilt; wie Richard Schmid war Lüscher im Zuchthaus Ludwigsburg inhaftiert.

Märten, Lu, geboren am 24. 9. 1879 in Berlin-Charlottenburg. Der Vater, der jüngste Sohn einer Bauernfamilie, war Berufssoldat und später kleiner Beamter bei der Reichsbahn. Als einziges von fünf Kindern überlebte M. eine Tbc. Der Besuch einer Schule war ihr aufgrund ihrer Krankheit nur sporadisch möglich. Ohne Schulabschluß, bildete sie sich autodidaktisch weiter, besonders in den Bereichen Philosophie, Kunsttheorie, Geschichte der Arbeiterbewegung, Marxismus. 1898 trat M. der SPD bei. Vom Krankenbett aus begann sie, Artikel für linksbürgerliche und sozialdemokratische Zeitschriften und Zeitungen zu schreiben. Sie hatte schnell Erfolg; seit 1902 veröffentlichte sie Beiträge überwiegend zu literarischen Themen und zur proletarischen Frauenbewegung im „Vorwärts", in der „Neuen Zeit", im Wiener „Kampf", in der „Gleichheit" und in der in München und Leipzig erscheinenden „Frauen-Zukunft". Neben Gedichten erschien 1909 ihr Arbeiterdrama „Bergarbeiter", das von Vertretern der SPD-Linken wie Franz Mehring und Clara Zetkin überschwenglich-positiv rezensiert wurde, im selben Jahr der autobiographische Roman „Torso", der ein beeindruckendes Bild von ihrer Kindheit und Jugend vermittelt. Die Fülle der von ihr verfaßten Zeitungs- und Zeitschriftartikel läßt vermuten, daß sie sich ihren Lebensunterhalt als freie Journalistin verdiente. Vor 1914 heiratete sie den Bildhauer Wilhelm Repsold. Während des Ersten Weltkrieges lebte sie aus Gesundheitsgründen längere Zeit in der Schweiz. 1920 wurde M. Mitglied der KPD. In den folgenden Jahren veröffentlichte sie Artikel im KPD-Zentralorgan „Die Rote Fahne" (1920–1921), in der „Arbeiter-Literatur" Wien (1924), in der von Franz Pfemfert herausgegebenen Zeitschrift „Die Aktion" (1925–1927) sowie seit 1927 in „Die Bücherwarte" und in „Die neue Bücherschau". 1924 erschien ihre bedeutende, 1973 in der Bundesrepublik neu aufgelegte literatursoziologische Studie „Wesen und Veränderung der Formen (Künste). Resultate historisch-materialistischer Untersuchungen", in der sie sich um eine eigenständig-kritische Anwendung marxistischer Untersuchungsmethoden auf die Kunst bemühte. Eine sozialistische Tendenzkunst lehnte M. vehement ab. Um 1927 geschieden. Seit Mitte der zwanziger Jahre war M. im Rahmen einer Hilfsaktion der Stadt Berlin für notleidende Künstler beschäftigt, von 1928 bis zum März 1930 in verschiedenen städtischen Bibliotheken. Seitdem arbeitete sie an einer „Bibliographie des gesamten Sozialismus aller Länder von 1547 bis zur Gegenwart", die 1933 mit finanzieller Unterstützung der Stadt Berlin gedruckt werden sollte. Die Machtübernahme durch die Nationalsozialisten verhinderte dies, doch konnte das Manuskript nach Schweden in Sicherheit gebracht werden.

1933 gehörte M. zu den Autoren, deren Bücher verbrannt wurden. Ihren Lebensunterhalt verdiente sie sich in den dreißiger Jahren durch Zimmervermittlung an in- und ausländische Studenten sowie durch Hauskurse über Marxismus, Kunst etc. Vor 1939 mehrere Aufenthalte in Schweden. Ohne an eine Veröffentlichung zu denken, schrieb sie Filmmanuskripte, Schauspiele und einen Roman; 1943–1944 wissenschaftliche Hilfskraft in der Berliner Staatsbibliothek.

1945 trat M. erneut der KPD bei. Wie lange sie Mitglied der KPD/SED blieb, ist nicht zu klären. Seit 1946 arbeitete sie als externe Gutachterin für den Ostberliner Verlag „Volk und Wissen". Zugleich überarbeitete sie ihr in der Weimarer KPD nicht unumstrittenes Buch „Wesen und Veränderung der Formen (Künste)", das Karl August Wittfogel 1931 in der Literaturzeitschrift „Die Linkskurve" als „trockistisch", „undialektisch" und als „formalistische Barbarei" abqualifiziert hatte, für einen studentischen Leserkreis. Die veränderte Neuauflage erschien 1949 in Weimar. Danach kaum noch Veröffentlichungen. Die „Bibliographie des gesamten Sozialismus", die Arbeit „Die Stellung der Frau in der Geschichte. Vom Mutterrecht bis zur Gegenwart", eine Biographie des Naturkundlers und Mainzer Revolutionärs Georg Forster, auf deren Bedeutung 1956 in der DDR-Zeitschrift „Neue Deutsche Literatur" noch einmal hingewiesen wurde, blieben unveröffentlicht. Bis zu ihrem Tode am 12.8.1970 lebte M. fast völlig isoliert in Westberlin. Erst neuere wissenschaftliche Untersuchungen über die sozialistische Literatur und Arbeiterdramatik in Deutschland versuchen, die „bedauernswerte Vernachlässigung dieser außergewöhnlichen sozialistischen Schriftstellerin und Denkerin" (Trempenau) zu überwinden. Der Nachlaß von Lu Märten, der zahlreiche Romane, Erzählungen, Gedichte u.a. enthält, befindet sich im Internationalen Institut für Sozialgeschichte in Amsterdam.

Lu Märten. In: Lexikon deutschsprachiger Schriftsteller von den Anfängen bis zur Gegenwart. 2 Bde. 2. überarbeitete Auflage Leipzig 1972–1974; Lu Märten-Bio-Bibliografie. In: alternative, H.89, April 1973; Gertrud Meyer-Hepner: Lu Märten. In: NDL Neue Deutsche Literatur, 4.Jg. 1956, H.4, S.151–153; Helga Gallas: Marxistische Literaturtheorie. Kontroversen im Bund proletarisch-revolutionärer Schriftsteller. Neuwied 1971; Manfred Brauneck: Die Rote Fahne, Kritik. Theorie, Feuilleton 1918–1933. München 1973; Frank Trommler: Sozialistische Literatur in Deutschland. Ein historischer Überblick. Stuttgart 1976; Dietmar Trempenau: Frühe sozialdemokratische und sozialistische Arbeiterdramatik (1890–1914). Stuttgart 1979; Lu Märten: Formen für den Alltag. Schriften, Aufsätze, Vorträge. Auswahl, Kommentare, Bibliographie und Nachwort v. Rainhard May. Dresden 1982.

Mager, Otto Werner, geboren am 7.12.1914 in Dresden als ältester Sohn eines sozialdemokratischen Maurers; ein Bruder. M. besuchte die Volksschule und begann 1929 eine Schlosserlehre im Reichsbahn-Ausbesserungswerk in Dresden. 1929 Mitglied der SAJ, 1931 ausgeschlossen, Beitritt zum SJV, der mit fast 1 000 Mitgliedern die SAP in Dresden zahlenmäßig übertraf; 1932 Vorsitzender der Eisenbahnerjugend Dresden.

Wegen seiner feindlichen Einstellung gegenüber den Nationalsozialisten wurde M. nach Ablauf der Lehrzeit im März 1933 von der Reichsbahn entlassen; arbeitslos; im August wegen illegaler Arbeit verhaftet und von einem Sondergericht in Freiberg/Sachsen zu einer 16-monatigen Gefängnisstrafe verurteilt. Nach Verbüßung der Haft in Dresden und Bautzen stand er unter polizeilicher Aufsicht. 1935 Arbeitsdienst, 1936–1937 Werkzeugschleifer in einer Nähmaschinenfabrik. Im November 1937 wurde M. zur Militärausbildung eingezogen, 1939–1945 Soldat.

Bei Kriegsende wurde M. in Oberbayern von den Amerikanern kurz interniert. Seit Juni 1945 arbeitete er als Landarbeiter.

Angesichts des Zerstörungsgrades seiner Heimatstadt entschied er sich gegen eine Rückkehr nach Dresden. Er fand eine Anstellung in einem Bamberger Elektrobetrieb und war bis 1948 Betriebsratsvorsitzender. 1946 oder 1947 wurde M. Mitglied der KPD. 1948 heiratete er. Im Februar 1948 1.Vorsitzender der Ortsverwaltung der IG-Metall, seit November Bevollmächtigter und Kassierer. 1950 trat M. zur SPD über. In den fünfziger, sechziger und siebziger Jahren übte er neben seinem Beruf mehrere ehrenamtliche Tätigkeiten aus: seit 1952 war er Arbeitsrichter beim Arbeitsgericht Bamberg, seit 1955 Landessozialrichter beim Bayerischen Landessozialgericht, seit 1957 im Verwaltungsausschuß des Arbeitsamtes Bamberg. Weiterhin führte er den Vorsitz im Ortsausschuß der Allgemeinen Ortskrankenkasse (AOK). M. starb am 1.9.1977.

Markscheffel, Günter, geboren am 16.11.1908 in Gleiwitz; Journalist, bis 1933 Lokalredakteur der SPD-Zeitung „Waldenburger Bergwacht"; 1933 nach einem Zusammenstoß mit der SA Flucht ins Saargebiet; seit 1936 Emigration in Frankreich, in Paris Montagelehre, 1936–1938 Vorsitzender der SAJ Paris, ab Januar 1938 Vorstandsmitglied des „Landesverbandes Deutscher Sozialdemokraten" in Frankreich; 1939 interniert, 1940–1944 in Südfrankreich im Untergrund; 1945 als Sekretär der neugegründeten SPD-Landesgruppe in Opposition zu Einheitsfrontbestrebungen mit der KPD. Im Dezember 1945 Rückkehr nach Deutschland; ab 1947 Chefredakteur der SPD-Zeitung „Die Freiheit" in Mainz, 1948–1957 SPD-Bezirksvorsitzender Rheinhessen, MdL, 1957–1970 Chefredakteur des „Sozialdemokratischen Pressedienstes"; 1970–1974 persönlicher Referent von Bundespräsident Gustav Heinemann. M. lebte 1977 in Bonn.

Biographisches Handbuch der deutschsprachigen Emigration nach 1933. Bd. 1. München 1980.

Marx, Franz, geboren am 26.1.1903 in Köln. Der Vater, ein gelernter Kesselschmied, war Angestellter des DMV, Sekretär der SPD in Bonn und Abgeordneter des Preußischen Landtags; drei Geschwister; 1917 Beginn einer Lehre als Maschinenschlosser in Düsseldorf. Mit vierzehn Jahren trat er dem DMV bei, 1917/1918 war er einer der Gründer der Düsseldorfer Gewerkschaftsjugend; seit 1919 Maschinenschlosser in Bonn, Mitglied der AJ und der SPD. 1920 wurde er Vorsitzender der AJ, 1923 der Bonner Jungsozialisten. Im selben Jahr mußte M. Bonn verlassen, da er von der französischen Militärpolizei als Gegner der Besatzungspolitik und der Separationsbestrebungen im Rheinland gesucht wurde. Daraufhin ging er nach München, dort war er erneut in seinem Beruf tätig. Anfang 1924 nahm er an einem sechsmonatigen Kursus der Heimvolksschule Tinz in Thüringen teil; anschließend ehrenamtlicher Jugendleiter der Münchener Gewerkschaften. 1925 schied M. noch einmal aus dem Arbeitsleben aus. Bis zum Frühjahr 1927 hörte er Vorlesungen an der Universität Bonn, seinen Lebensunterhalt finanzierte er während dieser Zeit durch Vortragstätigkeit. Von 1927 bis 1930 arbeitete er bei der Fa. Maffei, danach war er arbeitslos, bis er 1932 eine Anstellung bei den Bayerischen Motoren Werken fand. Nachdem er Anhänger des Göttinger Philosophen Leonard Nelson kennengelernt hatte, trat M. 1927 aus der SPD aus und übernahm die Leitung der 10–20 Mitglieder starken Münchener ISK-Gruppe. 1931 schloß er sich der SAP an, die in München ebenfalls nur wenige Mitglieder zählte.
Seit dem Frühjahr 1933 war M. illegal tätig. Wenige Wochen nach einer Feier zum 1. Mai 1933 im Perlacher Forst, zu der die SAP-Gruppe einige hundert Exemplare der Zeitung „Der Marxist" verteilt hatte, wurde er zusammen mit neun weiteren SAP-Mitgliedern verhaftet. Er kam ins KZ Dachau, wurde aber nach einigen Monaten von einem Sondergericht mit der Begründung freigesprochen, das am 14.7.1933 erlassene „Gesetz gegen die Neubildung von Parteien" dürfe nicht rückwirkend angewandt werden. Die Münchener SAP-Gruppe setzte ihre illegale Arbeit bis 1937/1938 fort. Über Albert Heinzinger und Josef Hermannsthaler, die der fünfköpfigen Leitung angehörten, bestanden Verbindungen zu anderen SAP-Gruppen und zur SAP-„Zentrale" für Südwestdeutschland in Mannheim (vgl. die Biographie von Gustav Roos*). Öffentliche Aktionen lehnte die Münchener SAP als wenig erfolgversprechend und als zu gefährlich ab. Trotz dieser Vorsicht gelang es der Gestapo 1935, einen Spitzel einzuschleusen; aufgrund seiner Informationen wurden 1937 mehrere SAP-Mitglieder festgenommen. Mit der Verhaftung Heinzingers und Hermannsthalers – im Anschluß an die Zerschlagung der SAP Mannheim – im November 1938 hörte die illegale Gruppe auf zu bestehen.

M. war im Juli 1934 aufgrund einer Denunziation zum zweiten Mal verhaftet und acht Wochen lang festgehalten worden. In dieser und auch in späteren nicht ungefährlichen Situationen kam ihm seine berufliche Qualifikation zugute. 1934 opponierte die Gestapo gegen seine Wieder-Einstellung bei BMW, wegen des akuten Facharbeitermangels konnte sie sich jedoch nicht durchsetzen. 1937 wurde M. entlassen und für alle Rüstungsbetriebe gesperrt, doch fand er einige Monate später eine Tätigkeit als Spezialist für amerikanische Werkzeugmaschinen bei den Ford-Werken in Köln. In dieser betrieblichen Schlüsselstellung war er gegen Repressalien relativ gesichert und im Krieg unabkömmlich. Erst im Dezember 1944 erhielt er einen Einberufungsbefehl, er befolgte ihn jedoch nicht und tauchte bis zum Einmarsch der Amerikaner Anfang März 1945 unter.
Bereits im März/April bemühte sich M. zusammen mit den Gewerkschaftern Hans Böckler und Werner Hansen um einen organisatorischen Zusammenhalt der Sozialdemokraten im rechtsrheinischen Köln. Im Juli 1945 wurde er Bezirkssekretär der SPD Oberrhein, als solcher nahm er am 5./6. 10. an der ersten überregionalen Nachkriegskonferenz der SPD der Westzonen in Wennigsen teil. 1946 kehrte M. nach München zurück. Er wurde Sekretär und 1948 geschäftsführender Vorsitzender der SPD München. 1946–1949 Abgeordneter im Bayerischen Landtag. Seit Ende der vierziger Jahre gehörte M. zur Führungsgruppe der bayerischen SPD: er war Mitglied des Landesausschusses und 1952–1976 Vorsitzender des SPD-Bezirks Südbayern. 1949–1973 Mitglied des Deutschen Bundestages, langjähriger Abgeordneter des Europaparlaments, danach wieder in der Münchener SPD aktiv. M. lebte 1980 in München.

Möller, Hans (1908–1978), Heizer, 1928–1930 ISK; seit Oktober 1931 Mitglied des Dortmunder SJV und der SAP. 1933 übernahm Möller die Leitung der illegalen SAP im Bezirk Westfalen. Am 30. 10. 1934 wurde er verhaftet und am 29.7. 1935 vor dem Oberlandesgericht Hamm wegen Vorbereitung zum Hochverrat zu acht Jahren Zuchthaus verurteilt; nach Verbüßung der Haft in verschiedenen KZs; im Sommer 1944 Soldat in der Strafeinheit SS-Division Dirlewanger, ging er im Dezember 1944 zur Roten Armee über. Im Herbst 1945 kehrte er über russische und amerikanische Gefangenschaft, noch knapp achtzig Pfund wiegend, nach Dortmund zurück. Nach 1945 SPD-Funktionär.

Widerstand und Verfolgung in Dortmund. 1933–1945. Katalog der ständigen Ausstellung. Dortmund 1981.

Molz, Bernhard, geboren am 11. 1. 1905 in Elberfeld. Der Vater leitete in den zwanziger Jahren eine Druckerei der KPD, die Mutter war Hausfrau. Als dreijähriges Kind kam M. mit einer schweren Kinderlähmung ins Krankenhaus, seitdem mußte er eine Schiene am linken Bein tragen. Volksschule, Friseurlehre, im Anschluß daran verschiedene Tätigkeiten als Friseur, Leimsieder und Rohrzieher; 1920 Mitglied des KJVD, 1924 der KPD. Durch die KPD erhielt er eine Anstellung als Inseratenbuchhalter bei der kommunistischen Zeitung „Arbeitertribüne" in Krefeld. Diese Stelle verlor er 1926, als der Verlag aufgelöst wurde; im Frühjahr 1928 Filialleiter der KPD-Zeitung „Volksstimme" in Koblenz. Im Sommer 1929 wurde M. aus der KPD ausgeschlossen, Ende des Jahres verzog er nach Köln und trat dort der KPO bei; seit 1931 erwerbslos, 1932 Umzug nach Schwelm.
Seit dem Frühjahr 1933 arbeitete M. in der illegalen KPO im Ruhrgebiet unter der Leitung von Dagobert Lubinski, Düsseldorf. Als Leiter der Gruppe Schwelm unterhielt er regelmäßige Kontakte u.a. zu Ludwig A. Jacobsen* in Köln. Wie Lubinski näherte sich M. 1936 der KPD an und befürwortete die Rückgliederung der KPO in die KPD. Bei der Zerschlagung der illegalen KPO im Ruhrgebiet wurde auch M. am 28. 4. 1937 verhaftet. Am 3.6. 1938 wurde er vom Oberlandesgericht Hamm im Prozeß gegen Lubinski und 57 weitere Angeklagte zu sieben Jahren Zuchthaus verurteilt. Konzentrationslager Buchenwald. Nach Kriegsende fand M. eine Arbeit als Angestellter im Bauamt der Stadt Schwelm. In den fünfziger Jahren qualifizierte er sich für die Beamtenlaufbahn und wurde später Steuerober-

inspektor. Mitglied der KPD, später der SPD, gewerkschaftlich war er in der ÖTV organisiert. 1967 wurde M. wegen einer Erkrankung an Magenkrebs vorzeitig pensioniert. Er
starb am 12.6.1975.

Müller, Georg (1902–1967), Rohrleger und Klempner, Bruder von Karl Müller*; in der
Weimarer Republik Mitglied der KPD und der KPO; nach 1933 Widerstand im Rahmen
der Gruppe „Neu Beginnen", zweieinhalb Jahre im Zuchthaus. 1945/1946 Schulungssekre-
tär beim FDGB in Berlin-Lichtenberg, war Müller 1947 und 1948 maßgeblich an der Gründung einer SED-unabhängigen Gewerkschaftsopposition beteiligt; 1948 Vorsitzender der
Arbeitsgemeinschaft der „Unabhängigen Gewerkschaftsopposition" (UGO) und Betriebs-
sekretär der Berliner SPD, später Rechtsbeistand beim DGB in Berlin-West.

Müller, Karl, geboren am 16.8.1903 in Rathenow/Havel als drittes von fünf Kindern. Der
Vater war Klempner. M. besuchte die Volksschule. 1917 kam er von Berlin aus, wo die Familie inzwischen lebte, mit einem Kindertransport zur Erholung ins neutrale Dänemark,
dort wurde er von einer dänischen Familie aufgenommen. Die finanzielle Förderung seitens
dieser Familie ermöglichte ihm später den Besuch einer Privatschule für Bauingenieure.
Ausbildung zum Zahnradtechniker, seit 1923 Tätigkeit in diesem Beruf. Als Jugendlicher
gehörte M. dem KJVD an, 1921 Mitglied der KPD, 1929 der KPO. Ob er sich später der
SAP anschloß, ließ sich nicht ermitteln. 1931–1934 arbeitslos.
Seit dem Frühjahr 1933 fanden bei M. illegale Zusammenkünfte statt. Nach zwei Hausdurchsuchungen wurden diese 1934 als zu gefährlich abgebrochen. Seit 1934 Arbeit als technischer Angestellter, seit 1936 als Ingenieur. Wegen seiner Beschäftigung in einer Akkumu-
latorenfabrik wurde M. im Krieg unabkömmlich gestellt; seine Frau und seine zwei Kinder
wurden 1943 wegen der Luftangriffe nach Schlesien evakuiert.
1945 Mitglied der KPD, seit 1945/1946 Angestellter bei der Fahrbereitschaft der Sowjetischen Militäradministration (SMA) in Berlin-Treptow. Obwohl er im Ostsektor der Stadt
wohnte und arbeitete, schloß sich M. 1947 in Westberlin der SPD an. 1948 verlor er seinen
Arbeitsplatz bei der SMA, da er sich weigerte, eine Erklärung gegen die Währungsreform in
den Westzonen zu unterschreiben. Seit März 1949 Tiefbauingenieur bei der Westberliner
Stadtentwässerung, 1953 als Beamter; 1956 fluchtartige Übersiedlung in die Westsektoren
Berlins; Anfang der sechziger Jahre Austritt aus der SPD. 1964 wurde M. nach einem
Schlaganfall pensioniert. Er starb am 28.6.1971.

Nagel, Fritz, geboren am 27.9.1897 in Brieg/Schlesien. Der Vater war Arbeiter in einer
Drahtseilerei und politisch kaisertreu-national eingestellt, die Mutter arbeitete als Wäscherin und Putzfrau; neun Geschwister. Nach der Volksschule erlernte N. in einer vierjährigen
Lehre das Buchdrucker-Handwerk. Von 1914 bis 1918 war er Soldat bei der Artillerie in
Flandern. Unter dem Eindruck des Krieges, in den er 1914 mit Begeisterung gezogen war,
wurde N. Sozialist. 1919 trat er der SPD bei und wurde Mitglied des „Zentralverbands proletarischer Freidenker". 1922 heiratete er, aus der Ehe gingen bis 1927 drei Kinder hervor;
von 1924 bis 1933 Stadtverordneter in Brieg. Wegen seiner politischen Tätigkeit mußte er
schwere berufliche Benachteiligungen hinnehmen; die Qualifizierung zum Meister wurde
ihm verweigert, Mitte der zwanziger Jahre verlor er im Anschluß an einen Streik, den er geleitet hatte, seine Arbeit. Danach war er mehrere Jahre arbeitslos, bis ihn die Gemeinde
Brieg als Gasableser einstellte. Neben der Kommunal- und Parteiarbeit engagierte sich N.
vor allem in der Jugend- und Arbeiterbildung. Die Gründung der Brieger Volkshochschule
ging im wesentlichen auf ihn zurück. 1931 Mitglied der SAP. Nach der Machtübernahme
durch die Nationalsozialisten wurde N. als Gemeindeangestellter entlassen und war bis
1936 arbeitslos. Etwas Geld verdiente er als Hausierer und Obstverkäufer. Seit 1933 führte
er die SAP in Brieg und Umgebung in enger Zusammenarbeit mit der illegalen Bezirksleitung in der SAP-Hochburg Breslau fort.
Dort hatten sich im Oktober 1931 große Teile der SPD der neugegründeten SAP ange-

schlossen: der langjährige Breslauer SPD-Vorsitzende Dr. Ernst Eckstein*, der Parteisekretär Max Rausch, der Breslauer Reichstagsabgeordnete Hans Ziegler*, 16 von 34 Stadtverordneten sowie fast alle Mitglieder der SAJ und der Jungsozialisten. Nach der Verhaftung Ecksteins* noch in der Nacht des Reichstagsbrands, am 27.2.1933, übernahm August Enderle* die Leitung des rund 3000 Mitglieder zählenden Bezirksverbands. Seit dem Verbot der Parteizeitung „SAZ – Sozialistische Arbeiter Zeitung" am 28.2. gab die illegale SAP ein Mitteilungsblatt heraus, von dem wöchentlich 3–5 000 Exemplare erschienen. Diese breite und wenig konspirative Massenarbeit mit ihrem Höhepunkt nach der Ermordung Ernst Ecksteins* am 7.5.1933 wurde der Breslauer SAP zum Verhängnis. Erkenntnisse, die die Gestapo mittels Folterungen gewonnen hatte, führten Mitte Juli zur Verhaftung von etwa 20 SAP-Funktionären; August Enderle gelang die Flucht. Das Mitglieder-Reservoir der SAP war in Breslau jedoch so groß, daß die illegale Arbeit nach einer kurzen Unterbrechung unter Leitung des Buchdruckers Willi Kalinke fortgesetzt werden konnte. Das Ende des organisierten Widerstandes der SAP in Schlesien kam 1936: In Breslau wurden Anfang 1936 22 Stadtteil- und Gruppenleiter verhaftet. Auch N. wurde im Zusammenhang mit dieser Verhaftungswelle am 2.4.1936 festgenommen und im Frühjahr 1937 in einem SAP-Prozeß vor dem Oberlandesgericht Breslau zu drei Jahren Zuchthaus und „Ehrverlust" verurteilt. Bis zum April 1939 war er im Zuchthaus Brandenburg-Görden und im Arbeitslager Dessau-Rosslau inhaftiert. Seine Frau Helene entging 1936 nur wegen ihrer Kinder der Verhaftung, bis 1939 wurde sie ständig überwacht. In dieser Zeit erhielt sie von staatlichen Stellen pro Monat RM 14,20 Unterstützung. Nach dem 20.Juli 1944 wurde N. erneut verhaftet und in das KZ Groß-Rosen gebracht. Bei der Evakuierung des Konzentrationslagers im Februar 1945 wurde er in ein Lager des SS-Arbeitskommandos Hersbruck bei Nürnberg überstellt. Von dort kam er nach Dachau, wo er am 29.4.1945 zusammen mit mehr als 30000 Häftlingen aus 31 Ländern von amerikanischen Truppen befreit wurde. Da er an Hungertyphus litt und wegen einer Zertrümmerung des Schambeins, die er sich während seiner Haft in den Jahren 1936–1939 zugezogen hatte, schwer körperbehindert war, wurde er in ein Bamberger Krankenhaus eingewiesen.
In Bamberg traf er im Frühjahr 1946 seine Familie, die aus Schlesien ausgewiesen worden war, wieder. N. wurde Kassenleiter im Arbeitsamt. Trotz seiner körperlichen Behinderung – er konnte sich nur mit Hilfe von Krücken fortbewegen – war er äußerst aktiv. Seine Frau fuhr ihn im Rollstuhl zur Arbeit und zu den politischen Versammlungen. In kurzer Zeit wurde N. führendes Mitglied der Bamberger SPD und der Gewerkschaften. Neben der Partei- und Gewerkschaftsarbeit widmete er sich dem Auf- und Ausbau der „Arbeiterwohlfahrt" und der Flüchtlingsbetreuung. Auf seine Initiative hin wurde in Bamberg eine Volkshochschule gegründet. N. starb am 6.5.1948 an den Folgen einer im KZ nicht behandelten Knochenverletzung, die eine bösartige Geschwulst nach sich zog. Außer der SPD und den Gewerkschaften rief auch die KPD Bamberg ihre Mitglieder dazu auf, sich zahlreich an dem Begräbnis dieses „überzeugten Kämpfers für die Sache des Sozialismus" zu beteiligen.

Nelke, Günter, geboren am 31.12.1908 in Stettin. Der Vater war Textilkaufmann. In den zwanziger Jahren engagierte sich N. im „Deutsch-jüdischen Wanderbund Kameraden". Nach dem Abitur 1928 absolvierte er eine dreijährige Kaufmannslehre; Mitglied des ZdA; im Frühjahr 1930 Beitritt zur SPD, 1931 SAP. Als stellvertretender Bezirksvorsitzender und Kassierer von Pommern betreute N. die wenigen SAP-Stützpunkte in Greifswald, Stralsund und Köslin. 1933 war er an der Herausgabe des illegalen SAP-Informationsblattes „Trotz alledem" beteiligt. Anfang September zerschlug die Gestapo die meisten SAP-Gruppen in Pommern, Ende des Monats floh N. über das Riesengebirge in die ČSR. In Prag war er seit 1934 Angestellter der „Demokratischen Flüchtlingsfürsorge", die von Kurt Grossmann, dem ehemaligen Generalsekretär der „Deutschen Liga für Menschenrechte", geleitet wurde und die sich insbesondere der Emigranten annahm, die nicht den beiden großen Arbeiterparteien angehörten. Mitte der dreißiger Jahre lebten in Prag etwa 20–30 SAP-Mitglieder. Im April 1934 stellte N. zusammen mit neun weiteren SAP-Mitgliedern ein Eintrittsgesuch

an die SOPADE; dieses wurde mit der Begründung abgelehnt, daß in der Emigration keine Aufnahmen vollzogen würden. Dagegen wurde er in die Jugendorganisation der sudetendeutschen „Deutschen Sozialdemokratischen Arbeiterpartei" aufgenommen und arbeitete illegal im Rahmen der Gruppe „Neu Beginnen". Am 23. 5. 1938 verließ Kurt Grossmann die ČSR und übergab N. die „Demokratische Flüchtlingsfürsorge". Obwohl er als Jude und Sozialist doppelt bedroht war, reiste N. erst am 4. 3. 1939, elf Tage vor dem Einmarsch der deutschen Truppen, fast als letzter von Prag nach Frankreich aus. Die geplante Weiterreise nach England, wo seine Freundin Marianne in der Emigration lebte, scheiterte infolge des Kriegsausbruchs. Im November 1939 Meldung als Freiwilliger zur französischen Armee; am 4. 6. 1940 schwer verwundet, einen Tag später in deutsche Kriegsgefangenschaft. Bei den sich anschließenden Verhören gelang es N., sich in französischer Sprache als gebürtiger Pole mit Wohnsitz im unbesetzten Marseille auszugeben; im Sommer 1941 als Schwerverwundeter aus der Kriegsgefangenschaft entlassen; Verleihung des französischen Ordens „Croix de guerre". Seine Eltern wurden 1940 in das polnische Ghetto Piaski deportiert, dort kamen sie später beide ums Leben. Seit 1942 arbeitete N. in einem Arbeitslager für Ausländer, die in der französischen Armee Dienst getan hatten, erst bei Montauban, später in der Corrèze. Trotz zahlreicher Kontrollen seitens der Gestapo blieb seine Identität verborgen. Zusammenarbeit mit der Résistance; Beteiligung an Waffentransporten. Zwei Tage vor der Landung der Alliierten in der Normandie tauchte er zusammen mit anderen im Maquis der Corrèze unter, um deutsche Truppentransporte durch dieses Gebiet zu verhindern. Im Oktober 1944 als Angehöriger der Résistance demobilisiert; anschließend in Paris als Beauftragter des IRRC Betreuung von überlebenden Emigranten.
Nachdem er im Frühjahr 1946 seine Freundin in England geheiratet hatte, kehrte er mit ihr im September nach Deutschland zurück. In Hannover Mitarbeiter der KZ-Betreuungsstelle im Regierungspräsidium; Mitglied der SPD; gewerkschaftlich in der DAG, später in der ÖTV organisiert; seit 1947 Sachbearbeiter, später Leiter der Betreuungsstelle für Flüchtlinge aus der DDR beim Parteivorstand der SPD, der im Juni 1951 seinen Sitz von Hannover nach Bonn verlegte. Nach einem Herzinfarkt 1969 war N. lange Zeit krank, 1971 ging er in den Ruhestand. Seitdem arbeitet er im Bonner Ortsverein der SPD mit, er ist im Vorstand der „Arbeitsgemeinschaft für Bildung und Kultur" und ehrenamtlicher Buchhalter der „Deutsch-Israelischen Gesellschaft". N. lebte 1980 in Bonn.

Jörg Bremer: Die Sozialistische Arbeiterpartei Deutschlands (SAP). Untergrund und Exil 1933–45. Frankfurt a. M. 1978; Kurt R. Grossmann: Emigration. Geschichte der Hitler-Flüchtlinge 1933–1945. Frankfurt a. M. 1969; Biographisches Handbuch der deutschsprachigen Emigration nach 1933. Bd. 1. München 1980.

Neumann, Siggi (Siegmund) (1907–1960), Buchhändler und kaufmännischer Angestellter; 1926 Mitglied der KPD, Anhänger der sog. Versöhnler-Gruppe; 1933 Emigration, 1934 in Paris aus der KPD als „Bucharinist" ausgeschlossen; Mitglied der Exil-KPO; 1937 Freiwilliger im Spanischen Bürgerkrieg, verwundet; 1938 nach Stockholm; in der „Landesgruppe deutscher Gewerkschafter" in Schweden Vertreter der linken Opposition, die das von der SPD und der KPD getragene Konzept einer künftigen Einheitsgewerkschaft ohne marxistisch-revolutionäre Festlegung ablehnte; im April 1946 Rückkehr aus dem Exil, unter dem Eindruck der Deutschlandpolitik der Sowjetunion Eintritt in die SPD; 1947 kurze Zeit Leiter des Ostbüros beim Parteivorstand (PV) der SPD, das sich um eine konspirative Fortführung der SPD-Parteiarbeit in der SBZ bemühte; 1947–1954 Betriebsgruppenreferent beim PV der SPD, dann beim Hauptvorstand der IG Metall in Frankfurt a. M.

Ohlhof, Fritz (1889–1946), Redakteur der sozialdemokratischen Mainzer „Volkszeitung", 1931–1932 zusammen mit Heinrich Galm* SAP-Abgeordneter im Hessischen Landtag; 1941–1945 im Konzentrationslager, 1946 kam O. bei einem Autounfall ums Leben. Vgl. auch die Biographie von Walter Heist.*

Opel, Fritz, geboren am 26.8. 1912 in Hindenburg/Oberschlesien, sein Vater fiel 1916 im Krieg, seine jüdische Mutter war Redaktionssekretärin; 1930/31 Beginn eines Jurastudiums, 1933 Exmatrikulation; im Sommer 1933 Mitglied der illegalen KPD, im November 1934 verhaftet; im Februar 1937 vor dem 3. Strafsenat des Volksgerichtshofes in Berlin unter Anrechnung der Untersuchungshaft zu drei Jahren Zuchthaus verurteilt, im Dezember 1937 entlassen; Mitte 1938 Flucht über den Bodensee nach Zürich, dann Paris; dort Anhänger der ehemaligen Versöhnler-Fraktion der KPD; 1940 interniert; 1941 über Oran und Trinidad in die USA; 1943 amerikanischer Staatsbürger und zur Armee eingezogen, ab Herbst 1944 als GI erst in Frankreich und dann in Deutschland; 1946 ausgemustert; 1948–1954 Angestellter des IRRC in Frankfurt; gemeinsam mit Fritz Lamm* Herausgeber und Redakteur der Zeitschrift „Funken. Aussprachehefte für internationale und sozialistische Politik"; nach der Wiedererlangung der deutschen Staatsbürgerschaft 1953 Mitglied der SPD; Studium der Politik, Soziologie und öffentliches Recht, 1956 bei Wolfgang Abendroth* promoviert; seit Dezember 1956 Vorstandssekretär der IG Metall, 1957 Leiter der Auslandsabteilung, später Leiter der Abteilung Grundsatzfragen; Verantwortlicher der IG Metall-Kampagne gegen die Notstandsgesetze; 1968–1972 Beisitzer im Unterbezirksvorstand der SPD in Frankfurt, ehrenamtlicher Stadtrat; O. starb am 14. 10. 1973.

Karljosef Kreter: Funken. Aussprachehefte für internationale sozialistische Politik. Entstehung und Entwicklung einer Zeitschrift der „heimatlosen Linken" in der Ära Adenauer (1950–1959). Unveröffentlichte Staatsexamensarbeit. Göttingen 1980.

Oppler, Kurt, geboren am 24. 11. 1902 in Breslau, jüdischer Herkunft, katholisch. Der Vater, der 1930 starb, war Kaufmann. Seit 1921 studierte O. an der Universität Breslau Philosophie und Kunstwissenschaften, von 1924 bis 1926 war er in einem Textilbetrieb kaufmännisch tätig. Von 1926 bis 1929 studierte er Rechts- und Staatswissenschaften, 1930 wurde er zum Dr. jur. promoviert. Seit 1929 war er Referendar bei dem Breslauer SPD-Vorsitzenden, Ernst Eckstein*, der als „Anwalt der Armen" in der Stadt großes Ansehen genoß. In dieser Zeit arbeitete O. als Strafverteidiger vorwiegend in politischen Prozessen; zugleich war er aber auch politischer Mitarbeiter Ecksteins. Anfang Oktober 1931 nahm O. an der Gründung der ersten SAP-Ortsgruppe in Breslau teil. Mitte Oktober konstituierte sich unter seinem Vorsitz ein provisorischer Hauptvorstand des „Sozialistischen Studentenverbands" (SStV), der Studentenorganisation der SAP. Nennenswerte Gruppen des SStV, der über ein- bis zweihundert Mitglieder nicht hinauskam, entstanden jedoch nur in Breslau und in Berlin. Im November 1932 legte O. sein Assessorexamen ab. Da in Breslau für zwei SAP-Rechtsanwälte keine Existenzgrundlage bestand, eröffnete er ein Anwaltsbüro im oberschlesischen Gleiwitz. Dadurch entging er den Verfolgungen, die in Breslau im Frühjahr 1933 unter Leitung des neuen Polizeipräsidenten, des Feme-Mörders und SA-Gruppenführers Edmund Heines, einsetzten.
Obwohl O. den NS-Bestimmungen zufolge Jude war, konnte er aufgrund des Genfer Abkommens über den Minderheitenschutz in Oberschlesien sein Anwaltsbüro in den ersten Jahren der Diktatur fortführen. Er engagierte sich als Verteidiger politisch Verfolgter und war Rechtsanwalt vor dem Internationalen Schiedsgericht in Kattowitz. Nach Ablauf des Genfer Abkommens 1937 wurde ihm die Ausübung seines Berufes aus rassischen Gründen verboten. Danach wurde O. erneut kaufmännisch tätig. 1938 emigrierte er zusammen mit seiner Frau Rosa nach Holland. Er erhielt ein Einreisevisum für die USA, doch wurde im Mai 1940 das für die Überfahrt vorgesehene Schiff versenkt. Gezwungenermaßen blieb O. in Belgien, seinen Lebensunterhalt verdiente er durch Übersetzungen und Privatunterricht. Während des Krieges arbeiteten O. und seine Frau mit der belgischen Résistance zusammen; dreimal ausgebombt. Seit Kriegsende war O. in Namur (Belgien) in einem amerikanischen Büro für Schadensfeststellungen beschäftigt. Im Anschluß an eine Reise durch die US-Zone im April 1946 kehrte er nach Deutschland zurück; seit Mai 1946 Ministerialdirektor und Leiter der Abteilung für öffentliches Arbeitsrecht im hessischen Justizministerium

unter Georg August Zinn. 1947 war er u. a. an der Ausarbeitung des Betriebsverfassungsgesetzes beteiligt; Mitglied der VVN, im Herbst 1946 trat er der SPD bei. Im Oktober 1947 übernahm O. die Leitung des Personalamts der Bizonen-Verwaltung in Frankfurt a. M.. Im März 1952 wechselte er in den Auswärtigen Dienst über, seit 1953 vertrat O. die Bundesrepublik als Botschafter in Island, Norwegen (1956), Belgien (1959) und Kanada (1963). Seit 1966 im Ruhestand, O. starb am 29. 4. 1981 in Baden-Baden.

Biographisches Handbuch der deutschsprachigen Emigration nach 1933. Bd. 1. München 1980.

Osner, Karl, geboren am 26. 5. 1901 in Griesheim a. M. als Sohn eines sozialdemokratischen Metallarbeiters; gelernter Feinmechaniker; 1919 KPD; Mitte der zwanziger Jahre Angestellter in einer KPD-Buchhandlung in Krefeld; um 1926/27 Rückkehr nach Frankfurt; 1928 Arbeiter in einer Schreibmaschinenfabrik, Betriebsrat; 1928 Austritt aus der KPD; KPO, dann SAP, Organisationssekretär; seit 1931 arbeitslos; 1933 Leiter der illegalen SAP-Gruppe in Frankfurt; im Juli von befreundeter Seite gewarnt, daß ein Haftbefehl gegen ihn vorliege; zusammen mit seiner Frau Carola Flucht nach Frankreich, von der NS-Regierung ausgebürgert; O's Schreibmaschinenreparaturbüro in Paris und nach 1941 in New York war ein Treffpunkt der politisch-literarischen Emigration; O. starb 1972 in den USA.

Karl Osner, in: Arbeiterjugendbewegung in Frankfurt 1904–1945. Gießen 1978, S. 163.

Ostermann, Franz, geboren am 9. 3. 1899 in Sallgast/Niederlausitz. Der Vater war Maurer, beide Eltern gehörten der SPD an; drei Geschwister, vier weitere Kinder starben im Säuglingsalter. Nach der Jahrhundertwende verzog die Familie nach Berlin. Im Anschluß an die Volksschule ließ sich O. zum Schneider ausbilden. 1913 Mitglied, später Vorsitzender der AJ in Berlin-Kreuzberg. 1916 trat er dem später kommunistisch geführten Berliner Turnverein „Fichte" bei. Seit 1914 gewerkschaftlich organisiert. Am 1. Mai 1916 beteiligte sich O. zusammen mit mehreren tausend Menschen an der ersten größeren Antikriegsdemonstration der Spartakus-Gruppe auf dem Potsdamer Platz, in deren Verlauf Karl Liebknecht verhaftet wurde. Von 1917 bis zum März 1919 Soldat, Mitglied des Soldatenrats seiner Kompagnie in Eisleben. Im April 1919 Mitglied der USPD, 1921 der KPD. In dieser übernahm er die Funktion eines Literaturobmanns, zugleich war er in der „Roten Hilfe" aktiv. Seit 1920 engagierte er sich in der Freien Sportbewegung, er wurde Mitglied der 11. Männerabteilung (Berlin-Kreuzberg) des „Arbeiter- Turn- und Sportbundes", später Jugendleiter und in den Jahren vor 1933 deren 2. Vorsitzender. 1924 trat O. aus der KPD aus, vermutlich veranlaßt durch die nahezu vollständige Beherrschung der Berliner KPD-Organisation durch den linken Parteiflügel, danach war er parteilos. In den zwanziger Jahren Schneider in einer Fabrik, von 1926 bis 1929 Betriebsrat; nach einem Streik 1929 entlassen und daraufhin bis 1934 arbeitslos; 1931 Eintritt in die SAP, Organisationsleiter einer SAP-Gruppe.
Wegen Fortführung des Arbeitersports wurde O. im August 1933 verhaftet und zwei Monate lang in der Gestapo-Zentrale Prinz-Albrecht-Straße und im berüchtigten Columbia-Haus der SS verhört. Bei zwei Haussuchungen wurde kein belastendes Material gefunden. Nach seiner Entlassung konnte O. seine Genossen warnen, er wechselte die Wohnung, lebte in der Illegalität und zog 1935 nach Buchholz, einem Außenbezirk von Berlin. Seit 1934 arbeitete er bei der Fa. Peek & Cloppenburg, die im Krieg Uniformen herstellte. Im Oktober 1944 eingezogen. Bei Kriegsende geriet O. in sowjetische Gefangenschaft, wegen einer Erkrankung an Ruhr wurde er jedoch bereits wenige Monate später nach Berlin entlassen. 1950 wurde O. nach einer zweijährigen Kandidatur Mitglied der SED. 1949 und 1950 Betriebsgruppenleiter in der Textilfabrik „VEB Fortschritt". Von 1950 bis 1964 arbeitete er als Lehrlingsausbilder, später als Lehrmeister in der Lehrwerkstatt dieses Betriebes. Für seine Verdienste im Berufsleben wurde er mehrfach ausgezeichnet. O. starb am 3. 9. 1970.

Palmer, Otto, geboren am 17.7. 1914 in Stuttgart. Der Vater war Buchdrucker beim DMV, die Mutter Hausfrau und Heimarbeiterin. P. besuchte die Realschule, 1929 begann er eine dreieinhalbjährige Lehre als Tapezierer; in diesem Beruf arbeitete er bis 1945. Unter dem Eindruck der Stimmengewinne der Nationalsozialisten in der Wahl vom 14.9. 1930 trat P. der SAJ bei, im Oktober 1931 schloß er sich dem SJV an.

In der illegalen SAP-Gruppe Stuttgart stellte P. 1933 verschiedene interne Informationsschreiben zusammen, die vervielfältigt wurden. Nachdem ein von ihm mit synthetischer Tinte geschriebener Briefwechsel mit Mitgliedern der illegalen SAP in Berlin entdeckt worden war, wurde er am 16.12. 1933 verhaftet. Im September 1934 zu einem Jahr und acht Monaten Gefängnis verurteilt; im Anschluß an die Haft häufig arbeitslos, später erneut einige Monate inhaftiert. Infolge der „Wehrunwürdigkeit", zu der er verurteilt worden war, wurde P. im Krieg nicht als Soldat eingezogen.

1945 trat P. der SPD bei. Von 1946–1948 war er öffentlicher Kläger und Spruchkammervorsitzender in Entnazifizierungsverfahren. Von Dezember 1947 bis 1975 Abgeordneter im Stuttgarter Stadtrat, ca. zehn Jahre Vorsitzender der SPD-Fraktion; 1948–1968 Vorsitzender der Dritten Kammer des Arbeitsgerichts Stuttgart; seit 1969 kaufmännischer Vorstand bei den Technischen Werken der Stadt Stuttgart, Ende 1979 pensioniert. P. lebte 1980 in Stuttgart.

Pauli, Hubert, geboren am 20.5. 1908 als einziger Sohn in einem bürgerlichen Elternhaus. Der Vater war Möbelfabrikant; 1927 Abitur, Studium an der Universität Köln; ein Semester Theologie, dann Nationalökonomie, Soziologie und Philosophie. Die politische Situation im Köln der zwanziger Jahre war geprägt vom Dominieren des politischen Katholizismus und der Existenz einer traditionalistischen, ausgesprochen reformorientierten SPD. Dagegen fielen linkssozialistische Gruppierungen wie die „Sozialistische Studentenschaft", der ISK und die „Roten Kämpfer", die im Vergleich zu anderen Städten in Köln verhältnismäßig stark waren, zahlenmäßig nicht ins Gewicht, hatten aber als Stützpunkte junger Intellektueller eine gewisse Bedeutung. P. wurde – wie der spätere Politische Leiter der illegalen KPO im Bezirk Niederrhein Hans Mayer – aktives Mitglied der „Sozialistischen Studentenschaft" und 1931 der SAP, die in Köln bei der Reichstagswahl vom 31.7. 1932 586 Stimmen erhielt. Nach Auseinandersetzungen mit den Nationalsozialisten an der Universität ging er 1932 nach München. Dort begann er ein Medizinstudium und widmete sich dem Aufbau einer konspirativen Gruppe.

Im Kölner Widerstand spielten die Mitglieder der linkssozialistischen Gruppen und Parteien, insbesondere der SAP und ihres Jugendverbandes SJV, eine bedeutende Rolle. Motor des SAP-Widerstandes war bis 1934 Erich Sander, der Sohn des berühmten Fotografen August Sander. Im zweiten Halbjahr 1934 wurden 18 SAP-Mitglieder verhaftet und zu hohen Zuchthausstrafen verurteilt. P. kehrte 1935 nach Köln zurück und schloß sich der illegalen SAP an, in der auch Lotte und Ernst Singer* arbeiteten. Über Karl Völker* und die 1934 emigrierte Hilde Singer* wurde illegales Material beschafft und verteilt. P. war einer der aktivsten, er leistete Fluchthilfe für bedrohte Juden, hielt sich mehrfach illegal in Holland auf. Im Juni 1936 bei der Verhaftung von Lotte und Ernst Singer war ihm die Gestapo unter seinen Decknamen „Thomas", „Tom" und „John" dicht auf der Spur. 1937 Examen, 1938 Vertreter eines Arztes in einer Klinik; mit Zustimmung seiner Genossen und mit notarieller Beglaubigung eines befreundeten Anwalts Eintritt in die SS, Mitglied der SS-Ärzteschaft; 1938 zweimalige Verhaftung wegen seiner Beziehung zu Juden und wegen des Verdachts illegaler Arbeit; im Dezember 1939 zur Waffen-SS eingezogen; Internist in einem SS-Lazarett bei München; 1942 Leiter eines Flecktyphus-Lazaretts in Finnland. Während des Heimaturlaubs malte er in Uniform NS-feindliche Parolen auf den Kölner „Ring". Im selben Jahr heiratete er. 1943 erklärte er seiner Frau, daß er nicht mehr in das finnische Lazarett zurückkehren könne. Auf dem Rückflug ließ er sich aus dem landenden Flugzeug fallen und mußte in ein Krankenhaus eingewiesen werden. Versetzung nach Meran, als Internist Chef eines Lazaretts; während des ganzen Krieges illegale Kontakte; im März 1945

Versetzung als Standortkommandant nach Leipzig. P. setzte sich ab und blieb bis Kriegsende in München im Untergrund. Nach der Befreiung durch die Amerikaner widmete er
sich der medizinischen Betreuung der Überlebenden des KZ Dachau.
Leitende Position in der Ärztekammer München. Nach 1945 erhielt P. Urkunden von Emigranten aus Israel und den USA, daß er als Antifaschist in der SS tätig war; 1949 Inhaber
eines Ausweises für politisch, rassisch und religiös Verfolgte; 1946 Rückkehr nach Köln. P.
war ein führendes Mitglied des „Kölner Kreises" (vgl. S. 341). Er trat nach 1945 keiner Partei bei. Beruflich arbeitete er als Werksarzt und als Vertrauensarzt der Landesversicherungs-
anstalt Rheinland. P. litt jahrelang an Depressionen; er starb 1954 an den Folgen einer Mor-
phiuminjektion.

Pennekamp, Wilhelm, geboren 1894, SPD-Mitglied, dann SAP-Funktionär, vor 1933 Wirt
im Duisburger Gewerkschaftshaus; wegen illegaler Arbeit wurde Pennekamp im August
1935 in Dortmund im Prozeß gegen Eberhard Brünen* zu achtzehn Monaten Zuchthaus
verurteilt. Nach 1945 Mitglied der SPD, Angestellter bei der ÖTV (Vgl. auch die Biographie von Oskar Triebel*).

Pfaffenhäuser, Franz, geboren am 30.11.1895 in Monreal/Eifel. Der Vater war Seifensieder,
die Mutter Sammetweberin in Heimarbeit. Pf. lernte Hutmacher in Mayen. Aus Gesundheitsgründen gab er den geplanten Beruf auf und trat in die Möbelwerkstatt seines Schwagers in Bonn ein. Um 1913 AJ; 1918/1919 Mitglied der KPD. 1923 beteiligte sich Pf. am sog.
Ruhrkampf der KPD gegen die französische Besatzungsmacht. Dem Zugriff der Polizei
konnte er sich durch Flucht in das unbesetzte Gebiet entziehen. 1925 ermöglichte die Londoner Amnestie Pf. die Rückkehr nach Bonn. Im selben Jahr übernahm er die KPD-Buchhandlung in Frankfurt a. M. 1928 geriet er in Konflikt mit der politischen Linie der KPD.
Zusammen mit seiner Frau Änne trat er aus der Partei aus und verlor dadurch seine Arbeit.
Beide wurden aktive Mitglieder der KPO. Später mietete Pf. eine Werkstatt in einem Frankfurter Vorort, er arbeitete gebrauchte Möbel auf und handelte mit Antiquitäten und Kunst-
gegenständen aller Art.
Seit der Machtübernahme durch die Nationalsozialisten arbeitete Pf. illegal im Rahmen der
KPO. Zunächst beteiligte er sich an der von Philipp Pless* geleiteten Gruppe „Einheit", der
in Frankfurt ungefähr zwanzig, in Offenbach zehn Mitglieder angehörten. Bis zum November 1933 gab diese Gruppe zehn Nummern einer Zeitschrift gleichen Namens heraus, einen
Monat später hörte sie mit der Flucht von Philipp Pless ins Saarland auf zu bestehen. Anfang
1937 kam die Gestapo durch Angaben des 1936 im Rheinland verhafteten KPO-Kuriers,
Hans Löwendahl*, auch der Frankfurter Organisation der KPO auf die Spur. Pf. wurde am
3.5.1937 verhaftet und am 15.7.1938 in Kassel zu zweieinhalb Jahren Zuchthaus verurteilt,
die er u.a. in Ludwigsburg absaß. Nach Verbüßung der Haft wurde er im April 1940 zu
erneuten Verhören nach Frankfurt gebracht. Bis zum 23.12.1940 in Einzelhaft. Danach
Transport in das KZ Dachau. Zu seinem Lebensweg bis Ende des Krieges vgl. seinen Brief
S. 293 ff.
Nach 1945 arbeitete Pf. bis zu seiner Pensionierung 1960 in der Rentenabteilung der Bundesbahn. Politisch unorganisiert; Pf. bezeichnete sich selbst als einen „heimatlosen Linken".
Am 10.5.1977 verunglückte er auf einer Reise in Israel tödlich.

Wolfgang Abendroth: Ein Leben in der Arbeiterbewegung. Gespräche, aufgezeichnet und hrsg. von
B. Dietrich und J. Perels. Frankfurt a. M. 1976, S. 174 f.

Pilz, Louis, geboren am 6.2.1900 in Osterwieck/Harz. Der Vater, der gewerkschaftlich organisiert war und der SPD nahestand, war ein gelernter Korbmachermeister, arbeitete aber
als Maschinenwart. 1903 verzog die Familie nach Braunschweig. In dieser Industriestadt, in
der die Gegner der Burgfriedenspolitik seit 1914 die große Mehrheit der SPD-Mitglieder,
die SPD-Parteiorganisation und die Gewerkschaften hinter sich hatten, machte P. seine

ersten politischen Erfahrungen. 1916 trat er der Gewerkschaft und der AJ bei, die ihren 800–1000 aktiven Mitgliedern auch im Krieg ein breitgefächertes Vortragsprogramm über naturwissenschaftliche, völkerkundliche und politische Themen in wöchentlichen Versammlungen anbieten konnte; Verteiler der illegalen „Spartakusbriefe". 1917 wurde P. in Zusammenhang mit Antikriegsunruhen verhaftet. Gegen Ende des Krieges kurze Zeit Soldat; Anfang der zwanziger Jahre Mitglied der KPD. 1922 anläßlich der Ermordung des Außenministers Walther Rathenau nahm P. an einer Protestkundgebung sowie an dem anschließenden Versuch einer Erstürmung des Braunschweiger Gefängnisses teil, um Genossen zu befreien; zusammen mit anderen verhaftet, jedoch im Prozeß freigesprochen; als Maurer in einem Ruhrbergwerk Arbeit unter Tage; Mitglied eines Sprechchors; im Rahmen öffentlicher Veranstaltungen, u. a. auf der Ruine Scharzfeld am Harz, Deklamation revolutionärer Gedichte als Mittel kollektiver Agitation; 1922–1924 Wanderschaft durch Deutschland und die Schweiz. Seit Ende 1924 lebte P. in Stuttgart, dort arbeitete er als Maurer. 1928 wurde er wegen seines Protests gegen die RGO-Politik aus der KPD ausgeschlossen, danach Mitglied der KPO.

1933 sechs Wochen „Schutzhaft" im KZ Heuberg. Seit 1936 arbeitete P. mit der SAP-Gruppe um Richard Schmid* zusammen. Am 20. 11. 1938 verhaftet, wegen Vorbereitung zum Hochverrat zu anderthalb Jahren Gefängnis verurteilt, davon vier Monate in einem Lager bei Dieburg; anschließend bis Ende des Krieges Soldat, Kriegsgefangenschaft im Elsaß; im Mai 1946 Rückkehr nach Stuttgart; 1947 Eintritt in die SPD; ab 1947 hauptamtliche Jugend- und Bildungsarbeit im DGB; ca. acht Jahre DGB-Kreisvorsitzender von Stuttgart; seit 1965 pensioniert, 1980 lebte P. in Stuttgart.

Pless, Philipp (1906–1973), Dreher, seit 1922 Mitglied der Bezirksleitung Hessen-Frankfurt des KJV, im November 1928 Ausschluß aus der KPD; 1929–1931 zusammen mit Heinrich Galm* KPO-Bezirksleiter; 1933 Widerstandtätigkeit, Leiter der Frankfurt-Offenbacher Gruppe „Einheit" (vgl. die Biographie von Franz Pfaffenhäuser*); Ende 1933 Emigration ins Saargebiet, später nach Frankreich; 1946–1948 Parteisekretär der Offenbacher Arbeiter-Partei. 1952 Mitglied der SPD, 1958 Abgeordneter im Hessischen Landtag; 1967–1972 Vorsitzender des DGB Hessen.

Biographisches Handbuch der deutschsprachigen Emigration nach 1933. Bd. 1. München 1980.

Rabbich, Heinrich, geboren am 3. 10. 1888, Mechaniker, führender KPD-Funktionär in Essen, zeitweise im militärischen Apparat der Partei; nach der Machtübernahme durch die NSDAP an der Organisierung des kommunistischen Widerstands beteiligt; vom 1. 3. 1933 bis Ende Januar 1934 „Schutzhaft" in den KZs Kleve und Brauweiler; während dieser Zeit stürzte sich seine Frau, die zu Aussagen gegen ihren Mann gezwungen werden sollte, aus dem Fenster; sie überlebte, war seitdem aber seelisch völlig gebrochen; R. wurde am 28. 2. 1934 aus der Haft entlassen und am 2.6. 1934 in einem Prozeß vor dem Oberlandesgericht Hamm von der Anklage der Vorbereitung zum Hochverrat wegen Mangels an Beweisen freigesprochen; vom 16. 6. 1934 bis 1. 4. 1935 erneut in Haft, 1935 und Anfang 1936 wieder vernommen und gefoltert, dann am 22.9. 1936 verhaftet und zu vier Jahren Zuchthaus verurteilt; nach seiner Freilassung 1940 wurde seine schwermütig gewordene Frau im Rahmen der Euthanasie-Aktion ermordet; am 22.9. 1944 verhaftet, konnte R. im Oktober aus dem Gefängnis fliehen; im März 1945 schloß er sich in Essen einer Widerstandsorganisation an, in der deutsche NS-Gegner und russische Kriegsgefangene zusammenarbeiteten; nach Kriegsende am Wiederaufbau der KPD im Ruhrgebiet beteiligt, 1945 Mitarbeiter des KPD-Bezirksvorstandes.

Detlev Peukert: Ruhrarbeiter gegen den Faschismus. Dokumentation über den Widerstand im Ruhrgebiet 1933–1945. Frankfurt a. M. 1976.

Regenbogen, Georg **, geboren 1906 in Potsdam. Der Vater, ein Zuschneider, machte sich mit einem Konfektionsbetrieb selbständig, die Mutter war Hausfrau. Beide Eltern waren politisch gegen „autoritäres Preußentum" eingestellt. Nach der Mittleren Reife ließ sich R. zum Feinmechaniker ausbilden. Seit 1922 arbeitete er an einem wissenschaftlichen Institut in Berlin, dann in der Industrie. Durch den Kontakt zu gewerkschaftlich und politisch organisierten Facharbeitern verstärkte sich sein Interesse an politischen Fragen. Er wurde Mitglied des DMV, 1930 – nach dem Erfolg der NSDAP in der Septemberwahl – trat er der SPD bei. Er beschloß, sich weiterzuqualifizieren, und holte 1932 das Abitur an der Berliner Karl-Marx-Schule nach. Danach begann er mit Hilfe eines Stipendiums der Studienstiftung des deutschen Volkes ein Ingenieurstudium an der Universität Berlin 1932/1933 arbeitete er im Arbeitskreis junger Sozialdemokraten mit.

1934 wurde er aus politischen Gründen vom Studium ausgeschlossen. Daraufhin bewarb er sich als Ingenieur in der Industrie. Da ihm Berlin zu nationalsozialistisch geprägt war, verzog R. 1937 in das „liberalere" Schwaben. In Stuttgart arbeitete er als Ingenieur in einem großen Betrieb der Metallindustrie. 1943 Tätigkeit in einem Verlagerungsbetrieb in Berlin. Im Frühjahr 1945 kehrte R. nach Stuttgart zurück. Bei Kriegsende engagierte er sich in den Arbeitsausschüssen, einer Antifa-Organisation, die in Stuttgart seit 1945/1946 auf Stadt-teilebene auch Verwaltungsfunktionen wie Beschaffung von Wohnraum, Nahrungsmitteln und Brennstoffen sowie Trümmerbeseitigung übernahm und bis ins Jahr 1948 bestand. Er fand erneut Anstellung bei seiner alten Firma, wurde Mitglied des Betriebsrats und beteiligte sich am Aufbau der Gewerkschaften. Aus Sympathie mit den Russen und aus der Überzeugung, daß sich der Reformismus disqualifiziert habe, schloß sich R. der KPD an. Er betätigte sich im „Kulturbund zur demokratischen Erneuerung Deutschlands", organisierte Jugendlesekreise und bemühte sich um Kontakte zu den Kirchen. Im Mai 1947 äußerte er sich auf dem ersten Bundeskongreß des „Kulturbundes" in Berlin sehr kritisch über die Entwicklung in der SBZ. 1949 wurde er wegen seines Eintretens für eine eigenständige, von der Sowjetunion unabhängige Politik aus der KPD ausgeschlossen. 1969 pensioniert.

** Dieser Name ist ein Pseudonym. Er wurde auf Wunsch des Briefschreibers gewählt.

Reisner, Else, geboren 1910; Ehefrau von Konrad R., Sekretärin und Journalistin, Mitglied der Jungsozialisten; von April bis November 1933 in Schutzhaft; 1934 Flucht ins Saargebiet, im Januar 1935 nach Frankreich; Mitglied der „Revolutionären Sozialisten Deutschlands" und der „Jeunesse Socialiste Française"; Mitarbeiterin der Deutschlandberichte der SOPADE und des „Neuen Vorwärts"; im September 1940 Flucht nach Südfrankreich; über Spanien und Portugal im Oktober 1940 in die USA; nach 1945 Mitorganisatorin einer Paket-Hilfsaktion für Deutschland.

Reisner, Konrad, geboren am 2. 1. 1908 in Breslau; Studium der Rechtswissenschaften; Mitglied der SPD, dann der SAP; Sekretär der „Deutschen Friedensgesellschaft" in Breslau sowie Regionalsekretär der „Deutschen Liga für Menschenrechte" (DLM); im März 1933 Flucht nach Prag, von dort einen Monat später über die Schweiz nach Frankreich; in Paris Mitglied der SAP-Exilgruppe; Delegierter der DLM bei der Internationalen Liga für Menschenrechte; hauptamtlich für französische und deutsche Flüchtlingsorganisationen tätig; einer der Initiatoren der Friedens-Nobelpreisverleihung an Carl von Ossietzky; 1936 in Paris einer der SAP-Vertreter im Ausschuß zur Vorbereitung der deutschen Volksfront; September 1940 Flucht über die Pyrenäen nach Spanien und Portugal, im Oktober in die USA; dort tätig als Sozialarbeiter. R. lebte 1980 in Centerville/Ohio.

Biographisches Handbuch der deutschsprachigen Emigration nach 1933. Bd. 1. München 1980.

Restle, Stefie, geboren am 24. 12. 1901 in Beuron/Hohenzollern als achtes von zehn Kindern. Der Vater war Oberförster und stand im Dienst der Fürsten von Hohenzollern. R.

besuchte zunächst die Volksschule und dann die Klosterinternatsschule in Tutzing/Ober-
bayern. Danach ließ sie sich auf einer kaufmännischen Fachschule in Tuttlingen als Kauf-
mannsgehilfin und Kontoristin ausbilden. Von 1921 bis 1925 berufliche Tätigkeit in Norwegen. Seitdem im württembergischen Landesdienst, im Innenministerium und in den Landes-
arbeitsämtern Karlsruhe und Stuttgart.
1933 wurde R. wegen ihrer Mitgliedschaft in der SPD aus dem Landesdienst entlassen und
zeitweise inhaftiert. In der Folgezeit war sie arbeitslos. In den dreißiger Jahren arbeitete sie
weiterhin, wenn auch unter schwierigsten Bedingungen, für die SPD. Von 1935 bis 1947
Buchhalterin und Leiterin des Lohnbüros eines Stuttgarter Großhandels- und Werkstätten-
betriebs.
1945–1947 Betriebsratsvorsitzende; 1947–1951 SPD-Abgeordnete im Stuttgarter Stadtrat,
Mitglied der Verfassunggebenden Landesversammlung; von 1950 bis 1968 Abgeordnete in
den Landtagen von Württemberg-Baden und Baden-Württemberg. Im Dezember 1966
wurde R. für ihre Verdienste mit dem Großen Verdienstkreuz der Bundesrepublik Deutschland ausgezeichnet. Ihr besonderes Engagement galt Jugend-, Sozial-, Kultur- und Frauen-
Fragen, dabei nahm sie sich vor allem der Probleme der Blinden an. R. starb am 8.10.
1978.

Röhrig, Hugo, geboren am 31.5. 1906 in Solingen-Wald in eine seit zwei Generationen sozialdemokratische Familie. Der Vater war ungelernter Packer, die Mutter Hausfrau; Volksschule, 1920 Angestellter in einer Konsumgenossenschaft. Seit 1927 besuchte R. Kurse zur
Vorbereitung von Arbeiterkindern auf die Reifeprüfung, die in Berlin von den Schulrefor-
mern Kurt Kerlow-Löwenstein und Fritz Karsen eingerichtet worden waren. Nach dem
Abitur Anfang 1930 Studium an der Universität Köln in den Fächern Rechts- und Staatswissenschaften mittels eines Stipendiums der Studienstiftung des deutschen Volkes. R. trat aus
der evangelischen Kirche aus und wurde aktives Mitglied der „Sozialistischen Studentenschaft". Der SPD gehörte er bereits seit 1924 an; Ende 1932 beteiligte er sich am Aufbau
einer illegalen SAP-Gruppe.
Nach dem 30.1. 1933 Ausschluß aus der Studienstiftung mit der Verpflichtung, alle erhalte-
nen Mittel zurückzuzahlen. Im Frühjahr vorübergehend verhaftet. Unter größten Schwierigkeiten absolvierte R. sein erstes juristisches Staatsexamen; die bereits vorbereitete Promotion mußte unterbleiben, da er Hausverbot an der Universität erhielt. Seit 1933 umfangreiche illegale Tätigkeit im Rahmen der SAP. Vom juristischen Vorbereitungsdienst wurde R.
zunächst zurückgewiesen, doch dann erreichte er 1937 die Zulassung zum zweiten juristischen Staatsexamen. Strafversetzung in den Oberlandesgerichtsbezirk Kassel. Dem Drängen der Staatsführung auf aktive Betätigung in der NSDAP und in anderen NS-Organisa-
tionen vermochte er durch freiwillige Meldungen zu Wehrübungen auszuweichen. 1939
zum Wehrdienst eingezogen; bis Kriegsende Soldat, immer an der Front; 1941 Ernennung
zum Amtsgerichtsrat in Korbach/Waldeck, ohne dort tätig zu werden; bei Kriegsende in
amerikanische Gefangenschaft.
1946 konnte R. erstmals seinen Beruf ausüben. Er wurde Amtsgerichtsrat, dann ab November 1949 Leiter des Amtsgerichts in Solingen; Ende 1945 Mitglied der SPD. Wegen politischer Differenzen wurde R. eigenen Angaben zufolge einige Jahre später nicht mehr kassiert, womit seine Mitgliedschaft endete. 1964 Präsident im Entschädigungssenat beim
Oberlandesgericht Düsseldorf; 1971 pensioniert; Mitglied der „Humanistischen Union"
(HU), später Austritt aus Protest gegen die Politik des HU-Mitglieds Innenminister Maiho-
fer. R. lebte 1980 in Solingen.

Roos, Gustav, geboren am 6.11. 1904 in Mannheim-Seckenheim. Der Vater war als Arbeiter
bei der Stadt beschäftigt. Nach der Volksschule absolvierte R. in den Jahren 1919–1922 eine
Elektromechaniker-Lehre bei der Fa. Brown, Boveri & Cie, verbunden mit einer theoretischen Ausbildung in einer Gewerbeschule. Seit Oktober 1919 war er Mitglied des DMV,

1920–1922 dessen Jugendsprecher. 1923 trat er dem „Reichsbanner Schwarz-Rot-Gold"
bei, 1924 der SPD; 1928–1929 Vorsitzender der Mannheimer Jungsozialisten; 1923–1928
Betriebsmonteur in einer großen Gummiwarenfabrik. 1928 wurde er nach einem Streik gemaßregelt und verlor seinen Arbeitsplatz. In all diesen Jahren qualifizierte sich R. nach der
Arbeit fachlich weiter, u.a. auch in Fremdsprachen; 1929 legte er seine Meisterprüfung als
Elektromechaniker ab. 1928–1938 als Monteur für Kräne und Aufzugsanlagen im In- und
Ausland. 1931 trat R. zur SAP über; soweit feststellbar, nicht als Anhänger des linken Flü-
gels der SPD, sondern aus Enttäuschung über die Untätigkeit der Partei in der Ära Brüning.
1931–1933 Vorsitzender der kleinen Gruppe der Mannheimer SAP, die nicht mehr als fünf-
zig Mitglieder zählte und in der Reichstagswahl vom 31.7. 1932 nur 199 Stimmen erhielt.
Am 20.2. 1933 leitete er die letzte Betriebsräte-Vollkonferenz in Mannheim, die mit großer
Mehrheit – jedoch zu spät – den Generalstreik gegen die Nationalsozialisten beschloß.
Von 1933–1938 war R. einer der Leiter der illegalen SAP und des SJV in Mannheim und
Südwestdeutschland. Seit 1933 wurde Mannheim zum Zentrum des südwestdeutschen Wi-
derstands der SPD, KPD und der SAP. Bis 1936 bestanden in der Stadt sowohl starke KPD-
als auch SPD-Gruppen. Den relativ unbekannten und in konspirativen Techniken geschul-
ten Mitgliedern der SAP, deren Zahl in den Jahren nach der Machtübernahme durch die
Nationalsozialisten auf 80 bis 100 anwuchs, darunter auch Mitglieder des linkskommunisti-
schen „Lenin-Bundes", gelang es, im Mannheim-Ludwigshafener Industriegebiet eine rege
Öffentlichkeitsarbeit zu entfalten. Im Abstand von acht bis vierzehn Tagen vertrieben sie
seit Februar 1933 unter den Titeln „Das Fanal", „Die Avantgarde", „Die Einheit", „Die
Vorhut", „Die Tribüne" selbstgedruckte Zeitungen. Sie organisierten Flugblattaktionen,
versahen bei öffentlichen Ereignissen Straßen mit Klebezetteln. Seit 1934 bestand zwischen
der illegalen Mannheimer SAP und dem SAP-Stützpunkt in Basel, der von dem Braunschweiger (SAP-) Emigranten Max Steinmüller geleitet wurde, eine enge und kontinuier-
liche Verbindung. Leitende Mitglieder der Mannheimer SAP, darunter auch R., nahmen in
den Jahren 1934–1936 wiederholt an Zusammenkünften in Basel teil und trafen sich mit
Mitgliedern der Pariser SAP-Auslandsleitung wie Paul Frölich*, Jacob Walcher* und mit
Fritz Sternberg*, der bis zum Februar 1936 in Basel lebte. Seit 1936 kamen SAP-Zeitschrif-
ten, aber auch die sozialdemokratische „Sozialistische Aktion", ausschließlich auf diesem
Wege nach Südwestdeutschland. Unmittelbar von Mannheim aus gingen die politischen
Schriften und Nachrichten durch Kuriere und Verbindungsleute an die illegalen SAP-
Gruppen in Frankfurt a.M., Freiburg, Heidelberg, Heilbronn, Kaiserslautern, Ludwigs-
hafen, Pforzheim und Stuttgart. Über Stuttgart bestanden Kontakte zur illegalen SAP in
München.
1936 wurde R. zusammen mit einem anderen SAP-Funktionär verhaftet, mangels Beweisen
jedoch wieder auf freien Fuß gesetzt. Das Ende des organisierten SAP-Widerstands in Baden und Württemberg kam 1938; Ende April setzten Verhaftungen ein, die in mehreren
Wellen erfolgten, fast alle SAP-Gruppen erfaßten und erst im Spätherbst abgeschlossen
wurden. Allein in Mannheim wurden dabei 25–30, in Südwestdeutschland 105 SAP-Mitglieder festgenommen. R. wurde am 20.5. 1938 verhaftet und am 7.6. 1939 in einem Prozeß,
der im Auftrag des Volksgerichtshofes Berlin in Karlsruhe stattfand, zu vier Jahren Zuchthaus und Ehrverlust verurteilt. Nach seiner Entlassung im Jahr 1942 arbeitete er erneut als
Monteur.
1945/1946 Betriebsrats-Vorsitzender. Nach Kriegsende trat ein Teil der ehemaligen SAP-
Mitglieder in Mannheim der KPD und der SPD bei. R. schloß sich Anfang 1946 trotz gewisser Bedenken der KPD an. Zugleich beteiligte er sich 1946 und 1947 an Verhandlungen,
die – von Heinrich Galm*, Offenbach, initiiert – den Zusammenschluß der „Arbeiter-Partei" Offenbach, der „Sozialistisch-Demokratischen Vereinigung Mosbach" und ehemaliger
SAP-Kreise zu einer „Sozialistischen Union" zum Ziel hatten. Als Mitglied des daraus entstandenen „Siebener-Ausschusses" nahm er am 22.3. 1947 an einer Konferenz der
„Arbeitsgemeinschaft sozialistischer Parteien und Gruppen Süddeutschlands" in Offenbach
a.M. teil, die jedoch ergebnislos verlief. Als er sich daraufhin wegen seiner Teilnahme vor

der Mannheimer KPD-Leitung rechtfertigen sollte, trat R. aus der Partei aus. Anfang Oktober 1947 wurde er Mitglied der SPD. 1946–1969 Betriebsingenieur im Mannheimer Werk der Fa. Daimler-Benz; 1949–1963 Betriebsratsmitglied, 1963–1970 2. Vorsitzender; Vorsitzender der DAG-Ortsgruppe Mannheim, Mitglied des engeren Landesvorstandes der DAG Württemberg-Baden; 1956–1969 Arbeitsrichter beim Arbeitsgericht Mannheim. R. lebte 1980 in Mannheim.

Jörg Schadt/Wolfgang Schmierer (Hrsg.): Die SPD in Baden-Württemberg und ihre Geschichte. Stuttgart 1979. Volker Berghahn/Reinhard Schiffers: Die Sozialistische Arbeiterpartei (SAP) in Mannheim und Südwestdeutschland 1933–1938. 19-seitiges Manuskript. Stadtarchiv Mannheim.

Rott, Hans (1892–1959): Portefeuiller. KPD, 1924–1928 KPD-Stadtverordneter in Offenbach, bis 1933 Mitglied der KPD. 1933 mehrere Monate im KZ Burg Hohenstein in der Sächsischen Schweiz. Selbständiger Kaufmann. 1945 Funktionär der „Arbeiter-Partei", 1951 Übertritt zur SPD. 1946–1959 Stadtverordneter in Offenbach a. M.

Rudolph, Frieda, geboren am 15.12.1889 in Mainz. Der Vater war von Beruf erst Schmiedemeister, dann Geschäftsinhaber, die Mutter Hausfrau. Ihre Eltern waren aktive Sozialdemokraten, zur Zeit der Bismarckschen Sozialistengesetze waren sie konspirativ tätig. Als junges Mädchen begeisterte sie sich für die Friedensbewegung und führte einen Briefwechsel u. a. mit Bertha von Suttner. Mitglied der SPD. 1918 heiratete sie den Berliner Schriftsteller Alwin R., der für die deutsche („Der wahre Jacob") und für die schweizer sozialistische Presse schrieb. Ein Jahr zuvor war sie nach Offenbach a. M. verzogen, wo sie Leiterin des vor allem von Arbeiterkindern besuchten städtischen Jugendhorts wurde. Die Jugendarbeit war ihr auch in den folgenden Jahren ein besonderes Anliegen. Zusammen mit dem späteren hessischen Innenminister Wilhelm Leuschner gründete R. nach 1919 die Arbeiterjugendverbände in Stadt und Kreis Offenbach. Sie setzte sich für den Bau von Jugendheimen und Erholungsplätzen ein und war die treibende Kraft der Offenbacher Kinderfreunde-Bewegung. 1923–1933 Stadtverordnete. 1932 schloß sich R. der SAP an. Anfang der dreißiger Jahre war sie als Rednerin und Verfasserin von Zeitungsartikeln gegen die Nationalsozialisten aktiv. 1933 wurde R. verhaftet und war mehrere Wochen in „Schutzhaft", meist in Einzelhaft. Es folgten Haussuchungen, die Konfiskation ihrer Bücher und Polizeiaufsicht.
Bei Kriegsende wurde sie sofort wieder aktiv als Leiterin einer vom Roten Kreuz errichteten Tageserholungsstätte für schwer unterernährte Kinder, einer Gemeinschaftsküche und einer Wärmehalle für ältere Bürger. Vorsitzende des überparteilichen Frauenverbandes. Sie mobilisierte Firmen zu Spenden und Handwerker zur freiwilligen Arbeit am Bau eines später nach ihr benannten Rentnertagesheimes, das in den fünfziger Jahren als vorbildlich galt. 1945 Mitbegründerin der „Arbeiter-Partei" und in den folgenden Jahren deren Funktionärin, 1946–1960 Stadtverordnete. Enttäuscht über die erneute Spaltung der Arbeiterbewegung bemühte sich R. seit 1947/48 um Kontakte mit der SBZ/DDR; sie nahm an internationalen Frauentreffen teil und war später Mitveranstalterin der „Arbeitnehmergespräche mit Menschen aus dem anderen Deutschland". 1951 verließ sie mit vier anderen führenden Funktionären die Arbeiter-Partei und trat zur SPD über. 1962 wurde ihr auf Beschluß der Offenbacher Stadtverordnetenversammlung der Ehrentitel „Stadtälteste" verliehen. R. starb am 18.3.1966.

Ruhnau, Fritz, geboren am 25.11.1896 in Hamburg als fünftes von sieben Kindern. Die Mutter starb 1900; der Vater, ein Gastwirt, 1904. R. wuchs bei einer Tante auf, seit 1900 litt er an Asthma. Nach der Volksschule Ausbildung zum Handlungsgehilfen, dann Kostenberechner in einer Anwaltspraxis. Von 1915 bis Kriegsende war R. Soldat. Vor 1914 Mitglied im Sozialdemokratischen Jugendbund, 1917 USPD, 1920 KPD; 1921 Angestellter im KPD-Bezirksbüro Wasserkante in Hamburg; 1922 bei der Deutsch-Russischen Handelsvertretung; 1923 Beteiligung am Aufstand der KPD in Hamburg. In der KPD war R. 1921–1923

ein Anhänger von Heinrich Brandler* und August Thalheimer*. 1930 wurde er wegen seiner Kritik an der RGO-Politik aus der KPD ausgeschlossen. Daraufhin verlor er auch seine Arbeit. Seit 1930 arbeitslos. Im selben Jahr schloß sich R. der KPO an und wurde bald örtlicher Organisations-Leiter der Partei, die in Hamburg 1931 60 Mitglieder zählte.
1933 illegale Fortführung der KPO. R. vertrieb die KPO-Zeitschriften „Gegen den Strom" und „Juniusbriefe" und hielt Verbindung zur Inlandsleitung in Berlin. Am 19.11.1933 wurde er verhaftet und von der Gestapo schwer mißhandelt. Im Februar 1934 aus einem Lazarett entlassen, wenige Tage später mit der Mehrheit der Mitglieder der KPO-Gruppe jedoch erneut verhaftet; im September 1934 zusammen mit 19 Mitangeklagten in einem Prozeß vor dem Hanseatischen Oberlandesgericht wegen Vorbereitung zum Hochverrat Verurteilung zu zweieinhalb Jahren Zuchthaus, wehrunwürdig. Seine Verlobte Frieda Böttcher erhielt zwei Jahre Gefängnis. Zuchthaus Oslebshausen bei Bremen; nach Verbüßung der Haft ins KZ Fuhlsbüttel bei Hamburg; auf Grund zahlreicher Interventionen seiner Verlobten, die beim Standesamt ein Aufgebot bestellt hatte, am 30.10.1936 entlassen; kurzfristige Gelegenheitsarbeiten. Seit 1937 war R. wegen seines Asthmas immer wieder im Krankenhaus, der längste Aufenthalt dauerte von November 1941 bis April 1943, seitdem war er arbeitsunfähig; im Juli 1943 bei den Großangriffen auf Hamburg ausgebombt und danach zusammen mit seiner Frau nach Weiden i.d. Oberpfalz evakuiert.
Kurz nach Kriegsende Eintritt in die KPD. Im März 1946 kehrte R. nach Hamburg zurück. Er hielt engen Kontakt zu ehemaligen Mitgliedern der KPO, mit denen er sich in der „Gruppe Arbeiterpolitik" (GAP) zusammenschloß. 1948 Ausschluß aus der KPD. Wegen politischer und persönlicher Differenzen zog er sich wenig später auch aus der GAP zurück. Von 1949–1959 unterstützte er Heinrich Brandler*, der seit seiner Rückkehr aus dem kubanischen Exil bei ihm lebte, bei dessen politischer Tätigkeit. R. starb am 14.5.1980.

Samorei [auch: Samoray], Emil, geboren am 29.7.1891 in Rotthausen bei Gelsenkirchen. Der Vater war Bergmann, die Mutter Hausfrau, Volksschule, Schlosserlehre, 1908 Mitglied der Arbeiter-Jugend, wenig später der SPD. Im Ersten Weltkrieg erlitt S. schwere Verwundungen, mit mehreren Lungendurchschüssen lag er zwei Jahre im Krankenhaus; seit diesem Zeitpunkt Lähmung des linken Beines und des rechten Armes, zu hundert Prozent kriegsbeschädigt. Nach dem Krieg Verwaltungsangestellter der Gemeinde Rotthausen, 1918 Vorsitzender des dortigen Arbeiter- und Soldatenrates; USPD-Mitglied, vermutlich 1920 KPD, USPD- und KPD-Stadtverordneter in Gelsenkirchen. 1923 wurde S. wegen antimilitaristischer Arbeit im von französischen Truppen besetzten Rheinland interniert. Delegierter des VIII. Parteitages der KPD im März 1923 in Leipzig; 1924/25 Opposition gegen die linke Führung der KPD. Die Bezirksleitung warf ihm vor, er beabsichtige eine Parteispaltung mit dem Ziel einer neuen USPD-Gründung. S. wurde aus der Partei ausgeschlossen, die KPD in Gelsenkirchen verlor im Zusammenhang mit diesen Auseinandersetzungen 900 Mitglieder. Beamter im Wohlfahrtsamt der Stadt Essen; Rechtsschutzobmann der „Roten Hilfe", Mitglied des Freidenkerverbands; 1931/32 aktives Mitglied der SAP.
Am 21.11.1933 wegen seiner politischen Einstellung als Stadtsekretär entlassen; in der Folgezeit arbeitslos. Im Frühjahr 1933 bildete S. einen Kreis von SAP- und SPD-Mitgliedern um sich, zu dem zunehmend Kommunisten stießen. Bis 1935 Anlaufstelle für die SAP; am 5.9.1935 verhaftet und als Rädelsführer wegen Verbreitung illegaler Schriften vom Oberlandesgericht Hamm am 14.4.1936 zu vier Jahren und sechs Monaten Zuchthaus verurteilt. Von den acht Mitangeklagten wurden die drei KPD-Mitglieder Fritz Melchers, Albert Kornett* und August Rogge zu zwei bis dreieinhalb Jahren Zuchthaus verurteilt, die übrigen Angeklagten kamen mit geringfügigen Gefängnisstrafen davon. Über den Ort und die Dauer der Inhaftierung von S. liegen keine Informationen vor. Einer schriftlichen Notiz von ihm zufolge hielt er sich von 1942 bis 1944 in Lothringen auf; dort verteilte er Flugblätter für die KPF.
Nach 1945 Beamter der Stadt Essen, zuletzt Oberinspektor im Wohlfahrtsamt. 1948/49 trat

S. für die Gründung einer dritten „marxistischen" Arbeiterpartei ein; später war er vermutlich Mitglied der SPD; gewerkschaftlich organisiert in der ÖTV, aktives Mitglied im Freidenkerverband. Ehrenamtlicher Schöffe. 1955 heiratete S. 1959 wurde er pensioniert. Er starb 1967.

Beatrix Herlemann: Kommunalpolitik der KPD im Ruhrgebiet 1924–1933. Wuppertal 1977.

Sauter, Willi, geboren am 13.8. 1903 in Ulm als Sohn eines gewerkschaftlich organisierten Bierbrauers; fünf Geschwister. Im Anschluß an die Volksschule absolvierte S. eine Sattler- und Tapezierer-Lehre und war später als Tapezierer tätig. Mit sieben Jahren Mitglied des „Arbeiter-Turn- und Sportbundes", schloß er sich 1919 der SAJ und 1922 der SPD an. 1924 Jugendleiter der SAJ Ulm, 1925 Leiter des SAJ-Unterbezirks. Mitglied des ADGB-Ortsvorstands und des „Reichsbanners Schwarz-Rot-Gold". Im Herbst 1931 Mitbegründer der SAP, der in Ulm ca. zehn bis fünfzehn Mitglieder angehörten. Im Frühjahr 1933 war S. daran beteiligt, Verbindungen zwischen den konspirativ arbeitenden kleinen SAP-Gruppen in Ulm, Göppingen und Stuttgart zu knüpfen; er unterhielt regelmäßige Kontakte zur SAP-Reichsleitung in Berlin und zu SAP-Emigranten, insbesondere zu Fritz Sternberg*, in Basel. Im Januar 1934 verhaftet, war S. im Juli 1934 Hauptangeklagter im Prozeß gegen elf SAP-Mitglieder vor dem Oberlandesgericht Stuttgart und wurde zu zwei Jahren Zuchthaus verurteilt; im Anschluß daran drei Jahre im KZ Dachau; 1939–1945 Soldat.
1945 Mitglied der SPD, 1946 Gewerkschaftssekretär der ÖTV in Ulm; 1949–1964 Geschäftsführer der SPD in Stuttgart. S. starb am 29. 12. 1967 in Ulm.

Schlör, Jakob (1888–1956), Kellner, 1911 Mitglied der SPD, 1919 der KPD; 1926–1929 Generalsekretär der „Roten Hilfe". Im Mai 1929 aus der KPD ausgeschlossen; Funktionär der KPO; nach sechsmonatiger Inhaftierung in einem KZ 1934 Emigration, zuletzt in Schweden. 1945 kehrte Schlör nach Berlin zurück und schloß sich wieder der KPD und dann der SED an. Mitglied des Vorstandes der Gewerkschaft „Nahrung, Genuß und Gaststättengewerbe" der SBZ; 1950/1951 abgelöst und aus der SED ausgeschlossen, 1955 erneut aufgenommen.

Hermann Weber: Die Wandlung des deutschen Kommunismus. Bd. 2. Frankfurt 1969.

Schlott, Johann Georg, geboren am 6.11. 1891 in Frankfurt a. M. als ältester Sohn eines Packers. 1906 beendete Sch. die Volksschule mit dem „Fleißpreis". Eine von der Schule angebotene Ausbildung zum Volksschullehrer mit Hilfe eines staatlichen Stipendiums lehnte der Vater ab. Sch. machte eine Schlosserlehre, konnte jedoch auch in den folgenden Jahren keine innere Beziehung zu diesem Beruf finden. Er trat dem DMV bei und wurde aktives Mitglied der Freien Turnerschaft. Nach der Gesellenprüfung Wanderschaft durch Deutschland. 1911 wurde er bei Streikunruhen in Berlin festgenommen und zum Militär eingezogen. Bis zum Herbst 1913 Militärdienst in Neu-Ulm. 1914–1918 Soldat. Seit 1916 verheiratet, zwei Söhne 1919 und 1920. Nach dem Ersten Weltkrieg arbeitete Sch. als Schlosser in mehreren Frankfurter Großbetrieben. Mitglied der USPD, 1920 der KPD. 1922 zum Betriebsrat gewählt; wegen seiner gewerkschaftlichen Aktivitäten wurde er später entlassen und fand in keinem anderen Betrieb Anstellung. Nach längerer Arbeitslosigkeit gründete er eine kleine Schlosserei. Mitte der zwanziger Jahre wurde Sch. beim ersten öffentlichen Auftreten der SS in Frankfurt durch eine Handgranate schwer verwundet. Hauptkassierer der KPD und der Freien Turnerschaft, Rechnungsführer der „Roten Hilfe". Als Schöffe und Geschworener sowie beim Mieteinigungsamt tätig. Seit 1928 war er KPD-Stadtverordneter und Sekretär der sozialen Beratungsstelle der kommunistischen „Arbeiter-Zeitung".
Im April 1933 wurde Sch. verhaftet und in der Frankfurter SA-Kaserne mißhandelt, mehrere weitere Festnahmen und Verhöre schlossen sich an. 1934 arbeitslos, als NS-Gegner bis Ende 1936 von der Arbeitsvermittlung ausgeschlossen. 1937 Beifahrer in einer Packerei.

Weil er die Familie eines inhaftierten Genossen finanziell unterstützt hatte, wurde Sch. 1941 erneut verhaftet und wegen Vorbereitung zum Hochverrat zu neun Monaten Gefängnis verurteilt. Nach der Entlassung bei Außenarbeiten eingesetzt. Im Herbst 1944 KZ Dachau. Zusammen mit 7000 anderen Häftlingen nahm Sch. am 26. 4. 1945, zwei Tage vor der Befreiung des Lagers durch amerikanische Truppen, an dem Todesmarsch teil, der hunderten von Menschen das Leben kostete. Zu diesem Zeitpunkt war Sch. an Typhus und an einer Rippenfellentzündung erkrankt und hatte einen schweren Knochenbruch. Nach der Befreiung im Seuchenlazarett Starnberg, im Juni Nervenzusammenbruch in einem Frankfurter Krankenhaus. Aus der Haftzeit resultierten körperliche und psychische Schäden, eine ärztliche Diagnose erkannte später auf traumatische Epilepsie.
1945/1946 schloß sich Sch. der KPD, der Arbeiterwohlfahrt und der „Vereinigung der Verfolgten des Naziregimes" (VVN) an. 1946 Leiter des Entnazifizierungsausschusses der Oberpostdirektion Frankfurt; von 1949 bis zu seiner Pensionierung 1959 Postangestellter beim Fernmeldeamt; aktives Gewerkschaftsmitglied; seit Anfang 1948 SPD. Sch. starb am 28. 1. 1964.

Schmid, Richard, geboren am 31. 3. 1899 in Sulz am Neckar; Studium der Rechtswissenschaften an den Universitäten Tübingen, Freiburg und München; 1923 Promotion, 1924 Assessorexamen. Nach kurzer Tätigkeit als Richter Rechtsanwalt in Stuttgart, vorwiegend in Zivilsachen. Sch. stand zwar in diesen Jahren der SPD nahe, im engeren Sinne politisch aktiv wurde er eigenen Angaben zufolge jedoch erst nach den großen Stimmengewinnen der NSDAP bei der Reichstagswahl vom 14.9. 1930.
Im Jahre 1934 übernahm er die Verteidigung des schwer belasteten SAP-Bezirksleiters für Südwestdeutschland Alfred Merck im Prozeß gegen Willi Sauter*, Alfred Euchner (vgl. die Biographie von Frida Euchner*), Otto Palmer*, Wilhelm Blind* und sieben weitere SAP-Mitglieder vor dem Oberlandesgericht Stuttgart. 1935 und 1936 unterhielt er auf beruflich motivierten Auslandsreisen Kontakte zu KPO- und SAP-Emigranten in Zürich, Paris und Kopenhagen, so zu August Thalheimer*, Fritz Bauer, Walter Fabian* und Jacob Walcher*. Durch sie wurde er unmittelbar in die Widerstandstätigkeit einbezogen. Er übernahm den Auftrag, die SAP in Stuttgart neu aufzubauen und organisierte illegale Grenzübertritte gefährdeter Sozialisten in die Schweiz, so von Fritz Lamm* und nach Dänemark. Zur Tarnung illegaler Zusammenkünfte annoncierte er im Frühjahr 1935 in einer Stuttgarter Zeitung die Gründung einer Esperanto-Gruppe. Nach der Zerschlagung der SAP-Organisation in Mannheim (vgl. die Biographie von Gustav Roos*), die Hinweise auf das Bestehen einer SAP-Gruppe in Stuttgart erbracht hatte, kam die Gestapo Sch. auf die Spur. Im November 1938 wurden Sch., sein Schwager Eugen Krautwasser und Louis Pilz* verhaftet.
Während der Untersuchungshaft sechs Wochen strenge Isolierhaft im KZ Welzheim. Im Januar 1940 vom 2. Senat des Volksgerichtshofs in Berlin wegen Vorbereitung zum Hochverrat zu drei Jahren Zuchthaus verurteilt und für wehrunwürdig erklärt; im Juli 1941 unter Anrechnung der Untersuchungshaft aus dem Zuchthaus entlassen. Daß er anschließend nicht in ein KZ kam, glaubt Sch. dem Umstand zu verdanken, daß die Gestapo-Stelle in Stuttgart in der Zwischenzeit ganz neu besetzt worden war. Den Rest der Kriegszeit verbrachte er als landwirtschaftlicher Arbeiter in einem Dorf bei Herrenberg. 1945–1953 Generalstaatsanwalt in Württemberg-Baden, später Baden-Württemberg; außerdem Leiter einer Abteilung im Justizministerium. 1953–1964 Oberlandesgerichtspräsident in Stuttgart. Seit 1945 Mitglied der SPD, 1968 trat Sch. wegen der Zustimmung der SPD zu den Notstandsgesetzen aus der Partei aus. Zahlreiche Vorträge, Rundfunksendungen und Artikel in Fachzeitschriften, Zeitschriften („Merkur") und Zeitungen („Die Zeit") über zeitgeschichtliche, politische und juristische Themen. Seit seiner Pensionierung veröffentlichte er folgende Bücher: Einwände. Kritik an Gesetzen und Gerichten. Stuttgart 1965; Justiz in der Bundesrepublik, Pfullingen 1967; Unser aller Grundgesetz? Praxis und Kritik, Frankfurt a. M. 1971; Das Unbehagen an der Justiz, München 1975. Sch. lebte 1981 in Stuttgart.

Hans Schueler: Der Justiz den Spiegel vorgehalten. Ein konsequenter und unbequemer Mahner. In: Die Zeit vom 30. 3. 1979; Richard Schmid: „Am meisten Schweiß und Tinte habe ich für die Meinungsfreiheit vergossen". In: Stuttgarter Zeitung vom 31.3. 1979.

Schmidt, Albert, geboren am 3.8. 1909, Bezirksleiter des SJV Württemberg. Bis zu seiner Verhaftung Anfang Juni 1933 organisierte er die Aktivitäten der regionalen SAP und gab die illegale Parteizeitschrift „Der Aufrechte" heraus. Am 27.7. 1933 wurde er deswegen zu zwei Jahren Zuchthaus verurteilt. Seit seiner Rückkehr aus sowjetischer Kriegsgefangenschaft im Jahre 1946 hielt Schmidt, der Verlagsleiter der „Stuttgarter Zeitung" wurde, enge Verbindung zur Offenbacher „Arbeiter-Partei". Im Herbst 1947 gründete er in Stuttgart nach dem Offenbacher Vorbild die „Arbeiter-Partei", die im Laufe des Jahres 1948 auf ganz Württemberg-Baden ausgedehnt werden sollte. Es bildeten sich einige Ortsgruppen, die zum Teil aus unzufriedenen SPD-Mitgliedern bestanden, in Göppingen, Neckarzimmern und Mosbach; Ende 1948/Anfang 1949 mußte die Arbeiter-Partei wegen mangelnden Interesses jedoch ihre Aktivitäten einstellen. „Der Unabhängige", ein Mitteilungsblatt der Partei, erschien in Stuttgart in einer größeren Auflage vom März 1948 bis zur Währungsreform. Zur Politik der Arbeiter-Partei vgl. auch die Biographie und den Brief vom 22.7. 1948 von Otto Hofgabe* S. 258.

Schmidt, Alfred, geboren 1891, Eisenbahnarbeiter, 1909 SPD, USPD, 1919 KPD, Gewerkschaftssekretär, 1924–1928 Leiter des KPD-Unterbezirks Erfurt, 1928–1932 Abgeordneter des Preußischen Landtags. 1929 KPO, Mitglied der KPO-Reichsleitung. Nach dem 30. 1. 1933 Widerstandstätigkeit in Erfurt und im Bezirk Thüringen; aufgrund einer Namensverwechslung Ende Mai 1934 festgenommen und einen Monat lang in Untersuchungshaft; Mitte August 1935 erneut verhaftet, Überführung in das KZ Esterwegen, nach dessen Auflösung von Juni 1936 bis Mai 1939 im KZ Sachsenhausen; bis Kriegsende Kohlenträger, Bauarbeiter und Hilfsschweißer. 1945 trat Schmidt in Thüringen der KPD und dann der SED bei. Er wurde Landesleiter der Gewerkschaft „Nahrung, Genuß und Gaststättengewerbe". 1947 wegen „antisowjetischer Einstellung" aus der SED ausgeschlossen, am 6.7. 1948 von sowjetischer Militärpolizei verhaftet und am 2. 12. 1948 durch ein sowjetisches Militärtribunal wegen „antisowjetischer Propaganda" zum Tode verurteilt. Das Urteil wurde später in 25 Jahre Arbeitslager umgewandelt. Bis zum Juni 1956 in der Strafanstalt Bautzen, dann in die Bundesrepublik entlassen. In Salzgitter, wo er in den Hüttenwerken Arbeit fand, schloß er sich der „Gruppe Arbeiterpolitik" an. Schmidt lebte 1981 in Frankfurt a. M.

Hermann Weber: Die Wandlung des deutschen Kommunismus. Bd. 2. Frankfurt a. M. 1969.

Schmitz, Josef (Jup): Siehe den selbstverfaßten politischen Lebenslauf im Briefteil S. 126 ff.

Schoemann, Hans, geboren am 7.7. 1906 in Köln in einem jüdischen Elternhaus; 1915–1922 Realgymnasium, 1922–1926 Angestellter in der Metallindustrie, 1926–1933 Handlungsbevollmächtigter, dann Prokurist in einer Kölner Schuhfabrik; 1923–1929 Mitglied und Funktionär des KJVD und der KPD; 1929 nach Parteiausschluß KPO, 1931 SAP. Im Oktober 1933 konnte sich Sch. der bevorstehenden Verhaftung durch seine Flucht nach Belgien entziehen; dort erhielt er später eine Aufenthaltsgenehmigung als Kaufmann. Da es ihm materiell besser ging als den meisten deutschen Flüchtlingen, organisierte er Hilfsaktionen und unterstützte den Matteotti-Fonds der Exil-SAP. Nach Kriegsausbruch lebte Sch. illegal mit belgischen und französischen Papieren, 1942 tauchte er in Paris unter; nach Kriegsende in Belgien naturalisiert; 1944 Mitgründer, später Vorsitzender des „Comité Israélite des Réfugiés victimes des lois raciales" in Brüssel, Vertreter des IRRC, Mitglied des „Council of Jews from Germany", Verwaltungsratsmitglied der „Centrale d'Oeuvres Sociales Juives". 1952 Mitglied der „Parti Socialiste Belge". Sch. lebte 1980 in Brüssel.

Biographisches Handbuch der deutschsprachigen Emigration nach 1933. Bd. 1. München 1980.

Schöneseiffen, Max, geboren am 15.3.1888 in Bonn. Der Vater war Arbeiter in einer Brauerei, die Mutter Hausfrau. Nach der Volksschule ließ sich Sch. zum Anstreicher und Lackierer ausbilden. 1910 heiratete er. Während des Ersten Weltkrieges verzog er nach Köln, dort
war er nach 1918 zuerst als Metallschleifer, dann als Lackierer in einer Transformatoren-
fabrik tätig. Mitglied der USPD, seit 1919 der KPD. Mitte der zwanziger Jahre verlor Sch.
wegen engagierter Gewerkschaftätigkeit seinen Arbeitsplatz. Seitdem war seine wirtschaftliche Existenz ungesichert. Einige Jahre machte er sich als Lackierer selbständig, später erhielt er wegen eines Asthmaleidens eine geringfügige Wohlfahrtsunterstützung. Zugleich trat er nebenberuflich als Musiker, Komiker und Humorist auf. 1931 oder 1932 Mitglied der SAP. Über seine politischen Aktivitäten in den zwanziger und dreißiger Jahren
konnte nichts Näheres in Erfahrung gebracht werden.
Nach 1933 wurde Sch. als Notstandsarbeiter in der Kölner Stadtverwaltung eingestellt und
einige Jahre später, obwohl kein Mitglied der NSDAP, als Verwaltungsangestellter übernommen. Im Juni 1942 ausgebombt und nach Crimmitschau in Sachsen evakuiert.
1945 trat er dort der SPD bei. 1950 kehrte er illegal nach Köln zurück. Da ihm das Arbeitsamt wegen seines Alters keine Stelle mehr vermitteln konnte, wurde er im selben Jahr vorzeitig Rentner. Mitglied im Freidenkerverband. Seit 1951 schwer krank, starb Sch. am 7.10.
1953.

Schöttle-Thalheimer, Berta, geboren am 17.3.1883 in Affaltrach/Württemberg, jüdischer
Konfession. Der Vater war ein wohlhabender liberaler Viehhändler und Kaufmann. Ein
Jahr nach ihr wurde ihr Bruder August Thalheimer* geboren, zu dem sie ihr ganzes Leben
lang eine enge persönliche und politische Bindung hatte. Nach Absolvierung eines Realgymnasiums für Knaben ging Berta Th. Anfang 1900 nach Berlin und begann dort, Nationalökonomie zu studieren. Sie fand Anschluß an die Arbeiterbewegung, wurde Mitglied der
SPD und trat aus der jüdischen Gemeinde aus. In der SPD stand sie auf dem linken Flügel,
mit Rosa Luxemburg, Clara Zetkin sowie Franz Mehring war sie befreundet. Publizistische
Tätigkeit, Mitarbeiterin an der von Clara Zetkin herausgegebenen Zeitschrift „Die Gleichheit", von 1909–1912 an dem von ihrem Bruder geleiteten radikalen SPD-Organ „Freie
Volkszeitung" in Göppingen. Vor 1914 gehörte sie dem Landesvorstand der SPD Württemberg an; sie war Anhängerin der „Württemberger Linken" um Friedrich Westmeyer, die sich
vor allem auf die Stuttgarter Parteiorganisation stützen konnten. Seit Kriegsbeginn entstand dort unter Leitung von Westmeyer, Zetkin, Jacob Walcher*, Edwin Hoernle,
Fritz Rück u.a. eine starke Opposition gegen die Burgfriedenspolitik. Stuttgart wurde
neben Berlin zum Hauptstützpunkt der Spartakus-Gruppe. Zusammen mit Ernst Meyer
nahm Berta Th. im September 1915 und im April 1916 als Vertreterin des Spartakus an
den Konferenzen der Kriegsgegner in Zimmerwald und Kienthal in der Schweiz teil. Im
Gegensatz zur Mehrheit der Teilnehmer trat sie zusammen mit Lenin für die Gründung einer III. Internationale ein; Mitglied des ständigen Ausschusses der „Zimmerwalder Bewegung". 1917 wurde sie wegen ihrer antimilitaristischen Tätigkeit verhaftet und 1918 wegen
Hochverrat in Stuttgart zu zwei Jahren Zuchthaus verurteilt. Seit Oktober 1917 in der Strafanstalt Delitzsch, wurde sie vermutlich in der Novemberrevolution befreit. 1918/1919 gehörte sie zu den Mitbegründern der KPD. 1920 heiratete sie den gelernten Mechaniker Karl
Wilhelm Schöttle, der sich später als Grossist für Tabakwaren selbständig machte, zwei
Söhne. Meist in Stuttgart lebend, war Sch.-Th. in der Frauenarbeit der KPD tätig. 1925 war
sie an der Gründung des „Roten Frauen- und Mädchenbundes" der KPD beteiligt. Wie ihr
Bruder wurde Sch.-Th. Anfang 1929 aus der KPD ausgeschlossen. Bis zum Verbot der Partei engagierte sie sich in der KPO.
Obwohl in Stuttgart recht bekannt, wurde Sch.-Th. nach der Machtergreifung der NSDAP
nicht verhaftet. 1933 wurde sie geschieden. Ihren Lebensunterhalt verdiente sie, indem sie –

vorwiegend unter Genossen – mit Kaffee handelte, daneben erhielt sie eine kleine Unterstützung von ihrem geschiedenen Mann. Seit der Emigration zahlreicher politischer Freunde stand sie in besonders engem Kontakt mit Lu Märten* in Berlin. Seit 1935 unterlag Sch.-Th. als Jüdin den nationalsozialistischen Rassegesetzen und -bestimmungen. 1941 wurde sie in ein sog. Judenhaus eingewiesen und in einen Industriebetrieb, der für Wehrmachtsbedarf produzierte, dienstverpflichtet. 1943 in das KZ Theresienstadt deportiert, dort wurde sie Anfang Mai 1945 von sowjetischen Truppen befreit.

Nach 1945 trat sie wieder in die jüdische Gemeinde ein. Sie kehrte nach Stuttgart zurück und wurde Mitglied der KPD. 1948 verließ sie die Partei und engagierte sich in der „Gruppe Arbeiterpolitik", für deren Zeitschrift „Arbeiterpolitik" sie jahrelang verantwortlich zeichnete. Sch.-Th. starb am 23.4. 1959.

Agnes Blänsdorf: Die Zweite Internationale und der Krieg. Die Diskussion über die internationale Zusammenarbeit der sozialistischen Parteien 1914–1917. Stuttgart 1979; Horst Lademacher (Hrsg.): Die Zimmerwalder Bewegung. Protokolle und Korrespondenz. The Hague 1967; Illustrierte Geschichte der deutschen Revolution. Berlin 1929, Reprint Frankfurt a.M. 1968; K.P. Wittemann: Kommunistische Politik in Westdeutschland nach 1945. Der Ansatz der Gruppe Arbeiterpolitik. Hannover 1977.

Schumacher, Erich, geboren am 22.5. 1910 in Stuttgart, ein Bruder. Der Vater, der der Neuapostolischen Gemeinde angehörte und von Beruf Schreiner war, fiel 1916 im Ersten Weltkrieg. Seitdem mußte die aus einer größeren Bauernfamilie stammende Mutter, eine Pazifistin mit „kommunistischen Tendenzen", die Familie durch Heimarbeit und durch Putzarbeiten in einer Fabrik ernähren. Sch. besuchte die Volksschule und eine sechsjährige Bürgerschule. Im Anschluß daran absolvierte er eine Mechaniker- und Werkzeugmacherlehre bei der Fa. Zeiss. Als Jugendlicher aktives Mitglied des „Arbeiter-Turn- und Sportbunds", des „Arbeiter-Samariterbundes" und der Jugend des „Touristenvereins Die Naturfreunde"; 1927 Jugendvertreter des DMV, seit 1929 im KJVO, der Jugendorganisation der KPO. Aus politischen Gründen – als gewerkschaftlicher Jugendvertreter protestierte er gegen die Verletzung des Tarifvertrags – verlor er im selben Jahr seine Arbeit; erst später stellte ihn die Fa. Bosch ein.

.Nach 1933 hielt Sch. Verbindungen zur KPO und zur KPD aufrecht, Einzelheiten über seine Tätigkeit im Stuttgarter Widerstand sind nicht bekannt. Im August 1942 wurde Schumachers Mutter verhaftet, weil sie Kontakte zu kommunistischen Kreisen unterhielt, u.a. war ihr Untermieter Kommunist; am 1.1. 1945 starb sie im Gefängnis. Sch. wurde im September 1942 zusammen mit 72 Sozialisten verschiedener politischer Richtungen, in erster Linie Kommunisten, festgenommen. Da die polizeilichen Ermittlungen nicht abgeschlossen werden konnten, erfolgte bis Kriegsende keine Verurteilung; Gefängnishaft, im April 1945 aus einem Gefangenentransport bei Ravensburg befreit.

1946 fand Sch. eine Anstellung als Garagenmeister bei der „Stuttgarter Zeitung", diese Tätigkeit übte er bis 1973 aus. 1945 trat er der KPD bei, enttäuscht verließ er die Partei jedoch schon nach sechs Monaten; 1948 Mitglied der „Arbeiter-Partei"; gewerkschaftlich organisiert zunächst in der IG Metall, seit 1953 in der IG Druck und Papier; seit 1949 parteilos, gehörte er der Freireligiösen Gemeinde, dem „Touristenverein Die Naturfreunde" sowie der „Internationale der Kriegsdienstgegner" an. Sch. starb im September 1980.

Seydewitz, Max, geboren am 19.12. 1892 in Forst/Lausitz; Buchdrucker; 1910 Mitglied der SPD, 1922 Vorsitzender des Bezirks Zwickau-Plauen, 1924–1932 MdR; Führer der SPD-Linken, Mitherausgeber und Chefredakteur der Zeitschrift „Der Klassenkampf. Marxistische Blätter"; 1931 Mitbegründer und neben Kurt Rosenfeld Vorsitzender der SAP; in der Emigration, die ihn in die ČSR, nach Norwegen und Schweden führte, schloß sich Seydewitz zunächst den linkssozialdemokratischen „Revolutionären Sozialisten Deutschlands" an, seit Mitte der dreißiger Jahre Annäherung und Übertritt zur KPD; 1946 SED, 1946 zunächst Chefredakteur der „Einheit", dann Intendant des Berliner Rundfunks, Mitglied des

Zentralkomitees der SED, 1947–1952 Sächsischer Ministerpräsident; 1951 im Rahmen der SED-Kampagne „gegen die verräterische Rolle der SAP in der deutschen Arbeiterbewegung" zu Selbstkritik gezwungen; von 1955 bis 1967 Generaldirektor der Staatlichen Kunstsammlungen Dresdens.

Biographisches Handbuch der deutschsprachigen Emigration nach 1933. Bd. 1. München 1980.

Siewert, Robert (1887–1973); Maurer; schloß sich 1906 der SPD an, 1919 KPD, 1929 KPO; 1933 Mitglied der illegalen KPO-Reichsleitung; Ende 1934 verhaftet und zu drei Jahren Zuchthaus verurteilt, von 1938 bis 1945 im KZ Buchenwald inhaftiert; 1945 Mitglied der KPD, 1946 der SED; seit 1946 Stellvertretender Ministerpräsident und Minister des Innern von Sachsen-Anhalt; im April 1950 wegen seiner früheren KPO-Zugehörigkeit abgesetzt, später rehabilitiert, Funktionen im DDR-Ministerium für Bauwesen.

Hermann Weber: Die Wandlung des deutschen Kommunismus. Bd. 2. Frankfurt a. M. 1969.

Singer, Ernst, geboren am 12. 5. 1908 in Köln, kaufmännischer Angestellter, und seine Frau *Lotte,* geboren am 3. 6. 1908, wurden am 16. 6. 1936 in Köln festgenommen, weil in ihrer Wohnung SAP-Treffen stattgefunden hatten. Trotz Folter gab Ernst S. den Namen von Hubert Pauli* nicht preis. Lotte S. wurde im Dezember 1936 aus der Untersuchungshaft entlassen, Ernst S. wurde am 25. 1. 1937 vom Oberlandesgericht Hamm zu zwei Jahren Zuchthaus verurteilt. Nach Verbüßung der Haft sollte er in ein KZ überführt werden. Da seine Frau jedoch eine Einreisegenehmigung nach Palästina vorweisen konnte, durften sie im Juli 1938 aus Deutschland ausreisen.

Singer, Hilde, geborene Tradelius (1911–?), Jüdin, Röntgenologin; von 1932 bis 1955 mit dem Publizisten Kurt Singer verheiratet; vermutlich SAP-Mitglied; nach Verhaftung im Jahr 1934 Emigration ins Saarland, dann nach Frankreich; 1940 mit ihrem Mann in die USA.

Specht, Minna (1879–1961), Pädagogin; seit 1915 Mitarbeiterin von Leonard Nelson, Mitbegründerin des IJB, gehörte zum engeren Führungskreis des 1925 gegründeten ISK, Mitarbeit an den Parteiorganen „isk" und „Der Funke", Leiterin des ISK-Landerziehungsheims Walkemühle bei Kassel; 1933 nach Schließung der Schule durch die Nationalsozialisten Emigration nach Dänemark, die dort wiedererrichtete Schule, in der Sp. ihre Walkemühlen-Erziehungsarbeit fortführte, bildete ein wichtiges Kontaktzentrum zwischen der ISK-Emigration und den Widerstandsgruppen im Reich; 1938 nach Großbritannien, Mitarbeit an den Programmkommissionen der „Union deutscher sozialistischer Organisationen in Großbritannien" für den Bereich Kultur, Schule und Erziehung, Mitherausgeberin des Deutschlandprogramms der „Landesgruppe deutscher Gewerkschafter in Großbritannien", Mitglied der „Union deutscher Lehrer-Emigranten"; nach Kriegsende Rückkehr nach Deutschland, 1946–1951 Leiterin des Reform-Landerziehungsheimes Odenwaldschule, später Mitarbeiterin am Pädagogischen Institut der UNESCO in Hamburg, bis 1959 Mitglied der deutschen UNESCO-Kommission, aktiv in der Bildungs- und Frauenarbeit der SPD.

Biographisches Handbuch der deutschsprachigen Emigration nach 1933. Bd. 1. München 1980.

Spruch, Günter, geboren am 26. 4. 1908 in Beuthen/Oberschlesien; Höhere Oberrealschule bis 1928, Studium der Fächer Jura und Volkswirtschaft an den Universitäten Breslau und Genf; SAJ, 1926 SPD, 1928–1933 aktives Mitglied der „Sozialistischen Studentenschaft" und der Jungsozialisten in Breslau, 1931 SAP; Ende 1932 Aufbau einer illegalen Organisation; im Oktober 1933 erste juristische Staatsprüfung, anschließend Gerichtsreferendar; am

22.4.1935 verhaftet und, da man ihm nichts nachweisen konnte, in einem SAP-Prozess zu nur sechs Monaten Gefängnis verurteilt; 1940–1945 Soldat; 1945 SPD; im Mai 1946 Juristischer Dezernent der Berliner Reichsbahn, nach der Teilnahme am Eisenbahnerstreik gegen die kommunistische Leitung der Reichsbahn 1949 entlassen; danach Justitiar beim Senat von Berlin, 1953 Oberregierungsrat; 1959–1961 Vorsitzender des SPD-Unterbezirks Charlottenburg, Mitglied des Landesausschusses der SPD; 1964–1971 Bürgermeister von Berlin-Charlottenburg; 1970–1975 Vorsitzender der „Arbeitsgemeinschaft Verfolgter Sozialdemokraten Berlin"; Sp. lebte 1981 in Berlin.

Stephan, Adolf, geboren am 9.4.1903 in Remscheid. Der aus Ostpreußen stammende Vater war Volksschullehrer, die Mutter Hausfrau. St. besuchte die Oberrealschule; er empfand jedoch Lehrer, Unterrricht und seine Mitschüler als derart reaktionär, daß er 1920 in der Untersekunda gegen den Willen seiner Eltern abging und eine kaufmännische Lehre begann. Nach Beendigung der Lehre arbeitete er 1923 einige Monate als Bankangestellter, bis er auf Grund der Wirtschaftskrise arbeitslos wurde. Seit 1925 Sozialarbeiter beim Wohlfahrtsamt Remscheid, Jugend-, Obdachlosen- und Arbeitslosenarbeit. In seinen politischen Anschauungen wurde St. Anfang der zwanziger Jahre durch Lehrer der Remscheider Volkshochschule beeinflußt. Er trat der KPD bei, verließ sie jedoch kurze Zeit später aus Unbehagen über die gegenseitige Bespitzelung unter den Parteimitgliedern. 1924/25 schloß er sich der SPD an, 1928 dem ZdA. Nach einem zweijährigen Studium am Sozialpolitischen Seminar der „Deutschen Hochschule für Politik" in Berlin arbeitete er seit 1932 als Prüfer für Wohlfahrtsanträge im Bezirksamt Berlin-Kreuzberg. 1931 Mitglied der SAP. Nach dem 30.1.1933 illegale Kontakte im Rahmen der Berliner SAP, u.a. Verbergen von NS-Gegnern. 1936/37 wurde St. zwei Tage im Gestapo-Hauptquartier verhört. Um sich der drohenden Gefahr einer Verhaftung zu entziehen, siedelte er nach Köln zu seinen Eltern über. Dort fristete er eine karge Existenz als Versicherungsvertreter. Später, obwohl kein Mitglied der NSDAP, Angestellter der Wohlfahrtspflege in Nienburg/Weser; im Krieg wegen eines Augenleidens nicht als Soldat eingezogen; seit Juni 1944 bei der Kriegsbeschädigtenfürsorge in Hannover tätig.
Seit 1946 Mitglied der ÖTV, seit 1947 der SPD, zu der er aber als Linkssozialist immer ein distanziertes Verhältnis behielt. 1946 wurde St. von der englischen Militärregierung zum Landesjugendpfleger für Niedersachsen ernannt. Als solcher war er maßgeblich beteiligt am Aufbau des Jugendherbergswerks, des Landesjugendrings und an der Gründung von Jugendgruppenleiter-Schulen. Vergeblich trat er gegenüber der Militärregierung für ein Verbot nationalistischer Jugendverbände ein. Von 1958 bis zu seiner Pensionierung 1968 Leiter der Hauptfürsorgestelle für Kriegsbeschädigte und Kriegshinterbliebene. St. lebte 1980 in Hannover.

Sternberg, Charles (Karel), geboren nach 1900 in der ČSR; in den dreißiger Jahren Mitglied einer linken Oppositionsgruppe in der KPČ; Emigration nach Frankreich, 1940 in Montauban Betreuung antifaschistischer Flüchtlinge aus Deutschland, Österreich und anderen Ländern; nach 1945 als Beauftragter des IRRC in Deutschland, später langjähriger Leiter der Organisation in New York; St. lebte 1981 in New York.

Sternberg, Fritz, geboren am 11.6.1895 in Breslau als Sohn eines jüdischen Rechtsanwaltes; Studium der Nationalökonomie in Breslau und Berlin, 1917 Promotion zum Dr. rer. pol.; ab 1919 wiss. Assistent bei Franz Oppenheimer in Frankfurt, seit 1924 freier Publizist; seit dem Erscheinen seiner Untersuchung „Der Imperialismus" (1926) einer der führenden zeitgenössischen marxistischen Wirtschaftstheoretiker in der Tradition Rosa Luxemburgs; Bildungsarbeit in der sozialistischen Arbeiterbewegung, Mitarbeiter verschiedener Zeitschriften, u.a. 1930–1933 der „Weltbühne"; 1931 SAP, als Vertreter des linken Flügels zusammen mit Klaus Zweiling maßgeblicher Einfluß auf die Parteiprogrammatik, 1933 Mitglied der illegalen SAP-Reichsleitung; im März 1933 vor drohender Verhaftung Flucht ins Ausland, 1933–1936 in Basel, von dort aus Unterstützung illegal arbeitender SAP-Gruppen im Reich, insbesondere in Südwestdeutschland; 1936 Übersiedlung nach Paris, Mitglied der SAP-Auslandsleitung; Frühjahr 1939 in die USA, dort überwiegend journalistische und schriftstellerische Tätigkeiten; nach Kriegsende Vertreter eines demokratischen Sozialismus als „dritten Weg" für Europa; seit 1948 amerikanischer Staatsbürger, seit Anfang der fünfziger Jahre jedoch vor allem in der Bundesrepublik Deutschland und in Österreich politisch, pädagogisch und publizistisch tätig; zahlreiche Veröffentlichungen, die sich mit neuen Problemstellungen für die Arbeiterbewegung unter Einbeziehung bzw. Fortentwicklung Marxscher Theoreme auseinandersetzen; St. starb am 18. 10. 1963 in München. Buch-Veröffentlichungen u. a.: Der Niedergang des deutschen Kapitalismus (1932), Der Faschismus an der Macht (1935), Kapitalismus und Sozialismus vor dem Weltgericht (1951), Marx und die Gegenwart (1955); vgl. neuerdings: Helga Grebing (Hrsg.): Fritz Sternberg. Für die Zukunft des Sozialismus. Köln 1981.

Stetter, Georg, geboren am 10. 11. 1892 in Wain bei Ulm. Der Vater war ein armer Schuhmacher; viele Geschwister. In seiner Kindheit arbeitete St. als Hütejunge, dann absolvierte er in Ulm eine Lehre als Lithograph; 1907 nahm er am 1. Internationalen sozialistischen Jugendkongreß in Stuttgart teil, 1908 trat er der SPD und der Gewerkschaft bei. Später übersiedelte er nach Stuttgart. 1912–1919 Soldat, im Ersten Weltkrieg stellte er als Mitglied des Spartakusbundes Antikriegsflugblätter her. Zu seiner politischen Entwicklung in den zwanziger Jahren vgl. seinen Brief vom 3. 4. 1947 S. 263.
Im Herbst 1924 beteiligte sich St. an Zusammenkünften der KPD-Rechten im Ruhrgebiet, die auf einen Richtungs- und Führungswechsel innerhalb der Partei hinarbeiteten. Nach einem Treffen mit dem Repräsentanten der sog. Mittelgruppe in der KPD, Ernst Meyer, wurde er am 18. 2. 1925 mit fünf anderen Mitgliedern aus der KPD ausgeschlossen. Im selben Jahr Rückkehr nach Stuttgart, dort 1927 wieder in die KPD aufgenommen. 1929 wurde er nach erneutem Parteiausschluß Mitglied der KPO, die in Stuttgart bis 1933 einen beträchtlichen Einfluß in den Arbeiterkulturorganisationen und in verschiedenen Gewerkschaften, so im DMV, in der Schuhmachergewerkschaft und im Holzarbeiterverband, ausübte.
Nach 1933 Aufrechterhaltung seiner KPO-Verbindungen. 1945 trat St. wie die Mehrheit der ehemaligen Stuttgarter KPO-Mitglieder der KPD bei. Da er eine Reformierung der Partei zunehmend als aussichtslos erachtete, schloß er sich 1948 der sich formierenden „Gruppe Arbeiterpolitik" an, deren aktives Mitglied er während der fünfziger Jahre war. Nach 1945 Betriebsrat. Wie schon vor 1933 engagierte sich St. in der Bildungsarbeit der Gewerkschaftsjugend und des „Touristenvereins Die Naturfreunde". St. starb am 2. 10. 1962.

Stierle, Georg (1897–1980), von Beruf Kaufmann; 1916 SPD, später Mitglied des ISK und der SAP; nach illegaler Arbeit 1936 verhaftet und zu zehn Monaten Gefängnis verurteilt, bis April 1939 KZ Lichtenburg und Buchenwald; Soldat; nach der Rückkehr aus der Gefangenschaft Anschluß an die SPD, 1947–1956 1. Vorsitzender des SPD-Unterbezirks Frankfurt-Main sowie führende Funktionen in der SPD Hessen.

Stockhaus, Maria, geboren am 10. 5. 1903 in Frankfurt a. M. Der Vater, ein aktiver Sozialdemokrat, war Kassierer bei einer Brauerei, die Mutter Hausfrau; drei Schwestern; Volksschule. Politisch wurde sie stark von ihrem Vater beeinflußt und auch geschult. Mitglied der SAJ; 1917–1919 kaufmännische Lehre; Angestellte in einem Rechtsanwaltsbüro, dann beim Zentralverband der Angestellten in Frankfurt, dort zuständig für Jugendarbeit; Pressestenographin der auf dem linken Flügel der SPD stehenden Frankfurter „Volksstimme"; Verfasserin zahlreicher Artikel für die sozialdemokratische Presse in ganz Deutschland. 1927 Heirat; ihr Mann, der aus einer sozialistischen Dortmunder Bergarbeiterfamilie stammte, war Angestellter beim Frankfurter Arbeitsamt. 1931 Mitglied der SAP; Angestellte beim SAP-Vorstand in Berlin unter Max Seydewitz*.

Anfang 1933 kehrte Maria St. nach Frankfurt zurück. Am 1.4. 1933 verlor ihr Mann aus politischen Gründen seine Anstellung. Zwei Tage später bekam sie ihr erstes Kind, dabei erkrankte sie an einer schweren Schwangerschaftsinfektion und schwebte zeitweise in Lebensgefahr. Vermutlich war es dieser Umstand, der sie vor der Verhaftung bewahrte. Da ihrem Mann in den folgenden Jahren jegliche Arbeit verweigert wurde, verzogen sie 1938 nach Dortmund. Dort war Maria St. als Angestellte und Kontoristin tätig.
Kurz nach Kriegsende schloß sie sich der SPD an. 1946/47 war sie Stadtverordnete. Ehrenamtliche Wohlfahrtspflegerin; Mitglied in der SPD-Frauengruppe und im Freidenkerverband. Später trat sie aus der SPD aus wegen grundsätzlicher Meinungsverschiedenheiten über den politischen Kurs der Partei. St. lebte 1981 in Dortmund in einem Pflegeheim.

Thalheimer, August, geboren am 18.3. 1884 in Affaltrach/Württemberg als Sohn eines jüdischen Kaufmanns; 1904 SPD, 1907 nach Studien in München, Oxford und Straßburg Promotion zum Dr. phil; 1909 Chefredakteur der radikalen sozialdemokratischen „Freie Volkszeitung" in Göppingen, enge Kontakte zur Württemberger Linken um Fritz Westmeyer und zu Rosa Luxemburg, Franz Mehring, Karl Liebknecht; 1915–16 Chefredakteur des oppositionellen Braunschweiger „Volksfreunds"; Ende 1918 Mitglied der Zentrale des Spartakusbundes, dann bis 1924 der KPD, als deren theoretischer Kopf er galt; Redakteur des theoretischen Organs der KPD „Die Internationale", zeitweise Chefredakteur der „Roten Fahne"; 1924 nach Moskau „gerufen", wo er bis 1928 in „ehrenhafter" Verbannung lebte, Arbeit am Marx-Engels-Institut, Professur an der Sun Yat-sen-Universität; im Mai 1928 Rückkehr nach Deutschland, im Januar 1929 Ausschluß aus der KPD und aus der KPdSU, Mitbegründer der KPO; zusammen mit Heinrich Brandler* war Th. ständig in der KPO-Reichsleitung vertreten; 1933 Emigration nach Frankreich, Mitglied des KPO-Auslandskomitees; 1939 interniert, 1941 nach Kuba. Nach Kriegsende verweigerten ihm die Alliierten die Einreise in die Westzonen. Von Kuba aus stand er in politischem Kontakt mit der sich seit 1946/47 herausbildenden „Gruppe Arbeiterpolitik", der Nachfolgeorganisation der KPO; Th. starb am 19.9. 1948 in Havanna.

Biographisches Handbuch der deutschsprachigen Emigration nach 1933. Bd. 1. München 1980.

Theissen, Karl Franz, geboren am 12.10. 1884 in Höfen/Nordeifel. Der Vater war Landwirt, die Eltern streng katholisch und „kaisertreu". Volksschule, Gymnasium bis zum „Einjährigen", Landwirtschaftsschule mit Abschluß; Angestellter beim Landratsamt in Malmedy, seit 1910 bei der Stadtverwaltung in Essen; vor 1914 Mitglied der SPD. Zu Beginn des Ersten Weltkrieges desertierte Th., stellte sich dann jedoch und wurde zu einem Jahr Festungshaft verurteilt; nach sechs Monaten wegen guter Führung vorzeitig aus der Haft entlassen, anschließend vier Jahre Soldat bei der Marineküstenartillerie auf Wangerooge. 1917 schloß sich Th. der USPD an, Anfang November 1918 nahm er an dem Matrosenaufstand in Kiel teil. 1920 Übertritt zur KPD, im August 1921 Delegierter des VII. Parteitags der KPD; während der Ruhrbesetzung durch die Franzosen 1923 zwei Monate lang in „Schutzhaft". Seit 1924 hatte Th. führende Funktionen in der KPD in Essen inne. Im Mai 1924 wurde er Stadtverordneter, ab 1925 Leiter der KPD-Fraktion; Mitglied der erweiterten Leitung des KPD-Bezirks Ruhr. 1924–1928 verantwortlicher Redakteur beim „Ruhr-Echo", der auflagenstärksten KPD-Zeitung nach der „Roten Fahne", 1928 Chefredakteur des „Abend" (ab Mai 1928: „Welt am Abend"). 1928 stand Th. in Opposition zur RGO-Politik, aus Protest gegen den politischen Kurs der KPD legte er im März 1929 sein Stadtverordnetenmandat nieder; Mitglied der KPO; ein Jahr arbeitslos, dann Arbeit beim „Allgemeinen Bauverein", einer Wohnungsgenossenschaft.
Wegen seiner politischen Einstellung und seiner Weigerung, mit „Heil Hitler" zu grüßen, wurde Th. Ende 1933 entlassen. Spätere Angebote zur Mitarbeit in der NSDAP wies er zurück. Um weiteren Schwierigkeiten zu entgehen, verzog Th. 1934 nach Breitbrunn/Bayern. Zum selben Zeitpunkt trennte er sich von seiner Familie. Seit 1934 war er nicht mehr berufs-

tätig; er lebte mit einer Frau zusammen, die über eigene Einkünfte verfügte. Th. arbeitete als Autodidakt auf naturwissenschaftlichem Gebiet über die Abstammungslehre des Menschen. Gegen Ende des Krieges von der Gestapo gesucht, tauchte er in München unter. Nach 1945 wurde er parteipolitisch nicht mehr aktiv. Th. starb am 3.5.1972.

Beatrix Herlemann: Kommunalpolitik der KPD im Ruhrgebiet 1924–1933. Wuppertal 1977.

Thielcke, Herta, geb. Halbe, geboren im Juli 1914 in Hamburg; Tochter von Erna Lang und ihrem ersten, 1918 gestorbenen Mann Max Halbe; Schulbesuch bis zur Mittleren Reife, Mitglied des „Sozialistischen Schülerbundes"; 1929 Beitritt zum KJVO, 1932 zur SAP. Im selben Jahr verzog Th. nach Berlin, dort ließ sie sich zur Säuglings- und Krankenschwester ausbilden, anschließend Tätigkeit in diesem Beruf, ab 1938 wieder in Hamburg. Im September 1939 heiratete sie Werner Th.*; bis zur Geburt ihres ersten Kindes im Frühjahr 1941 Krankenschwester in der psychiatrischen Universitätsklinik Hamburg, seitdem nur noch ehrenamtlich tätig. Nach Kriegsende war Herta Th. zusammen mit ihrem aus der amerikanischen Kriegsgefangenschaft zurückgekehrten Mann darum bemüht, frühere politische Freunde in verschiedenen Gegenden Deutschlands ausfindig zu machen und die Paketaktion zu koordinieren; seit 1951 Mitglied der SPD; Herta Th. lebte 1981 in Hamburg.

Thielcke, Werner, geboren im September 1910 in Hamburg; Abitur, Universitätsstudium, Mitglied im „Sozialistischen Schülerbund", im KJVD, nach Ausschluß 1929 Beitritt zur KPO; im November 1933, kurz vor Abschluß der Lehrerausbildung, wegen illegaler Tätigkeit verhaftet und im KZ Fuhlsbüttel inhaftiert; im Mai 1934 wegen Vorbereitung zum Hochverrat zu zwei Jahren und vier Monaten Zuchthaus verurteilt; nach der Entlassung aus dem Zuchthaus Bremen-Oslebshausen Tätigkeit als kaufmännischer Angestellter im Außenhandel und als technischer Zeichner; im November 1942 trotz Wehrunwürdigkeit zum Strafbataillon 999 eingezogen; im Mai 1943 von Nordafrika aus in amerikanische Kriegsgefangenschaft, im Frühjahr 1946 entlassen; ab September 1946 Volksschullehrer in Hamburg, als solcher Mitglied der GEW; Th. starb im September 1974.

Tittel, Hans, geboren am 1.9.1894 in Dresden als Sohn einer kinderreichen Arbeiterfamilie; Steindrucker; 1909 AJ, 1912 in Stuttgart Mitglied der SPD, 1914 Parteiausschluß wegen Opposition gegen die Bewilligung der Kriegskredite; aktiv in der Spartakus-Gruppe, Delegierter des Gründungsparteitags der KPD, Parteisekretär in Württemberg; 1920–1923 Mitglied der KPD-Zentrale, 1923 Politischer Leiter in Thüringen, 1924 abgesetzt, 1926 wiedergewählt, 1927 MdL Thüringen. 1928/29 als führender Rechter aus der KPD ausgeschlossen; 1929–1933 Mitglied der KPO-Reichsleitung; nach illegaler Arbeit Emigration in die ČSR, 1938 nach Frankreich; 1939 aus der KPO ausgeschieden. Von September 1939 bis 1941 in Vernet interniert, konnte T. in die USA entkommen, dort erneut als Steindrucker tätig; 1962 Rückkehr in die Bundesrepublik; T. lebte 1981 in Nürnberg.

Biographisches Handbuch der deutschsprachigen Emigration nach 1933. Bd. 1. München 1980.

Treu, Fritz, geboren am 29.4.1904 in Mamslau/Schlesien, jüdischer Konfession. Die Mutter, die Arbeitsanzüge in Heimarbeit anfertigte und als Putzfrau arbeitete, starb 1913. Der bei seiner Geburt 59-jährige Vater war politisch sehr konservativ, bei dem Versuch, sich als Buchhändler selbständig zu machen, machte er bankrott. T. wuchs deshalb in großer Armut auf. Dank einer Freistelle konnte er bis 1918 die Mittelschule besuchen, nach deren Kündigung wurde er von der Schule verwiesen. Weil er zu ärmlich gekleidet war, mußte er eine Kaufmanns-Lehre nach neun Monaten abbrechen. Ein ihm persönlich bekannter Klempner nahm ihn schließlich als Lehrjungen und kaufte ihm einen Anzug, den er abarbeiten mußte. 1920 Beitritt zum DMV, um 1923 zur SPD; seit Mitte der zwanziger Jahre in Verbindung mit Otto Brenner*. 1931 war T. einer der Mitbegründer der SAP in Hannover, für die in der Reichstagswahl vom 31.7. 1932 340 Stimmen abgegeben wurden. Nach der Machtübernahme durch die Nationalsozialisten hielt T. so lange wie möglich seine SAP-Verbindungen aufrecht. 1934 heiratete er eine SAP-Genossin. Da er Jude war, fand er als Klempner keine Arbeit und wurde 1938 als Hausverwalter bei einem jüdischen Architekten tätig und seit 1939 bei der Israelitischen Gartenbauschule Hannover-Ahlem, der letzten jüdischen Schule in Deutschland. Nach der Auflösung der Schule wurde er auf Anforderung eines früheren Kollegen, der selbständig war und kriegswichtige Produkte herstellte, zur Arbeit als Klempner freigestellt – unter der Bedingung, allein und abgesondert in einem separaten Raum zu arbeiten. Im Dezember 1941 begannen in Hannover die Deportationen, bis Ende 1942 wurden 2895 Juden nach Riga, Warschau und Auschwitz deportiert. Zusammen mit 62 anderen Juden, die wie er in einer sog. Mischehe lebten, war T. davon zunächst ausgenommen. Periodische Versuche der Gestapo und der NSDAP, seine Frau zur Scheidung zu bewegen, wurden von dieser zurückgewiesen. Am 25.2.1945 wurde T. mit den letzten Hannoveraner Juden nach Theresienstadt deportiert. Dort wurde er im Mai von sowjetischen Truppen befreit. Im Juni 1945 kehrte er nach Hannover zurück. 1946 Gründung einer eigenen Klempnerei. Aus Enttäuschung über die politische Entwicklung folgte T. 1950 der Aufforderung von Freunden und wanderte in die USA aus. Dort arbeitete er zunächst als „Mädchen für alles", später erneut als Hausverwalter. T. lebte 1980 in Monroe im Staate New York.

Triebel, Oskar, geboren am 13.1. 1891 in Barmen. Der Vater war Weber in einer Wuppertaler Bandwirkerei; Volksschule, Schlosserlehre, Mitglied des DMV und der „Arbeiter-Jugend"; 1914 Flucht nach Holland, um sich dem Kriegsdienst zu entziehen; 1918 Mitbegründer des Spartakusbundes in Barmen, Delegierter auf dem Gründungsparteitag der KPD, seit März 1919 Leiter der KPD-Ortsgruppe in Barmen; anläßlich des Kapp-Putsches zusammen mit dem Elberfelder Kommunisten Charpentier einer der Unterzeichner des „Bielefelder Abkommens" zwischen Reichsregierung, Reichswehr und Vertretern der aufständischen Ruhrarbeiter; wegen seiner Unterschrift Androhung des Parteiausschlusses seitens der Bezirksleitung der KPD; im August 1921 Delegierter des VII. Parteitags der KPD. 1923 wurde T. nach einem Bombenanschlag von der belgischen Besatzungsmacht im Rheinland als sogenannte Fahrgeisel verhaftet: Vier Wochen lang mußte er mit der Eisenbahn zwischen Oberhausen und einem belgischen Brückenkopf pendeln, um potentielle Attentäter abzuschrecken. 1923–1929 Verlagsleiter und Redakteur der „Niederrheinischen Arbeiterzeitung" in Duisburg; 1924 bis März 1929 Stadtverordneter und Vorsitzender der KPD-Fraktion, Mitglied des Provinzialrates; Leiter des KPD-Parteibüros, seit 1925 Gewerkschaftssekretär des KPD-Unterbezirks Duisburg. 1929 wurde T. wegen seiner Haltung in der Gewerkschaftsfrage zusammen mit einem anderen Stadtverordneten aus der KPD ausgeschlossen. Als Reaktion darauf legte die zwölfköpfige KPD-Stadtratsfraktion geschlossen ihre Mandate nieder. 1929 KPO, Leiter der Ortsgruppe Duisburg-Hamborn; Anfang der dreißiger Jahre von Beruf Gelderheber bei der Stadtverwaltung, im Juli 1933 entlassen. 1933 illegal tätig; im Rahmen des KPO-Widerstandes Kontakte zu Dagobert Lubinski in Düsseldorf und Bernhard Molz* in Schwelm; zugleich einer der aktivsten Mitarbeiter des Leiters der illegalen SAP im Ruhrgebiet, Eberhard Brünen*, dem T. seine Verbindungen im Rahmen einer Art linkssozialistischer Einheitsfront zur Verfügung gestellt zu haben scheint; unter anderem wurde monatlich über Bocholt aus Holland die SAP-Zeitung „Das Banner der revolutionären Einheit" eingeschleust. In Duisburg-Hamborn, wo etwa 100 Mitglieder der illegalen SAP angehörten, leitete die Verteilung der Zeitungen Wilhelm Pennekamp*; Karl Völker* aus Hamborn leistete Kurierdienste. Ende 1934 wurde die SAP-Widerstandsorganisation im Ruhrgebiet von der Gestapo zerschlagen, 47 Mitglieder wurden verhaftet. T. war bereits am 26.3. 1934 in Essen festgenommen worden; wegen Verteilung von Flugschriften wurde er am 12.10. 1934 vom Oberlandesgericht Hamm zu einem Jahr und zehn Monaten Gefängnis verurteilt; im Januar 1935 Deportation in das Moorkommando Lager

III Brual-Rhede; 1936 freigelassen, 1937 erneut verhaftet und mehrere Monate im KZ Oranienburg. Während des Krieges wurde T. zur Arbeit im Bergbau dienstverpflichtet; im Anschluß an den 20. Juli 1944 erneute kurze Inhaftierung.

Ab Mitte Mai 1945 führendes Mitglied in der Duisburger „Antifaschistischen Einheitsfront", einem losen Zusammenschluß von ehemaligen SPD-, SAP-, KPO- und KPD-Mitgliedern, darunter auch Wilhelm Pennekamp*; 1945/46 im Rat der Stadt; später Mitglied der SPD; Leiter des Duisburger Arbeitsamtes; 1954 wegen Erreichung der Altersgrenze aus dem Arbeitsamt ausgeschieden, jedoch erneut in den Rat der Stadt gewählt; im Oktober 1959 Rücktritt als SPD-Fraktionsvorsitzender wegen innerparteilicher kommunalpolitischer Zwistigkeiten; Mitbegründer und 1. Vorsitzender des Theaterringes, Vorsitzender im Kulturausschuß; 1966 bei Bildung der Großen Koalition Austritt aus der SPD; T. starb am 24. 5. 1968 nach langer Krankheit.

Hermann Weber (Hrsg.): Der Gründungsparteitag der KPD. Protokoll und Materialien. Frankfurt a.M. 1969; Erhard Lucas: Märzrevolution 1920, Bd. 3 Die Niederlage. Frankfurt a.M. 1978; Beatrix Herlemann: Kommunalpolitik der KPD im Ruhrgebiet 1924–1933. Wuppertal 1977; Kuno Bludau: Gestapo-Geheim! Widerstand und Verfolgung in Duisburg 1933–1945. Bonn-Bad Godesberg 1973; Hartmut Pietsch: Militärregierung, Bürokratie und Sozialisierung. Zur Entwicklung des politischen Systems in den Städten des Ruhrgebietes 1945 bis 1948. Duisburg 1978.

Tüsfeld-Heine, Hertha, geboren am 4.6. 1906 in Dortmund. Der Vater war Chemiker, die Mutter Hausfrau; ein Bruder. Volksschule, danach Lyzeum bis zur mittleren Reife; 1924–1926 Säuglingspflegeschule, Staatsexamen als Säuglingspflegerin; aktives Mitglied in der katholischen Jugendbewegung „Jungborn"; 1927 Mitglied der KPD; 1928–1930 Besuch der Wohlfahrtsschule für Hessen-Nassau in Frankfurt a.M., 1930 Examen als Fürsorgerin. Während ihrer Ausbildung war sie Mitglied der kommunistischen „Roten Studentengruppe", in der 1928/29 die KPO-nahen Studenten sehr stark vertreten waren. Anfang 1929 wurde sie wegen Fraktionsbildung aus der KPD ausgeschlossen, doch trat sie nach ihrer Rückkehr nach Dortmund erneut der Partei bei.

1931–1935 Amtspraktikantin und Fürsorgerin bei der Stadt Dortmund. 1935 heiratete sie und mußte nach den damaligen gesetzlichen Bestimmungen ihren Beruf aufgeben; zwei Töchter, geboren 1939 und 1943. Wie in anderen Städten des Ruhrgebiets mußte die KPD bei ihrem Versuch, einen Massenwiderstand zu organisieren, auch in Dortmund große Verluste hinnehmen. Bis zum Frühjahr 1935 wurden vom Oberlandesgericht Hamm 479 Dortmunder Kommunisten wegen Vorbereitung zum Hochverrat verurteilt. Auch ihr Mann war 1933 zweimal verhaftet worden, er wurde jedoch nicht verurteilt. Im Frühjahr 1943 führte die Gestapo eine Großaktion gegen die illegale KPD im Ruhrgebiet unter Wilhelm Knöchel und gegen die KPD-Inlandsleitung in Berlin durch. Nach der Verhaftung des KPD-Kuriers Willi Seng, zu dem T.'s Kontakt gehabt hatten, erfolgten Haussuchung und Verhör. Am 15.4. 1943 wurde T.-H.'s Mann verhaftet, die Verdachtsmomente konnten jedoch nicht erhärtet werden. Nach seiner Entlassung verließ sie auch wegen der dauernden Bombardierungen mit ihren Töchtern die Stadt und zog in den Kreis Lübbecke-Minden.

Nach Kriegsende Rückkehr nach Dortmund; Beteiligung am Wiederaufbau der KPD; 1946 Einrichtung einer Küche für Schulspeisung, Aufbau eines Kindergartens; Bezirksvorsteherin der Wohlfahrtspflege in Dortmund-Hombruch, Mitglied des Hauptwohlfahrts- und Hauptwohnungsausschusses der Stadt; 1947 Mitbegründerin des Ausschusses der Dortmunder Frauenverbände; von 1947–1959 Bezirksfürsorgerin der „Gemeinschaftshilfe e. V.", Bezirk Westfalen; 1950 Mitglied des „Schwelmer Kreises", einer Vereinigung von Reformpädagogen, die für die Wiedervereinigung Deutschlands eintraten; 1951 Gründungsmitglied der „Westdeutschen Frauenfriedensbewegung", im Rahmen dieser Organisation Beteiligung an Aktionen gegen Wiederbewaffnung und atomare Aufrüstung; später im DGB-Ausschuß gegen die Notstandsgesetze. Als 1959 die „Gemeinschaftshilfe" und der „Demokratische Kulturbund" als kommunistisch verboten wurden, fanden bei Hertha T.-H. Haus-

suchung, Beschlagnahmungen und Verhöre statt. In der Folgezeit wurden ihr alle ehrenamtlichen Tätigkeiten innerhalb der Wohlfahrtspflege aberkannt, ein Ermittlungsverfahren
wegen Staatsgefährdung wurde 1961 eingestellt, ein weiteres 1962. 1963–1968 Beteiligung
an der Ostermarschbewegung, ab 1968 Leiterin des Arbeitskreises der Westdeutschen
Frauenfriedensbewegung in Dortmund; seit 1968 Mitglied der DKP. Hertha T.-H. lebte
1980 in Dortmund.

Tulatz, Herbert A., geboren am 21.6. 1914 in Breslau. Der Vater war Metallarbeiter, die
Mutter Näherin. T. besuchte die städtische Oberrealschule. 1928 organisierte er sich in der
SAJ, 1931 in der SPD. Mit der großen Mehrheit der jüngeren Breslauer Sozialdemokraten
gründete er im Oktober 1931 den SJV und die SAP.
Seit dem Frühjahr 1933 war T. in der illegalen SAP aktiv, als Auslandskurier unterhielt er
Verbindungen zur SAP-Gruppe in der ČSR und war an der Verbreitung illegaler Schriften
beteiligt. Um zum Abitur zugelassen zu werden, trat er wie alle seine Klassenkameraden im
September 1933 der Hitler-Jugend (HJ) bei. Da er versuchte, in der HJ sozialistische Überzeugungen lebendig zu halten, wurde er im Sommer 1935 ausgeschlossen. 1936 legte er im
Anschluß an eine zweieinhalbjährige Banklehre die Kaufmannsgehilfenprüfung ab. Nach
der Verhaftungswelle gegen die Breslauer und die schlesische SAP im Frühjahr 1936 versuchte T. zusammen mit anderen, die illegale Arbeit fortzusetzen. Bereits am 7.9. 1936 wurde er jedoch verhaftet und am 24.3. 1937 vor dem Oberlandesgericht Breslau in einem SAP-
Prozeß zu drei Jahren und sechs Monaten Zuchthaus und zu fünf Jahren Ehrverlust verurteilt. Bis zum März 1940 war er in den Zuchthäusern Brandenburg-Görden, Coswig und in
den Elberegulierungslagern Dessau-Rosslau und Griebo inhaftiert. Nach der Entlassung
aus der Haft Geschäftsführer des Schlesia-Verlags. Im Oktober 1942 wurde T. zum Strafbataillon 999 eingezogen, im April 1943 geriet er in Tunesien in Gefangenschaft; seit Mai
1943 in einem Kriegsgefangenenlager in Oklahoma. Nachdem es dort zu tätlichen Auseinandersetzungen zwischen NS-Anhängern und Antifaschisten gekommen war, verlegte man
ihn zusammen mit hundert weiteren Kriegsgefangenen nach Fort Devens, Mass.; in diesem
Antifaschisten-Lager wurde er zum Lagersprecher gewählt.
Nach seiner Rückkehr nach Deutschland im Januar 1946 bekam T. ein Angebot aus der
französischen Zone, sich an einer Jugendzeitschrift zu beteiligen. Er wurde Mit-Lizenzträ-
ger von „Die Zukunft. Unabhängige Zeitschrift junger Menschen" in Reutlingen. Seit Januar 1948 gab er die politische Zeitschrift „Weltpresse. Stimme des Auslands. Die deutsche
Meinung" in Metzingen heraus, die jedoch schon im Mai ihr Erscheinen einstellen mußte.
1949 heiratete T.; zwei Kinder. Im selben Jahr wurde er Stellvertreter des Leiters der DGB-
Bundesjugendschule in Oberursel i. T., Willi Birkelbach*, 1952–1961 dessen Nachfolger als
Leiter der Bundesjugendschule. Neben dieser Arbeit entfaltete T. eine rege politische Tätigkeit. Er war Vorsitzender der SPD Oberursel, acht Jahre lang Stadtverordneter, Mitglied
des Bezirksvorstandes der SPD Hessen-Süd, Leiter der SPD-Betriebsgruppenorganisation
Hessen-Süd und Mitglied des Landesvorstands Hessen der SPD. Im März 1961 wurde T.
als Nachfolger von Hans Gottfurcht zum Stellvertretenden Generalsekretär des „Internationalen Bundes Freier Gewerkschaften" (IBFG) in Brüssel gewählt. Im Rahmen dieses Am-
tes galt sein besonderes Interesse und Engagement dem Aufbau der Gewerkschaftsbewegung in den Entwicklungsländern, vor allem in Afrika, sowie der Jugend- und Bildungsarbeit. T. starb am 28.6. 1968.

Völker, Karl, geboren am 5.4. 1880; von Beruf Maurer, gewerkschaftlich organisiert erst im
christlichen, dann im sozialdemokratischen Bergarbeiterverband, um 1917/18 Mitglied der
syndikalistischen Freien Vereinigung in Hamborn; 1917 USPD, Vorsitzender von Groß-
Hamborn; Anfang 1919 Übertritt zur KPD; Mitglied des Arbeiter- und Soldatenrats Essen
und der Sozialisierungskommission; nach der Besetzung des westlichen Ruhrgebiets durch
deutsche Truppen verhaftet, Anklage vor einem Kriegsgericht, einen bewaffneten Umsturz

geplant zu haben; Verurteilung zu sechs Jahren Zuchthaus, im September 1920 Entlassung im Rahmen einer Amnestie; 1928 KPO, 1932 SAP, Vorsitzender des SAP-Bezirks Niederrhein; 1933 illegale Arbeit; im August 1933 „Schutzhaft", im Juni 1936 wegen Vorbereitung zum Hochverrat zu zwei Jahren Zuchthaus verurteilt; nach der Haftentlassung erneut illegal tätig. Am 21. 4. 1937 entging V. knapp der Verhaftung und floh nach Holland; seit der Besetzung des Landes im Untergrund, Unterstützung Untergetauchter, Zusammenarbeit mit der holländischen Widerstandsbewegung; nach Kriegsende Organisator von Paketsendungen für deutsche Antifaschisten; V. starb am 20. 2. 1949.

Vogl, Hermann, geboren 1912, Steinmetz; 1926 KJVD, Mitglied der Bezirksleitung, im Herbst 1931 wegen „Luxemburgismus" ausgeschlossen; Beitritt zur SAP, nach 1933 bis zur Einberufung zur Wehrmacht im April 1940 illegal tätig; 1945–1948 in sowjetischer Kriegsgefangenschaft; 1951 UAP, 1952 SPD, Mitglied des Unterbezirks-Vorstandes, aus Protest gegen die Bildung der Großen Koalition 1966 Parteiaustritt; V. lebte 1980 in Köln.

Walcher, Jacob, geboren am 7. 5. 1887 in Bethleheim bei Wain/Württemberg; Dreher, 1906 DMV und SPD, Redakteur der Stuttgarter Parteizeitung „Schwäbische Tagwacht"; führendes Mitglied der Spartakusgruppe, Delegierter und 2. Vorsitzender des Gründungsparteitags der KPD; 1919–1923 Mitglied der KPD-Zentrale, als Anhänger Heinrich Brandlers* verantwortlich für Gewerkschaftsarbeit; nach dem innerparteilichen Sieg der Linken einer der Führer der Rechtsopposition; 1924–1926 in der Sowjetunion; 1927–28 erneut Mitglied der Gewerkschaftsabteilung beim ZK der KPD, am 14. 12. 1928 aus der KPD ausgeschlossen; Gründungsmitglied der KPO, Mitglied der KPO-Reichsleitung, 1931 und 1932 zusammen mit Paul Frölich* einer der Repräsentanten der zur Zusammenarbeit mit der SAP bereiten KPO-Minderheitsgruppe; 1932 SAP, hauptamtliches Mitglied des Parteivorstandes, 1933–1939 Sekretär der Pariser SAP-Auslandsleitung. Bei Kriegsausbruch interniert, konnte er 1941 in die USA entkommen; in New York Mitarbeit in dem von linken Sozialdemokraten und Kommunisten gegründeten „Council for a Democratic Germany"; 1946 Rückkehr nach Deutschland, in der SBZ Mitglied der KPD/SED, 1946 Chefredakteur der Gewerkschaftszeitung „Tribüne" in Ostberlin, 1949 gemaßregelt und aus der SED ausgeschlossen; 1956 rehabilitiert und erneut Parteimitglied; W. starb am 27. 3. 1970.

Biographisches Handbuch der deutschsprachigen Emigration nach 1933. Bd. 1. München 1980.

Walter, Paul (1897–1955), 1919 SPD, 1931 Übertritt zur SAP, nach der nationalsozialistischen Machtübernahme illegale Arbeit, Dezember 1933 Festnahme, bis 1935 in Haft, nach Entlassung Flucht in die ČSR, 1938 Emigration nach Großbritannien, dort Leiter der SAP-Landesgruppe, seit 1941 Vertreter der SAP in der „Landesgruppe deutscher Gewerkschafter in Großbritannien" und in der „Union deutscher sozialistischer Organisationen in Großbritannien", Mitarbeit an deren Programmen; im Mai 1945 Rückkehr nach Deutschland, Funktionär der DAG. –
Seit 1940 verheiratet mit *Frida* Schotz (geb. 1902).

Biographisches Handbuch der deutschsprachigen Emigration nach 1933. Bd. 1. München 1980.

Winguth, Fritz, geboren am 8. 1. 1892 in Berlin; von Beruf Mechaniker; 1908–1913 2. Vorsitzender der Berliner SPD-Jugendorganisation. Im Ersten Weltkrieg war W. im Rahmen der Spartakus-Gruppe aktiv. Zusammen mit etwa dreißig Jugendlichen nahm er im April 1916 an der Reichskonferenz der oppositionellen Jugend in Jena teil, die unter Leitung von Karl Liebknecht den Befürwortern der Kriegskredite das Recht absprach, im Namen der Jugend aufzutreten und zum Boykott der „Arbeiter-Jugend", der Jugendorganisation der SPD aufrief. Im April 1917 Mitglied der USPD, Vorsitzender der USPD in Neukölln; im Herbst 1918 Mitbegründer der Spartakus-Jugend; Ende Dezember 1918 Delegierter auf

dem Gründungsparteitag der KPD; seit Juli 1919 Angestellter des DMV. Im Februar und April 1920 wurde W. vom III. und IV. KPD-Parteitag als Vertreter Berlins in den Zentralausschuß der Partei gewählt. 1920 Kassenrevisor der KPD; Kandidat bei den Reichstagswahlen; Anfang Dezember 1920 Delegierter auf dem Vereinigungsparteitag mit dem linken Flügel der USPD. 1921 wurde W. als Anhänger des ehemaligen Parteiführers Paul Levi, der das putschistische Vorgehen der KPD während der sog. März-Aktion in Mitteldeutschland öffentlich scharf kritisiert hatte, aus der KPD ausgeschlossen. Er trat erneut der USPD bei und ging mit dieser im September 1922 zur SPD zurück. Bis 1933 war er Sekretär des DMV. Nach 1933 gehörte W. einer sozialdemokratischen Widerstandsgruppe in Berlin an, die von dem ehemaligen Abgeordneten des thüringischen Landtags, Hermann Brill, und dem früheren Reichstagsabgeordneten Otto Brass, der ebenfalls 1921 aus Solidarität mit Paul Levi die KPD verlassen hatte, geleitet wurde. Bis zum Zeitpunkt der Verhaftung ihrer beiden Leiter im September 1938 trat diese Gruppe für den Zusammenschluß aller liberalen, demokratischen, sozialistischen und kommunistischen Kräfte in Deutschland zu einer Volksfront ein.
1945 wurde W. Leiter des Arbeitsamtes in Potsdam. Der im April 1946 gegründeten SED trat er nicht bei. W. starb am 3. 2. 1948.

Ziegler, Hans (1887–1957), Dreher, SPD, später USPD, 1918 Mitglied des 1. Rätekongresses, Vorsitzender des SPD-Orts- und Kreisvereins, des Gewerkschaftskartells und Bildungsausschusses in Heilbronn, 1920–1924 MdL Württemberg; 1930–Juli 1932 Abgeordneter im Deutschen Reichstag für den Wahlkreis Breslau, im Oktober 1931 Übertritt zur SAP; im März 1933 in „Schutzhaft"; 1945–1948 Oberbürgermeister von Nürnberg.

Zweiling, Klaus (1900–1968), Studium der Physik, Mathematik, Philosophie und Volkswirtschaft in Berlin, Anhänger des ISK, später SPD, 1924–1931 Chefredakteur verschiedener sozialdemokratischer Zeitungen; 1931 Mitbegründer der SAP, zusammen mit Fritz Sternberg* Exponent der SAP-Linken, maßgeblicher Einfluß auf die SAP-Programmatik; 1934 wegen Vorbereitung zum Hochverrat zu drei Jahren Gefängnis verurteilt; im Krieg Soldat in einem Strafbataillon; 1946 SED, 1946–1950 Chefredakteur der „Einheit", des theoretischen Organs der SED, 1950 abgesetzt, danach ohne politischen Einfluß; bis 1955 Leiter des Verlags „Die Technik"; in den sechziger Jahren Professor für dialektischen Materialismus und Direktor des Instituts für Philosophie an der Universität Leipzig.

Abkürzungsverzeichnis und Organisationsregister

ADGB	Allgemeiner Deutscher Gewerkschaftsbund, Dachorganisation der Freien (Sozialdemokratischen) Gewerkschaften in der Weimarer Republik, vereinte in sich über 80 Prozent der gewerkschaftlich organisierten Arbeiter, 1922 ca. 7,9 Mill., 1929 4,9 Mill. Mitglieder.
AdsD	Archiv der sozialen Demokratie (Friedrich Ebert-Stiftung), Bonn, seit 1969 zentrales Institut der Sammlung von Dokumenten und Materialien zur deutschen und internationalen Sozialgeschichte – unter besonderer Berücksichtigung der Geschichte der Arbeiterbewegung.
Agitprop	Agitation und Propaganda; neben Politischen- und Organisationsleitern verfügten die Organisationseinheiten der KPD/KPO über Agitprop-Leiter, die für die Werbearbeit der Partei zuständig waren.
AJ	Arbeiter-Jugend, Sammelbezeichung für die seit 1904 auf lokaler Ebene entstehenden Arbeiterjugend-Vereine und die seit 1908 von der SPD zentral organisierten Jugendausschüsse um die gleichnamige Zeitschrift; trotz Abspaltung oppositioneller sozialistischer Jugendgruppen 1917/18 zu Beginn der Weimarer Republik größte linke Jugendorganisation, 1920 60000 Mitglieder, 1921 90000, 1922 nach Rückkehr des rechten USPD-Flügels in die SPD Zusammenschluß der AJ und der „Sozialistischen Proletarierjugend" der USPD zur SAJ.
AP	Arbeiter-Partei, gegr. 1945 in Offenbach a. M. als Fortsetzung der vor 1933 lokal außerordentlich starken KPO/SAP, wurde aufgrund der Popularität ihres Vorsitzenden Heinrich Galm* und ihrer Aufbauleistung in Offenbach 1946 und 1948 mit 20 Prozent der Stimmen zur drittgrößten Partei; dagegen scheiterten 1947/48 alle überregionalen Ausdehnungsversuche, in Stuttgart und anderen Orten Württemberg-Badens blieb die AP Splitterpartei. Die Offenbacher AP, die sich seit 1947 zu einer marktwirtschaftlich orientierten Partei mit antibürokratisch-populistischen Tendenzen entwickelte, bestand bis zum Übertritt Galms zur SPD 1954 fort.
Arbeiter-Turn- und Sportbewegung	umfaßte die nach 1890 entstandenen proletarischen Turn- und Sportorganisationen, u. a. den Arbeiter-Turner-Bund, den Arbeiter-Radfahrer-Bund „Solidarität", den Arbeiter-Athletenbund und den Touristenverein „Die Naturfreunde". Die ATuS-Bewegung, die dem bürgerlichen Hochleistungssport den solidarischen Mannschafts- und Massensport entgegensetzte, war für alle Arbeiter offen; de facto bildete sie in der Weimarer Republik neben Partei und Gewerkschaft die dritte Säule der sozialdemokratischen Arbeiterbewegung; 1928/29 erfolgte die Gründung eigenständiger kommunistischer Sportorganisationen.
Arbeiter- Turn- und Sportbund	mit 1928 770000 Mitgliedern die bei weitem größte Arbeitersportorganisation der Weimarer Republik.

Arbeiterwohlfahrt (AWO)	sozialdemokratische Wohlfahrtsorganisation, 1919 von Marie Juchacz* gegr. mit dem Ziel, die kommunale und staatliche Wohlfahrtspflege im Sinne der Arbeiterschaft zu beeinflussen; wurde auf allen Gebieten der Sozialpolitik und der Sozialfürsorge tätig; vor allem Frauen engagierten sich in der AWO bei der Betreuung von Kindern, Alten, Armen u. a.; 1924 24 000, 1930 114 000, 1933 150 000 ehrenamtliche Helferinnen und Helfer; nach 1945 wiedergegr. als parteiunabhängiger Wohlfahrtsverband mit 1966 5 100 hauptberuflichen Mitarbeitern und 78 000 ehrenamtlichen Helfern.
ASTA	Allgemeiner Studenten-Ausschuß, Exekutivorgan der Studentenschaft einer Hochschule oder Universität.
A- und S-Rat	Arbeiter- und Soldaten-Rat, A- und S-Räte bildeten sich in der Revolution 1918/19 als Organe der revolutionären Arbeiter und Soldaten. Mehrheitlich aus SPD-Mitgliedern zusammengesetzt, übertrug die Mitte Dezember 1918 in Berlin tagende Reichskonferenz der A- und S-Räte die vollziehende und gesetzgebende Gewalt an den Rat der Volksbeauftragten unter Friedrich Ebert (SPD), auf derselben Konferenz stimmte eine große Mehrheit der Delegierten für eine möglichst schnelle Einberufung einer verfassunggebenden Nationalversammlung. Die A- u. S-Räte bestanden z. T. 1919 als Kontrollorgane neben den alten Verwaltungsapparaten fort, politisch waren sie aber seit Frühjahr 1919 ohne Einfluß.
BBC	British Broadcasting Company, englische Rundfunkstation, sendete im Zweiten Weltkrieg deutschsprachige Programme, an denen sich auch deutsche Emigranten beteiligten.
BDV	Bremer Demokratische Volkspartei; gegr. im Dezember 1945, intendierte die Sammlung aller bürgerlichen Gruppen auf der Grundlage eines hanseatischen Liberalismus, bei der Bürgerschaftswahl im Okt. 1946 18 Prozent der Stimmen, 1948 Anschluß an die FDP.
BMW	Bayerische Motoren Werke, München
BP	Bayernpartei, 1946 gegr., konservative föderalistische Partei mit überwiegend bäuerlich-mittelständischer Anhängerschaft in Ober- und Niederbayern.
Bremer Linksradikale	seit 1914 sich herausbildende sozialdemokratische Oppositionsgruppe um Johann Knief und Paul Frölich*, in ihrer Politik weitgehend von Lenin, Bucharin und insbesondere von Karl Radek beeinflußt; trat wie diese im Unterschied zur „Gruppe Internationale (Spartacus)" schon 1916 für die Spaltung der SPD und die Organisierung einer neuen Partei und Internationalen ein; ihr Einfluß beschränkte sich auf Bremen und Hamburg sowie auf kleinere Gruppen in Norddeutschland, im März 1917 Proklamation einer eigenständigen „linksradikalen Partei", im November 1918 Umbenennung in „Internationale Kommunisten Deutschlands", Ende 1918 zusammen mit der „Spartacus-Gruppe" Gründung der KPD.
Bund der religiösen Sozialisten Deutschlands	1926 gegr. Vereinigung mit dem Ziel, in Kirche und Arbeiterbewegung für einen religiös begründeten Sozialismus zu werben; 1930 10–25 000 Mitglieder, meist Sozialdemokraten, darunter 200 Pfarrer; am stärksten verankert in einigen Industriedörfern, Klein- und Mittelstädten in Baden, Württemberg und Thüringen.

Bund Technischer Angestellter und Beamter	gegr. 1919, dem freigewerkschaftlichen Allgemeinen Freien Angestelltenbund angeschlossen; umfaßte alle technischen Angestellten ohne Rücksicht auf ihre Vorbildung; 1927 60 000 Mitglieder.
CARE	Abk. für: Cooperative for American Remittances to Europe, 1946 in den USA gegr., v. a. von privater Seite getragene Hilfsorganisation, die nach Ende des Zweiten Weltkrieges durch ihre Lebensmittel- und Kleiderspenden wesentlich dazu beitrug, die Not in Europa zu lindern; in Deutschland bis 1960 tätig.
CDU	Christlich-Demokratische Union Deutschlands
CIA	Central Intelligence Agency, 1947 gegr. Zentralamt des amerikanischen Geheimdienstes
ČSR	Československá Republika, Tschechoslowakische Republik
ČSSR	Československá Socialistická Republika, Tschechoslowakische Sozialistische Republik
CSU	Christlich-Soziale Union in Bayern
DAG	Deutsche Angestellten-Gewerkschaft, gegr. im April 1949; versteht sich im Gegensatz zu den DGB-Gewerkschaften, die Arbeiter und Angestellte ohne Unterschied im Hinblick auf ihren beruflichen Status organisieren, als Vertreterin spezifischer Interessen der Angestellten.
DDR	Deutsche Demokratische Republik
Deutsche Friedensgesellschaft	1892 unter dem Einfluß Bertha von Suttners gegr. überparteiliche pazifistische Vereinigung, 1914–1929 unter Leitung des Historikers und Friedensnobelpreisträgers (1927) Ludwig Quidde, danach Fritz Küsters; 1926 rd. 30 000 Mitglieder, vertrat in ihrem Organ „Das andere Deutschland" eine scharfe Kritik an der Tolerierungspolitik der SPD und der „pseudorevolutionären Katastrophenpolitik" der KPD.
Deutsch-jüdischer Wanderbund Kameraden	1919 gegr. auf nichtzionistisch-sozialistischer Grundlage
DFU	Deutsche Friedens-Union, 1960 gegr. Linkspartei, die für Abrüstung und eine Verständigung mit der DDR und den Staaten Osteuropas eintritt.
DGB	Deutscher Gewerkschaftsbund, Dachorganisation der 16 westdeutschen Industriegewerkschaften; im Unterschied zu den auf dem Berufsverbands-Prinzip beruhenden und an Parteien gebundenen Richtungsgewerkschaften der Weimarer Republik (sozialdemokratische, christliche, Hirsch-Dunkersche) wurde der DGB im Oktober 1949 als Zusammenschluß der in den westlichen Besatzungszonen nach 1945 ins Leben gerufenen Einheitsgewerkschaften gegründet; unabhängig von konfessionellen und parteipolitischen Bindungen umfaßt er Arbeiter und Angestellte nach ihrer Zugehörigkeit zu bestimmten Industriezweigen; 1951 5,9 Mill. Mitglieder.
DKP	Deutsche Kommunistische Partei, 1968 von ehemaligen Funktionären der 1956 in der Bundesrepublik verbotenen KPD gegründete KP der Bundesrepublik.

DLM	Deutsche Liga für Menschenrechte, im Ersten Weltkrieg unter der Bezeichnung „Bund neues Vaterland" gegründet mit dem Ziel, einen schnellen Verständigungsfrieden herbeizuführen, 1922 Namensänderung und Beitritt zur Internationalen Liga für Menschenrechte; trat für eine demokratische soziale Republik in einem freien Europa ein. Während der DLM in der Anfangsphase der Weimarer Republik Mitglieder der SPD, der DDP, der USPD und Parteilose angehörten, setzten sich die rd. 1000 Mitglieder 1931 vorwiegend aus parteilosen „heimatlosen Linken" zusammen, dementsprechend stand die DLM 1931/32 der SAP nahe.
DMV	Deutscher Metallarbeiter-Verband, gegr. 1891, umfaßte nahezu alle Berufsgruppen der Metallbranche und stellte die bei weitem größte Einzelgewerkschaft des ADGB dar: 1922 1,6 Mill. Mitglieder, Ende 1924 711 000, 1928 884 000; Ende 1932 690 000.
DNVP	Deutschnationale Volkspartei, 1918 gegr. nationalkonservative Partei, seit 1930 mit der NSDAP in der „Harzburger Front" verbunden, ermöglichte Hitler im Januar 1933 die Machtübernahme.
DP	Deutsche Partei, 1947 gegr., national-konservative Partei mit bäuerlich-mittelständischer Basis, im wesentlichen auf Norddeutschland beschränkt.
DReP	Deutsche Rechtspartei, gegr. 1946, mit Hochburgen in Niedersachsen und Schleswig-Holstein, umfaßte einen national-konservativen und einen rechtsextremen Flügel um Adolf von Thadden, der 1949 die neofaschistische „Sozialistische Reichspartei" gründete.
DVP	Deutsche Volks-Partei, unter diesem Namen trat die 1946 gegr. FDP bis 1952 in Württemberg-Baden auf.
EKKI	Exekutivkomitee der Kommunistischen Internationale
FDGB	Freier Deutscher Gewerkschaftsbund, 1945 gegr. Einheitsorganisation der Industriegewerkschaften der SBZ/DDR.
FDJ	Freie Deutsche Jugend, im Rahmen der Volksfrontbestrebungen 1935/36 im Exil entstandenes Kartell der Jugendorganisationen der Arbeiterparteien; in ihm waren der KJV, der SJV, die SAJ, die ISK-Jugend und später auch die Jugendorganisationen der österreichischen Sozialisten und Kommunisten zusammengeschlossen; bestand bis Kriegsausbruch. Nach 1945 Name der Jugendorganisation der SED.
FDP	Freie Demokratische Partei
Freidenker	s. Zentralverband proletarischer Freidenker
GAP	Gruppe Arbeiterpolitik, 1947 gegr. Zusammenschluß ehem. KPO-Mitglieder; versuchte in den fünfziger Jahren unter Anknüpfung an die Programmatik Thalheimers* und Brandlers* Perspektiven für die erwartete politische Aktivierung der Arbeiterschaft und die Gründung einer neuen, national eigenständigen kommunistischen Partei zu entwerfen; zum Teil lokaler Einfluß in den Gewerkschaften, 1949/50 maßgebliche Beteiligung an den Protestaktionen der Belegschaft gegen die Demontage der Salzgitter-Werke; nach Übertritten zur SPD 1959 aufgelöst, später in einigen Orten neu gegründet.

GEW	Gewerkschaft Erziehung und Wissenschaft, mit 1952 70000 Mitgliedern eine der kleineren Gewerkschaften des DGB.
GPU	Gosudarstvennoe Političeskoe Upravlenie, Staatliche Politische Verwaltung, sowjetische Geheimpolizei 1922–1934
Gruppe Neu Beginnen	gegr. 1931 als geheime Organisation junger oppositioneller Kommunisten und Mitglieder des linken Flügels der SAJ, vgl. Anm. 2 S. 15.
Gruppe Internationale (Spartacus)	1915 gegr. von den radikal-marxistischen Antikriegsgegnern in der SPD (Rosa Luxemburg, Karl Liebknecht, Franz Mehring, Clara Zetkin, August Thalheimer*), später nach ihrem Organ „Spartacus-Gruppe" benannt; im März 1917 unter Aufrechterhaltung organisatorischer Selbständigkeit Beitritt zur neugegründeten USPD, im Dezember 1918 Austritt und – zusammen mit den Bremer Linksradikalen – Gründung der KPD. Der Einfluß der Gruppe Internationale, deren bekannteste Wortführer inhaftiert oder an der Front waren, blieb bis Kriegsende gering; ihre Mitgliederzahl wird auf einige hundert bis einige tausend geschätzt.
HJ	Hitler-Jugend, 1926 gegr. Jugendorganisation der NSDAP für 14–18jährige, seit 1936 Staatsjugend
Humanistische Union	1961 in München gegr. überparteiliche Vereinigung zur Verteidigung der freiheitlich-demokratischen Ordnung gegenüber allen Tendenzen zur Errichtung einer weltanschaulich, v. a. konfessionell gebundenen Ordnung.
IAH	Internationale Arbeiterhilfe, 1921 aus Hilfskomitees zur Linderung der Hungersnot in der Sowjetunion entstanden; neben Roter Hilfe und RFB größte Massenorganisation der KPD, widmete sich v. a. der Unterstützung streikender Arbeiter und wie die Arbeiterwohlfahrt der Sozialfürsorge; 1931 105 000 Mitglieder, überwiegend parteilose, mit der KPD sympathisierende Arbeiter.
IBFG	Internationaler Bund Freier Gewerkschaften, im Dezember 1949 gegr. als Gegenorganisation zum kommunistisch beherrschten WGB mit Sitz in Brüssel, umfaßte 1952 95 Organisationen.
IG	Industriegewerkschaft, erfaßt alle in einem Wirtschaftszweig oder Bereich des Öffentlichen Dienstes beschäftigten Arbeitnehmer unabhängig von ihrer sozialen Stellung und Funktion im Betrieb. Im Unterschied zu den meist auf dem Berufsverbandsprinzip beruhenden Gewerkschaften der Weimarer Republik sind die seit 1949 im DGB zusammengeschlossenen Einzelgewerkschaften nach dem Industrieverbandsprinzip gebildet.
Internationales revolutionäres sozialistisches Jugendbüro	umfaßte die Jugendorganisationen der von 1935 bis 1939 im „Internationalen Büro für revolutionäre sozialistische Einheit" zusammengeschlossenen linkssozialistischen europäischen Parteien: der englischen Independent Labour Party, der ILP Polens, der Sozialistischen Partei Schwedens, der Roten Front Österreichs, der Iberischen Kommunistischen Partei Spaniens.
IRRC	International Rescue and Relief Committee, später: International Rescue Committee (IRC), 1942 entstanden aus dem Zusammenschluß einer seit 1933 bestehenden privaten amerikanischen Hilfs-

organisation für Bedrohte der NS-Diktatur und dem 1940 von links-sozialistischen österreichischen und deutschen Emigranten gegr. „Emergency Rescue Committee", vgl. S. 17.

ISK   Internationaler Sozialistischer Kampfbund, wirkte von 1917/18 bis 1925 unter der Bezeichnung „Internationaler Jugendbund" in der SPD und ihren Nebenorganisationen; nach Unvereinbarkeitsbe-schluß durch die SPD 1925/26 Konstituierung als ISK; vgl. Anm. 2 S. 14 sowie die Biographien von Willi Eichler* und Minna Specht*.

ITF   Internationale Transportarbeiter-Föderation, mit Hilfe der in ihr or-ganisierten Eisenbahner und Seeleute unterstützte die von dem Hol-länder Edo Fimmen geleitete ITF seit 1933 tatkräftig Widerstands-gruppen in Deutschland und ermöglichte u. a. die Verbreitung ille-galer Schriften des ISK, der SAP und der Gruppe Neu Beginnen.

JLC   Jewish Labor Committee, 1935 gegr. Zusammenschluß einiger Ge-werkschaften der Herren- und Damenkonfektionsbranche, deren meist jüdische Mitglieder aus Osteuropa eingewandert waren; un-terstützte die SOPADE und andere sozialistische deutsche Emi-grantengruppen in den USA.

Jungbanner   Jugendorganisation des Reichsbanners Schwarz-Rot-Gold

Jungsozialisten   entstanden 1919 aus lokalen Gründungen, 1920 von der SPD als Ju-gendorganisation für 18–25jährige anerkannt; war 1922–1926 in eine rechte und eine linke Strömung gespalten. Der Hofgeismar-Kreis der rechten Jungsozialisten, der die Organisation bis 1925 be-herrschte, verkörperte eine Mischung aus Jugendbewegung, Sozia-lismus und Nationalbewußtsein; er bejahte nachdrücklich Staat und Nation und versuchte, den parteioffiziellen Marxismus durch einen idealistisch „erneuerten Sozialismus" abzulösen; nach einem deutli-chen Linksruck der Jungsozialisten 1925 verließen die Hofgeismarer im Frühjahr 1926 die „Bewegung" und lösten sich wenig später auf. Die seit 1924 im „Hannoveraner Arbeitskreis" zusammengeschlosse-nen marxistisch orientierten Jungsozialisten lehnten sich eng an die SPD-Parteilinken an; seit Ende 1926 erschien mit Unterstützung von Marx Adler, Georg Engelbert Graf und Anna Siemsen die „Jungsozialistische Schriftenreihe". Diese wie Studienaufenthalte an der von Otto Jenssen und Erich Winkler geleiteten sozialistischen Heimvolkshochschule Tinz bei Gera bildeten die Grundlage einer intensiven Bildungsarbeit; max. 4000 Mitglieder. 1946 neu gegr. als Vertretung der aktiven SPD-Mitglieder im Alter von 18–35 Jahren.

KAPD   Kommunistische Arbeiter-Partei (Deutschlands), aus einer Opposi-tionsströmung der KPD hervorgegangen, im April 1920 gegr. links-kommunistische Partei, in scharfer Gegnerschaft zur Politik der KPD und der Bolschewiki, proklamierte die Verwirklichung des Rätesystems, 1920 38000 Mitglieder, nach mehrfacher Spaltung seit 1924 Splittergruppe.

Kinderfreunde-Bewegung   sozialdemokratische Erziehungsgemeinschaft, gegr. in Österreich zwischen 1908 und 1917, in Deutschland Anfang der zwanziger Jahre unter maßgeblicher Beteiligung sozialistischer Reform-pädagogen; ihre ständigen Helfer organisierten im lokalen Rahmen Spiel- und Arbeitsgruppen für Arbeiterjugendliche im Alter von

6–14 Jahren, seit 1927 auch überregional sog. Kinderrepubliken, selbstverwaltete Zeltlager mit 1–2000 Teilnehmern. Die einheitlich gekleideten Kinderfreunde (blauer Kittel, rotes Halstuch) waren nach Altersgruppen eingeteilt: Nestfalken (6–10 Jahre), Jungfalken (10–12 J.), Rote Falken (12–14 J.), anschließend Übergang zur SAJ; Ende 1930 bestanden 788 Kinderfreunde-Ortsgruppen mit 120000 Kindern.

KJ, KJD, KJV, KJVD	Kommunistische Jugend (Deutschlands), 1920 hervorgegangen aus der 1917 gegr. oppositionellen „Freien Sozialistischen Jugend" (FSJ), 1925 umbenannt in „Kommunistischer Jugendverband Deutschlands" (KJVD), Jugendorganisation der KPD, erfaßte Jugendliche im Alter von 14–23 Jahren, im Herbst 1923 70000, 1929 20000 und 1932 50000 Mitglieder.
KJVO	Kommunistischer Jugend-Verband-Opposition, nach Ausschluß der Rechtsopposition aus KPD und KJVD im Dezember 1928 gegr. Jugendorganisation der KPO, zählte 1929 ca 1000 Mitglieder.
KL	Konzentrationslager
Klassenkampf-Gruppe	Gruppe der marxistischen SPD-Linken um die seit 1927 erscheinende gleichnamige Halbmonatsschrift (Aufl. ca. 1000); die vom Austromarxismus beeinflußte Gruppe trat in der Weimarer Republik für eine konsequente Vertretung der sozialen Interessen der Arbeiterschaft ein; 1928 gegen den Eintritt der SPD in die „Große Koalition", in scharfer Opposition gegen die Wehrpolitik (Panzerkreuzer-Bau) und die Tolerierungspolitik der Partei ab 1930; nach Parteiausschluß ihrer Führer Max Seydewitz* und Kurt Rosenfeld gründete der größte Teil der Linken um den „Klassenkampf" im Oktober 1931 die SAP, eine Minderheit verblieb in der SPD.
Komintern	Kommunistische Internationale, 1919 gegründeter Zusammenschluß kommunistischer und revolutionärer Parteien mit dem Ziel der Weltrevolution zur Errichtung der Räteherrschaft und der Diktatur des Proletariats, seit dem V. Weltkongreß 1924 weitgehend den Interessen der Sowjetunion unterworfen, 1943 aufgelöst.
KP	Kommunistische Partei
KPČ	Kommunistische Partei der Tschechoslowakei
KPD	Kommunistische Partei Deutschlands, gegr. am 30.12. 1918/1.1. 1919 als Zusammenschluß von Spartacus-Gruppe und Bremer Linksradikalen; 1919 Ermordung ihrer aus der linken Vorkriegssozialdemokratie kommenden Führer Rosa Luxemburg, Karl Liebknecht, Leo Jogiches; im April 1920 Verlust der Hälfte (50000) der Mitglieder durch Ausschluß der linkskommunistischen Strömung (KAPD); Ende 1920 durch Vereinigung mit den ca. 300000 Mitgliedern der linken USPD Massenpartei, gewann die KPD in der Folgezeit die Mehrzahl der (linken) USPD-Hochburgen im Ruhrgebiet und in Mitteldeutschland; ihre Politik schwankte 1920–1923 zwischen Einheitsfrontbestrebungen mit der SPD und revolutionären Aktionen (1921 Mitteldeutscher Aufstand, 1923 Hamburger Aufstand). In der Krisensituation der Jahre 1922–1924 Radikalisierung der Mitgliedschaft und Ablösung der rechten Führung (Heinrich

Brandler*, August Thalheimer*) durch die Parteilinke (Ruth Fischer, Arkadij Maslow) im April 1924. Deren Politik (Bolschewisierung der Partei, Kampf gegen die SPD, Gründung kommunistischer Richtungsgewerkschaften) führte zu einem Rückgang des Einflusses der KPD in der Arbeiterschaft (bei der Reichstagswahl vom Dezember 1924 Verlust von 1 Mill. Stimmen gegenüber dem Frühjahr) und insbesondere in den Gewerkschaften (1922 88 KPD-Delegierte, 1925 3); 1925 zählte die KPD nur noch 125 000 Mitglieder. Unter dem Druck der Komintern 1925 Auseinanderbrechen der linken Mehrheit in der KPD in mehrere linke und ultralinke Gruppen (Fischer, Maslow, Korsch u.a.), die bis 1927 aus der Partei ausgeschlossen wurden, und in einen kominterntreuen Flügel um Ernst Thälmann. Thälmann, von 1925–1933 KPD-Vorsitzender, stützte sich auf die kominterntreue Linke und die Mittelgruppe (Versöhnler) um Ernst Meyer, doch konnten auch die Rechten um Paul Frölich* und Jacob Walcher* wieder Positionen besetzen. Seit 1925 trat die KPD für eine aktive Mitarbeit in den Freien Gewerkschaften ein und betrieb gegenüber der SPD eine gemäßigte Politik, ihr Einfluß blieb in den Jahren der relativen politischen und wirtschaftlichen Stabilität 1925–1928 begrenzt (Reichstagswahl 1928 KPD 10,6%, SPD 29,8%). Der Prozeß der Bolschewisierung, der Einschränkung der innerparteilichen Demokratie und der zunehmenden Unterwerfung der KPD unter die Interessen der Sowjetunion setzte sich unter Thälmann fort und führte im Herbst 1928 zur Übernahme der in der Sowjetunion von Stalin inaugurierten Linkswendung. Auf der Grundlage einer von der Komintern prognostizierten Zuspitzung der Krise des Kapitalismus und bevorstehender Massenkämpfe forcierte die KPD seitdem erneut ihren Kampf gegen die SPD, den – wie es nun parteioffiziell hieß – linken Flügel des Faschismus (Sozialfaschismusthese) und gegen die Gewerkschaften (Gründung der RGO). Ca. 6000 Vertreter der rechten Opposition, überwiegend alte Kader der Partei, wurden ausgeschlossen; ein Teil von ihnen gründete im Dezember 1928 die KPO.

In der Weltwirtschaftskrise nahm die KPD seit 1929 einen großen Aufschwung, vor allem Arbeitslose und jugendliche Arbeiter fühlten sich von ihrer ultralinken Politik angezogen; mit 1932 ca. 300 000 Mitgliedern und nahezu 6 Mill. Wählern (Reichstagswahl vom November 1932 KPD 16,9%, SPD 20,4%) nach NSDAP und SPD drittstärkste Partei.

KPD-Rechte	traten in der KPD für die Einheitsfront mit der SPD, für die Mitarbeit in den Freien Gewerkschaften und für eine aktive Parlamentsarbeit ein, um Teilziele durchzusetzen. Bis 1923 bestimmten sie (Brandler*, Thalheimer*, Walcher* u.a.) die Politik der KPD, 1924–1928 in der Partei nur noch schwach vertreten; 1928/29 überwiegend ausgeschlossen, sammelten sie sich in der KPO.
KPD-Versöhnler	(auch Mittelgruppe) bejahten wie die Rechten eine kommunistische Realpolitik; im Unterschied zu ihnen traten sie jedoch betont für die Führungsrolle der KPdSU in der Komintern ein und versuchten, um jeden Preis in der KPD zu wirken; wichtige Positionen im KPD-Apparat, bildeten 1926–28 zusammen mit der kominterntreuen Linken unter Ernst Thälmann die KPD-Führung. 1928/29 in Opposi-

tion gegen die Linkswendung paßten sie sich nach dem Tod ihres Führers Ernst Meyer im Frühjahr 1930 dem Kurs der Partei zunehmend an.

KPD-Linke   propagierten vorrangig das kommunistische Endziel, lehnten Übergangsforderungen ab und wollten den gewaltsamen Aufstand vorbereiten; gegen die Einheitsfrontpolitik mit der SPD empfahlen die Linken teilweise die Gewerkschaftsspaltung und betrieben in den Parlamenten Obstruktionspolitik. 1924/25 führten sie unter Ruth Fischer und Arkadij Maslow die Partei. Nach Herausbildung der kominterntreuen Linken 1925 in mehrere Fraktionen gespalten und größtenteils aus der KPD ausgeschlossen, Reste sammelten sich im Frühjahr 1928 im Leninbund.

KPdSU   Kommunistische Partei der Sowjetunion

KPO   Kommunistische Partei-Opposition, nach der Linkswendung der Komintern und der KPD (Sozialfaschismusthese, Gründung der RGO) im Dezember 1928 von ausgeschlossenen Vertretern der sog. Rechtsopposition um die ehem. KPD-Führer Heinrich Brandler* und August Thalheimer* gegründet; ca 3500 Mitglieder, überwiegend in Partei- und Gewerkschaftsarbeit erfahrene, aus der Spartacus-Gruppe und der linken USPD hervorgegangene Funktionäre; vgl. S. 13–16.

KPÖ   Kommunistische Partei Österreichs

KZ   Konzentrationslager

MdB   Mitglied des Bundestages

MdL   Mitglied des Landtages

MdR   Mitglied des Reichstages

Mil. Reg.   Militärregierung

MK   Mark

Neu Beginnen   s. Gruppe Neu Beginnen

NKWD   Narodnyj Komissariat Vnutrennich Del, Volkskommissariat für Inneres, sowjetische Geheimpolizei ab 1934.

NL   Nachlaß

NRW   Nordrhein-Westfalen

NS   Nationalsozialismus, nationalsozialistisch

NSDAP   Nationalsozialistische Deutsche Arbeiter-Partei, gegr. 1919/20

NY   New York

ÖTV   Gewerkschaft Öffentliche Dienste, Transport und Verkehr, Ende 1952 817000 Mitglieder

ÖVP   Österreichische Volkspartei, christlich-konservative Partei

OKW   Oberkommando der Wehrmacht

OMGUS	Office of Military Government for Germany, seit Oktober 1945 höchste Behörde für die von den USA besetzten Gebiete Deutschlands.
OSS	Office of Strategic Services, im Juni 1942 gegr., vom Militär unabhängiger Geheimdienst mit dem Auftrag, Informationen über die Lage in Deutschland und in den von Deutschland besetzten Gebieten zu sammeln und zu analysieren; in der zentralen Auswertungsstelle in Washington beschäftigte der OSS deutsche Emigranten, die wie Herbert Marcuse oder der Gewerkschaftsjurist Franz L. Neumann der Arbeiterbewegung verbunden waren.
P. E. N.-Club	Abk. für engl.: Poets, Playwrights, Editors, Essayists, Novelists, 1921 gegründete internationale Schriftstellervereinigung; seine Mitglieder verpflichten sich zur Bekämpfung von Rassen-, Klassen- und Völkerhaß und zum aktiven Eintreten für Pressefreiheit und Meinungsvielfalt, setzt sich für Völkerverständigung und ungehinderten internationalen Gedanken- und Literaturaustausch ein.
Pfg.	Pfennig
Pgs	Mitglieder der NSDAP: Ende 1925 27 000, Ende 1928 110 000, Sept. 1930 300 000, Januar 1933 850 000, Juni 1933 2 500 000, Juni 1937 3 500 000, 1943 6 500 000.
Pol.-Leiter	Politischer Leiter einer Ortsgruppe oder eines Bezirks der KPD oder der KPO
POUM	Partido Obrero de Unificación Marxista, spanische linkssozialistische Partei, 1935 hervorgegangen aus dem Zusammenschluß zweier Parteien, propagierte bei Ausbruch des Spanischen Bürgerkriegs die Bildung einer auf revolutionäre Komitees gestützten Arbeiter- und Bauernregierung, wurde von der KPO und der SAP unterstützt, in ihrer Kritik an der Sowjetunion beeinflußt durch Trotzki; von der Komintern bekämpft als „Agentur des Faschismus" und seit Mai 1937 durch die spanischen Kommunisten unter Mitwirkung der NKWD blutig unterdrückt.
PV	Parteivorstand (der SPD)
PW	Prisoner of War, anglo-amerikanische Bezeichnung für Kriegsgefangener
Reichsbanner Schwarz-Rot-Gold	gegr. 1924 mit dem Ziel, alle auf dem Boden der Republik stehenden Kriegsteilnehmer des Ersten Weltkriegs zum Schutz der Republik und ihrer Einrichtungen zusammenzufassen, 1924 ca. 700 000 Mitglieder, davon bekannten sich fast 90% zur SPD, der Rest verteilte sich auf Mitglieder und Anhänger des Zentrums und der DDP.
Revolutionäre Sozialisten Deutschlands	gegr. 1935 im Exil von führenden Vertretern der SPD-Parteilinken (Karl Böchel, Siegfried Aufhäuser), die in Opposition zur Politik der SOPADE standen; die RSD forderten den radikalen Bruch mit allen reformistischen Traditionen und hofften, durch die Neugründung einer revolutionären sozialdemokratischen Partei die Einheit der Arbeiterklasse wiederherstellen zu können; 1937 Auflösung und Rückkehr des größten Teils der RSD in die SOPADE.
RFB	gegr. Ende Mai 1924 als kommunistische Gegenorganisation zum deutschnationalen Stahlhelm und zum Reichsbanner Schwarz-

	Rot-Gold, 1926 ca. 150000 Mitglieder, darunter viele jugendliche Arbeiter.
RGI	Rote Gewerkschaftsinternationale, gegr. 1919 in Moskau als Zusammenschluß kommunistischer und revolutionärer Gewerkschaften mit dem Ziel der Organisierung der Arbeiter zum Sturz des Kapitalismus.
RGO	Revolutionäre Gewerkschafts-Opposition, 1929 gegr. Gewerkschaftsorganisation der KPD, die damit ihre seit 1925 praktizierte Politik der Stärkung des kommunistischen Einflusses in den ADGB-Gewerkschaften aufgab; mittels der Durchführung von Streiks und deren Ausweitung zu Massenkämpfen sollte die RGO die Revolution vorantreiben, de facto isolierte sie unter den Bedingungen der Weltwirtschaftskrise die kommunistischen Arbeiter und vertiefte die Spaltung der Arbeiterbewegung; 1932 ca. 250000 Mitglieder, darunter ein erheblicher Teil Arbeitslose; am stärksten in Berlin, am Niederrhein und in Sachsen.
Rpf.	Reichspfennig
RH (D)/Rote Hilfe	Rote Hilfe (Deutschlands), 1924 gegr., der KPD nahestehende Massenorganisation zur Unterstützung politischer Gefangener, 1930 über 150000 Mitglieder.
RM	Reichsmark
Rote Falken	Altersgruppe (12–14 Jahre) der Kinderfreunde
Rote Kämpfer	1930 gegr. Gruppierung um die gleichnamige Zeitschrift; ihre intellektuellen Führer Karl Schröder, Alexander Schwab und Bernhard Reichenbach gingen aus der KAPD hervor; traten als Oppositionsgruppen innerhalb der SPD und seit 1931 auch innerhalb der SAP für eine Aktivierung der Arbeiterschaft und Einheitsfrontpolitik ein; 1932 ca. 400 Mitglieder, darüber hinaus zahlreiche Anhänger in der SAJ, bei den Jungsozialisten und Sozialistischen Studenten im Rhein-Ruhr-Gebiet und in Ostsachsen; seit 1932 Umstellung ihrer Gruppen auf konspirative Tätigkeit.
Roter Frauen- und Mädchenbund	1925 gegr. Frauenorganisation der KPD
SA	Sturmabteilung der NSDAP, 1920 gegr. uniformierte und bewaffnete politische Kampf- und Propagandaorganisation der NSDAP, hatte 1931 77000, 1933 rd. 700000 vor allem jugendliche Mitglieder, darunter zahlreiche Arbeitslose, wurde von der NSDAP im Straßenkampf und in der Propaganda zur Terrorisierung politischer Gegner eingesetzt.
SAJ	Sozialistische Arbeiter-Jugend, Jugendorganisation der SPD, 1922 hervorgegangen aus der Verschmelzung von AJ und der „Sozialistischen Proletarierjugend" der USPD, erfaßte 1922 85000, 1927 55000 und 1931 50000 Jugendliche im Alter von 14–18 bzw. ab 1927 20 Jahren; seit 1929 formierte sich in der SAJ eine linke Opposition, ein Teil von ihnen schloß sich 1931 dem SJV an.
SAP(D)	Sozialistische Arbeiterpartei (Deutschlands), in Oktober 1931 gegr. von einem Teil der SPD-Linken, hervorgegangen aus der innerpar-

teilichen Opposition gegen den Panzerkreuzerbau und die Tolerierungspolitik der SPD; 1932 ca. 25000 Mitglieder mit regionalen
Schwerpunkten in Schlesien (Breslau), Thüringen, Sachsen (Dresden) und Offenbach, im April 1932 Beitritt der KPO-Minderheit um
Jacob Walcher* und Paul Frölich*, im Februar 1933 von den Vor-
standsmitgliedern Max Seydewitz* und Kurt Rosenfeld offiziell aufgelöst, kehrten ca. 1500 Mitglieder der Partei den Rücken; die
Mehrheit (ca. 15 000), darunter insbesondere jüngere Mitglieder, arbeitete in kleinen Gruppen illegal weiter; zur Politik der SAP vgl. S.
13–16.

SBZ	Sowjetische Besatzungszone
SDS	Sozialistischer Deutscher Studentenbund, 1946 gegr. der SPD nahe-stehender Studentenverband, 1961 Unvereinbarkeitsbeschluß durch die SPD.
SDV	Sozialistisch-Demokratische Vereinigung Mosbach, 1945 von Funktionären und Mitgliedern der SPD und KPD gegr. Einheits-partei, löste sich 1947 auf; ein kleinerer Teil der Mitglieder schloß sich der AP an.
SED	Sozialistische Einheitspartei Deutschlands, im April 1946 in der SBZ durch Verschmelzung von SPD und KPD entstanden; die SED, die im Herbst 1947 1,8 Mill. Mitglieder zählte, war anfangs eine Mas-senpartei mit gewissen Einflußmöglichkeiten der Mitgliedschaft, erst 1948/49 erfolgte ihre Veränderung zur marxistisch-leninisti-schen „Partei neuen Typus".
SJV (D)	Sozialistischer Jugendverband (Deutschlands), Jugendorganisation der SAP, im Oktober 1931 von einem Teil der aktivistischen linken SAJ-Opposition gegründet; mit seinen 8–10000 Mitgliedern war der SJV – gemessen an der Mitgliederzahl der SAP – vergleichsweise stark.
SMA (D)	Sowjetische Militäradministration (in Deutschland)
SOPADE	Sozialdemokratische Partei Deutschlands, im Mai 1933 in der ČSR von einem Teil des SPD-PV (Otto Wels, Hans Vogel u.a.) gegr. Exilvertretung der SPD, betrachtete sich gegenüber konkurrieren-den linkssozialdemokratischen Gruppen als alleinige rechtmäßige Vertretung der Gesamtpartei. Die SOPADE betreute die sozial-demokratischen Emigranten (1936/37 ca. 1500, Anfang 1938 ca. 4000, 1939 8000), unterstützte über ihre Grenzsekretariate und Ku-riere illegal arbeitende Inlandsgruppen und versuchte mittels ihrer „Deutschland-Berichte" die internationale Öffentlichkeit über die NS-Diktatur aufzuklären; die Bildung einer Einheitsfront mit der KPD lehnte sie ab; Mitte 1938 Übersiedlung nach Paris, später nach London, wo sie 1941 eine Kartellverbindung mit der SAP, dem ISK und der Gruppe Neu Beginnen einging; nach Kriegsende unter-stützte die SOPADE (Hans Vogel, Erich Ollenhauer, Fritz Heine) Kurt Schumacher.
Sozialistische Jugend Deutschlands Die Falken	gegr. 1946, organisatorisch selbständige, der SPD nahestehende Jugendorganisation, umfaßt Kinder und Jugendliche im Alter von 6–21 Jahren, 1968 rd. 100000 Mitglieder.

Spartacus-Gruppe	s. Gruppe Internationale (Spartacus)
SP(D)	Sozialdemokratische Partei (Deutschlands), proklamierte in der Revolution 1918/19 wie die sozialdemokratisch geprägten A & S-Räte die schnellstmögliche Durchführung von Wahlen zu einer verfassunggebenden Nationalversammlung als Voraussetzung für politische und gesellschaftliche Veränderungen; mit 11,5 Mill. Stimmen (37,9%) stärkste Partei, stellte sie mit Friedrich Ebert den ersten Reichspräsidenten und bildete mit Zentrum und DDP die sog. Weimarer Koalition; aus Enttäuschung über die Politik der SPD in und nach der Revolution Hinwendung größerer Teile der Arbeiterschaft zur USPD und zur KPD; bei den Reichstagswahlen vom Juni 1920 nur noch 21,6% (USPD 18,0%). Seit 1919 Ausbau und Ausdifferenzierung des sozialdemokratischen Organisationsnetzes durch Gründung der AWO, der Kinderfreunde-Bewegung, der Jungsozialisten, des Reichsbanners Schwarz-Rot-Gold, der Arbeitsgemeinschaft sozialdemokratischer Lehrer usw.; im September 1922 Vereinigung mit der USPD, 1920 1 180 000 Mitglieder, Anfang 1925 690 000, Ende 1931 1 009 000, regionale Schwerpunkte in Sachsen, Thüringen, Schlesien, Hessen und Hamburg. Programmatische Öffnungsversuche zu einer sozialdemokratischen Volkspartei (Görlitzer Programm 1921), mit dem Heidelberger Programm 1925 erneute Akzentuierung der traditionell marxistischen Vorkriegsprogrammatik; 1922–1928 mit einer kurzen Ausnahme in Opposition zu bürgerlich-konservativen Reichsregierungen, in diesem Zeitraum Konkretisierung reformorientierter gesellschaftlicher Veränderungsvorstellungen (Kieler Programm 1927). Im Herbst 1928 nach erheblichen Stimmengewinnen in der Reichstagswahl (29,8%, 9,1 Mill. Stimmen) Bildung einer Großen Koalition mit Hermann Müller (SPD) als Reichskanzler; nach Zuspitzung der sozialen Probleme und der Gegensätze innerhalb der Koalition vor dem Hintergrund der Weltwirtschaftskrise im März 1930 Bruch der Großen Koalition, danach Tolerierung der Präsidialregierung Brüning als „kleineres Übel" zur Verhinderung einer nationalsozialistischen Machtübernahme; Versuche parteiinterner Kritiker auf der Linken wie auf der Rechten, die SPD zu einer aktiveren Oppositionspolitik zu bewegen, konnten sich 1932 nicht durchsetzen. Trotz der sozialen Krisenfolgen und politischen Radikalisierung blieb die Wählerschaft der SPD als Partei überwiegend der gelernten Facharbeiter relativ stabil: 1930 8,5 Mill., Nov. 1932 7,2 Mill., März 1933 7,2 Mill.
SPÖ	Sozialistische Partei Österreichs
SS	Schutzstaffel der NSDAP, 1925 gegr. Sonderorganisation zum Schutz Hitlers und anderer NSDAP-Funktionäre, wurde nach 1933 zum wichtigsten politischen Sicherheits- und Terrorinstrument des NS-Regimes.
SS-Division Dirlewanger	Vgl. Anm. 27, S. 26.
Strafbataillon 999	Vgl. Anm. 27, S. 26.
SU	Sowjetunion
TH	Technische Hochschule

Touristenverein Die Naturfreunde	gegr. 1895 in Wien, nahm nach dem Ersten Weltkrieg auch in Deutschland einen raschen Aufschwung. Das Vereinsleben war durch Familien- und Gemeinschaftswandern, gesellige Veranstaltungen und politisch-wissenschaftliche Vorträge gekennzeichnet. Der besondere Stolz der Naturfreunde galt den von ihnen meist in Zusammenarbeit mit anderen lokalen Arbeiterorganisationen in Eigeninitiative gebauten Hütten und Heimen, von denen es 1929 241 gab. In der Reichsleitung und in der Gesamtbewegung dominierten Sozialdemokraten.
UAP (D)	Unabhängige Arbeiterpartei (Deutschlands), im März 1951 gegr. von einer Gruppe ausgeschlossener KPD-Mitglieder, Trotzkisten und einigen „heimatlosen Linken", national „unabhängige" kommunistische Partei. Trotz erheblicher finanzieller Zuwendungen seitens Jugoslawiens kam die UAP nicht über 400 Mitglieder hinaus, 1952 löste sie sich auf.
UdSSR	Union der Sozialistischen Sowjetrepubliken
Ultralinks	Bezeichnung für die Politik der KPD 1924/25 und 1928/29–1935.
UN	United Nations
Union deutscher sozialistischer Organisationen in Großbritannien	am 19.3. 1941 gegr. Zusammenschluß aus SOPADE, SAP, ISK, Gruppe Neu Beginnen und der „Landesgruppe deutscher Gewerkschafter in Großbritannien". Die Zusammenarbeit in der von Hans Vogel (SPD), Erwin Schoettle (Neu Beginnen), Willi Eichler* (ISK) und Hans Gottfurcht (Gewerkschaften) geleiteten „Union" ließ in den folgenden Jahren die organisatorischen Abgrenzungen und politischen Differenzen in den Hintergrund treten und bildete eine Etappe auf dem Weg zur Reintegration der sozialistischen Gruppen und Kleinparteien in die SPD nach 1945.
UNESCO	United Nations Educational, Scientific and Cultural Organization, 1945 gegr. Sonderorganisation der UN zur Förderung der internationalen Zusammenarbeit auf den Gebieten der Erziehung, Wissenschaft und Information.
USA	United States of America
USP (D)	Unabhängige Sozialdemokratische Partei (Deutschlands), nach Ausschluß der Opposition aus der SPD gegr. am 6./7. 4. 1917 als Zusammenschluß der sozialdemokratischen Kriegsgegner, wandte sich vehement gegen die Bewilligung der Kriegskredite und die Burgfriedenspolitik der SPD; politisch heterogen, umfaßte sowohl Anhänger des alten Parteizentrums (Karl Kautsky), Revisionisten (Eduard Bernstein, Kurt Eisner), gemäßigte radikale Linke (Hugo Haase, Rudolf Hilferding) und – organisatorisch selbständig (bis 1918) – die radikale Linke der „Gruppe Internationale" (Spartacus); im November/Dezember 1919 Beteiligung am Rat der Volksbeauftragten, erhielt bei der Wahl zur Nationalversammlung im Januar 1919 7,6% (SPD 37,9%) der Stimmen, im März 1919 300000 Mitglieder (SPD ca. 1 Mill.). 1919/20 Sammelbecken der von der Politik der SPD enttäuschten und sich radikalisierenden Massen; Reichstagswahl vom Juni 1920 USPD 18,0%, SPD 21,6%. Auf dem Höhepunkt ihres Einflusses (Herbst 1920 900000 Mitglieder) beschloß ein außerordentlicher USPD-Parteitag im Oktober 1920 mit Zweidrittel-Mehrheit die Annahme der 21 Bedingungen der Komintern und die

	Vereinigung mit der KPD. Jeweils ca. ein Drittel der Mitglieder trat zur KPD über, organisierte sich nicht mehr parteipolitisch bzw. verblieb in der USPD, die im September 1922 in die SPD zurückkehrte.
VEB	Volkseigener Betrieb in der DDR
Versöhnler	s. KPD-Versöhnler
VVN	Vereinigung der Verfolgten des Naziregimes, 1947 gegr. Zusammenschluß ehem. Widerstandskämpfer, infolge seiner Anlehnung an die Politik der KPD/SED 1948 Austritt nahezu aller Sozialdemokraten; seit den sechziger Jahren arbeiten in der VVN, die sich mit Ausstellungen und Publikationen über NS-Verbrechen und den antifaschistischen Widerstand an die Öffentlichkeit wendet, in größerem Maße Parteilose und Mitglieder anderer Parteien mit.
WAV	Wirtschaftliche Aufbau-Vereinigung, 1945 in Bayern begr., eine stark mittelständisch geprägte Führerpartei mit populistischen Zügen.
WC	Workmen's Circle, Abkürzung für Workmen's Sick and Death Benefit Fund of the United States of America, Inc.; vgl. S. 16 f.
WDR	Westdeutscher Rundfunk
WGB	Weltgewerkschaftsbund, 1945 in London gegründete internationale Gewerkschaftsorganisation, seit 1949 unter kommunistischem Einfluß.
Z	Deutsche Zentrumspartei, 1945 neben der CDU von ehemaligen Mitgliedern des katholischen Zentrums der Weimarer Republik gegr., betont konfessionell, föderalistisch, mittelständisch, sozialreformerisch im Sinne der christlichen Soziallehre, erreichte bei Wahlen in Nordrhein-Westfalen 1947 knapp 10 Prozent der Stimmen; 1946 110000, 1950 35000 Mitglieder.
ZdA	Zentralverband der Angestellten, vor 1919: Zentralverband der Handlungsgehilfen, seit 1917 der „Arbeitsgemeinschaft freier Angestelltenverbände" angeschlossen; umfaßte Angestellte aus Verwaltung und kaufmännischen Berufen, unter ihnen viele Frauen; 1920 400000 Mitglieder, 1925 153000.
Zentralverband proletarischer Freidenker	gegr. 1908 in Eisenach mit der Zielsetzung, den politischen und ökonomischen Kampf der SPD durch geistige und antikirchliche Aufklärung zu unterstützen; verpflichtete seine Mitglieder zu politischer und gewerkschaftlicher Organisation. 1922 Verschmelzung mit kleineren Verbänden zur „Gemeinschaft proletarischer Freidenker" (GpF), deren Schwerpunkte in Sachsen, Thüringen und in Rheinland-Westfalen lagen; 1924 100000 Mitglieder, zu einem erheblichen Teil Kommunisten. 1926/27 Verschmelzung der GpF mit dem sozialdemokratischen „Verein der Freidenker für Feuerbestattung" zum „Verband für Freidenkertum und Feuerbestattung e. V.". Ein Jahr später hatte die proletarische Freidenkerbewegung, deren Aktivitäten neben ihrer Funktion als Sterbekasse v. a. auf schulpolitischem Gebiet lagen, über 500000 Mitglieder, davon waren ca. 45000 in der KPD organisiert
ZK	Zentralkomitee, höchstes Führungsgremium der KPD.

Personenregister

Abel, Karl 159
Abendroth, Wolfgang 21, 293, 296, *310*, 359
Adam, Ernst 110
Agartz, Viktor 228
Alfken, Hans 164f.
Andersch, Alfred 196, 197, 336
Angermeier, Heinrich 276, *310*
Arzt, Otto 277
Aßmus, August 129ff., *311*
Aufhäuser, Siegfried 244, 393

Baade, Fritz 244
Baier, Karl 51, 163, *311*, 339
Bauer, Fritz 370
Baumeister, Heinz 113, *311*
Behm, Ernst 42
Behrend, Erna 97
Behrend, Oskar 97
Behrendt, Heinz 21
Beier, Willi 18, 63, 118, 124, 191
Bergmann, Josef (Pepp) 135, 137, *311*
Beutel, Gottfried 203
Beyer, Gerhard 170f.
Birkelbach, Willi 274, *311*, 381
Birkert, Emil 267
Birkert, Helene 267
Blachstein, Peter 19, 85, 137, 243, *312*
Blencke, Erna 195, *312*
Blind, Wilhelm (Willy) 25, 252, *312*, 327, 370
Blum, Léon 271
Bobzien, Franz 237, *312f.*, 335, 338
Böckler, Hans 355
Böhme, Fritz 113, *313*
Bräuning, Karl 212, 214, *314*
Brandel, Else 265
Brandel, Kuno 249, 265, *313*
Brandler, Heinrich (Heinz) 13, 88, 111, 124, 212, 263, 276, 280, *313*, 329, 332, 368, 377, 382, 388, 391, 392, 393
Brandt, Willy 13, 42, 74, 312, *313f.*, 322, 325
Brass, Otto 383
Brill, Hermann 383

Brenner, Otto 19, 22, 25, 30, 39, 41, 42, 43, 56, 82, 85, 112, 113, 115, 116, 145–158, 159, 160, 164, 165, 166, 167, 200f., *314f.*, 379
Brockmann, Paul 319
Brod, Max 323
Brücker, Erna 110
Brünen, Eberhard 113, 125, *315f.*, 332, 337, 362, 379
Brumlop, Kurt 68, *316*
Brune, Emil 25, 27, 42, 82, 112–117, 313, *316f.*
Buchheister, Werner 152, *317*
Buchwitz, Otto 191
Bührer, Karl Otto 274f., *317*
Bukowski, Anna (Anne) 89, 92, 93
Bukowski, Paul 92
Burnham, James 40, 241, 243, 271
Busch, Ernst 177
Buttinger, Joseph 17, 76, 303, *317*, 331

Cohen, Karl 110
Colditz, Anni 55, *317*

Davis, Garry 187
Deisen, Wilhelm 321
Deutsch, Emil 25, 32, 218, 233, *318*
Dierschke, Karl 223
Döblin, Alfred 343
Dörfler, Eberhard 25, 132f., *318f.*
Dohr, Hein 65, *319*

Ebeling, Grete (Gretel) 18, 63, *319*
Ebeling, Hermann 18, 63, 124, *319f.*
Eckert, Erwin 163, *320*
Eckstein, Ernst 14, 221, 226, 284, *320*, 357, 359
Eckstein, George (Günther) 18, 241, 242, *320*
Eckstein, Günter 23, 25, 259f., *320f.*, 339
Ehlers, Adolf (Adje) 13, 19, 23, 24, 30, 41, 42, 47–57, 68, 101, 125, 149, 214, 218, 237, *321f.*, 323, 325
Ehlers, Ella, geb. Schimpf 13, 19, 23, 24, 27, 47–57, 317, 321, *322f.*, 325

www.ingramcontent.com/pod-product-compliance
Lightning Source LLC
Chambersburg PA
CBHW030921150426

42812CB00046B/426